库存管理基础

FOUNDATIONS OF INVENTORY MANAGEMENT

(美) 保罗·齐普金 著
马常松 译
宋京生 译校

中国财政经济出版社

图书在版编目(CIP)数据

库存管理基础/(美)齐普金(Zipkin,P. H.)著;马常松译. —北京:中国财政经济出版社,2013. 1

书名原文:Foundations of Inventory Management

ISBN 978 -7 -5095 -4057 -2

Ⅰ.①库… Ⅱ.①齐… ②马… Ⅲ.①库存—仓库管理—物资管理—教材 Ⅳ.①F253.4

中国版本图书馆 CIP 数据核字(2012)第 252103 号

著作权合同登记号:图字 01 -2008 -5039 号

责任编辑:刘战兵　封面设计:华乐功
版式设计:孙志云　责任校对:孙志敏

Paul H. Zipkin
Foundations of Inventory Management
ISBN 0 -256 -11379 -3

中国财政经济出版社 出版
URL: http://www. cfeph. cn
E-mail: win@ewinbook. com

社址:北京海淀区阜成路甲 28 号　邮政编码: 100142
发行电话: 010 -88190406
北京财经印刷厂印刷　各地新华书店经销
787×1092 毫米　16 开　36.5 印张　608 千字
2013 年 6 月第 1 版　2013 年 6 月北京第 1 次印刷
定价:100.00 元
ISBN 978 -7 -5095 -4057 -2/F · 3282
(图书出现印装问题,本社负责调换)
反盗版举报热线:88190492、88190446

推荐序

我十分高兴见到由马常松教授翻译的美国保罗·齐普金教授的名著《库存管理基础》的中文译本的问世。有效的库存管理是企业达到低成本高服务的有力武器，其重要性在当今日益全球化的供应链与供应链竞争中显得更为突出。因此，库存理论是一门企业管理基础理论。此书的出版无疑会对中国的库存管理的教育、研究及实践起到极大的推动作用。

齐普金教授的《库存管理基础》是自 Hadley and Whitin（1963）的 *Analysis of Inventory Systems*（Prentice-Hall）出版以来第一本也是唯一一本最全面、最系统的库存理论教科书及参考书。它囊括了将近 40 年库存理论与实践的主要思想、技术与进展，是一部当之无愧的库存管理百科全书。也许更难得和更重要的是齐普金教授成功地把大量的、分散的和独立发展起来的思想与技术用一个统一的框架展现出来，使我们看到了一个严谨的、完整的库存理论体系。本书中统一的数学符号、概念和循序渐进的数学模型不仅能让初学者尽快了解库存理论及各个子系统之间的关系，也能够让专业人员尽快找到相关的知识。另外，齐普金教授本人是一位世界一流的学者，也是库存理论领域里站在最前沿的一位杰出的拓荒者，读者可以在此书中亲自领略他对建模的见解和对模型及结果的解释。这尤其会使中国国内的学生及学者获益匪浅，从而加强自身建模和从事科研的能力。

宋京生

2013 年 4 月

译者序

随着ERP、电子商务、移动互联等信息技术在企业中的应用，企业的竞争模式发生了根本变化，已由企业与企业之间的竞争演变为供应链与供应链之间的竞争。供应链上各个环节的企业通过信息技术可以实现信息和资源的共享，达到优势互补的目的，从而能更有效地为市场提供产品和服务，增强市场竞争力。但是，在这个过程中，对于一个制造型的企业来说，过高的库存将占用企业运转资金，增加企业负担，而库存过低又无法满足订单的灵活性要求，订单交货期将延长，企业竞争力将降低。如何设置和维持一个合理的库存水平，以平衡存货不足带来的短缺风险和损失以及库存过多所增加的仓储成本和资金成本，已经成为了一个企业必须解决的问题，而库存管理则是实现这一目标的基础。

现代库存管理研究基本上经历了以下三个阶段：基于零库存的研究，基于库存管理系统、模式的研究，基于库存管理方法、策略的研究。企业如何通过合理的库存管理应对顾客随机需求已成为决定企业胜负的关键，并一直高居研究热点的前列。为避免库存过多对竞争力的削弱，企业广泛采用了VMI、JIT、VMCI等方法，这些方法有效地降低了企业的库存并保持了其竞争力。其中被视为典范的企业包括DELL、Wal-Mart、Amazon、Toyota。译者一直希望寻求一本系统介绍库存管理理论与随机需求的系统性著作，直至读到此书。

本书的原作者齐普金（Paul H. Zipkin）教授是世界著名的运作管理专家。主要研究领域为供应链和运作战略、管理、模型。本书重点在于讨论库存系统数学模型的建立、分析及应用。它建立在一种极强的专业背景之下，与其他以理论为导向的教材相比，本书更接近于实际应用。本书讲述的是基本原理、一般概念及基本观点，它们构成了库存管理的基础，超越了所涉及物品在物理性质方面的差别，也超越了在组织和地理环境方面的差别。本书的目标读者包括工商管理、工业工程、运筹学方面的硕士、博士，以及有这些学科背景的学生。为了适应具有不同背景的学生，同时也为了便于教师在课程设计方面具有一定的灵活性，本书加入了大量的附录。

如果没有大家的帮助，本书翻译工作将难以实现。首先，感谢作者Paul H. Zipkin教授写出如此精彩的著作。还要感谢宋京生教授在百忙之中修改译稿并作序，为本书中文版的出版增色添彩。

感谢我的导师陈旭教授，多年来陈老师的教诲“有一种快乐叫追求，有一种幸福叫上进”常常催人奋进。感谢电子科技大学经济与管理学院供应链与服务管理研究所的同门鲁力、张帆、周默和张怡，他们为本书的翻译提供了极大的帮助。

感谢西南财经大学天府学院的蒲果泉院长和孟虹书记，没有他们多年来的大力支持、关心和帮助，就不会有学院物流管理研究所近年来取得的进步。感谢西南财经大学天府学院物流管理研究所的李俊松所长和段华薇老师，感谢西南财经大学天府学院物流管理研究所的周航、杨霞、黄向荣、欧千山、郑丽、谢锐、唐金凤、寻镂月、鲜川等各位科研助理，本书的翻译离不开他们的帮助。

最后，还要感谢我的妻子何华和孩子马志何，没有她们的支持与理解，我也很难完成本书的翻译工作。

本书的翻译不可避免地存在疏漏和不妥之处，敬请专家和同行批评指正。

马常松

西南财经大学天府学院

2013年1月1日于成都

简明目录

目　录

前言

在写作本书的过程中，我常常在思考我的好运气——有那么多好人直接或间接地为我提供帮助。在此，我要向他们表示感谢。

我的祖父母性格各异，但他们拥有某种共同的品质——他们都非常宽厚，而且在非常严酷的环境下能够保持乐观。他们对自己的儿孙感到骄傲，在看到这本书时，他们将感到更加自豪（不管这本书是否值得他们自豪）。我已故的母亲为她周围的人带来了力量、温暖和欢笑。

我的父亲教会了我很多事情，但有两件事令我终生难忘。他让我知道了透过表象认真分析问题的重要性。他还让我知道了关心他人的重要性。在这些方面以及其他方面，我并不是最有责任感的，如果取得了成绩，应该归功于他。

在我面对计算机屏幕而不是陪伴家人的时候，我的妻子 Karen 和孩子 Joe 以及 Leah 表现出了耐心和宽容。对于这一点以及他们持续的爱和支持，我表示深深的感谢。

我该如何感谢那些教给我很多知识的优秀的教师们呢？加州大学伯克利分校工业工程与运筹学系（IEOR Department）的教师们将我引入了运筹学领域。我要特别感谢 C. Roger Glassey、William Jewell、已故 Ronald Shephard、Donald Topkis 和 Ronald Wolff 对我的鼓励，并容忍我犯下的很多错误。后来，当我在耶鲁大学读博士时，我很幸运地接受了 Ron Dembo、Donald Brown、Eric Denardo 和 Ward Whitt 等人的指导与鼓励。我要特别感谢 Harvey Wagner，他的学识对于我理解这一领域发挥了巨大的作用。最后，我要感谢我的导师 Matthew J. Sobel，他在我的博士论文上花费了大量的时间，并让我知道了学术研究的任务与意义，他还那样包容我的无知。我要向他表示衷心的感谢。

我在哥伦比亚大学以及后来的杜克大学的同事都非常优秀。我的研究伙伴和朋友 Awi Federgruen 为我提供了很多无私的帮助，令我无以回报。我们曾经肩并肩地攻克了许多学术难题，在这一过程中，我学到了许多关于科学和人生的知识。

本书产生于最近18年来我在哥伦比亚大学和杜克大学的讲义和这门课程的作业。它代表了我对库存管理中的关键概念的观点——它们事实上如何发挥作用，以及为什么很重要。第1章更全面地说明了本书的目标。

对于饱受这门课程折磨的学生们，我要表示歉意和感谢。他们的问题和建议对于我理解这一学科并保持本书的连贯性贡献巨大。我的那些学生实在太杰出了！我要特别提到一些人：Shoshana Anily、Mark Ferguson、Arie Harel、Oded Koenigsberg、Sang-Bum Lee、Yong-Joo Lee、Agnes Peña-Perez、Antony Svoronos、Michal Tsur、Weiming Zhang、Shaohui Zheng和Yu-Sheng Zheng。在我的职业生涯中，我最大的快乐就是看着你们成长起来，至少能够超越我（对于未来的学生，我也要表示歉意，他们的手腕和大脑也要受到这本书的折磨）。

我们特别感谢宋京生（Jing-Sheng Song），她以前是我的学生，现在则是我的合作者和朋友，她是一位真正的学者。多年来，她多次通读了本书的手稿，并提出了无数的改进建议，由于有了她的帮助，本书的质量有了大幅提升。另外，她持续的鼓励和友善的督促使我克服了习惯性的懒惰。最后，在从我这里学到一些技巧后，通过言传身教，从技术到哲学，她教会了我更多的东西。

我要真诚地感谢本书的评审者，他们的建议非常有益：罗切斯特大学的Harry Groenevelt、普度大学的Ananth V. Iyer、斯坦福大学的李效良（Hau L. Lee）、华盛顿大学的Kamran Moinzadeh、圣克拉拉大学的Steven Nahmias、普度大学的Leroy B. Schwarz、弗吉尼亚理工大学和州立大学的Robert T. Sumichrast。

最后，我要感谢Irwin/McGraw-Hill那些天才的、努力的和耐心的人们，他们为本书的出版做出了巨大的贡献。我要特别衷心地感谢我的编辑Richard Hercher，他一直善意地鼓励我点击“打印”按钮，但当我延迟交稿时，他从来没有失去耐心。

保罗·齐普金（Paul H. Zipkin）

第 1 章　概论

本章提要

1.1　库存很重要，基础同样重要

1.1.1　库存无处不在

通常，我会在办公桌右边的抽屉中存放一些横条办公纸，但由于工作中用纸量大，大约每隔一个月，我便会去库房领一些回来。这样的往返着实有些让人厌烦，尤其是每当我需要一小叠甚至是一张便签纸时，我都得重新去拿。但同时，我也从来不会多拿一些以备用。为什么呢？因为我的办公桌上已经放满了其他办公用品，更何况办公预算也是有限的。

换一个场景：我正驾车穿过位于东京湾某海岛上的一座钢铁厂。在我的右边是该公司存放的煤，它们被成堆地存放着，每堆大约有 4 米高。这样的煤堆数以千计，一眼望不到头（问题：该钢铁厂为何要存放如此多的煤？答案在后面揭晓）。

“办公用纸”是一个人们最为熟悉的库存实例。我们每天都会接触并处理一些存货，而且通常不会太费心思。即便在家里，我们也会储存像食物、肥皂之类的生活用品。拥有一定量的家用“库存”会让我们的生活更为便捷。然而，无论如何，这样的“库存”不会太大，否则它们将会占尽房子的空间或是耗尽我们的钱财。因此，我们很容易理解对库存进行管理的必要性。

正如我参观过的日本钢铁公司一样，很多大企业都需要管理库存。通常，一家公司库存管理水平的高低直接决定了公司的成败。

以上所述都已不是什么新鲜事了，库存管理压根就不是一个现代新兴概念。从远古时代起，人类就已开始储存食物和石头工具。据历史记载，整个商业时代的到来就始于人们对库存的管理。如此看来，文字的发明也正是以此为重要目的。熟悉《圣经》的读者会想起一位库存管理高手——约瑟（你会发现，他拥有一些非同寻常的有利条件——能够接近管理高层，更别提他那卓越的预测系统了）。

言归正传。事实上，供应部门的工作人员对库存管理有着不同的看法。这项工作面向大约250位繁忙、挑剔的顾客，并为他们提供多种不同尺寸、不同类型的用纸，以及包括从回形针、订书机到电脑磁盘等在内的数百种其他办公用品。因此，我们需要认真、严谨、努力地监管所有这些商品，评估它们的使用期限，以在适当的时候向办公用品批发商们订购新的商品，并考虑何时停止供应使用频率低的货品，同时增加有吸引力的新产品的供应等。在零售行业中，上述问题是库存管理的重点，许多零售商店的经营者都面临着一系列的同类问题。

隐藏在供应部门和零售门店背后的是一个巨大的全球制造业网络，这个网络中的每个部分都离不开库存。试想，在我买一叠办公纸前会发生什么：木制品公司将正在生长中的树作为库存，造纸公司存储即将被加工的原木；原木进而被制成木浆，之后在造纸厂制成纸张；制成的纸张存储在造纸厂，并存放于一个或多个仓库中，直到抵达零售商处；纸张再从零售商处配送至我取纸的库房（至于回形针，则可能是某家日本钢铁厂生产的）。

上述流程仍是简化后的版本：运输过程中的每个步骤都有库存，这些库存可能被装在船上，或者被装在火车、卡车上。此外，生产纸浆和纸张并非只需要木材这一种原材料，还需要许多其他原材料（主要是化学原料），在被使用之前，这些原材料都以库存的形式存储。最后，库存物品的种类非常宽泛且复杂。例如，有数千种不同种类、等级、型号和颜色的纸张。

对制造业的库存进行管理涉及许多与零售行业相同的问题，但却有不同的侧重点。一个重要的区别就是生产者不得不在几个相关的加工阶段和地点协调库存的生产和消耗活动；为了使整个系统能有效运转，必须协调对原木、化学用品、纸浆和纸制品的管理。

通常，我们生活和工作中所使用的任何一个物品（包括回形针等）都会面临类似的话题。如果没有一个由多种原材料、半成品和产成品的库存支撑的庞大而又复杂的生产和配送活动链条，所有与生活息息相关的衣食住行等就无从谈起了。

在服务行业，库存也起着决定性的作用，这似乎是一个令人吃惊的事实。毕竟，根据通常的定义，服务是一种看不见摸不着的东西，比如理发、脑部手术、汽车保险、大学教育——所有这些服务都不可能储存在仓库里，到用时再取出来。尽管如此，像生产制造过程一样，任何服务的供应都依赖于支持性物料和设备的供应链。比如，快餐店没有食物的库存是不能运营的；没有能正常运转的飞机引擎和存储的燃料，航空公司也无法运作。

与库存相关的运营活动规模非常庞大：截至1999年3月，美国的企业持有价值约1.1万亿美元的库存。这个数字大约是它们当月销售总额的1.35倍（该数字不包括政府和非营利机构所持有的存货）。媒体和经济学家们严密地关注着工业和其他各行业的库存变化，因为这些数据与整个经济的动态和健康紧密联系在一起。特别重要的物资（如原油）的库存常常会成为头版新闻。

从个体公司的层面来看，库存也许更为重要。顾客不会轻易原谅缺货或延期交货，而且他们有充分的理由：从顾客的角度来看，缺货可能会给顾客造成一些烦恼（如果库房里没有我特别喜爱的那种纸张），或严重的生产中断（如果钢铁公司把存煤用完了），甚至关乎生死（在缺少药品的情况下）。虽然对于某些产品来说，在一些偶然的情况下发生缺货是可以容忍的，但总的来说，经常缺货会导致公司的名誉甚至市场份额受到损害。另一方面，过多的库存又会耗尽公司的财力。有些目光短浅的公司试图通过经常性的产品更新或紧急订货来对付上述问题，但这只会使事情变得更糟。普遍的缺货与存货的滞销（通常是两种情况同时出现）是一个公司处于困境的明确信号。

现在，我们至少基本明白了健全而谨慎的库存管理对公司战略性的生存发展是至关重要的。最近的一些事件使我们更清晰地认识到了这一事实：在过去的20年里，世界经济最令人关注的发展之一是日本企业在西方汽车、机械设备、复印机及许多其他产品市场上取得的巨大成功。创造出这种奇迹的关键因素在于，与西方竞争对手相比，日本企业的库存水平低得多。由此，库存已经成为了企业参与全球竞争的维度之一。过去几十年中，零售行业（如沃尔玛）、汽车产业（如丰田）、计算机产业（如戴尔）和其他产业中都涌现出了许多成功的故事，除其他因素之外，这些成功都建立在保持低库存的运营能力之上。

问题是：为什么亚马逊（amazon.com）之类的电子商务零售商的成长如此之快？答案在于：它们不需要巨大的库存就可以运营，而这些库存是实体零售商所需要的（无论如何，这是答案的一部分）。这是更为广泛的现象的一个例子：技术推动的库存管理创新可以带动整个产业的再造。

商业企业绝非唯一关注库存管理的行业。一家医院关键职能的发挥取决于药物、医疗设备、输血用的血浆、（病人用的）床上便盆及其他物品的可靠供应。军队必须存储弹药、各类零部件、食物和衣物等。“行军专靠肚皮饱”，这句讽刺语是拿破仑说的，我们可以解读为库存管理在军事活动中具有举足轻重的地位。

那么，之前提到的那家日本钢铁公司为何需要如此多的存煤？因为该公司需要从遥远的澳大利亚进口。而一家位于煤矿附近的德国钢铁公司需要的存煤则少得多。两家公司的行为都是合理的。

1.1.2 理论与实践

正如书名所示，本书致力于讲授库存管理的基础理论。现在我们一起来看一看这到底意味着什么。

首先，书名本身就有不同寻常的含义。具体而言，本书的内容并非拘泥于纸张、煤、滚珠轴承、胶卷、电脑屏幕、汽车门把手或保险单等实体商品。本书所讨论的也不是世界各地公共或私人部门中大大小小的公司所持有的库存。相反，本书中所提及的库存概念是关于一切地方的所有或普遍意义上的库存。换言之，本书讲述的是基本原理、一般概念及基本观点，它们构成了库存管理的基础，超越了所涉及物品在物理性质方面的差别，也超越了在组织和地理环境方面的差别。当然，这类差别在某些方面确实很重要，而探索基本原理的另一个原因是为了辨明哪些是本质的差别以及为什么会有这些差别。

在这些观点中，有许多观点具有其他含义，且超出了我们通常所认为的库存范畴。例如，积压的订单并不是实物库存，但我们用类似的术语来描述它是非常有用的。事实上，这种联系对于理解库存和积压是如何运转的相当重要。

扯得远一点，通常，我们不会将一堆垃圾或令人讨厌的废物当成库存，但本书所探讨的库存管理理论也可以应用于废物的管理。同样，以一种投资组合为例。在某种程度上，投资组合与库存类似，两者都是对价值的存储，而这一价值会随时间的改变而改变。因此，当你认识到至少在基本原理层面上库存管理和财务管理的联系相当紧密时，你不应该对此感到惊讶（但是，这些重要且有意思的联系只是题外话。我们讨论的焦点还是传统意义上的库存）。

更广义地讲，本书讲述的是关于物料加工系统或供应链的科学——怎样描述它们并对其进行分类，商品和信息如何在这一系统中流动，如何对其进行管理，以及如何对其进行设计和改善。库存是这类系统中的重要特征，但并非唯一特征。

这些原理、概念和观点都很基础但又非常重要。如果能学好它们，你将会比以前更明白供应链管理和库存管理的精髓，而这种学问将会让你成为一名优秀的经理人、分析师、工程师、咨询师或研究者。

在20世纪的绝大多数时期里，人们都在狂热地研究这些理论和观点。它们代表着杰出的智力成就，世界各地的人们为此做出了贡献，这些人包括大学教师、专业工程师和经理人。另外，毫无疑问，在不久的将来，这一领域肯定会不断发展，而这种发展将建立在现有的基础之上。因此，我们可以相当自信地认为，这些基本观念将会在未来继续发挥其有效性和价值。

但是，为了深入研究这些概念，并使它们具有普遍性，我们需要付出代价。这些基本概念很抽象，需要用一种抽象的语言才能将它们表达清楚。具体来说，我们将在全书中运用数学语言，因此，为了能跟上我们的思路，你需要非常熟悉这种语言。我们将在后面告诉你要达到何种熟悉程度。笔者试图把对数学的使用减少到最低限度，但即使如此它还是相当令人难以理解。

另外，集中讨论基本原理意味着许多关于库存管理的实际应用被我们排除在讨论之外。日常库存控制纷繁复杂，我们无法将其包含在内。在本书中，读者不会看到账单发票的图片。我们对诸如预测和数据库管理的讨论也非常粗略，有些领域（如仓库布局）根本没有涉及（第2章将简要讨论其中的某些话题）。综上所述，本书并不是一本完整的库存管理实战指南。

不要把上面的话解读为道歉。在许多行业，开发票已经被电子数据交换（electronic data interchange，EDI）所取代。要建立一个库存数据库或其他数据库，你必须明白它的实际目的是什么，以及期望它实现什么样的功能。倘若没有一个明智的框架结构，各类管理活动就毫无意义。如果没有基础，我们就会成为习惯或浮夸的俘虏，无法看到成功变革的机会或变革的限制条件。本书旨在提供这一基础。

本书也可以叫“库存理论”（inventory theory）。这一书名简洁明了，出于这种原因，有时候我也使用这个书名。但不幸的是，它太空泛，与现实差距太大，或许有趣，但却不切题。正如我试图说服你的，事实并非如此。我坚信:“没什么比一个好的理论更实用了。”

1.2 关于本书

1.2.1 本书的内容及读者对象

那么，为什么要写这本书，它又是为谁而写的呢?

这本书最主要的目的是作为一本教科书，旨在成为管理与工程学院研究生和高年级本科生库存理论课程的基础教材。

更进一步讲，本书的重点在于讨论库存系统数学模型的建立、分析及应用。它建立在一种极强的专业背景之下。本书的目标是：与其他以理论为导向的教材相比，使学生更接近于实际应用。尽管如此，本书绝非一本完整的有关库存管理的实战指导书，这一点我们在前面也提到过。需要特别指出的是，对于本科生和商科专业硕士研究生来说，该书并不是一本适合的库存管理基础教材，但可以成为此类课程的一本有价值的参考书。

本书的目标读者包括工商管理、工业工程、运筹学方面的博士，以及有这些学科背景的学生。在库存管理非常重要的其他领域中（尤其是经济类和其他一些工程类学科）的学生们也会发现本书所呈现出的价值。

学生应何时开始学习这门课程呢？该领域的特性决定了该问题的不确定性：库存理论实际上涉及所有与运筹学有关的基础理论，在理想的情况下，学生至少应该基本上掌握了最优化理论（optimization theory）、随机过程（stochastic process）及动态规划（dynamic programming）。另一方面，正如下面将进一步解释的那样，本书并不仅仅是将各种方法论混杂在一起进行讲解，事实上，它有其自身的理论核心。同样，正因为它的重点在于接近应用和实际管理问题，所以可以作为进一步学习高级方法论课程的一个有力的激励因素。此外，这门课程的内容涵盖了许多有关运营管理和工业工程方面的研究文献，其应用范围早已超越库存管理本身而延伸至各个领域。

正如理论本身告诉我们的那样，当我们面临矛盾的情况时，最好的解决方案就是妥协（有时候是这样）。在我看来，对绝大多数同学来说，这门课程最好在研究生学习的第二年初开设，这本书实际上也就是为该层次的学生而准备的。然而，其中确有例外，该课程对一年级的研究生甚至本科生和 MBA 都很有用，当然他们要具备坚实的专业背景，并能够自学一些东西。当然，学习此书永远都不会太晚。

在某种程度上，为了适应具有不同背景的学生，同时也为了便于教师在课程设计方面具有一定的灵活性，我加入了大量的附录，以使本书更加全面。

出于同样的原因，我对数学的一般性和严密性也采取了某种折中的方法。本书包括了一些定理及其证明：当然，将此类内容放入本书的一个目的在于揭示出这一领域中的基本研究技术。另外，对定理的证明包含着一些通过其他方法无法完整传达的见解。尽管如此，我也尽了最大的努力来加强这些论证，并为了突出简洁性而常常放弃一般性。同样，我也试图找出并压缩一些更复杂、更具技术性的内容，以使教师能在不丧失连续性的情况下对某些内容进行变通。

除了建立某种教学策略外，我的目标还在于向我的学术、专业方面的同事及未来的同事（现在的学生）传达一种明确的观念：我希望他们能在书中找到令自己感兴趣、有用或至少感到兴奋的契合点。诚然，这是一本有主题思想甚至有着某种使命感的书。

首先，本书的主要内容是由我所掌握的目前库存理论的基础概念、核心内容以及主要框架所构成。除了能作为教科书之外，本书也可作为实践中的专家和学术研究者的参考书。本书中提到的一些概念已经存在了很多年，其中很多概念不规范，或在被忽视很久后才得以复活，而另一些概念则是近期研究的产物。

在进行这一选择时，我不得不放弃许多有价值且有意思的内容。不过，我已经尝试着在各章的注释和习题中对这些被省略的内容进行了弥补（但我仍然痛苦地认识到，很多完美的、重要的成果无法收录在本书中，希望我的同事们接受我诚挚的道歉）。

同样，本书也表达出了（有时候是隐含地）某种判断和信念，这些判断和信念与这些概念之间的联系、该领域与其他学科之间的关系以及在库存管理实践中的作用和价值相关。我将在1.2.3节中更详细地介绍这些概念、观点、判断和信念。

1.2.2 结构与内容

1.2.2.1 库存系统的要素

库存系统的多样性特征尤其明显，它们在许多方面存在着不同。因此，本书的总体结构反映了对这些系统的一种分类。我们采用的方法绝非唯一之选，但本书的各主要部分与实际系统间的基本差异是对应的。因此，为了理解本书各部分的核心主旨以及它们之间的关系，我们需要重视其中的一些基本差别。

让我们先用一种概括且抽象的方式来看一看库存。我们首先关注存放在单一地点的一个物品的库存。每一种库存都处于两个活动或过程之间。我们称其为供应过程（supply process）或需求过程（demand process）。如图 1.2.1 所示，供应过程包括生产、运输或其他一些导致库存物资增加的活动，而需求过程则描述了因使用库存而导致库存物资减少的各种活动。

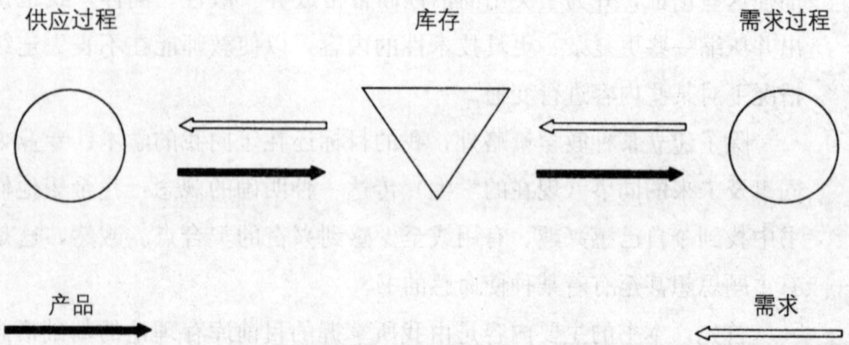

图 1.2.1　供应与需求之间的库存

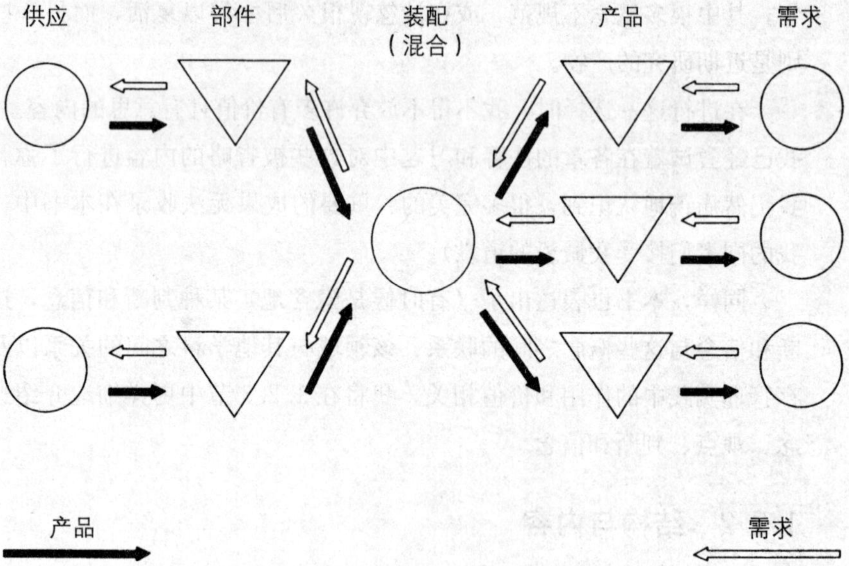

图 1.2.2　采购、生产与配送

正如任何抽象方式一样，图 1.2.1 省略了许多内容。图中的箭头指明了流动方向，但却缺少一个时间维度。它所代表的是结构而非活动。另外，图中没有显示出信息和控制，我们也看不出是谁或是什么在指引供应过程去完成任务，或者是由哪些知识来指导这些决策。此外，该图也没有揭示出在供应与需求过程中包含着什么。这些过程可能十分简单，也可能是一个非常复杂的系统。例如，考虑一下一家造纸厂中的某一类型成品纸的库存。此处的供应过程是一个庞大的加工和运输活动链条，这些活动将树木变成了纸张，另外还包括在这一过程中的各种库存。需求过程也是一个错综复杂的网络，从造纸厂一直延伸到纸张的最终使用者，或许还包括某些影响那些用户的因素（如整体经济水平）。此外，同样的供应和需求过程还会影响其他种类的纸张或是商品。无论如何，这都是一种很有益的抽象，我们会在整本书中反复提到它。首先，这个基本构架可以被当成是基本要素，以构成更大、更复杂系统的图示。图 1.2.2 显示出了某些可能性。该图显示出采购了两个不同的部件，然后被组装或混合形成一种最终产品，最后把该产品运到三个不同的储存区域。

事实上，各库存系统的一个关键区别在于其结构复杂度（degrees of structural complexity）。有些库存可以独立于其他地点的其他物品，用图 1.2.1 所示的简单方式来看待。但有时候多种物品和/或多个地点是必需的，在这种情况下，系统中不同的库存就不能孤立地考虑。即便如此，图 1.2.1 也从整体上阐述了有关库存的一个基本点——它们的中间性质：为了理解库存是做什么的、如何运作、为什么要持有库存、它的基本功能，以及为了开始认真思考如何对其进行有效管理等问题，我们必须首先理解驱动库存的供应和需求过程的基本特征。事实上，本书的真正主题在于供应和需求以及它们之间的转换过程。尽管库存极为重要，但它也仅仅是供应和需求相互作用中的一个方面。让我们设想一种情境：在这一情境中，库存是不需要的，而且库存也没有什么用处。这对于我们理解上面的观点是很有帮助的。要想做到这一点，我们需要找到（或设计，或采纳）一个供应过程，这个过程可以立即提供产品，以满足来自需求过程的需求，其数量恰好与需求量相等。另外，这一完美的供应过程不仅要在实践中可行，而且建立和操作的成本也不能过高。当然，理想供应过程的可能性和实用性部分取决于需求过程的特征。例如，如果从一开始我们就能够确定需求将以一种有规律的速率发生，在长期中只有轻微的波动，那么能够以相同速率提供产品并能在预期的范围内对需求波动立即做出响应的供应过程就是有效的。

在现实世界中，这种完美的匹配是不存在的，但存在着一些非常接近的情况：绝大多数人不会在家里存储冷水。我们的水池和浴池都与非常有效的供应系统连接着，管道网、水泵和水库构成了公共供水系统，这一系统通常可以满足所有的国内需求。这些需求根本就无规律可循，而我们可以通过打开或关闭水龙头来很轻松地控制供应过程对我们的需求做出响应（当然，只是在工业化国家并且只是在最近才建立起了这种现代化的供水系统，在其他地方和早些时候，人们为了减少到井口打水的次数，确实也要储存水）。

这个有关水的例子是供应和需求过程完美匹配这一概念的很好的范例。如果我们能设想出一个理想的供应过程，那么我们就可以进一步设想通过管道和阀门将它与需求过程直接连接起来。这样，我们就可以拥有一个系统，在这一系统中，产品直接从供应系统中流出来以满足需求。不幸的是，在绝大多数情况下，供应与需求过程都难以完美匹配，多数产品都不能以这种方式平滑地流出。事实上，库存的绝大部分功能都可以利用供应和需求过程中产生的各种不匹配来理解。换句话说，库存是供应和需求这两个不能完全匹配过程的一个缓冲（buffer），其目的是为了减少有可能发生的代价高昂的中断（disruption）。最明显的中断就是缺货（shortage），即需求发生时却不能满足它，因此企业常常持有库存以防止或减少货物短缺的发生。其他一些重要的潜在中断则是供应过程自身的一些不同种类的中断。

下面是一个简短的列表（但不完整），列出了导致这类不匹配的实际供应和需求过程的常见且重要的特征（单独的或组合的）。

需求过程：
- 平滑或多单位的随机需求
- 需求随时间而变化
- 不可预测的需求变化

供应过程：
- 供应中的规模经济
- 产能限制
- 响应的延迟——提前期
- 质量缺陷

本书的大部分内容致力于理解这些因素及其相互关系，现在我们简要介绍一下各个因素：

平滑或多单位的随机需求：当需求可以被看成是一个连续流，以相同的速率（恒定的或变动的）减少库存时，我们就可以说需求是平滑的。相反，多单位的随机需求以大批量、离散型的形式出现（当然，这是两种极端的情况，真实的需求通常是平滑和多单位的随机需求的结合）。即使是平滑的需求也会导致不匹配，这取决于供应过程的特性，我们将在下面进行讲解。通常，多单位的随机需求会使问题变得更复杂。

需求随时间而变化：需求的季节性变化以及其他随时间发生的变化通常会导致不匹配，特别是当供应过程的生产能力十分有限时。那么，为了满足以后的大量需求，就必须在闲暇时期建立起充足的库存。但是，即使产能没有限制，仍然存在着一些使问题复杂化的因素（如供应的提前期和需求的不确定性），这就意味着我们必须以某种方式对随时间而发生的变化做出预测。

不可预测的需求变化：需求的随机波动、供应提前期以及产能限制是持有库存最主要的原因。在这些情况下，供应过程难以对意料之外的需求激增和下降做出快速响应，因此，为了及时满足这些需求，必须要持有库存。

供应中的规模经济：在很多情况下，相对于短期需求而言，供应过程中的技术和经济因素更支持长期的大批量生产或大批量交货。这样的实例包括较长的生产准备或换模具时间以及长距离的运输。同样，如果我们从单个供应商处购买大批量的产品，那么它就会对每一单位的产品收取更少的费用。因此，即便是能提供少量的产品，其价格也会非常昂贵。这就解释了为什么即使是平滑的需求也会导致某种不匹配。在这些情况下，在生产了一批货物或收到一批货物后，在一段时间内就会持有大量的库存。

产能限制：现实中的每一个供应过程的产能都有限，因此对需要波动的响应能力也受到限制，不管这种波动是否被预测到。这就需要利用库存来对这种不灵活性进行弥补。在某些情况下，产能限制更加明显，通常我们会忽视这种产能限制，但还有很多时候不能忽视。

响应的延迟——提前期：如上所述，供应提前期和需求的波动会导致缺货，除非持有库存以防止或减少这种情况的发生。当提前期无法预测时，出于同样的原因，这些困难会变得更加严重。

质量缺陷：质量缺陷使目前讨论到的许多问题进一步恶化。次品浪费了宝贵的产能，也加剧了供应过程的不确定性，这在某种程度上像是随机的提前期。

除了供需不匹配之外，持有库存还有其他一些原因。例如，在某些生产流程中，黄金和其他一些贵金属被当成原料，但是一些人拥有它们完全是出于投机的目的，希望它们的价格会上涨。在零售环境中，持有库存常常出于营销的目的，因为顾客在购买之前要查看商品。但是，我们的大部分注意力都会集中于如上所述的那些不匹配性上。理解了供应和需求的特征后，我们就能设计出一个优秀的库存策略。但是，管理工作并不会在这里停止。我们必须进一步考虑整个系统，包括供应和需求，当然也包括库存。我们必须在更宽泛的视角上提出这样的问题：为了改善这一系统，我们需要做些什么？

1.2.2.2 本书的结构

供应和需求过程的这些基本特征以及结构复杂性的差异，决定了本书的几个部分以及章节的主要格局。

可预测（确定性）和不可预测（随机）过程的区别可能是不同系统之间最重要的分界线。在供应和需求可以预测时（或者被认为可以预测时），库存的关键功能之一——防止出现意料之外的紧急情况——就不会发挥作用。只有在随机的情况下，我们才必须涉及信息的问题（我们知道什么，何时知道）。另外，仅仅出于这些原因，随机模型就会涉及更加复杂的各种数学问题。

本书主要是利用这一差别进行划分的：第一部分包含两个导论性质的章节，第二部分（第 3 章至第 5 章）将涉及可预测的供应和需求，而第三部分（第 6 章至第 9 章）将讨论随机模型。

另外一种重要的差别是静态过程（stationary process）和随时间变化的过程之间的差别。正如上面所提到的，预测临时性波动的需求明显使库存管理问题更加复杂。相应地，包含了随时间变化数据的模型需要特殊的技术进行分析和求解。在第二部分中，第 3 章将着重对静态数据（stationary data）进行探讨。包含临时波动的模型将在第 4 章进行讲解（第 5 章包括了这两种情况）。同样，在第三部分中，第 6 章至第 8 章主要讨论静态、随机模型，而第 9 章则主要讲授非静态的情况。

除了非平稳的情况之外，介绍几种独特的建模和分析方法也是非常有用的。需要特别指出的是，在第 4 章和第 9 章中，我们将时间看成是离散的（原因在相应章节中给出），而在本书的其他部分中，时间是连续的。另外一个不同点也需要解释一下：我们常常假设采用一种特殊类型的控制策略（control policy），然后我们会试图评估不同的策略，并从中选出最好的一种，但总是在这一策略类（policy class）中进行选择。然而，有时候我们会问：在所有可能的策略中，一个真正最优的控制策略是什么形式的？这两类研究都很有价值，但动机不同，并且采用的分析方法也大相径庭。第 4 章和第 9 章讨论了最优控制，而其他各章主要讨论具体策略的形式。

在结构复杂性方面，第二部分和第三部分最初的一两章都讲解了单件物品、单个地点的模型，而后面的章节则讨论了更为复杂的网络（第 9 章在不同的小节中分别讲述了简单的和复杂的结构）。上面提到的供应和需求过程的具体特点都在特定章节的不同小节中进行了讲述。例如，在第 3 章中讨论的静态、确定性系统背景下，3.4 节讨论了有限产能问题。

1.2.3 写作哲学

本书在写作过程中遵循了几个原则。这些观点源于多年来讲授这门课程过程中的不断积累，源于与许许多多职业经理人的讨论，以及同事和学生的意见反馈。在此我们有必要进行简单的回顾，否则对某些话题的选择和处理看起来可能会有些奇怪。

1.2.3.1 库存理论是一个有关联的、统一的知识体系

在某种程度上，这是一种断言，也是一个目标或理想。库存模型（就像库存本身一样）具有不同的形式、大小和特征，对它们进行分析的技术同样也是多种多样的。乍看之下，这一领域似乎是一系列不相干主题的混杂集合，每个主题都是一个更大主题的特例，如动态规划和排队论。

然而，也有一些共同的思想、概念和方法联系着核心模型的建立。有一些将最抽象的理论和实践方法联系在一起。例如，一个简单但很有影响力的发现是可以将延期交货（backorder）看成是实体库存的映像（mirror image）。这种概念通过库存位势（inventory position）奠定了供应提前期分析的重要基础（因为库存位势的动态在很大程度上是线性的）。这种方法无需考虑确定性需求与随机需求之间的差别，也无需考虑连续时间与离散时间之间的差别。为了阐明这一观点的普遍性，我在第 3 章讲述经济订货批量（economic-order-quantity，EOQ）模型时就讲解了这一概念，这比正常情况提前了很多。随后在讨论随机需求时，我们很自然地被引导到一个基本的观察上，即提前期和随机需求波动结合在一起会产生最大的影响。

出于类似的原因，在讲解 EOQ 模型和类似模型时，我试图指出几种其他的后续发展（这比正常情况下略显复杂）。我将其看成是为了保持连续性而付出的一个不大的代价。同样，在第三部分中，我重点讲述了典型的均衡分析（equilibrium analyses）和同样典型的动态规划建模（dynamic-programming formulation）之间的相互作用，而在通常情况下，它们是以完全不同的方法呈现出来的。

一般来说，通过认真阅读本书的内容你就可以发现，我以一种与众不同的方式对一些人们熟悉的话题进行了分组，讲解的顺序也有所有同，以

便阐明我所认为的它们之间的关键结构性关系。我希望我揭示出了这种结构关系，而不是把这种结构关系强加其上。

统一固然是件好事，但也有可能会做过头。所以在强调一致性的同时，我也试图说明这个领域的丰富性和多元化（特别是利用习题）（我建议同学们能够阅读本书中的所有习题，而不仅仅是被指定为作业的那些习题）。

1.2.3.2 库存理论通过与其他学科的联系才得以加强

这一原则似乎与上一个原则相互矛盾，但我并不这样认为。

正如上面所提到的，在运筹学中，库存理论与其他分支学科有着历史悠久的联系，这种联系丰富了所有这些学科。在某些例子中，我更多地或以不同的方式强调了这种联系。

我特别强调了库存理论和排队论之间的联系。本书修订了摩尔斯（Morse，1958）在其经典著作中确立的传统知识［或者说以某种不同的方式继承了由海曼和索贝尔（1982）开启的复兴］。排队论仍然是我们最丰富的（我称之为供应过程）模型来源。最近，两个领域的发展［如队列网络模型（queueing-network model）的成熟，以及“发现了”批量对拥挤和提前期的影响］进一步增进了这一相互作用。另外我发现，几种经典库存模型能够用排队论最清晰地表达出来。第6章中的销售损失模型（lost-sales model）就是一个典型的例子。

另一方面，库存理论关注的焦点与主流排队理论有很大不同，任何一个领域都不能将另一个领域包含在内。这样，我面临的挑战就是要在不将本书变成一本排队论教材或者要求学生完整地学习排队论课程的情况下建立这一联系（根据我的经验，此书所用的方法似乎很有效）。

库存理论与运筹学之外的学科（或者更准确地说，是特定运筹学课程之外的学科）也有着密切的联系。本书特别讲述了动态系统与控制理论（theory of dynamical systems and control）。我相信，这种系统论的方法对于管理职能来说是一个很好的隐喻。

与任何真实的系统一样，库存系统也是动态的，由系统理论所提供的信息、估计以及控制的统一性对库存管理是相当有价值的。即使是库存理论无法遵循在简单线性二次控制模型（linear-quadratic control model）分析中说明的完整程序（至少在目前是这样），这一点仍然是正确的。因此，我将霍尔特、莫迪里亚尼、穆兹和西蒙（Holt，Modigliani，Muth，and Simon，1960）建立的生产平滑模型（production-smoothing model，即著名的 HMMS 模型）加入到本书中。尽管库存理论和实践大多遵循其他路径，但我确实认为该模型值得一学。认为 HMMS 假设值得怀疑是有原因的，而且这些原因也很有意思。

同样，这一系统理论结构能用来形成大量的需求过程模型，这些模型与标准的现代预测方法是一致的。除了非正式的讨论外，本书没有涉及预测方法本身，读者可以通过阅读其他书籍、参加其他课程来学习统计预测。但我仍然相信包含需求模型是非常重要的，因为它能用现代估算方法进行具体说明。因此，我指出了我们已经知道的关于如何利用这些模型提供的信息来控制和管理库存的方法。尽管我已经努力找出这些方法，但我仍然提到了一些经验法则。

另外，最近关于库存理论的一些研究利用了线性系统方法的灵活性及其可推广和细化的能力（如多种产品和多个阶段）。从细节上看，这些模型与 HMMS 模型有很大差别，但在本质上是一样的。我期望这类建模在未来更加卓越。

最后，这一架构在其他管理和工程领域（如金融和电子工程，这只是其中的两个例子）扮演着重要的角色。事实上，HMMS 模型本身在很多方面已经成为了实证库存经济学的基础。在适当的时候，让学生们知道他们的知识是一个更广泛的知识体系的一部分而不是一种孤立的技术，这确实是一件好事。

1.2.3.3 技术进步已经极大地改变了什么是实用的

这并没有什么值得惊讶的。我们经常听说电脑和通信技术改变了我们的生活。然而，我们的思想常常跟不上时代的发展。在实践中，许多库存控制的标准工具是以前开发出来的，当时，“实用的”计算方法是那些可以利用计算尺和统计表来实现的方法，而数据则是那些可以在短期内手工收集的数据。说得婉转些，这些方法早就过时了。

这些变化在各个方面都对本书产生了影响。一般来说，即使是在已经有更佳方法的情况下，我也会力求在过去和未来之间达成一种平衡，力求充分地讲解标准的、当前的实践（不管这些实践是不是最佳的），以便让学生能够理解，同时也会指出我认为更好的现有方法。

例如，与以前的一些学者相比，我给予正态近似的权重更少。我确实将它们包含在内，部分原因是因为它们的应用确实非常广泛，还有部分原因是因为正态分布的性质促进了某些分析方法的使用，而不是因为它们比其他方法的应用更加广泛。如今，任何人都可以很容易地、以低廉的价格购买并执行一些软件来评估差不多所有可能的分布。

基于同样的原因，如果存在标准的、可靠的方法，我就不太重视手工求解方法。与我们这些在纸上进行过演算的人相比，同学们对这些方法的理解可能不太深刻，但我相信他们把时间花在其他事情上更有意义。

更重要的是，我会毫不犹豫地建议使用一些要求大量数据和数字运算的相对较大、较复杂的模型与方法。如上所述，获得这些资源在今天已经不是一个问题（当然，努力让模型简单一些还有其他原因）。

显然，没有谁和我对技术的现状及其含义的解读一模一样。同样，毫无疑问，未来必将带来更进一步的变化，到那时，今天我们所做的一切很可能被看成是过时的。这就是进步。我们所能做的就是改变，让我们的视野尽可能清晰。

1.2.3.4 库存管理不仅仅是库存控制

这个世界在其他方面也发生了变化。尤其是我们对库存管理范畴的认识发生了重大的变化。比如说，30 年前，库存控制被看成是一种相对静止的、技术性的职能。供应过程中所包含的技术被认为是稳定的，而需求的波动至少被认为是相对有规律的（如果不是完全可以预测的话），两者都是由环境或更高层的管理决策等外部因素决定的。库存管理工作就是理解这些过程，并根据某种控制策略做出适当的响应（这有些夸大，但也并非不恰当）。那时，大多数库存管理的模型与分析都是根据这种构想开发出来的，以支持库存控制职能。

如今，库存管理已经包含了更为广泛的活动和话题。令人印象最深刻的变化源于供应活动。与以前相比，现在我们更清楚地认识到，生产和配送技术是可以改善的。实际上，通过努力，我们可以推动这些改善。另外，供应提前期、生产准备时间、质量缺陷等的普遍减少的累积效应对一家企业的长期繁荣具有深远的影响。这就是准时制（just-in-time，JIT）方法对运营的核心启示，这种方法首先由日本制造企业开发出来，并被人们普遍看成是其在竞争中获胜的主要原因。

近来，业界对供应链管理的兴趣激增。这就意味着要管理整个供应网络，即使这些供应网络是跨组织的或跨地理区域的。这一方法为显著的系统改善提供了机会，但同时也带来了新的挑战，因为传统的库存控制理论已经无法适应新的要求。

那么，这是否意味着我们所有的库存模型都已过时了呢？答案当然是否定的，但这确实意味着我们需要在某些方面扩展和丰富我们的模型，同时需要以不同的方式来分析、使用和教授那些比较陈旧的模型。

第一，包含在这些模型中的基本经济原理并未改变。例如，有人经常且非常严肃地指出，JIT 方法告诉我们，每一个批量都应该是一件，因此所有计算批量的模型都应该被废弃。这是绝对没有道理的。真实情况是，如果我们能够将生产准备成本和提前期降到一个与持有成本和其他因素相比微不足道的数值，那么批量就应该很小，正如模型所描述的。另外，我们应该努力实现这种流程的改善，因为正如模型所预言的那样，它们会带来切实的总体利益。用一种夸张的方式唤醒对这些事实的关注是无害的，只要我们记住区分这种夸张与事实即可。JIT 的另一个口号是“库存是魔鬼”。我的意见是，对松鼠去讲这些吧。

同样，看板（kanban）系统常常被看成是一种与模型提出的控制方法完全不同的方法，并且更加优秀。这种观点建立在对看板系统、早期的模型或两者的误解之上。实际上，看板系统是某些早期方法的一种变体，可能有些改善，但仅仅是一种变体而已，对它的使用并不会从根本上改变库存管理的问题。

确实，看板系统可以凭借比我们所习惯的更加分散的短期信息和控制进行实施，这很重要，因为它会令我们重新思考有效实施的问题。然而，关键管理决策（如设定生产率和看板的数量）包含着与传统控制系统一样的逻辑和经济权衡［对于那些认为在日本这些问题不重要的人，我强烈建议他们阅读一下 JIT 的发明者之一新乡重夫（Shingo，1995）对 JIT 的简要描述。我自己关于这一问题及相关问题的详细观点请参见 Zipkin (1991a)］。

第二，在某种程度上，由于 JIT 的推动，学术界和产业界的研究人员一直都在努力地对我们的模型进行扩展，以便将质量缺陷和看板风格的控制等要素包含在内。尽管这一工作远没有完成，但确实取得了一些重大进展。我也尝试着将一些重要的、可行的新成果囊括在本书中。

第三，在供应链管理中，仅仅知道缩短提前期有好处是远远不够的。即使是一个规模不太大的网络也可能涉及在几十个地点存放数千种物品。在每一种情况下，都可能存在着许多可供选择的改善方案，其中一些代价高昂，而另一些则不然。因此，关键问题是：我们的改善重点应该放在哪里，以及预期收益是什么？所有运营改善项目都会涉及类似的问题。管理人员、工程师和分析师（不管他们的工作是否与库存有密切的关系）都需要越来越频繁地回答这类问题。

在我看来，库存理论的模型和方法构成了解决这类问题最精确、最易驾驭、最彻底和最可靠的工具集。然而，为这一目的而使用这些工具需要我们转变焦点。如上所述，大多数模型都是在考虑了所有环境参数后明确解决控制问题的。我们需要进一步提问：这些变量发生变化而产生的影响是什么？这种类型的参数分析当然不是什么新鲜事，它属于敏感性分析（sensitivity analysis）中的一种。然而，在过去，敏感性分析在绝大多数模型的阐述中扮演着一个不起眼的角色，而我却对它进行了相当程度的强调。

1.2.3.5 库存理论和库存实践密切相关

这又是一个理想。然而，我相信，实际情况比我们通常认为的要好得多，部分原因是上面讨论的技术和库存管理人员的作用发生了变化。尽管学术界和管理界的风格及用词不同，但与上一代人相比差别已经小多了，而且我认为这并不是根本问题。理论工作者和实践者最终关心的问题是一样的。

不管怎样，我尽力地缩小其中的一些差别。不要忘记这样一个事实：今天学习库存理论的学生在未来的某一天将几乎毫无例外地要同经理（或未来的经理）会谈。因此，如果有可能的话，我会试图从理论的角度解释某些经常使用的启发式技术是如何出现的，而且我还会解释某些来源于理论的观点是如何被应用的（有时以一种不太明显的方式）。

一个恰当的例子是在第5章中讨论的物料需求计划（material requirements planning，MRP）。粗略地看一下这一部分，你就会立刻发现，它并没有利用MRP的术语来完整地解释MRP。很多MRP的术语以及几乎所有的特殊技术都没有被提到。这样做的目的只是为了说明MRP背后模型的基本结构和利用MRP进行生产控制的总体方法，并将理论中提出的结构和方法与它们联系起来。从远处的有利位置来观察，MRP与其他方法之间的差别可能会比从近处观察时的差别更小。因此，我们的目标是提供一个架构，在这一架构中，这一技术与其他常用技术就可以相互包容，而更详细的内容可以从其他地方学到。

1.2.3.6 应对库存问题需要管理者和工程人员的协作

库存应该由管理人员进行管理，还是应该由工程人员进行管理？这个问题似乎很明确。毕竟，管理者和工程师所受的训练和日常活动有着很大的区别。有人甚至可能会说，管理人员和工程人员体现的是不同的世界观与人生观。那么，哪些人更适合制定概念性的议题，哪种人更适合处理由库存造成的实际问题呢？

在我看来，库存这门学科是管理和工程艺术与科学的融合。不论是在理论上还是在实践中，为充分理解库存，两者都是十分必要的。为了能够像一名专业人士、咨询人士或研究人员那样明智地应对库存问题，接受过管理训练的人必须学会像工程师一样思考，而工程师也必须在某种程度上成为一名管理者。

管理的观点非常重要，因为一家企业的主要职能（从财务控制到销售再到生产）都会在很大程度上受到库存的影响，同时也会影响库存。有效的库存管理必须至少使顾客满意、使资金需求适中，且能够避免过多的运营成本。为了平衡所有这些条件，我们必须在更大的背景下在某种程度上理解它们来自何方以及它们意味着什么。

但是，更宽泛的背景、更宽阔的视野以及更大的图景也是不够的。典型组织持有的库存以及补充和消耗库存的活动构成了一个十分复杂的系统。成千上万种物品、成百上千个地点，它们之间的相互联系，再加上记录、预测、订单和大量的其他信息——这就是常见的情形。为了应对这种复杂性，我们需要大量借助系统工程。我们没有什么办法能够替代利用工程学的方法来解决问题，以及通过认真、系统的分析和设计过程来应用基本的原则。如果对复杂的现实问题过度简化，在宏观问题层面就可能会产生误导。

因此，我真的认为管理学和工程学的学生都应该读一读这本书。至少在我看来，管理学和工程学观点的互动是这一学科中最有吸引力的地方之一。在针对一个问题的必要细节形成一种观念、一幅图画、一个模型并将更大的整体（特别是那些像库存等对我们的经济生活影响巨大的问题）包含在内时，这是一种特殊的挑战和奖赏。

本章注释

下面是对库存管理发展的一个非常简要的回顾。针对具体话题的进一步讨论请参见各章的结尾处。

现代库存理论始于 Harris（1913）对 EOQ 公式的推导，他是一位工程师、发明家和律师。在接下来的几十年中，人们对无数的变量进行了分析，文章大多发表在通俗杂志上，并是由管理人员写的，也是为管理人员写的。这些成果中有很多被收集在 Raymond（1931）中，这是第一本关于库存管理的著作。Erlenkotter（1989，1990）对这一早期的历史进行了详细论述。本书第 3 章就是以其开创性的工作为基础完成的。

这些开拓者当然知道为不确定性制定计划的必要性。然而，具有明显随机特征的严格的模型分析实际上始于20世纪50年代，始于Arrow、Harris和Marschak（1951）以及Dvoretzky、Kiefer和Wolfowitz（1952）的一些极具影响力的论文。这一工作的顶峰出现在Whitin（1953），Arrow、Karlin和Scarf（1958），以及Holt、Modigliani、Muth和Simon（1960）。这一领域中的大多数基本分析方法［如动态规划（dynamic programming）和静态分析（stationary analysis）］都是在这一时期建立的，这一领域中以研究为导向的学术期刊也越来越多。

Hadley和Whitin（1963）出版的经典的、伟大的著作在某种意义上代表着那个时期的顶峰，该书对当时这一领域的发展进行了全面的总结，对以后的所有发展都具有深远的影响。不久之后，Veinott（1966a）所进行的研究也非常具有影响力。从那时起，对单件物品、单一地点模型的研究可以被看成是对这些作品中提出的观点的细化和推广。这并不是说没有重要的事情发生，这些细化和推广的累积效果显著扩大和深化了这一领域的研究。

对具有多种物品和多个存储地点的复杂系统的研究进展相对较慢。对这些领域的研究始于20世纪50年代末，并且一直非常活跃。请参见Scarf、Gilford和Shelly（1963）对早期有影响力的论文的汇编。这一领域直到大约1970年左右的成果收集在Clark（1972）中，随后十年的发展收集在Schwarz（1981）中。许多重要的成果是最近取得的，并首次以图书的形式出现在本书中。

在Porteus（1990）中能够找到最新的研究文献，Graves等（1993）和Tayur等（1999）收集了评论性文章。Chikán（1990）收集了一份全面的参考书目。

第2章　系统和模型

本章提要

2.1　导言

本章简要介绍了库存管理的背景。它涉及企业运营中的一些信息技术，组织中的人应该关注库存以及如何与其他人进行互动等。本章还讲述了一些关于模型及其应用的知识。

库存管理用到了多种信息技术。这些技术包含数据库、成本核算和统计预测。熟悉这些技术（至少能够明智地使用它们）是相当重要的。本章简单描述了它们的功能、与库存管理的关系以及在哪里可以获取更多有关它们的信息。在这方面，我持保守的观点。许多关于库存管理的图书和文章声称或暗示你可以自己进行核算、预测等。这在30年前或许可以。在那个年代，许多公司并不精通这些技术。但从那以后，这些技术以及公司对技术的应用取得了很大的发展。如今，在我看来，继续开发你的个人成本核算系统毫无意义。你不会比专家做得更好，而且维护两套账目在组织上和法律上都存在着风险，另外你还有很多其他事情要做。

2.2　背景

2.2.1　计算机系统

让我们看一看库存控制软件。要求参观一下你的公司或大学使用的系统。到当地的零售商店去，问一问你是否可以参观一下店里使用的系统。登录互联网，进入一个共享软件站点，下载几个软件，并试用一下。对库存软件进行一次调研，许多商业网站都提供试用版。

你可能会发现一个数据库。这个数据库可能是以通用数据库软件（如 Access、Paradox、Oracle）为基础建立的，也可能是以具有数据库功能的其他类型的应用软件（如 Excel、1—2—3）为基础建立的。即使是一个独立的程序，它的界面和运行也都很像一个数据库。

这是了解数据库实际应用的明智的开端。首先，库存系统是一个数据库。这样一个系统是像数据库一样建立起来的，其大部分实际功能也像数据库的功能一样被执行。

最简单、最普遍的库存系统是围绕着大量的物品建立的。这些物品代表了一家商店中的商品，或存储在维修车间中的部件。这些物品是相互独立的（这类系统将在本书 5.2 节和 8.2 节中进行讨论，我们会提到更加复杂的数据库，其中的物品不是独立的）。每种物品都有一个记录，包含基本的描述性信息（名称、代码等）。通常，会有指针指向其他结构化的信息（如供应商的名单）。此外，还有交易历史，包括每一种物品所有的订单、收据和退货信息，这与基本会计系统的分类账类似。

这个系统的功能是什么呢？人们输入交易信息。系统对物品进行增减和改变。它们向管理层提交汇总报告。总而言之，它们完成了人们使用其他数据库完成的所有工作。

此外，这个系统的质量和价值在很大程度上取决于其数据库功能的执行效果。它使用起来是简单还是复杂、灵活还是死板，是否可靠？答案就完全取决于系统背后的数据库。人们常常会抱怨库存数据中的错误，但其实所有的数据都存在误差。好的数据库管理软件具有错误控制功能，而这恰好是可以用于控制库存误差的技术。

尽管如此，在某些方面，库存系统也有一些特殊性，即其支持决策和行动的功能。具体来说，库存系统可以触发订单。它可以间接地实现这一功能，仅仅发出某一物品库存低的信号，让某个人来采取行动。或者，它也可以自动下订单。在这两种情况下，系统都需要某种逻辑来执行这一任务（其他数据库也支持行动，如一位客户关系经理能决定何时给某一位客户打电话）。这就是本书的模型和目标的切入点。此外，一个库存模型还提供了以计算机为基础的库存系统触发订单所需要的逻辑。虽然模型通常在系统代码中只占极小的一部分，但却是非常重要的一部分。一个糟糕的模型会引发不良决策，不良决策则会导致顾客、供应商、银行经理的不满，并且使管理者感受到巨大的压力。顺便说一下，我们在此可以回答学习库存理论的学生的一个问题：如何建立一个库存模型？在大多数情况下，答案很简单：编写代码，然后把代码插入一个建立在数据库基础之上的库存系统中。数据库程序会解决实现模型过程中的大部分技术难题（良好的接口、完备的报告等）（如下面将要讨论的，实现模型时还会遇到其他问题）。

当然，如今的答案肯定不同于 20 年前的答案。那时，在数据库软件得到广泛使用之前，人们常常需要从零开始编写代码，并且要担心接口、报告等问题（因为建模的人不可能精通所有事情，其结果就是产生了许多糟糕的系统）。现在，从另一方面来说，我们必须了解一些数据库技术的基础知识，这样才能更理智地使用它。

现在，并非所有的系统都允许插入代码。有些系统的决策逻辑很难修改。因此在选择这类系统时，要找到一个充分模块化因而可以修正、替换决策逻辑的系统（但要注意：任何系统都不具备你希望的那种灵活性）。

如上所述，标准的库存系统将每一件物品都视为独立的。在生产环节中，相关的物品包括物料、零件、部件、组件和成品。它们不是相互独立的，而是相互联系的，因为对一种物品的需求是由对其他物品的需求所产生的。对这类情况，我们需要不同类型的软件。MRP 系统的目的就是捕获和利用这种关系。这样的系统仍是一个数据库，但与独立物品的系统相比则复杂得多（更详细的讨论请参见本书第 5 章）。对于其他应用，也存在着类似的系统，如分销资源计划（distribution requirements planning，DRP）系统将同样的架构应用于分销中。在网络上你可以找到很多 MRP 和 DRP 软件，去试试吧！更强大的是企业资源规划（enterprise resource planning，ERP）系统。该系统将普通数据库技术扩展到企业所需要的所有信息。它们与其他数据库的不同之处在于其范围和规模上。ERP 的主要提供者包括 SAP 和 Baan，而其他公司则提供相关的产品。所有这些都能在网上找到。最后，还有一些咨询公司和软件公司为某些行业提供定制的库存应用软件。

因此，有许多现成的支持库存管理的软件。尽管任何一个软件都无法完美地满足特定企业的需求，但它们提供了很好的起始点。有时候，现有系统均达不到真实系统的要求。因此，定制的系统还有立足之地。要记住，定制系统是一项成本很高且存在风险的工作，因此应该认真考虑替代选择。

2.2.2　监控

库存是由需求和供应所驱动的。为了控制一个库存系统，当需求和供应发生时对其进行监控和记录是很有必要的。这是不是显而易见？或许是吧。但仍有一些企业忽视了这些最为基础的工作。

提醒一下，监控会很棘手。几乎每个公司都有详尽的销售记录，但需求则不然。需求是一种潜在的销售。但是，如果没有可获得的商品，消费者就会去其他地方购买。即使是消费者愿意等候，直到商品有货时再买，但记录最初需求产生的时间和接下来销售的时间也是相当重要的。否则，需求的时间模式记录就会被扭曲。

在某些情况下，需求很容易被监控。例如，目录零售商的顾客只是通过信件、电话或电子邮件同公司进行沟通，因此不管是否形成销售，对这类接触进行记录都是很容易的。同样，在大多数工业品市场中，需求也是以订单形式出现的。

然而，在其他情况下，监控需求则非常困难，甚至是不可能的。设想一个杂货店。假如顾客想买杏仁味的草药茶，但是店里没有，他将空手离开，或有可能买另一种口味的。我们根本无法识别消费者的真实需求。有一些特殊的统计方法能够根据销售数据来估计需求量（Nahmias，1994），但实施起来较为困难。

还有一些能够将需求记录下来的情况，但需要付出一些努力。例如，在一家高档服装商店，销售人员试图与每一位进入商店的顾客谈话。如果商店里没有顾客所需要的产品，销售人员就可能知道这一点。因此，秘诀在于要对销售人员进行培训，以便使他们能够记录下这类事件。信息技术（如利用点击式物品选择技术）可以令这一过程更加简单。

同样，在供给面，在每一份订单发出以及实际收到货物时进行记录是非常重要的（两者的间隔就是我们所谓的提前期。在本书中你会看到，这是一个非常重要的绩效驱动因素）。很明显吗？是的。每个人都会忠实地完成这一任务吗？不是。一定要保证你的公司做到了这一点。

再强调一次，与以前相比，现代信息技术令这一任务能够更容易且更可靠地完成。例如，条形码扫描仪大大简化了交货的记录工作。

2.2.3 组织的问题

设想一家公司有两个部门：生产部门和营销部门。生产部门生产产品，营销部门负责配送和卖掉它们。那么谁应该管理成品库存呢？

一个可能的答案是生产部门。因为生产部门是生产这些产品的部门，所以很自然地该由他们来控制最终产品。但等一下：这些库存是用来满足营销部门的需求，营销部门用这些产品来满足最终消费者的需求。因此，营销部门应该管理这些库存。还有另一种答案：营销人员总是增加每一种产品的需求，而生产人员却总是为他们未能履行自己的承诺找借口。谁会对整个公司及其所有者负责呢？是财务人员，就是他们。让他们来管理库存吧。

有人会说，既然现有的部门难以达成共识，为什么不设置一个独立的部门来管理库存呢？这样做有一个问题：这个部门的地位如何？它应该向谁报告呢？我们似乎回到了先前的地方。

大多数组织都面临着这样的困境。事实上，这是库存固有的问题。回想一下，库存是在不同的企业、部门或工厂之间产生的，其目的是为了使供需双方的交易过程更加便利。各方都希望从自己的目的出发来控制库存，这没什么奇怪的。这类争议是很自然的，也是不可避免的（正如我熟悉的一位专业人士所说的那样，库存管理一半是科学，一半是流血运动）。

实际上，对于该由谁来管理库存这个问题没有一个普遍适用的答案。上面提到的任何一个答案都可能是对的。关键在于：无论谁管理它，都必须有适当的机制保证各方的愿望和约束都得到认可和平衡。

最近，许多公司都成立了一些团队来管理供应链，也包括管理库存，其组成人员来自所有有利益关系的团队。有时候，这类团队甚至会跨越公司的界限。这可能是一种有效的办法。但是，认识到下面这一点是很重要的：这样一个团队只不过是把各团队间自然发生的争议局部化了。这个团队仍然需要找到一些方法来解决相互冲突的目标。

通常，模型是为了体现不同团体各自关心的问题。例如，生产部门所关心的问题有可能通过生产准备成本反映出来，而营销部门所关心的问题则可能通过缺货罚金体现出来。这样，模型的解决方案就是通过平衡各部门关心的问题来为公司的总体目标服务。

这样做很好，但别忘了，妥协是一门很难把握的艺术。即使是为了共同的利益，妥协也很少能平息所有的抱怨。模型不能消除争议。但是，它可以作为一个共同的参考点，通过这个参考点，我们可以了解这些冲突。

2.3 模型

2.3.1 概述

构建模型是一种奇妙且神秘的艺术。它大量强调了科学和工程技术，因而是现代生活的一种基本要素。它是一种思考和理解世界的方式，也是一种解决问题的方式。一个优秀的模型既精致也有用。

但是，没有人真正理解模型是什么。许多学者试图定义这个术语，但在我看来都不令人满意。问题部分在于：不同领域会以不同的方式应用这些模型。有些物理学模型（如广义相对论、量子电动力学）是对各自领域现实情况极为精确的描述。这些模型从本质上把握住了相关领域中我们知道的所有知识。相比之下，社会科学模型则远没有那么精确，其目的是把握住相关领域中的一些重要且宽泛的特征，同时忽视了其他不太重要的细节。在这种情况下，构建一个模型需要设计决策变量——应该包含哪些内容、不考虑哪些内容。另外，工程师和科学家们出于完全不同的目的应用模型。科学家（不管是物理学家还是社会学家）是试图理解某件事情，而工程师则是为了建造出能够运转的东西。

运筹学（operations research，OR）包含了本书的许多相关主题，它更像是工程学，而不像科学，更接近社会领域而不是物理领域。运筹学模型省略的内容总是比包含的内容还多，它们的最终目标是实际应用，而非纯粹的知识本身（这就解释了运筹学研究人员与经济学家之间大部分令人遗憾有时候很有意思的误会。他们所用的模型十分相似，但目标却截然不同）。

即便是在运筹学研究人员中，也存在着多种制定决策的方式。有些人喜欢包含尽可能多的细节，而其他人则崇尚简约。库存理论倾向于后者。运筹学的许多基本模型十分简单。这种方法仅仅包含了问题最主要的特征，而忽略了其他要素。适应它不大容易，但它确实有效（我也认为这些模型非常精致，但你可以自行决定）。

"模型"这个词还面临着另一个问题。人们既用它来描述数学领域，又用它来描述计算机软件领域。它们是不同的事物。它们可能是相关的，也就是说，计算机模型可能能够实现数学模型，但是，有许多方法可以用来实现给定的数学模型，软件中包含的内容也不只是数学模型。你会发现，本书中的绝大多数模型是数学模型，尽管其中的许多模型实际上已经通过软件实现了。

在实现一个模型时，软件中还包含了哪些内容？模型是一种强大但粗略的工具。由于它忽略了很多因素，模型与现实之间的某些偏差是无法避免的，而一个粗糙的模型的表现会非常可笑。为了避免出现这种情况，用"缓冲器"将模型保护起来是很有必要的，如利用不同的功能对数据进行预处理、对解决方案进行后置处理（postprocess）等。大多数计算机模型都通过这种方式得到了充分的保护。

最后，再说一说应用。许多人可能已经发现，应用模型时会遇到很多困难。我认为，主要原因是：从某种意义上说，计算机建模是一种技术，就像一种新机器一样，计算机建模需要人们学习不同的技能，并使用不同的方式与别人一道工作。这种调整很困难，即昂贵又费时。难怪人们对于采用新的计算机模型十分保守。对于创造者来说，其模型是自然而然形成的，但对于要使用它的人来说，它却是一个陌生且令人畏惧的方法。同样，与新机器一样，模型也有其政治含义，它会增加一些人的权力而减少另外一些人的权力。正如上面所说明的那样，在天生就具有政治性质的库存管理领域，这一点当然是正确的。

实际上，大部分成功的应用都有一个共同点：它们首先在别处使用过了。没有人希望第一个尝试一种全新的技术。真正具有创新性的模型是很少的。

如果你理解了这些问题，并在应用时牢记在心，那么你成功的机会就会大增。我并不是说绝不创新。但要记住，你的模型中的每一个创新特征在实施阶段都需要付出更大的努力。预想一下你的用户在采用这一模型时将会面临的技术与政治难题。

2.3.2　成本估算

本书中的许多模型都涉及成本因素——采购成本、生产准备成本、库存持有成本等。这些成本来自哪里？简要的答案是：它们来源于成本（或管理）会计。这一原则在很大程度上与估算各种成本（包括库存模型中使用的那些成本）相关［参见，例如 Zimmerman（1997）］。当然，这一答案回避了这样一个问题：成本会计师是干什么的？

其实，他们的大部分工作是叠加（addition）。例如，一件产品的采购成本常常由几部分构成，包括供应商收取的实际价格、税收、运费及装卸成本等。会计的工作就是找到所有这些成本的来源并把它们加起来（所有的购置成本有时被称为“总成本”，以强调它包含了所有的成本，而不仅仅是定价）。准备成本、持有成本等也是如此。

在仅有一个物品的系统中，这项工作很简单。但是，当存在成千上万种物品时（这种情况很常见），工作就变得异常困难了。对每一种物品进行单独的研究以确定其成本因子是不可能的。另外，许多成本构成因素常常都不是仅与某一物品相关，而是来自一些共同的来源。例如，用来运输的卡车可以运送许多种物品，而不只是一种。成本会计师必须知道如何区分。

对于一个庞大而复杂的系统来说，成本会计师会试图找到关键成本驱动因素，然后以此来估计单件物品的成本。例如，体积（从几何意义上来说）可能会被当成运输费的驱动因素。也就是说，确定每件物品的体积，用总运输费用除以产品的总体积。如果结果不够精确的话，再加上另外一个驱动因素，比如说重量。这种方法有时被称为作业成本法（activity-based costing，ABC）。这完全类似于回归分析，即用少量变量（驱动因素）来估计许多其他的量（物品的成本）。

还有一个棘手的问题。我们的模型应该体现出不同行动对企业财务状况的影响。例如，在一个订货量是变量的模型中，目标函数包括了持有成本，而这种成本应该对所有可能的订货量都是正确的。因此，库存持有成本乘以订货量，应该为预期的边际值，它应该能够衡量未来的单位持有成本。麻烦在于，成本估算方法提供的通常是历史平均值。从时间上来说，它们是向后看而不是向前看。它们建立在过去的实际持有成本基础之上，是过去实际订货量的结果。作为未来成本的预测指标，其结果完全是一种推测。此外，这类方法在各个物品间分配了共享资源的历史成本。即使利用精心选择的驱动因素进行了明智的分配，但它仍然将变动成本与固定成本混在一起了（会计师们已经意识到了这个问题，他们尝试着开发一些方法进行改善，并取得了一些成功）。

值得欣慰的是，并不是只有我们面临着这一问题。几乎每一类分析都试图以过去的数据为基础来说明某些对将来有用的东西。因此，对于分析师来说，抱怨会计数字（并且憎恨会计师）是正常的。但我们能做得更好吗？我们很难看出应该怎么做。重要的是要认识到，即使是最认真的成本估算也不一定是完美的，需要小心使用。

缺货罚款成本代表了一类特殊的问题。然而，库存持有成本是企业内部的事，而缺货则主要影响其他人。我们能计算出持有成本，但很难想象如何衡量缺货对一位消费者带来的成本。在任何情况下，会计系统都不会触及这类成本。

面对这一难题，许多人放弃了。正如我们将要看到的那样，没有缺货成本这一参数也可以利用约束条件来建立库存模型，而且那些人认为这种方法更让人感到轻松。如果你是他们中的一个，那请放心，这本书中包含了这样的公式。然而，我自己的观点是：这只不过是令问题改变了形式。基本问题仍然是理解缺货对消费者意味着什么。

从本质上说，这是市场调研的一个问题。幸运的是，市场研究者已经认识到了客户响应时间的重要性，并制定了一些方法来评估其对客户的重要性（这些方法基本上与用于评估产品质量其他维度的方法相同）。我们很快就越过了库存分析师随意选择一个数据的阶段，不管是违约成本还是约束条件。

顺便说一句，成本估算的困难性已影响到了本书的结构框架。在本书中，我们始终强调在实际条件下的策略评估，它不需要成本估算，但进行策略最优化则需要。策略评估永远都是有用的，特别是当可靠的成本数据难以获得的时候。

2.3.3　需求预测

库存在很大程度上是由预测驱动的，特别是需求预测。因此，为了有效地管理库存，我们必须了解一些有关需求预测的知识。

下面是我对这一问题观点：预测是统计估计的一种。预测方法就是统计方法。因此，学习库存就得学习统计学。

当然，统计学比预测的范围大多了。统计学大多关注静止的数据或截面数据（cross-sectional data），如在一个特定时点超过 6 英尺高的那部分人。许多基础的统计学书籍和课程都致力于截面数据问题，并且几乎不涉及预测。预测与动态的、纵向的或时间序列数据有关。预测是对于还没有人观察到的未来的描述。尽管如此，预测的基本方法仍然是统计估计：用一些你知道的信息来估计未知的事物。那些未知的事物可以是将来静态的人口数量和需求值的参数。

例如，你可能知道点估计（point estimate）是个特殊的数字，是对未知数量的最佳估计。你可能也知道，尽管有一个点估计比什么都没有好，但它并不完善。如果能够对点估计增加一些准确性或精确性的指标（如样本方差或采样范围）就更好了。这就是进行区间估计（interval estimate）如置信区间（confidence intervals）的基本原理。

现在，预测常以点估计的方式展现出来。“我们希望下个月的需求为 3508 箱。”这是人们所期望的预测方式。即便是了解统计学的预测人员也会认为他们的工作就是创造这种陈述。但是，像其他估计方法一样，预测的精确程度是不相同的，而预测的有效性是其精确度的直接函数。一般来说，这是正确的，尤其是在库存管理中。正如本书所强调的，需求的不确定性（即预测误差）是库存策略和绩效的主要驱动因素。没有衡量准确性的指标，就不可能明智地管理库存。

这又提出了另一个关于监控的问题。如前所述，为了评估预测的准确性，监控实际需求是非常重要的。但同样重要的是要保存以前的预测记录。有很多公司会扔掉过去的预测，对这一点你可能会感到惊讶。建立一个数据库来储存过去的预测数据是有必要的，也很值得为此付出努力。

许多有关预测的讨论都集中于方法、技巧和算法。“下面就是关于指数平滑方法的说明……”我认为，这种强调是不恰当的。这就像是在没有理解基本概念的情况下学习回归分析技术一样。

预测活动的整体目标是针对外部世界构建一种观念，或一个故事，或一幅图画，或驱动需求的系统。数据当然很重要，但如果不是在更大的背景中加以考虑，它是没有什么意义的。每一种预测都是建立在需求模型上的。在某些情况下，这一模型可能是隐性的，但它总是存在的（就像回归分析背后的线性模型一样）。另外，每一种预测方法都可以被理解为使参数与此类模型相匹配。因此，弄懂基本模型是相当重要的，因为它们的差别很大（本书附录C中的C.6.4节讨论了一种常用的预测方法背后的模型）。

关于软件，我还有一句话要说：如果你确实是在做预测的话，你应该购买一套现有的软件包。这比你自己写代码要便宜，且更加可靠。在某些情况下，这些软件包中的使用手册和帮助文件是对预测这一话题的完整介绍。

本章注释

互联网是本章所讨论主题的一个很好的信息来源。例如，如果你想了解更多有关于数据库的内容，可以使用数据库（database）这个关键词在任何一个常用的网站上进行查询。

下面是一些你可能感兴趣的网站：

http：//www.mhhe.com/business/opsci/pom/：这个网站是我们的出版商主办的“运营管理中心”，里面包含了许多关于运营的一般信息。

http：//www.apics.org/：APICS是指美国生产和库存管理协会。它是许多主题（特别是MRP和ERP）的一个很好的资料来源。

http：//www.clm1.org/：这是另一个专业团体“物流管理协会”（Council of Logistics Management）的网站。

http：//www.informs.org/：这是一家专业学术组织“运筹学和管理科学协会”（The Institute for Operations Research and the Management Sciences）的网站。

http：//www.lmi.org/：这是就物流问题向政府机构提供建议的非营利性组织“物流管理学会”（The Logistics Management Institute）的网站。

要想了解成本会计，请参见Zimmerman（1997）。

附录C的注解中引用了其他一些关于预测的书籍。《今日运筹学/管理科学》（*OR/MS Today*）杂志每年都会对预测软件进行调研并发布报告。

第 3 章　单件物品具有不变的需求率

本章提要

3.1　导言

本章将对供应中的规模经济的意义和影响进行详细分析。此外，我们还将尽可能地简化供应与需求的过程。我们的系统在结构上也很简单，只涉及在单一地点的单一物品。

时间和产品本身都是连续的，或者换句话说，就是无限可分的（infinitely divisible)。这是一个建模的选择。在现实中，像橙汁、石油、木浆、铝土矿这些产品就是无限可分的，而飞机、电脑、钢厂就是不可分割的(3.62 加仑的橙汁有其特定的价值，但一小部分飞机却不值钱)。螺丝、成品纸张、药瓶就是介于两者之间的例子：尽管这些物品实际上不能真的被无限分割，但我们可以认为它们可以被无限分割。

对这些物品的需求以一种已知的、不变的速率发生，并且在长期中是连续不断的，在 1.672 年中的需求恰好就是年度需求率的 1.672 倍。其他需求过程中令问题复杂化的因素被分离出去：需求是平滑的，而不是多单位随机的；在长期中没有波动，不管是可预测的还是不可预测的；等等。

供应过程也很简单。然而，我们不可能准确地按照需求过程的不变速率来供应物品。供需不可能完美匹配，它们不可能在一个理想的流系统(flow system）中被连接起来。出于技术和经济上的考虑，供应是以离散的批量进行的。每一批货物，无论有多少，都会发生固定成本。这是规模经济最简单的形式［本章的大部分内容关注的都是这些批量应该有多大，这个问题有时候被称为批量大小（lot sizing）］。同时，只有在经过一个固定的提前期（leadtime）后，供应过程才能对补货订单做出响应。正如我们将要看到的，这一因素在此并不太重要。

我们将在 3.2 节学习一个非常基本的模型——经济订货批量（economic-order-quantity，EOQ）模型。该模型的关键假设就是需求必须立即被满足，缺货是不允许的。在后面的章节中，我们会讲解这一模型的重要变形。

3.3 节将会放松不允许缺货这一假设，允许有计划的延期交货。

接下来的三节将讨论供应系统的变形。3.4 节重点讨论以恒定、有限速率生产一种物品的过程。这一模型加入了简单的产能限制。3.5 节讨论了因数量折扣而造成的更复杂的规模经济问题。3.6 节分析了质量缺陷带来的影响。

3.7 节以不同的成本目标重新构建了 EOQ 模型。这一 EOQ 模型的目的是在长期中实现平均成本最小化。这一新的模型建立在未来成本现值的基础上。然后，我们将重新说明最初的 EOQ 模型是新模型的一种近似。

为了应对各种实际需求，人们还开发出了许多 EOQ 模型的其他变形，其中一些将在本章习题中进行讨论。

本章的模型都是非常模式化的，尽管其假设都是经过简化的，但在实践中仍然得到广泛的应用。另外，我们在此建立的方法论和直觉将会为将来理解更复杂、更真实的模型打下坚实的基础。

本章只需要你具备基本的微积分知识。

在开始学习之前，让我们先提出一些基本词汇：我们需要两个计量单位，一个是时间单位（日、月、年等），一个物理量单位（吨、蒲式耳、加仑等）。我们现在使用“时间单位”和“数量单位”这些抽象的术语。在实际运用中，我们当然会选择一些特定的度量单位来代替。

3.2 经济订货批量模型

3.2.1 场景设置

我们的任务是在长期中在单一地点管理单一产品。需求以一个恒定的速率连续发生：

$$\lambda = \text{需求率（数量单位/时间单位）}$$

假设开始时有一些库存。由于存货被用来满足需求，因此库存以速率 λ 减少。在某一点上，我们必须补充库存。为了补充库存，我们会向供应系统发出一个订单。订单就是生产特定数量产品的请求。在经过一个固定的提前期（leadtime）后，供应系统会交付这一数量的产品，提前期的表示如下：

$$L = \text{提前期（时间单位）}$$

（在任何情况下，L 都不取决于某个订单的时间或大小。实际上，我们假设供应商的产能是没有限制的。）随后，需求还将消耗库存，因而，我们会不断地向供应商下达订单并接收其货物。

这一场景大致描述了零售商店的情形，它们从供应商处接收产成品，并把这些产品销售给消费者。提前期代表了订单处理和运输的时间。尽管在措辞上有些变化，但这一模型还是描述了一个简单的生产过程。“订单”变成了生产特定数量产品的信号。整批货物在 L 单位时间后完成，然后就可以用来满足需求。例如，L 可能代表采购原材料和机器的准备时间，实际生产几乎是在瞬间完成的（在本例中假设没有产能限制。3.4 节将会讨论产能受限制的生产过程）。

图 3.2.1 描述了供应和需求对库存的净影响。在大部分时间里，库存以 $-\lambda$ 的斜率线性下降。当我们下达订单时，在 L 时间单位之前，什么事情也没有发生，随后，相应批量的货物到达了。在这一点上，库存增加了接收到的数量。

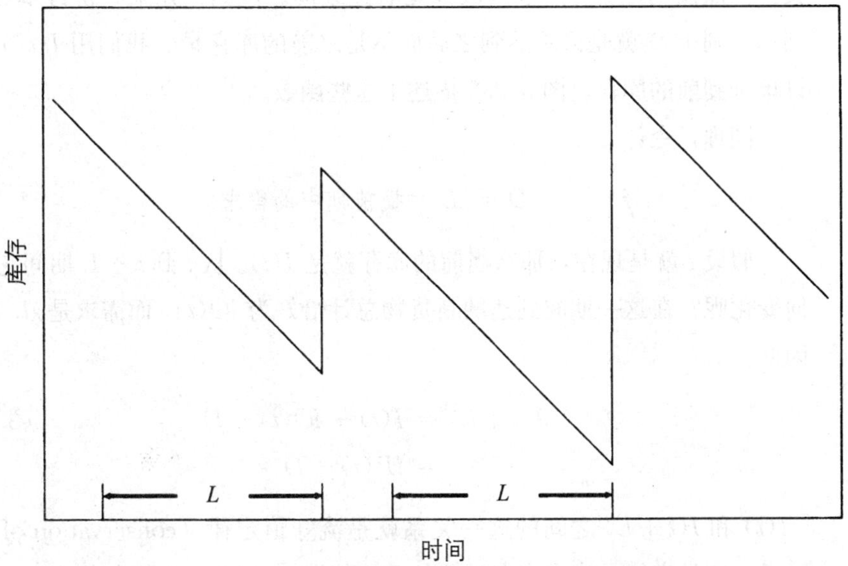

图 3.2.1　长期库存

如果我们忘记了订货，而库存降到0时，会发生什么情况？如果出现这种情况，那么至少在一段时间内，我们会无法满足需求。这类缺货是不允许的：我们总是提前订购足够多的货物，以满足所有的需求（在3.3节中我们会抛开这一限制）。

在这一场景中，控制库存就意味着要回答两个问题：何时应该下达订单？应该订购多少货物？（这两个基本问题反映了在各种情况下库存控制的本质。）

为了寻找到答案，我们进一步提出了两个假设。第一，为了达到能够满足所有需求这一要求，我们只会在必要的时候下达订单，而不会提前下达。换句话说，每一份订单都将在我们即将出现缺货时准时达到［有时这被称为零库存特性（zero-inventory property）］。第二，每次订货的批量都是一样的（这些规则是合理的。习题3.1和3.2对此提供了严格的支持）。

我们定义时点 t（以时间单位衡量）的函数（以数量单位衡量）如下，其中 $t \geqslant 0$：

$I(t)$ ＝时点 t 时的库存

$IO(t)$ ＝已订购的库存，在时点 t 之前已订购但到时点 t 时尚未收到的总库存

$IP(t)$ ＝时点 t 时的库存位势＝ $I(t)+IO(t)$

双字母符号（IO 和 IP）使我们可以区分不同的数量，它们都与库存有关。依照惯例，所有这些函数都是右连续的。例如，如果一份订单在 t 时到达，则 $I(t)$ 就是订单达到之后而不是之前的库存量。我们用 $I(t^-)$ 表示订单未到前的库存。图3.2.2描述了这些函数。

同理，令：

$$D=\lambda L=\text{提前期中的需求}$$

假设 t 就是现在，那么当前的库存就是 $I(t)$。从 t 到 $t+L$ 期间它会如何变化呢？在这一期间到达的新货物总计恰好为 $IO(t)$，而需求是 $\lambda L=D$。因此：

$$\begin{aligned} I(t+L) &= I(t)+IO(t)-D \\ &= IP(t)-D \end{aligned} \tag{3.2.1}$$

［$I(t)$ 和 $I(t+L)$ 之间的这一关系就是流守恒定律（conservation of flow law）。这类定律是许多库存系统的重要特性。］因此，库存位势 $IP(t)$ 巧妙地描述了当前的信息，即 $I(t)$ 和 $IO(t)$，以协助预测未来的库存。具体来

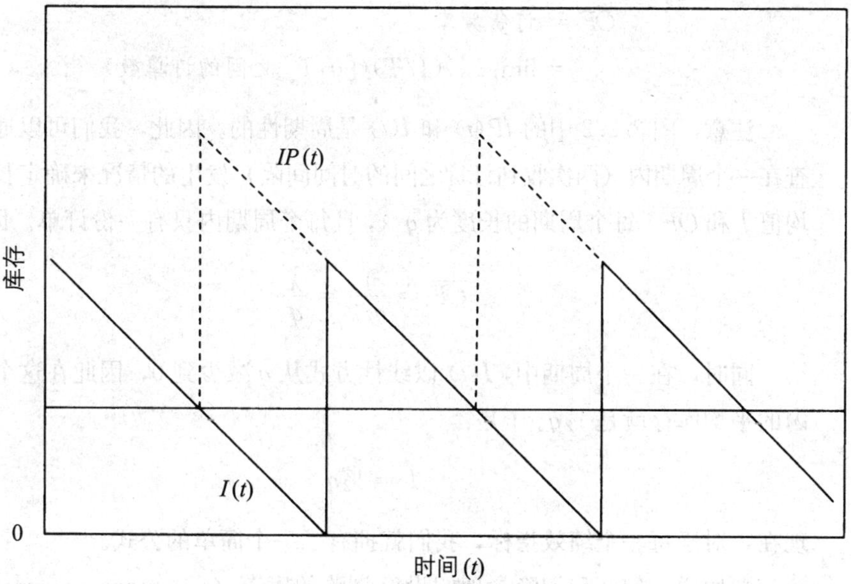

图 3.2.2　库存与库存位势

说，零库存法则可以表示为：

持续监控库存位势 $IP(t)$。当 $IP(t^-)=D$ 时，在时点 t 时下达新订单。

解决了何时下达订单这一问题后，我们还要说明数量（记住，所有订单批量的大小均一致）。现在，我们给它起一个名字：

q= 订货量或批量大小（数量单位）

这是一个策略变量（policy variable）。现在我们就建立一个模型对其进行分析，以确定 q 的最优值。

3.2.2　绩效标准

衡量这一系统的相关标准有两个：出于规模经济的原因，我们不希望过于频繁地订货，也不希望持有过多的库存。这些指导方针过于宽泛，无法指导我们采取行动，我们需要将它们转化为更精确的标准。我们采用的方法专注于长期中的平均值（这一公式应该被认为是很自然的，在 3.7 节中我们将讲述一个不同的公式）。这一系统会在时间区间 $[0,\infty)$ 内永远运行下去，我们利用下面的数量来衡量其绩效：

$$\bar{I} = \text{平均库存}$$
$$= \lim_{T\to\infty}\{(1/T)\int_0^T I(t)dt\}$$

$\overline{OF}$ = 订货频率

$= \lim_{T\to\infty}\{(1/T)([0,T]$ 之间的订单数)

注意，图 3.2.2 中的 $IP(t)$ 和 $I(t)$ 是周期性的。因此，我们可以通过检查在一个周期内（两次收到订货之间的时间间隔）发生的情况来确定长期平均值 $\overline{I}$ 和 $\overline{OF}$。每个周期的长度为 q/λ，且每个周期内只有一份订单。因此：

$$\overline{OF} = \frac{1}{q/\lambda} = \frac{\lambda}{q}$$

同时，在一个周期中，$I(t)$ 以线性方式从 q 减少到 0，因此在这个周期内的平均库存就是 $\frac{1}{2}q$。于是：

$$\overline{I} = \tfrac{1}{2}q$$

现在，对于每一个绩效指标，我们就拥有了一个简单的公式。

顺便说一句，我们隐含地假设已订购的库存（inventory on order）无关紧要。事实上，只有在收到货物后我们才能拥有它们（否则，如果我们在订货时付款，则在总平均库存中就需要额外增加一项。这额外的一项恰好就是 D，它是一个与 q 无关的常量）。

注意，当 $\overline{OF}$ 减少时，$\overline{I}$ 随 q 增加。这两个标准发生了直接的冲突：在供应过程中，我们可以通过选择一个较大的 q 值来利用规模经济，但是这会导致平均库存升高；我们可以减少库存，但却要以高订货频率为代价。

那么，我们应该如果选择 q 呢？有两个基本方法。有些时候，外部世界会给模型中的 $\overline{I}$ 和 $\overline{OF}$ 强加一个约束条件。无论是库存还是订货频率都不能超过规定的上限。在任何一种情况下，该如何做都是很明确的：$\overline{I}$ 的上限意味着 q 的上限。因此，为了最小化 $\overline{OF}$，就要将 q 设置得尽可能大，刚好达到其上限。同样，如果给定了 $\overline{OF}$ 的极限值，那就要使 q 也恰好达到其极限。

没有这些约束，冲突同样存在。为了解决这一问题，我们假设可以将这两个标准转化为同一个衡量标准，即货币成本。也就是说，我们计算订货和库存产生的成本，并将它们整合到一个总体成本指标中。

要做到这一点，我们要估计采购并持有库存的成本因子（cost factor）。这些成本因子在长期中保持不变。我们用某种标准货币单位来衡量所有的成本。在此，我们使用抽象的术语“货币”（moneys）。具体如下：

k=下达一份订单的固定成本（货币）

c=下达一份订单的变动成本（货币/数量单位）

h=在单位时间内持有单位库存的成本

（货币/［数量单位·时间单位］）

实际上，h 的定义意味着在时点 t，库存 $I(t)$ 使得成本以 $hI(t)$ 的速度累积。

这些成本因子的估算在第 2 章和本书的其他地方进行了讨论。现在，我们要讲述一些基本的事实：固定成本 k 代表与订货批量无关的所有成本。通常，它包括订单处理的行政成本以及运输和货物接收成本。在生产环境中，k 可能包括生产准备成本。因此，k 反映了供应过程中的规模经济。变动成本 c 由单位采购成本和其他与订货批量相关的成本组成。因此，每份订单的总成本是 $k+cq$。

一般来说，持有成本 h 包含两个主要部分。第一个部分包括与库存本身相关的所有直接成本，包括实际处理成本、保险费、冷藏成本以及仓库的租金。我们用 $\underline{h}$ 来表示所有的直接成本。第二个组成部分是融资成本 αc，其中 α 是利率，反映出了持有库存与资本之间的关系（3.7 节将更深入地讨论这个问题）。因此，$h=\underline{h}+\alpha c$。

这些成本因子再加上实际绩效指标 $\overline{OF}$ 和 $\bar{I}$ 决定了单位时间的平均成本：长期平均订货成本是 $(k+cq)\overline{OF}$，平均库存持有成本为 $h\bar{I}$。总体绩效标准就是这两个数量之和：

$$
\begin{aligned}
C(q) &= \text{总平均成本(货币 / 时间单位)} \\
&= (k+cq)\overline{OF}+h\bar{I} \\
&= c\lambda + k\lambda/q + \tfrac{1}{2}hq \qquad q>0
\end{aligned}
$$

图 3.2.3 详细描述了这个公式。

现在，我们已经完成了本节基本模型——经典经济订货批量模型（EOQ）——的建立。

现在是我们发出一个友好警告的最佳时机：在使用 $C(q)$ 或本节中的任何一个结论之前，我们要将所有的参数转化为相同的单位。例如，λ 最初可能用“公吨/每月”来表示，h 可能用“美元/每箱/每年”来表示。我们需要对它们进行调整，以便使两者使用相同的数量单位和时间单位。否则，$C(q)$ 就没有意义了（习题 3.4 就需要进行这样的转化）。

当然，在所有的计算中都要注意单位的使用。你肯定知道这一点，在高中或更早的时候就应该有人告诉过你。但是，库存管理领域布满了陷阱，稍不留神就会掉进去。这可能是由于数据来源很多，每一个来源都有自己的单位使用惯例。不管原因是什么，错误都是很常见的。为了避免这些错误，有经验的人会格外小心。你也应该小心一些。

案例 3.2.A，第一部分

你在一个中等规模的机关的复印室中负责纸张的供应。平均每周要使用

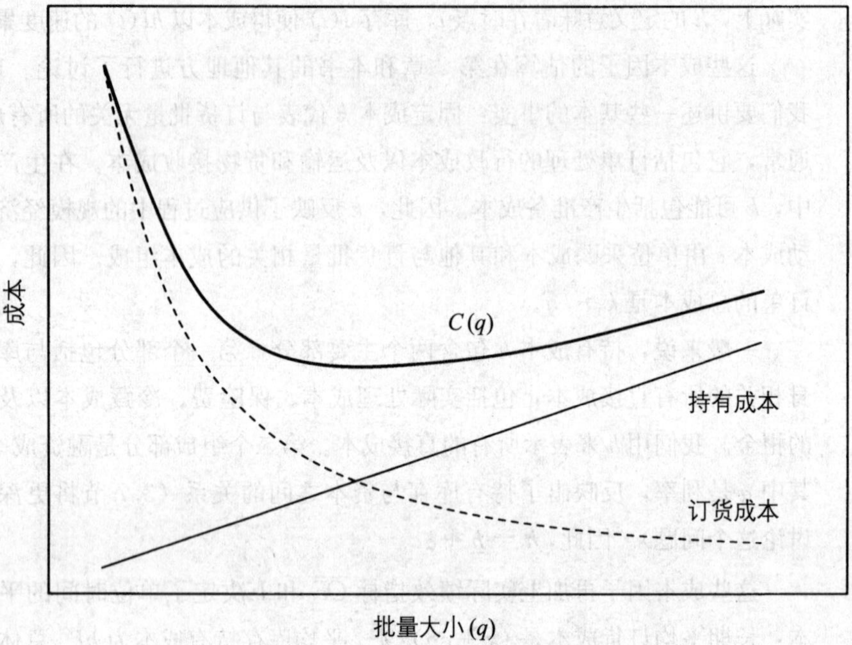

图 3.2.3 总平均成本

8 箱纸。每箱的成本是 25 美元。不管批量有多大，每份订单的运费都是 50 美元，接收一份订单要耗费 1 个小时，这要花费公司 80 美元。每份订单发出后要一周才能到货。公司的融资成本是每年 15%。储存每箱纸每周要花费 1.10 美元。现在，你每次都会订购能够供两周使用的纸张。这一策略的平均成本是多少？使用箱数、周数和美元数作为单位。利用上面给出的符号：

$$\lambda = 8 \qquad c = 25 \qquad k = 50 + 80 = 130$$

$$\alpha = \frac{0.15}{52} = 0.0029$$

$$h = 1.10 + (0.0029)(25) = 1.173 \qquad q = (2)(8) = 16$$

$$C(q) = (25)(8) + \frac{(130)(8)}{16} + \frac{1}{2}(1.173)(16)$$

$$\approx 200 + 65 + 9 = 274$$

3.2.3 最优策略

函数 $C(q)$ 衡量了任何可能订货批量 q 的总成本。现在，我们的目标是要找到 q 的最优值，用 q^* 来表示，该值能够使这一函数值最小化。我们打算利用典型的微积分技术：计算导数 $C'(q)$，并令其等于 0。

「这一技术只能在特定条件下使用，幸运的是，这些条件得到了满足。

C 的域是在开区间 $(0,\infty)$，在这一域内，C 是连续可微的，并且是严格凸的。这些特性意味着 $C'(q)=0$ 对于最优化是必要且充分的，且最优解是唯一的。如果你不熟悉这些概念，请参见附录 A。]

下面开始求解：

$$C'(q)=-\frac{k\lambda}{q^2}+\frac{1}{2}h=0$$

该方程拥有唯一的正数解：

$$q^* = \sqrt{2k\lambda/h} \tag{3.2.2}$$

这个公式被称为经济订货批量（economic order quantity，EOQ）。这是一个非常基础的结果，在实践中得到了广泛的应用。而且，在我们以后考虑更加复杂的情况时，我们还会反复遇到这个公式及其变形。

有时候，加入另一个变量会非常方便：

$$u = \text{订单之间的时间或订单间隔时间} = q/\lambda$$

上面的全部分析可以使用 u 而不是 q 来完成。具体来说，$\overline{OF}=1/u$ 和 $\bar{I}=\frac{1}{2}\lambda u$。这样，平均成本就可以表示为 u 的函数（该函数的图形与图 3.2.3 完全一样，由于 u 是 q 的一个线性变换，我们只需要调整一下横轴就可以了）。第 5 章中的一些模型采用的也是这种方法。同时，我们可以通过公式（3.2.2）立刻得到最优订货周期：

$$u^* = \sqrt{2k/\lambda h} \tag{3.2.3}$$

我们可以利用 u^* 而不是 q^* 来实施最优策略：在我们即将缺货前提前 L 时间单位来下达第一份订单。从那时起，每隔 u^* 时间单位下达一份新订单。在这一规则下，$IP(t)$ 和 $I(t)$ 函数的值与以前完全一样。由于需求率是不变的，我们同样也可以监控库存位势或时间（这一概念可以用下面的方式来表达：监视库存或监视时间）。然而，在后面我们将看到，在需求随机变动的情况下，基于时间的控制与基于数量的控制有很大差别。

将公式（3.2.2）代回到 $\bar{I}$ 和 $\overline{OF}$ 中，我们得到：

$$\bar{I}=\sqrt{\frac{k\lambda}{2h}} \qquad \overline{OF}=\sqrt{\frac{\lambda h}{2k}}$$

因此：

$$h\bar{I}=k\,\overline{OF}=\sqrt{\frac{k\lambda h}{2}}$$

因此，平均持有成本和平均（固定）订货成本在最优解 $q = q^*$ 处是相等的。这本来就是一种巧合，但是，它可以带来一个最优成本的公式：

$$C^* = C(q^*) = c\lambda + \sqrt{2k\lambda h} \tag{3.2.4}$$

案例 3.2.A，第二部分

对于上述纸张供应问题，我们有：

$$q^* = \left[\frac{2(130)(8)}{1.173}\right]^{1/2} \approx 42$$

$$u^* = \left[\frac{2(130)}{(8)(1.173)}\right]^{1/2} \approx 5.25$$

$$C^* = 200 + [2(130)(8)(1.173)]^{1/2} \approx 249$$

与当前策略相比，该最优策略订购了更多箱纸（25 箱而不是 16 箱），而订购频率更低（每 5.25 周订购一次，而不每 2 周订购一次）。最优总成本下降了（从 274 美元下降到了 249 美元）。

3.2.4 敏感性分析

EOQ 公式的简单形式［公式（3.2.2）］使我们可以直接解决一些 "what-if"（假设分析）问题。一个重要的例子是：当需求率发生变化（比如说从 λ 变化到 λ'）时对 q^* 会产生什么样的影响？我们将 q^* 的新值用 $q^{*\prime}$ 表示。于是：

$$q^{*\prime}/q^* = \sqrt{\lambda'/\lambda}$$

该公式的含义是：

1. 最优订货量和需求率的变化方向相同。
2. 最优订货批量的相对变化比需求率的相对变化小（即 $q^{*\prime}/q^*$ 比 λ'/λ 更接近 1）。

因此，如果需求加倍（$\lambda'/\lambda = 2$），$q^{*\prime}/q^*$ 就为 $\sqrt{2} \approx 1.414$。为了使 q^* 下降一半（$q^{*\prime}/q^* = ½$），λ 就必须下降 75%（$\lambda'/\lambda = ¼$）。

换句话说，相对于 λ 而言，q^* 更稳定。在实践中，这是一个非常重要的特性。在现实世界中，我们的所有假设都不可能完全得到满足。我们必须对 λ 进行估计，而且估计肯定会有一些误差。不过，如果相对误差不太大的话，利用估计的 λ 值而计算出来的 q^* 值与其真实值会很接近。此外，在长期中，λ 的值很可能会发生变化。只要相对变化不大，那么由公式（3.2.2）给出的 q^* 值就仍然有效（第 4 章会更深入地研究这个问题）。这种鲁棒性

(robust) 是 EOQ 公式被广泛应用的原因之一，尽管其前提假设有些夸张。

这些观察来自这样一个事实：q^* 随着 λ 的平方根而变化。显然，相对于 k 和 h 的变化而言，q^* 更稳定。

案例 3.2.A，第三部分

对于上述纸张供应问题，如果 λ 从 8 增加到 12，那么 q^* 则增长 $\sqrt{1½} \approx 1.22$ 倍，即从 42 增加到 51 左右。当 $\lambda = 8$ 时，如果我们可以将 k 从 130 减少到 100（通过降低运输成本，而不是降低薪水），那么 q^* 则变为 $(1/\sqrt{1.3})(42) \approx 37$。

EOQ 模型的鲁棒性还有另外一种意义：暂时从变动成本 $C(q)$ 和 C^* 中忽略了变动采购成本 $c\lambda$。定义函数：

$$\epsilon(x) = \frac{1}{2}(x + \frac{1}{x}) \qquad x > 0$$

利用一些代数知识，我们得到（见习题 3.6）：

$$\frac{C(q)}{C^*} = \epsilon\left(\frac{q}{q^*}\right) \tag{3.2.5}$$

假设由于参数估计错误，或模型中没有包含的额外约束，或其他任何原因，我们使用了“错误的” q 值而没有使用 q^*。那么，与真正的最优成本相比，这个次优策略的相对成本只取决于 q 自身的相对误差，如公式（3.2.5）所示。这个公式完全独立于成本和需求参数（有时候，ϵ被称为 EOQ 的误差函数）。

公式（3.2.5）得出的值总是大于 1（当然除 $q = q^*$ 之外）。然而，随着 x 远离 1，$\epsilon(x)$ 缓慢增加，因此，如果 q 与 q^* 非常接近，则相对成本损失很小。例如，假设我们对 q^* 高估了 1/3，那么 $q/q^* = 4/3$。这样，$C(q)/C^* = 25/24$，成本损失仅为 1/24，略高于 4%。如果 q 比 q^* 低了 25%，那么成本损失是一样的，因此 $q/q^* = 3/4$。

这一发现还一个实际意义：它暗示，系统性地将批量大小设定在低于 EOQ 模型给出的数值是有好处的。我们有理由认为，降低批量大小和库存会鼓励经理和工人们寻找机会来改善这一系统。这是令准时制（just-in-time，JIT）方法有效的一个要素。现在，有人怀疑这是否是激励员工的一种有效方式［我也怀疑，见 Zipkin（1991a）］。即使如此，如果我们做得不太过分，那么尝试这种方法的成本损失也不会太高。例如，如果故意将 q 设定为 q^* 的 90%，成本只会轻微增加。另一方面，如果我们将 q 设定为

q^* 的 5%，成本损失将会很大。

成本公式（3.2.4）还使得我们评估系统中运营改善的好处变得更加容易。例如，假定供应过程模拟了一个生产活动，k 代表准备成本。我们可以通过工程变更或培训项目来降低 k 值 [现在已经有降低准备成本的成熟技术。这是 JIT 方法的另一个要素，例如，可以参见 Shingo（1985）]。这将使我们能够降低 q 值，从而节约库存持有成本。假设在改善前后我们都使用了适当的 q^* 值，我们就可以利用公式（3.2.4）来估计总成本的减少。这一方法将在 3.7 节和习题 3.7、3.27 中进行进一步讨论。

值得注意的是，某些参数是没有影响的。首先，q^* 与变动成本参数 c 完全无关。直观的原因是：长期平均供应速度必须等于需求速度 λ，因此平均变动订货成本必须是 $c\lambda$，这是一个与 q 无关的常数（然而，如上所述，h 通常在一定程度上与 c 有关，所以 c 的变化会间接影响 q^*）。另外，q^* 和 C^* 都与提前期 L 无关。提前期只是引入了各活动（订单）间的延误及其影响。如果提前期增加，我们就要提早订货，但这会通过在订货规则中的触发数量（trigger quantity）$D=\lambda L$ 自动发生。这都反映了这样一个事实，给定当前的库存位势，我们准确地知道何时会用完库存。这样，根据这一模型，缩短提前期就没有什么优势（当然，这种完美的预见是建立在准确知道提前期和需求的假设之上。我们将在后面看到，在随机系统中，提前期确实有影响，缩短提前期是有意义的）。

3.3 有计划的延期交货

3.3.1 背景

考虑相同的 EOQ 系统，但放松“所有需求都利用现有库存来满足”这一要求。所有需求最终都会得到满足，但可能会有一些延误。也就是说，没有被立刻满足的需求会延期交货（backorder）。客户愿意等待，我们也会致力于满足他们的需求（另一种情况是销售损失，即没有得到满足的需求就永远也不会得到满足。我们会在 3.3.7 节中讨论这种情况）。我们总是利用现有的库存来满足需求，只有在库存完全被用完时，缺货订单才会积累起来。

当然，我们可以选择利用 EOQ 模型描述的策略使系统在无缺货订单的情况下运行。允许缺货订单使得可行的运营策略更多。

许多企业在经营过程中都存在着大量的积压订单。在资本品生产企业和服务产业中，这一点肯定是正确的。在这些企业中，存储产品的成本很高（而在服务产业中，产品是无法存储的）。这些都是极端的情况，但在其他市场中（如工业原材料），偶尔的缺货订单是很常见的。

3.3.2　再订货点/订货策略

现在我们定义一些新的函数，并对 3.2 节中使用的一些函数进行重新定义：

$I(t)$ = 时点 t 时的库存

$B(t)$ = 时点 t 时的缺货订单

$IN(t)$ = 时点 t 时的净库存 $= I(t) - B(t)$

$IO(t)$ = 时点 t 时的已订购库存

$IP(t)$ = 时点 t 时的库存位势 $= IN(t) + IO(t)$

新的函数是 $B(t)$ 和 $IN(t)$，而 $IP(t)$ 有新的含义。

净库存 $IN(t)$ 的定义是由 $I(t)$ 和 $B(t)$ 综合得来的：在任何给定的时间，这两个函数中至少有一个为 0，因为我们要用任何一个可用的库存来满足需求。因此：

$$IN(t) = \begin{cases} I(t) & \text{当 } IN(t) \geqslant 0 \text{ 时} \\ -B(t) & \text{当 } IN(t) \leqslant 0 \text{ 时} \end{cases}$$

或者

$$I(t) = [IN(t)]^{+} \qquad B(t) = [IN(t)]^{-}$$

$IN(t)$ 的定义将缺货订单看成是负的库存，实际上它们是这样发挥作用的：在接收订单之间，不管 $IN(t)$ 是正还是负，$IN(t)$ 都以恒定的速率 λ 下降。当订单到达时，在所有情况下 $IN(t)$ 都会增加 q，批量中的一部分可能会用于满足缺货订单，其余的加入到库存中。因此，$IN(t)$ 的表现很像在不允许延期交货情况下 $I(t)$ 的表现，尽管现在的 $I(t)$ 本身要复杂得多。如图 3.3.1 所示［$IN(t)$ 有时候被称为库存水平］。

同样：

$$\begin{aligned} IN(t+L) &= IN(t) + IO(t) - D \qquad (3.3.1) \\ &= IP(t) - D \end{aligned}$$

这一关系与公式（3.2.1）是一样的，只是将 $I(\cdot)$ 替换成了 $IN(\cdot)$。这是这一系统中的流守恒定律（conservation-of-flow law）：在 t 和 $t+L$ 之间，

$IO(t)$ 被加到净库存中，而 D 被减去了。这样，$IP(t)$ 就包含了预测未来一个提前期内的净库存所需的全部信息。

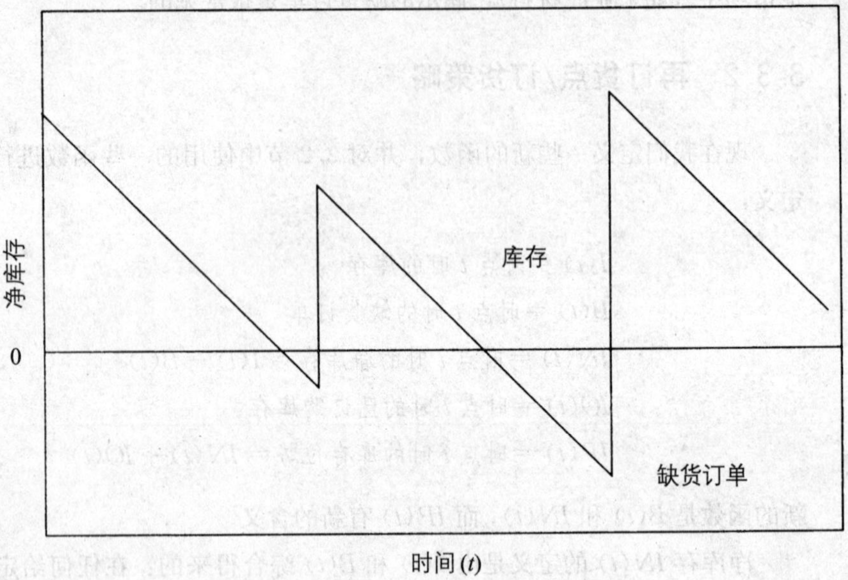

图 3.3.1 净库存

与 EOQ 模型一样，假设所有的订单大小都是 $q(q>0)$。关于“何时”下订单的问题现在变得更加复杂。除了 q 之外，我们还需要另一个策略变量：

$$r=\text{再订货点（数量单位）}$$

这个变量可以取任何值，正负都可以。考虑以下策略：

持续监控库存位势 $IP(t)$。当 $IP(t^{-})=r$ 时，在时点 t 下达订货量为 q 的新订单。

（在 $r=D$ 时，EOQ 模型的策略是一些特例。）为了表示我们有了两个新的变量，这类策略被称为再订货点/订货量（reorder-point/order-quantity）策略，或称 (r,q) 策略。图 3.3.2 显示了这一策略下 $IN(t)$ 和 $IP(t)$ 的表现。注意图 3.3.2 和图 3.2.2 的相似性。该图保持了同样的锯齿图形，但现在锯齿图形可以垂直移动，这取决于对 r 的选择。

3.3.3 绩效标准

相关的标准中仍然包括了 I 和 $\overline{OF}$，但我们需要的更多。尽管该模型允许延期交货，但这并不意味着它们受欢迎。顾客不喜欢等待，如果我们要

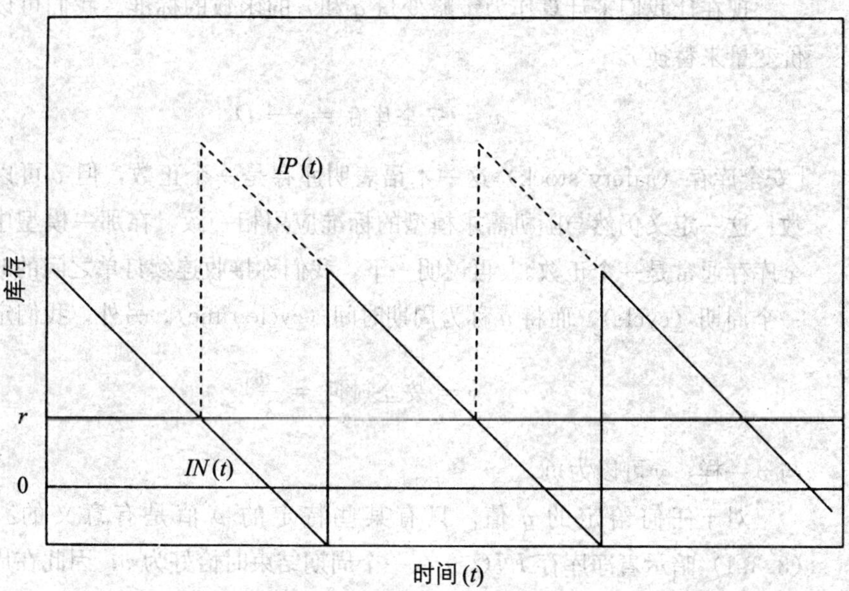

图 3.3.2　(r,q) 策略下的 $IP(t)$ 和 $IN(t)$

让他们满意，那么我们最好不要让他们经常等待或等很长时间。另外，就像我们在接到货物之前不必付款一样，顾客通常也要等到需求得到满足后才付款。有时候，如果合同中规定了延期交货罚款时，延期交货甚至会带来直接的货币成本。因此，出于各种原因，我们需要衡量和控制延期交货。

与延期交货相关的主要绩效指标如下：

$$\overline{B} = \text{长期平均未交付的延期交货订单}$$
$$= \lim_{T\to\infty}\left\{(1/T)\int_0^T B(t)dt\right\}$$

（此处的限制与定义 $\overline{I}$ 时是一样的。）这里还有一个很重要的标准：

$$A(t) = \mathbf{1}\{IN(t) \leqslant 0\}$$
$$\overline{A} = \text{在长期中无库存的时间，或缺货频率}$$
$$= \lim_{T\to\infty}\left\{(1/T)\int_0^T A(t)dt\right\}$$

[这里，$\mathbf{1}\{\cdot\}$ 是一个指标函数，$A(t)$ 是一个指标变量，当 $IN(t)\leqslant 0$ 时为 1，其他情况下为 0。] 很明显，$\overline{A}$ 还度量了被延期的需求部分。因此，单位时间内被延期交货的平均需求数量为 $\lambda\overline{A}$，而订单满足率（fill rate，即利用库存满足的需求部分）是 $1-\overline{A}$ [术语解释：我们经常将延期交货简称为 $\overline{B}$。由于 $\overline{A}$ 度量的是延期交货的频率，有些学者将其称为延期交货，而将 $\overline{B}$ 称为时间加权的延期交货（time-weighted backorder）]。

现在让我们来计算作为策略变量 q 和 r 的函数的标准。我们可以用等价变量来替换 r：

$$v = \text{安全库存} = r - D$$

[安全库存（safety stock）这一术语表明库存是一个正数，但 v 可以是负数！这一定义仍然与随机需求模型的标准应用相一致。在那一模型中，安全库存通常是一个正数。] 再说明一下，我们称接收连续订单之间的时间为一个周期（cycle），而将 u 称为周期时间（cycle time）。另外，我们定义：

$$y = \text{安全时间} = \frac{v}{\lambda}$$

与 v 一样，y 可以为负。

对于任何给定的 q 值，只有某些特定的 v 值是有意义的：公式（3.3.1）暗示着净库存 $IN(t^-)$ 在一个周期结束时恰好为 v，因此在周期开始时 $IN(t) = v + q$。

1. 如果 $v > 0$，那么对于所有的 t：

$$I(t) > v > 0 \quad \text{且} \quad B(t) = 0$$

2. 如果 $v < -q$，那么，对于所有的 t：

$$I(t) = 0 \quad \text{且} \quad B(t) > -(v + q) > 0$$

两个结论都不令人满意：在第一种情况下，我们拥有的库存超过了实际需求，而在第二种情况下，我们永远无法满足所有的延期交货订单。因此，我们需要特别关注 $-q \leqslant v \leqslant 0$ 这一范围。这样，v 是一个负数（更准确地说，是一个非正数），y 也是如此，每一份到达的订单可以满足当前所有的延期交货订单。

因此，一个周期是由两部分构成的：一部分是 $u + y = (q + v)/\lambda$ 的长度，在这一期间库存是被持有的，另一部分是 $-y = -v/\lambda$ 的长度，这一期间延期交货订单会不断积累（如图 3.3.3 所示）。这些区间分别相当于完整周期中的 $(q + v)/q$ 和 $-v/q$。具体来说：

$$\overline{A} = -\frac{v}{q}$$

在第一部分中，平均库存为 ½$(q + v)$，在第二部分中，平均库存为 0。在整个周期中，平均库存为这些量的加权平均值：

$$\overline{I} = \left(\frac{q + v}{q}\right)\left[\frac{1}{2}(q + v)\right] + \left(\frac{-v}{q}\right)(0) = \frac{1}{2}\frac{(q + v)^2}{q}$$

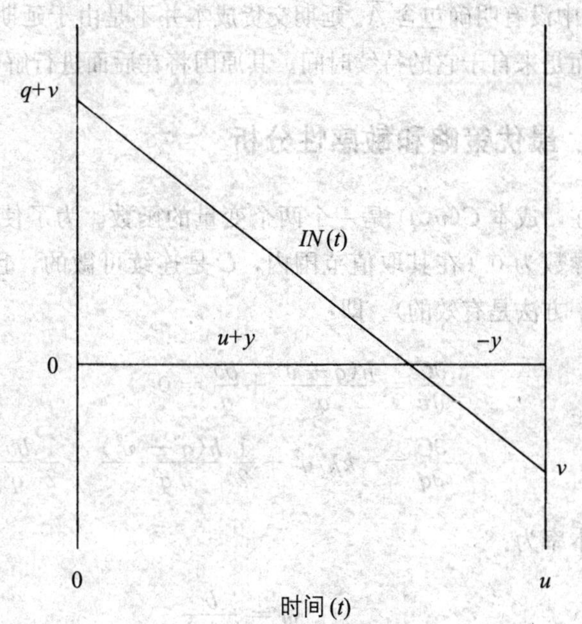

图 3.3.3　一个周期的两个部分

同样，在周期的第一部分中，平均延期交货订单为 0，第二部分为 ½(−v)，所以：

$$\overline{B} = \left(\frac{q+v}{q}\right)(0) + (-v/q)\left[\frac{1}{2}(-v)\right] = \frac{1}{2}\frac{v^2}{q}$$

最后，周期长度是 $u = q/\lambda$，所以：

$$\overline{OF} = \frac{\lambda}{q}$$

显然，这些标准是直接冲突的。让我们将它们转换成货币术语（本书 3.3.5 节将讨论对这一标准的约束条件）。我们继续使用以前定义的成本因子 k、c 和 h。假设我们还可以估计出延期交货订单的一个因子，这个因子与 h 类似：

b=一个时间单位内一份延期交货订单的惩罚成本

（货币/［数量单位・时间单位］)

这个参数总结了上面提到的所有延期交货订单的弊端。因此，总平均成本变为：

$$C(v,q) = (k + cq)\,\overline{OF} + h\,\overline{I} + b\,\overline{B}$$

$$= c\lambda + \frac{k\lambda}{q} + \frac{1}{2}\frac{h(q+v)^2}{q} + \frac{1}{2}\frac{bv^2}{q}$$

(该公式中没有明确包含 $\overline{A}$。延期交货成本并不是由于延期交货的发生所导致的，而是来自于它的持续时间。其原因将在后面进行解释。)

3.3.4 最优策略和敏感性分析

现在，成本 $C(v,q)$ 是一个两个变量的函数。为了使其最小化，我们令其偏导数为 0（在其取值范围内，C 是连续可微的，且是严格凸函数，因此这一方法是有效的）。即：

$$\frac{\partial C}{\partial v}=\frac{h(q+v)}{q}+\frac{bv}{q}=0$$

$$\frac{\partial C}{\partial q}=-k\lambda/q^2+\frac{1}{2}\frac{h(q^2-v^2)}{q^2}-\frac{1}{2}\frac{bv^2}{q^2}=0$$

定义成本率为：

$$\omega=\frac{b}{b+h}$$

得到这些方程式的唯一解：

$$q^*=\sqrt{\frac{2k\lambda}{h}}\sqrt{\frac{1}{\omega}} \qquad (3.3.2)$$

$$v^*=-(1-\omega)q^*$$

最优订货点为 $r^*=D+v^*$。最优周期时间和安全时间由下面的公式给出：

$$u^*=\sqrt{\frac{2k}{\lambda h}}\sqrt{\frac{1}{\omega}}$$

$$y^*=-(1-\omega)u^*$$

将公式（3.3.2）直接代入 $C(v,q)$ 中，我们得到：

$$C^*=C(v^*,q^*)=c\lambda+\sqrt{2k\lambda h\omega} \qquad (3.3.3)$$

这些结果与最初的 EOQ 模型得到的结果有惊人的相似之处：当然，与 EOQ 模型一样，C^* 的表达式中包含了平均变动成本 $c\lambda$，再加上相同的平方根，但乘上了一个系数 $\sqrt{\omega}$。由于 ω 介于 0 和 1 之间，因此这一系数也介于 0 和 1 之间。所以，最优总成本低于 EOQ 模型中的这一数值。这一结论并不令人感到惊讶：EOQ 模型的解（在 $v=0$ 的情况下）是现在这个模型的一个可行解。解的范围更加宽泛只会改善总成本。

同样，q^* 与 EOQ 模型类似。公式（3.2.2）中的平方根项在此处要除以 $\sqrt{\omega}$，这样，最优订货批量就会大于 EOQ 模型中的批量。产生这一结果的原因有些微妙：对于任何给定的 q，订货成本是固定的，但变量 v 为我们提供了调整持有成本和惩罚成本组合的一种自由度，以便达到最佳组合。有了这种灵活性，我们就可以通过增加 q 来更多地承担后一种成本，以节约订货成本。

v^* 永远为负或许令人感到奇怪。每一个系统都应该在有缺货订单的情况下运行。但想象一下开始时 $v=0$ 的情况。v 的微小降低只会在周期结束时短暂的时间内导致缺货订单的微弱变化。这一变化同样也使库存微弱减少，但却是在几乎整个周期中。因此，即使是惩罚成本 b 很高，但总成本还是会下降。

另一方面，当 $b\to\infty$ 而 h 保持不变时，$\omega\to 1$。此时，$v^*\to 0$，q^* 和 C^* 接近 EOQ 模型中的相应数值。我们可以认为 EOQ 模型是 $b=\infty$ 时的极限情况。

有趣的是，$\overline{A}$ 在最优解中的形式相当简单：

$$\overline{A}=\frac{-v^*}{q^*}=1-\omega \tag{3.3.4}$$

我们可以说，尽管该模型没有对 $\overline{A}$ 进行限制或惩罚，但作为一种附带的结果，最优策略仍然对其进行了控制。

案例 3.3.A，第一部分

再次考虑上述纸张供应问题，假设延期交货是允许的。这意味着在纸张用尽时复印工作可以等待，或者你可以从附近的复印室中借纸。在任何一种情况下，你都可以计算出每箱纸每周的缺货成本为 $b=15$ 美元。其他数据和前面所述的一样。因此，$\omega=15/(15+1.173)\approx 0.927$，而 $\sqrt{\omega}\approx 0.963$。所以，$q^*$ 增加到 $42/0.963$，接近 44，而 $v^*=-(0.073)(44)\approx -3$。最优成本从 249 下降到 $C^*=200+(0.963)(49)\approx 247$。

该模型的敏感性分析与 EOQ 模型的敏感性相似。同样，由于平方根运算的原因，相对于 λ 和 k 的变化，q^* 和 C^* 的变化更小一些。另外，将 ω 看成是一个相对成本指数，不受 h 本身的影响。以这种方式来看待各个参数，则相对于 ω 和 h 而言，最优解是稳定的。

另外，将 q 设定为任一固定值，并假设我们将安全库存设置为最优值 $v=-(1-\omega)q$。用 $C(q)$ 表示这一解的成本，排除 $c\lambda$ 这一项，我们可以证明：

$$C(q)=\frac{k\lambda}{q}+\frac{1}{2}h\omega q \tag{3.3.5}$$

除了调整后的库存成本之外，上述结果正是 EOQ 模型中的 $C(q)$。如公式

(3.2.5) 所示，$C(q)/C^*$ 的值降低到了 $\epsilon(q/q^*)$。因此，对于 q 适度偏离 q^* 的惩罚成本很低。现在，假设 $q=q^*$，但我们选择 $v \neq v^*$。成本 $C(v,q^*)$ 是 v 的二次函数。因此，v 对 v^* 的少量偏离不会大量增加成本，但如果偏离较大，则成本增加会较多。

3.3.5 有约束的缺货

如上所述，延期交货会导致各种令人不满意的结果。从经济角度看，惩罚成本 b 应该能够代表所有这些负面影响。但是，度量让顾客满意的经济价值并不容易，b 通常包括很多无形因素。事实上，在实践中很难估算 k 和 h，但毫无疑问，b 是三个成本因子中最困难的一个。我们已经在第 2 章中讨论了这些指标。

这些困难迫使我们不得不考虑控制延期交货的其他方法。最常见的一个措施就是在前面计算延期交货成本时考虑的某个服务指标（通常是缺货频率 $\overline{A}$ 或订单满足率 $1-\overline{A}$）中增加约束条件。

所以，我们假设 $\overline{A}$ 存在一个上限 $1-\omega_-$，其中 $0<\omega_-<1$。ω_- 这一项不必与任何成本率（如 ω）有任何关系，它外生地决定于服务需求（习题 3.12 要求你对一个不同的服务指标的约束进行分析）。剩下的总成本是 $c\lambda+k\overline{OF}+h\overline{I}$。

为了说明这个约束所产生的影响，我们固定 q，令 v 可变。订货频率 $\overline{OF}$ 与 v 无关，因此除 $\overline{A}$ 本身之外，相关的判断依据只有 $\overline{I}$。现在，$\overline{I}$ 随着 v 的增加而增加，同时 $\overline{A}$ 不断下降。因此，从 $v=0$ 开始，我们希望在允许的范围内减少 v（从而降低 $\overline{I}$ 并增加 $\overline{A}$），即设 $v=-(1-\omega_-)q$，则 $\overline{A}=1-\omega_-$。这样，最初的不等式就变成了等式。在 v 的这一取值下，$\overline{I}=½\omega_-^2 q$。

回顾一下，上述成本最优化模型的解也具有类似特征（公式 3.3.4)，$\overline{A}=1-\omega$。成本率 ω 的作用与订单满足率下限 ω_- 的作用是一样的。假设我们像上面那样来设定 v，则总成本就变成了公式（3.3.5)，其中 ω_-^2 代替了 ω。通过同样的替代，公式（3.3.2）给出了最优 q 值。

综上所述，成本最小法和服务约束法没有本质的区别。从本质上说，ω_- 一项与延期交货成本的作用是一样的 [从技术上说，在选择相同的 h（扩展的固定成本 k/ω_-）和 b 以使 $\omega=b/(b+h)=\omega_-$ 时，有约束的模型和成本最优化模型是等价的]。有时候，指定 ω_- 比指定 b 更方便，但每一个值都暗示着另一个值。不管使用哪种方法，平衡相互竞争的目标这一基本管理问题仍然是一样的。

3.3.6　空间和时间

数量 $\overline{A}$ 和 $\overline{B}$ 与顾客体验到的服务有关，但考虑一个更加直接的指标是有意义的：

$$\overline{BW} = \text{平均顾客延期交货等待时间}$$

同样，我们假设 $-q \leqslant v \leqslant 0$。看一下图 3.3.3 你就会知道，周期的第一部分没有等待，而在第二部分，当发生缺货时，平均等待时间为 $\frac{1}{2}(-y)=\frac{1}{2}(v/\lambda)$。因此，总平均值为：

$$\begin{aligned}\overline{BW} &= \left(\frac{q+v}{q}\right)(0)+\left(\frac{-v}{q}\right)\left[\frac{1}{2}\left(\frac{-v}{\lambda}\right)\right]\\ &= \left(\frac{1}{\lambda}\right)\left(\frac{1}{2}\frac{v^2}{q}\right)\\ &= \left(\frac{1}{\lambda}\right)\overline{B}\end{aligned}$$

这是一个非常重要的结论：顾客需求的平均等待时间与平均未满足的延期交货订单是成比例的，比例系数为 $1/\lambda$，即需求率的倒数。这是指标 $\overline{B}$ 非常重要的一个原因（在后面我们将会看到，很多模型都具有与此相同的关系）。

案例 3.3.A，第二部分

针对上述纸张供应问题，在最优策略下，$\overline{B}\approx \frac{1}{2}(-3)^2/44\approx 0.10$ 箱，因此，$\overline{BW}\approx 0.10/8\approx 0.013$ 周。

平均库存 $\overline{I}$ 同样与我们所谓的平均库存时间（stocking time，即一单位实际商品在库存中的时间，也就是从收到货物到其用来满足需求的时间）$\overline{IW}$ 有关，即 $\overline{I}/\lambda=\overline{IW}$［库存时间的倒数 $1/\overline{IW}=\lambda/\overline{I}$ 被称为库存周转率（inventory turnover），或简称周转率。这一指标广泛应用于实践中］。

这些联系为我们提供了另一种方法来对绩效标准进行权衡：我们可以不用由 $\overline{I}$ 和 $\overline{B}$ 度量的实际指标，而可以用等价的时间指标 $\overline{IW}$ 和 $\overline{BW}$。我们可以选择通过较长时间持有库存而缩短等待时间。订货频率 $\overline{OF}$ 就是周期时间 u 的倒数，本来就是一个以时间为导向的指标。

这些问题超出了数学的技巧：库存或积压的订单是各种事件发生时间相互作用的净结果。例如，$I(t)$ 是时刻 t 之前已经到货的实际数量（因接收订单而产生的），而发货（因需求而产生）则是在时刻 t 之后发生的。在实际情况中，所有库存管理都涉及时间管理［在其他管理领域中，时间这一维度也很重要，参见 Stalk 和 Hout (1990)]。这一观点是本书 3.7 节将要讨论的与库存相关的成本因子的基础。

3.3.7 延期交货产生的成本

现在我们来分析这一模型的一种变体，其中使用缺货频率 $\overline{A}$ 而不是 $\overline{B}$ 来作为客户服务的标准。也就是说，在 C 的定义中，我们用 $b\overline{A}$ 来代替 $b\overline{B}$ [当然，此处 b 有新的含义。例如，假设每次出现需求被延期满足时都会发生成本 b'。令 $b=\lambda b'$。则平均缺货成本为 $b'(\lambda\overline{A})=b\overline{A}$]。

最优策略有些特别：要么永远不允许延期交货（$v^*=0$），要么永不订货，并让需求永远被推迟。或者提供完美的服务，或者将业务拒之门外。另外，模型中参数不大的变化可以使解从一种情况变化到另一种情况。

为了明确这一点，我们首先要注意，v 应该介于 $-q$ 到 0 之间，原因在上面已经讲过了。现在假设 $v^*<0$。求解 $\partial C/\partial v=0$，我们得到 $v=b/h-q$。将其代入 $C(v,q)$ 这个公式中，我们得到成本函数：

$$C(q)=(c\lambda+b)+\frac{2k\lambda h-b^2}{2hq}$$

根据末项中分子的符号，我们要考虑两种情况：

1. $b^2>2k\lambda h$：分子为负，所以，要想使 $C(q)$ 最小化，我们希望 q 尽可能小。但是，我们必须在 $q=b/h$ 且 $v=0$ 时停止。这样，$v^*=0$，而 q^* 就是 EOQ 的公式 [更确切地说，我们可以证明，当 $v<0$ 时，任何解 (v,q) 的成本至少为 $C(q)>C(b/h)>c\lambda+(2k\lambda h)^{1/2}$]。
2. $b^2\leqslant 2k\lambda h$：此处，我们希望 q 大一些。但是没有上限，所以，该模型似乎指定 $q^*=\infty$，而这是没有意义的。那么，该怎么办？在这一例子中，对于任意 q，$b<C(q)$。永不订货的平均成本 (b) 比任何其他策略的成本都要少，所以，最优策略就是永远不订货。

也许，在某些情况下，这种奇怪的结论是合情合理的。然而，在我看来，这是一个古怪模型产生的假象：对 $\overline{A}$ 来说，模型的成本是线性的，即使 $\overline{A}$ 接近 0 和 1 时也是如此。这并不可信。在现实的系统中，较低的缺货频率是可以容忍的，但是，较高的缺货频率则意味着灾难。最优解在最大限度上利用了这一线性特征，因而带来了上面的极端解（从技术上说，$\overline{A}$ 不是 v 和 q 的凸函数，因此 C 也不是。当我们试图最小化一个非凸函数时，就会出现一些奇怪的情况）。相比之下，3.3.5 节中的模型对 $\overline{A}$ 进行了限制，因此能够产生一个非常合理的答案。通过将 $\overline{A}$ 限制在一个狭窄的范围内，就可以避免上面的问题。那个模型等价于成本最小化模型，但它基于 $\overline{B}$ 而不是 $\overline{A}$。

此外，尽管 $\overline{A}$ 是一个非常有用的指标，且广泛用于对客户服务的度量中，但它只传达出了有限的信息。顾客真正关心的问题只是是否需要等待而不是需要等待多少时间吗？这不大可能。与 $\overline{A}$ 相比，$\overline{B}$ 考虑了更多的顾客实际体验。鉴于所有这些原因，我们会更多地关注 $\overline{B}$。

3.3.8　销售损失

上面讨论的有计划的延期交货模型假设顾客愿意等待他们的需求所到满足。现在我们假设相反的情况：在没有库存时产生的需求丢失了。

同样，当库存被耗尽时，我们拥有一种特别的紧急供应渠道。“损失”的销售并非真的失去。相反，它们可以直接通过这一特殊的渠道得到直接满足。这一渠道的固定成本为 0，因此可以在需求产生时持续满足，但其变动成本较高，因此只有在缺货的紧急情况下我们才会利用这一渠道。

考虑与上述 (r,q) 策略类似的情况：订单到达的周期时间为 u，每份订单的批量大小都是 q。我们不必要求 $q=\lambda u$ 一定得到满足，而只要求 $q\leqslant\lambda u$。订单到达后，库存就会不断减少，直到 0。这时就会有一个没有库存的时期，在这一时期，销售会有损失，直到下一个订单到货。我们定义：

$$q' = \text{一个周期内的需求} = \lambda u$$
$$v' = \text{每个周期中销售损失的负值}$$

那么，$q=q'+v'\leqslant q'$，

$$\overline{OF}=\frac{\lambda}{q'} \qquad \overline{I}=\frac{1}{2}\frac{(q'+v')}{q'} \qquad \overline{A}=-\frac{v'}{q'}$$

单位时间内的平均销售损失为 $\lambda\overline{A}$。这些标准与最初的延期交货模型具有相同的形式，只是用 q' 和 v' 代替了 q 和 v。

[顺便说一句，为了实施这一策略，我们不能再依赖上述建立在库存位势上的简单规则，因为公式（3.3.1）不再成立。在销售损失的情况下，$IP(t)$ 和 $IN(t+L)$ 没有什么联系。这不是主要的问题，我们还有其他的方法来实施这一策略。然而，在随机需求的环境中，这一事实使得销售损失的情况更加复杂。]

现在的订货成本是 $k+c(q)=k+c(q'+v')$。假设每次销售损失我们都面临着罚金 b（b 相当于紧急供货渠道的单位成本）。那么，总平均成

本为：

$$C(v',q') = [k + c(q'+v')]\overline{OF} + h\bar{I} + b\lambda\bar{A}$$
$$= (k + cq')\overline{OF} + h\bar{I} + (b-c)\lambda\bar{A}$$

这与上一小节中的模型是完全一样的，那个模型假设了存在延期交货的情况，但是用 $\bar{A}$ 来衡量服务。因此，解也是一样的：要么永远没有销售损失，要么就放弃业务（习题 3.13 要求你写出详细的过程）。

3.4 有限生产率

3.4.1 背景

重新回到“所有需求都会利用存货立即提到满足”这一假设。

回想一下，EOQ 模型的供应过程可以模拟一个生产过程。我们需要提前期 L 来使生产过程得以进行，但此后，一批货物的生产是在瞬间完成的。现在，我们假设生产过程将以有限的速率产生一个连续的产品流，直到整批货物生产完毕。随后，在下一个批量开始生产之前，关闭生产流程。我们暂时假设，只要生产开始，产出就可以立即用于满足需求（后面的 3.4.5 节讨论了相反的情况，即只有到整个批量加工完成后，产出才能用于满足需求）。

定义：

μ=生产率（数量单位/时间单位）

生产设备开始工作后，就必须以生产率 μ 进行生产，不能低于这一生产率，生产率是不变的。假设 $\mu>\lambda$。否则，如果 $\lambda>\mu$，即使不停地生产，我们永远也赶不上需求。我们甚至不允许 $\lambda=\mu$（在这种情况下，只要生产开始，我们就可以通过连续生产而满足所有的需求，需求和供应完美匹配！可惜，出于某种原因，这是不可能的）。这一过程的利用率（utilization）为 $\rho=\lambda/\mu<1$，即实际用于生产的那部分时间。

3.4.2 绩效标准

假设批量大小固定为 q。生产在库存达到 0 时开始。正如在 EOQ 模型中一样，库存位势可以用于实施这一策略：当 $IP(t^-)=r=D$ 时，下达一个生产数量 q 的订单。

图 3.4.1 说明了这一系统的动态情况。现在，一个周期意味着连续生

产开始之间的时间。每一个周期都由一个活跃期（active period，生产发生的时期）和一个闲置期（idle period，生产之后的时期）构成。整个周期时间仍然是 $u = q/\lambda$，因此 $OF = \lambda/q$。活跃期以速率 μ 生产总产出 q，因此其长度为 $q/\mu = \rho u$。闲置期就是周期中剩下的 $(1-\rho)u$ 这段时间。

在活跃期结束时，产出库存达到其最大值：

$$q - \text{活跃期的需求} = q - \lambda\left(\frac{q}{\mu}\right) = (1-\rho)q$$

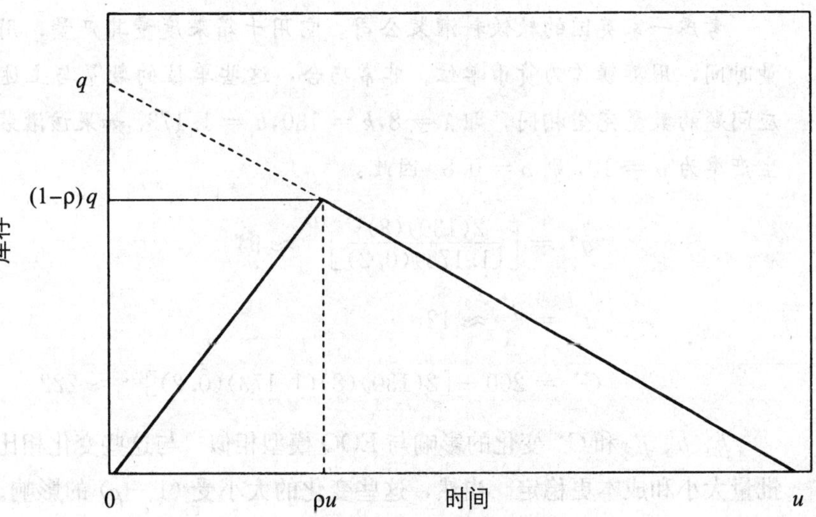

图 3.4.1　有限生产率

在活跃期的平均库存是这个值的一半，闲置期的平均库存也是如此。因此，总平均值是：

$$\bar{I} = \frac{1}{2}(1-\rho)q$$

现在，假设每次开始生产都会产生固定成本 k 和变动成本 c，而产出库存持有成本用 h 度量，这与在 EOQ 模型中一样（没有投入品的持有成本）。总平均成本为：

$$C(q) = c\lambda + \frac{k\lambda}{q} + \frac{1}{2}h(1-\rho)q \tag{3.4.1}$$

3.4.3　最优策略和敏感性分析

这里的函数 $C(q)$ 与 EOQ 模型中有着相同的形式：常数 h 在这里变成了 $h(1-\rho)$。因此：

$$q^* = \sqrt{\frac{2k\lambda}{h(1-\rho)}} \tag{3.4.2}$$

$$C^* = C(q^*) = c\lambda + \sqrt{2k\lambda h(1-\rho)} \tag{3.4.3}$$

注意，这里的 q^* 比 EOQ 模型中的要大：对于任意 q，此处的平均库存都比较低，因为库存是逐渐积累的。这个解利用该效果来降低订货成本。EOQ 模型是该模型在 $\mu=\infty$ 时的极限情况。

案例 3.4.A，第一部分

考虑一家英国的软饮料灌装公司。它用千箱来度量其产量，用天来度量时间，用英镑作为货币单位。非常巧合，这些单位的数量与上述纸张供应问题的数量完全相同，即 $\lambda=8, k=130, h=1.173$。如果该灌装公司的生产率为 $\mu=10$，则 $\rho=0.8$。因此：

$$q^* = \left[\frac{2(130)(8)}{(1.173)(0.2)}\right]^{1/2} \approx 94$$

$$u^* = \frac{q^*}{\lambda} \approx 12$$

$$C^* = 200 + [2(130)(8)(1.173)(0.2)]^{1/2} \approx 222$$

k、h、q^* 和 C^* 变化的影响与 EOQ 模型相似。与这些变化相比，最优批量大小和成本更稳定。当然，这些变化的大小受 $(1-\rho)$ 的影响。另外，公式（3.2.5）仍然适用；成本对于 q 的次优选择不敏感。

然而，由于 μ 施加的限制，需求率 λ 有着非常不同的影响。利用 3.2.4 节中的符号：

$$\frac{q^{*\prime}}{q^*} = \sqrt{\frac{\lambda'}{\lambda}}\sqrt{\frac{1-\rho}{1-\rho'}}$$

当 $\lambda'>\lambda$ 时，右侧的因子都大于 1。第一个因子和 EOQ 模型一样，它反映的是需求的相对变化。然而，第二个因子则取决于 λ 特别是 λ' 在多大程度上接近 μ 的极限。如果 λ' 接近 μ，则这一因子可能会非常大。因此，当系统接近完全的利用率时（即 ρ 接近 1 时），最优批量大小对需求的变化就非常敏感。相反，我们乐观一些，在同样的条件下，生产率 μ 的微小提高就可以显著降低 q^*。

3.4.4 准备时间

接下来，我们将向这一模型中引入一个额外的要素：在每一次生产开始之前，都需要一个正的准备时间，在这一期间，不会产生任何产出。表示如下：

$$\tau = \text{准备时间（时间单位）}$$

你可能一直将提前期 L 看成是准备时间（setup time），但是，两者间存在着很大的差别：当批量 q 很小时，在任何时刻都可能有几个未满足的订单，也就是说，几个提前期有可能重叠。此外，一次批量生产可以在后一个批量的提前期中开始。简而言之，提前期并没有占用生产设施。相比之下，在准备时间中可能没有任何产出，而且准备时间肯定不能重叠。

这种差别有时候被表述为内部准备（internal setup）和外部准备（external setup）之间的差别。内部准备要占用生产设施，这也是我们所说的生产准备。外部准备可以在设备正在从事其他工作时进行，在我们的术语中，外部准备时间是提前期的一部分。有时候，我们可以对生产技术进行改善，以便将所有或部分内部准备变成外部准备。这是准时制方法的另一项技术，参见 Shingo（1985）。

例如，汽车车身部件是通过冲压机冲压钢板制成的。为了生产某一部件，比如说右挡泥板，我们必须在冲压机上安装该部件的模具。这一模具必须经过预热才能正常工作。传统上，模具是在安装后才加热的。这就是一种内部准备。丰田公司发明了一种在安装前预热的方法，将这种准备变成了外部准备。

根据直觉，我们认为，如果准备时间较长，则生产批量最好比较大，因为如果我们生产很多的小批量，那么生产设备将不断被生产准备占用，从而减少用于实际生产的时间。实际上，准备时间为批量的大小施加了一个约束条件：用于实际生产的时间是 $\rho = \lambda/\mu$，在前面我们将其称为利用率（utilization），与 q 无关。用于生产准备的时间为 $\tau/u = \tau\lambda/q$，它与 q 有关。总利用率为 $\tau\lambda/q + \rho$，而且这一数值不能超过 1。也就是说，q 必须满足：

$$q \geqslant \frac{\tau\lambda}{1-\rho} \tag{3.4.4}$$

只要满足这一约束条件，准备时间就不会影响库存成本。事实上，每个周期的闲置期都被转变为下一个周期的准备时间，因此长期中的库存曲线被向右移动了 τ。这样的移动不会影响平均库存。准备时间可能会影响准备成本 k，但是不管 k 取何值，平均准备成本都是 $k\lambda/q$［在策略实施中，生产准备也需要稍做调整。为了避免缺货，当 $IP(t^-) = r = \lambda(L+\tau)$ 时，就需要启动生产订单］。

总之，现在的问题是在满足公式（3.4.4）的约束下，令在公式

(3.4.1) 中定义的函数 $C(q)$ 最小化。这个问题很容易求解：

1. 忽略约束条件，像在公式 (3.4.2) 中一样计算 q^* 。
2. 检查 q^* 是否满足公式 (3.4.4)。
   a. 如果满足，则 q^* 就是最优解。
   b. 如果不满足，则将 q^* 重新设定为 $\tau\lambda/(1-\rho)$。

[这样做是有效的：在情况 a 中，最小成本 q^* 是可行的，因此它就是最优的。在情况 b 中，由于 $C(q)$ 是严格凸函数，对于 $q > q^*$，它是增函数，因此最小可行 q 就是最优的。]

案例 3.4.A，第二部分

假设灌装过程需要的准备时间是 $\tau = 3$ 天。q 的下限为 $(3)(8)/(0.2) = 120$。最初的 $q^* = 94$ 不满足公式 (3.4.4)，因此第二步就转到了情况 b，$q^* = 120$。这个解的成本为 $C^* = 200 + (130)(8)/120 + 1/2(1.173)(0.2)(120) \approx 223$。这个值稍大于最初的 C^* 值 (222)。

显然，准备时间会增加总成本。在情况 b 中，我们不得不采用一个较大的 q 值。这是缩短准备时间并将内部准备转变为外部准备的一个真实的好处。另外，τ 的减少也会同时导致 k 的减少。正如我们将在后面看到的，当需求和供应受到随机因素的影响时，这些效应会变得更大。

3.4.5 整批货物生产完成时，产品才能用于满足需求

到现在为止，我们一直假设产出可以立即用来满足需求。因此，我们可以等到库存降为 0 时再开始生产。但在很多情况下，要等到整个批量完成后，产成品才能用于满足需求，或者是因为这批货物必须被转移到仓库中，或者是因为必须进行某些最终的工序或冷却工序。

此时，我们必须在库存恰好能够满足生产期间需求时开始生产。生产时间的长度仍然是 q/μ，因此在这一期间的需求为 $\lambda(q/\mu) = \rho q$。目前，这是一个周期中库存的最小值。最大值出现在一个批量完成时。在这一时点，在下一个批量加工完成之前，库存必须足以满足需求，即必须能够满足整个周期内的需求。因此，最大库存恰好是 q。

习题 3.14 要求你证明平均库存就是这些最大值和最小值的平均值，即：

$$\bar{I} = \frac{1}{2}(1+\rho)q$$

根据上述论证，我们得到：

$$q^* = \max\left\{\frac{\tau\lambda}{(1-\rho)}, \sqrt{\frac{2k\lambda}{h(1+\rho)}}\right\}$$

假设准备时间这一约束没有约束力：

$$C^* = C(q^*) = c\lambda + \sqrt{2k\lambda h(1+\rho)}$$

将这个公式与（3.4.2）中的最优成本进行对比。你可能会发现，奇怪的是，先前的最优成本随着生产率的提高而增加，根据那个模型，生产速度越快，成本越高！在那个模型中，较低的生产率常常会平滑库存，同时不会影响我们满足需求的能力。这类问题在现在的模型中确实存在，需要额外的库存来消除它们。因此，总成本会随着生产率的提升而不断降低。

这种差别绝非无关紧要的技术问题。在这两种情况中，基本的生产经济学是完全不同的。理解一种"改善"（如提高生产率）会有益于还是会损害成本绩效是非常重要的。

案例 3.4.A，第三部分

在这个案例中，假设准备时间 τ 可以忽略不计，则该灌装厂的最优解为：

$$q^* = \left[\frac{2(130)(8)}{(1.173)(1.8)}\right]^{1/2} \approx 31$$

$$u^* - \frac{q^*}{\lambda} \approx 4$$

$$C^* = 200 + [2(130)(8)(1.173)(1.8)]^{1/2} \approx 266$$

如上所述，如果 $\tau = 3$，q 的下限为 120，则 $q^* = 120$。这个解的成本就是 $c^* \approx 335$，比 266 增加了很多。

材料管理细节上的改善可以带来很大的好处。如果我们能改变这个系统，使得产出可以立即用于满足需求，那么我们就可以从当前的模型转化到前面的模型，并相应地降低成本（尽管这一转化增加了最优批量大小，但这一点仍然是正确的，这与你的猜想相反）。

3.5　数量折扣

3.5.1　采购成本的不同表示

在 3.2 节的基本 EOQ 模型中，无论订单的大小如何，其变动成本 c 都是不变的。然而，供应商对大订单提供数量折扣是很常见的。本节将说明如何对 EOQ 模型进行扩展，以包含这类数量折扣。实际上，有两种类型的折扣：增量折扣（incremental）和总量折扣（all-units）。

先考虑增量折扣的情况：假设购买价格在分界点 χ 处发生变化。对于任何不超过 χ 的数量，变动成本都为 c_0。对于订货量大于 χ 的订单来说，超过 χ 的数量的费率为 c_1，其中 $c_1 < c_0$。因此，总订货成本为 $k+c(q)$，其中：

$$c(q)=\begin{cases} c_0 q & 0<q\leqslant\chi \\ c_0\chi+c_1(q-\chi) & q>\chi \end{cases}$$

或者，定义 $k_0=k, k_1=k+(c_0-c_1)\chi$。则订货成本为：

$$k+c(q)=\begin{cases} k_0+c_0 q & 0<q\leqslant\chi \\ k_1+c_1 q & q>\chi \end{cases}$$

与前面的固定加线性（fixed-plus-linear）形式相比，这个公式更详细地描述了规模经济。在生产环境中，它以一种复杂的、非线性的方式表示了成本取决于生产数量。

在总量折扣中，如果 $q>\chi$，则整个订单以较低的费率 c_1 来定价，因此：

$$c(q)=\begin{cases} c_0 q & 0<q<\chi \\ c_1 q & q\geqslant\chi \end{cases}$$

图 3.5.1 说明了这两种情况下的 $c(q)$。

3.5.2 增量折扣

对于增量情况下修订的订货成本，建模过程与 EOQ 模型是一样的。但是，持有成本有些棘手。除了直接处理成本（其费率为 $\underline{h}$）外，还有财务成本（其费率为 $\alpha[c(q)/q]$）。其中，α 是利率，$c(q)/q$ 为平均变动采购成本（融资成本将在下面的 3.7 节中进行更详细的讨论）。因此，总平均成本为：

$$C(q)=[k+c(q)]\frac{\lambda}{q}+\frac{1}{2}\left[\underline{h}+\frac{\alpha c(q)}{q}\right]q$$

（在 $q=\chi$ 处，C 是不可微的，因此我们不可能期望通过求微分得到最优解。另外，C 也不是凸函数。）

看看下面的式子：

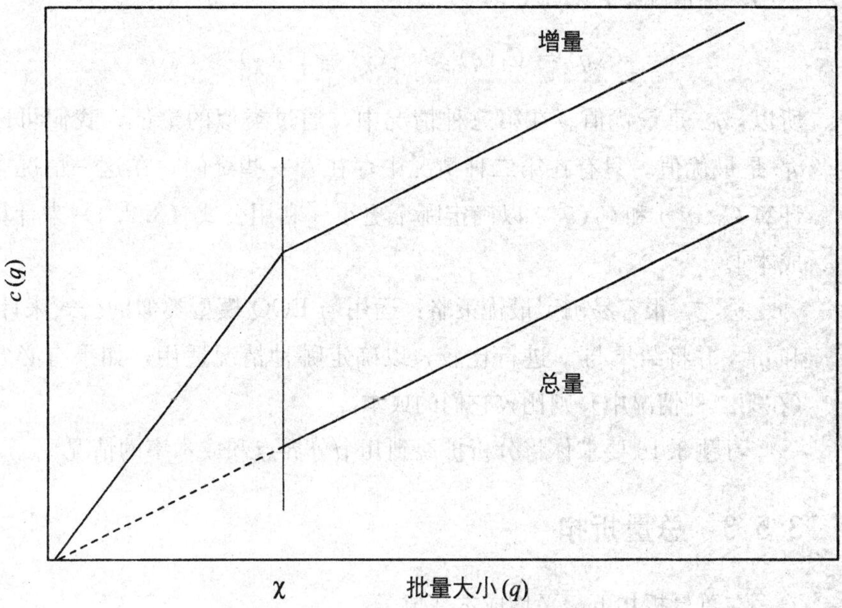

图 3.5.1　数量折扣下的订货成本

$$c(q) = \min\{k_0 + c_0 q, k_1 + c_1 q\} - k \qquad q > 0$$

即 $c(q)$ 是在 χ 处相交的两个正的线性函数中较小的那个。因此：

$$C(q) = \min\{C_0(q), C_1(q)\}$$

其中，

$$C_0(q) = c_0\lambda + \frac{k_0\lambda}{q} + \frac{1}{2}(\underline{h} + \alpha c_0)q$$

$$C_1(q) = c_1\lambda + \frac{k_1\lambda}{q} + \frac{1}{2}(\underline{h} + \alpha c_1)q + \frac{1}{2}\alpha(c_0 - c_1)\chi$$

C_0 和 C_1 的形式与 EOQ 模型中成本函数的形式一样。两者都是严格凸函数且可微，它们的曲线在 χ 处相交。令 q_0^* 和 q_1^* 分别为 q 的最小值。

同样：

$$C_0'(q) = \frac{-k_0\lambda}{q^2} + \frac{1}{2}(\underline{h} + \alpha c_0)$$

$$C_1'(q) = \frac{-k_1\lambda}{q^2} + \frac{1}{2}(\underline{h} + \alpha c_1)$$

显然，$C_0'(q) > C_1'(q)$，因此 $q_0^* < q_1^*$。还有三种可能的情况：

1. $q_0^* < q_1^* \leqslant \chi$
2. $q_0^* < \chi < q_1^*$
3. $\chi \leqslant q_0^* < q_1^*$

在第一种情况中，对于 $q \geqslant \chi$：

$$C(q) = C_1(q) \geqslant C_1(\chi) = C_0(\chi) > C_0(q_0^*)$$

所以，q_0^* 是最优值。在第三种情况中，通过类似的论证，我们可以得到 q_1^* 是最优值。只有在第二种情况中存在着一些疑问。在这一情况中，要计算 $C_0(q_0^*)$ 和 $C_1(q_1^*)$ 以确定哪个更小［利用公式（3.2.4）来计算这些成本］。

总之，很容易确定最优策略：运用与 EOQ 模型类似的公式来计算 q_0^* 和 q_1^*，并将结果与 χ 进行比较，以确定哪种情况适用，如果有必要的话（在第二种情况中）则比较它们的成本。

习题 3.16 要求你将分析扩展到几个分界点和成本率的情况。

3.5.3 总量折扣

在总量折扣下，平均成本变成了：

$$C(q) = \begin{cases} C_0(q) & 0 < q < \chi \\ C_1(q) & q \geqslant \chi \end{cases}$$

其中，

$$C_i(q) = c_i\lambda + \frac{k\lambda}{q} + \frac{1}{2}(\underline{h} + \alpha c_i)q$$

这里的 C_0 和前面的是一样的，但 C_1 却有所不同。由于 $c_0 > c_1$，对于所有 q，$C_0(q) > C_1(q)$。同样，$C_0'(q) > C_1'(q)$，因此 $q_0^* < q_1^*$。这就为我们带来了与上面相同的三种情况。

在第二种和第三种情况下，由于 $q_1^* \geqslant \chi$，成本 $C_1(q_1^*)$ 是可以实现的。这是最小的可能成本，因此 q_1^* 就是最优的。在第一种情况下，对于任意 $q \geqslant \chi$，$C_1(q) \geqslant C_1(\chi)$，因此，唯一可能的解是 χ 本身和 q_0^*。在那种情况下，比较 $C_1(\chi)$ 和 $C_0(q_0^*)$，并取最小的一个。同样，通过利用与 EOQ 类似的计算，我们就可找到最优策略。

3.5.4 讨论

与变动成本 $c = c_0$ 保持不变相比，数量折扣的总体效果只能是增加订货数量。考虑到其他参数，或者是没有影响（$q^* = q_0^*$），或者使最优订货批量比其他情况下更大。

那么，在实践中，供应商为什么要提供数量折扣呢？供应商可以从大订单中实现规模经济。或者，供应商可能希望以较低的价格吸引新客户，以及/或者诱使现有顾客买得更多。研究人员已经分析了此类机制和其他机制来解释价格折扣，但对其中的主要原因仍然没有达成一致。实际上，我们很难构建一个可信的情境来说明数量折扣是有道理的。

我自己的经验表明，通常，供应商提供折扣更多的是出于习惯，而不是理性的分析（“这样做很愚蠢，但我们的客户已经习惯于折扣了。”一个供应商这样对我说）。不提供数量折扣，达成一种不包含数量折扣的成本安排也是可能的，并且对双方都有利。供应商和客户有可能对固定的成本率 c（比如说是 c_0 和 c_1 的平均值）达成一致，以使双方的境况更好一些。上述模型有助于指导这类讨论（说明见习题 3.17）。

3.6　质量缺陷

3.6.1　缺陷发生在哪里，何时被人们发现？

到目前为止，我们都假设来自供应系统中的产品是没有缺陷的，而且产品在最终送到客户手里时仍然是完好的。本节抛弃了这些假设，但增加了一个假设：缺陷的确会发生。但是，只有两种质量标准：一个产品要么完美，要么完全无用。另外，所有的缺陷都是完全可预测的。

正如我们将要看到的，这类缺陷不会令分析变得复杂。在大多数情况下，我们可以通过调整模型参数来解释它们，而解仍然保持不变或只有轻微的改变（当然，在现实中，糟糕的质量的确令生活变得糟糕，对于分析员和管理者来说都是如此。但是，最糟糕的影响来自于无法预测的缺陷，或者由于系统中包含了其他随机特性，如随机提前期或随机需求，这会恶化缺陷问题。本书第 7 章将说明这一问题）。

关于质量，我们要提出的第一个问题是：缺陷是在哪里发生的？它们是在什么时候被发现的？即使是在一个结构很简单的系统中，缺陷也可能出现在几个地方。供应过程本身会产生缺陷。或者，缺陷可能产生于库存中（如某种产品很容易腐坏）。另外，不管缺陷发生在哪里，在某些情况下，它们可以被立即发现，而在其他情况下，则可能要到后面的阶段才能被发现。即使是在上面的简单假设下，这些差别也是很重要的。对于质量控制来说，其格言是：“立即检查总是更好一些。”［如参见 Juran（1988)］。考虑其他可能性也是有益的，在某种程度上这只是为了评估早期检查的好处。另外，在某些情况下，立即检查可能是不可行的，或者成本很高。

还有其他的重要问题：我们会为缺陷产品付钱吗？如果供应商向我们赔款，那么这些支付何时发生？

接下来的两个小节将考虑供应过程中的缺陷，而在其他地方不会产生缺陷。3.6.2 节将讨论基本 EOQ 模型，3.6.3 节将扩展有限生产率模型。3.6.4 节将分析一种易逝性的产品，这种产品在库存过程中会变质。

3.6.2 EOQ 模型的背景

我们从 3.2 节中的基本 EOQ 模型开始。现在，假设供应系统发出的每个批次都含有固定的缺陷产品，与批量大小无关（习题 3.8 考虑了另一种情况）。令：

$$\delta = \text{缺陷率}$$
$$\xi = \text{合格率} = 1-\delta$$

根据检验缺陷的时间（立即检验或延迟检验）以及我们是否必须付款，我们面临着 4 种情况。

- 第一种情况（立即检验，赔偿）。首先，假设我们在收到产品时就立即发现有缺陷；在那一刻，我们将缺陷产品丢弃或退还供应商。另外，我们不需要为缺陷产品支付货款，并可以立即得到赔偿。在这一系统中，我们的订货数量就好像是 ξq。因此，我们很容易对缺陷产品做出说明：分析 EOQ 模型，假设没有缺陷产品，将 q 看成是每一批量中没有缺陷的数量。在实施这一策略的时候，订货量为 q^*/ξ 而不是 q^*。总成本 C^* 独立于 δ。
- 第二种情况（立即检验，不赔偿）。遗憾的是，有时我们会为所有订购的产品付款，而不管它是否有缺陷。为了获得数量 q，我们必须订购 q/ξ，因此订货成本变成了 $k+(c/\xi)q$。实际上，成本率 c 会增加 $1/\xi$。回想一下，改变 c 并不会直接影响最优策略，但会通过 h 产生间接影响。后者包括直接成本 $\underline{h}$ 和融资成本 αc，这样 $\underline{h}$ 就变成了：

$$h = \underline{h} + \frac{\alpha c}{\xi}$$

因此，q^* 会小于 $\delta = 0$ 时的取值，因为 h 更大（我们必须像上面那样增加 q^*，以确定实际订货数量。显然，其净影响是订货数量的增加）。另外，C^* 中的平方根项比以前更大，当然，$c\lambda$ 项也会增加到 $(c/\xi)\lambda$。当我们为缺陷产品付款时，总成本会增加，这没有什么奇怪的。

- 第三种情况（延迟检验，不赔偿）。现在，假设在收到一批货物时我们没有发现缺陷产品。相反，有缺陷的产品与合格品一起被放进了仓库里。缺陷产品在需求发生时才被发现（例如，想象一下，需求产生于一个后续加工工序，这一工序可以在使用之前检出有缺陷的产品）。随后，我们像前面所说的一样将缺陷产品丢弃或返还，但没有赔偿。假设缺陷产品平均分布于库存中，因此，在每一个时刻 t，库存中都会包含 $\delta I(t)$ 件缺陷产品。这样，需求就以 λ/ξ 而不是 λ 的速率消耗库存。

  在对系数进行修订后，这个模型也转化为 EOQ 模型：同样，q 表示每批货物的数量。另外，$I(t)$ 被重新定义为无缺陷库存。这一合格品库存以速率 λ 被需求消耗掉。因此，$I(t)$ 的作用与在无缺陷产品的 EOQ 模型中是一样的。相应地，我们用 $\underline{h}/\xi$ 代替 $\underline{h}$，因为整体库存会产生直接处理成本。同样，与在第二种情况中一样，我们用 c 和 αc 除以 ξ。这样，总持有成本 h 就增加了 $1/\xi$ 倍，即：

$$h=\frac{\underline{h}+\alpha c}{\xi}$$

  结果，与第二种情况相比，q^* 变得更小，而 C^* 则变大了。与它们在 EOQ 模型中的取值相比，实际订货数量和 C^* 中的平方根项增加了 $1/\sqrt{\xi}$。由于 $\underline{h}$ 的增加，延迟检验的确会带来成本。

- 第四种情况（延迟检验，赔偿）。最后，考虑与第三种情况相同的情况，但假设我们能够得到缺陷产品的补偿。确切地说，我们在收到货物时对整批货物付款，包括缺陷产品。之后，在发现这些缺陷产品时，我们可以得到每一件缺陷产品的赔偿。结果，这对 h 产生的影响与在第三种情况中是一样的，就好像我们不得不为缺陷产品付款一样（为了说明这一问题，我们需要 3.7 节中讲述的方法，参见习题 3.29）。结果，q^* 与 C^* 中的平方根项与第三种情况中是一样的。当然，赔偿是有帮助的，因为 $c\lambda$ 项没有增加。

总的来说，通过适当调整参数，这四种情况都可以简化为 EOQ 模型。这些调整及其影响取决于检验和赔偿的细节。除第一种情况外，缺陷使总成本增加，但增加得并不多。所以，改善质量能够带来真实的经济利益（尽管并不多）（值得再次强调的是，在随机系统中，质量不佳造成的影响要严重得多。因此，改善质量的好处也要大得多）。

3.6.3 产能限制

下面我们考虑一下 3.4 节中具有有限生产率 μ 的系统。我们暂时假设没有准备时间（$\tau=0$）。在进行实际生产时，缺陷产品以速率 $\delta\mu$ 出现在生产过程中，而合格品以 $\xi\mu$ 的速率进行生产。

假设我们面临的是第一种情况：立即检验缺陷产品，并且不需要为它们付款（习题 3.30 讨论了另一种情况）。因此，生产过程属于另一家企业，我们要从那家企业购买产品。这一系统的运作与无缺陷的系统一样，只是 μ 减小为 $\xi\mu$。这样，利用率 ρ 现在变成了 ρ/ξ。因此，我们可以像对没有缺陷产品的模型一样对该模型进行分析，但这些参数的变化的确改变了最优策略：如果产出能够立即用于满足需求，那么根据公式（3.4.2），q^* 就会增加：

$$q^* = \sqrt{\frac{2k\lambda}{h(1-\rho/\xi)}}$$

否则（如 3.4.5 节所述），q^* 就会减少：

$$q^* = \sqrt{\frac{2k\lambda}{h(1+\rho/\xi)}}$$

（同样，q^* 表示一次生产过程的产量，所以总批量大小为 q^*/ξ。）

所有这一切都假设有效生产率 $\xi\mu$ 仍然大于需求率 λ。如果不是这样，则问题就变得完全无解。因此，缺陷有可能将一个胜任的生产过程转变为一个无法满足需求的过程。

现在，假设我们需要一个正的准备时间 τ。即使 $\lambda<\xi\mu$，该问题仍然有解，但最优策略会发生根本性的改变。准备时间对 q 施加了一个下限，即 $\tau\lambda/(1-\rho/\xi)$。这个下限随 δ 而增加，如果最初的 ρ 接近于 1，它就会急速增加。在那种情况下，q^* 和 C^* 也会急速增加。

这样，我们就得到了一个结论，回想一下，这个结论很明显，但仍然值得强调一下：缺陷产品浪费了产能。在 EOQ 模型中，这种影响并不明显，因为其供应过程具有无限的产能。这种浪费的后果取决于问题的细节，但总体上是不受欢迎的。

3.6.4 易逝性产品

现在，假设供应系统运行完美，但在产品存储于仓库中时会产生缺陷。其实，在某种程度上，这一点对于几乎所有产品都是正确的。包装箱摔在地上或贴错标签，容器或屋顶漏水，都可能造成缺陷。但是，这里我们关注的是易逝性的产品（perishable products），如食品、药品、某些化学品以及血库中的血液。由于其物理性质，在长期中这类产品经常会发生腐坏。

在长期中腐坏的方式可能非常复杂，并且基本上不可预测，另外，我们很难确定某一产品是否发生了变质。出于这些原因，再加上使用变质产品带来的灾难性后果（想一想食物中毒），为一件产品设定存储时间限制是十分常见的。在此，出于实用的目的，我们假设在超过这一时限后，所有的库存都会出现缺陷。

将时间限制加入 EOQ 模型中非常简单。这一限制成为了周期时间 u 的上限 u^+。这相当于迫使 $q \leqslant \lambda u^+$。为了求解这个模型，我们要按照 3.4.4 节的步骤来执行：忽视这一约束，用 EOQ 公式（3.2.2）来计算 q^*。检查 q^* 是否满足这一约束条件。如果不满足，则重新设置 $q^* = \lambda u^+$。

当没有时间限制的时候，我们需要用一个模型来描述变质。这里有一个最简单的模型：随着时间的推移，库存以恒定的速率变质，这与其寿命和过去的经历无关。重新定义 δ 为变质率（decay rate），对于所有 t，库存以 $\delta I(t)$ 的速率变质。为了便于说明，我们有时候将其称为指数式衰减模型（exponential decay model）。假设变质的产品被立即检查出来，并被丢弃，而我们要为所有产品付款，并且没有赔偿，如上面的第二种情况所述。

即使对于这一简单的情况来说，分析和结果也相当复杂。正如在 EOQ 模型中一样，假设每一个订单的批量都是 q，下订单的时间能够保证在马上就要出现缺货的时候到货。因此，$I(t)$ 是周期性的。假设时刻 0 是一个周期开始的时间，$I(0) = q$。在这一周期内，考虑变质和需求，我们有：

$$I'(t) = -\delta I(t) - \lambda \tag{3.6.1}$$

（上撇号说明这是一个导数。）这是一个一阶线性微分方程，具有外生输入（exogenous input），初始条件为 $I(0) = q$。在可以直接检查的情况下，其解为：

$$I(t) = qe^{-\delta t} - (\lambda/\delta)(1 - e^{-\delta t})$$

[术语“指数式变质”（exponential decay）是指 $e^{-\delta t}$ 项。]

现在，周期时间 u 就是 $I(t) = 0$ 的情况下 t 的值。将 u 当成决策变量是很方便的。给定 u，$q = (\lambda/\delta)(e^{\delta u} - 1)$。我们不难证明（习题 3.19）：

$$\bar{I} = \frac{(\lambda/\delta)(e^{\delta u} - \delta u - 1)}{\delta u} \tag{3.6.2}$$

另外，$\overline{OF} = 1/u$。平均成本为：

$$C(u) = (k + cq)\,\overline{OF} + \underline{h}\,\bar{I} + \frac{1}{2}\alpha c q \qquad (3.6.3)$$

$$= \frac{k + c(\lambda/\delta)(e^{\delta u} - 1)}{u} + \frac{\underline{h}(\lambda/\delta)(e^{\delta u} - \delta u - 1)}{\delta u} + \frac{1}{2}\alpha c(\lambda/\delta)(e^{\delta u} - 1)$$

（这里只用直接处理成本 $\underline{h}$ 乘以 $\bar{I}$。融资成本项 $\frac{1}{2}\alpha c q$ 和 EOQ 模型中的形式一样，因为我们要为整批货物付款。这一推导现在似乎有些神秘，但在下一节中就会变得清楚。）为了使这一函数最小化，我们求解 $C'(u)=0$（C 是平滑的，且为凸函数，因此这一方法有效）。这一方式太复杂，很难求出 u^* 的公式。它必须用数值方法在计算机上进行求解。

我们可以通过近似的方法大致得出腐坏的影响：对于较小的 δ，$q^* \approx [2k\lambda/(\underline{h}+\alpha c+\delta c)]^{1/2}$（得到这一结果所需的技术将在 3.7.3 节进行讲述）。因此，腐坏实际上为持有成本增加了一个组成部分，迫使 q^* 变得更小。根据直觉，我们希望保持低库存以避免重大损失。

3.7 现值标准

3.7.1 目标和持有成本

上述各个模型的目标都是单位时间的总平均成本。这似乎是合理的。但是，它是否真正反映出了不同策略的经济影响？一种策略会在长期中影响整个成本模式（pattern of cost）。平均成本是否真正把握住了这些成本模式中的显著差别？

本节将从不同的角度来探讨比较不同成本模式的问题。我们定义了一个新的目标，称之为现值（present value）或折现成本（discounted cost）目标，并利用它来重新构建 3.2 节中的 EOQ 模型。平均成本 EOQ 模型可以被看成是这一新模型的近似。

现值目标有几个优点。它以一种真实、有形的方式代表了持有成本中的融资成本部分。融资费用是在支出采购费用与获得销售收入之间的时间间隔中产生的。为了弥补这些缺口，公司必须贷款并支付利息。库存中一个单位货品是已经购买的，但尚未卖出，因此我们可以认为它会以速率 αc 产生利息。这是平均成本公式的基础，但只是一种粗略的启发式方法。存放在仓库里的一箱货物并不会真的发生利息成本。新的方法在融资成本实际发生的时候将其包含在内。

在分析包括复杂成本和收入的复杂模型时，这种方法特别重要。例如，请参见习题 3.27 和习题 3.29。

3.7.2　现值的定义

为了便于以后的讨论，让我们先简要讲述一点财务理论：假设我们能够以恒定、连续的复利率 α 进行投资。现在投资 1 单位（时刻 0），在时刻 t 时将值 $e^{\alpha t}$。为了使投资在时刻 t 时的价值为 1，最初的投资必须是 $e^{-\alpha t}$。一般来说，时点 t 的现金流 f 相当于当前的现金流 $e^{-\alpha t}f$。后一个数量就是初始现金流的现值。用 f 乘以 $e^{-\alpha t}$ 的运算被称为折现（discounting），现值的另一个名字是折现价值（discounted value）。

假设我们能以利率 α 来贷款。如果我们现在必须支出 1 单位的成本，那么我们可以借来这笔钱，等到时刻 t 时，再支付较高的金额 $e^{\alpha t}$。同样，在时刻 t 时要支付的 f 就相当于今天支出 $e^{-\alpha t}f$。这一数量被称为折现成本（discounted cost）。因此，成本可以被看成是一个负的现金流。

现在，假设我们在时刻 $\{t_j\}$ 面临着一连串现金流 $\{f_j\}$。这些 f_j 代表成本，可以为正，也可以为负。如上所述，我们可以用其现值来代替每一个现金流。这些现值的总和 $\sum_j \exp(\alpha t_j) f_j$ 就是整个序列的净现值（net present value）。给定上面的假设，这为我们订货以及在不同的序列中进行选择提供了一种明确的方法。

这一概念可以直接扩展到一个连续的现金流。令 $f(t)$ 为时刻 t 现金流的累积速度，这个数值可以为正，也可以为负。这一连续现金流的净现金为 $\int_0^\infty e^{-\alpha t} f(t)dt$。

这些假设相当特别。例如，在现实中，我们不能以相同的利率进行借款和投资，借款的利率要高一些。还有，现值标准的确反映出了一个事实，即今天的成本比明天的成本负担更重。我相信，相对于平均成本指标来说，这是一个真正的优势。

并不是每个人都同意这一观点。现值的逻辑对遥远的未来发生的事件赋予的权重较低。批评者认为，这会让人们和公司制定短视的决策。支持者认为，真正的问题不在这里。这就足够了，你已经具备了这种观点。对于这一问题的争论，请参见 Hayes 和 Garvin（1982）以及 Kaplan（1986）。

3.7.3　建模与分析

让我们利用新的目标来重新构建 EOQ 模型。为了简单起见，我们假设没有处理成本，也没有提前期，即 $\underline{h}=L=0$（习题 3.25 说明了如何分析 $\underline{h}$ 为正的情况）。另外，与前面一样，订货数量恒为 q，周期时间恒为 u。

在收到每一份订单时，发生成本 $k+cq=k+c\lambda u$。我们以价格 p 卖出产品以满足需求，因此以不变的速率 $p\lambda$ 获得一个收入流。假设 $I(0^-)=0$，我们在时刻 0 时订货。因此，我们在时刻 $t=0,u,2u,\cdots$ 进行订货，每次发生的成本为 $k+c\lambda u$。所有这些成本的现值或者总折现成本为：

$$C(u)=\sum_{n=0}^{\infty}e^{-\alpha nu}(k+c\lambda u)=\frac{(k+c\lambda u)}{(1-e^{-\alpha u})}$$

同样，这一收入流的现值为 $\int_0^{\infty}e^{-\alpha t}(p\lambda)dt=p\lambda/\alpha$。所有现金流的净现值为 $p\lambda/\alpha-C(u)$。收入项是不变的，所以为了使净现值最大化，我们可以最小化折现成本。

为了使 $C(u)$ 最优，我们求解 $C'(u)=0$（这是可行的，函数 C 具有正确的特性。参见习题 3.22）。利用代数方法将该方程简化为：

$$\frac{f(\alpha u)}{\alpha}=\frac{k}{c\lambda} \tag{3.7.1}$$

其中，

$$f(x)=e^x-x-1$$

不幸的是，我们没有办法求解方程（3.7.1）。而幸运的是，我们可以很容易地利用计算机对其进行数值求解。有趣的是，参数 k、c、λ 只出现在 $k/c\lambda$ 这一比率中。

3.7.4 平均成本模型和现值模型的对比

乍一看，公式（3.7.1）似乎与最初的 EOQ 模型完全无关。然而，它们之间存在着密切联系：回顾一下幂级数 e^x，$e^x=\sum_{n=0}^{\infty}x^n/n!$，$f(x)$ 只是省略了前两项：

$$f(x)=\sum_{n=2}^{\infty}\frac{x^n}{n!}$$

现在，假设 α 和 $k/c\lambda$ 都很小，所以公式（3.7.1）中 $x=\alpha u$ 的值也很小。在那一范围内，我们可以利用级数中的第一项来近似表示 f，$f(\alpha u)\approx \frac{1}{2}(\alpha u)^2$。利用这一近似求解公式（3.7.1），我们得到：

$$u^*\approx\sqrt{\frac{2k}{\alpha c\lambda}}$$

或者：

$$q^* \approx \sqrt{\frac{2k\lambda}{\alpha c}}$$

通过 αc 表示 h，这就是 EOQ 公式！

将 u 加入公式（3.7.1）中，使得左边大于右边（因为该解忽略了 f 中的正项）。同样，左侧也随着 u 而增大。所以，准确地求解这一方程意味着要减小 u。因此，真正的 u^* 总是比 EOQ 模型中的值小。同样，真正的 q^* 也比 EOQ 公式中的小。

平均成本 EOQ 模型比上述模型的应用要广泛得多。部分原因是 EOQ 模型被开发出来的时间更早，而且一个明确的公式比一个方程式更容易理解。另外，平均成本目标建立在具体的、实际的指标之上（如平均库存）。但是，现值模型的经济意义更大。

EOQ 公式与贴现成本法到底有多相似？我们知道，当 α 和 $k/c\lambda$ 都很小的时候，两者会非常接近，但如果不是呢？请看图 3.7.1。它显示出了折现成本模型和平均成本模型中的 u^* 以及 $k/c\lambda$ 的图形，时间单位为年，使用了两个不同的利率，即 12½%和 25%（$\alpha = 0.125$ 和 0.25），在实际中，这一范围内的值是很常见的。正如我们所预料的，当 $k/c\lambda$ 很小时，两个模型之间的差别可以忽略，当 $k/c\lambda$ 较大时，这一差别就会变得较大。同样，如果 α 较大，相对差别也会较大。

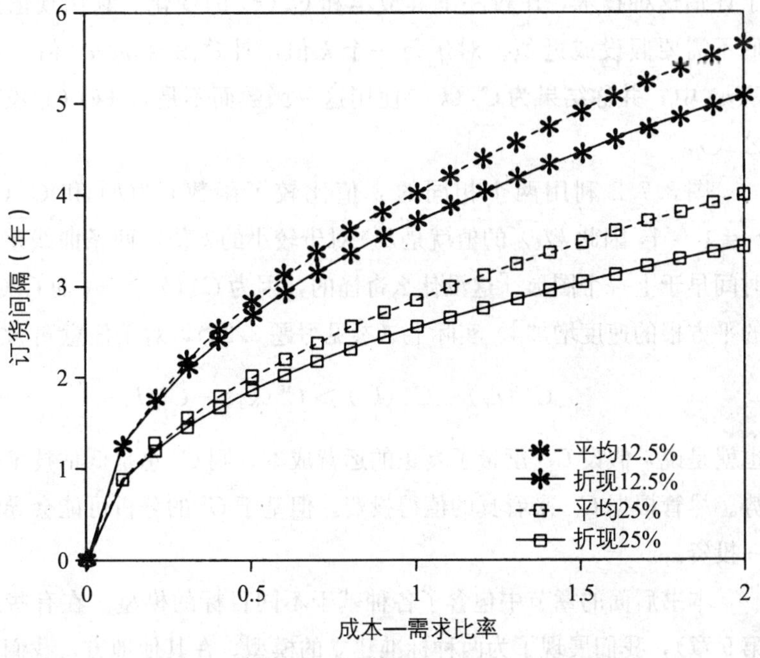

图 3.7.1　折现成本与平均成本

但是，只有当$k/c\lambda$很大使得周期时间很长时，这一差别才会显著。即使是$\alpha=0.25$，也只有当u^*接近2年时，u^*的曲线才会显著分离。因此，对于每年要订购几次的物品（这种情况在实践中最常见），EOQ的近似相当准确。只有对于那些成本很低、使用频率很低的物品（$c\lambda$很小）才会出现较大的偏差。

还要记住，在平均成本模型中，选择次优q值的惩罚成本是很小的。事实证明，在现值模型中，这一数值也是很小的。因此，如果我们根据"错误"的目标来计算u和q，得到的惩罚成本通常很小。

但是，作为经济分析的基础，EOQ模型在某种程度上会产生误导。例如，假设我们要购买某种技术（如生产设备或通信设备）以降低固定成本k。这一技术需要一次性支出，但没有持续的成本。k的减少值得我们花这么多钱吗？

为了利用EOQ模型求解这个问题，我们必须将公式（3.2.4）的平均成本转换成等价的折现成本。作为一种近似，我们考虑一个具有该数值的恒定现金流。这一现金流的现值为：

$$C^0(k)=\int_0^{\infty}e^{-\alpha t}(c\lambda+\sqrt{2k\lambda h})dt=\frac{c\lambda}{\alpha}+\sqrt{\frac{2k\lambda c}{\alpha}}$$

其中，$h=\alpha c$。这个函数估计了长期中任意固定成本k下的运营成本。为了评估这种技术，比较一下其成本和$C^0(k)$的变化。利用现值标准，我们不需要假设或近似。对于每一个k值，计算最优的u^*值，将其代入$C(u)$中，并称结果为$C^*(k)$。使用这一函数而不是$C^0(k)$（它没有简单的公式）。

图3.7.2利用两个相同的α值比较了函数$C^0(k)$和$C^*(k)$。其中$c=\lambda=1$，因此$k/c\lambda$的值就是k。对于较小的k值，两条曲线差别变大的时间早于上一个图形［这没什么奇怪的，因为$C^*(k)>k$，而$C^0(k)$只以k的平方根的速度增加］。实际上（参见习题3.26），对于任意$k_1<k_2$：

$$C^*(k_2)-C^*(k_1)>C^0(k_2)-C^0(k_1)$$

也就是说，假设C^*度量了真正的运营成本，则C^0总是低估技术带来的优势。尽管根据C^*来看真的值得投资，但基于C^0的分析可能会导致放弃这一投资。

本书后面的章节中包含了各种基于不同目标的模型。在有些地方（如第9章），我们展现了为两种标准建立的模型。在其他地方，我们可能仅关注其中的一个，但这样做的原因只是为了简洁。在大多数情况下，我们都

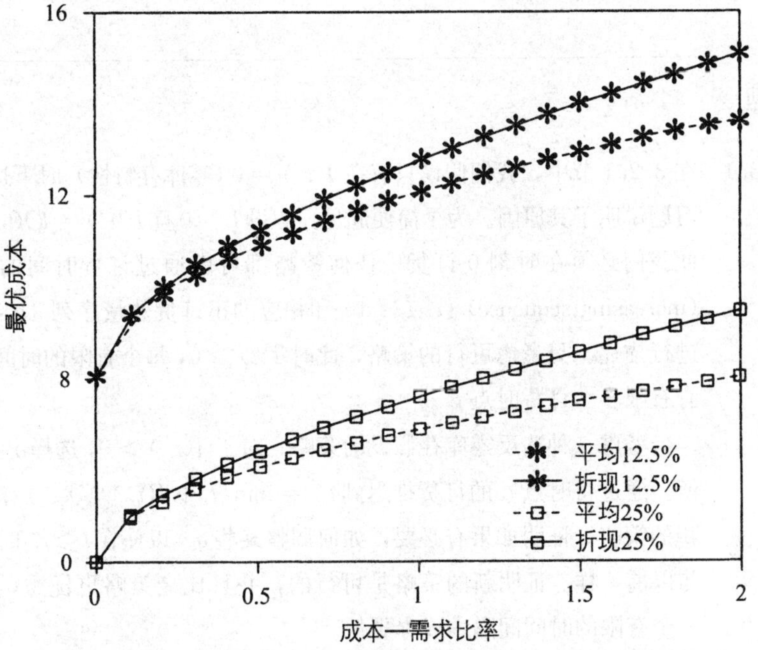

图 3.7.2　折现成本和平均成本

能够基于两种标准来建立和分析模型。在利率很低的情况下，两个模型产生的结果相似。在实践中，对目标的选择是一种建模的艺术。如上所述，这些标准都有各自的优势。选择由你做出。

本章注释

如第 1 章的注释所示，本章中的大多数材料都是 20 世纪初开发出来的。自那时起，这方面的文献不断积累。现在，文献的数量已经很多，而且还在继续增加。我知道，我们不可能利用单一的资料来全面了解这些问题。我们可以将 Aggarwal（1974）以及 Lee 和 Nahmias（1993）作为有益的切入点。

近期关于数量折扣的研究包括 Monahan（1984）和 Weng（1995）。本书 3.6 节中论述不完美质量的材料大多直接出自这些文献。Porleus（1986b）以及 Lee 和 Rosenblatt（1987）对不同情况进行了探讨。Nahmias（1982）对论述易逝性产品的文献进行了评论。

Porteus（1985，1986a，1986b）对流程改善（如缩短准备时间、质量改善）的讨论令人深受启发。

本章习题

3.1 在 3.2.1 节中，我们假设只有在 $I(t^-)=0$（零库存特性）时下达订单。本习题说明了其原因。为了简便起见，假设 $L=0$ 且 $I(0^-)=IO(0^-)=0$，因此我们必须在时刻 0 订货。任何策略都可以通过订货时间的递增序列（increasing sequence）$\{t_i: i\geqslant 1\}$ 和相应的正订货数量序列 $\{q_i: i\geqslant 1\}$ 来进行描述。只考虑可行的策略，此时 $I(t)\geqslant 0$，每个有限的时间间隔内具有有限多个订货时点 t_i 。

考虑一种违反零库存假设的策略。对于 $I(t_i^-)>0$，选择 j 为最小的 i 值。通过将时点 t_j 的订货推迟到 $t_j^*=\min\{t_j+I(t_j^-)/\lambda, t_{j+1}\}$ 来构建一个新的策略。证明如果有必要，如何调整某些 q_i，以使在 $t\geqslant t_j^*$ 时 $I(t)$ 保持与以前一样。证明新的策略是可行的，并且比老策略更优秀，即其在每一个有限的时间间隔内成本更低。

3.2 本习题证明了 3.2.1 节中的另一个假设（即所有的订单批量都是一样的）是合理的。考虑一个具有零库存特性的策略。令 $OF(t)$ 为订单的数量，$C(t)$ 为时间间隔 $[0,t)$ 内的总成本［在上一个习题中，$OF(t)=\max\{i: t_i<t\}$］。保持 t 和 $OF(t)$ 不变。证明在具有该 $OF(t)$ 的所有策略中，在相等的时间间隔 $u=t/OF(t)$ 中订购相等数量 $q=\lambda t/OF(t)$ 的策略使 $C(t)$ 最小［利用变量 $q_i(1\leqslant i\leqslant OF(t))$ 建立一个最优化问题并求解］。另外，证明 $C(t)$ 的最小值为 $[k/u+\frac{1}{2}h\lambda u]t$。对于每一个可行策略和所有 t，说明 $C(t)\geqslant(2k\lambda h)^{1/2}t$。

3.3 考虑一下 3.2.2 节中的函数 $C(q)$，即 EOQ 模型中的平均总成本。证明这个函数对于 q 来说是严格凸的。

3.4 在 3.2 节的 EOQ 模型中，假设下达一个订单的固定成本是 100 美元，需求是 50 吨/年，持有成本是每周每磅 0.015385 美元（1 吨等于 2000 磅，每年有 52 周）。计算最优订货批量和最优平均成本。

3.5 考虑下面对 EOQ 模型的变形：我们的存储空间只能容纳 I_+ 数量单位。如果库存超过了 I_+，我们就需要租用额外的空间来放置多余的库存。租用空间的成本率为 $h_+>h$。证明现在的总平均成本变成了：

$$C(q)=c\lambda+\frac{k\lambda}{q}+\frac{1}{2}hq+\left\{\frac{1}{2}\frac{h_+(q^2-I_+^2)}{q}-\frac{1}{2}\frac{h(q-I_+)^2}{q}\quad \text{如果 } q>I_+\right\}$$

证明这个函数连续可微且为凸函数（注意：在 $q=I_+$ 处，C 不是二次连续可微的）。

证明 q^* 的计算如下：首先，像在EOQ模型中一样计算 q^*。如果 $q^* \leqslant I_+$，则停止计算。否则，重置：

$$q^* = I_+ + \sqrt{\frac{2k\lambda - hI_+^2}{h_+}}$$

3.6　证明在EOQ模型中描述次优 q 值相对成本的公式（3.2.5）。计算 $q/q^* = 2$ 和 $q/q^* = 1/\sqrt{2}$ 时的值（注意，这些值很小）。

3.7　对于 $x > 0$，定义函数 $F(x)$ 为：

$$F(x) = ax^{-\alpha} + bx^{\beta}$$

其中，a、α、b 和 β 都为正的常数。考虑 F 对 x 的最小化问题。证明唯一最优解为 $x^* = (\alpha a/\beta b)^{1/(\alpha+\beta)}$ [我们没有假设 $\beta \geqslant 1$，因此 F 不必为凸函数]。另外，证明 $F(x^*) = (\alpha+\beta)[(a/\beta)^{\beta}(b/\alpha)^{\alpha}]^{1/(\alpha+\beta)}$。

（本习题对正文中的EOQ模型和其他一些模型进行了一般化，在那些情况下，$x = q$ 且 $\alpha = \beta = 1$。下面是另一个应用：EOQ模型中的最优平均成本 C^* 是固定成本 k 的简单函数；令 $x = k$，得到 $C^* = bx^{\beta}$，其中 $b = (2\lambda h)^{1/2}$，$\beta = ½$。现在，假设当前的固定成本为 x_0，我们可以进行一系列投资来降低它。达到任何 $x < x_0$ 的必要投资是 $ax^{-\alpha} - ax_0^{-\alpha}$。这样，选择投资数量的问题就转化为上述问题。）

3.8　在本章中，我们假设产品是无限可分的，而且需求是连续发生的。这一习题证明了EOQ模型（略加修改）也描述了一种离散的情况。

假设需求发生在一些离散的时间点，时间间隔为 $1/\lambda$，单位大小为1。我们的订货批量 q 是一个正整数，因此每批货物都会在最迟可行时间到达。证明 $\overline{OF} = \lambda/q$，$\bar{I} = ½(q-1)$，并且：

$$C(q) = c\lambda + \frac{k\lambda}{q} + \frac{1}{2}h(q-1)$$

用 $\Delta C(q) = C(q+1) - C(q)$ 表示一阶差分算子。最优解 $q = q^*$ 满足 $\Delta C(q-1) < 0 \leqslant \Delta C(q)$ [在连续的情况下，这相当于 $C'(q) = 0$]。证明这一条件相当于：

$$q(q-1) < \frac{2k\lambda}{h} \leqslant q(q+1)$$

用 q_c^* 表示EOQ公式中连续需求的最优解 q。证明如果 q_c^* 恰好为整数，则 $q^* = q_c^*$，否则 q^* 可以通过对 q_c^* 取整得到，不论是向上取整还是向下取整。

显然，如果需求量为某一数值 Y 而不是1时，这一方法也是有效的

(重新定义数量单位以恢复为单位需求量)。现在回到连续的情况下，但假设订货周期 u 为整数。说明按上述方法进行调整后如何计算 u^*。最后，当 u 必须为某一任意基准期 $\underline{u}$ 的整数倍时，说明该怎么做。

3.9 在 3.3 节有计划的延期交货模型中，假设参数为：

$$\lambda = 1000 \qquad k = 60 \qquad h = 0.75 \qquad \omega = 0.81$$

计算最优策略和最优平均成本（除 $c\lambda$ 之外）。现在，假设我们安装了一套计算机系统来处理订单，将 k 从 60 减少到 33.75。这对最优策略和最优成本有什么影响?

3.10 定义函数 $\hat{C}(x) = h[x]^+ + b[x]^-$ 和 $C_-(y) = \hat{C}(y-D)$。证明有缺货订单情况下 EOQ 模型的成本函数可以表示为：

$$C(r,q) = c\lambda + \frac{k\lambda + \int_r^{r+q} C_-(y)dy}{q}$$

3.11 下面是处理延期交货的另一种方法：我们不采用惩罚成本或者约束条件，而是对这一产品的市场等待时间 $\overline{BW}$ 建模。$\overline{BW}$ 会影响消费者愿意支付的价格 p，或他们愿意购买的数量（正如需求率 λ 所表达的），或者对两者都产生影响。具体而言，p、λ 和$\overline{BW}$ 的关系用下式表示：

$$\lambda = \alpha[pf(\overline{BW})]^{-\beta}$$

其中，α 和 β 是正常量，$\beta > 1$，f 是增函数，$f(0) = 1$。因此，随着 $\overline{BW}$ 的增大，λ 下降，或者 p 下降，或者两者都下降［将 $pf(\overline{BW})$ 看成是顾客的单位总成本］。单位购买成本 c 保持不变。

用时间变量 u 和 y 来描述库存策略。回顾一下，$\overline{BW} = ½y^2/u$。首先，考虑 u 和 y 以及 $\overline{BW}$ 是不变的。所以，我们仍然是需要选择 p 或λ。计算令总平均利润 $P(\lambda)$ 最大的 λ 值，即平均收入 $p\lambda$ 减去所有相关成本。

现在，把 u 和 y 以及 λ 看成是可变的。建立一个函数 $P(u,y,\lambda) =$ 单位时间总平均利润。写出一个总体最优策略的一阶必要条件（不要试图求解）。

3.12 在有计划的延期交货模型中，假设没有惩罚成本 b，但 $\overline{BW}$ 有一个上限，用 BW_+ 表示。则问题变成了：

$$\text{最小化} \qquad c\lambda + \frac{k\lambda}{q} + \frac{1}{2}\frac{h(q+v)^2}{q}$$

$$\text{约束条件} \qquad \overline{BW} \leqslant BW_+$$

$$-q \leqslant v \leqslant 0$$

证明最后两个不等式可以被消除，剩下的约束条件简化为 $\frac{1}{2}v^2/q = \lambda BW_+$。为这一等式引入一个拉格朗日乘数（对偶变量）$\pi$，定义一个恰当的拉格朗日函数，推导出最优一阶必要条件。利用这些条件得到用 π^* 表示的 v^* 和 q^*，以及关于 π 本身的多项式方程。证明 π 与纯粹成本最优化模型中 b 的作用是一样的。

3.13　3.3.8 节中的销售损失模型的最优策略是两个极限情况之一：或者永远没有销售损失，或者永远不订货。每一种情况在何种条件下适用？

3.14　考虑 3.4.5 节中具有有限生产率 μ 的模型，其中，只有在整个批次都生产完成时产品才能用于满足需求。证明：为了避免缺货，我们必须在 $I(t)=\rho q$ 时开始生产。另外，证明当一个批次生产完成时，$I(t)=q$。画出 $I(t)$ 对 t 的图形。证明 $\bar{I}=\frac{1}{2}(1+\rho)q$。

3.15　在 3.4 节的模型中，假设参数为：

$$\lambda=90 \qquad \mu=150 \qquad k=500 \qquad h=8$$

首先，假设生产出来的每单位产品可以立即被用于满足需求。计算最优策略和最优成本。其次，重复这一分析，假设只有当整批产品加工完成后才可以用来满足需求。最后，对于这两种情况，确定需求率 λ 从 90 增加到 120 的影响。

3.16　思考 3.5.2 节中的增量数量折扣模型。现在假设不止一个断点，而是有 n 个断点 $\chi_0<\chi_1<\cdots<\chi_{n-1}$，并且有 $n+1$ 个成本率 $c_0>c_1>\cdots>c_n$。对于 $0<i<n$，成本率 c_i 适用于一个订单中 χ_{i-1} 和 χ_i 之间的数量，最高成本率 c_0 适用于 0 至 χ_0 之间的数量，而最低成本率 c_n 适用于 χ_{n-1} 之上的数量。为平均成本 $C(q)$ 写出一个表达式，说明如何计算最优策略。

3.17　在 3.5.2 节的增量数量折扣模型中（只有一个断点），根据以下数据计算最优策略和最优成本：

$$\lambda=10000 \qquad k=200 \qquad \alpha=0.10 \qquad \underline{h}=8$$

$$c_0=80 \qquad c_1=60 \qquad \chi_0=314$$

现在，假设供应商建议我们将变动成本 c 设定为 62，不论订单的大小如何。确定这一新的安排是否对我们有利。供应商为什么要这样做？（提示：将新的最优策略与以前的最优策略进行比较。）

3.18　在 3.6.2 节有质量缺陷的 EOQ 模型中，假定次品率是不变的。现在，假设次品的产生过程取决于订单的大小。每一个增量都有其自己的缺陷率 $\delta(x)$，订货数量为 q 的订单中总次品数量为 $\Delta(q)=\int_0^q \delta(x)dx$。假设 $\delta(x)$ 是随 x 增加的（将供应系统看成是一个生产过程。在订单的生产过程中，系统的可靠性会逐渐降低，其次品率会逐渐提高）。另一方面，次品并非完全无用，我们可以将它拆解，以成本 c_f 进行修理，其中 $0 < c_f < c$。实际上，对于每个订单，我们收到了全部货物，但我们支付了额外成本 $c_f\Delta(q)$。

写出总平均成本 $C(q)$，计算其导数 $C'(q)$。证明 $C'(q)=0$ 有唯一正数解 q^*［不要试图证明 C 为凸函数，这没有必要。相反，将该方程式简化为等价的形式，其中 q^2 位于方程式的左侧，q 的另一个函数位于右侧。假设 $\delta(x)$ 是可微的，证明右侧随着 q 而递减］。证明 q^* 的值比 EOQ 模型中给出的值小。

3.19 证明易逝性产品模型中 $\bar{I}$ 的表达式（3.6.2）。提示：对公式（3.6.1）的两侧求积分，并利用 $\bar{I}=(1/u)\int_0^u I(t)dt$。

3.20 对于 3.6.4 节的易逝性产品模型，证明对于每一个固定的 u 值，公式（3.6.3）中的平均成本 $C(u)$ 是 δ 的增函数。然后，证明最优成本 C^* 随着 δ 递增。

3.21 本习题对 3.6.4 节中所阐释的指数衰减模型进行了一般化。假设一个周期的开始时间为 0，在一个周期内，库存以 $\delta(t)I(t)$ 的速度腐坏，其中腐坏率 $\delta(t)$ 是时间 t 的特定函数。建立一个与公式（3.6.1）类似的微分方程来描述 $I(t)$ 的变化。定义 $\Delta(t)=\int_0^t \delta(s)ds$。证明下列函数是微分方程的解：

$$I(t)=e^{-\Delta(t)}\left[q-\lambda\int_0^t e^{\Delta(s)}ds\right]$$

利用这一函数，用 u 来表示 q 和 $\bar{I}$。将这些结果表示成一个线性腐坏率，即对于某一常数 δ，$\delta(t)=\delta t$［令 $\bar{I}$ 为整数，不要试图用解析式（closed form）来表达］。

3.22 考虑函数 $C(u)=(k+c\lambda u)/(1-e^{-\alpha u})$，这是 3.7 节中现值模型的目标函数。证明 $C(u)$ 是严格凸函数。提示：证明对于 $x>0$，函数 $g(x)=x(1+e^{-x})-2(1-e^{-x})$ 是正的。进一步提示：显然，$g(0)=0$，证明 $g'(x)\geqslant 0$。

3.23 再次考虑 3.7 节中的函数 $C(u)$。本习题分析了其作为 α 的函数的表现，将 u 看成是固定的。首先，证明对于任何 $u>0$，$\lim_{\alpha\to 0}C(u)=\infty$。接下来，计算 $\lim_{\alpha\to 0}\alpha c(u)$［利用微积分中的洛必达法则（l'Hôpital's rule)］。将结果与 EOQ 模型的结果进行比较。

3.24 在 3.7 节中，我们假设 $I(0^-)=0$。现在假设我们的初始库存为 $I(0^-)=I_0>0$。证明现在的总折现成本变成了 $\exp[-\alpha I_0/\lambda]C(u)$，其中

$C(u)$ 的定义与前面一样，假设 $I_0=0$。证明选择的令 $C(u)$ 最小化的策略也是最优的。

3.25　在 3.7 节的折现成本模型中，假设除了订货成本之外，还有直接库存处理成本率 $\underline{h}$，所以成本以速度 $\underline{h}I(t)$ 连续发生。证明现在总成本函数 $C(u)$ 有如下额外项：

$$\underline{h}(\lambda/\alpha^2)\left[(\alpha u-1)+\frac{\alpha u e^{-\alpha u}}{(1-e^{-\alpha u})}\right]$$

对 $C(u)$ 求微分，证明最优的 u 值满足下列方程式：

$$\frac{f(\alpha u)}{\alpha}=\frac{\alpha k}{\lambda(\alpha c+\underline{h})}$$

其中，$f(x)=e^x-x-1$［当 $\underline{h}=0$ 时，它简化为公式 (3.7.1)］。现在，像在正文中一样对 f 进行近似，以获得 u^* 的近似值。将该值与 EOQ 模型给出的值进行比较。

3.26　本习题进一步讨论了 3.7 节中现值最优成本函数 $C^*(k)$ 和平均成本函数 $C^0(k)$ 的关系。令 $u^*(k)$ 为现值模型中给定 k 值的最优 u 值。证明：

$$\frac{dC^*(k)}{dk}=\frac{1}{1-e^{-\alpha u^*(k)}}$$

利用这个表达式，以及 $e^{-\alpha u}>1-\alpha u, u>0$，证明：

$$\frac{dC^*(k)}{dk}>\frac{dC^0(k)}{dk}\qquad k>0$$

证明这意味着，对于 $k_1<k_2$：

$$C^*(k_2)-C^*(k_1)>C^0(k_2)-C^0(k_1)$$

如正文所述。另外，证明随着 $k\to\infty, u^*(k)\to\infty$，因此：

$$\lim_{k\to\infty}\frac{dC^*(k)}{dk}=1\qquad \lim_{k\to\infty}\frac{dC^0(k)}{dk}=0$$

［在极限中，$C^*(k)$ 以线性方式以速率 1 增加，而 $C^0(k)$ 则基本上为平的。因此，对于较大的 k 而言，两个函数有很大的差别。］

3.27　3.7 节的现值模型禁止缺货，收入以不变的速率 $p\lambda$ 增加。现在，忽略这一约束。假设我们如 3.3 节一样遵循订货量/订货点策略，$-q<v<0$。只有当实际满足了需求增量的时候，我们才能获得收入。没有直接缺货惩罚成本。

推导出作为 u 和 y 的函数的利润总现值的表达式，其中 $y=v/\lambda$ 是安全时间。求这一函数的微分，得到两个描述 u^* 和 y^* 的等式。与平均成本情况下的最优策略相比，你如何评估这些数值？

（根据3.7节的论述，通常的库存持有成本包括两个部分，即实际处理成本和融资成本。通过对订货成本的折现，现值模型直接体现出了融资成本。在此我们看到，在延期交货的惩罚成本中也包括着融资成本，这是由收入的延迟获得造成的。）

3.28 正如3.4节所述，假设有限生产率为 μ，在生产实际进行过程中，变动生产成本以速率 $c\mu$ 持续发生。利用现值标准分析这一系统（假设没有直接的持有成本，生产的每单位产品可以立即用于满足需求）。证明总折现成本为：

$$C(u) = \frac{k + (c\lambda/\alpha\rho)(1 - e^{-\alpha\rho u})}{1 - e^{-\alpha u}}$$

对该函数求微分，证明 u^* 为下列方程的解：

$$\frac{\rho f[(1-\rho)\alpha u] + (1-\rho) f[-\rho\alpha u]}{\rho\alpha} = \frac{k}{c\lambda}$$

其中，与前面一样，$f(x) = e^x - x - 1$。利用近似函数 $f(x) \approx \frac{1}{2}x^2$ 得到 u^* 的近似公式。将其与平均成本模型的最优策略进行比较。

如果在一个批次开始生产时即一次性支付批量 cq 的变动成本，那么这一模型及其解会如何变化？（这种情况确实会发生，例如，如果 cq 代表物料的成本，则在生产开始的时候全部材料都应该到位。）

3.29 考虑3.6.2节中的第四种情况：只有在使用的时候，供应系统产生的次品才会被发现。我们在收到货物时对整个批次付款，但当发现次品时，我们会得到这些次品的赔款。利用现值标准构建这一模型。证明它可以转化为没有次品、变动成本为 c/ξ、收入率为 $p + c\delta$ 的模型。证明：在这一模型的平均成本近似中，适当的持有成本为 $h = \alpha c/\xi$，就好像没有赔款一样。

3.30 考虑3.6.3节中的模型：有限生产率为 μ，产出的 δ 部分为次品。在这些次品生产出来后，我们可以立刻发现并丢弃它们。假设我们为生产的每一单位产品支付变动生产成本 c，不管是不是次品，如第二种情况一样（例如，当次品必须全部报废时，就会出现这种情况）。

利用现值准则来构建这一模型（提示：利用习题3.28的结果作为起始点）。然后，对这一模型进行近似，以推导出平均成本模型的适当参数。

第 4 章　随时间变化的需求

本章提要

4.1　导言

本章将讨论需求随时间的推移而变化的情况，同时也将考虑采购成本随时间变化的情况。考虑到季节因素、市场的扩张或收缩，或者经济状况的其他变化，实际需求率和采购成本当然会发生变化。正如第 3 章所述，主要的管理难题是在持有库存的成本和订货成本（包括规模经济）之间找到恰当的平衡点。这一问题因一些随时间变化的因素而变得复杂起来。

在实践中，当前对未来需求量的描述是一种预测。在此我们必须指出，本章中的模型将这类预测看成是完美的。需求会发生变化，但这些变化是完全可以预测的。

4.2 节探讨了一些简单的情况。一个粗略的、启发式的分析揭示出了随时间而变化的需求所具有的广泛影响。本章的其余部分在风格上有很大差别。其目标是对一般性问题得出精确的答案。与第 3 章相比，这一目标更具挑战性。部分出于这一原因，从 4.3 节开始，在一个限定的时间范围内，我们将把时间看成是离散的而不是连续的。我们将推导出一些算法（algorithm）进行计算求解，但这之前，我们应该掌握一些简单、有吸引力的公式。这种对计算的强调贯穿于 4.3 节和 4.4 节。数值算例将与 4.2 节直觉发现的结果相关联。

4.5 节介绍了一个平滑模型（smoothing model）。与规模经济相反，此模型展现了规模不经济（diseconomies of scale）的情况，在这种情况中，大批量订货会造成大量的惩罚成本。这一模型的主要优点——也是其主要缺点——就是其公式中存在的基本对称性（symmetry）。这些对称性不太现实，但它们会带来一些简单、有意思的结果。

4.2 极端情况

考虑这样一个场景，它与 EOQ 模型在各个方面都是一样的，只有一点除外：需求率是时间的函数，比如 $\lambda(t)$。成本因子保持恒定。这一模型的一般情况十分难以求解。但有几种特殊情况，对于这些情况，其解可以简单地（至少是近似地）描述出来。了解这些特殊情况，将有助于我们直观地理解随时间而变化的需求的总体影响。

4.2.1 微小的改变

首先，假设需求率 $\lambda(t)$ 随时间的推移而改变，但改变很小；总体平均需求率为 λ，而 $\lambda(t)$ 与 λ 的差别很小，只有几个百分点［当然，这一条件有些含糊，而我们也只能这样假设；我们可以为 $\lambda(t)$ 指定一个更精确的范围，但我们不会那样做。在此，我们的目标不是精确的结果］。

由于 $\lambda(t)$ 几乎是恒定的，具有恒定需求率 λ 的 EOQ 模型也几乎总是正确的。如果我们采用一个恒定的订货数量 q，则 EOQ 模型的成本函数 $C(q)$ 就可以相当准确地度量实际成本。同样，如果我们采用一个恒定的周期时间 u，则 $C(u)$ 就是一个很好的近似。我们没有什么令人信服的理由要考虑完全不同的策略。总之，EOQ 模型的最优策略（q^* 或 u^*）应该让我们感到很满意了，而且其最优成本 C^* 与真实的最优成本将非常近似。

在 3.2 节中，我们发现相对于需求率的变化，EOQ 模型具有鲁棒性（robust）。那一分析关注的是持续的变化，即长时间的变化。而在这里，虽然有一定的差异，但这些差异只是暂时的。如果有什么区别的话，那就是在这样的背景下，我们期望 EOQ 模型具有更好的鲁棒性。

4.2.2 快速的变化

上述情况限制了需求的波动幅度（amplitude）。接下来的两种情况则限制了它们的频率（frequency）。

首先，假设 $\lambda(t)$ 围绕着总体平均需求率 λ 快速波动。我们再一次以宽松的方式来定义这一条件：对于每一个 t，令 $\underline{\lambda}(t)$ 表示 t 附近的一个很小的时间

间隔内 $\lambda(\cdot)$ 的平均值。如果 $\underline{\lambda}(t)$ 接近恒定并且等于 λ，我们就称 $\lambda(t)$ 为快速变化的需求率［例如，如公式（3.2.3）所示，计算 $u^{*}=[2k/\lambda h]^{1/2}$，并将 $\underline{\lambda}(t)$ 看成是对 $[t, t+\frac{1}{4}u^{*}]$ 的平均值］。波动可能较大，但由于波动的速度太快，以至于求均值的过程抑制了其波动的幅度。

图 4.2.1 显示了发生的情况。需求率的波动只引起 $D(t)$ 以及 $I(t)$ 的微小波动。显然，EOQ 模型准确地度量了可替代策略的成本。我们可以忽略这些波动，并与以前一样应用 EOQ 模型。

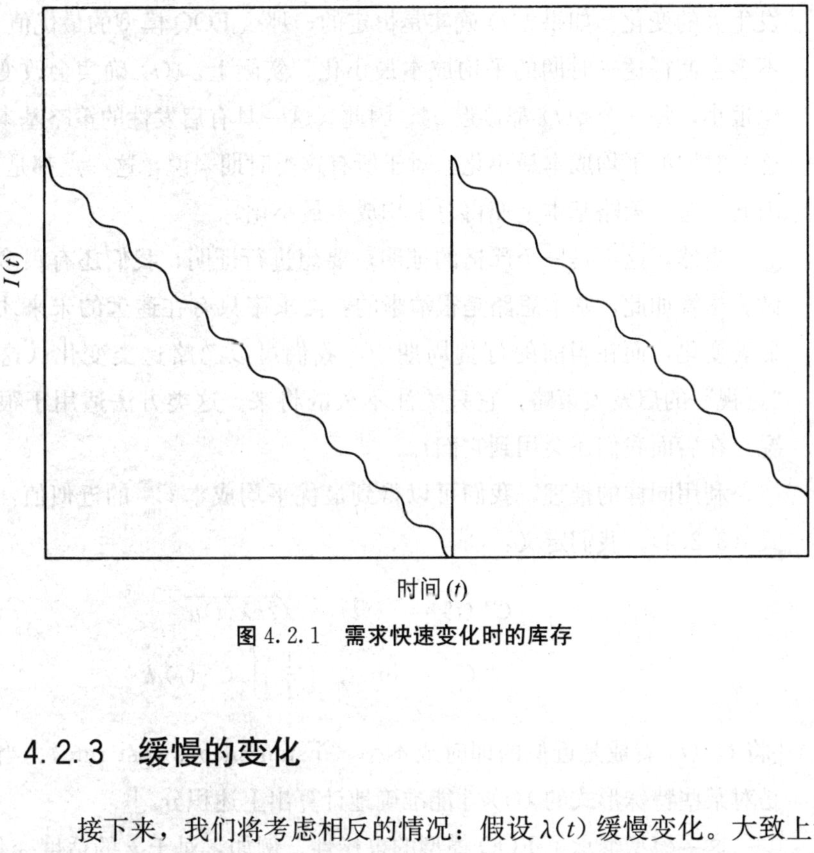

图 4.2.1　需求快速变化时的库存

4.2.3　缓慢的变化

接下来，我们将考虑相反的情况：假设 $\lambda(t)$ 缓慢变化。大致上说，这一想法就是在每一个合理的订货周期内，$\lambda(t)$ 几乎保持不变。例如，定义：

$$u(t)=\sqrt{\frac{2k}{\lambda(t)h}}$$

这就是最优订货周期，针对每一个 t 值进行计算，就好像需求率恒定为当前 $\lambda(t)$ 值一样。定义一个缓慢变化的需求率的方法是规定对于所有 t，$\lambda(\cdot)$ 在区间 $[t, t+u(t)]$ 内只发生微小的变化（显然，这一条件取决于成本率 k/h）。

下面是一个合理的策略：只有在库存即将被耗尽的时候才订货，而且

如果 t 是这样一个时刻，则订货数量为：

$$q(t) = \sqrt{\frac{2k\lambda(t)}{h}} \tag{4.2.1}$$

也就是说，利用 EOQ 公式，将需求率定义为恒定的当前值。或者，仅订购到 $t+u(t)$ 时刻能够满足需求的数量。

为什么这一启发式算法会有效？下面是一个直观的论据：考虑一个时间长度适中的期间，这一期间能够涵盖几个订货周期，但 $\lambda(t)$ 和 $q(t)$ 不会发生大的变化。如果 $\lambda(t)$ 确实是恒定的，那么 EOQ 模型的最优值 q^* 将差不多会使得这一时期的平均成本最小化。实际上，$\lambda(t)$ 确实会改变，但变化很小，每一个 $q(t)$ 都接近 q^*。因此，这一具有启发性的策略基本上使得这一时期的平均成本最小化。对于所有这类时期来说，这一点都是正确的。因此，这一策略基本上使得总平均成本最小化。

当然，这不是一个严格的证明，要想进行证明，我们还有很多工作要做。尽管如此，基本思路是很清晰的：需求率只有在遥远的未来才会发生显著变化，而在当前的订货周期中，我们可以忽略这类变化（这是一个“近视”的启发式策略，它只关注不久的将来。这类方法适用于很多种情况。在后面我们还会用到它们）。

利用同样的推理，我们可以得到最优平均成本 C^* 的近似值：根据公式（3.2.4），我们定义：

$$C^*(t) = c\lambda(t) + \sqrt{2k\lambda(t)h} \tag{4.2.2}$$

$$C^* = \lim_{T\to\infty}\left(\frac{1}{T}\right)\int_0^T C^*(t)dt$$

[将 $C^*(t)$ 看成是近似的即时成本率（instantaneous cost rate）。当然，只是对某些特殊形式的 $\lambda(t)$ 才能准确地计算出上述积分。]

这一模型继承了 EOQ 模型的鲁棒性。例如，对于 k 的适度变化，$q(t)$ 和 C^* 只会发生微小的变化，而如果整个函数 $\lambda(t)$ 增加 1 倍，每一个 $q(t)$ 只会增加 $\sqrt{2}$ 倍，C^* 也是如此。另外，$q(t)$ 还具有动态鲁棒性（dynamically robust）。也就是说，考虑一个固定的函数 $\lambda(t)$。如果 $\lambda(t)$ 在某一时间间隔内发生一定的变化，那么 $q(t)$ 在这一时间间隔内的变化更小。

出于这一原因，一个更加粗略的启发式方法可能会非常有效：在大部分时间里保持订货数量（或周期时间）不变。如上面的计算所示，只有当 $q(t)$ [或 $u(t)$] 过度偏离当前策略时，才改变订货数量。管理一个参数不经常变化的策略通常会更加容易。

4.2.4 讨论

总结一下：如果 $\lambda(t)$ 的改变非常小并且/或者非常快，则关注长期平均值 λ，忽略当前需求率。如果 $\lambda(t)$ 的变化非常缓慢，则关注当前的 $\lambda(t)$，而忽略长期的变化。4.3.5 节中的数值案例支持了这些观点。

我们甚至可以将这三个例子结合起来：假设 $\lambda(t)$ 是三个函数的和，这三个函数中，一个变化很小，一个变化快速，一个变化很慢。也就是说，假设局部平均值（local average）$\underline{\lambda}(t)$ 在长期中会发生变化，但变化很小。遵循上面的观点，一个合理的启发式策略是根据公式（4.2.1）利用 $\underline{\lambda}(t)$ 而不是 $\lambda(t)$ 来设定 $q(t)$。

这仍然是一种相当极端的情况。对于更典型的情况［其中 $\lambda(t)$ 包括数量的显著改变，改变的速度既不是很快，也不是很慢，而是介于其间］会是怎样呢？下面这个粗略的原则似乎很有效：假设 $\lambda(t)$ 在一定范围内变动。计算 EOQ 模型相应的取值范围，并将每一个订货数量限定在这一范围内。

当然，如果 $\lambda(t)$ 的变化范围很大，则这一原则就会产生很大的偏差。正如下面将要讨论的一样，对于寻找一个真正的最优策略或者是一个次优策略来说，我们似乎没有更准确、更简单、更可靠的指导方针。计算方法（不管是精确的还是近似的）似乎是很重要的。

4.2.5 有限生产率

现在，如 3.4 节所述，假设有限生产率为 μ。再次忽略 $\lambda(t)$ 微小或快速的变化。考虑一个缓慢变化的需求率。为了简单起见，假设 $\lambda(t)$ 是连续的。

最简单的情况是对于所有 t，$\lambda(t) < \mu$。我们可以对上述启发式方法进行直接改造：定义 $\rho(t) = \lambda(t)/\mu$，重新定义：

$$q(t) = \sqrt{\frac{2k\lambda(t)}{h[1-\rho(t)]}} \tag{4.2.3}$$

将公式（4.2.1）和公式（3.4.2）结合起来。正如 4.2.3 节所述，使用 $q(t)$ 来表示批量大小的策略表现相当好［这一公式假设生产的库存可以立即用于满足需求。否则，就对它进行修正，像 3.4.5 节一样，用 $1+\rho(t)$ 来代替 $1-\rho(t)$］。

显然，对于某些 t，当 $\lambda(t) > \mu$ 时，这一方法是无效的。在那种情况下，至少在短期内需求超过了产能，我们必须以某种方式预计到这些工作繁重的时期。图 4.2.2 显示了这种情况。水平线代表产能 μ，曲线是 $\lambda(t)$（我们将在稍后进行解释）。

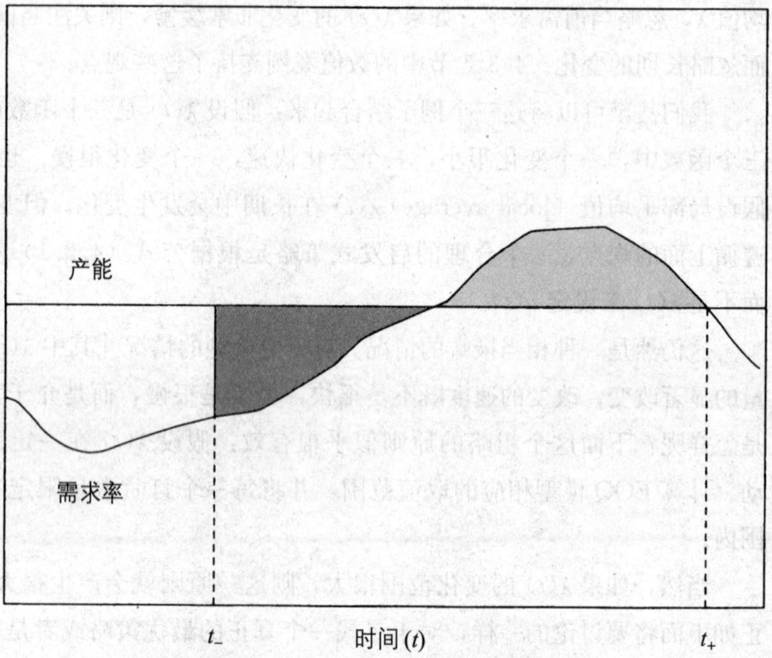

图 4.2.2　超额需求与产能

令 $D(t)=\int_0^t \lambda(s)ds$ 表示累积需求（cumulative demand）。可行性要求对于所有 t，$D(t)\leqslant \mu t$。假设有限时间为 t_+，对于 $t\geqslant t_+$，$\lambda(t)\leqslant\mu$。在 t_+ 之后，产能不会不足，而且我们可以像上面一样应用公式（4.2.3）；难题来自 t_+ 之前。令 t_+ 尽可能小。根据连续性，$\lambda(t_+)=\mu$，对于略小于 t_+ 的 t，$\lambda(t)>\mu$，而且：

$$D(t_+)-D(t)>\mu(t_+-t)$$

进一步减小 t，只要 $\lambda(t)>\mu$，这一不等式就肯定会成立，甚至当 $\lambda(t)$ 降到 μ 以下时，该不等式仍然成立。但在某一点上，累积供应会赶上累积需求，并且：

$$D(t_+)-D(t)=\mu(t_+-t)$$

设 t_- 为满足这一等式的最大的 $t<t_+$。因此，如果我们应该在到达时刻 t_- 时没有库存，那么我们就必须持续生产，至少直到 t_+。图 4.2.2 中的浅色阴影表示 t_+ 之前的总超额需求，它必须被早期的生产预期到，而 t_- 是深色

阴影区域等于浅色阴影区域的点。

显然，$\lambda(t_-) < \mu$。我们暂时假设对于所有 $t \leqslant t_-$，$\lambda(t) \leqslant \mu$，如图 4.2.2 所示。在这种情况下，最初的启发式方法只有在区间 $[t_-, t_+]$ 才会失效。这为我们带来了下面的启发式方法：应用公式（4.2.3），直到 t_-，然后连续生产，直到 t_+，然后再应用到公式（4.2.3）（为了连接 $[t_2, t_1]$ 期间内长期生产之前与之后的短期生产，可能会需要进行小的调整）。

相反，假定对于某些 $t < t_-$，有 $\lambda(t) > \mu$。因此在 t_- 之前的某一时刻，情况与图 4.2.2 一样。这样，重复同样的方法：找出一个新的时间间隔如 $[t_-, t_+]$，以同样的方式围绕这一期间安排生产。继续以这一方式找出这类时间间隔，每一个时间间隔都需要一个相对较长的生产周期以补偿其短期产能的不足。在这些区间之外，像上面一样应用公式（4.2.3）（与本小节中的其他地方一样，这一过程也是一种启发式方法）。

这些扩展的生产周期带来的广泛影响是很明显的：当需求量很大的时候，每一个周期的早期部分都会建立库存，以满足后期的需求。因此，与不这样做相比，我们最终会持有较多的库存（这一影响可以量化，请参见习题 4.2）。

同样的方法还可以涵盖生产率在长期中发生变化的情况，即 $\mu = \mu(t)$。我们需要注意一种特殊的情况，其中 $\mu(t)$ 和 $\lambda(t)$ 成比例，因此 $\rho(t) = \dfrac{\lambda(t)}{\mu(t)}$ 为常数 $\rho < 1$。这里，产能随着需求的变化而扩张或收缩。方程（4.2.3）简化为：

$$q(t) = \sqrt{\frac{2k\lambda(t)}{h(1-\rho)}}$$

正如在考虑产能约束的模型中一样，$q(t)$ 随着 $\lambda(t)$ 的平方根而变化。

这一讨论只包含了某些极端情况。通用情况的解决需要更复杂的计算方法，请参见 4.4.5 节。

4.3　动态经济订货批量模型

4.3.1　离散时间建模

本节将构建并分析一个与 EOQ 模型类似的模型，在这一模型中，需求和订货成本在长期中可以以任何方式变化。为了具备这样的一般性特点，我们引入了一个完全不同的时间概念。我们将时间看成是离散时间点的有限序列。我们任意指定期间（time period），即不同时间点之间的间隔，但采用这样一种观点：所有重大事件都恰好发生在时间点本身之上。

有时候，离散时间比连续时间能够更好地描述现实。例如，通过以前的安排，我们很有可能只能在某些确定的时间订货，比如说只能在每周一上午9点订货。离散时间模型可以用来近似一个连续时间系统（当然，在这种离散化中，当时间点彼此很接近时，近似会更加准确）。我们可以将期间看成是等长度的，尽管这并不是必需的。实际上，有时候，在开始时将时间段划分得短一些而在长期中将时间段划分得长一些会更好。

离散时间不太容易让人理解，其术语、符号和总体形式与我们以前见识过的具有相当大的区别。实际上，它与连续时间模型之间的关系并不明显。但请放心，这种联系是存在的，我们将在后面进行解释。

用文字来表述，问题是这样的：对一种产品的需求发生在每一个时间点上。我们必须在需求发生时满足所有的需求，不允许有延期交货或损失销售的情况发生。我们可以在任何一个时点订购或生产产品，而且我们可以在一个时点到下一个时点之间持有库存。补货决策会立即生效，没有订货提前期。每一个订单无论大小如何都会产生一个固定成本，以及一个与订货数量成比例的变动成本。在任何两个连续的时点之间持有库存是有成本的。这些成本以及需求在长期中可能会发生变化。我们的目标是确定一个能够最小化所有时点成本的可行的订货计划。

为了对这一问题进行建模，我们定义：

T＝时间范围

t＝时点的序号，$t=0$，…，T

时间范围 T 是有限的。期间 t 是从时点 t 到时点 $t+1$ 之间的时间。这一问题的数据包括：

$$d(t) = t \text{ 时点的需求}$$

这是一些非负的任意常数。决策变量为：

$$x(t) = t \text{ 时点的库存}$$
$$z(t) = t \text{ 时点的订货批量}$$

在 $t=0$ 时的初始库存是一个已知的常数 x_0。

我们用符号 $d(t)$ 而不用 $\lambda(t)$，以强调需求以离散而不是连续的方式发生。另外，我们使用 $z(t)$ 而不是 $q(t)$ 表示订货批量。我们仍然用 $q(t)$ 来描述一个策略，表示在满足某些条件时要订货的数量，其中 $z(t)$ 准确地指出了在没有附加条件情况下的订货量。在有关离散时间模型的文献中，这是最常见的使用方法，或许是因为 $z(t)$ 比 $q(t)$ 看起来更像一个决策变量。出于类似的原因，我们用 $x(t)$ 而不用 $I(t)$ 来表示库存［在 4.4 节中，$x(t)$ 将具有更一般的含义，即表示净库存或库存位势］。

在每一个 $t<T$ 的时点上，准确的事件顺序如下：

1. 我们观察库存 $x(t)$。
2. 我们决定订货批量 $z(t)$。

随后，在期间 t 的某一时点，订单 $z(t)$ 到货，并且需求 $d(t)$ 发生。我们并不关心这些事件发生的准确时间，只要它们在一个期间结束时完成，能够让我们在时点 $t+1$ 确定 $x(t+1)$ 即可。这一过程将在最后一个时点 T 的第一步结束；最终的库存 $x(T)$ 很重要，但在那时没有订单或需求。

成本参数如下：

$k(t)=$ 时点 t 的固定订货成本

$c(t)=$ 时点 t 的变动订货成本

$h(t)=$ 时点 t 的库存持有成本

这些都是非负的。我们用 $\delta(\cdot)$ 表示 Heaviside 函数（Heaviside function），即当 $z>0$ 时，$\delta(z)=1$，当 $z\leqslant 0$ 时，$\delta(z)=0$。这样，时点 t 时的总订货成本为 $k(t)\delta(z(t))+c(t)z(t)$。$t$ 时的持有成本为 $h(t)x(t)$。我们忽略不变的成本 $h(0)x(0)=h(0)x_0$，但需要考虑最终持有成本 $h(T)x(T)$。

现在我们已经准备好来构建这一模型了：

初始条件：

$$x(0)=x_0 \tag{4.3.1}$$

动态方程（dynamics）：

$$x(t+1)=x(t)+z(t)-d(t) \qquad t=0,\cdots,T-1 \tag{4.3.2}$$

约束条件：

$$\begin{aligned} x(t)\geqslant 0 \qquad & t=1,\cdots,T \\ z(t)\geqslant 0 \qquad & t=0,\cdots,T-1 \end{aligned} \tag{4.3.3}$$

目标函数：

$$\text{最小化} \quad \sum\nolimits_{t=0}^{T-1}\left[k(t)\delta(z(t))+c(t)z(t)\right]+\sum\nolimits_{t=1}^{T}h(t)x(t) \tag{4.3.4}$$

这一最优化问题被称为动态经济订货批量模型（dynamic economic lotsize

model，DEL 模型），同时也被称为瓦格纳—惠廷问题（Wagner-Whitin problem），这是用其发明者 Wagner 和 Whitin（1958）的名字命名的［这是离散时间动态系统和最优控制通用模型框架的一种特殊情况。在这些术语中，$x(t)$ 表示系统的状态（state），$z(t)$ 是控制（control）变量，$d(t)$ 是外生的输入（input）。参见附录 B。动态方程（4. 3. 2）表达了这一系统的流守恒法则（conservation-of-flow law）］。

我们还需要一些额外的符号：

$D(t)=$ 在时间 $t=\sum_{s=0}^{t}d(s)$ 内的累积需求

$D[t,u)=$ 从时点 t 到 $u-1=D(u-1)-D(t-1)$(其中 $t\leqslant u$) 的需求

$\tilde{c}[t,u)=$ 在时点 t 订购 1 单位产品并持有到 $u=c(t)+\sum_{s=t+1}^{u}h(s)$ (其中 $t\leqslant u$) 的变动成本

［对于 $u=t,\tilde{c}[t,u)=c(t)$。］

通过引入额外的二元指标变量 $v(t)$，我们可以对 DEL 模型进行变形，以消除目标函数中的非线性函数 δ。在此，如果我们在时点 t 订货，则 $v(t)$ 为 1，如果不订货，则 $v(t)$ 为 0（如果你熟悉整数规划，你就会将其作为一种标准技术）。除了公式（4. 3. 3）外，这一模型还需要一些新的约束条件：

$$v(t)\in\{0,1\} \qquad (4.3.5)$$
$$z(t)\leqslant D[t,T)v(t) \qquad t=1,\cdots,T-1$$

目标函数（4. 3. 4）则变为线性的：

$$\text{最小化}\quad \sum_{t=0}^{T-1}[k(t)v(t)+c(t)z(t)]+\sum_{t=1}^{T}h(t)x(t) \qquad (4.3.4')$$

因此，DEL 模型能够被表示成一个线性混合整数规划（这一重新建模非常有趣，同样的技巧可以用于更复杂的系统，请参见第 5 章。但它不能直接用于实践，因为整数规划很难求解）。

4. 3. 2　成本为线性的情况

成本为线性的情况很容易求解，其中所有 $k(t)=0$，而且其解也很有意思。

首先，假设所有的 $c(t)$ 都等于某一常数 $c\geqslant 0$。解非常明显：假设 $x_0=0$，设每一个 $z(t)=d(t)$，且 $x(t)=0$。同样，如果 $x_0>0$，则不订货，直到初

始库存被耗尽，并从那时起订购必要的最小数量，以保证 $x(t) \geqslant 0$。一般来说，订货批量尽可能小，时间尽可能晚，同时仍然能够在需求发生时满足这些需求。这是完美的流系统（flow system）——满足所有需求同时不持有库存（来自初始库存的剩余除外）的离散时间版本。

现在，假设变动成本 $c(t)$ 依赖 t。此处的基本经济问题是在采购成本和持有成本之间找到一个平衡点：我们可以通过提前订货来避免预期的成本增加，但这样会发生持有成本。

我们暂时假设 $x_0 = 0$。考虑任何时点 t 和 $d(t)$ 内的任何一个单位需求。为了满足这一需求，我们可以在任何时点 $s \leqslant t$ 订购一单位产品。如果我们选择时点 s，那么总成本就是 $\tilde{c}[s,t)$。这包括了采购成本 $c(s)$ 以及 s 和 t 之间的持有成本。为了最小化这一成本，我们计算：

$$\tilde{c}[*,t) = \min_s\{\tilde{c}[s,t): 0 \leqslant s \leqslant t\} \tag{4.3.6}$$

令 $\tilde{s}(t)$ 表示实现这一最小化的最大的 s 值。

这一计算适用于在 $d(t)$ 内的所有需求单位。因此，为了求解这一总体问题，我们只需要确定最佳订货时间 $\tilde{s}(t)$ 以满足在时点 t 的需求。这些最佳订货时间与订货数量 $d(t)$ 无关，只取决于成本因素。

下面的递归方案列出了计算过程：

$$\begin{aligned} \tilde{c}[*,0) &= c(0) \\ \tilde{c}[*,t+1) &= \min\{\tilde{c}[*,t) + h(t+1), c(t+1)\} \end{aligned} \tag{4.3.7}$$

也就是说，$\tilde{s}(t+1)$ 只有两个可能的取值：如果方括号内的第一个数量较小，则 $\tilde{s}(t+1) = \tilde{s}(t)$，而如果第二个数量更小，则 $\tilde{s}(t+1) = t+1$（习题 4.3 要求你证明这一方法）。对于任何一个 $t > 0$，公式（4.3.7）要求两个数字中较小的一个代替公式（4.3.6）中的 $t+1$。另外，在公式（4.3.7）中，没有必要预先计算 $\tilde{c}[s,t)$。如果我们确实在某一时点 s 订货了，则我们的订货量足以满足几个连续时点的需求（那些 $t \geqslant s$ 的时点，其中 $\tilde{s}(t) = s$）[正如我们很快就会看到的，对于正的 $k(t)$，后一个性质也成立]。

当 $x_0 > 0$ 时，像上面一样计算 $\tilde{s}(t)$。但是，并不是所有这些时间都代表实际订货。利用原始库存来满足需求，直到用完为止，这就取代了一些最早的订单。

顺便提一句，当 $\tilde{s}(t) < t$ 时，我们可以说存在一种持有存货的投机动机（speculative motive），因为这意味着预计到从期间 $\tilde{s}(t)$ 到 t 采购成本会增加，增加的数量足以抵消这一期间内的持有成本。另一方面，如果对于所有 t，$\tilde{s}(t) = t$，就像在 $c(t)$ 保持不变的情况中一样，我们就可以说这一问

题没有提供投机的机会。后一种情况很重要，即使是在存在着额外的复杂性如固定成本时也是如此。

4.3.3 零库存性质

具有正 $k(t)$ 值的一般 DEL 模型是一个难以求解的非线性规划问题，或者是一个同样难以求解的线性混合整数规划问题。但是，这一模型拥有一个引人注目的性质，我们将在后面利用这一性质开发出一种简单的求解步骤。

给定一个可行解，如果 $z(t)>0$，则称 t 为订货时间（order time）。核心的结论描述了根据最优订货时间得出的最优安排，被称为零库存性质(zero-inventory property)。最简单的方式是假设 $x_0=0$：应该以下面的方式对订货进行规划，即在接收每一批订货时，库存恰好被消耗完。对于一般的情况 $x_0 \geqslant 0$ 而言，这一原则也适用，但有一个条件：第一个订单可能会在还有正库存时到达，但只能是第一个订单。下面是正式的论述：

定理 4.3.1：只有当对于每一个 t（除可能的最早订货时间外），$x^*(t)=0$，对于等式（4.3.1）至（4.3.4），才存在最优解 $x^*(t)$ 和 $z^*(t)$，使得 $z^*(t)>0$。

回想一下，我们在 3.2 节对 EOQ 模型假设了相同的性质（在习题 3.1 中进行了证明）。这一定理认为，即使是对非静态数据（nonstationary data）来说，这一性质仍然成立。

零库存性质意味着，在每一个订货时点，我们订购的数量恰好能够满足直到下一个订货时点的需求。具体而言，订货时间完全决定了订货数量。对于下一小节的重新建模而言，这一点非常重要［另外，假设 $x_0=0$，当 $d(t)$ 都是整数时，$z^*(t)$ 也都是整数。这一点很有用：有时候 $z(t)$ 为整数很重要，尽管 DEL 模型本身不包含这样的约束。不需要这些约束，它们还是会自动成立。事实证明，当 x_0 为正整数时，这一点尤其正确］。

定理 4.3.1 的证明：为了简单起见，假设 $x_0=0$，所有的 $d(t)>0$，所有的 $k(t)>0$。在本例中，我们要证明每一个最优解都具有零库存性质（习题 4.4 要求你在一般情况下证明这一结果）。如果违反了这一要求，即如果 $x(t)>0$，则称该订货时间“无效”（bad）。考虑一个具有无效订货时间的可行解。令 u 为最小值，t 为 u 之前且离 u 最近的订货时间（这个 t 是存在的，因为 0 是一个非无效订货时间）。

通过将 $z(u)$ 向 $z(t)$ 正向移动或反向移动，现在我们构建一个新的可行解，其中 u 不再是无效订货时间，且其成本比最初的成本要低。定义：

$$\bar{c}[t,u) = \tilde{c}[t,u) - c(u)$$

这是 $z(t)$ 增加 1、$z(u)$ 减少 1 并对 t 和 u 之间的库存进行相应调整后总成本的变化［如动态方程（4.3.2）所决定的］。根据这一数量的符号，考虑两种情况：如果 $\bar{c}[t,u) \leqslant 0$，以这种方式对解进行修正会改善成本（最坏的情况是保持成本不变），进一步进行这种改变是有益的。因此，让这种改变尽可能大，即用 $z(t)+z(u)$ 代替 $z(t)$，将 $z(u)$ 减小至 0，使得 u 不再是订货时间。总成本的变化是 $\bar{c}[t,u)z(u) \leqslant 0$，同时我们还节省了固定成本 $k(u)$。另一方面，如果 $c[t,u) > 0$，则向相反的方向进行最大的改变，即令 $z(u)$ 增加 $x(u)$，$z(t)$ 减少同样的数量，再一次调整 t 和 u 之间的库存，这一变化使 $x(u)$ 本身趋向于 0，因此 u 不再无效。这使成本降低了 $\bar{c}[t,u)x(u) > 0$［如果 $z(t)$ 也趋向于 0，则降低得更多］。

在构建这个新解的过程中，我们没有造成新的无效订货时间。实际上，任何剩余的无效订货时间肯定大于 u。我们可以重复这一步骤，直到所有的无效订货时间都被消除，在每一步上降低总成本。当然，最优解中不会有无效订货时间。■

顺便说一句，我们还可以用另一种方式来说明零库存性质：在由约束条件和动态方程定义的凸集中，目标函数是变量的凹函数。因此，我们可以在可行域的一个极值点（extreme point）处找到其最小值（参见 A.3 节）。我们可以证明，每一个极值点都具有零库存性质，因此最优解也是如此。在此我们不准备继续讨论这一方法，但应该知道它。我们可以用这种方法来分析 DEL 模型的几种推广形式。

4.3.4　网络表示法与求解

要求解 DEL 模型，主要的问题就是选择订货时间。我们主要关注 $x_0 = 0$ 的情况。这一选择问题可以用网络的方式来表示：节点对应于时点 $t = 0,\cdots,T$。对于 $t < u$ 的每一个节点对 (t,u)，都有一条从 t 指向 u 的有向弧。任何特别选定的订货时间都对应着这一网络中的一条从节点 0 到节点 T 的路径（path），反过来也是如此。在路径中遇到的节点（除 T 本身之外）确定了订货时间。图 4.3.1 显示了一个问题（在这个问题中，$T = 5$）的网络。图 4.3.2 显示了一条可能的路径，订货时点为 0、2、3。

现在，考虑任意一条路径以及该路径上的一条特定的弧 (t,u)。选择这条弧意味着 t 是一个订货时间，并且我们在 t 时订购的数量刚好能够满足

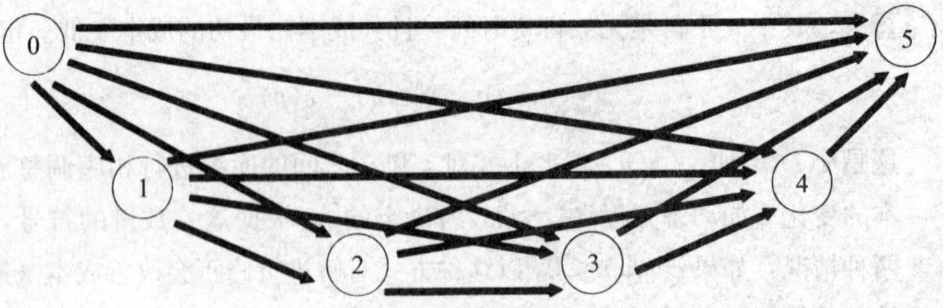

图 4.3.1　DEL 模型的网络

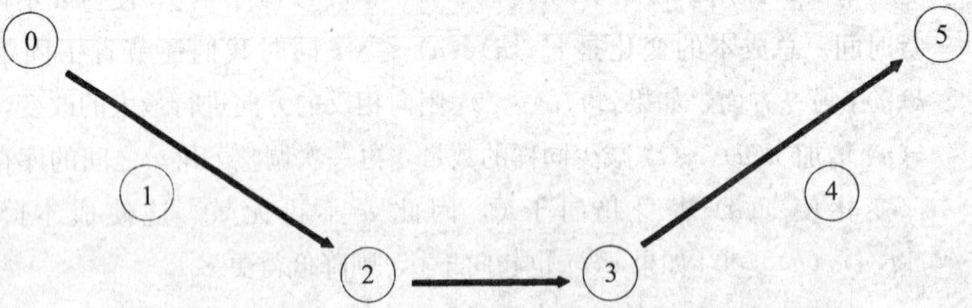

图 4.3.2　一条可能的路径

时点 t 到 $u-1$ 之间的需求。用 $k[t,u)$ 表示这一决策发生的总成本。动态方程表明，$z(t)=D[t,u)$，$x(t+1)=z(t)-d(t)=D[t+1,u)$，且对于 $t<s<u$，$x(s+1)=x(s)-d(s)=D[s+1,u)$。因此：

$$\begin{aligned} k[t,u) &= k(t)+c(t)z(t)+\sum\nolimits_{s=t+1}^{u} h(s)x(s) \\ &= k(t)+c(t)D[t,u)+\sum\nolimits_{s=t+1}^{u} h(s)D[s,u) \\ &= k(t)+\sum\nolimits_{s=t}^{u-1} \bar{c}[t,s)d(s) \end{aligned} \tag{4.3.8}$$

现在，对在这路径上遇到的所有弧都加上 $k[t,u)$。这一总和说明了所有期间的所有成本——它是沿这一路径选择订货时间的成本。

案例 4.3.A，第一部分

下面是 $T=5$ 时的一个例子：

t	$d(t)$	$k(t)$	$c(t)$	$h(t)$
0	10	40	2	—
1	2	40	2	1
2	12	40	2	1
3	4	40	2	1
4	14	40	2	1
5	—	—	—	1

弧成本 $k[t,u)$ 为：

t	u				
	1	2	3	4	5
0	60	66	144	134	218
1		44	80	96	166
2			64	76	132
3				48	90
4					68

针对这一网络中的每一条弧 (t,u) 计算 $k[t,u)$，将 $k[t,u)$ 看成是沿着弧 (t,u) 的旅行成本（travel cost）。为了确定订货时间的最优序列（optimal sequence），需要找到一条使总成本最小化的路径。总之，DEL 模型可以归纳为最短路径的计算。对这类问题有一些非常有效的求解步骤［例如，参见 Gallo 和 Pallottino（1986）］。这一网络是非循环的（不存在一条指向某一节点自身的路径），而且节点根据 t 自然排序，这使得计算更加容易。

让我们来详细地讨论一种方法。这种方法被称为前向递归（forward recursion）。这一方法是计算从节点 0 到每一个节点 t 的最小成本路径，从 $t=1$ 开始，然后是 $t=2$，直到 $t=T$。这一方法对时期 t 内的每一个 t 求解 DEL 模型。令 $V^{\blacktriangleright}(t)$ 表示时间范围为 t 的问题的最优成本，因此 $V^{\blacktriangleright}(t)$ 就是最初 DEL 模型的最优成本。

第 t 步旨在确定时间范围为 t 的问题的最后订货时间，用 $s^{\blacktriangleright}(t)$ 表示。但是，对于某些固定的 $s<t$，假设 $s^{\blacktriangleright}(t)=s$，我们应该根据时间范围为 s 的最优解来设定所有更早的订货时间，因此总成本为 $V^{\blacktriangleright}(s)+k[s,t)\equiv V^{\blacktriangleright}(s,t)$。为了找到最优的 s，即实际的 $s^{\blacktriangleright}(t)$，计算最小的 $V^{\blacktriangleright}(s,t)$。下面的算法体现了这一思想：

Algorithm Forward _ DEL 算法：

令 $V^{\blacktriangleright}(0)=0$

对于 $t=1,\cdots,T$：

$V^{\blacktriangleright}[s,t)=V^{\blacktriangleright}(s)+k[s,t)\quad 0\leqslant s<t$

$V^{\blacktriangleright}(t)=\min_s\{V^{\blacktriangleright}(s,t):0\leqslant s<t\}$

$s^{\blacktriangleright}(t)=$ 实现这一最小值的最大的 s

一旦完成计算，通过从 T 开始向回追踪 $s^{\blacktriangleright}(t)$ 来得到最优订货时间。也就是说，$s^{\blacktriangleright}(T)$ 是最后的订货时间，$s^{\blacktriangleright}(s^{\blacktriangleright}(T))$ 是倒数第二个订货时间，依此

类推。

案例 4.3.A，第二部分

上述例子的解为：

t	$V^{\blacktriangleright}(t)$	$s^{\blacktriangleright}(t)$	$x^*(t)$	$z^*(t)$
0	0		0	12
1	60	0	2	0
2	66	0	0	30
3	114	0	18	0
4	134	0	14	0
5	198	2	0	

这一解告诉我们要规划两次订购：在开始时订购 12 单位，以满足时点 0 和 1 的需求，然后在时点 2 订购 30 单位，以满足剩余的需求。总最优成本为 $V^{\blacktriangleright}(5)=198$。

顺便说一句，求解这一问题还有另一种方法，被称为后向递归（backward recursion）：将图 4.3.1 倒转，颠倒所有箭头的方向，并对这一网络应用 Algorithm Forward _ DEL 算法。针对最初的问题，这一方法以相反的方向进行计算，即从每一个 t 到 T 找出最优路径。那条路径的成本［比如说用 $V^{\blacktriangleleft}(t)$ 表示］度量了从时刻 t 到 T 的最优成本，开始时 $x(t)=0$。完整的 DEL 模型的最优成本为 $V^{\blacktriangleleft}(0)=V^{\blacktriangleright}(t)$。

从本质上说，这一方法与 Algorithm Forward _ DEL 算法是等价的，但我们应该了解这一方法：人们确实使用这种方法。它得到的不仅是一个解，更是一个完整的最优策略。令 $q(t)$ 表示 t 至 T 子问题中的第一个订单，如果如 4.2.3 节所述，$x(t)=0$，则 $q(t)$ 描述了在 t 时刻要订购的数量。最后，这一方法在概念上与第 9 章的随机模型类似，有时候，两者都被称为动态规划（dynamic programming）方法。

Algorithm Forward _ DEL 算法需要我们付出多少努力？我们需要进行 T 次迭代，而且第 t 次迭代需要进行 t 次类似的计算。因此，总计算次数与 $\sum_t t = ½T(T+1)$ 成比例。对于较大的 T 值来说，二次项占主导地位。因而我们说这一算法需要 $O(T^2)$ 的时间（这种表示法有一个明确的含义，但在这里这一非正式的定义就足够了）。它概述了这一算法处理大问题的能力：随着 T 的增加，所需的时间大致按 T^2 增加。

一般来说，以二次方式增长并不太糟糕，求解其他问题的其他算法对其主要规模参数要敏感得多（例如，参见4.4.5节）。即便如此，最近研究人员还是开发出了只需要$O[T\log(T)]$时间的步骤，对于没有投机机会的问题只需要$O(T)$时间。对于较大的T而言，这些方法比Algorithm Forward _ DEL算法更快速［Federgruen和Tzur（1991）称，在$T=500$时，其速度要快3倍，而$T=5000$时，则要快70倍。例如，这类巨大的T值可以以最初连续模型的离散化的方式出现］。它们需要额外的运算，而对于较小的T而言，它们会慢一些。

基本观点很简单：为了确定$s^{\blacktriangleright}(t)$，Algorithm Forward _ DEL算法会搜索所有的$s<t$。即使是对于较大的t，它也会继续考虑最小的s。新算法从以前的迭代中获得信息，以协助指导这种搜索，具体来说就是消除某些s值［对于成本为线性的情况，这一想法也是简化递归（streamlined recursion）（4.3.7）的基础。参见习题4.5a］。

$O(\cdot)$表示法中表述的渐近增长率（asymptotic growth rate）并不全面。如果一种算法需要3年的时间来求解$T=1$的问题，那么当我们知道求解一个$T=100$的问题需要$3(100^2)$或$3(100)$年时，我们的感觉会不太好。

幸运的是，DEL模型不存在这类问题。Algorithm Forward _ DEL算法的每一步计算都很简单。更新的算法差不多同样简单。如果我们适当地关注设计的有效性，那么大多数规模适当的问题都可以很快地进行求解。例如，在任何一台像样的计算机上，计算$T=26$（按周计算，半年的时间）所需的时间都不到1秒钟。

我们还需要提一下另外一个事实：在DEL模型的某些情况中，我们能够找出一个计划期（planning horizon）（参见习题4.5b）。这是一个时间点，用t_H表示，它实际上将以前的时间点和以后的时间点区分开来。具体而言，对于$s<t_H-1$，在t_H范围内最优的$z^*(s)$，对于所有的$t>t_H$，在t范围内仍然是最优的（术语说明：有时候人们称T为计划期。通常，在上下文环境中，“计划期”的含义是很明确的）。

计划期非常方便：通常，在实践中，我们实际上只使用较早时间点的解。在那种情况下，我们可以在t_H步结束算法。另外，$z^*(s)$完全独立于t_H之后的数据，因此我们不需要关心对那些数据的估计。所以，计划期证明近视的方法是合理的。不幸的是，我们很难预测计划期是否以及何时会发生。

4.3.5 实例——模糊性

让我们求解一些多周期的例子。将这些例子看成最初是连续时间模型的离散形式。它们都具有 $T=200$，但我们只显示到 $T=150$ 的解。它们都具有不变的成本因子，如下面的图形所示。

首先，考虑一个需求变化缓慢的模型，如图 4.3.3 所示。需求 $d(t)$ 由靠近底部的较粗的曲线表示，其波动范围在 2 至 6 之间。上面那条较细的曲线表示 $q(t)$，它是 EOQ 模型对于每一个 t 的解，假设需求率恒为当前值 $d(t)$。最后，垂线表示 DEL 模型中的最优订货量。

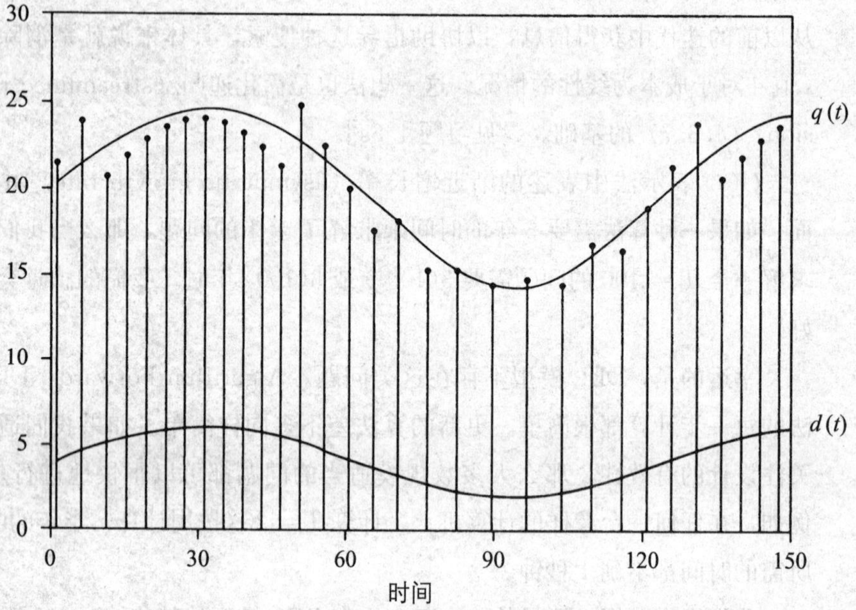

图 4.3.3　最优订货量（$k=50, c=2, h=1$）

显然，正的 $z^*(t)$ 的变化与 $q(t)$ 的变化非常相似。此外，两条曲线之间的距离表示当需求很大时，订货会更频繁，订货量也会更大（EOQ 模型也展现出类似的行为）。这种一致性并不完美，主要是因为 DEL 模型中的时间是离散的。这一例子说明了 4.2 节中特殊情况中的一种：当需求变化很慢时，采用当前需求率的 EOQ 模型是有效的。

接下来，图 4.3.4 展现了一个 $d(t)$ 快速变化的模型。其中正的 $z^*(t)$ 都等于 32 [这种相等有些巧合。例如，对于其他 k 值，$z^*(t)$ 确实会发生变化，但变化并不大]。这一共同的值接近 EOQ 模型的 q^* 值 28.3，这是根据需求率 4 计算出来的。这个例子说明了 4.2 节中的另一种极端情况，从本质上说，快速的波动可以被忽略。

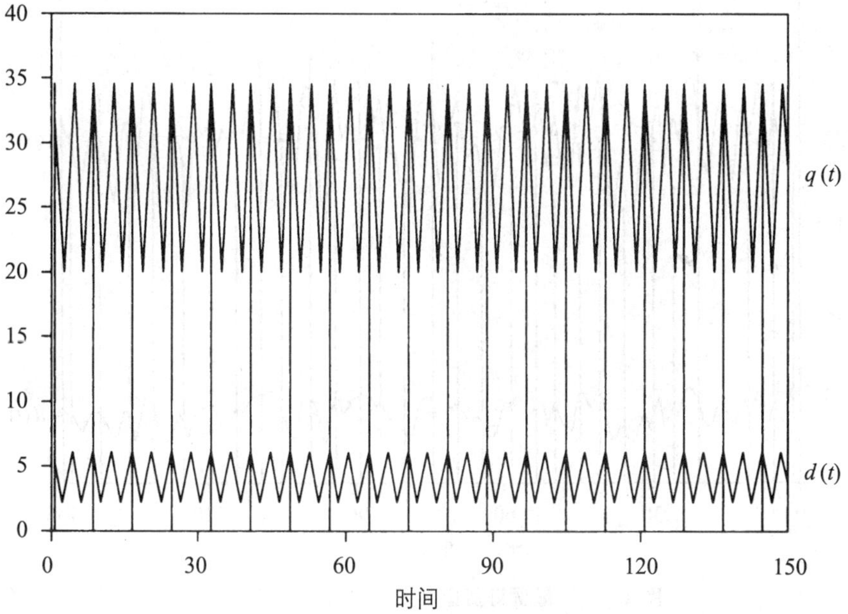

图 4.3.4　**最优订货量**（$k=100, c=2, h=1$）

图 4.3.5 展现了一个具有高度不规则需求模式的模型。在这种情况下，DEL 模型和 EOQ 模型产生的订货范围差不多是一样的。但是，我们很难看出两者之间严格的一致性。最优解的精细结构（fine structure）以微妙的方式利用了需求的波动。

大多数情况下，DEL 模型都具有精确的解。在这种意义上，与具有简单公式的 EOQ 模型相比，DEL 模型有些难以理解。除了 4.2 节中的极端情况外，我们很难理解这一算法得出的选择。实际上，这一模型中参数的微小变化都可能使解发生显著改变。我们需要一种更令人满意的算法来找出最优解，简单的公式做不到这一点。另一方面，订货数量的范围通常不会超出通过近视的启发式算法运用 EOQ 模型所得到的数值范围，如 4.2.4 节所述。

这种模糊性排除了敏感性分析，至少排除了像第 3 章所示的简单、透明的结果。的确存在一些有限的敏感性结果，请参见习题 4.6 和习题 4.7，以及 Zangwill（1987）。

4.3.6　启发式算法

尽管很难精确地求解 DEL 模型，但出于下面讲述的原因，人们开发出

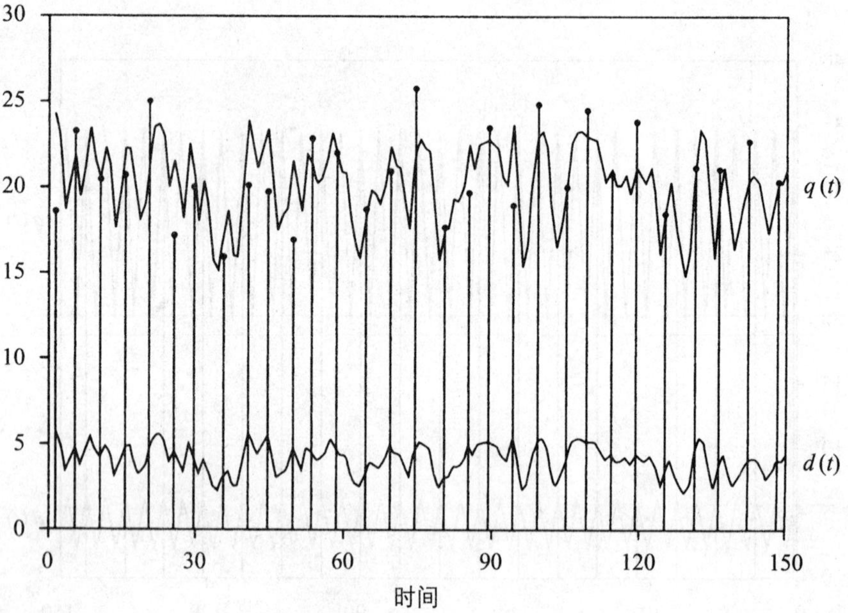

图 4.3.5　**最优订货量**（$k=50, c=2, h=1$）

了几种启发式算法。我们将讲述一种常用的方法——Silver-Meal 启发式算法［Silver 和 Meal（1973）］。从根本上说，大多数其他方法与之类似。这一方法是关注未来少数几个周期（而不是整个时间范围）以确定每一次的订货量（这是一种常用的分析策略，有时候被称为贪婪算法或近视算法，我们在 4.2 节中讲述过这种方法）。启发式算法本身决定了我们需要关注未来多长时间才有效。

假设 $x_0=0$。关注第一次订货，令其数值与零库存性质的数值一致。因此，$z(0)$ 可能只能满足初始需求 $d(0)$，或者 $D[0,2)=d(0)+d(1)$，或者 $D[0,3)=d(0)+d(1)+d(2)$，等等。如果能够满足 $D[0,u)$，则这一时间间隔内的总成本为 $k[0,u)$，平均成本为 $d[0,u)/u$。这一启发式算法的目的是使平均成本最小化：从 $u=1$ 开始，只要平均成本不断降低，就令 u 每次增加 1，一旦找到继续增加 u 会使平均成本提高的点，就停止计算。这一规则决定了 $z(0)$。

如果启发式算法在 u 处停止，则设定 $z(0)=D[0,u)$，那么 $x(u)=0$。然后，算法重新开始，将 u 看成是最初的期间，如上所述计算 $z(u)$。继续进行这一计算，直到到达期间的上限。

案例 4.3.A，第三部分

重新考虑 4.3.4 节中的小例子。为了选择 $z(0)$，启发式算法如下：

$$\frac{k[0,1)}{1}=\frac{60}{1}=60$$

$$\frac{k[0,2)}{2}=\frac{66}{2}=33<60$$

$$\frac{k[0,3)}{3}=\frac{114}{3}=38>33$$

因此，启发式算法设定 $z(0)=D[0,2)=12$。接下来：

$$\frac{k[2,3)}{1}=\frac{64}{1}=64$$

$$\frac{k[2,4)}{2}=\frac{76}{2}=38<64$$

$$\frac{k[2,5)}{3}=\frac{132}{3}=44>38$$

因此，$z(2)=D[2,4)=16$。接下来：

$$\frac{k[4,5)}{1}=\frac{68}{1}$$

我们到达了期间上限 $T=5$，因此 $z(4)=D[4,5)=14$。

这一解的成本为 210，比最优解高大约 5%（最优解在时点 4 不订货）。

在 4.3.5 节中较大的案例中，启发式算法的解与最优解也是类似的，但并不一致，其成本与最优解非常接近。

这一启发式算法在成本方面的准确性如何？首先，它主要是针对静态成本因子设计的（对于成本快速变化的情况，其表现很差）。在那种情况下，其表现通常较好，但也并非总是如此：如果需求也是静态的，而且 T 无限，那么这一启发式算法可以重新获得最优解（在那种情况下，DEL 模型是 EOQ 模型的离散时间形式）。对于 $d(t)$ 变化较慢的情况，其表现很好。它设定 $z(t)$ 值与相应的 EOQ 值非常接近，与 4.2.3 节提出的原则一致。甚至变化的速度稍快一些，这一启发式算法也相当有效。

但是，当需求变化非常快时，这一启发式算法就无效了。当找到一个局部最小平均成本时，它就会停止计算，而需求快速变化会带来糟糕的局部最优值。例如，在图 4.3.4 所示的模型中，令 $k=90$ 而不是 100，真正的最优解保持不变，即 $z^*(t)=0$ 或 32，但这一启发式算法却将正的 $z(t)$ 设定为 16，仅能满足一个而不是两个需求周期的需求。最优平均成本为 32.25，而启发式算法得到的最优平均成本为 35.5，大约高了 10%。实际上，Axsäter（1982）证明了这一启发式算法的结果可能会非常糟糕，和最优成本比起来，它的成本将被无限放大［Bitran 等（1984）证明了另一种启发式算法在这一方面更好一些]。

这一负面结果基于一种最坏情况分析（worst-case analysis），在这一分析中，我们有意集中于极端情况。那么，更"典型的"情况会如何呢？很多研究都专注于实证的绩效测试，包括 Wemmerlov（1982）、Blackburn 和 Millen（1985），以及 Baker（1990，1993）。他们发现，一般来说，Silver-Meal 启发式算法和相关方法对于大量问题都非常有效。

既然精确的算法求解速度很快，那么我们为什么还要讨论启发式算法呢？因为启发式算法更快。它需要的时间为 $O(T)$，对于较大的 T 而言，它肯定会优于 Algorithm Forward _ DEL 算法。更新的算法也需要 $O(T)$ 时间（对于静态成本）。但是，尽管这些算法很简单，但启发式算法的内部机制更简单，因此求解速度更快。

与现在相比，在 1973 年引入启发式算法时这一速度优势更加重要，因为当时计算机的速度要慢得多，而且也不太普及，人们还没有找到更新的算法。今天，在我看来，对于大多数实际问题，精确算法的求解速度也足够快了。

除了速度问题外，我们讲解启发式算法还有其他原因。

4.3.7 建模和执行问题

DEL 模型得到了广泛的运用［它通常是更大的模型（包含多种产品、多个地点）的一个组成部分，如第 5 章中的 5.7 节和 5.8 节所述］。在几乎每一种应用中，实际情况都与模型假设的情况有很大差别：需求或多或少是不能准确预测的，成本都是大致估计的。通常，在长期中，我们需要利用频繁更新的数据对模型进行反复求解（也就是说，期间的长度 T 是固定的，但未来的时间间隔 $[0,T]$ 会随着时间的推移而变化，使得"现在"总是意味着时点 0）。这被称为滚动时域情境（rolling-horizon scenario）。

模型和现实之间存在很大的差异。每一个实用的模型都会在一个十分复杂的环境中发挥作用。造成这一现实的原因既非绝望也非自满。一个优秀的模型非常有价值，部分原因是它专注于简单的要素，而忽视了现实世界的复杂性。另一方面，一位优秀的建模者必须了解现实世界和模型，并弥补两者之间的差距。

在 DEL 模型的背景下，人们普遍关心的是一系列特殊的建模和执行问题。让我们简要讨论其中的几个。

一个问题就是求解方法的选择。如上所述，最优解通常比 Silver-Meal 启发式算法得到的解好几个百分点，偶尔会好很多。问题是，现实世界中的差别有多大意义？启发式算法是近视的，它忽略了在遥远的未来进行参数预测的不确定性。它能够因此从数据中获得更多的有用信息吗？最优解明智地包含了体现在模型参数中的每一个机会来最小化成本。但是，当参数只是估计值时，这些机会是真实的还是短暂的幻影？

能拥有一个明确的答案当然最好，但可惜没有，至少目前没有。这个问题存在着争议，双方都可以找到支持自己观点的证据。一些实证研究援引了上述仿真滚动时域情境（simulate rolling-horizon scenarios），在这些情境中，某些情况下启发式算法与最优化算法同样有效，甚至更好。另一方面，我们也很容易构建一种可信的情境，在这种情境中，最优化算法明显胜出。

当然，“正确”的答案在很大程度上取决于参数估计的准确性。有些人也不同意这一点。依照我的经验，在这一方面，现实环境存在着很大的差异，在某些情况下，估计值很准确，而在其他情况下，估计值很粗略。因此，我保持中立，我相信，最优化算法与启发式算法都有其立足之地。

如果估计值的“噪音”过多，则 DEL 模型本身就不再有用了，任何计算技术都救不了它。主要问题变成了建模，而不是方法。一个选择是对模型进行扩展，将不完美的预测明确包含在内。这类随机模型将在第 9 章进行讨论。有些模型比 DEL 模型要复杂得多，但有些只是略微复杂一点。我们要寻找的是一种稳健的策略，一种能够在一系列可能的未来结果中有效的策略，而不是寻找针对一种特定预测的最佳安排。

另外的一个选择是通过增加安全库存［safety stock，有时候被称为缓冲库存（buffer stock）］来调整 DEL 模型。这意味着要改变约束条件中 $x(t)$ 的下限，从 0 增加到某一正数值，如 $x_{-}(t)$（对于所有 t）。事实证明，DEL 模型的这一变形并不比最初的模型更难求解（实际上，正如习题 4.8 要求你证明的，新模型相当于 DEL 模型本身的一个特例）。但是，确定 $x_{-}(t)$ 的“准确”数值并不容易。大多数实用的方法都会从随机模型（如第 9 章中的模型）的分析中借鉴一些原则。因此，安全库存方法就试图在一个确定性模型（deterministic model）中模仿随机分析。

另一个相关的问题是“敏感性”（nervousness）。如上所述，这是指 DEL 模型的最优解会因参数的小幅变化而发生大幅改变。在滚动时域情境中，一个解可能会在未来某一时点安排一个大订单，而后续的解可能会根据更新的参数将整个订单移至其他时点，或者将其与另一个订单合并，或者将其一分为二。

那又会怎样呢？如果数据改变了，那么安排也应该发生变化，不是吗？

难点在于怎样利用这一模型：DEL 模型经常不仅被用于指导模型内的订单，而且还用于指导模型之外的决策，如劳动力水平和维护计划。所有这些决策，包括订单本身（如 4.4.1 节所述），特别是其他决策，通常需要大量的提前期。在这种情况下，敏感性可能会具有极大的破坏性。

这是另外一个引起争论的问题。人们对于如何看待敏感性没有达成一致，更不要说如何应对它了。有些人赞成利用特别的策略来减轻其症状，而有些人则坚持采用扩展模型这一激进的治疗方法。

一种特别的方法专注于求解技术：与精确的算法相比，Silver-Meal 启发式算法不是很敏感，这是由于其处理数据的方式造成的。如上所述，危险在于：启发式算法可能会错过真正节约成本的机会。如果节约足够多，那么偶尔的干扰是可以忍受的。

另一种方法通过部分冻结（freezing）解来直接控制敏感性。也就是说，它选择一个计划周期（scheduling horizon），即某一很小的 $T_{-} < T$。当求出模型的一种情况的解后，对于 $t < T_{-}$ 的订单 $z^*(t)$ 就成为最终解；在未来的运算中，这些 $z^*(t)$ 就变成了固定的常数（或者，固定订货时间 $t < T_{-}$，但允许订货数量随需求预测而改变）。这一方法也存在着危险性：如果 T_{-} 过大，则解就不会对环境的重要变化做出响应，而我们很难预先知道在一种特定情况下多少才算过大。

还有另一种方法，它在目标函数中增加了一些项，以"惩罚"先前解的偏差。如果我们以某种方式做到了这一点，则得到的模型就会变成 DEL 模型的一个实例（习题 4.18）。但是，选择适当的"惩罚"并不容易。如果过低，则其效果就可以忽略不计，而如果太高，则它们就会支配其余的目标，并强化前面的解（顺便说一句，增加安全库存对于降低敏感性没有任何影响）。

通过利用规划技术（planning-horizon technique），我们可以在某种程度上预见并降低敏感性（如 4.3.4 节所述）。例如，请参见 Federgruen 和 Tzur（1994）。

这些策略都建立在 DEL 模型已有的技术之上，因此它们相对容易实施。它们使用相同的数据结构和计算方法。那些喜欢采取激进措施的人认为，敏感性本身是在压力之下模型的一个症状，真正的问题在于参数的不确定性。为了直接求解这一问题，就需要扩展模型。不要试图让 DEL 模型去做一些它不想做的事情。

最后提醒一下：当固定成本 $k(t)$ 很大时，敏感性可能会非常严重（在成本为线性的情况下，其危险性要小得多）。因此，降低 $k(t)$ 就可以降低敏感性，另外还可以带来成本节约的好处。

4.4　推广

对基本的 DEL 模型已经进行了许多推广。有一些推广直截了当，其他的则需要进行大量分析。在此我们只大致讨论其中的一些。我们将分别进行讨论，但要明白它们可以结合在一起。第 5 章将讨论推广到多个产品和多个地点的情况。

4.4.1　提前期

DEL 模型中没有明确的订货提前期，但我们很容易将提前期包含在模型中。令 L 表示提前期，这是一个固定的正整数。在 t 时刻下达的订单会在 $t+L-1$ 时期结束时到达，在 $t+L$ 时计入库存（通过这一约定，最初的 DEL 模型的提前期为 1，而不是 0）。

改变变量和成本因子的含义：现在，$z(t)$ 意味着在 $t-L+1$ 时订货的数量，$k(t)$ 和 $c(t)$ 描述了这次订货发生的成本。这一 $z(t)$ 仍然恰好在 $t+1$ 之前到达，因此动态方程（4.3.2）仍然成立。初始条件需要进行一些调整。$t<L-1$ 时的 $z(t)$ 以及 $t<L$ 时的 $x(t)$ 在 $t=0$ 之前就被确定了，它们变成了固定的常数。因此，与 EOQ 模型一样，我们可以通过仔细地追踪日历来应对提前期。

还有另一种等价的方法来修正模型，这种方法关注实际库存而不是时间：令 $z(t)$ 恢复到原来的含义，在 t 时下订单，但重新定义 $x(t)$ 为时刻 t 时第一步的库存位势（inventory position），x_0 为初始库存位势。另外，利用 $\hat{x}(t)$ 表示时刻 t 的实际库存。显然，这些变量的关系如下：

$$\hat{x}(x+L)=x(t)-D[t,t+L)$$

这是公式（3.2.1）的离散时间形式。有了这些定义，初始条件（4.3.1）和动态方程（4.3.2）仍然成立，但在约束条件（4.3.3）和目标函数（4.3.4）中 $\hat{x}(t)$ 代替了 $x(t)$。

现在，利用上面的等式来消除 $\hat{x}(t)$。最终结果是 DEL 模型的另一个实例［公式（4.3.3）中 $x(t)$ 的下限现在为 $D[t,t+L)>0$，而不是 0，但如习题 4.8 所示，这一差别并不重要。这个下限发挥着再订货点的作用。另外，目标函数有一个额外的常数项］。

上述基于时间的方法更简单一些，但我们也需要了解这种基于库存的方法。在第 9 章讲述的随机需求模型中，我们将使用类似的转换。

4.4.2 折现成本

DEL 模型的目标是计算从现在开始直到期间结束的总成本。当然，这与那一期间的平均成本是相等的。我们很容易对 DEL 模型进行调整，以表示 3.7 节折现成本准则在离散时间下的情况。

在离散时间背景下，现值计算是如何发挥作用的呢？我们暂时假设时间事实上是连续的，每个期间的长度恰好等于 1，因此时间指标（time index）t 正确地度量了连续坐标下的时间。我们用 α 表示利率，t 时刻单位现金流的现值为 $e^{-\alpha t}$，这与前面是一样的。相应地，定义 $\gamma=e^{-\alpha}$，现值为 γ^t。如果期间的长度不为 1，比如说为 w，重新定义 $\gamma=e^{-w\alpha}$，因此时点 t 时单位现金流的现值仍然为 γ^t。γ 被称为“折现系数”。

现在，假设时间是离散的。我们可以在离散时间的情况下重新讲述一下 3.7 节中的故事。在此，α 是一期的利率（不管期间的长度为多少），$\gamma=1/(1+\alpha)$。结论是一样的：时点 t 时单位现金流的现值为 γ^t。

转向 DEL 模型，假设 $c(t)$、$k(t)$ 和 $h(t)$ 是实际成本因子。为了改变目标函数（4.3.4）的形式，进行下列替换：$c(t)\leftarrow\gamma^t c(t)$、$k(t)\leftarrow\gamma^t k(t)$、$h(t)\leftarrow\gamma^t h(t)$。这样，如我们所愿，公式（4.3.4）就衡量了总折现成本。总之，折现成本 DEL 模型简化为初始 DEL 模型的一个实例，其中成本因子发生了改变。

与第 3 章一样，此处的 $h(t)$ 应该只包括实际处理成本，而不包括融资费用。实际上，在（初始、无折现）$c(t)$ 随时间的推移而改变时，折现成本模型在概念上更简单。在这种情况下，我们不清楚如何在总成本模型或平均成本模型中指定适当的融资成本，在我们的决策中，我们选择了订货成本，因此也就选择了融资成本。解决这一两难问题有多种方法，但这些方法依赖于复杂的假设和参数。折现成本目标避开了所有这些难题。

4.4.3 连续累积成本

回到总成本标准，假设我们使用 DEL 模型来近似一个连续时间的问题。在实际的问题中，需求在长期中不断发生，持有成本则持续累积。为了简便起见，我们将时间均分，使得期间长度都为 1。

给定 DEL 模型的数据，我们通常并不知道每一时刻的实际需求率和持有成本率，也不知道收到订单的精确时点。假设期间很短，则我们可以合

理地假设在 t 到 $t+1$ 的整个期间内这些比率恒定为 $d(t)$ 和 $h(t+1)$，订单 $z(t)$ 在期间开始时收到。这样，对于 t 和 $t+1$ 之间的 s：

$$x(s)=x(t)+z(t)-(s-t)d(t)$$

这一期间内总持有成本为：

$$\begin{aligned}h(t+1)\int_t^{t+1}x(s)ds &= h(t+1)[x(t)+z(t)-\int_t^{t+1}(s-t)d(t)ds]\\&=h(t+1)[x(t)+z(t)-\frac{1}{2}d(t)]\\&=h(t+1)[x(t+1)+\frac{1}{2}d(t)]\end{aligned}$$

因此，目标函数（4.3.4）正确计算了所有期间的可控持有成本。实际总成本包括附加常数 $\frac{1}{2}\sum_t h(t+1)d(t)$。

如果我们知道真实的需求率 $\lambda(t)$，并维持上述其他假设，则最终结果是一样的，只有常数项会发生改变。其他假设也会产生类似的结果。总之，只需要对 DEL 模型进行微小的调整就可以用来说明连续累积成本（continuously accumulating costs）。

4.4.4　延期交货

如第 3 章中的 3.3 节所述，现在我们假设允许延期交货（backorder）。重新定义状态变量 $x(t)$ 表示净库存（net inventory，库存减去延期交货量）。初始条件（4.3.1）和动态方程（4.3.2）仍然成立。忽略公式（4.3.3）中的约束条件 $x(t)\geqslant 0$，但保留 $z(t)\geqslant 0$。在目标函数（4.3.4）中，用 $\hat{C}(t,x(t))$ 代替 $h(t)x(t)$，其中 $\hat{C}(t,x)=h(t)[x]^{+}+b(t)[x]^{-}$，$b(t)$ 为延期交货成本率（backorder-cost rate）。

顺便提一句，通过标准的公式变形技巧，我们就可以重新得到一个线性目标函数［除 $\delta(z)$ 项之外］：对每一个 t 定义两个新的变量，库存 $x^{+}(t)$ 和缺货订单 $x^{-}(t)$。用 $x^{+}(t)-x^{-}(t)$ 的差代替动态方程中的 $x(t)$，用 $h(t)x^{+}(t)+b(t)x^{-}(t)$ 代替目标函数中的 $\hat{C}(t,x(t))$，并加上约束条件 $x^{+}(t)\geqslant 0$ 和 $x^{-}(t)\geqslant 0$［为了使其成立，$x^{+}(t)$ 和 $x^{-}(t)$ 不能同时为正。约束条件并没有强迫服从这一条件，但目标函数保证了其成立］。

在初始 DEL 模型中，零库存的特性暗示着每个订单都满足了几个连续时间点间的全部需求。因此（参见习题 4.10），在允许延期交货的模型中，这一点也是成立的。但在初始模型中，一个订单涵盖的时间间隔总是从订货时间本身开始，但在这里它可能开始得更早。也就是说，每一个订单（或许除第一个订单之外）都涵盖了其所在期间的需求，再加上某些更早和更晚期间的需求。

因此，净库存的总体行为与 3.3 节中的连续时间、恒定需求模型差不多是一样的，在大多数时间是减少的，只有在订货时点是增加的。通常，一份订单使 $x(t)$ 从负值变成正值。因此，一个解将时间划分成了多个周期，每一个周期都是由持有库存的一部分和持有缺货订单的一部分组成（但是，由于时间是离散的，持有库存或持有缺货订单的部分可能会消失）。

利用这一特性，我们可以建立一个网络，在该网络中，路径相当于问题的潜在解，如 4.3.4 节所述。对于 $t=T$，存在一个节点，用 $T-$ 表示，而对于每一个 $t<T$ 有两个节点，用 $t-$ 和 $t+$ 表示。各条弧将正号与负号连接起来（从正到负和从负到正）。具体而言，对于所有 $t \leqslant u$，都有一条弧 $(t-, u+)$，对于所有 $t<u$，都有一条弧 $(t+, u-)$，如图 4.4.1 所示。从 $0-$ 到 $T-$ 的路径代表如下所述的解：路径上遇到的节点 $t+$ 描述了订货时间，而节点 $t-$ 说明订货数量：如果对于 $s \leqslant t < u$，路径中包含了弧 $(s-, t+)$ 和 $(t+, u-)$，则时点 t 的订单就涵盖了 s 至 $u-1$ 之间各时点的需求。

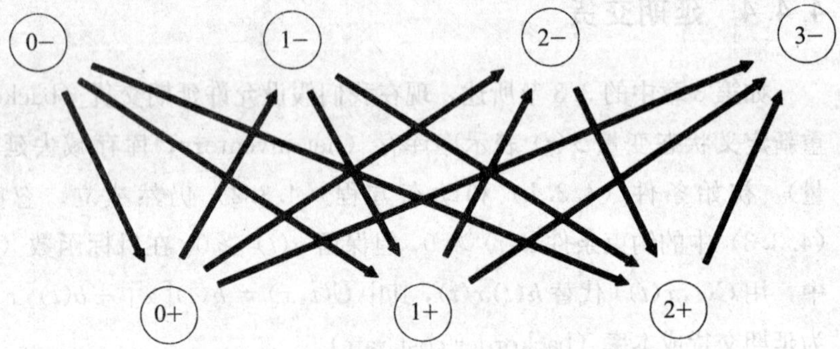

图 4.4.1 具有延期交货的 DEL 模型的网络

我们可以为每一条弧指定一个成本，如公式（4.3.8）所示，使得一个解的总成本等于相应路径上弧成本的总和（习题 4.11 要求你对此进行详细说明）。这样，正如在 DEL 模型中一样，为了计算最优成本，我们只需要确定网络中成本最小的路径。

DEL 模型的其他许多推广也可以利用同样的逻辑进行分析：首先，推导出一个最优解的一些定性特征，类似于零库存特性。其次，利用这一特性构建一个网络，网络中的路径代表可能的解。再次，也是最后一步，计算网络中的最小成本路径。

4.4.5　有限产能

回到 DEL 模型中，但假定时点 t 的订货数量的上限为 $z_+(t)$。因此，$z(t)$ 必须满足这些上限：

$$z(t) \leqslant z_+(t) \qquad t = 0, \cdots, T-1 \tag{4.4.1}$$

再加上最初的约束条件（4.3.3）。如果 $z(t)$ 代表生产量，那么我们就可以将 $z_+(t)$ 解释为产能（但是，这一解释存在一些问题，我们将在下面进行说明）。为了简便起见，我们假设 $x_0 = 0$，为了保证可行性，假设对于所有 t 而言，$\sum_{s=0}^{t} z_+(s) \geqslant \sum_{s=0}^{t} d_s$。

顺便说一句，我们可以利用二元变量 $v(t)$ 来重新构建这一模型，用下列单一约束替代公式（4.3.5）和（4.4.1）中的不等式：

$$z(t) \leqslant \min\{D[t,T), z_+(t)\}v(t) \qquad t = 0, \cdots, T-1$$

有限产能的定性影响与 4.2.5 节所述连续时间模型是一样的：产能约束（4.4.1）迫使我们要提前预见到较大的需求，也就是要比正常情况更早订货（或生产）。因此，产能约束导致了更大的库存。这一影响可以按如下方式进行部分量化：以递归的方式定义：

$$x_>(T) = 0 \tag{4.4.2}$$

$$x_>(t) = [d(t) - z_+(t) + x_>(t+1)]^+ \qquad 0 \leqslant t < T$$

这一数量是时间 t 之后的超额需求。不难证明，每一个可行解都必须满足 $x(t) \geqslant x_>(t)$。一组具有正 $x_>(t)$ 值的连续期间相当于 4.2.5 节中区间 $[t_-, t_+]$ 的离散时间情形。

有趣的是，我们能够利用这些数量推导出一个等价的模型，在该模型中，需求永远也不会超过产能。新模型中的需求为 $d(t) = d(t) + x_>(t+1) - x_>(t)$，且初始库存为 $x_0 = x_0 - x_>(0)$，成本因子为最初的因子（参见习题 4.13）。但是，即使是在这个修订的公式中，我们仍然不能忽视产能约束。

此处与零库存特性类似的性质相当微妙：每一个可行解都将各个期间划分为我们所谓的库存周期（inventory cycle）。一个库存周期是由连续的期间 s 组成的，其中 $t \leqslant s < u$，开始时 $x(t) = 0$，但在所有其他时点 s，库存都为正［由于 u 是下一个周期的开始，因此我们有 $x(u) = 0$］。存在着某个最优解，其每一个库存周期都具有以下特性：对于每一个时点 s（最多除一个之外），我们什么也不生产，或者以最大产能进行生产，即 $z(s)$ 等于 0 或者 $z_+(s)$。

不幸的是，尽管很有意思，但这一特性并不能总是为我们带来一种简便的算法。这一问题的一般形式很难求解［在专业术语中，这被称为 NP 难题（NP-hard），即非确定性多项式难题，每一种已知算法所需的时间都随着问题的规模以指数方式增长］。

然而，在某些特殊但非常重要的情况中，我们有可能相对容易地求解这一问题。在线性成本的情况下，这就是一个线性规划问题［这一规划问题拥有一种有用的特殊结构——它可以被改造成一个最小成本网络流问题，而这反过来又可以被描述成一个运输问题。参见习题 4.14。求解这类问题有一些非常快速的特殊算法，参见 Chvátal（1983）］。

另外，我们考虑一下拥有正固定成本但产能 $z_+(t)=z_+$ 的情况。在此，我们可以利用库存周期的特性来设计一种合理的易于求解的算法。基本观点如下：关注任何由 (t,u) 指定的潜在库存周期。库存周期特性意味着每个时点 s 的累积生产量可以取很小的数值。利用这一事实，我们可以计算出周期中的最优解，假设 $x(t)=x(u)=0$（参见习题 4.15）。我们称这个解的成本为 $k[t,u)$。现在，在 Algorithm Forward _ DEL 算法中应用这些成本。这一过程确定了库存周期的最优集，因而也就确定了最优的总体解。与在 DEL 模型中相比，$k[t,u)$ 的计算更复杂，整个算法的运行时间为 $O(T^4)$。

考虑产能约束的（capacitated）DEL 模型是一个重要的模型，但它不是一个生产流程的完美模型。如果在几个连续期间中都有订单，则每一次都会发生一个固定成本。但是，典型的生产系统只是在生产批次开始时产生准备成本。如果期间很短，而我们预计一个生产批次可以涵盖多个期间，则考虑产能约束的 DEL 模型会扭曲生产准备成本。

下面是一个可供选择的方法：假设如果 $z(t)>0$，并且 $t=0$ 或者 $z(t-1)<z_+(t-1)$，则在 t 时开始一个批次的生产。准备成本 $k(t)$ 发生在这些时点，并且只发生在这些时点。如果 $z(t)>0$ 但 $z(t-1)=z_+(t-1)$，早期的生产批次穿越 t 连续进行，因此 $z(t)$ 不会产生准备成本。

在某些情况下，这一模型比考虑产能约束的 DEL 模型更容易求解。假设不存在投机的机会［$\bar{s}(t)=t$］，并且 $d(t)\leqslant z_+(t)$（如果有必要的话，则采用上面的变换）。我们可以证明，每个批次开始时库存都为 0，（可能）除第一个批次外。令 $k[t,u)$ 表示 t 时开始生产一个批次的成本，生产总量为 $D[t,u)$ 的产品以满足直到 $u-1$ 时的需求（这很容易计算）。在 Algorithm Forward _ DEL 算法中应用这些成本就可以求解这一问题。

一个更加简单的模型是“要么全部生产，要么不生产”（all-or-nothing）方法：每个 $z(t)$ 只能取两个可能的值：0 或 $z_+(t)$［这样，$z(t)=z_+(t)v(t)$，因此我们可以消除变量 $z(t)$］。这是 3.4 节和 4.2.5 节中有限产能 EOQ 模型的离散时间的形式，这里，每个解对应于图 4.4.1 网络中的一个路径（节点 $t+$ 表示一个批次的可能开始生产点，而节点 $t-$ 表示结束点）。这样，对最短路径的计算就确定了最优解。

4.4.6　数量折扣

现在，假定供应商提供增量数量折扣，如第 3 章中的 3.5.2 节所述。令 $c(t,z)$ 表示在 t 时订购 z 单位时的变动成本。在初始 DEL 模型中，对于每一个 t，$c(t,z)$ 对于 z 是线性的，但现在则是分段线性（piecewise linear）的［与 3.5 节中的函数 $c(q)$ 的形式相同］。因此，我们在目标函数（4.3.4）中用 $c(t,z(t))$ 来替换各项 $c(t)z(t)$。

每个 $c(t,z)$ 都是关于 z 的凹函数，因为订货数量越大，采购价格就越低。目标函数（4.3.4）因而就保持了凹形。因此，正如在证明定理 4.3.1 之后的说明中所述，零库存特性仍然成立。

所以，Algorithm Forward _ DEL 算法仍然能够求解这一问题。$k[t,u)$ 以不同的方式进行计算，以恰当地反映订货成本折扣，但仅需要进行这种修正［但是，在总量折扣（all-units discount）的情况下，$c(t,z)$ 不是凹函数，甚至不是连续的，因此这种方法也就不再有效］。

4.5　平滑模型

4.5.1　建模与讨论

下一个模型在某些方面与存在延期交货的 DEL 模型有些相似，但在其他方面则存在着很大的不同。需求 $d(t)$ 的含义与前面一样，变量 $z(t)$ 和 $x(t)$ 也是如此［$x(t)$ 表示净库存，而不仅仅是库存］。同样，它们之间通过下列初始条件联系起来：

$$x(0)=x_0 \tag{4.5.1}$$

动态方程：

$$x(t+1)=x(t)+z(t)-d(t) \qquad t=0,\cdots,T-1 \tag{4.5.2}$$

然而，对这些变量没有其他约束条件，$z(t)$ 以及 $x(t)$ 可以是负值。目标函数的差别很大：

最小化 $$\frac{1}{2}\sum_{t=0}^{T-1} c(t)z^2(t) + \frac{1}{2}\sum_{t=1}^{T} h(t)x^2(t) \qquad (4.5.3)$$

此处，$c(t)$ 和 $h(t)$ 都为正值。我们将其称为“基本平滑模型”（basic smoothing model）。

这一模型很奇特！让我们试着理解它的含义：首先，负的“订单”$z(t)$ 表示对过量库存的处置。对于实际的正“订单”以及过量库存的处置，存在着规模不经济，由二次项 $c(t)z^2(t)$ 表示。也就是说，单位订货成本随着订货数量的增加而增加（处置成本也是如此）。另外，这些成本是对称的（symmetric）；成本 $-z(t)$ 与 $z(t)$ 是一样的。同样，库存与延期交货也存在着规模不经济，而这些成本也是对称的，系数 $h(t)$ 度量了延期交货的成本和持有成本。

坦率地说，这一模型不太现实。实际上，在某些情况下，我们可以处置库存，而在实践中规模不经济也确实会出现。问题在于对称性假设：处理成本恰好等于采购成本不太可信，延期交货和库存对成本的影响完全一样也不太可靠。

那么，我们为什么要学习一个不切实际的模型呢？答案很简单：求解很容易，而且形式也很简单。我们可以对这一模型进行多种扩展，同时仍然保持其相对简单性。另外，尽管这一模型不切实际，但其解仍然比较合理地解释了需求的变化。尽管这些细节体现的是一种特殊的建模，但其基本思想则提供了在实践中很有用的启发式算法。最后，这一模型有助于我们理解其他模型。更加切合实际的模型在一些重要方面是不对称的，这些不对称性有助于准确地说明为什么这类模型更加复杂，以及复杂到何种程度。

4.5.2 求解：线性决策法则

让我们看一看基本平滑模型的形式：目标函数是二次方程，而约束条件都是线性方程。因此，一阶最优条件是由一系列线性方程构成的。另外，这一系统是高度结构化的，其解可以用一种简单的递归形式来表示：

定理 4.5.1：对于每一个 $t=0,\cdots,T-1$，假设 $x(t)$ 已经给定。那么，最优订货策略由下式给出：

$$q(t) = \sum_{u=t}^{T-1}\beta(t,u)d(u) - \beta(t,t)x(t) \qquad (4.5.4)$$

系数 $\beta(t,u)$ 可以用递归的方式进行计算：令 $c(T)=\beta(T,T)=0$，设：

$$\Lambda(t) = c(t) + h(t+1) + c(t+1)\beta(t+1,t+1)$$

$$\beta(t,t) = 1 - \frac{c(t)}{\Delta(t)}$$

$$\beta(t,u) = \left[\frac{c(t+1)}{\Delta(t)}\right]\beta(t+1,u) \qquad t < u < T$$

另外，$0 < \beta(t,u) < 1$，对于每一个 t，$\beta(t,u)$ 是 u 的减函数。■

实际最优解能够从公式（4.5.4）中以递归的方式重新获得：首先，用 x_0 替换 $x(0)$，令 $z^*(0) = q(0)$，这就通过公式（4.5.2）确定了 $x^*(1)$。其次，在公式（4.5.4）中利用 $x(1) = x^*(1)$，令 $z^*(1) = q(1)$。持续这一过程。

系数 $\beta(t,u)$ 取决于成本因子，不取决于需求。因此，$q(t)$ 是 $x(t)$ 和 $d(u)(u \geqslant t)$ 的线性函数。从这一点来看，这种策略描述了一种线性决策法则（linear decision rule）。

另外，这一线性函数的形式具有直观上的吸引力：给定当前净库存 $x(t)$，$q(t)$ 只取决于未来的需求，而与过去的需求无关。这一关系是积极的，$d(u)$ 的任何增加只会引起 $q(t)$ 的增加。另一方面，这一关系也是稳定的，$d(u)$ 的增加造成的 $q(t)$ 增加量较小。另外，$q(t)$ 最大限度地取决于近期的需求 $d(t)$，而后续需求 $d(u)$ 的重要性不断降低（这一结果与上述近视算法在很大程度上是一致的）。

因此，我们可以将每一个 $z^*(t)$ 都看成是预测需求 $d(u)$ 的平滑形式，其中 $u \geqslant t$。一个异常巨大的需求会增加所有先前的订单，而不仅仅是一个订单或最近的少量订单。所以，一般来说，$z^*(t)$ 的波动比 $d(t)$ 的波动要小［这一观察结果使我们想到了平滑模型这一名称。显然，在这一方面，DEL 模型从性质上说是不同的。在 DEL 模型中，规模经济会造成数量差别很大的订单，因为除订货时点外，$z^*(t) = 0$］。

这一模型的无期限形式会导致类似的结果（假设能够满足某些技术条件），而且对于某些特殊的情况，其解甚至更简单：假设 $c(t) = \gamma^t c$，$h(t) = \gamma^t h$，其中 c 和 h 都是正的常数，且 $0 < \gamma < 1$。令 β 表示下列二次方程式在区间（0，1）之间的（唯一）根：

$$\gamma x^2 + \left[1 - \gamma + \gamma\left(\frac{h}{c}\right)\right]x - \gamma\left(\frac{h}{c}\right) = 0$$

那么，每一个 $\beta(t,u) = \beta[\gamma(1-\beta)]^{u-t}$，并且：

$$q(t) = \beta \sum\nolimits_{n=0}^{\infty} [\gamma(1-\beta)]^n d(t+n) - \beta x(t)$$

同样，$q(t)$ 是未来需求与 $x(t)$ 的加权和。但在这里，权重在时间 t 中是恒定的，而且它们在 $n=u-t$ 中以几何方式衰减。当 T 有限但很大时，这一结果仍然近似成立，而且成本差不多与折扣无关（discounted-stationary）。

定理 4.5.1 的证明：令 $\zeta(t)$ 表示公式（4.5.2）中第 t 个方程式的对偶变量（dual variable）。一阶最优条件是：

$$c(t)z(t)=\zeta(t) \tag{4.5.5}$$

$$h(t+1)x(t+1)=\zeta(t+1)-\zeta(t) \qquad 0\leqslant t<T \tag{4.5.6}$$

其中，$\zeta(T)=0$。

我们通过归纳法来进行证明：对于 $t=T-1$，我们很容易对结果进行检验，因此假设对于某些 $t+1$ 这一点仍然成立，其中 $t<T-1$。将公式（4.5.5）和（4.5.4）代入公式（4.5.6），令 $z(t)=q(t)$，我们得到：

$$\begin{aligned}h(t+1)x(t+1)&=c(t+1)z(t+1)-c(t)z(t)\\&=c(t+1)\{\sum\nolimits_{u=t+1}^{T-1}\beta(t+1,u)d(u)-\beta(t+1,t+1)x(t+1)\}\\&\quad-c(t)z(t)\end{aligned}$$

或者：

$$[\Delta(t)-c(t)]x(t+1)+c(t)z(t)=c(t+1)\sum\nolimits_{u=t+1}^{T-1}\beta(t+1,u)d(u)$$

这一方程和公式（4.5.2）组成了一对关于未知数 $x(t+1)$ 和 $z(t)$ 的联立方程，其他一切保持不变。消除 $x(t+1)$，我们得到：

$$\Delta(t)z(t)=c(t+1)\sum\nolimits_{u=t+1}^{T-1}\beta(t+1,u)d(u)+[\Delta(t)-c(t)][d(t)-x(t)]$$

求解这一方程得到 $z(t)$，并重新设定 $q(t)=z(t)$，得到公式（4.5.4），$\beta(t,u)$ 的计算如定理中所示。

由于 $c(t)<\Delta(t)$，显然 $0<\beta(t,t)<1$。另外：

$$\beta(t,t)>\frac{c(t+1)\beta(t+1,t+1)}{\Delta(t)}=\beta(t,t+1)$$

最后，对于 $u\geqslant t+1$，由于 $\beta(t+1,u)$ 是 u 的减函数（根据假设），因此 $\beta(t,u)$ 也是如此。■

4.5.3 推广

假定在每个时点 t 都有理想的订货数量 $z_*(t)$，我们偏离这一数值就会产生成本。也就是说，公式（4.5.2）中的 $c(t)z^2(t)$ 项变成了 $c(t)[z(t)-z_*(t)]^2$。这一模型相当于初始模型的一个特例。重新定义 $z(t)\leftarrow z(t)-z_*(t)$ 和

$d(t) \leftarrow d(t) - z^*(t)$。同样，该模型可以包含一个非零的理想净库存 $x_*(t)$。

此外，我们可以在目标函数中加入线性项。得到的结果与以前一样简单［现在，公式（4.5.4）中包含了一个额外的常数项］。

这些推广使我们能够将这一模型看成是对一种更现实情况的近似：假设"真实的"模型与基本的平滑模型一样，但目标函数更加复杂：

$$\text{最小化} \qquad \sum_{t=0}^{T-1} c(t,z(t)) + \sum_{t=1}^{T} h(t,x(t))$$

每一个构成函数 $c(t,\cdot)$ 和 $h(t,\cdot)$ 都是凸的（反应了规模不经济），且是平滑的，但并不一定是对称的。假设我们求解这一模式，令 $z_*(t)$ 和 $x_*(t)$ 代表最优解。

现在，假设我们要分析该模型如何对需求变化做出响应。构建一个二阶近似函数，即用一个以最初的最优解为中心的二次函数代替所有的 $c(t,\cdot)$ 和 $h(t,\cdot)$。这一近似函数就是平滑模型（带有上述推广）的一个实例。它的解准确地预测了略微偏离最初需求产生的影响（这是进行参数分析的一种典型方法。这里的特殊之处在于线性最优化条件的结构）。

下面是另外一个很有意思的推广：假定除最初成本外，还有一种成本会改变各次订货数量。假设这些成本也是二次的，将 $e(t)[z(t-1)-z(t)]^2$ 加入目标函数中，其中 $e(t)$ 是一个正常数，$0<t<T-1$。某些生产活动（特别是大产量、连续的流程）必须包含这类成本。这被称为生产平滑模型（production smoothing model），因为函数本身支持平滑的生产水平。

在控制系统项中有两个状态变量，即 $z(t-1)$ 和 $x(t)$。为了避免混淆状态变量和控制变量，我们定义一个新的状态变量 $x_=(t)$ 来代表先前的订单，并将等式 $x_=(t+1)=z(t)$ 加入动态方程中。平滑成本项变成了 $e(t)[x_=(t)-z(t)]^2$。

这个生产平滑模型的目标函数是二次的，因此最优条件构成了一个线性方程组。最优策略与基本平滑模型的最优策略一样，如定理 4.5.1 所述：给定 $x(t)$ 和 $x_=(t)$，$q(t)$ 是这些状态变量和需求 $d(u)(u \geqslant t)$ 的线性函数（当然，β 系数与上述不同。习题 4.17 要求你给出细节）。

基本平滑模型和生产平滑模型是离散时间控制模型中的实例，被称为线性二次控制（linear-quadratic control，LQC）模型。系统、控制、输入都是由一个向量描述的。动态方程是由线性方程构成的，没有额外的约束。最后，目标函数是状态变量和控制变量的二次函数。参见附录 B。

假设我们满足了某些技术条件，这样一个模型的解可以完全用定理

4.5.1 描述。即给定当前状态，当前行动是这一状态以及当前和未来输入的线性函数。这一线性函数的系数仍然可以用递归的方法计算出来。

平滑模型拥有一个显著的优势，某些类型的随机需求可以纳入其中。实际上，有时候，其解与最初的确定性模型的解是一样的！但是，这种不敏感性并不像看起来那样好，实际上，它是对称性假设的一种假象。更现实模型的解的确取决于需求的不确定性，我们有充分的理由，如第 9 章所述。即便如此，尽管细节不同，但这种一般形式的随机模型仍然经常被用来获得关于复杂系统的见解（例如，9.4.8.3 节就采用了一种对称性的近似）。

最后，多产品的平滑模型能够用同样的思路进行分析。状态变量和控制变量变成了相当大的向量。但是，尽管模型的规模变大了，但其复杂程度并没有提高，用同样的方法就可以求解。实际上，在某些情况下，我们可以用一种简单的方式来加总这些产品，从而将模型分解为上述单个产品的模型。正如我们将在后面看到的，更现实的模型不太容易分解为简单的模型。但在某些情况下，我们可以进行局部的、近似的分解，例如，请参见 8.6 节。

本章注释

4.2 节：本节的基本思想来自于 Daganzo（1991）。少数特殊的例子可以精确求解，参见 Resh 等（1976）以及 Barbosa 和 Friedman（1978）。4.2.5 节中的有限生产率模型借鉴了 Shulman 和 Smith（1992）的观点。

4.3 节：DEL 模型是由 Wagner 和 Whitin（1958）引入的，他们还开发出了最初的最短路径算法（shortest-path algorithm）。从那时起，大量文献开始涌现出来。最近的观点来自于 Salomon（1990）和 Baker（1992）。Evans（1985）讨论了实施的细节。Denardo（1982）对建模和计算的动态规划方法进行了广泛的讨论。Aggarwal 和 Park（1993）、Federgruen 和 Tzur（1991）以及 Wagelmans 等（1992）三组研究人员几乎在同一时间独立地开发出了近似的、速度更快的算法。关于规划期间（planning horizons）的其他结果可参见 Eppen 等（1969）以及 Lundin 和 Morton（1975）。关于敏感性（nervousness）及其预防措施的更多讨论，请参见 Kropp 和 Carlson（1984）以及 Federgruen 和 Tzur（1994）。

4.4 节：Zangwill（1966，1968，1969）对 DEL 模型进行了扩展，允许延

期交货存在。Federgruen 和 Tzur（1993）也为该模型提供了一种精确的算法。

考虑产能限制的 DEL 模型是由 Florian 和 Klein（1971）提出的。Florian 等（1980）以及 Bitran 和 Yanasse（1982）证明了一般性的产能不平衡问题是 NP-hard 问题（实际上，一些特定的子类本身就是 NP-hard 问题）。求解过程参见 Baker 等（1978）。Karmarkar 等（1987）以及 Fleischmann（1990）讨论了其他公式。

本节没有讨论的其他推广包括 Sogomonian 和 Tang（1993），它考虑了这样一个系统：需求不是外生的，而是受到促销的影响。

4.5 节：平滑模型是由 Holt 等（1960）引入的。这些模型是最早的离散时间控制模型，它们激发了人们在各个领域的大量后续研究。它们对我们关于库存在宏观经济层面的作用的观点具有重大影响，参见 Blinder 和 Maccini（1991）的评论性文章、Blanchard（1983）以及 Kashyap 和 Wilcox（1993）的历史研究。

Schneeweiss（1974）讨论了当实际成本不是二次函数时作为一种近似方法这类模型的应用。例如，Akella 等（1992）、Denardo 和 Tang（1992）以及 Graves（1999）对在某种程度上具有平滑模型思想的随机模型进行了分析。多产品平滑模型请参见 Gaalman（1978）和 Zipkin（1982）。

本章习题

4.1　假定 4.2.5 节的有限生产率 μ 本身是时间的函数，即 $\mu(t)$。$\lambda(t)$ 和 $\mu(t)$ 的变化很慢［例如，我们或许可以调整产能以预先考虑 $\lambda(t)$ 已知的变化。目前，我们将 $\mu(t)$ 看成是给定的、具有正值的连续函数］。描述一种合理的策略，并解释你为什么认为它是有效的。

4.2　考虑 4.2.5 节中的有限生产率模型（有恒定的生产率 μ）。首先，假定对于所有的 t，$\lambda(t) \leqslant \mu$。适当修改公式（4.2.2）中 $C^*(t)$ 和 C^* 的定义，以使其近似最优平均成本。接下来，假设对于某些 t，$\lambda(t) > \mu$，但只有一个时间间隔 $[t_-, t_+]$ 要求扩展的生产周期。估计在有限时间间隔 $[0, T]$ 内的平均成本，其中 $T > t_+$。为库存 $x(t)$ 写出一个简单的公式，其中 $t_- < t < t_+$，假设 $x(t_-) = x(t_+) = 0$，并利用它来近似平均成本。

4.3　考虑 4.3.2 节中 DEL 模型的线性成本的情况。证明递归方程式（4.3.7）正确计算了最小成本 $\bar{c}[*, t)$ 和订货时间 $\bar{s}(t)$。

4.4　正文中对定理 4.3.1 的证明是从简化假设 $x_0 = 0$，所有 $d(t) > 0$、所有 $k(t) > 0$ 开始的。在一般情况下证明这一结论，即只假设这些数量是非负的。

4.5 在 DEL 模型中，假定没有投机的机会，所以对于每一个固定的 t，数量 $\tilde{c}[s,t)$ 对于 s 是非递增的。令 $s^{\blacktriangleright}(t)$ 表示 t 周期内的最后订货时间，与 Algorithm Forward _ DEL 算法中一样。

(a) 利用公式（4.3.8）中 $k[s,t)$ 的定义，证明 $s^{\blacktriangleright}(t)$ 对于 t 是非递减的［因此，为了在迭代 t 中确定 $s^{\blacktriangleright}(t)$，我们只需要在 $s \geqslant s^{\blacktriangleright}(t-1)$ 中进行寻找］。

(b) 对于某些 t_H，假设 $s^{\blacktriangleright}(t_H)=t_H-1$。利用问题（a）的结论，证明（通过归纳法）在 t 周期内，对于所有 $t \geqslant t_H$，t_H-1 是一个订货时间。然后，说明这意味着 t_H 是一个计划期间（planning horizon）。

4.6 这一习题引导读者对 DEL 模型进行局部敏感性分析（partial sensitivity analysis）：令 d 表示整个需求序列 $\{d(t), 0 \leqslant t < T\}$，将其看成是一个非负的 $T-$ 向量，$C^*(d)$ 为具有需求序列 d 的 DEL 模型的最优成本，假设成本参数是固定的。证明 $C^*(d)$ 是 d 的连续的、非递减的凹函数［提示：令 π 表示任何固定的订货时间序列，$C(d|\pi)$ 为利用订货时间 π 满足需求序列 d 的成本。利用 $C(d|\pi)$ 来描述 $C^*(d)$，并利用这些结果来得到希望的结论］。

假设我们已知 $C^*(d)$，这一讨论告诉了我们关于 $C^*(2d)$ 的哪些问题？将这一发现与 EOQ 模型中的 λ 增加 1 倍所造成的影响进行比较。

4.7 与前面的问题一样，令 k 和 c 表示描述订货成本参数的 $T-$ 向量，$C^*(k,c)$ 表示最优成本，假设所有其他参数保持不变。证明 $C^*(k,c)$ 是连续的、非递减的凹函数。我们能否对 $C^*(k,c,d)$ 或至少是 $C^*(k,d)$ 得出类似的结论？为什么？

4.8 DEL 模型包括了约束条件 $x(t) \geqslant 0$，禁止库存为负。假设存在着下限 $x(t) \geqslant x_{-}(t)$，其中 $x_{-}(t)$ 是任意非负的常数。对这一问题的参数和变量进行变换，以得到初始 DEL 模型的一个特例，这一特例与新的模型等价。利用新的模型重新描述零库存特性。

4.9 DEL 模型假设时间会在 $t=T$ 时停止。当然，这只是虚构的。最优解在很大程度上取决于 T 的选择，这一现象被称为期限效应（horizon effect），有几种方法可以降低这种效应。一种方法是选择尽可能大的 T。这当然是一种明智的做法，但一般来说我们很难知道 T 是否足够大。本习题将探讨另一种方法。

假定目标函数（4.3.4）中包含一个额外项 $V(T,x(T))$。这里，V 是 $x(T)$ 的函数，代表不同终端库存水平的成本。将 V 看成是在 T 之后对未来成本的度量。假设存在一个指定的、$x(T)$ 可能取值的有限集。说明如何通过确定一个特定网络中的最短路径来求解这一问题［提示：如果 $x(T)$ 固定为某一数值，那么结果就是 DEL 模型的一个特例，与上一习题一样］。

4.10 考虑存在延期交货的 DEL 模型，如 4.4.4 节所述。证明对于一个连续时间间隔，每个订单都涵盖了全部需求［提示：遵循定理 4.3.1 的证明。或者利用变量 $x^+(t)$ 和 $x^-(t)$ 重新构建模型，使得目标函数为凹函数，然后说明可行集的每一个极值点都具有上述特性］。

4.11 考虑一个描述具有延期交货的 DEL 模型的网络，如图 4.4.1 所示。说明如何为每一条弧分配一个成本，使得一个解的成本等于相应路径上弧成本之和。

4.12 在有限产能 DEL 模型中，证明每一个可行解都必须满足 $x(t) \geqslant x_>(t)$，其中预期超额需求 $x_>(t)$ 是由公式（4.4.2）定义的。

4.13 考虑具有修正需求 $\underline{d}(t)$ 的模型，如 4.4.5 节所述。对于最初考虑产能约束的 DEL 模型的任何一个可行解，为这一新的模型构建一个解，令 $\underline{z}(t) = z(t), \underline{x}(t) = x(t) - x_>(t)$。证明这个解对于修正的模型是可行的。另外，证明修正的解的成本与初始解只差一个常数。因此，修正解与初始解是等价的。最后，证明 $d(t) \leqslant z_+(t)$。

4.14 看一看 4.4.5 节考虑产能限制 DEL 模型的线性成本的情况［所有的 $k(t) = 0$］。解释这一模型是一个最小成本网络流（minimum-cost network-flow）问题［动态方程（4.3.2）提供了流守恒约束］。现在，对模型进行修正，以得到等价的运输问题（transportation problem）［提示：成本系数变成了 $\tilde{c}[s,t)$］。

4.15 考虑具有相等产能 $z_+(t) = z_+$ 的有限产能 DEL 模型。已知由时间对 (t,u) 确定的潜在库存周期，我们希望确定这一周期内的最优解。这一周期内的总需求可以写成 $mz_+ + r$ 的形式，其中 m 是一个非负的整数，r 为余数，$0 \leqslant r < z_+$。这一周期中的总产量必须等于这一数量。

对于这一周期内的每一个时点 s，证明从周期开始直到 s 之前［除 $z(s)$ 本身外］的累积产量一定是 nz_+ 或 $nz_+ + r$ 形式的，其中 n 是 0 和 $\min\{m, (s-t+1)\}$ 之间的整数。现在，定义一个网络：每一个节点代表一个时点 s，以及直到 s 时的一个可能的累积产量数值（t 时只有一个值，即 0。包含一个时点为 u、产量为 $mz_+ + r$ 的节点）。准确地解释包含了哪些节点，以及哪些弧将这些节点连接起来。另外，说明如何计算每条弧的适当成本。现在，证明这一网络中的最短路径决定了这一周期中最优产量安排。

4.16 考虑有产能限制的 DEL 模型的其他建模形式，其中准备成本只是在一个生产批次的开始时支付。假设对于所有 $t, \bar{s}(t)=t$ 且 $d(t) \leqslant z_+(t)$，证明这一模型具有零库存特性。也就是说，每一个生产批次开始时库存都为零（遵循定理 4.3.1 的证明）。

4.17 考虑 4.5.3 节中的生产平滑模型。按照定理 4.5.1 的证明方法，证明最优订货策略变量 $q(t)$ 是状态变量 $x(t)$ 和 $x_=(t)$ 以及需求 $d(u)(u \geqslant t)$ 的线性函数。

4.18 令 $z_*(t)$ 表示 DEL 模型之前的一个解。假设我们对 DEL 模型进行修正，以对偏离这个解进行惩罚，对于每个 t，在目标函数中增加下列项：

$$e^+(t)\delta[\delta(z(t))-\delta(z_*(t))]+e^-(t)\delta[\delta(z_*(t)-\delta(z(t))]$$

这样，如果 t 是新解中的一个订货时间但不是旧解的订货时间，我们就会产生固定成本 $e^+(t)$，而在相反的情况下我们会产生固定成本 $e^-(t)$。假设 $e^+(t)$ 和 $e^-(t)$ 都是正的，且 $e^-(t)<k(t)$。推导出一个与这一特例等价的 DEL 模型的特例，并解释为什么等价［提示：修改 $k(t)$］。

第 5 章　多种产品和多个地点

本章提要

5.1　导言

本章将探讨包含多种产品或多个地点或两者兼有的系统。其目的是让读者详细而全面地理解在协调不同的、分散的活动时需要考虑哪些因素，以便使整个系统有效运转。这一主题将在第 8 章讨论随机需求时继续讨论。因此这两章构成了供应链理论的核心。

本章绝大多数内容都遵循第 3 章的情境（连续的时间和不变的需求率），只是在最后讨论了随时间而变化的需求（time-varying demand）

5.1.1　物品：产品—地点组合

我们以一个重要的观察作为开始：多产品系统和多地点系统从本质上说是一样的。同样的模型和分析技术可以适用于任何一种情况。实际上，拥有多种产品和多个地点的系统可以用同样的方法进行处理。尽管两者存在差异，但其差异主要是表述上的不同。

我们不应对这种相似性感到惊讶。正如在一个地点的需求不能由其他地点的供应来满足一样，对一种产品的需求也不能由另一种产品的供应来满足。为了满足需求，有必要改变可用的产品，或者通过移动它们，或者通过把它们加工成其他东西。生产和运输都是物理上的转变；两者都需要时间和金钱。当然，两者在细节上存在着差别，但对于我们的目标来说，这些差异仅仅是表面的。运输方式和生产过程类型之间的差异也是如此。

这种相似性十分普遍，以至于我们从一开始就要依赖它。我们不使用产品或地点这种说法，而是使用一般性的抽象概念，称其为“物品”（items)。物品可以用来指地点，或产品，或产品—地点组合。一个多物品模型可以代表地理上不同的地点，也可以代表在物理上不同的产品，或者同时代表两者。

当然也存在着一些明显的例外，一些模型最初是针对特定产品或运输问题的。尽管如此，这种特殊性更多地体现在描述中，而不是本质结构中。实际上，每一种产品在生产过程中所体现的特殊性质，都可以在运输过程中找到类似的情况，反之亦然。

这是一种非常有用的抽象。配送管理领域中的许多创新都来自于生产领域，反之亦然。物品的方法使我们能够以一种统一的方式建立概念、模型并管理生产和运输活动。要适应这种方法可能需要一段时间，但这是值得的。

5.1.2 结构复杂性：物品网络

关于多物品，我们有很多重要和有意思的东西要学，即便是每一个物品与其他物品完全独立也是如此。5.2 节分析了这些系统。

本章其余部分将讨论具有内在联系的物品，这些物品或者是通过供应—需求关系联系在一起，或者是通过共享供应过程联系在一起的。先考虑供应—需求关系。例如，大型零售商可能会集中采购商品，将它们存放在一个中央仓库中，并通过这个中央仓库为其数个商店供货。生产商可能会采购原材料，将它们加工成不同的部件，然后将这些部件组装成最终产品。

在这种情况下，不同物品及它们之间的关系就形成了一个网络，更确切地说是一种有向图（directed graph)。节点代表物品，弧描述了供应—需求关系。区分几种一般性的网络结构非常重要。

最简单的结构是串联系统（series system)，如图 5.1.1 所示。其中，物品代表了连续生产阶段的产出或供应链中的存货点。每一种产品都被作为制造下一个产品的投入，或者每一个地点都作为下一个地点的供应方。只有第一个物品是从系统外面获得供应的，也仅有最后一种物品满足外部消费者的需求（该图省略了外部供应和需求过程以及所有的内部加工步骤，而只是显示出了物品的库存以及它们之间的联系）。5.3 节描述了如何为这类系统构建一种良好的策略，以及如何简单、准确地计算出其总成本的估计值。

图 5.1.1　串联系统

另一种最简单的结构是装配系统（assembly system），如图 5.1.2 所示。它通常代表生产活动。与串联系统一样，它只有一个最终产品，但可能有几种原材料，而且所有原材料都来自外部供应商。它们被加工或组装成部件，并进一步组装成最终产品。该网络中的一些弧可能代表将物料、部件或最终产品从一个地点运输或移动到另一个地点。

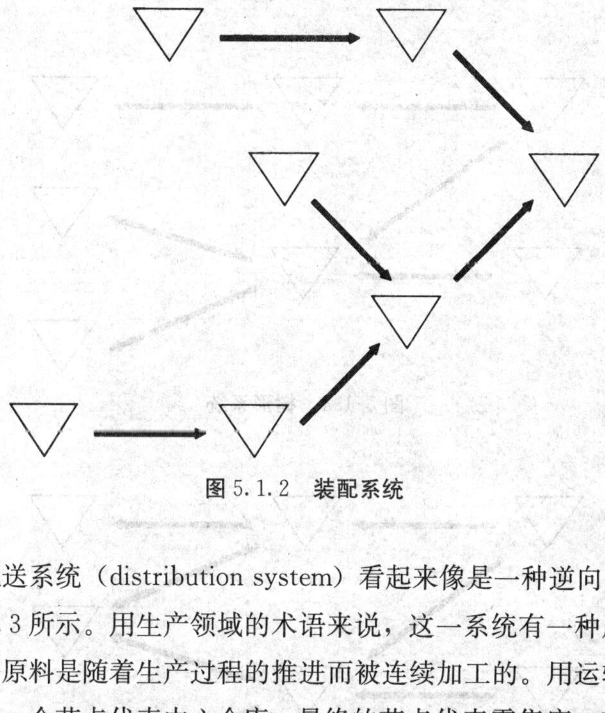

图 5.1.2　装配系统

配送系统（distribution system）看起来像是一种逆向的装配系统，如图 5.1.3 所示。用生产领域的术语来说，这一系统有一种原料和几种最终产品。原料是随着生产过程的推进而被连续加工的。用运输领域的术语来说，第一个节点代表中心仓库，最终的节点代表零售店，其间的节点代表中间的库存点，如区域性仓库。当然，串联系统是装配系统和配送系统的一种特例。

树形系统（tree system）将装配系统和配送系统的特征结合在一起（大致以这种顺序），如图 5.1.4 所示。

一个完整的通用系统（general system）反映着更为复杂的关系，如图 5.1.5 所示。比较一下图 5.1.4 和图 5.1.5：通用系统包括配送类的活动，其产出在随后的装配操作中被组合在一起，但树形系统则不是这样。这种区别非常重要。正如我们将会看到的，从本质上讲，通用系统比树形系统更为复杂。我们将在 5.4 节讨论所有这些更加复杂的网络（从装配系统到

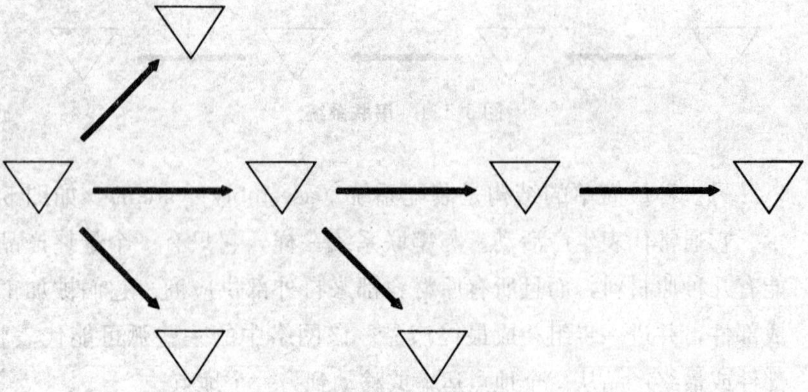

图 5.1.3　配送系统

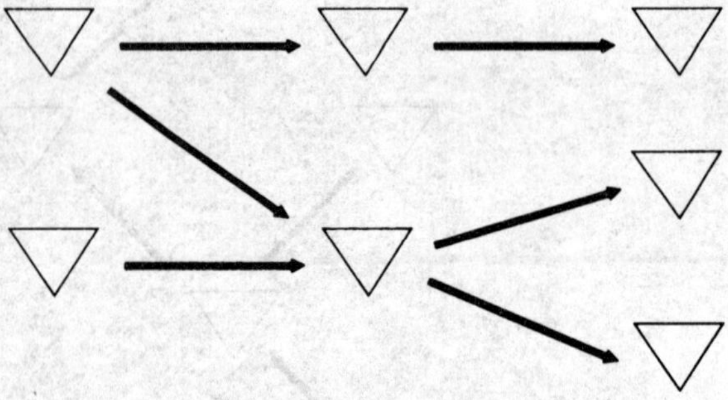

图 5.1.4　树形系统

图 5.1.5　通用系统

通用系统）。再强调一次，我们的主要目标是构建一种良好的策略和一种精确的成本估算方法。

在构建网络时，我们也可以仅考虑单品种物品，尽管这是一种没有弧的不太重要的网络。根据上述分类，我们可以称之为平行系统（parallel system）。这一概念非常有用。例如，配送系统将串联系统和平行结构的特点结合在了一起。

5.1.3　共享供应过程

除供应—需求关系外，物品还可以通过其他方式联系起来。它们的需求过程可能受一些共同的潜在因素驱动。例如，每一个到达的顾客可能会需要几种而不是一种物品，或者是所有物品的需求都受到一般经济状况的影响。但是，在本章中的大部分情况下，我们都假设所有物品的需求率是已知的、恒定的，而如何确定这些需求率并不重要。这种需求链在建模中并不发挥直接的作用（当我们暂时不考虑模型并在一个更大的背景下进行考虑时，以及在5.7节所述的某些可变需求模型中，共同的需求驱动因素则会在敏感性分析中发挥重要作用）。

同样，供应过程也可能存在着相互联系。在极端情况下，物品可能会共享一个供应过程。供应过程的联系有多种类型，在此我们仅讨论其中的两种。

首先，5.5节讨论了联合补货问题（joint-replenishment problem）。该模型描述了这样一种情况：同时订购几种物品具有经济优势即范围经济（economies of scope）。例如，当所有物品都来自于一个供应商时，就会出现范围经济，这样我们就可以通过协同其订单而节约运输费用。5.5节中讲述了如何有效利用这些范围经济。其关键想法是对问题进行精简，以形成一个等价的配送问题，然后应用5.4节中的方法。

5.6节探讨了一种不同的供应联系，其中几种物品共享一种有限产能的供应过程。一个例子就是弹性生产设施：物品就是产品，供应过程由一台设备构成，它只在同一时间生产一种产品。这一模型被称为经济批量排程问题（economic lot scheduling problem）。我们为这一问题开发了有效的启发式算法。

5.1.4　随时间变化的需求

本章以讨论随时间变化的需求（time-varying demands）的两节作为结尾。5.7节中处理该问题的思路与第4章相同，都使用了离散时间建模。在对一种简单的情况进行讨论后，它分析了供应—需求网络和有限产能网络在离散时间条件下的情况。

随后，我们突然改变了步伐，在5.8节中，我们将讨论一种应用非常广泛的运营管理方法，这种方法被称为物料需求计划（material requirements planning，MRP）。这是一种很大的题目；我们对这一方法的讲解是有选择性的，而不是对其进行全面论述。我们的目标是提供一种概述和评估，致力于 MRP 的基本逻辑以及它与前面讨论的模型之间的关系。另外，我们将顺便提到其他几种常用的方法。

5.2 独立的物品

5.2.1 综合绩效指标

考虑一个有许多物品的系统，且每一种物品都满足 EOQ 模型的假设。物品是相互独立的，它们之间没有供应—需求联系，且其供应和需求过程是有区别的。这种情况很好地描述了零售店或零部件仓库的情形。因为各物品不以任何方式发生联系，因此我们可以单独地控制每一种物品。也就是说，对于每一种独立的物品，我们能估算其参数、求解 EOQ 模型，并且能执行其结果。

从本质上说，这是大多数商业库存控制项目要完成的工作。通常，这类项目都会被构建成一个数据库，每一种物品是一条记录。订单触发功能和辅助计算是在逐个物品的基础上进行的（这些计算有时候比 EOQ 模型的计算更复杂，有时候则更简单，但在我们的讨论中并不重要）。

但是，这种解决多种物品库存的并行方法并不是唯一可行的方法，也不一定是最好的方法。假设一个系统有成千上万种不同的物品。单独考虑每一种物品的成本因素将十分乏味地，保持一致性将极度困难，更不要说准确性了。另外，我们最终可能无法获得一幅关于整体运作的清晰图景。

本节描述了一个不同的观点：在订购或存储一种物品时，大多数与库存相关的成本发生在我们使用几种关键的企业资源（如流动资金和仓库的工人）时［在会计的语言中，这类资源被恰当地称为成本驱动因素（cost driver）］。管理层关心的主要问题在于所有物品对这些资源的综合使用，用综合绩效指标（aggregate performance measures）来表示。最重要的指标是总库存投资（total inventory investment）和总订单处理工作量（aggregate order-handling workload）。以此来看，单个物品仍然很重要，但主要是在它们对这些问题有影响的范围内。

高级经理甚至投资者都会密切关注综合绩效指标。在涉及成千上万种物品的情况下，没有人能够把握住每一个物品的细节。综合层面的信息使得管理者能够监控库存控制职能的有效性以及企业的总体健康状况，并制定全面、一致的运营策略。

即便如此，最终我们（或某个人）也必须采取行动。正如我们将要看到的那样，为了在总库存和工作量之间实现适当的平衡，我们必须对其显性或隐性相对成本进行度量。但是，这种综合的方法只是在综合层面上执行一次，而不是单独针对每一个物品。

不过，这种方法与具有单一物品的 EOQ 模型是完全一致的：它通过不同的路径得到了同一个结果。给定每一种资源的使用情况及每一种资源的成本，正如综合计算方法要求的那样，我们可以利用这些数据计算出单个物品的成本。这样，对于 EOQ 模型来说，我们就拥有了一种易于处理的成本估算过程。在实践中，这两种观点都是有用的。

定义：

$$J = \text{物品的数量}$$

$$j = \text{物品的序号}, j = 1, \cdots, J$$

对每一件物品，我们需要 3 种基本信息：

$$\lambda_j = \text{物品 } j \text{ 的需求率}$$

$$c_j = \text{物品 } j \text{ 的单位采购成本}$$

$$w_j = \text{物品 } j \text{ 一个订单产生的工作量}$$

假设 c_j 表示存储产品 j 的总资源使用量。持有库存占用了周转资金，c_j 度量了占用量，但同时它还会占用其他宝贵的资源，如仓储空间、劳动力和能源。实际上，我们假设对这些资源的消耗与 c_j 成比例。同样，假设系数 w_j 代表与发出和接收物品 j 的一份订单相关的所有活动（安置机器、填写表格等）消耗的关键资源。

定义三个综合层面的统计量来描述系统本身。第一个是总需求活动的指标：

$$c\lambda = \text{总采购成本率}$$

$$= \sum_j c_j \lambda_j$$

（将 $c\lambda$ 看成是一个符号。总和中的第一个物品以及 $c\lambda$ 本身都是以每单位时间内的货币数进行度量的。或者，将 $c\lambda$ 看成是两个数量 c 和 λ 的乘积，其中，$\lambda = \sum_j \lambda_j$ 为总需求率，$c = \sum_j (\lambda_j/\lambda) c_j$ 为 c_j 的需求加权平均。当所有物品都具有相同的数量单位时，第二种解释是有意义的，但在其他情况下则无意义。）现在考虑第二种统计量，令：

$$w = \text{加权平均订单工作量} = \sum_j \left(\frac{c_j \lambda_j}{c\lambda}\right) w_j$$

w 和 $c\lambda$ 的乘积就是 $wc\lambda = \sum_j w_j c_j \lambda_j$。最后，定义：

$$J_* = \text{变动指标} = \frac{(\sum_j \sqrt{w_j c_j \lambda_j})^2}{wc\lambda}$$

起这个名字有很好的理由。我们很容易证明（习题 5.1）：

$$1 \leqslant J_* \leqslant J \tag{5.2.1}$$

在这个区间范围内，J_* 度量了数量 $w_j c_j \lambda_j$ 和 j 的离差（dispersion）。如果它们相差很大，则 J_* 就很小，而如果它们相差很小，则 J_* 就很大。正如我们将要看到的，J_* 反映了物品数量对绩效的影响。从这个意义上说，J_* 度量了物品之间的有效多样性（这种用法看起来可能有些滞后，不同的 $w_j c_j \lambda_j$ 意味着更少的品类。在这里，一个高品类的系统意味着系统中有许多类物品，即使它们的参数是一样的，或者功能相似）。

现在，我们来定义绩效指标本身。即使是在综合层面上，绩效也取决于策略变量的选择：

$$q_j = \text{物品 } j \text{ 的批量大小}$$

单个物品的绩效指标为：

$$\bar{I}_j = \text{物品 } j \text{ 的平均库存} = \tfrac{1}{2} q_j$$

$$\overline{OF}_j = \text{物品 } j \text{ 的订货频率} = \lambda_j / q_j$$

综合绩效指标为：

$$cI = \text{平均库存总投资} = \sum_j c_j \bar{I}_j$$

$$wO = \text{总平均工作量} = \sum_j w_j \overline{OF}_j$$

（将 cI 和 wO 看成一个符号同样是最简单的。）给定上述关于 c_j 和 w_j 的假设，这两个指标就给出了与总资源使用量相关的所有信息。

另一方面，正如所有的时间平均值一样，这些指标使我们无法知道长期中资源使用的实际模式。局部的峰值和低谷对于产能有限制的资源来说十分重要，特别是那些由 wO 度量的资源。目前，我们不考虑这一问题，5.6 节会继续对其进行讨论。

5.2.2 库存—工作量权衡曲线

当然，综合指标 cI 和 wO 是通过 q_j 联系在一起的。这一关系可以用一种清晰、简单的方式进行表述。

现在，我们假设对于总库存投资有一个固定的目标水平，并用 cI 来表示这一目标。剩下的问题就是在物品间分配这一总投资，以最小化总工作量 wO。这一问题可以通过正变量 q_j 表述成一个数学上的最优化问题：

$$\text{最小化} \quad \sum\nolimits_j w_j\left(\frac{\lambda_j}{q_j}\right) \tag{5.2.2}$$

$$\text{约束条件} \quad \sum\nolimits_j c_j(\tfrac{1}{2}q_j) = cI$$

用 wO 来表示最优目标值。

这是一个典型的最优化问题，能够直接求解：令 ζ 表示方程中的对偶变量（或拉格朗日乘数）。一阶最优条件为：

$$\frac{w_j\lambda_j}{q_j^2} = \frac{1}{2}\zeta c_j$$

或

$$q_j = \sqrt{\frac{2w_j\lambda_j}{\zeta c_j}} \quad j = 1, \cdots, J \tag{5.2.3}$$

（注意与 EOQ 公式的相似性！）现在，把这些式子代入方程解出 ζ，并利用 ζ 计算最优的 q_j^*，将 q_j^* 代回目标函数。最终的结果是一个让人惊讶的简单公式：

$$wO = \frac{1}{2}\frac{(wc\lambda)J_*}{cI} \tag{5.2.4}$$

（习题 5.2 要求你写出详细过程。）

方程式（5.2.4）对于每一个 cI 的值都成立。它描述了总库存 cI 和总工作量 wO 之间的函数关系。这一方程式的图形被称为库存—工作量权衡曲线（inventory-workload tradeoff curve）。图 5.2.1 显示出了这一曲线。

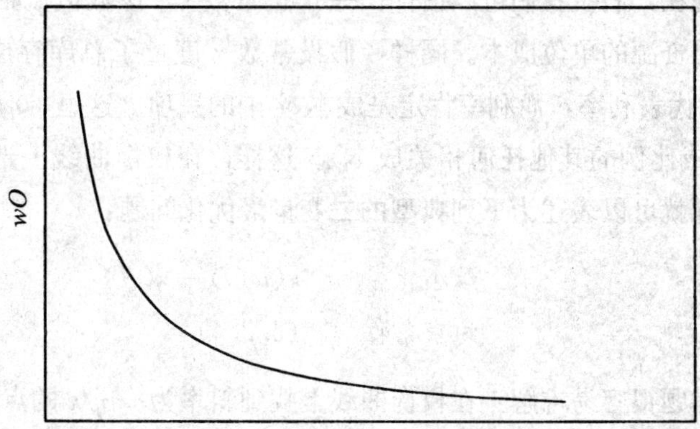

图 5.2.1　库存—工作量权衡曲线

理解这一权衡曲线有什么用处是非常重要的：在经济学的语言中，这类曲线代表一个有效集（efficient set）。对于任何给定的 cI，这一曲线告诉我们最佳（即最小）可实现的 wO。这种关系反过来也成立：给定 wO，这一曲线可以告诉我们最优的 cI。但是，这一曲线不能描述特定的最优解。这意味着要在曲线上选择一个点，而为了做出这样一个选择，我们需要知道或决定库存与工作量的相对重要性。相应地（如下所述），我们需要关于成本的更多具体信息。

不过，这种权衡曲线是十分有用的。首先，它可以被用来做出判断。只有特定的 q_j 组合是有效点（efficient point）。其他任何点都是无效点，相应的点（cI，wO）落在这一曲线上（或在其右边）。这样，我们就可以对当前的运营状况与曲线进行对比，以评估其效率。

另外，这一曲线还会深化管理人员间的讨论，因为它概括了哪些是可行的，哪些是不可行的。例如，财务和竞争压力常常建议我们减少库存投资。假设当前的运作是有效率的，则这一曲线准确地表明了工作量的相应增加。有了这些信息后，我们就可以认真地讨论这种工作量的增加是否可以容忍。总之，这一曲线使得管理人员即使在没有详细成本信息的情况下也能够探讨更加宽泛的政策方向。

最后，这一曲线通过数量 $(wc\lambda)J_* = [\sum_j (w_j c_j \lambda_j)^{1/2}]^2$ 而以一种简单的方式依赖于系统参数。在其他条件都不变的情况下，对于给定的投资 cI 来说，总工作量 wO 与这一数量是成比例的。如 5.2.4 节所述，这一事实在敏感性分析中非常有用。

5.2.3 成本估计和最优化

现在，假设我们可以估计出一个正常数 κ，该数值概括了在 wO 中度量的总资源的单位成本。同样，假设常数 η 度量了总库存成本 cI（回忆一下，α 代表利率，而利率肯定是成本 cI 中的一项。这里，η 包括 α，再加上与 cI 成比例的其他任何相关成本）。这样，在权衡曲线上选择一个特定点的问题就可以表述为下列典型的二变量最优化问题：

$$\begin{aligned} &\text{最小化} \quad \kappa(wO) + \eta(cI) \\ &\text{约束条件} \quad (5.2.4) \end{aligned} \tag{5.2.5}$$

这一问题很容易求解：在权衡曲线上找到斜率为 $-\eta/\kappa$ 的点。

下面是一种等价的方法：给定参数 κ 和 η，对每一物品逐个直接估计出 EOQ 模型所需的成本因子：

$$k_j = \kappa w_j \qquad h_j = \eta c_j \qquad j = 1, \cdots, J$$

这样，我们就可以通过两步确定 k_j 和 h_j，第一步计算出“物理”数量 w_j 和 c_j，然后利用因子 κ 和 η 将它们转换为成本率。

接着，对于每一个物品，在单独的 EOQ 模型中使用这些成本因子。现在的 EOQ 模型变成了如下形式：

$$q_j^* = \sqrt{\frac{2(\kappa w_j)\lambda_j}{\eta c_j}} \qquad j = 1, \cdots, J$$

将这一公式同上面的公式（5.2.3）进行对比，比率 η/κ 恰好对应着对偶变量 ζ。将这些 q_j^* 代入定义 wO 和 cI 的求和公式中，得到：

$$wO = \sqrt{(\frac{1}{2}wc\lambda\, J_*)(\frac{\eta}{\kappa})} \qquad cI = \sqrt{(\frac{1}{2}wc\lambda\, J_*)(\frac{\kappa}{\eta})} \quad (5.2.6)$$

将这两个等式相乘，彻底消去 η 和 κ，最终结果就是公式（5.2.4）。这样，(cI, wO) 这一点就位于权衡曲线上。另外，我们很容易验证曲线在这一点上的斜率为 $-\eta/\kappa$。

实际上，利用单物品方法可以画出整条权衡曲线：令比率 η/κ 覆盖所有的正数值。利用公式（5.2.6），每一个值都可以生成一个位于曲线上的点 (wO, cI)，这些点的轨迹就是曲线本身。因此，这两种方法是等价的。

给定 η 和 κ，最优总平均成本为：

$$\begin{aligned} C^* &= c\lambda + \kappa(wO) + \eta(cI) \qquad (5.2.7) \\ &= c\lambda + \sqrt{2(\kappa w)(\eta c\lambda)\, J_*} \\ &= c\lambda + \sqrt{2(\kappa\eta)(wc\lambda)\, J_*} \end{aligned}$$

因此，固定其他的参数（并忽略掉常数项 $c\lambda$），C^* 就与 J_* 的平方根成比例。对于具有相同物品的系统来说，C^* 与物品数量的平方根成比例。

很明显，成本估算的两步法取决于上述有关 c_j 和 w_j 的假设。在实际中，那些假设很少能够成立，但常常近似成立。否则，如果严重违背这些假设，那么总资源的使用就不可能以具有一致成本率 η 的单一指标 cI 来度量，wO 和 κ 也是如此。在这种情况下，使用额外的综合指标和成本率就是必要的。例如，我们可能能够找到两个关键库存成本驱动因素。这样，这一过程就变成了：对每一个物品估计出两个系数，比如 c_{j1} 和 c_{j2}，两个相应的成本率为 η_1 和 η_2，然后计算 $h_j = \eta_1 c_{j1} + \eta_2 c_{j2}$。

类似的成本估算方法经常被用于求解物品数量很大的情况。比较优秀的库存控制软件包含了这类成本估算模块。

5.2.4 总体敏感性分析

上述公式传递出一个明确的信息：考虑两个系统，其他各方面都一样，只是一个系统中的物品表现出更大的有效多样性，用 J_* 来度量（记住，高品类并不意味着各物品的参数不同，相反，给定 J，这种不同会减少品类）。从各个角度看，低品类的系统比高品类的系统表现更好一些：低品类权衡曲线优于高品类曲线（完全在其下方）。而且在成本最优化模型中，低品类系统的 C^* 值更小。

换句话说，拥有较少品类（每一类物品的需求量都很大）比拥有众多品类（每一类物品的需求量都较小）的成本更低。将一个产品线合并成相对较少的物品是有益的，相反，扩张产品线会带来实质的成本。

这些成本和收益反映了工作量和库存的运作标准。在大多数企业中，营销部门考虑的因素往往相反。或者是为了提高总销售量，或者是为了保护自己不受竞争者的伤害——对于高度差异化的产品线（其中每一种产品只针对总体市场中的一个小细分市场）这种情况来说，这些都是很有说服力的论点。为了制定明智的产品线决策，管理者必须认真应对运营和营销问题，合并和差异化都不是普遍有效的策略。

在综合层面上，解决敏感性分析问题时记住这些要点是非常重要的。在实际中，我们常遇到如下问题：如果总需求增加 1 倍，总库存应该如何变化？利用上面的符号，总库存投资 cI 应该如何变化以响应总需求的变化，比如说采购成本率 $c\lambda$？

在一些特殊情况下，这些问题可以很容易地利用 EOQ 模型的结果来回答：假设所有物品 J 都是相同的，且所有 λ_j 都增加 1 倍，其他条件不变。那么，每一个 q_j^* 都将增加 $\sqrt{2}$ 倍，每一个 $\bar{I}_j$ 和 cI 也是如此。另一方面，假设每一个单一物品保持不变，但物品 J 的数量加倍。每一个 $\bar{I}_j$ 都保持不变，但现在的数量是以前的 2 倍了，因此 cI 本身也增加了 1 倍。与第一种情况相比，这一增加量要大得多。

正如这些简单的例子所示，仅知道 $c\lambda$ 本身的变化是不够的。我们需要知道这些变化是在物品间是如何分布的。回忆前面的公式，有两条额外的信息非常重要，即平均工作量 w 和品类指标 J_* 的变动。现在，w_j 经常接近于常数，因此相对于需求的变化而言，w 的变化很小。这使得 J_* 成为了剩下的绩效决定因素。在上面的第一种情况中，J_* 根本就不改变，而在第二种情况中，J_* 随 $c\lambda$ 增加了 1 倍，这就解释了两种情况下绩效的差异。

品类指标 J_* 需要单个物品的大量信息。有时候，为具体物品的数据指定一种特定的分布形式是有可能的，因而用少量参数就可以计算出 J_*。参见习题 5.3。

综合层面的敏感性问题通常用周转率（turnover）来描述。回忆一下，在单一物品的环境下，周转率就是 $\lambda/\bar{I}$。总体周转率就是相应的比率 $c\lambda/cI$。因此，如果 $c\lambda$ 增加，我们预计周转率也会增加，假设 J_* 不会增加很多。一般来说，我们需要知道 J_* 以及 $c\lambda$ 的变化，以预测对周转率造成的影响。

"周转率"这一名称有时会附属于其他指标。其中一个就是 $p\lambda/cI$，其中，

$$
\begin{aligned}
p\lambda &= \text{总收益率} \\
&= \sum_j p_j \lambda_j
\end{aligned}
$$

在这种用法中，周转率是指销售量与库存投资的比率。这是一种复杂的指标，我们很难做出明确的解释。将其描述为两个基本比率的乘积是很有帮助的：

$$
\frac{p\lambda}{cI} = \left(\frac{p\lambda}{c\lambda}\right)\left(\frac{c\lambda}{cI}\right)
$$

第二项就是上面所讨论的最初的周转率。第一个比率 $p\lambda/c\lambda$ 是合计加成(aggregate markup)。它也会以某种方式受到需求变化的影响。例如，高利润物品需求的变化也会使它增加，即使是在 $c\lambda$ 和 cI 保持不变时也会出现这种情况。

一般来说，在使用综合绩效指标时，准确了解计算的过程并认真计算影响它们的不同因子是非常明智的。这似乎显而易见，但却很容易被遗忘。

5.2.5　实践中的总体敏感性分析

一种特殊的经验告诉我在对待这些问题时认真有多么重要：若干年前，我应邀为一家大型企业集团提供建议。我被叫去给一个大型联合企业的高官们提供咨询。他们每个月都会评估其子公司的财务绩效。这一集团拥有几百家子公司，且许多子公司的规模都很大，结构也很复杂。因此，他们的评估倾向于集中在少数综合绩效指标上。总销售量（$p\lambda$）和周转率($p\lambda/cI$)受到密切关注。

在最近的几个月里，一些欧洲子公司的销售量增长迅速。然而，管理人员却很担心，因为周转率在某种程度上下降了。出了什么问题？是欧洲的管理者对其库存失去了控制吗？

首先，我们分析了合计加成（$p\lambda/c\lambda$）。在同一时期，这些数字出现

了波动，但并没有一个明确、系统的方向。更详细的分析揭示出销售向利润更高的产品转移，但其价格也下降了，这两种效果在某种程度上相互抵消了。

随后，我们开始估算品类指标（J_*）。这并不容易：我们没有具体产品的工作量数据（w_j），而且支出数据（$c_j\lambda_j$）也不完整。因此，我们假设对于每一家子公司而言，所有的 $w_j = w$。然后，利用有限的支出数据和额外的假设（参见习题 5.3），我们拼凑出了 J_* 的估计值（我们对这种粗略的方法并不放心，但由于必须快速给出答案，我们不得不这样做）。

结果很清楚：绝大多数子公司的 J_* 都出现了大幅增长。更深入的调查为其提供了解释：销售量的扩张主要来源于在广大地区开辟的新市场。有效产品数量的增长比收益的增长还快，因此用来支撑它们的库存也快速增长（这也解释了价格的下降：经理们为吸引新顾客而大幅降价）。在这种情况下，周转率的下降就很自然了。欧洲的经理们没有失去对库存的控制，他们的工作非常出色。

5.2.6 ABC 分析

ABC 分析是应对大量物品的另一种策略。从本质上说，这种方法把物品分成几组。通常是分成三组，根据各自的销量分别标注为 A、B、C。A 类物品的 $p_j\lambda_j$ 数值最大，B 类物品次之，C 类物品最小。一般来说，A 组通常只包括少量物品（比如说 10%），B 组的物品数量多一些（如 30%），C 组中的物品最多（60%）。尽管如此，A 类物品通常占总销量的绝大部分（通常高达 80%），而 C 类物品只占很小的比例，B 类物品介于两者之间。

因此，ABC 分析能找出最重要的物品（即 A 组）、最不重要的物品（即 C 组），其余的就是 B 组。这是其他分析方式（如参数估计和建模）的预备步骤。其想法是：把精力用在最重要的地方。因此，对 A 类物品应该进行最深入的数据收集，并花最大的精力进行建模，而对 B 类物品采用相对简单的办法，对 C 类物品则采用更简单的办法。

一些作者提出了更为具体的建议，他们为每一组物品推荐了特定的模型（如 B 类物品采用 EOQ 模型）。在我看来，这太具体了。通常，“正确的”模型取决于许多其他因素。同样，一个系统中的 B 类物品可能比另一个系统中的 B 类物品重要得多，且复杂得多，因而需要完全不同的模型和方法。

把这些物品划分为组的概念可以有效地应用于任何大型数据集。这不仅是一种库存分析技术，而且是一种应用非常普遍的技术。

5.3 串联系统

5.3.1 背景

本节将分析串联系统（series system）。有 J 个物品，用 $j=1,\cdots,J$ 进行编号。物品代表连续生产阶段的产出，或一条供应链中的库存点。需求只发生在物品 J 上，需求率为 λ，物品 1 由外部来源提供。所有其他供应联系都是内部的，物品 1 为物品 2 提供供应，物品 3 为物品 2 提供供应，以此类推，如图 5.3.1 所示。在这一背景下，“物品”的另一种表述是“阶段”（stage）。有时候，一个串联系统被称为多级系统（multistage system）。

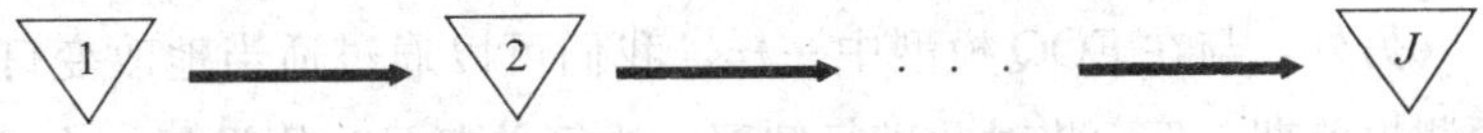

图 5.3.1　串联系统

存货以离散批量的形式移动，正如在 EOQ 模型中一样。一份订单就是移动一批货物到任何阶段的决策，不论该批量是来自供应商还是前一个阶段。但是，阶段本身不制定自己的订货决策，信息和控制是完全集中化的。订货决策必须是经过协调的；当前一阶段没有充足的库存时，让一个批量的货物转移到另一个阶段是毫无意义的（不过，后面我们将会看到，系统可以在分散化的方式下有效运转）。外部供应商总是有充足的库存。

当需求出现时必须得到全部满足，缺货是不允许的。对所有的订单，存在着以固定成本形式体现出的规模经济［如果不是，那么整个系统就可以作为一个完美的流系统（perfect flow system）运作］。因此，正如在 EOQ 模型中一样，这里最基本的问题是找到固定成本和库存持有成本的平衡点。定义：

$$k_j = \text{物品 } j \text{ 的订单固定成本}$$

$$h'_j = \text{物品 } j \text{ 的库存持有成本率}$$

$$I'_j(t) = \text{时点 } t \text{ 时 } j \text{ 物品的库存}$$

［使用上撇号（$'$）的原因很快就会提到。］

每一个阶段恰好需要来自上一个阶段的一单位物品来生产自己的一单位物品。这不是实际的约束：如果一个阶段需要多于或少于 1 单位物品，那就重新定义物品 $j<J$ 的数量单位，以反映最终产品的使用情况。例如，考虑一个两阶段的系统，其中的两个物品最初以吨为单位，需要 2 吨的物

品 1 来生产 1 吨的物品 2。用 2 吨来度量物品 1，则以新单位计算，生产 1 单位物品 2 只需要 1 单位物品 1。相应地，将 h'_j 修正为其原值的 2 倍。

对于阶段 j 的订单，存在一个恒定的提前期 L'_j（这隐含地表明没有产能限制）。不同阶段间运送过程中的货物构成在途库存（pipeline inventory）。这些库存与 $I'_j(t)$ 不同，它度量的是各阶段的库存。从本质上说，从 j 到 $j+1$ 的货物是由物品 j 的库存构成的，因而会发生持有成本，成本率为 h'_j，与 $I'_j(t)$ 一样（货物从外部到阶段 1 不会发生这类成本）。但是，在任何合理的策略下，平均来说，必须有 $\lambda L'_{j+1}$ 单位的物品从 j 阶段转移到 $j+1$ 阶段，因此，总平均在途持有成本为 $\lambda\sum_{j<J}h'_jL'_{j+1}$。这是一个常数。因此，我们从现在开始忽略这些成本。同样，我们也将忽略变动的采购成本和运输成本，因为在任何明智的策略中，它们都是恒定的。

另外，与在 EOQ 模型中一样，我们可以通过适当地改变订货时间来预测提前期，下面将对此进行解释。为简单起见，假设每一个 $L'_j=0$。因此，从供应商处订货并使其依次通过各个阶段（甚至直到阶段 J）是可能的。假设系统开始时为空，即对于所有 j，$I'_j(0^-)=0$。

本节中的所有证明都集中在 5.3.8 节。

5.3.2 层级和层级库存

在多物品系统中，有这样一个基础性的概念：阶段 j 的层级（echelon）（或简称层级 j）是由 j 阶段本身及其所有的下游阶段（即 $i\leqslant j$ 的所有阶段）构成。一个四阶段系统的层级如图 5.3.2 中的矩形所示。这一概念以一种有用的方式描述了供应—需求关系。首先，阶段 J 是它自己的层级。外部供应商和前面所有的阶段都可以看成是阶段 J 的供应过程。同样，考虑层级 $J-1$，即最后两个阶段。这是另一种子系统，其供应过程包括先前的阶段 $i<J-1$。以这种方式类推，整个系统可以被看成是一个嵌套子系统的分级系统，即层级，且每一个层级都有清晰界定的供应过程。

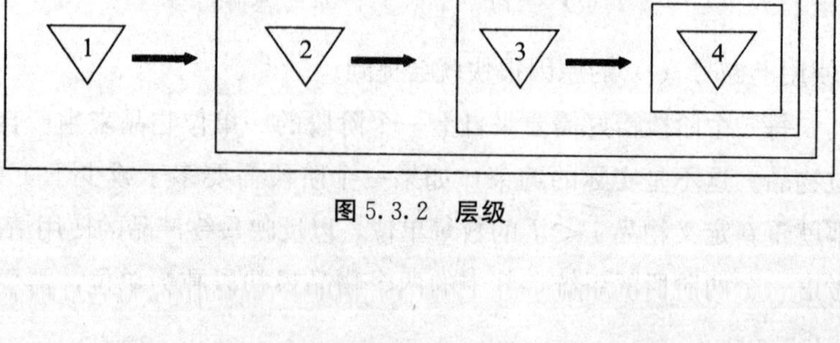

图 5.3.2 层级

[在军队中，层级（echelon，或译为梯队）是一组士兵的通用名称。层级（或梯队）可以指一个部门、一支部队，或一个公司。一个部门包含几个较小的群组，一个群组包含更小的群组，如此等等。]

设想一个多阶段的生产过程。物品 1 为原材料。在每一个阶段，原料在某种程度上都会被加工，或增加不同的功能，直到生产出最终产品 J。因此，从某种意义上说，一单位物品 $i>j$ 包含一单位物品 j。所以，物品 j 在整个系统中的库存不仅由 $I'_j(t)$ 构成，还包括下游的库存。为了表达这一观点，我们定义：

$$\begin{aligned} I_j(t) &= t\ \text{时点}\ j\ \text{物品的层级库存} \\ &= \sum\nolimits_{i \geqslant j} I'_j(t) \end{aligned}$$

最初的 $I'_j(t)$ 有时被称为物品 j 的本地库存（local inventory）或安装库存（installation inventory）。上撇号表示它是本地的数量。

另外，令：

$$\begin{aligned} h_j &— \text{物品}\ j\ \text{的层级库存持有成本率} \\ &= h'_j - h'_{j-1} \end{aligned}$$

其中，$h_0=0$。假设每一个 $h_j>0$ [情况通常如此：假设 c_j 是物品 j 的变动订货成本率，h'_j 只包括融资成本。生产一单位物品 j 会引发所有的成本 c_i，$i<j$，因此 $h'_j=\alpha\sum\nolimits_{i\leqslant j}c_i$，其中 α 是利率。这样，层级持有成本就是 $h_j=\alpha c_j$，即 h_j 反映了 j 阶段的增加值（value added）。$c_j>0$ 意味着 $h_j>0$。如果 h'_j 也包含实际处理成本 $\underline{h}'_j$，则 $\underline{h}'_j$ 也必须增加，或者至少下降速度不是很快。通常这一点也是成立的。下游的实际处理成本会更高]。

在这些定义之下，整个系统的库存成本率变成了：

$$\sum\nolimits_j h'_j I'_j(t) = \sum\nolimits_j h_j I_j(t) \qquad \text{对于所有}\ t$$

因此，与本地库存一样，层级库存也在整个系统中追踪库存及其成本。

层级库存带来了明显的优势：考虑一个两阶段的系统。图 5.3.3 描述了两种物品的本地库存。物品 2 的库存 $I'_2(t)$ 表现出的特性与单一物品的系统一样：它以恒定的速率 λ 下降（除订货点之外，此时它会跃升到订货量）。但是，$I'_1(t)$ 则描述了一种相当复杂的阶梯函数。

图 5.3.4 显示出了相应的层级库存。当然，$I_2(t)=I'_2(t)$，但 $I_1(t)=I'_1(t)+I'_2(t)$ 看起来也与单一物品的系统类似 [虚线显示了 $I'_1(t)$]。跳跃只发生在阶段 1 进行订货时，当阶段 2 进行订货但阶段 1 没有订货时，

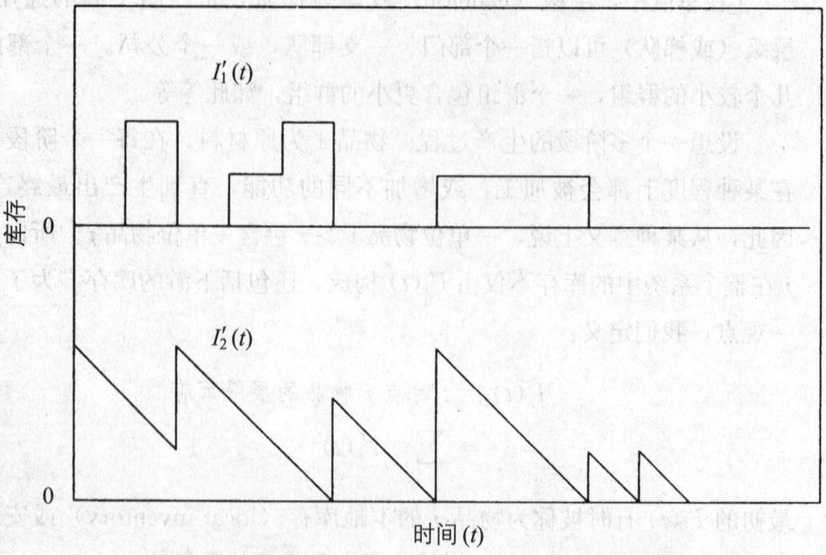

图 5.3.3　长期内的本地库存

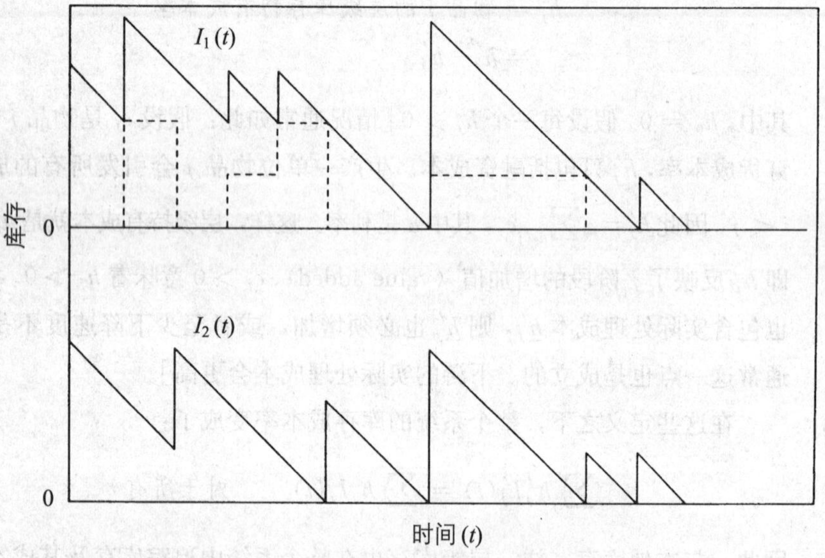

图 5.3.4　长期内的层级库存

$I_1(t)$ 不变。

很明显，这个想法也可以扩展到一般的 J：对于每一个 j，$I_j(t)$ 以速率 λ 减少，除阶段 j 的订货点之外，此时它会跃升到订货量。因此，层级库存简化了库存成本计算工作。

我们再看一看正提前期的情况。令：

$$\underline{L}_j^- = \text{物品 } j \text{ 的未来层级提前期}$$
$$= \sum_{i>j} L'_i$$

这是令一单位物品 j 通过后续阶段到达消费者手中所需的最短时间，记为 $\underline{L}_J^- = 0$。在零提前期系统中，给定一个可行策略，我们就可以为“真正的”正提前期系统构成一个相应的可行策略：将每一个物品 j 的订单到达时间向后推迟 $\underline{L}_j^-$。同样，将每批货物到达 j 的开始时间向后推迟 $\underline{L}_j^- = L'_j + \underline{L}_j^-$（这样，对于 $j < J$，最初订单到达时间就为负时间。假设系统开始时为空，且需求从 $t = 0$ 时开始，则对于可行性来说，这是必要的）。我们很容易看到，除了类似的时间改变外，$I_j(t)$ 在两个系统中是一样的。相反，对一个实际的系统给定一种可行的策略，我们可以通过相反的转换为零提前系统构建一种策略。因此，我们可以专注于零提前期系统，而且我们也确实是这样做的。

5.3.3　策略的特点

出于实用的目的，同时也出于分析的目的，我们更愿意专注于相对简单的策略。幸运的是，优秀的策略确实具有某种简化的特征。

如果对于所有的 j，不管阶段 j 何时订货，阶段 $j+1$ 都开始订货，那么这一策略就是嵌套的（nested）。这里，一个阶段的订单触发了所有下游阶段的订单。换句话说，在一个层级系统中，所有阶段一起进行订货。结果，在所有阶段中，阶段 J 的订货最为频繁，而阶段 1 的订货频率最小。实践证明，嵌套策略是我们唯一需要考虑的策略。

定理 5.3.1：嵌套策略都优于非嵌套策略（嵌套策略拥有更少的库存，而且订单也不会更多）。

（请记住，这一定理以及后续结果的证明将在 5.3.8 节进行。）

另一个重要的策略特征为零库存特性（zero-inventory property），我们在第 3 章中已经讨论过这一问题。在零库存策略下，每一种物品只有在其库存 $I'_j(t^-)$ 为 0 时才开始订货［回想一下，$I'_j(0^-) = 0$，所以第一个订单肯定满足这一条件］。

定理 5.3.2：零库存策略都优于非零库存策略。

因此，我们可以把精力集中在这两种特性上。注意，在一种嵌套的零库存策略下，物品 j 只是在其层级库存 $I_j(t)$ 为 0 时才订货。

定期策略（stationary-interval policy）的意思是：对于每一种物品，

订单之间的时间间隔是相等的。这类策略通常比其他策略更容易实施，而且肯定更容易分析（当然，定期暗示着订货数量相等。但是，在下一节所述的复杂网络中讨论订货周期会更自然一些，因此我们在此讨论这一问题是为了保持连续性。我们可以证明定期策略确实优于其他策略。但是，我们实际上并没有利用这一事实）。

考虑一种具有所有三种特性的策略，即嵌套的、零库存和定期的策略。令：

$$u_j = \text{物品 } j \text{ 的订货周期}$$

$$\mathbf{u} = \text{向量}(u_j)_j$$

$$g_j = h_j\lambda$$

$$C(\mathbf{u}) = \mathbf{u} \text{ 确定的策略平均成本}$$

每一个 $I_j(t)$ 都描述了与 EOQ 模型相似的周期性模式。因此，对每一个物品应用 EOQ 模型的计算方法：

$$C(\mathbf{u}) = \sum_j \left[\frac{k_j}{u_j} + \tfrac{1}{2} g_j u_j\right] \tag{5.3.1}$$

每一个 u_j 都是 u_{j+1} 的正整数倍。选择此类最佳策略的问题可以描述如下：

$$\begin{aligned} &\text{最小化} && C(\mathbf{u}) \\ &\text{约束条件} && u_j = \xi_j u_{j+1} \\ & && \xi_j = \text{正整数}, j < J \end{aligned} \tag{5.3.2}$$

问题 (5.3.2) 是一个非线性混合整数规划问题，很难直接求解（技术要点：不能保证真正的最优解存在。也就是说，原则上，我们有可能找到一系列越来越好的解，但永远也得不到一个最优解）。方法如下：首先，我们求解一个比较简单的问题，它被称为松弛后的问题（relaxed problem）。其最优成本是实际最小成本的下限。接下来，通过对松弛后的问题的解进行认真的四舍五入，我们构建出一个可行解。另外，我们计算出这一可行解的成本的简单上限，这就为我们提供了最小成本的上限。这两个界限十分接近，相差只有几个百分点。因此，可行解是一个很好的解，下限是对最优成本的准确估计。

5.3.4 松弛后的问题

显然，问题（5.3.2）中的任何可行向量（feasible vector）$\mathbf{u}$ 都满足 $u_j \geqslant u_{j+1}$。根据这一性质，我们定义另一个最优化问题：

$$C^- = \text{最小化} \quad C(\mathbf{u})$$

$$\text{约束条件} \quad u_j \geqslant u_{j+1} \quad j < J \tag{5.3.3}$$

这被称为松弛后的问题，因为它的约束条件放松了问题（5.3.2）中的约束条件。因此，它的最优成本 C^- 是问题（5.3.2）最小成本的下限，但这并不是全部。

定理 5.3.3：松弛后的问题的最优成本 C^- 是任何可行策略平均成本的下限。

显然，松驰后的问题（5.3.3）比最初的（5.3.2）更简单。所有这些变量都是连续的，且约束条件都是线性不等式。另外，目标函数是严格凸函数，因此（参见附录 A 中的命题 A.3.6）最优解是唯一的。我们称之为 $\mathbf{u}^*$。

因此，（5.3.3）是一个标准的非线性规划，求解这一问题的一种方法就是使用非线性规划算法。但还有一种更好的方法。问题（5.3.3）有许多特殊的结构。我们应该应用一种利用这一特殊结构的算法策略［有效集（active-set）策略的一种变形，例如，参见 Luenberger（1984），326～330 页］来开发一种简单、快速的方法以求解问题（5.3.3）。

关键想法是：分辨出（5.3.3）中的哪些约束条件对最优解具有约束力。令 $N=\{1,\cdots,J\}$ 表示物品集，令 $A=\{1,\cdots,J-1\}$ 表示约束条件的编号。对于任何子集 $A_= \subseteq A$，构建一个经修正的松弛后的问题：加强 $j \in A_=$ 的约束条件，使其变为等式，忽略其他条件：

$$\begin{aligned} &\text{最小化} \quad C(\mathbf{u}) && (5.3.3[A_=]) \\ &\text{约束条件} \quad u_j = u_{j+1} \quad j \in A_= \end{aligned}$$

如下所述，对于任何 $A_=$，很容易求解这一问题，事实证明，对于恰当的子集 $A_=$，如 $A_=^*$，(5.3.3[$A_=^*$]) 的解也是（5.3.3）的解［给定 $\mathbf{u}^*$，令 $A_=^* = \{j \in A : u_j^* = u_{j+1}^*\}$。习题 5.7 要求你证明 $\mathbf{u}^*$ 是(5.3.3[$A_=^*$]) 的唯一解］。因此，问题就变成了找到一个最优子集 $A_=^*$。

首先，对于任何给定的子集 $A_=$，我们求解 (5.3.3[$A_=^*$])。任何 $A_=$ 都将物品 N 划分为群组或簇（cluster），其中每一个簇中的物品被强制拥有相等的 u_j。令 N_m 表示一个单独的簇，设符号 m 为簇中最大的物品编号 j。簇的合集（collection of clusters）被称为分区（partition）$\mathbf{N}=\{N_m, m \in N \setminus A_=\}$［$\mathbf{N}$ 是一个特殊分区。每一个簇中的物品都是连续的，簇根据序号 m 来排序。为了强调这一事实，$\mathbf{N}$ 有时候被称为有向分区（directed partition)］。图 5.3.5 显示了一个可能的分区。椭圆标出了簇。集合 $A_=$ 相当于椭圆中的弧，即那些不超出簇边界的弧。另外，令：

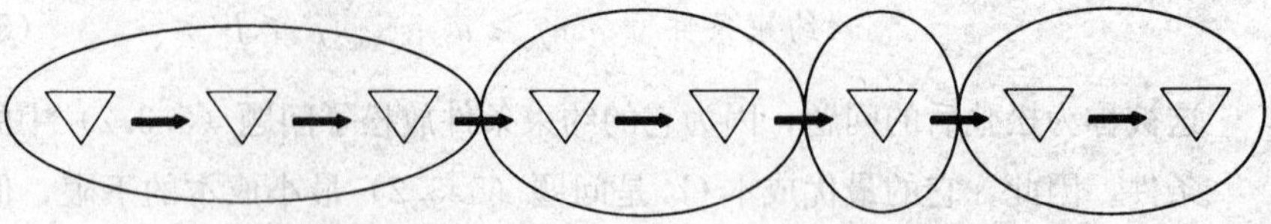

图 5.3.5 簇

$$\text{prev}(m) = m\text{ 之前的簇编号}$$
$$\text{next}(m) = m\text{ 之后的簇编号} \qquad m \in N \setminus A_=$$

其中，next $(J) = 0$，对于最小序号 m，prev $(m) = 0$。因此，对于所有 m，$N_m = \{\text{prev}(m)+1, \cdots, m\}$。

现在，(5.3.3$[A_=]$) 分成了 $|\mathbf{N}|$ 个独立的子问题，每一个子问题针对一个簇。簇 N_m 的子问题是：

$$\text{最小化} \quad \sum_{j \in N_m} \left[\frac{k_j}{u_j} + \frac{1}{2} g_j u_j\right]$$
$$\text{约束条件} \quad u_j = u_{j+1} \qquad j \in N_m, j < m$$

或者等价地，利用一个额外变量 u：

$$\text{最小化} \quad \sum_{j \in N_m} \left[\frac{k_j}{u} + \frac{1}{2} g_j u\right]$$
$$\text{约束条件} \quad u_j = u \qquad j \in N_m$$

对于任何子集 $M \subseteq N$：

$$k(M) = \sum_{j \in M} k_j$$
$$g(m) = \sum_{j \in M} g_j$$
$$\pi(M) = \frac{k(M)}{g(M)}$$

上述目标函数能简洁地写成如下形式：

$$C_m(u) = \frac{k(N_m)}{u} + \frac{1}{2} g(N_m) u$$

但是，这是 EOQ 模型的成本函数。其最小值出现在 $u = u(m) = [2k(N_m)/g(N_m)]^{1/2} = [2\pi(N_m)]^{1/2}$ 处。因此，(5.3.3$[A_=^*]$) 的解是：

$$u(m) = [2\pi(N_m)]^{1/2} \qquad m \in N \setminus A_=$$
$$u_j = u(m) \qquad j \in N_m \tag{5.3.4}$$

对于 (5.3.3) 本身，这一解不一定是可行的。如果（但仅仅）当比率

$\pi(N_m)$ 以正确的顺序排列，那么它就是可行的：

$$\pi(N_m) \geqslant \pi(N_{\text{next}(m)}) \qquad m < J \tag{5.3.5}$$

即便如此，解也不一定是最优的。实践证明，我们需要一个额外的条件：没有更好的分区能满足（5.3.5），至少不是严格地满足。换句话说，选择任意 $j \in A_=$，并且找出 j 所属的簇 N_m [因此 $\text{prev}(m) < j < m$]。现在，从 $A_=$ 中去掉 j，或者等价地将 N_m 划分为一对簇（N_m^-, N_m^+），其中 $N_m^- = \{\text{prev}(m)+1, \cdots, j\}, N_m^+ = \{j+1, \cdots, m\}$。对于 j 的每一个选择（即对于任何一个此类划分），最优化要求：

$$\pi(N_m^-) \leqslant \pi(N_m^+) \tag{5.3.6}$$

定理 5.3.4：分区 **N** 的约束条件（5.3.5）和（5.3.6）是松弛问题（5.3.4）给出的解 u 成为松弛后的问题（5.3.3）中的最优解的必要和充分条件。

尽管最优解 $\mathbf{u}^*$ 是唯一的，但最优分区却不一定是唯一的。例如，假设 **N** 满足（5.3.5）和（5.3.6），且（5.3.5）中的一个不等式可以是等式，比如 $\pi(N_m) = \pi(N_{\text{next}(m)})$。通过合并簇 N_m 和 $N_{\text{next}(m)}$，构建一个新的分区。这一新的分区同样满足（5.3.5）和（5.3.6）；事实上，它会生成同样的解 $\mathbf{u}^*$。重复这种方法，我们就可以用（5.3.5）中的严格不等式构建一个最优分区。相反，假设一些划分满足（5.3.6）的等式，比如 $\pi(N_n^-) = \pi(N_n^+)$。构建一种新的分区，将 N_n 划分为独立的簇 N_n^- 和 N_n^+。这一分区也满足（5.3.5）和（5.3.6），并生成同样的解 $\mathbf{u}^*$。

下面讲述一下最优条件的图解法：定义子集 $N^j\{1, \cdots, j\}, j = 1, \cdots, J$。画出点 $[k(N^j), g(N^j)]$ 和 $(0,0)$，并用线段将它们连接起来，如图 5.3.6 所示。我们得到的曲线是 g 的函数，因为 g 位于区间 $[0, g(N^J)]$ 中。这一函数是分段线性的，且是递增的。它说明了累积固定成本 $k(N^j)$ 如何随累积持有成本 $g(N^j)$ 的变化而变化。现在，使该函数变为凹形的。即构建一种在原函数上方或恰好位于原函数上的最小凹函数。这一新函数（如图 5.3.7 中的实线所示）也是分段线性函数，且是递增的；它将一些（并非全部）最初的点连接起来。用这个凹函数来指定一个分区 **N**：新曲线上的点 [除 $(0,0)$ 之外] 相当于簇 N_m 中的标号 m（只包括极值点，即位于曲线“转弯处”的点）。相应地，$A_=$ 由位于曲线下面的点构成（包括各“转弯处”之间的点）。

这一分区满足最优化条件：新函数中线段的斜率为 $\pi(N_m)$。根据凹函数的性质，它们是非递增的函数，因此（5.3.5）仍然成立。另外，划分任何

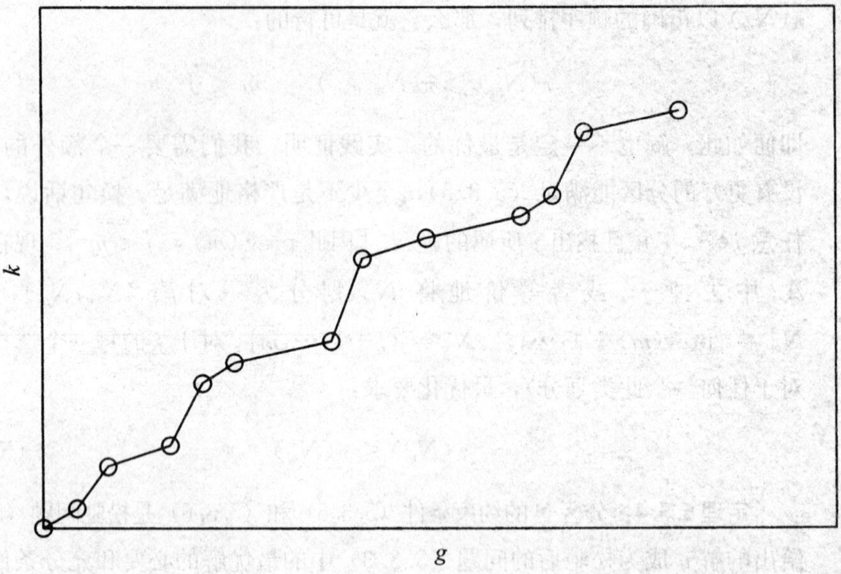

图 5.3.6　累积成本

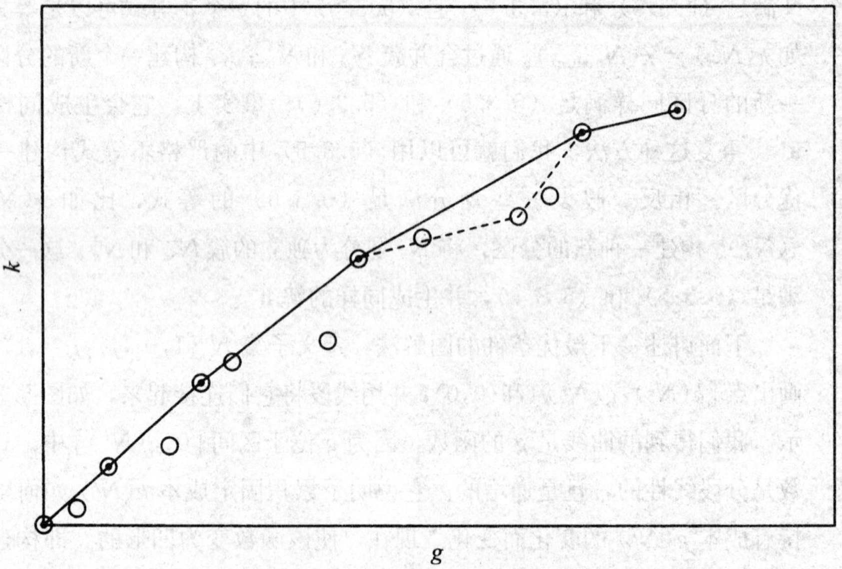

图 5.3.7　转化为凹函数后的累积成本

N_m 意味着在曲线上增加一个点 $j \in A_= \cap N_m$，用两条线段代替 N_m 的线段，如图 5.3.7 中的虚线所示，分别为 N_m^- 和 N_m^+。这个新的点位于 N_m 的线段下方，或落在线段上，因此这些新线段具有非递减的斜率，即 $\pi(N_m^-) \leqslant \pi(N_m^+)$。因此，这一划分满足（5.3.6）。

所以，要确定最优分区 **N** 并求解这一松弛后的问题，我们也只需要使分段线性函数变成凹函数。要做到这　点有几种办法。从本质上说，下面的算法将（0,0）与后面 j 个点之间的曲线变成了凹的，最初是对 $j=1$，随后是对直到 J 的每一个后续的 j。

Algorithm Series _ Relaxed 算法：

设 $N_j=\{j\},j=1,\cdots,J$

对于 $j=1,\cdots,J$：

当 prev（j）$\neq 0$ 且 $\pi(N_{\text{prev}(j)})\leqslant\pi(N_j)$ 时：

重置 $N_j=N_{\text{prev}(j)}\cup N_j$

起初，每一个 prev（j）$=j-1$ 且 $\pi(N_j)=k_j/g_j$。"重置"操作重新计算了 $k(N_j)=k(N_{\text{prev}(j)})+k(N_j)$、$g(N_j)=g(N_{\text{prev}(j)})+g(N_j)$、$\pi(N_j)=k(N_j)/g(N_j)$，以及 $\text{prev}(j)=\text{prev}(\text{prev}(j))$。

定理 5.3.5：Algorithm Series _ Relaxed 算法确定了一个最优分区，因此相应的解（5.3.4）求解了松驰后的问题。

这一算法很容易实施，且它的计算也很简单［我们可以证明它需要 $O(J)$ 时间］。令 $\mathbf{N}^*$ 表示一个最优分区，$u^*(m)$ 表示（5.3.4）中最优的 $u(m)$。

案例 5.3.A，第一部分

考虑一个 $J=4$ 和 $\lambda=1$ 的系统，所有的 $h_j=1$，因此所有的 $g_j=1$。k_j 为：

$$k_1=4\qquad k_2=8\qquad k_3=2\qquad k_4=2$$

应用 Algorithm Series _ Relaxed 算法：

<u>初始化：</u>

$$N_1=\{1\}\qquad N_2=\{2\}\qquad N_3=\{3\}\qquad N_4=\{4\}$$

$$\pi(N_1)=4\qquad \pi(N_2)=8\qquad \pi(N_3)=8\qquad \pi(N_4)=2$$

<u>$j=1$：</u>

prev（1）$=0$，因此没有变化

<u>$j=2$：</u>

$\pi(N_1)=4<8=\pi(N_2)$，因此重置 $N_2=\{1,2\}$

$k(N_2)=12,g(N_2)=2,\pi(N_2)=6,\text{prev}(2)=0$

prev（2）$=0$，因此没有变化

<u>$j=3$：</u>

$$\pi(N_2)=6>2=\pi(N_3)\text{，因此没有变化}$$

$\underline{j=4}$：

$$\pi(N_3)=2=\pi(N_4)\text{，因此重置 } N_4=\{3,4\}$$

$$k(N_4)=4, g(N_4)=2, \pi(N_4)=2, \text{prev }(4)=2$$

$$\pi(N_2)=6>2=\pi(N_4)\text{，因此没有变化}$$

最优分区为 $\mathbf{N}^*=\{N_2,N_4\}$，其中 $N_2=\{1,2\}, N_4=\{3,4\}$。这一松弛后的问题的最优解为：

$$u_1^*=u_2^*=u^*(2)=\left(\frac{2\cdot 12}{2}\right)^{1/2}\approx 3.464$$

$$u_3^*=u_4^*=u^*(4)=\left(\frac{2\cdot 4}{2}\right)^{1/2}=2$$

其成本为 $C^-\approx 10.928$。

顺便提一句，根据非线性规划的对偶理论，我们对这个解有一种有意思且非常有用的解释。令 ζ_j 为约束条件 $u_j\geqslant u_{j+1}$ 的对偶变量，ζ_j^* 为其最优值，$j<J$，且令 $\theta_j^*=2(\zeta_j^*-\zeta_{j-1}^*)$，$\zeta_0^*=\zeta_J^*=0$。(5.3.3) 的最优化条件暗示 $u_j^{*2}=2k_j/(g_j+\theta_j^*)=2\pi(N_m), j\in N_m$。因此，对一个最优分区给定 $\pi(N_m)$，我们可以直接重新得到 θ_j^*。另外，$\sum_j\theta_j^*=2\sum_j(\zeta_j^*-\zeta_{j-1}^*)=0$。因此，从本质上说，$\theta_j^*$ 在各物品间重新分配了持有成本，或者更准确地说是 g_j，以重新获得最优解。还有一种完全相同的方法，就是重新分配固定成本 k_j（只是将约束条件重新表述为 $1/u_j\leqslant 1/u_{j+1}$，然后按上述方法进行计算）。到目前为止，这只是一个有意思的事实，但在 5.7 节中我们会用到它们。

5.3.5 利用一个基期构建一种可行的策略

下面，我们用松弛后的问题的解来构建（5.3.2）的一种低成本的可行解。

固定某一基期（base period）$\underline{u}$。基期可以是任何方便的时间间隔，如一天或一周（不必与度量 t 的原始时间单位相同）。我们可以构建一个解，其中每一个 u_j 都是 $\underline{u}$ 的 2 的整数次方倍（即 u_j 为 $\underline{u}$、$2\underline{u}$、$4\underline{u}$ 等，或者为 $\frac{1}{2}\underline{u}$、$\frac{1}{4}\underline{u}$ 等）。通常，设定一个基期有一些实际的原因，与谈论奇怪的时间间隔如 0.962 天相比，谈论一天或半天更简单一些。在任何情况下，基期都有助于我们构建一个可行的策略，任何 $\underline{u}$ 都是可以的（5.3.6 节去掉了这一基期的限制）。

给定 $\underline{u}$，有一个构成可行策略的规则，用 $\mathbf{u}^+$ 表示：

$$n(m) = \text{与 } \log_2\left(\frac{u^*(m)}{\underline{u}}\right) \text{最接近的整数}$$

$$u^+(m) = 2^{n(m)}\underline{u} \qquad m \in N \setminus A_=$$

$$u_j^+ = u^+(m) \qquad j \in N_m$$

$$\mathbf{u}^+ = (u_j^+)_j$$

[比如说，如果 $\log_2(u^*(m)/\underline{u}) = 3½$，正好介于3和4之间，设 $n(m) = 3$。一般来说，解要进行向下舍入。] 这一策略是可行的：由于 $u^*(m)$ 对于 m 是非递增的，$n(m)$ 和 $u^+(m)$ 也是如此，所以 u_j^+ 对于 j 也是非递增的。另外，每一个 u_j^+ 都是 u_{j+1}^+ 的整数倍 [具体来说，u_j^+ 是 u_{j+1}^+ 的2的非负整数次方倍，$j < J$。具有这种特性的策略被称为二次方策略（power-of-two policy）]。

这一策略有多好呢？令 $C^+ = C(\mathbf{u}^+)$。回想一下 $x > 0$ 时的EOQ误差函数 $\epsilon(x) = ½(x + 1/x)$ [定义在（3.2.5）中]。

定理5.3.6：$C^+ \leqslant \epsilon(\sqrt{2})C^-$。

亲自计算一下，$\epsilon(\sqrt{2}) \approx 1.06$。因此，在最糟糕的情况下，这一策略的成本比其他任何策略的成本高6%。这是一个很不错的表现。这一结果对于任何基期 $\underline{u}$ 都是成立的。

案例5.3.A，第二部分

在上面的例子中，我们令 $\underline{u} - 1$。$\log_2(u^*(2)/\underline{u}) \approx 1.79$，因此 $n(2) - 2$，$\log_2(u^*(4)/\underline{u}) = 1 = n(4)$。所以 $u^+(2) = 2^2 = 4$，$u^+(4) = 2^1 = 2$，而且：

$$C^+\left[\frac{12}{4} + \frac{1}{4}(2)(4)\right] + \left[\frac{4}{2} + \frac{1}{2}(2)(2)\right] = 11$$

于是，$C^+/C^- \approx 11/10.928 \approx 1.007$，也就是说，这个解最多比最优解高0.7%。与定理保证的6%相比，这一结果要好得多。

5.3.6　在没有基期的情况下构建一种可行策略

现在去掉基期的限制。不管怎样，上述方法似乎很有吸引力，因此我们继续使用它。令 $C^+(\underline{u})$ 表示上述成本 C^+，现在把它当成是 $\underline{u}$ 的函数。选择 $\underline{u}$ 来最小化这一函数。

实践证明，这并不十分困难。首先，我们观察到，$\underline{u}$ 可以被限制在很小的间隔 [1,2) 内：从任何 $\underline{u}$ 开始，然后将其加倍，每个 $n(m)$ 都减少1，因此 $u^+(m)$ 保持不变。同样，将 $\underline{u}$ 减半，则会使每个 $n(m)$ 都增加1，因此

$u^+(m)$ 仍然保持不变。

接下来，考虑一下当 $\underline{u}$ 从 1 变为 2 时，任意一个 $u^+(m)$ 会如何变化。$n(m)$ 暂时保持恒定，因此 $u^+(m)$ 对于 $\underline{u}$ 是线性的。在某一点处，$n(m)$ 减少 1，而 $u^+(m)$ 则跃升至一个新值。在那一点之后，$u^+(m)$ 仍然呈线性变化。在 (1,2) 之间存在着这样一个断点（breakpoint）。因此，每一个 $u^+(m)$ 都是具有两个线段的分段线性函数［$u^+(m)$ 的准确表达式在 5.3.8 节对定理 5.3.7 进行证明时给出］。

现在，对于每一个 m，通常都存在着一个不同的断点。整个向量 $\mathbf{u}^+$ 仍然是 $\underline{u}$ 的分段线性函数，最多有 $|\mathbf{N}|+1$ 个分段。在每一个 $C^+(\underline{u})$ 中，都有一个类似于 EOQ 模型的成本函数，因此很容易最优化。选择这些解中最好的一个（习题 5.8 要求你写出技术细节）。

令 C^+ 表示其成本。当然，这是 C^+ 的一个可能值，因此定理 5.3.6 给出了上限。下面是一个更强的结果。

定理 5.3.7：

$$C^{+*} \leqslant \left[\frac{1}{\ln(2)\sqrt{2}}\right]C^-$$

此处特殊的常数大约为 1.02。这一策略的成本不会比任何其他策略的成本高 2%。这确实是非常好的表现。

案例 5.3.A，第三部分

令 $\chi(m)$ 表示 $u^+(m)$ 的断点。借助 5.3.8 节中说明的计算方法：

$$\chi(2) \approx 1.225 \qquad \chi(4) = \sqrt{2} \approx 1.414$$

$$u^+(2) = \begin{cases} 4\underline{u} & 1 \leqslant \underline{u} < \chi(2) \\ 2\underline{u} & \chi(2) \leqslant \underline{u} < 2 \end{cases}$$

$$u^+(4) = \begin{cases} 2\underline{u} & 1 \leqslant \underline{u} < \chi(4) \\ \underline{u} & \chi(4) \leqslant \underline{u} < 2 \end{cases}$$

我们必须通过三个时间间隔即 $[1,\chi(2))$、$[\chi(2),\chi(4))$、$[\chi(4),2)$ 来估算 $C^+(\underline{u})$。通过第三个时间间隔：

$$C^+(\underline{u}) = \left[\frac{12}{2\underline{u}} + \frac{1}{2}2(2\underline{u})\right] + \left[\frac{4}{\underline{u}} + \frac{1}{2}2\underline{u}\right]$$

$$= \frac{10}{\underline{u}} + \frac{1}{2}6\underline{u}$$

根据 EOQ 模型，u 的最优值为 $u^* = (2 \cdot 10/6)^{1/2} \approx 1.826$，该解的成本为

$C^{+}(u^{*})\approx 10.954$。其他时间间隔的计算与此类似。实践证明，第三个是最好的。

这样，解就是 $u^{+}(2)=2\underline{u}^{*}\approx 3.651, u^{+}(4)=\underline{u}^{*}\approx 1.826$，其成本为 $C^{+*}\approx 10.954$。因此 $C^{+*}/C^{-}\approx 10.954/10.928\approx 1.002$。该解最多比最优解高出 0.2%，比保证的 2% 要好得多。

5.3.7　讨论：协作和敏感性

总结一下，通过两步来确定一个策略。求解松弛后的问题，然后根据是否确定了一个基期认真地进行四舍五入。如果指定了基期，则这一策略的成本不会比超过 6% 的最优值更差；如果没有指定基期，则误差范围下降到 2%。这些最糟糕情况的范围是很保守的。通常，启发式策略的成本会比界限显示的更好一些（更接近下限）。

从一开始，我们就提到了对物品进行协调的必要性。那么，这些策略如何做到这一点呢？关键想法是：协调系统中事件发生的时机（timing）。订货周期被划分为簇。在每一个簇中，订货策略告诉我们要对订货周期进行同步，在同一时间每一个订货周期都要进行订货。在各个簇之间，二次幂策略加强了局部的同步化。每一个簇的订单与下游簇的某些订单（不一定是所有订单）同时发生，或者与每一个下游订单（或者每隔一个订单，或者每隔四个订单）同时发生，等等。最后，簇 N_j 的订单（以及每一个簇的订单）以相同的时间间隔定期发生。

在可能的协调机制中，这一机制非常简单。它的表现非常好，这是值得注意的。

这仍然是一种集中控制方案。然而，利用最低限度的集中管理，我们也有可能实施同样的策略。因为在每一个簇中的不同阶段都采用相同的订货周期（以及同样的数量），因此只有最后一个是实际持有库存的。无论前期阶段何时收到一个批量，它都会立即进行加工并把它传递到下一阶段。有了这一规则，我们就只需要管理簇之间的产品流。假设每个簇都根据其本地库存执行类似于 EOQ 模型的策略。最后一个簇 N_J 每隔 $u^{+}(J)$ 单位的时间就订购 $q^{+}(J)=\lambda u^{+}(J)$ 数量，并将这些订单向上传递到簇 $N_{\text{prev}(J)}$。簇 $N_{\text{prev}(J)}$ 将这些订单看成是离散的需求，当订单发生时，它就会通过将这些批量传递给下游的簇 N_J 来满足这些订单，就好像它们是外生的一样。反过来，簇 $N_{\text{prev}(J)}$ 又向其前面的簇 $N_{\text{prev}(\text{prev}(J))}$ 下订单。在具体的订货中，每一份 $N_{\text{prev}(J)}$ 的订单数量是 $q^{+}(\text{prev}(J))=\lambda u^{+}(\text{prev}(J))$；就隐含需求 $N_{\text{prev}(J)}$ 来看，每一份订单为整数 $q^{+}(\text{prev}(J))/q^{+}(J)=$

$u^{+}(\mathrm{prev}(J))/u^{+}(J)$。因此，簇 $N_{\mathrm{prev}(J)}$ 就像习题 3.7 中的单一物品、离散需求的 EOQ 模型一样运作。同样，每一个其他簇从其后续簇接受订单，将这些订单当成其自身的需求，并向其前面的簇发出订单。

显然，这种方法正确地实施了这一策略。当然，我们有必要预先指定簇，并告诉每一簇的订货周期（或订单的大小）。然而，在现实中，集中的信息和控制是没有必要的。每一个簇只监控其本地库存。在这些簇之间传递的订单为整个系统的协调提供了充足的信息。

在实际中，本地控制和集中控制之间的等价性是一个重要的观念，因为本地控制方案更容易管理。我们将在 5.8 节和第 8 章中重新讨论这一问题。另外，不管是本地控制还是集中控制，该策略的订单都是由时间或库存数量驱动的，就像在 EOQ 模型中一样。在某些情况下，一种方法可能比另一种方法更简便。

现在，我们考虑一下这一系统的总体绩效。松弛后的问题的成本 C^{-} 准确地估算了总最优成本和启发式策略的成本。给定一个最优分区 $\mathbf{N}^{*}$，这一数量为：

$$C^{-}=\sum_{m}\sqrt{2k(N_m)g(N_m)} \tag{5.3.7}$$

我们可以用这个公式来求解敏感性问题。

假设 λ 发生了变化。分析（5.3.5）和（5.3.6），我们可以看出，最优分区 $\mathbf{N}^{*}$ 保持不变。（5.3.7）中 C^{-} 的每一项都与 $\sqrt{\lambda}$ 成比例，因此 C^{-} 本身也是如此。所以，λ 对总成本（约等于 C^{-}）的影响与在 EOQ 模型中是相同的。

另外，每一个 $u^{*}(m)$ 都随 $1/\sqrt{\lambda}$ 而变化，因此（松弛后的）相对订货频率 $u^{*}(m)/u^{*}(\mathrm{next}(m))$ 对 λ 不敏感。所以，$u^{+}(m)$ 与 $1/\sqrt{\lambda}$ 近似成比例。尽管实际相对频率 $u^{*}(m)/u^{*}(\mathrm{next}(m))$ 可能会随 λ 而改变，但这一改变是有限的（实际上，这一比率可以上下变化 2 倍，但不会更大，当然它总是保持至少为 1。参见习题 5.10）。

同样，假设 k_j 都改变一个相同的倍数，h_j 也是如此，则成本因子的改变会影响 C^{-}，与 EOQ 模型一样。例如，如 5.2 节所述，如果 $k_j=\kappa w_j$，$h_j=\eta c_j$，κ 和 η 发生改变，而 w_j 和 c_j 不变，则 C^{-} 就与 $\sqrt{\kappa\eta}$ 成比例。

此外，在这种特殊的情况下，我们能很容易地构建一条总库存—工作量权衡曲线，通过它们在松弛后的问题中的值来估算 wO 和 cI。最优分区 $\mathbf{N}^{*}$ 必须只确定一次，因为它独立于 κ 和 η。权衡曲线就是公式（5.2.4），与独立物品模型中的一样，总体系统的参数重新定义如下，对于任何子集

$M \subseteq N$，令：

$$w(M) = \sum_{j \in M} w_j$$

$$c(M) = \sum_{j \in M} c_j$$

然后，重新定义：

$$c\lambda = \sum_m c(N_m)\lambda = (\sum_j c_j)\lambda$$

$$w = \sum_m \left[\frac{c(N_m)\lambda}{c\lambda}\right] w(N_m)$$

$$J_* = \frac{(\sum_m \sqrt{w(N_m)c(N_m)\lambda})^2}{wc\lambda}$$

习题 5.11 要求你证明这些公式。另外，最优成本 C^- 也能用这些参数来表示，如在（5.2.6）中一样（这里的指标 J_* 描述了最优分区各簇之间的有效多样性。这与最初物品的离差相关，但是是间接相关）。

另外，令 C^{--} 表示最优成本，忽略掉松弛后的问题的约束条件，并单独最优化每一类物品。显然，$C^- \geqslant C^{--}$。当比率 $\pi(\{j\}) = k_j/g_j$ 为非递增时，它们是相等的。因此，只有当下游阶段的比率比上游阶段的比率更大时，C^- 才大于 C^{--}。

这一结果为我们提供了一种粗略但很实用的减少固定成本（或订单工作量，或准备时间）的指导方针：把精力集中于下游阶段。不管在哪里，降低成本都是受欢迎的，但下游的固定成本对整个系统的绩效影响最大。

案例 5.3.A，第四部分

回忆一下，所有的 $g_j = 1$，因此 $\pi(\{j\}) = k_j$。在这种情况下：

$$C^{--} = (2 \cdot 4 \cdot 1)^{1/2} + (2 \cdot 8 \cdot 1)^{1/2} + (2 \cdot 2 \cdot 1)^{1/2} \approx 10.828$$

$C^- \approx 10.928$ 更大一些，因为 $k_2 = 8$ 比 $k_1 = 4$ 更大（更下游的 k_j 都为 2，即更小）。因此，关注前两个订货周期，k_2 比 k_1 更重要。

绩效评估在系统设计中也很重要。通常，在物流体系中，我们可以选择库存点的数量与地点。在生产环境中，可能存在着几种不同的流程，以及将多个基本流程组合为不同周期的无数种方式。当然，为了比较不同的设计，我们应该估算其建筑、设备等的初始成本。我们还应该估算它们的持续运营成本，出于这一目的，我们可以对每一种备选方案计算出 C^- 的值。

5.3.8 证明

定理 5.3.1：嵌套策略优于非嵌套策略（嵌套策略拥有更少的库存，而且订单也不会更多）。

证明：我们用一个两阶段的系统来证明这一结果（习题 5.5 要求你将其扩展至一般性的 J）。考虑一种可行的、非嵌套性的策略。具体来说，假设在时点 t，阶段 1 发出订单，而阶段 2 却没有。令 u 为时点 t 之后阶段 2 下达订单的最早时间。这样，所有在时点 t 到达阶段 1 的库存必须停留在那里，至少停留到 u。现在，考虑另一个策略，其中阶段 1 在时点 t 的订单被推迟到 u，否则（t 之前和 u 之后），新的策略就和老的策略是一样的。显然，$I'_2(s)$ 在两种策略中是相同的，但 $I'_1(s)$ 在新策略中更小（$t \leqslant s < u$），且在两阶段中的总订货数量是相同的。这样，新策略就优于老策略。显然，我们可以重复这一过程，以消除所有非嵌套订货时间 t。

定理 5.3.2：零库存策略优于非零库存策略。

证明：这里的基本观点与习题 3.1 和定理 4.3.1 中相同，但这里多了一个拐点。再次回到 $J=2$ 的情况。一般情况请参见习题 5.6。

考虑一种非零库存策略。令 u 为最早的不良订货时间，即当订购某一物品时，还有正库存。选择 j 为这类物品的最大数量。令 t 为 j 订货之前的时间。构建一种更好的策略：将所有 j 在时点 t 的订单都推迟到 u。具体而言，就是尽可能减少 t 时的订单，即减少 $I'_j(u^-)$ 和 t 时的最初订货数量，同时在 u 时增加相同数量的订单。显然，这一新策略是可行的。物品 j 的订货数量并不比以前多，且其他物品的订单没有受到影响。另外，对于 $i \neq j, I_i(s)$ 与以前是一样的，但 $I_j(s)$ 则更小了（$t \leqslant s < u$）。在这个时间间隔之外，一切都没有改变。因此，新的策略优于旧的策略。如果 $I'_j(u^-)$ 仍为正数，则重复这一过程，直到它为 0。

现在，如果 $j=1$，这个过程不会增加任何不良订货时间。但是，如果 $j=2$，那么在 u 之前的某些时间间隔中，它会增加 $I'_1(s)$，因此有可能形成一些涉及物品 1 的不良订货时间。在这种情况下，我们可以利用同样的办法来消除它们。

此时，最早不良订货时间（如果有的话）会在 u 之后出现。只要存在任何不良订货时间，我们就可以重复这一过程，将最早不良订货时间向后推迟，同时在每一步中改善这一策略。

定理 5.3.3：松弛后的问题的最优成本 C^- 是任何可行策略平均成本的

下限。

（我们在 5.3.3 节中谈到定期策略优于其他策略。那么，考虑到前面两个定理，我们已经知道这种断言是真实的。然而，下面的论证将只使用嵌套和零库存特性。）

证明：考虑任何可行的零库存策略。令 $OF_j(t)$ 表示时间间隔 $(0,t)$ 之间物品 j 的总订货数量，$C(t)$ 表示总成本。因此：

$$C(t) = \sum_j [k_j OF_j(t) + h_j \int_0^t I_j(s)ds]$$

现在，对于每一个 j，把式中的积分看成是数学上的量（mathematical quantity），忽略掉所有其他物品，仅考虑约束条件 $I_j(s) \geqslant 0$ 和需求率 λ。给定 $OF_j(t)$，这一数量通过在 $(0,t)$ 之间均匀地分隔订单而实现最小化（如习题 3.2 所示），其中 $\int_0^t I_j(s)ds = \frac{1}{2}\lambda[t/OF_j(t)]t$。因此：

$$C(t) \geqslant \sum_j [k_j OF_j(t) + \frac{1}{2} g_j \left[\frac{t}{OF_j(t)}\right] t]$$

同样，定义 $u_j = t/OF_j(t)$：

$$C(t) \geqslant t \cdot \sum_j \left[\frac{k_j}{u_j} + \frac{1}{2} g_j u_j\right] = tC(\mathbf{u})$$

根据定理 5.3.1，我们可以假设该策略是嵌套的，因此 $OF_j(t) \leqslant OF_{j+1}(t)$，或 $u_j \geqslant u_{j+1}$。也就是说，在松弛后的问题中，$\mathbf{u}$ 是可行的，所以 $C(u) \geqslant C^-$。因此，$C(t)/t \geqslant C^-$：在任何有限时间 t 内，平均成本都由 C^- 确定下限。显然，当 $t \to \infty$ 时，这一不等式也是成立的。

定理 5.3.4：分区 $\mathbf{N}$ 的约束条件（5.3.5）和（5.3.6）是松弛问题（5.3.4）给出的解 $\mathbf{u}$ 成为松弛后的问题（5.3.3）中的最优解的必要和充分条件。

证明：

必要性：固定 $A_=$ 和 $\mathbf{N}$，令 $\mathbf{u}^-$ 为(5.3.3[$A_=$])的解，如（5.3.4）给出的那样。对于可行性来说，方程式（5.3.5）是必要的。假设它成立。实际上，假设不等式（5.3.5）是很严格的（如果不是，我们可以构建一个等价的拥有严格不等式关系的分区，如 5.3.4 节中定理 5.3.4 后面的部分所述）。现在，假设某种划分 (N_m^-, N_m^+) 不满足（5.3.6）。通过将 N_m 划分为两个簇 N_m^- 和 N_m^+，构建一个新的分区 $\mathbf{N}'$，令 $\mathbf{u}'$ 为（5.3.4）的相应解，并令 $\mathbf{u}^\gamma = \gamma\mathbf{u}' +$（$1-\gamma$）$\mathbf{u}^-$，$0 < \gamma < 1$。对于足够小的 γ，$\mathbf{u}^\gamma$ 对于松弛后的问

题是可行的［在分区 $\mathbf{N}'$ 的每一个簇中，u_j^γ 是相等的。对于 $\mathbf{N}$，（5.3.5）是严格成立的，且 $\pi(N_m^-) > \pi(N_m^+)$］。另外，$C(\mathbf{u}') < C(\mathbf{u}^-)$，因此 $C(\mathbf{u}^\gamma) < C(\mathbf{u}^-)$，$0<\gamma<1$（这是根据 C 为严格凸函数得出的）。也就是说，对于松弛后的问题，$\mathbf{u}^-$ 不可能是最优的。

充分性：假设 $A_=$ 和 $\mathbf{N}$ 满足（5.3.5）和（5.3.6）。考虑一种特殊的情况 $A_= = A$，因此只有一个簇，即 N 本身。在此，（5.3.5）是无意义的。（5.3.6）表明，对于 N 的每一种分割 (N^-, N^+)，$\pi(N^-) \leqslant \pi(N^+)$。反过来，假设 $\mathbf{u}^* \neq \mathbf{u}^-$ 求解了这一松弛后的问题。定义 $A_=^* = [j \in A : u_j^* = u_{j+1}^*]$，如上所述，则 $\mathbf{u}^*$ 也求解了（5.3.3$[A_=^*]$）。相应的分区 $\mathbf{N}^* = \{N_m^*\}$ 满足（5.3.5）（因为 $\mathbf{u}^*$ 对于该松弛后的问题是可行的），这些不等式中至少有一个是严格的（否则 $\mathbf{u}^* = \mathbf{u}^-$），比如 $\pi(N_n^*) > \pi(N_{\text{next}(n)}^*)$。设 $N^- = \{j : j \leqslant n\}$，$N^+ = \{j : j > n\}$。现在，$\pi(N^-)$ 是 $\pi(N_m^*)$ 的加权平均值（$m \leqslant n$），权重为 $\dfrac{g(N_m^*)}{g(N^-)}$，类似地，$\pi(N^+)$ 是 $\pi(N_m^*)$ 的加权平均（$m > n$）。另外，$\pi(N^-)$ 中的所有 $\pi(N_m^*)$ 都严格大于 $\pi(N^+)$ 中的 $\pi(N_m^*)$，因此 $\pi(N^-) > \pi(N^+)$。这与（5.3.6）相矛盾，所以 $\mathbf{u}^* = \mathbf{u}^-$。

回到一般情况 $A_= \subseteq A$。根据（5.3.5），$\mathbf{u}^-$ 对于松弛后的问题是可行的，所以，$C(\mathbf{u}^-) \geqslant C^-$。考虑问题：

$$\begin{array}{lll} \text{最小化} & C(\mathbf{u}) & \\ \text{约束条件} & u_j \geqslant u_{j+1} & j \in A_= \end{array} \tag{5.3.8}$$

这个问题放松了（5.3.3）和（5.3.3$[A_=]$）中的约束条件。它能够证明 $\mathbf{u}^-$ 求解了（5.3.8），因为 $C(\mathbf{u}^-) \leqslant C^-$，所以 $C(\mathbf{u}^-) = C^-$。但是，与（5.3.3$[A_=]$）一样，（5.3.8）可以被分成几个独立的子问题，每一个子问题对应一个簇 N_m。另外，每一个子问题都是松弛后的问题（5.3.3）的一个较小的版本。应用上面的论证（对于特殊情况 $A_= = A$），我们可以看出，N_m 的子问题的最优分区拥有一个单一的子簇，即 N_m 本身，而最优解为子向量 $(u_j^-)_{j \in N_m}$。因此，$\mathbf{u}^-$ 求解了（5.3.8）。

定理 5.3.5：Algorithm Series _ Relaxed 算法确定了一个最优分区，因此相应的解（5.3.4）求解了松弛后的问题。

证明：它能够证明这种算法使得如图 5.3.6 所示的函数凹形化。通过对 j 进行归纳，我们证明了步骤 j 使得最初的 j 个点凹形化。对于 $j=1$，这一结果是正确的［由于 prev (1) = 0，步骤 1 使得 $N_1 = \{1\}$］。假设对于 $j-1$ 这一结果也是正确的。在步骤 j 中，N_j 被重置，直到 prev (j) = 0 或

$\pi(N_{\text{prev}(j)}) > \pi(N_j)$。此时，对于 $m \leqslant j$，斜率 $\pi(N_m)$ 是递减的，因此直到 j 点，函数都是凹的。另外，每次 N_j 被重置时，两条线段都被一条位于它们上方或恰好位于它们上面的线段代替。因此，所有的点都恰好位于曲线上或在其下面。

定理 5.3.6：$C^+ \leqslant \epsilon(\sqrt{2})C^-$。

证明：给定最优分区 $\mathbf{N}^*$，$C_m[u^*(m)] = [2k(N_m)g(N_m)]^{1/2}$。根据第 3 章中的等式（3.2.5）：

$$C_m[u^+(m)] = \epsilon\left[\frac{u^+(m)}{u^*(m)}\right] \cdot [2k(N_m)g(N_m)]^{1/2}$$

现在，$n(m)$ 的定义暗示：

$$-½ \leqslant n(m) + \log_2(\underline{u}) - \log_2(u^*(m)) < +½$$

或者：

$$2^{-1/2} \leqslant \frac{u^+(m)}{u^*(m)} < 2^{+1/2}$$

对于位于这个区间内的 x 来说，$\epsilon(x)$ 的最大值出现在 $x = 2^{+1/2} = \sqrt{2}$ 时。因此：

$$C_m[u^+(m)] \leqslant \epsilon(\sqrt{2}) \cdot [2k(N_m)g(N_m)]^{1/2}$$

对 m 的所有不等式进行求和就可以得到结果。

定理 5.3.7：

$$C^{+*} \leqslant \left[\frac{1}{\ln(2)\sqrt{2}}\right]C^-$$

证明：在区间 $[1,2)$ 中，数量 C^{+*} 是 $C^+(\underline{u})$ 的最小值。当然，在这一区间内任何 $C^+(\underline{u})$ 的加权平均值都是 C^{+*} 的上限。定义函数：

$$f(\underline{u}) = \frac{1}{\ln(2) \cdot \underline{u}}$$

我们不难证明这是在 $[1,2)$ 区间中的一个概率密度函数（probability density function）。因此：

$$C^{+*} \leqslant \int_1^2 f(\underline{u})C^+(\underline{u})d\underline{u}$$

记 $C^+(\underline{u}) = \sum_m C_m^+(\underline{u})$，其中 $C_m^+(\underline{u})$ 是数量 $C_m[u^+(m)]$，现在表示成 $\underline{u}$ 的函数。因此：

$$C^{+*} \leqslant \sum_m \int_1^2 f(\underline{u}) C_m^+(\underline{u}) d\underline{u}$$
$$= \sum_m [2k(N_m)g(N_m)]^{1/2} \int_1^2 f(\underline{u}) \epsilon\left[\frac{u^+(m)}{u^*(m)}\right] d\underline{u}$$

现在，我们来对每一个 m 计算这一积分（这里我们忽略了一些细节，习题 5.9 会要求你把这些具体细节补上）。令：

$$v(m) = [\log_2(u^*(m)) - \tfrac{1}{2}] \text{ 的小数部分}$$
$$\chi(m) = 2^{v(m)}$$

那么，$\chi(m)$ 是 $[1,2)$ 中 $u^+(m)$ 的断点。事实上：

$$u^+(m) = \begin{cases} u^*(m)\left[\dfrac{2^{+1/2}}{\chi(m)}\right]\underline{u} & 1 \leqslant \underline{u} < \chi(m) \\ u^*(m)\left[\dfrac{2^{-1/2}}{\chi(m)}\right]\underline{u} & \chi(m) \leqslant \underline{u} < 2 \end{cases}$$

因此：

$$\int_1^2 f(\underline{u}) \epsilon\left[\frac{u^+(m)}{u^*(m)}\right] d\underline{u} =$$
$$\left[\frac{1}{\ln(2)}\right] \cdot \left\{\int_1^{\chi(m)} \epsilon\left(\left[\frac{2^{+1/2}}{\chi(m)}\right]\underline{u}\right)\left(\frac{d\underline{u}}{\underline{u}}\right) + \int_{\chi(m)}^2 \epsilon\left(\left[\frac{2^{-1/2}}{\chi(m)}\right]\underline{u}\right)\left(\frac{d\underline{u}}{\underline{u}}\right)\right\}$$

改变两个积分中的变量，在第一个积分中用 $x = [2^{+1/2}/\chi(m)]\underline{u}$，在第二个积分中用 $x = [2^{-1/2}/\chi(m)]\underline{u}$。二者之和（大括号中的表达式）可以简写为：

$$\int_{2^{-1/2}}^{2^{+1/2}} \left[\frac{\epsilon(x)}{x}\right] dx = \frac{1}{\sqrt{2}}$$

因此，总积分等于 $1/[\ln(2)\sqrt{2}]$。

将这一数值代入上面的公式，得到：

$$C^{+*} \leqslant \sum_m [2k(N_m)g(N_m)]^{1/2} \left[\frac{1}{\ln(2)\sqrt{2}}\right]$$
$$= \left[\frac{1}{\ln(2)\sqrt{2}}\right] C^-$$

5.4 树形系统

5.4.1 网络结构

下面，我们来考虑一种树形系统（tree system）。令人高兴的是，上一节中讨论的串联系统的整套方法在这里也是适用的。当然，在设置和求解松弛后的问题时需要进行一些调整，但核心观点仍然是有效的。

事实上，这种方法甚至对一般意义上的通用系统也是有效的，只不过是必须在涉及提前期的严格约束条件下才能成立，如下所述。另外，在一般情况下，我们使用的符号和分析方法会更加复杂。出于这些原因，我们把精力集中在树形系统上。

我们用网络来描述系统的结构：它是一个有向图（directed graph），利用一对集合 (N,A) 来进行说明。节点 N 代表物品，$J=|N|$ 代表物品的数量。弧 A 描述了供应—需求或输入—输出关系。从 i 到 j 的弧用 $(i,j)\in A$ 表示，意味着某一物品 i 被用来生产 j，或为其提供供应品［如果有几个 i 满足 $(i,j)\in A$，那么所有的输入品 i 都是物品 j 所需要的］。

这一图形是连通的，但不是循环的，没有一组物品是独立于其他物品的，而且没有一个物品直接或间接地用来生产自身。我们可以对物品进行编号，使得当 $(i,j)\in A$ 时，$i<j$。如果 $(i,j)\in A$，我们就说 i 是 j 的（直接）前趋（predecessor），j 是 i 的后继（successor）。定义：

$$Pre(j) = j \text{ 的前趋的集合}$$

$$Suc(j) = j \text{ 的后继的集合}$$

这些集合列出了每一个物品的直接输入品和输出品。初始物品（start item）是没有前趋的物品，最终物品（end item）是没有后继的物品。只有初始物品从系统外部接受供应；在生产环境下，它们代表原材料。只有最终物品才会有外部需求。

在这些术语中，一个装配系统（assembly system）有一个最终物品 J，且每一个 $i<J$ 仅仅只有一个后继。然而，一个物品可能拥有多个前趋（与串联系统不同）。相反，一个配送系统（distribution system）有一个初始物品1，且每一个 $j>1$ 只有一个前趋。一个物品可能有多个后继。树形系统的正式定义有些复杂：暂时忽略弧的方向，无向网络没有环路；换句话说，只有唯一的（无向的）路径将任何两个节点连接起来。假设这一条件成立，一个物品可能拥有数个前趋和后继。在所有这些情况下，弧数量恰好为 $|A|=|N|-1=J-1$。

成本因子 k_j 和 h'_j 与串联系统中的含义一样，本地库存 $I'_j(t)$ 也是如此。另外，令：

$$\lambda'_j = \text{物品 } j \text{ 的需求率}$$

只有最终物品有 $\lambda'_j>0$［这里并无严格的限制。如果一些非最终物品确实拥

有 $\lambda'_j > 0$，则在网络中添加一个新物品 j''，$(j,j'') \in A$，$k_{j''} = 0$，$h'_{j''} = h'_j$，$\lambda'_{j''} = \lambda'_j$，并且重置 $\lambda'_j = 0$。通常，每一个最终物品都有 $\lambda'_j > 0$，但这并不严格必需的，参见 5.4.7 节]。

5.4.2 提前期和数量单位

每一条弧 (i,j) 都有一个相关的提前期 L'_{ij}。同样，每一个初始物品 j 都拥有订货提前期 L'_j。这些都是非负的常量。除了所有的 L'_{ij} 和 L'_j 为 0 外，相应的零提前期系统（zero-leadtime system）都拥有相同的数据。

考虑某个拥有几个前趋的物品 j。L'_{ij} 可能包括特定物品的运输时间和装配时间，因此，一般来说 L'_{ij} 不一定随着 i 的变化而始终相等。现在，对于在时点 t 完成并可用的一批物品 j，相应批量的物品 i 必须在时点 $t-L'_{ij}$ 从每一个 $i \in Pre(j)$ 中释放出来。如果这些 L'_{ij} 都是不同的，则谈论在一个特定时间对物品 j 下订单是毫无意义的。相反，现在的关键事件是各批物品发出和到达特定弧的时间。库存 $I'_j(t)$ 取决于到达和离开 j 的所有物品。

在后面，我们要假设 L'_{ij} 和 L'_j 为 0。但是，假设其中一些实际上为正数。那么这一系统与相应的零提前期系统等价吗？对于树形系统，答案是肯定的，但在其他情况下答案是否定的。

对于一个装配系统，转换实际上与串联系统是一样的。令 $\underline{L}_i^-$ 表示从 i 到 J 这一路径上弧提前期之和（在串联系统中，这是前向层级提前期。注意，$\underline{L}_J^- = 0$）。从零提前期系统的一个策略入手，将在 i 时发生的每一个订货事件在时间上推迟 $\underline{L}_i^-$，以便为真实的系统获得一个等价的策略。例如，假设 $\underline{L}_3^- = 15$，在零提前期系统中，物品 3 的到达时间 $t = 122$。在实际系统中，订单到达的时间为 $122 - 15 = 107$。

为了使这种转换更为形象化，我们画出如图 5.4.1 所示的网络。图中，每一条弧 (i,j) 都是水平的，且其长度与 L'_{ij} 成比例，因此，$\underline{L}_i^-$ 就是从 i 到 J 的水平距离。假设在时点 t，一些事件影响了零提前期系统。为了确定适当的转换，想象在时间轴上复制这一网络，使得物品 J 与 t 并列。然后，如果事件影响了物品 i，在图形中找到 i 的位置，并在那个时点即 $t-\underline{L}_i^-$ 安排这一事件。在上面的例子中，将节点 5 放置在 $t = 122$ 处，节点 3 在时点 107 时出现。

顺便说一句，这种图形常用在项目排程（project scheduling）中，在那种环境下来解释网络很有意思。现在，暂时忽略掉需求和库存。我们的"项目"是生产一单位独立的最终物品，即物品 $J = 5$。弧代表完成这一项

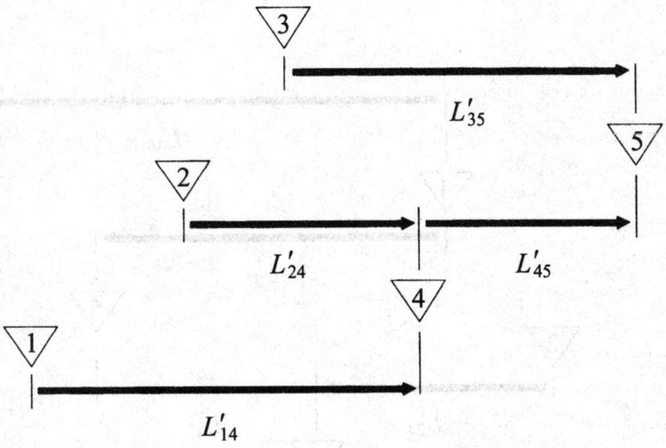

图 5.4.1　有提前期的装配系统

目而必须进行的活动，L'_{ij} 是它们的持续时间。当然，还有一些与 L'_j 相关的额外活动，但我们暂时忽略掉它们。一些活动可以同时进行，但某些活动需要等待其他活动的完成；网络的结构反映了这类优先关系。显然，图 5.4.1 描述了一个对整个项目都可行的方案。

我们可以用相同的方式画出一个配送系统。如图 5.4.2 所示。令 L_j^- 表示从 1 到 J 这一路径上弧提前期之和。如果有必要的话，为物品重新编号，使得物品 J 拥有最长的 L_j^-，并令 $\underline{L}_j^- = L_J^- - L_j^-$（在此图中，$J=6$）。这样，$\underline{L}_j^-$ 就是图 5.4.2 中从 j 到 J 的水平距离。同样，再次将影响物品 j 的事件向后推移 $\underline{L}_j^-$。

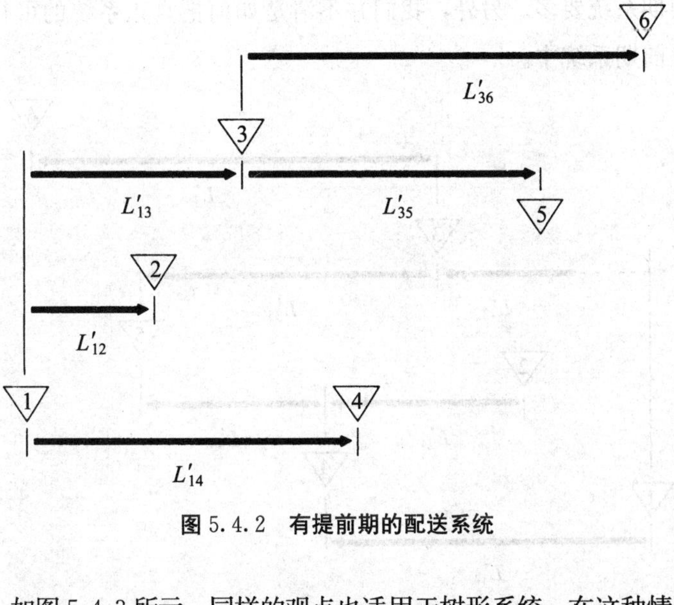

图 5.4.2　有提前期的配送系统

如图 5.4.3 所示，同样的观点也适用于树形系统。在这种情况下，绘制图形和计算时间推移的过程要复杂一些，但这一概念在图形中表现得很清楚。

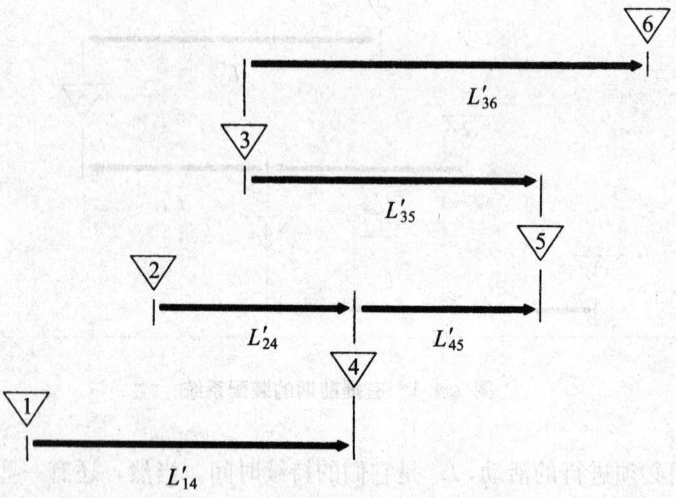

图 5.4.3　有提前期的树形系统

对于一般意义上的通用系统，这种方法并不适用。图 5.4.4 阐述了是哪里出现了问题。从 1 到 5 有两条路径，它们的总提前期是不同的，虚线表示了它们之间的差异（这种差异类似于项目排程中的松弛时间）。我们可以通过使用最长路径提前期来构建一种可行的策略，忽略掉弧（1,3）。但如果是那样的话，每一批原本该送到节点 3 的物品就必须被放置在节点 1 了，因为时间间隔存在着差异，成本就被叠加了。因此，真正的持有成本比零提前期系统要多。另外，我们并不清楚如何把真正系统的可行策略转换到零提前期系统中。

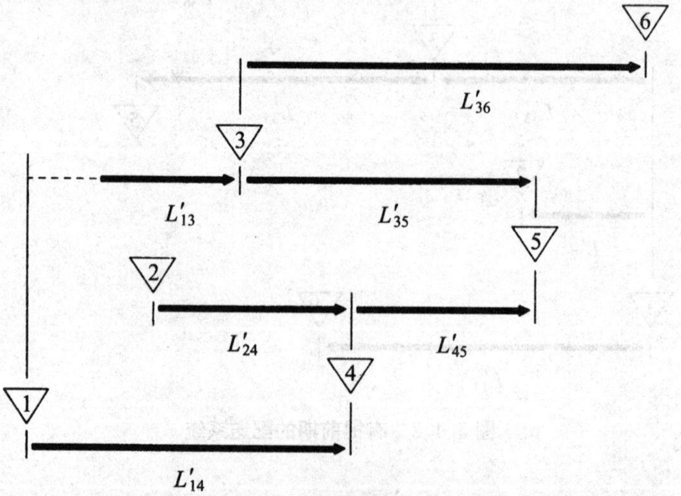

图 5.4.4　有提前期的通用系统

只有在一种极为特殊的情况下［被称为提前期平衡（leadtime balance)］，我们才能避免这样的困境。在图 5.4.4 的例子中，这意味着 $L'_{13}+L'_{35}=L'_{14}+L'_{45}$。更大的网络通常需要更多的此类特性。在实际中，这一条件很少成立。

实际上，我们还没有清楚地理解如何协调非树形系统的运作。在这方面，树形系统要更简单一些。

下面，考虑数量单位的问题。集合 $Pre(j)$ 确定了生产 1 单位 j 需要用到哪些物品，但没有确定需要多少。我们可以对任何树形系统进行转换，使得每一个 j 恰好需要 1 单位 $i\in Pre(j)$，就像在串联系统中一样。基本想法与上面的提前期转换一样：选择物品 J 作为一个参考点或锚点。然后，沿着每一条从 J 出发的（无向）路径，相继修正路径中遇到的物品的数量单位，直到生产一件物品只需要一件其他物品。当然，h'_j 和 λ'_j 也必须进行相应的调整。在装配系统中，这意味着所有物品都以其在最终物品中的使用情况来衡量（通用系统不能用这种方法来简化，原因同样是物品间存在着多条路径。模型必须明确地包含输入情况。除了需要额外的符号之外，该问题并不像提前期平衡问题那样复杂）。

从现在起，假设所有的 L'_{ij} 和 L'_j 都为 0，且每一种输入需求都是 1。

5.4.3　层级和层级库存

层级 i 包含了物品 i 本身、它的后继、它的后继的后继等。即，层级 i 包括 i 以及所有直接或间接将 i 作为输入的后续物品。

物品 i 的层级库存是层级 i 的所有库存，其层级需求率是层级 i 中所有物品的总需求。这些数量可以通过递归的方法来计算，从最终物品开始：

$$I_i(t)=I'_i(t)+\sum_{j\in Suc(i)}I_j(t)$$

$$\lambda_i=\lambda'_i+\sum_{j\in Suc(i)}\lambda_j$$

各层级的持有成本为：

$$h_j=h'_j+\sum_{i\in Pre(j)}h'_i$$

例如，在一个装配系统中，层级 i 包含了沿从 i 到 J 的路径中的物品，每一个 λ_i 都为 $\lambda_J=\lambda$，如果 j 是 $Suc(i)$ 的（唯一）元素：

$$I_i(t)=I'_i(t)+I_j(t)$$

如 5.3 节所述，这些在层级层面的数量比本地层面的数量更简单。

$I_j(t)$ 同样以恒定的速率（现在为 λ_j）下降，除了订货期间外（此时它会跃升到订货数量）。另外，时点 t 的总持有成本率仍然为 $\sum_j h'_j I'_j(t) = \sum_j h_j I_j(t)$。

5.4.4 策略特性

零库存策略仍然优于其他策略（定理 5.3.2 的证明仍然成立，没有什么大的改变，只是必须适当增加一些技术上的事情）。另一方面，定期策略并不一定占优。但它们很方便，如下所述，它们的表现也很好。

嵌套策略就是物品 i 的订单会引发其每一个后继的订单，遍及整个层级 i。在一个装配系统中，嵌套策略优于其他策略，正如在串联系统中一样（定理 5.3.1 的证明在经过小幅调整后仍然适用）。否则，嵌套策略就不一定占优。例如，考虑如图 5.4.5 所示的简单配送系统，其中一个仓库（物品 1）要为两个零售商（物品 2 和物品 3）提供供应。假设 $\lambda_2 = \lambda_3$，所有的 h_j 都相等，$k_1 = k_2$，但 k_3 比 k_1 和 k_2 都要大很多。订购物品 1 和物品 2 的频率高而订购物品 3 的频率低是有意义的（由于有时在订购物品 1 的时候不订购物品 3，因此这一策略不是嵌套的）。在嵌套策略中，系统或者过于频繁地发生成本 k_3，或者为了供应阶段 2 而持有过多库存（在 1 或 2 处）。

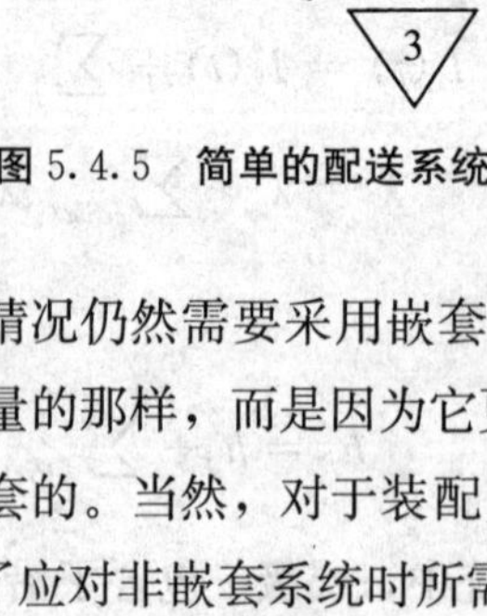

图 5.4.5 简单的配送系统

即便如此，一些情况仍然需要采用嵌套策略，这并不是因为它的成本更低，正如模型所度量的那样，而是因为它更容易实施。如果是这样的话，我们就说该系统是嵌套的。当然，对于装配系统来说，这种区分是没有必要的（5.4.7 节描述了应对非嵌套系统时所需进行的调整）。

考虑一个具有这三种特性的策略。重新定义：

$$g_j = h_j \lambda_j$$

那么，策略的平均成本 $\mathbf{u}$ 就是（5.3.1），即：

$$C(\mathbf{u})=\sum_j\left[\frac{k_j}{u_j}+\frac{1}{2}g_ju_j\right]$$

类似于（5.3.2），选择最优的此类策略的问题就变成了：

$$\begin{aligned}&\text{最小化} && C(\mathbf{u})\\&\text{约束条件} && u_i=\xi_{ij}u_j\\& && \xi_{ij}=\text{正整数}\qquad (i,j)\in A\end{aligned}$$

5.4.5　松弛后的问题

类似于（5.3.3），松弛后的问题如下：

$$\begin{aligned}C^-=&\ \text{最小化} && C(\mathbf{u})\\&\ \text{约束条件} && u_i\geqslant u_j\qquad (i,j)\in A\end{aligned}\tag{5.4.1}$$

正如在定理 5.3.3 中一样，C^- 是任何（嵌套）策略成本的下限。令 $A_=$ 为 A 的任何子集，且定义问题：

$$\begin{aligned}&\text{最小化} && C(\mathbf{u})\\&\text{约束条件} && u_i=u_j\qquad (i,j)\in A_=\end{aligned}\tag{5.4.1$[A_=]$}$$

正如在 5.3.4 节中一样，核心思想是要找出“正确的”子集 $A_=^*$，(5.4.1$\lfloor A_=^*\rfloor$) 的解同样也求解了（5.4.1）本身。

同样，任何子集 $A_=$ 决定了 N 的一个分区 **N**：去掉网络内除 $A_=$ 中的弧之外的所有弧。结果就得到了一个连通的子网络的集合。每一个子网络中的节点构成了一个簇 N_m（对于一个串联系统，我们可以将 m 设定为簇中最大的物品序号，但这不是必要的）。令 A_m 表示连接它们的弧。图 5.4.6 描述了这个观点。注意，每一个子网络 (N_m, A_m) 本身就是一个树形系统（如果最初的网络是一个装配系统，那么每一个子网络也是装配系统，配送系统也是如此）。另外，这些簇构成了一个集群网络（cluster network）：节点 $\underline{N}$ 是簇的序号 m，弧 $\underline{A}$ 是满足 $(i,j)\in A$（对于某些 $i\in N_m$ 和 $j\in N_n$）的偶（pairs）(m,n)［这些 (i,j) 就是 $A\setminus A_=$。对于每一个簇的弧 $(m,n)\in\bar{A}$，都有唯一的初始弧 (i,j) 将 N_m 和 N_n 连接起来］。集群网络也是一个树形系统。

(5.4.1$[A_=]$) 的解就是（5.3.4），即：

$$\begin{aligned}u(m)&=[2\pi(N_m)]^{1/2} && m\in\underline{N}\\u_j&=u(m) && j\in N_m\end{aligned}$$

其可行性条件与（5.3.5）相似：

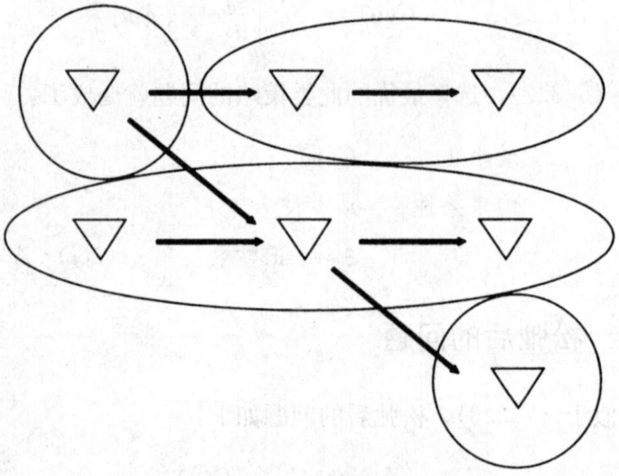

图 5.4.6 簇

$$\pi(N_m) \geqslant \pi(N_n) \qquad (m,n) \in \underline{A} \tag{5.4.2}$$

要分割一个簇，只需要去掉相应子网络中的某条弧，相当于从 $A_=$ 中移除弧 (i,j)。这就将包含 i 和 j 的簇 N_m 分成了 (N_m^-, N_m^+)，其中 (i,j) 从 N_m^- 指向 N_m^+。最优条件要求对于所有此类分割，(5.3.6) 都成立，即：

$$\pi(N_m^-) \leqslant \pi(N_m^+) \tag{5.4.3}$$

正如定理 5.3.4 所述，这两个条件是令相应解对于 (5.4.1) 来说最优的必要和充分条件。

下面是一种有用的描述最优条件的方式。定义：

$$\gamma(N_m^-, N_m^+) = \frac{k(N_m^+)}{\pi(N_m)} - g(N_m^+)$$

$\gamma(N_m^-, N_m^+)$ 被称为分割 (N_m^-, N_m^+) 的净产能 (net capacity)。经过少量的代数运算，我们可以看出 (5.4.3) 与 $\gamma(N_m^-, N_m^+) \geqslant 0$ 是等价的。

有几种方法可以确定一个最优分区。下面就是一种：开始时，将所有物品组成一个簇，即 $\mathbf{N} = \{N\}$，并利用不满足 (5.4.3) 的分割将其分为较小的簇。令 M 表示任何可能的簇，B 表示连接其物品的弧，因此 (M,B) 就是 (N,A) 的一个子树 (subtree)。这一方法利用了一个将任何 (M,B) 作为输入的递归过程：

Procedure Tree _ Relaxed（M,B）算法：

如果 $|M| = 1$(即 $B = \phi$)，

　令 $\gamma^* = 0$ 并停止。

否则，

对于 B 上的每一条弧，为相应的分割 (M^-,M^+) 计算 $\gamma(M^-,M^+)$。

令 $\gamma^* = \gamma(M_*^-,M_*^+) = \min\{\gamma(M^-,M^+)\}$

如果 $\gamma^* < 0$，

调用 Procedure Tree _ Relaxed (M_*^-,B_*^-) 算法

（其中，B_*^- 是连接 M_*^- 的弧的子集）。

调用 Procedure Tree _ Relaxed (M_*^+,B_*^+) 算法

（其中，B_*^+ 是连接 M_*^+ 的弧的子集）。

上述整个算法仅仅引用这一过程一次，其中 $(M,B) = (N,A)$。最终分区 $\mathbf{N}^*$ 由簇 M 组成，其中 $\gamma^* \geqslant 0$，因此它确实满足最优化条件（5.4.3）。为了保证可行性条件（5.4.2），这一过程使用了最小容量分割 (M_*^-,B_*^+)（这是有效的，我们可以利用与定理 5.3.4 的类似的论证来说明这一点）。

这一算法不像 Algorithm Series _ Relaxed 算法那样简单。对于装配系统和配送系统，还有一些更简单的专用算法（实际上，对于树形系统也有一种更快速的方法，但很难说明）。

5.4.6　构建一种可行的策略

有了对决松弛后的问题的解之后，我们就可以采用 5.3 节中的舍入过程构建一个可行策略。定理 5.3.6 和定理 5.3.7 的误差界限仍然成立。

现在，我们拥有了分析嵌套系统所需的完整方法的各个组成部分。由于装配系统天生就是嵌套的，因此这一方法完全适用于这种情况。

5.4.7　非嵌套系统

但是，对于配送系统或是更为一般的树形系统，除非有一些特殊的原因排除非嵌套策略，否则我们就需要多考虑一些内容。我们利用一个拥有 3 种物品的配送系统来说明这种观点，如图 5.4.5 所示。

考虑一种零库存、定期的但不一定嵌套的策略。在上述平均成本函数 $C(\mathbf{u})$ 中，订货成本项是正确的，物品 2 和物品 3 的层级持有成本也是正确的，但物品 1 的持有成本则不正确。为了正确计算持有成本，我们需要认真考虑物品 1 的库存函数。

每一单位的物品 1 最终都会被送到节点 2 或节点 3。事实上，在它们到达时，我们就可以预先决定将哪些物品送到哪里，并将物品 1 的库存存放在两个独立的仓库中，一个发往节点 2，另一个发往节点 3。为了跟踪这

些库存，假设我们把节点 1 分成两个节点，标注为 12 和 13，如图 5.4.7 所示。所有发往节点 j 的物品 1 的库存都存放在节点 $1j$, $j=1,2$。我们将其称为扩展网络（expanded network）（节点 1 仍然存在，但它的作用完全改变了，我们将在下面进行解释。注意，扩展网络是一个树形系统）。

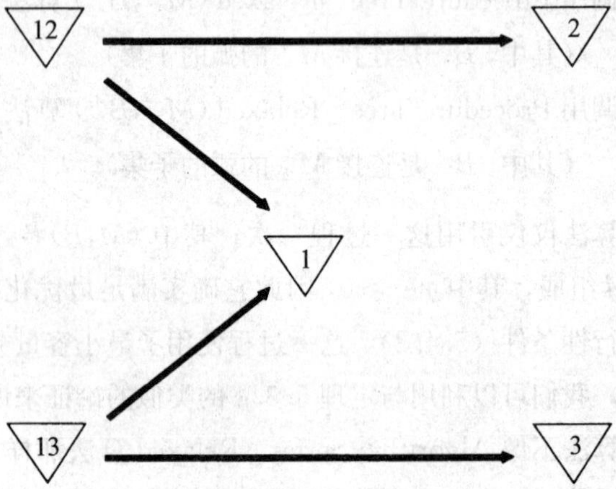

图 5.4.7　扩展网络

即使是从外部来源到节点 1 的货物也可以按这种方式划分。因此，现在，从概念上来说，外部来源将独立的货物运送到节点 12 和 13。由于这一策略的其他部分采用了定期策略，则这些货物的运输也采取定期的方式（比如说 u_{1j}）就很有意义了。

事实证明，在这些条件下，该策略应该是嵌套的。也就是说，运送到节点 $1j$ 的物品（即物品 1 的一批货物中包含了发往节点 j 的数量）应该引发一批货物从 $1j$ 转运到 j 本身（论证与定理 5.3.1 的证明基本上一样）。因此，u_{1j} 是 u_j 的整数倍。结果，通过嵌套系统的标准计算，物品 $1j$ 的平均层级库存为 $\bar{I}_{1j}=\frac{1}{2}\lambda_{1j}u_{1j}=\frac{1}{2}\lambda_j u_{1j}$。最初物品 1 的层级库存是这些数量之和，即 $\bar{I}_1=\bar{I}_{12}+\bar{I}_{13}=\frac{1}{2}(\lambda_2 u_{12}+\lambda_3 u_{13})$（习题 5.18 要求你写出细节）。因此，我们可以将物品 1 的持有成本写成 $\frac{1}{2}(g_{12}u_{12}+g_{13}u_{13})$，其中：

$$g_{1j}=h_{1j}\lambda_{1j} \qquad \lambda_{1j}=\lambda_j \qquad h_{1j}=h_1$$

这与 $C(\mathbf{u})$ 中其他持有成本项的形式是相同的。

至于固定成本，当一批货物到达节点 12 或节点 13 或这两个节点时，就会发生成本 k_1。因此，我们不能仅仅设 k_{1j} 等于 k_1，因为，当两个节点都收到货物时，会重复计算固定成本。我们设 $k_{1j}=0$，但重新引入节点 1，如图 5.4.7 所示，其最初固定成本为 k_1。将扩展网络解释为一个嵌套系统。因此，12 或 13 或两者的订单会引发对物品 1 的订购，因而会发生成本 k_1。

这样，平均固定成本仍然为 k_1/u_1。另外，设 $\lambda_1=0$（上述 λ_j 和 λ_{1_j} 已经说明了实物流和持有成本）。因此，运送到节点 1 的货物只是数量为 0 的逻辑发货。

总而言之，这种（嵌套式的）扩展网络完全等价于最初的系统。它的成本准确地度量了真实的成本，甚至对于非嵌套策略也是如此。

我们差不多已经完成了：应用上述嵌套系统的方法，首先求解松驰后的问题，然后对其解进行四舍五入［对于特殊的数据又如何呢？它们会不会造成问题？幸运的是，答案是否定的。例如，如果物品 1 在其自己的簇中是孤立的，由于 $g(\{1\})=0$，比率 $\pi(\{1\})$ 会定义不清晰。事实证明，这一算法永远不会使物品 1 孤立，因此这一问题永远也不会出现］。我们得到的结果是一个针对扩展系统的策略，它确定了最初系统的一种策略。误差边界定理仍然成立。因此，这一策略仍然表现良好，C^- 准确地估算了最优成本。

这种方法可以扩展至任何树形系统。关键的一步就是构建一个扩展网络，其新物品相当于最初网络中的特定（有向）路径，使得最初系统中的一种策略等同于扩展网络中的一种嵌套策略。然后，针对这一扩展网络应用嵌套系统的方法；如果不这样做，那么松驰后的问题就需要比 Procedure Tree _ Relaxed 算法更复杂的算法。

最终的结果就是最初系统的定期策略。但是，如果这一策略恰好是非嵌套的，那么订货数量就不必是固定的。在上面的例子中，假设 $u_2^{|}=u_1^{|}$，$u_3^{+}=2u_1^{+}$，则物品 1 的批量大小就会在 $\lambda_2 u^{+}$ 和 $\lambda_2 u_2^{+}+\lambda_3 u_3^{+}$ 之间变化。一般来说，尽管其模式可能比简单的变换更为复杂，但订货数量是周期性的。

5.4.8　协调和敏感性再讨论

在此，协调的基本原则与串联系统中的基本原则是一样的，如 5.3.7 节所示：同步每一个簇中的物品，对各簇之间进行部分同步，对所有簇采用定期策略。

回想一下，对于一个串联系统，分散控制机制恰当地协调了各个阶段。进行少量变化后，同样的观点在此也是有效的。最简单的情况是装配系统。每一个簇本身看起来像是只有一个最终物品的小型装配系统。只有这一最终物品持有库存。为了在簇之间进行沟通，在必要的时候，我们只需要将每一个簇指向那些来自其所有前趋簇的订单，并将适当物品的每一个发货订单发送给其后继簇。在其他情况下，每一个簇都将按其自己的类似于 EOQ 模型的策略进行运作。

树形系统更为复杂，特别是在非嵌套的情况下，其中的订货数量不一定是固定的。即便如此，我们也能够构建一个相当简单、本地控制的订货规则以正确地实施这一策略（我们忽略了细节）。

现在我们转向敏感性分析。在此，串联系统的许多结果仍然是成立的。假设成本因子由 $k_j=\kappa\omega_j$ 和 $h_j=\eta c_j$ 给定，最优分区 $\mathbf{N}^*$ 与 κ 和 η 是相互独立的。在这种情况下，我们可以构建一条总权衡曲线，如 5.3.7 节所述，C^- 由公式（5.3.7）给定。

对于装配系统，$\mathbf{N}^*$ 同样与需求率 $\lambda_J=\lambda$ 相互独立，所以，C^- 同样与 $\sqrt{\lambda}$ 成比例。否则，需求率的变化会具有更复杂的影响。如果存在几个正 λ'_j，且它们任意变化，那么实际上 $\mathbf{N}^*$ 也会变化。我们必须从头开始重新计算 C^-。

假设所有的 λ'_j 以同样的比例变化。也就是说，对于某个共同因子 λ 和固定的基本需求率 λ'_j，λ'_j 是通过 $\lambda_j^{0'}=\lambda\lambda_j^{0'}$ 确定的（例如，λ 可能是一般经济条件指标）。这样，层级需求率 λ_j 和 g_j 也是与 λ 成比例的，因此，$\mathbf{N}^*$ 和 λ 是相互独立的，且 C^- 和 $\sqrt{\lambda}$ 成比例。

5.5 协调供应：范围经济

5.5.1 联合补货问题

现在，考虑这样的系统，其物品是通过其供应过程联系在一起的。本节集中讨论一种供应关系（supply link），下一节将讨论另一种类型。

我们暂时假设物品代表几个地点，但只有一种产品。这种产品由唯一的来源供应，所有的地点都必须从它这里订货。各个地点可以单独订货，但将所有的订单集中在一起更有利（特别是当供货来源非常遥远时）。通过这种方式，我们可以将部分货物集中在一起运输，因而可以削减运输费用。同样，我们可以集中并简化订单处理的管理工作（而且，如果供应商提供数量折扣，则联合采购会更好地利用这一点。但是，这类规模经济不是我们讨论的重点）。

在多产品系统中，联合补货（joint replenishment）提供了类似的优势。如上所述，当所有产品都来自于同一个来源时，我们就可以节省运费。在任何情况下，与处理频繁的单个产品订单相比，这会令处理临时订单（每一份订单都包含多种产品）更加简单。另外，当下达订单就意味着生产时，有时我们可以将准备操作集中在一起进行。

在这类情况下，供应过程就会产生范围经济。规模经济能够让我们以便宜的价格订购大批货物，而范围经济指的是大量不同的活动，在本例中，它是指许多物品的订单。

下面这个模型以一种简单的方式体现了这一概念：固定订货成本由两部分构成：与特定物品相关的成本 k_j，如前所述，它发生在每一次订购物品 j 时。还有一种成本 k_0，订购任何物品或各种物品的组合时会发生这种成本。例如，如果我们只订购物品 1，则总固定成本为 k_0+k_1。如果我们同时订购物品 1 和物品 2，则总成本为 $k_0+k_1+k_2$（而不是 $2k_0+k_1+k_2$）。在生产环境中，k_0 被称为主要准备成本（major setup cost），而另一种成本 k_j 则被称为次要准备成本（minor setup cost）（这种说法表明 k_0 比 k_j 更大，但这类假设不是必要的）。这一模型被称为联合补货问题（joint-replenishment problem）。我们暂时假设所有的提前期都为 0（后面我们将讨论正提前期的情况）。

为了充分利用范围经济，我们可以选择一起订购所有的物品。在这种情况下，所有的物品都采用相同的订货周期，比如说 u，定义：

$$k = k_0 + \sum\nolimits_{j=1}^{J} k_j$$

$$g_j = h_j \lambda_j$$

$$g = \sum\nolimits_{j=1}^{J} g_j$$

给定 u，总平均成本为 $C(u)=k/u+\frac{1}{2}gu$。这就是单个物品 EOQ 模型的成本函数。因此，最佳订货周期 u^* 可以用通常的方法来计算。

然而，这并不一定是最好的方法。联合补货也有一些不足之处。通过迫使所有的物品都遵循一个共同的订货周期，我们放弃了最优化每一个订单的灵活性（如果 k_0 与其他 k_j 相比微不足道，则联合订货显然意义不大）。采用一种不太死板的方法会更好，这种方法应该承认同步所具有的优势和不足。

一种合理的方法是将物品分成组。每一个组中都包含一些相似的物品，用比率 k_j/g_j 来衡量。然后，如上所述，同时订购每一组中的物品，但将这些组与其他组分开单独管理。这一方法保留了组之间的灵活性，同时在各组之内也获得了范围经济（确定最佳划分方法并不难。有意思的是，其算法与第 4 章求解 DEL 模型的算法非常相似）。

然而，这种方法可能会损失明显的节约成本的机会。例如，假设我们划分两个组，且第二组的订货周期恰好是第一组的 2.01 倍。这两个组几乎永远也不可能同时订货。但是，考虑下列修订后的策略：调整订货周期，使其比率变为 2，然后交替选择同时订购所有物品和只订购第二组物品。

这种策略避免了为单独订购第一组物品而支付 k_0，同时只是小幅增加了其他成本。

对这种方法进行扩展以找出并评估这类机会是很有用的。但现在，我们还不清楚如何系统地做到这一点。

现在我们来分析另一种方法，这种方法与前面两节的观点非常相似。这一方法也是将物品分成组，每一个组都具有共同的订货周期，但它同时还以一种受控制的方式对各个组进行同步。

我们的主要思路是构建一种与联合补货系统等价的配送系统。这样，我们就可以将前面开发的技术应用到这一配送系统中。因此我们可以保证最终获得的策略有良好的表现。

5.5.2 等价的配送系统

我们再考虑一下上面提到的多地点系统。固定成本的公式描述了一种特定的两步运输情境：第一步，合并的订单以成本 k_0 从来源地运到中心点。所有的订单都从那里单独运送到其目的地。与地点相关的成本 k_j 发生在这一步，即第二步。

我们将这个中心点称为地点 0。整个系统实际上是一种两个层次的配送系统，如图 5.5.1 所示。地点 0 有些特殊，因为它永远不持有库存［在实际中，这样的地点有时被称为分装点（break-bulk point）或转运中心（trans-shipment center)］。这一要求迫使配送系统遵循反嵌套策略（antinested policy），其中当一个或多个最初地点订货时，地点 0 也要订货。显然，多产品系统或一般性的多物品系统可以被类似地解释为一种特殊的配送系统。最初的数据（λ_j、h_j 和 k_j）仍然用来描述物品 $j>0$。新物品 0 的需求率为 $\lambda'_0=0$，固定成本为 k_0。由于它永远都不持有库存，我们令 $h_0=h'_0=0$。

这种反嵌套系统可以用与嵌套系统相同的方法进行分析：考虑图 5.5.1 的镜像，所有的弧都反过来，但有相同的 h_j 和 λ_j。这是一个装配系统，且等价于最初的系统。最初的反嵌套性条件转变为装配系统通常的嵌套性特征。因此，像上面那样分析这一装配系统。这种方法确定了一种策略，其成本不会超过上述最优成本的 2%。如果在最初系统中存在着正提前期，则只需以通常的方式调整配送系统的零提前期解。

在这种情况下，最优分区 $\mathbf{N}^*$ 恰好变得特别简单。对最初物品进行编号，使得比率 $\pi(\{j\})=k_j/g_j$ 随着 j 增加。然后，对于某一 j^*，将物品 $j\leqslant j^*$ 与物品 0 分为一簇。每一个物品 $j>j^*$ 构成其自己的簇。知道这

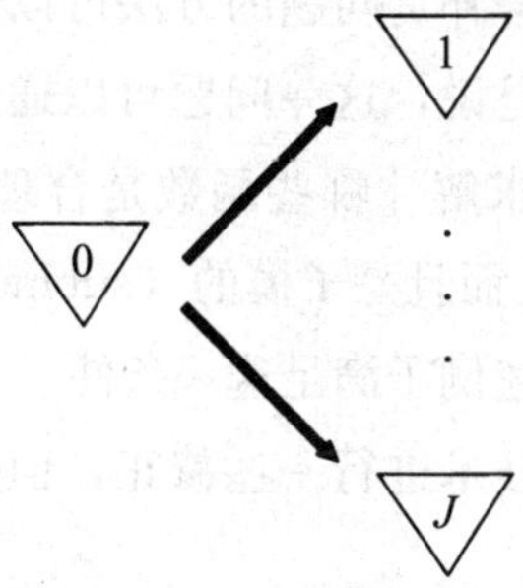

图 5.5.1　等价的配送系统

点后，我们可以对松弛后的问题的算法进行改进：令 N_0 表示包含物品 0 的一个较大的簇。开始时，所有物品都处于一个簇中（$N_0 = N$），首先分割物品 J，然后是 $J-1$，以此类推。只要 $\pi(N_0 \setminus \{j\}) < \pi(\{j\})$，就一直分割下去。当 $j^* = j$ 这一条件第一次得不到满足时就停止（顺便说一下，这一过程也可以用于求解任何两阶段装配系统的松弛后的问题）。

根据舍入过程，最后的策略拥有非常简单的形式：物品 $j \leqslant j^*$ 同时订货，订货周期为 $u^+(0)$。其他物品的订货频率较低，但总是与更大的组一起订货，因为它们的订货周期是 $u^+(0)$ 的正整数倍。

5.5.3 复杂的范围经济

联合补货问题包含了最简单的范围经济的形式。在实际中我们会遇到更为复杂的形式。例如，假设物品表示的是产品。有几个供应商，每一个供应商都是一组产品的独立供应商。每一个供应商的产品族都存在着运输的范围经济，但不存在跨供应商的范围经济。另外，产品具有不同的物理属性，有一些易碎，有一些需要冷冻，还有一些既易碎也需要冷冻，而另一些则不需要这些条件。当接到一份订单时，每一种类型的产品都需要进行特殊的处理，或许需要用特殊的设备，而易碎品和冷冻品需要相同的准备活动。因此，对于同类物品就存在着范围经济。每一个供应商的产品中都可能包含易碎品和非易碎品以及冷冻品和非冷冻品。

在这些情况下，一份订单的固定成本由许多部分组成。对于每一个供应商，当其产品族中的任何一个物品或物品的组合被订购后，都会发生成本；订购一个或多个易碎品会发生一种成本，而订购冷冻品则会产生另一种成本，还存在着与物品相关的成本。通常，总固定成本以一种复杂的方式取决于包含的物品的子集。也就是说，固定成本是某一函数 $k(M)$，其中 M 是物品的任何子集。

上述针对基本联合补货问题的方法可以进行扩展，以适应任何合理的固定成本函数！也就是说，这一问题可以通过前面开发的求解供应—需求网络问题的方法进行求解［哪些函数是合理的？条件带有一定的技术性：$k(M)$ 必须是递增的，而且是子模的（submodular）。如果你不知道这是什么意思，没关系，上述例子满足这一条件。为了求解此类 $k(M)$，我们必须对 5.3 节和 5.4 节的技术进行一些修正，但基本思路是一样的，而且主要结果仍然成立］。

另外，考虑一种有供应—需求关系和范围经济的系统。这样的例子包括装配系统，其原材料（物品没有前趋）都来自于一个来源，以及某些产品共享准备操作的树形系统。同样，一般性的方法在此也是适用的（可惜，章节内容有限，我们不能详述了）。

5.5.4 库存—路径问题

我们再看一看多地点系统：单一的供应来源为几个地点供应一种产品。联合补货问题等同于一个两步的运输情境。下面是另一种情境：

只有一辆交通工具，比如说是一辆货车。当各个地点下订单时，该货车就从货源地装上货物并把它们送到目的地。在向各个连续的地点送货的过程中，该货车并不需要回到中心点。相反，该货车是沿着这些地点中的某条路径行驶（这辆货车在货源地和各送货点往返停留，但由于它必须回到货源地取货以运送后续的订单，因此，这一路径的启始点和结束点都是货源地。为了简便起见，设想整个送货过程所需的时间可以忽略不计，也就是说，所有的提前期都为 0。另外，我们忽略掉对货车载重量的任何限制）。

假设所有的地点都使用相同的订货周期 u，且都同时下达订单。于是，该路径经过了所有的地点，包括货源地。为了对相应的成本进行建模，我们定义：

$$k_{ij} = \text{从地点 } i \text{ 到地点 } j \text{ 的行驶成本}$$

［编号 0 表示货源地，因此，k_{0j} 为货源地到地点 j 的行驶成本（cost to travel），而 k_{j0} 表示反方向的行驶成本。］总行驶成本为路径上所有的 k_{ij} 之和。

可能的路径有很多，我们希望设计一条能够最小化总行驶成本的路径。这是一种旅行商问题（traveling salesman problem，TSP），是一个著名的组合最优化（combinatorial optimization）问题，我们很难找到真正的最优解，但存在着一些有效的启发式方法［对这一方法的概述请参见 Lawler 等(1985)］。假设我们应用某种方法（不管是精确的还是近似的）来确定一个解，并令 k 表示其总成本。

每一个订单都会引发固定成本 k。给定订货周期 u，因此，总平均成本就是 $C(u)=k/u+\frac{1}{2}gu$。这又是 EOQ 模型！简而言之，就是求解旅行商问题并确定一条好的路径，利用其成本 k 来构建一个 EOQ 模型，然后求解这个 EOQ 模型以计算出最优订货周期 u^*。假设所有的地点都同时订货，则这种方法完全求解了该问题。

然而，正如在简单的联合补货问题中那样，我们可能有很好的理由不强迫所有地点以同样的频率进行订货。不过，在这种情况下，要平衡同步的利弊更加困难。

到目前为止，最好的方法就是 5.5.1 节的第一种方法：把这些地点分成组，将每一个组与其他组分开操作，并且每一组中的所有地点都使用相同的订货周期。给定一个分区，按上面的方法确定每一组的路径和间隔时间（主要通过地理位置进行分组，将邻近的地点分成一组，以降低 k_{ij}）。

这种方法同样也会错过节约成本的机会，但在这里可能性不大。假设有两个组，其相对订货频率为 2.01。如上所述，令它们同步可能是有利的，但只有当它们在地理上相邻时才行得通。

这种方法没有像 5.3 节中的定理那种简单的绩效保障（performance guarantees）。另一方面，当地点数目很多时，其表现会很好［从技术的角度来讲，随着 J 的增加，它是渐进最优的（asymptotically optimal)］。另外，这是经过广泛验证的，且效果看起来很好。

同样的模型也描述了一个多产品系统，其中准备成本取决于生产顺序(production sequence)。我们将在下一节中分析一个类似的模型。

5.6　产能共享：经济批量计划

5.6.1　平均资源使用率

现在，假设物品共享一个具有产能限制的通用生产资源。事实上，对共享产能进行建模有几种不同的方法。我们从一个简单的方法开始讲解。

重新考虑 5.2 节中的独立物品系统，其中，EOQ 模型描述了每一个物品。假设数量 wO 度量了一种有限生产资源的总平均使用率（aggregate average usage)。更进一步，假设我们可以将这种产能限制表述为平均使用率的界限。也就是说，我们令 wO 表示产能本身：

$$\sum\nolimits_j w_j\left(\frac{\lambda_j}{q_j}\right)\leqslant wO \tag{5.6.1}$$

剩下的问题就是要最小化总库存投资 cI。显然，约束条件（5.6.1）总是具有约束力，因此，我们可以用等式来代替它：

$$\sum\nolimits_j w_j\left(\frac{\lambda_j}{q_j}\right)= wO$$

该问题与问题（5.2.2）相反，它在满足对 cI 的约束条件的情况下最小化了 wO。正如在那种情况下所进行的讨论一样，这两个问题在本质上是等价的——它们产生了相同的权衡曲线。另外，与（5.2.2）一样，这个新问题可以通过选择适当的总成本 κ 和 η 进行求解，利用它们计算物品的成本 k_j 和 h_j，然后对每一个物品求解单独的 EOQ 模型。

同样的思想也可以被应用到供应/需求网络中。考虑一个串联系统。所有阶段的订单都利用一个共同的来源，且受上述（5.6.1）的约束。下面是这种方法的概述：选择 κ 和 η，构建相应的 k_j 和 h_j，然后如 5.3 节所述求解无产能约束的串联系统（uncapacitated series system）。调整 κ 和 η，重复这一过程，直到约束条件（5.6.1）刚刚不被满足为止。

5.6.2 经济批量计划问题

在一些情况下，出于某些目的，像上面那样限制平均资源使用率而忽视订货周期问题是可行的。例如，在初级系统设计研究（preliminary system-design studies）中就是这样。但是，实际产能施加了更严格的约束。实际使用率必须在每一时刻都满足产能限制。

假设物品是产品，每一种产品都由具有有限生产率的 EOQ 模型进行描述，如 3.4 节一样。生产资源由一台机器组成，一次只能生产一件产品。图 5.6.1 描述了一种两产品系统可能的策略。关键点是：产品的生产过程（其库存曲线增加的区间）不能重叠［假设产品在这一机器上生产出来后可以立即用于满足需求。另一种情况（即只有当整个批量生产完成后才可以被用来满足需求）也不困难，参见习题 5.19］。

令 μ_j 表示产品 j 的生产率，且 $\rho_j=\lambda_j/\mu_j$。令 $\rho=\sum\nolimits_j\rho_j$，并假设 $\rho<1$。固定成本 k_j 表示开始产品 j 的一次生产过程的准备成本。目前，假设这一成本只取决于 j 本身，而不取决于以前生产的是哪一种产品。不存在准备时间。这一模型（以及它的几种变形）被称为经济批量计划问题（eco-

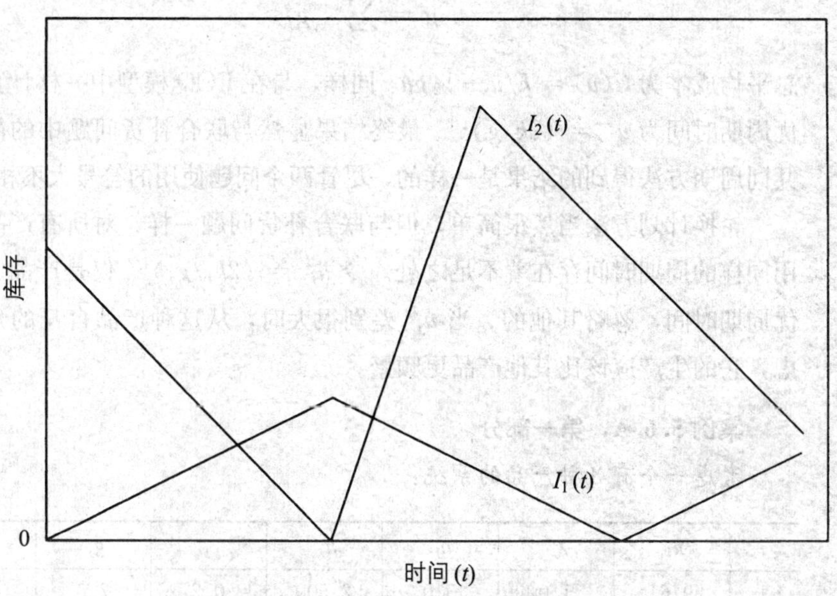

图 5.6.1　经济批量计划问题中的库存

nomic lot scheduling problem，ELSP)。

与联合补货问题一样，我们必须要协调这些物品，但其原因是不同的，且方式也是相反的：在联合补货问题中，范围经济鼓励同时订购所有物品。而在经济批量计划问题中，产能有限的机器迫使我们在不同的时间生产各种物品。实际上，这里存在着极端的范围不经济。

最简单的方法就是周期性计划（cyclic schedule）：用某种固定的程序来生产产品，并且一次次重复同样的顺序。在周期性计划下，最简单的一种是轮换计划（rotation schedule），其中每一种产品只在这一顺序中出现一次（对于一个有两种产品的系统，这就意味着交替生产这两种产品）。重新给这些产品进行编号，使得它们按序号进行排序，即顺序为 $\{1,\cdots,J\}$。

在轮换计划中，生产周期（production cycle）就是两次开始生产产品 1 之间的时间。所有的生产周期都相等，比如说 u，这是合理的。因此，每一种产品都有一个生产开始之间的共同生产周期 u。在每一个周期中，对于每一个物品 j，如 3.4 节所述，机器必须生产 $\lambda_j u$，因此运转时间就为 $\rho_j u$，平均库存为 $\bar{I}_j = ½(1-\rho_j)\lambda_j u$。所有产品的总生产时间为 ρu，机器闲置时间为 $(1-\rho)u$（这一闲置时间可以插入周期中的任何地方）。

定义：

$$k = \sum\nolimits_{j=1}^{J} k_j$$

$$g_j = h_j(1-\rho_j)\lambda_j$$

$$g = \sum_{j=1}^{J} g_j$$

总平均成本为 $C(u) = k/u + \frac{1}{2}gu$。同样，与在 EOQ 模型中一样计算出最优周期时间为 $u^* = (2k/g)^{1/2}$。最终结果显然与联合补货问题中的简单的共同周期方法得到的结果是一样的，尽管两个问题使用的符号大不相同。

轮换计划方法当然很简单，但与联合补货问题一样，对所有产品都采用同样的周期时间存在着不足之处。令 $u_j^* = (2k_j/g_j)^{1/2}$ 仅是产品 j 的最优周期时间，忽略其他的。当 u_j^* 差别很大时，从这种产品自身的角度考虑，它的生产应该比其他产品更频繁。

案例 5.6.A，第一部分

考虑一个有 3 种产品的系统：

j	k_j	λ_j	μ_j	h_j	ρ_j	g_j	u_j^*
1	9.61	1.0	5.0	2.500	0.2	2.0	3.1
2	69.62	1.5	5.0	3.810	0.3	4.0	5.9
3	19.84	0.4	2.0	3.125	0.2	1.0	6.3
	99.07				0.7	7.0	

这里，$u^* = (2 \cdot 99.07/7.0)^{1/2} \approx 5.32$。这个解的成本为 $C(u^*) \approx 37.24$。

注意，u_2^* 和 u_3^* 几乎是相同的，但 u_1^* 却大约只为这些值的一半。这些数据表示，生产产品 1 的频率是生产其他产品频率的 2 倍。

与联合补货问题不同，ELSP 并不能简化为一种简单的网络类型的模型。看起来，从本质上说它更困难一些。下面是一种相当简单的启发式算法。基本思想如下：

1. 计算 u_j^*。
2. 在一个舍入过程中（如 5.3 节所述）利用 u_j^* 确定产品的相对生产频率。也就是说，将每一种产品看成是自己的簇，计算 $u^+(j)$，令 $u^{++} = \max_j\{u^+(j)\}$，$\text{ROF}_j = u^{++}/u^+(j)$。这样，$\text{ROF}_j$ 就是产品 j 的相对生产频率。
3. 将 ROF_j 看成是每一个周期中产品 j 的生产次数。计算 $k = \sum_j \text{ROF}_j k_j$ 和 $g = \sum_j g_j/\text{ROF}_j$，并求解上述 EOQ 模型得到 u^*。
4. 根据相对频率构建一个"好的"顺序。
5. 将 u^* 和该顺序结合起来产生一个可行的周期计划。

（总的来说，最后两步非常复杂，我们省略掉了其详解过程。）这种启发式的方法看上去表现很好。然而，它却没有绩效的保障。

案例 5.6.A，第二部分

应用于上面的例子，启发式算法如下：

1. u_j^* 在上面的表格中给出。

2. 选择基期 $\underline{u}=3$。通过舍入过程得到 $u^+(1)=3, u^+(2)=u^+(3)=6$。因此 $u^{++}=6, \mathrm{ROF}_1=2, \mathrm{ROF}_2=\mathrm{ROF}_3=1$。

3. $k=108.68, g=6, u^*\approx 6.02$。

4. 在每一个周期内，按（1，2，1，3）的顺序生产产品。

5. 下面是根据上述结果得出的可行计划：

活　动	时　间
产品 1	0.60
产品 2	1.81
闲　置	0.60
产品 1	0.60
产品 3	1.20
闲　置	1.21
总　计	6.02

这一解的成本大约为 36.11，比上述轮换计划成本少一些。

5.6.3　推广

在基本的 ELSP 中，准备成本与生产顺序是相互独立的。假设在从产品 i 转移到产品 j 时存在着转换成本（changeover cost）k_{ij}。另外，当机器闲置时，开始生产 j 需要成本 k_{0j}，j 生产完成后关闭机器需要成本 k_{j0}。我们将注意力集中在轮换计划上。下面是一种合理的启发式算法，它比 5.5.4 节中库存—路径问题的启发式算法更简单：求解一个旅行商问题以找到一种良好的产品顺序。我们称其成本为 k，通过上述 EOQ 模型确定最优周期时间 u^*。

现在，考虑另一个系统，它结合了 ELSP 和串联系统的特征：这一系统中，有几种产品和几个生产阶段。各生产阶段以固定的顺序进行安排，每一种产品在每一个阶段都要按这个顺序进行加工。在每一个阶段，有一台机器，并且一次只能加工一件产品。

从本质上说，这一系统是一系列串联的 ELSP，其中一个阶段的产出是下一个阶段的投入。换句话说，一种物品对应于每一个生产阶段偶。暂时不考虑机器的产能，这些物品之间的供应—需求关系构成了几个独立的串联系统，每一个产品一个。共享的机器将这些串联系统连接在一起。

因此，这一模型将实际产能约束添加到了 5.3 节的串联系统中。对这类模型的研究才刚刚开始。初步结果表明，一种简单的启发式算法（与上述 ELSP 的启发式算法相关）非常有效。

5.7 随时间变化的需求

本章中的每一个模型都受到一个或多个需求率的驱动。在许多实际情况中，那些需求率会随时间而变，其原因和方式与第 4 章所述相同。本节将分析几种可能性。

首先，我们根据 4.2 节的观点来分析一些简单的情况。然后，我们会转向离散时间建模，这与 4.3 节中的 DEL 模型类似。期望不要太高：了解这些模型非常重要，但它们很难求解。研究人员对某些模型设计了启发式算法，请参见本章注释。

5.7.1 供应—需求网络：极端的情况

在一些极端的情况下，如 4.2 节中所述的情况，我们有可能描绘出一个优秀的策略是什么样子的，以及系统如何运作。其推理同样是完全的启发式算法。

考虑 5.3 节中的串联系统，但假设其需求率为 $\lambda(t)$，它是时间的函数。回想一下，在恒定需求的情况下，最优分区 $\mathbf{N}^*$ 对需求率不敏感。因此，对需求变动的系统使用同样的分区是合理的。也就是说，每一个簇中的所有物品 N_m 总是同时订货。

首先，假设 $\lambda(t)$ 的变化很小和/或很快。那么，如 4.2 节所述，忽略掉需求的波动是有意义的。也就是说，采用恒定的订货周期 $u^+(m)$，或者根据平均需求率 λ，采用恒定的订货数量 $\lambda u^+(m)$。

其次，假设 $\lambda(t)$ 变化很慢。那么，一个策略就应该专注于当前需求率 $\lambda(t)$，而忽略掉长期的变化。实现这一想法有几种可行的方式。下面就是一种：利用一个嵌套的零库存策略。应用 5.3 节中的方法，重新计算每次当簇 N_1 必须订货时的订货周期 $u^+(m)$，将当前需求率看成是恒定的。在下一次簇 N_1 订货之前，使用这些 $u^+(m)$。在每一个此类周期中，给定 $\lambda(t)$ 的实际变化，调整订货数量以保持可行性「或者，在簇 N_1 必须再次订货之前，

使用固定的数量 $\lambda(t)u^{+}(m)$]。

这些想法可以直接扩展至树形系统，其中需求率 $\lambda_j'(t)$ 随时间变化。如果变化很小和/或很快，则同样忽略它们。慢速变化的需求需要小心一些：假设一些共同的因素驱动着所有的需求率，也就是说，对于某一函数 $\lambda(t)$ 和恒定的基本需求率 $\lambda_j^{0\prime}$，$\lambda_j'(t)=\lambda(t)\lambda_j^{0\prime}$。当 $\lambda(t)=\lambda$ 时，记住，最优分区 $\mathbf{N}^*$ 对 λ 是不敏感的。因此，固定 $\mathbf{N}^*$ 同样是合理的。然后，应用上述用于串联系统的方法。

5.7.2　供应—需求网络：离散时间建模

5.7.2.1　建模

考虑一种像 5.4 节中所述的供应—需求网络，现在，其时间是离散的，如 4.3 节所述。我们将要构建一个类似于 DEL 模型的多物品模型。

我们暂时考虑一种一般性的系统。对于每一个物品，假设其 1 单位产出恰好需要 1 单位投入，这些投入来自于其各个前趋（这不是一个严格的限制，参见习题 5.22）。另外，我们暂时假设没有提前期。

我们所用的符号与 4.3 节中使用的符号非常相似，但下标 i 和 j 区分了各个物品。模型的数据如下：

$T=$ 时间范围

$t=$ 时点的编号，$t=0,\cdots,T$

$d_i'(t)=$ 时点 t 时对物品 i 的本地需求

$k_i(t)=$ 时点 t 时对物品 i 的固定订货成本

$c_i(t)=$ 时点 t 时物品 i 的变动订货成本

$h_i'(t)=$ 时点 t 时物品 i 的本地库存持有成本

$x_{i0}'=$ 物品 i 的初始本地库存

决策变量为：

$x_i'(t)=$ 时点 t 时物品 i 的本地库存

$z_i(t)=$ 时点 t 时物品 i 的订货数量

δ 仍然表示表示 Heaviside 函数。

下面是这一模型：

初始条件：

$$x_i'(0)=x_{i0}'\qquad i=1,\cdots,J \tag{5.7.1}$$

动态方程：

$$x'_i(t+1) = x'_i(t) + z_i(t) - d'_i(t) - \sum_{j \in Suc(i)} z_j(t), \quad (5.7.2)$$
$$t = 0, \cdots, T-1, i = 1, \cdots, J$$

约束条件：

$$x'_i(t) \geqslant 0 \quad t = 1, \cdots, T, i = 1, \cdots, J \quad (5.7.3)$$
$$z_i(t) \geqslant 0 \quad t = 0, \cdots, T-1, i = 1, \cdots, J$$

目标函数：

$$\text{最小化} \quad \sum_i \sum_{t=0}^{T-1} [k_i(t)\delta(z_i(t)) + c_i(t)z_i(t)] + \sum_i \sum_{t=1}^{T} h'_i(t)x'_i(t) \quad (5.7.4)$$

除了（5.7.2）中的求和之外，该模型的结构与 DEL 模型的结构是一致的。求和公式将各物品联系起来：对物品 $j \in Suc(i)$ 的订购减少了物品 i 的库存（根据层级数量重新构建这一模型是可能的。参见习题 5.23）。

目标函数的非线性可以通过引入二元指标变量来消除，如 4.3 节所述。令：

$$\text{如果 } z_i(t) > 0, \text{ 则 } v_i(t) = 1, \text{ 否则为 } 0$$

另外，令 $D_i[t, T)$ 表示 t 之后的累积需求以及对层级 i 的所有物品的累积需求。加入下列约束条件：

$$v_i(t) \in \{0, 1\}$$
$$z_i(t) \leqslant D_i[t, T)v_i(t) \quad t = 0, \cdots, T-1, i = 1, \cdots, J \quad (5.7.5)$$

并用线性函数来代替目标函数（5.7.4）：

$$\text{最小化} \quad \sum_i \sum_{t=0}^{T-1} [k_i(t)v_i(t) + c_i(t)z_i(t)] + \sum_i \sum_{t=1}^{T} h'_i(t)x'_i(t) \quad (5.7.4')$$

该模型是一个线性混合整数规划（linear mixed-integer program）。

实践证明，最优解具有零库存特性。那么，我们能否利用这一事实构建一种简单的方法来求解问题？遗憾的是，一般来讲，答案是否定的。

要得到一个完全的或近似的最优解需要用到混合整数规划的方法。而这个方法中的很多工具又用到了许多技术，该模型就用到了这些技术。这些技术确实很有用。但根据目前的水平，我们只能求解相对较小的问题。

有几种启发式的方法是可用的。5.8 节讨论了一种重要的方法，即 MRP 启发式算法，在注释中提到了其他一些方法，Roundy（1993）的方法特别有意思，因为它建立在 5.3 节和 5.4 节中静态模型算法的基础之上。假设成本是固定的。该启发式方法为静态需求的情况构建了一个最优分区 $\mathbf{N}^*$，在非静态需求问题中，它迫使一个簇中的物品同时订货，如 5.7.1 节所述。这一步使得模型（5.7.1）的规模缩小至（5.7.4）；从本质上说，它现在表示的是簇而不是物品。这样，这一启发式算法就构建了一种相关的系统，且该系统中的簇是按串联的方式排列的。最后，它使用 5.7.2.2 节的算法来求解这一串联系统。Roundy 证明了该解的成本最多比最优成本高 44%，他的数字实例表明，其表现要比这个数字好得多。

我们还可以通过其他一些方式利用来自静态模型的信息。我们在 5.3.4 节接近结尾处提到，借助参数 θ_j^*，松弛后的问题的解可以解释为成本再分配计划（cost-reallocation scheme）。那一讨论专注于串联系统，但相同的观点可以用于一般性系统中。这些 θ_j^* 体现了静态系统中各物品之间的相互作用。我们的想法是：利用这些 θ_j^* 来修正非静态问题的成本系数，然后忽略动态方程（5.7.2）描述的物品间的相互作用（或者应用 MRP 启发式算法，这种算法忽略了某些相互作用）。参见 Blackburn 和 Millen（1982）以及 Rosling（1993）对这一想法的详细阐述。

5.7.2.2　串联系统

对于串联系统，有一种经过改进的算法。这一过程需要 $O(JT^4)$ 的时间。对于嵌套的串联系统，还有一种更简单的方法，只需要 $O(JT^3)$ 的时间，我们将在这里进行讲解（只要成本因子满足某些特定的合理条件，系统就是嵌套的。参见习题 5.24）。

下面是基本的观点：对于每一个 j，像第 4 章中的公式（4.3.8）那样，利用层级持有成本 $h_i(t) = h'_i(t) - h'_{i-1}(t)$ 和层级累积需求 $D_i[t,u) = D_J[t,u)$ 来计算弧成本 $k_j[t,u)$。定义：

$$V_j(s,t) = \text{由 } j \text{ 到 } J \text{ 阶段组成的系统的最优成本，始于时间 } s\text{，结束于 } t, 0 \leqslant s < t < T$$

这些数量可以通过递归的方式进行计算，从 $j = J$ 开始，并向后计算。令 $V_{J+1}(s,t) = 0$。给定 $V_{j+1}(s,t)$，定义扩展的弧成本为：

$$k_j^+[t,u) = k_j[t,u) + V_{j+1}(t,u)$$

利用这些弧成本构建如图 4.3.1 所示的网络。那么，对于每一对节点 $(s,t), s < t$，确定从 s 到 t 的最小成本路径，这条路径的成本就是 $V_j(s,t)$（这样做的一种方式是对每一个起始时间 s 单独应用 Algorithm Forward _

DEL 算法。实际上，还有一些更快速的方法）。

对于 $j=1$，我们只需要计算 $V_1(0,T)$，即最优总成本。最优路径上的节点就是最优的阶段 1 订货时间。现在，利用每一个连续订货时间 (s,t)，并重新找到 $V_2(s,t)$ 的最小成本路径。这些节点就是最优的阶段 2 订货时间。持续利用这种方式，就可以重新构建完整的最优解。

这种方法的关键在于层级成本计算方案（echelon-cost-accounting scheme）：在阶段 j，选择弧 (t,u) 意味着在时点 t 订货，以满足 t 到 $u-1$ 期间的需求。最初的弧成本 $k_j[t,u)$ 包括相应的订货成本和层级 j 的持有成本。无论阶段 $j+1$ 及以后出现什么情况，这些成本都会发生。现在，$V_{j+1}(t,u)$ 代表了在同一订货周期中用嵌套策略来管理下游阶段的最佳方法。因此，扩展的弧成本 $k_j^+[t,u)$ 正确地度量了选择弧 (t,u) 的总成本。

5.7.2.3 提前期

回到一般性系统中，假设把物品 i 转运到 $j\in Suc(i)$ 的提前期为 L'_{ij}。每一个 L'_{ij} 都是一个正整数。为了在时点 t 生产出 j，就需要在时点 $t-L'_{ij}$ 动用物品 i 的库存［对于所有 $i\in Pre(j)$］。另外，对于每一个初始物品 j，都存在着一个订货提前期 L'_j。上述最初的模型都拥有 $L'_{ij}=1$ 和 $L'_j=1$。

根据 4.4.1 节，我们可以利用几种等价的方式对模型进行修改以包含提前期。下面就是一种：将 $z_i(t)$ 看成是时间 $t+1$ 之前物品 i 到达的数量（或已完成的生产数量）。在这种情况下，用下式替换动态方程（5.7.2）：

$$x'_i(t+1)=x'_i(t)+z_i(t)-d'_i(t)-\sum_{j\in Suc(i)}z_j(t+L'_{ij}-1)$$

$$t=0,\cdots,T-1,i=1,\cdots,J \qquad (5.7.2')$$

另外，在（5.7.1）中加入适当的初始条件。例如，考虑一个拥有 $L'_1=3$ 和 $L'_{12}=2$ 的两阶段串联系统。$t<L'_1-1=2$ 时的 $z_1(t)$ 以及 $t<L'_{12}-1=1$ 时的 $z_2(t)$ 在时间 $t=0$ 之前就确定了，因此它们变成了常数，由初始条件指定，形式如下：

$$z_1(0)=z_{1,0} \qquad z_2(0)=z_{2,0} \qquad z_1(1)=z_{1,1}$$

另外，当 $i=1$ 和 $t=T-1$ 时，（5.7.2′）的求和公式就是 $z_2(t)$，这个变量在模型的其他地方没有出现过。因此，或者忽略这一变量，或者利用终端条件（terminal condition）$z_2(T)=0$ 将其固定为 0。或者，只对阶段 2 将时间范围延长至 $T+1$。

为了计算出物品间在途库存的持有成本，需要进行更多的调整。假设正在被加工成另一种物品 j 的物品 i 的库存产生了成本 $h'_i(t)$。将 $h'_i(t)z_j(u), j \in Suc(i), t \leqslant u < t + L'_{ij} - 1$ 加入目标函数（5.7.4）或（5.7.4′）中。也就是说，令每一个 $c_j(t)$ 增加 $\sum_{i \in Pre(j)} \sum_{s=t-L'_{ij}}^{t} + 2h'_i(s)$ [实际上，只有当 $h'_i(t)$ 随 t 变化时，才需要进行这一调整。否则，如果对于某一常数 $h'_i, h'_i(t) = h'_i$，则 $c_j(t)$ 中的额外项就变成了常数 $\sum_{i \in Pre(j)} (L'_{ij} - 1) h'_i$。对于目标函数中的每一个 t，该常数都乘以 $z_j(t)$，但物品 j 的总订货量是最小可行数量，因而它本身是一个常数。因此，$c_j(t)$ 中的额外项不会影响解，因而可以被忽略掉]。

对于树形系统，还有一种更为简单的方法：像在 5.4 节中一样，对每一个物品调整时间轴。例如，在上述两阶段串联系统中，$x'_2(t)$ 与 $z_2(t)$ 的含义不变，但 $x'_1(t)$ 的含义变成了 $t - L'_{12} + 1$ 时的库存，而 $z_1(t)$ 表示 $t - L'_{12} + 2$ 之前完成的物品 1 的数量。在这种情况下，最初的动态方程（5.7.2）仍然成立［如 5.4 节所述，这一方法不适用于一般性系统，除非提前期恰好相互抵消；对于一般情况，需要用（5.7.2′）代替（5.7.2）］。

5.7.3　有限产能

考虑一个多产品系统，其产品共享一个产能有限的生产设备。另外，物品都是相互独立的。因此，这一系统从本质上说就是 5.6 节中的那种系统，我们在离散型时间框架下对其进行重新表述。

定义：

$$z_+(t) = t \text{ 时的可用产能}$$

$$a_i = \text{每单位物品 } i \text{ 的产能利用率}$$

另外，借用上述（5.7.1）到（5.7.4）模型中的符号［忽略上撇号，例如，把 $x'_i(t)$ 写成 $x_i(t)$。另外，$D_i[t, T)$ 只表示 t 之后物品 i 的累积需求］。下面是线性混合整数规划建模方法：

初始条件：

$$x_i(0) = x_{i0} \qquad i = 1, \cdots, J \tag{5.7.6}$$

动态方程：

$$x_i(t+1) = x_i(t) + z_i(t) - d_i(t) \qquad t = 0, \cdots, T-1, i = 1, \cdots, J \tag{5.7.7}$$

约束条件：

$$x_i(t) \geqslant 0$$
$$z_i(t) \geqslant 0$$
$$v_i(t) \in \{0,1\}$$
$$z_i(t) \leqslant D_i[t,T)v_i(t) \qquad t=0,\cdots,T-1, i=1,\cdots,J \qquad (5.7.8)$$
$$\sum_i a_i z_i(t) \leqslant z_+(t) \qquad t=0,\cdots,T-1 \qquad (5.7.9)$$

目标函数：

$$\text{最小化} \quad \sum_i \sum_{t=0}^{T-1} [k_i(t)v_i(t) + c_i(t)z_i(t)] + \sum_i \sum_{t=1}^{T} h_i(t)x_i(t) \qquad (5.7.10)$$

这是 4.4.5 节中有限产能 DEL 模型的多物品版本（我们可以重新调整变量和数据，使所有的 $a_i = 1$，但这样做没有任何实际的优势）。它还是 ELSP 的一个离散时间版本（然而，如 4.4.5 节所述，准备成本没有反映连续的生产过程。按照此处的论述对模型进行修改是可能的）。

要求解这一模型也需要利用整数规划技术。目前最成功的方法都利用模型的这种特殊结构：对于每一个物品，它几乎都是由一个独立的 DEL 模型构成的。只有产能限制（5.7.9）将它们联系在一起。尽管如此，要计算出真正的最优解仍然非常困难。

对模型进行扩展以将几种有限的资源（如设备和劳动力）包含在内并不困难：令 $r=1,\cdots,R$ 为资源编号。这样，每一种资源就拥有了资源产能和资源使用参数 $z_{+r}(i)$ 和 a_{ir}。现在，约束条件（5.7.9）扩展为：

$$\sum_i a_{ir} z_i(t) \leqslant z_{+r}(t) \qquad t=0,\cdots,T-1, r=1,\cdots,R \quad (5.7.11)$$

我们可以将像（5.7.9）甚至（5.7.11）的产能限制添加到网络模型(5.7.1) 至（5.7.4）中。得到的模型综合了前面两个模型的特征。多资源模型有一种很有趣的解释：假设 r 对不同机器进行了编号。每一种物品仅使用一台机器，但几个物品可以共享一台机器。因此，对于每一个 i，只有一个正的 a_{ir}，其他都为 0。现在，如果不是体现在动态方程（5.7.2）中的供应—需求关系，则模型将会分解为 R 个独立的问题，每一台机器一个。现在，这些关系将机器和物品联系在了一起。

这种组合模型仍然比以前的模型更难求解。然而，值得一提的是，即使是这样复杂的系统也可以用混合整数线性规划的语言来描述。在进行建模的过程中，我们了解了关于系统如何运作的一些问题。当 J、R 和 T 都很小时，我们确实能够得到解——这需要一台功能强大的计算机和一些耐心。否则，我们就必须使用一种启发式算法。

该模型（以及其他复杂的、大规模的问题）的一种启发式算法被称为递阶规划（hierarchical planning），它通过两步确定了一个解。第一步，先求解一个相对简单的近似模型，即总体模型（aggregate model）。该模型降低了固定成本 $k_i(t)$，并将物品分成组。第二步被称为分离（disaggregation），它将总体模型的解转化为最初模型的一个解。它求解了每一个组的独立模型，这些独立的模型在其最初物品之间划分了组的产量。

值得一提的是，这里所有的困难都是由固定成本项所引起的。如果 $k_i(t)=0$，则模型就变了一个线性规划问题（linear program，LP）；这是一个规模很大且非常复杂的线性规划问题，但即便如此也很容易求解（递阶规划在其总体模型中利用了这一事实）。这类模型被广泛应用于规划生产和配送中。另外，如果 $k_i(t)$ 为正但很小，那么这个模型就比较容易求解，精确的方法求解速度很快，而启发式算法的表现更佳。因此，减少固定成本除了具有直接的好处外，还简化了分析过程。

5.8 物料需求计划

5.8.1 概述

物料需求计划（material requirements planning，MRP）这一术语描述了一种宽泛的管理运营的方法，一类旨在支持这种方法的计算机软件，以及作为其基础的一系列特定规则。MRP 是美国进行生产规划和控制的一种事实上的标准，也被广泛用于其他领域，使用这一方法的公司无疑有成千上万家。

本节的目的不是对 MRP 进行全面论述。那是不可能的。实际上，MRP 是一种管理中的亚文化，拥有自己的大量术语。有一个规模很小但蒸蒸日上的行业提供 MRP 软件和咨询服务，最近的目录（APICS，1994）列出了 107 家提供商。在此，我们将对 MRP 进行概述并对其进行评估，我们将专注于其基本逻辑以及它与其他方法的关系。

5.8.2 核心模型和启发式算法

MRP 通常不会被表述为一种基于模型的方法。但在 MRP 的核心，确实存在一个模型。要搞清楚 MRP，理解这一模型以及 MRP 与它的关系是非常重要的。这一模型就是上述（5.7.1）至（5.7.4），用（5.7.2′）代替（5.7.2）。用文字来描述，MRP 的世界是由一系列物品 N 构成，通过一个网络

(N,A) 联系起来，以形成一个具有提前期的一般系统，并以离散时间运转。

为了便于参考，我们再重复一次其核心模型：

初始条件：

$$x'_i(0)=x'_{i0} \qquad i=1,\cdots,J \tag{5.7.1}$$

动态方程：

$$x'_i(t+1)=x'_i(t)+z_i(t)-d'_i(t)-\sum\nolimits_{j\in Suc(i)} z_j(t+L'_{ij}-1)$$
$$t=0,\cdots,T-1, i=1,\cdots,J \tag{5.7.2'}$$

约束条件：

$$x'_i(t)\geqslant 0 \qquad t=0,\cdots,T, i=1,\cdots,J \tag{5.7.3}$$
$$z_i(t)\geqslant 0 \qquad t=0,\cdots,T-1, i=1,\cdots,J$$

目标函数：

$$\text{最小化} \quad \sum\nolimits_i \sum\nolimits_{t=0}^{T-1}[k_i(t)\delta(z_i(t))+c_i(t)z_i(t)]+\sum\nolimits_i \sum\nolimits_{t=1}^{T} h'_i(t)x'_i(t) \tag{5.7.4}$$

[还有几个额外的初始条件，将以前确定的 $z_i(t)$ 固定为常数，如 5.7.2.3 节所述。其他变化将在下面讨论。]

从本质上说，MRP 的计划程序构成了这一模型的一种启发式算法。从广义上说，这是一种分解技术。它每次都为一个物品构建了一个解，从下游物品开始，并逐渐向上游移动。

为了详细描述这种方法，回想一下我们对物品的编号，使得当 $(i,j)\in A$ 时，$i<j$。MRP 以相反的数字编号顺序来处理的这些物品。

因此，MRP 从物品 J 开始。现在，物品 J 没有后继，动态方程 (5.7.2′) 在 $j=J$ 时的求和不复存在。物品 J 确实与其他的物品有关系，但只是通过它们的动态方程相互联系。MRP 忽略了这些关联。因此，剩下的就是一个单一物品的 DEL 模型，求解 MRP 就可以确定物品 J 的一个解（要求解这一 DEL 模型，MRP 的某些版本使用了一种准确的方法，如 Algorithm Forward _ DEL 算法，但其他一些则使用了一种启发式算法，如 Silver-Meal 启发式算法）。令 $z_J^0(t)$ 表示得到的订货数量。

接下来，MRP 专注于物品 $J-1$。现在，物品 $J-1$ 可能也没有任何后继；在这种情况下，MRP 像对待物品 J 一样对待它。在其他情况下，其唯一的后继是 J。因此，由于 $z_J(t)$ 固定为 $z_J^0(t)$，其动态方程变成了，

$$x'_{J-1}(t+1)=x'_{J-1}(t)+z_{J-1}(t)-d^0_{J-1}(t) \qquad t=0,\cdots,T-1$$

其中，

$$d^0_{J-1}(t)=d'_{J-1}(t)+z^0_J(t+L'_{J-1,J}-1)$$

这里再次忽略了与上游物品间的相互作用，MRP 只求解了物品 $J-1$ 的 DEL 模型，而需求为 $d^0_{J-1}(t)$。我们称结果为 $z^0_{J-1}(t)$。

在向上游推进时，MRP 持续使用这种方法。当到达物品 i 时，对于所有的 $j \in Suc(i)$，因为 $j>i$，$z^0_j(t)$ 就都被确定了。令：

$$d^0_i(t)=d'_i(t)+\sum_{j\in Suc(i)} z^0_j(t+L'_{ij}-1)$$

则动态方程（5.7.2′）变为：

$$x'_i(t+1)=x'_i(t)+z_i(t)-d^0_i(t) \qquad t=0,\cdots,T-1$$

MRP 在 DEL 模型中同样使用了这些动态方程以确定 $z^0_i(t)$。因此，在每一步中，对下游物品的订货数量就变成了额外的需求。

显然，整个过程花费的时间很少，而最终结果是核心模型的一个可行解。考虑到模型的复杂程度，这是一个相当大的成就。

将这种启发式算法与 5.7.2 节中的串联系统的准确算法相比较是很有意思的。那种方法也是从下游开始且向上游推移。但是，在每一个阶段，对于每一个 (s,t)，计算函数 $V_j(s,t)$ 要困难得多。显然，在从一个阶段前进到另一个阶段时，MRP 失去了一些信息。

MRP 启发式算法是可行的，但对于它在求解核心模型时的表现如何却没有多少证明的依据（人们提出了一些可选择的方法，如 5.7.2.1 节以及本章的注释所述，但就我们所知，这些方法在商用 MRP 系统中没有一个得到实施）。

5.8.3 更宽泛的背景

与其核心模型和启发式算法相比，MRP 要宽泛得多。这是必须的，因为它运行的环境比其核心模型要复杂得多。4.3.7 节中讨论的问题在这里仍然很重要：通常，MRP 用于滚动时域（rolling-horizon）的环境中，核心模型的数据只是大致的估计，且经常变化。敏感性分析是个问题。

与许多以模型为基础的方法一样，MRP 也包括外层（outer layer）。从内部来看，以模型的观点，这些外层收集并处理了它需要的数据，并把解发送至需要的地方。但从外部管理的角度来看，外层是整个方法的主要部分。

例如，考虑 $d_i'(t)$，在前面它被称为需求。在 MRP 中，这些并不是初始的需求预测。但在预测和模型间，还存在着一个或多个分析层。我们得到的 $d_i'(t)$ 是产出目标（output target），被总称为主生产计划（master production schedule，MPS）。对于主生产计划，似乎不存在任何统一的方法；这一活动使用了各种技术，有些是正规的，有些是不正规的。MPS 也包含了几个重要的职能。很明显，它必须为产能限制制定规划，而这却在核心模型中没有出现（我们将在后面重新讨论这一问题）。

另外一个重要的层被称为缓冲（buffering）。核心模型没有包含需求和供应的不确定性，但这类不确定性确实存在。缓冲指的是调整核心模型的数据以说明这些不确定性。有两种主要的缓冲技术，即安全库存（safety stock）和安全时间（safety time）：在此，安全库存是指修正（5.7.3）中 $x_i'(t)$ 的下限，从 0 调整为正值 $x_{i-}(t)$，如 4.3.7 节所述。正如该节讲述的一样，即使是对于 DEL 模型，选择适当的安全库存也很困难，而在这里则更加困难。安全时间是指向上修正 L_i' 和 L_{ij}'。这也很困难，我们将在下面进行解释。

许多 MRP 系统还为生产计划之外的许多活动提供支持。实际上，公司所有的控制和数据处理职能（包括采购、应付账款和工资）都建立在 MRP 基础之上，这是十分普遍的情况。

部分出于这一原因，某些 MRP 系统（特别是比较老的系统）运行很慢且十分笨拙。一些较新的系统摒弃了这些额外的部分，而专注于上述核心模型的启发式算法的执行。这种方法被称为快速 MRP（rapid MRP），实际上，它比传统的、功能全面的 MRP 系统的速度要快得多。

企业资源计划（ERP）将 MRP 的逻辑应用到了整个企业层面，包括了多个生产和配送设施。利用现代通信技术，一些 ERP 系统甚至能够将多个企业的活动联系在一起。

5.8.4 评估：MRP 与 OPT 和 JIT

人们对于 MRP 的感受很强烈。一些人把它当成是幸事，而另一些人则把它当成是诅咒（在其早期，MRP 的支持者将它说得天花乱坠，毫无疑问，今天我们听到的刺耳的负面评论是对早期这种吹嘘的回应）。现在，我们将从一个更为宽泛的管理角度来简要地评估一下它的优势和劣势。

MRP 主要的优势非常明显，以至于很容易被忽视。如 5.1 节所述，复杂的生产和配送系统可以被描述为网络。一旦你理解了这一点，那么这种想法就是很自然的。然而，MRP是第一种将这一想法包含在内并得到广泛应用的实用软件。因此，MRP为我们提供了第一种对具有复杂的供应/需求关系的大量物品进行协调的系统性程序。这一事实说明了为什么MRP如此流行。

MRP的一个主要不足是在其核心模型中缺乏产能限制。当然，真正的资源产能是很有限的，因此，启发式的方法很有可能是不可行的。为了弥补这一点，我们必须在核心模型之外做一些工作。下面是几种人们在实践中采用的替代方法。

一些使用者添加了安全时间，也就是说，他们延长了提前期L'_i和L'_{ij}，以便将由于资源拥挤造成的预期延迟包含进来。不幸的是，这一治疗方法常常比疾病本身更糟糕。产能限制几乎从不会造成恒定的延迟。通常，结果是许多订单的到达时间早于预期的时间，这就造成了过量库存。即使如此，偶尔也会出现L'_i和L'_{ij}无法解释的拥挤，因此这种方法无法满足MPS的产出目标（认识到可能产生的潜在成本后，明智地延长提前期是可能的。困难在于：很少有用户有时间和专业知识付诸行动）。

许多MRP软件程序包括一种被称为产能需求计划（capacity requirements planning，CRP）的模块。CRP起着报告的作用。在MRP启发式策略被运行后，CRP计算并报告解决方案对主要资源的使用情况，并强调那些产能被突破的资源。此时就需要一些人工干预，如部分调整解z_i^0以保证可行性，或者调整MPS［即$d'_i(t)$］。然后，重新运行启发式算法。当然，修正后的解并不一定是可行的，可能需要进行几次迭代。

较新的MRP软件支持这种迭代CRP过程，另外还增加了其他一些功能。这些软件与最早的MRP软件差别巨大，因此人们为它起了一个新的名字MRP II。在此，MRP这一缩写代表制造资源计划（manufacturing resource planning）。

因此，MRP II帮助管理人员解决了核心模型的这一限制，但并没有直接修正它。最近，一种完全不同的方法得到了人们的喜爱。这种方法被称为有限产能计划（finite-capacity scheduling），它专注于资源及其产能本身，将需求看成是对这些资源要安排的工作。但是，大多数此类方法都忽略了MRP核心模型的某些细节，特别是某些供应—需求关系和/或后续时期的某些细节（当然，它是一种整合的方法，建立在明确的产能限制和完全的网络结构基础之上。我们刚刚开始学习如何利用它们获得有用的结果）。

一种有限产能计划技术被称为最优生产技术（optimized production

technology，OPT）。OPT 的启发式算法能找到一个或一些瓶颈，即那些产能限制最严重的资源。因此，要构建一个解，就是要最有效地利用瓶颈资源。不幸的是，这种方法的实际运作方式仍然是保密的（被说得天花乱坠的并不仅仅是 MRP，OPT 也是如此）。据我们所知，没有人对它进行过认真的测试，因此，目前我们必须将 OPT 看成是一种有意思但未得到验证的概念。

如上所述，MRP 应对不确定性的方法是在核心模型中忽略这些不确定性，而通过一个缓冲层对其进行补充，以设定安全库存和安全时间。我们还不清楚这种方法的效果如何（第 8 章和第 9 章分析了具有明显不确定性需求和供应的网络。在那种环境下有效的方法似乎与 MRP 方法完全不同。但是，这一事实并没有解决这个问题。这些模型在几个方面具有独特性，例如，这些模型大都专注于串联系统，或者其他一些没有固定成本的特殊结构）。

MRP 的另一种劣势来自于 MRP 背后的集中控制这一基本观念。与完全集中化的方式（包括 OPT）一样，在 MRP 下，所有相关数据都流入一个单一的点，所有的决策都在那里制定。随后，这些控制指令流出这一点，并在网络中的不同点得到实施。原则上，这是一种理想的情况，假设所有的工作都按计划进行。

当然，在实际中，事情不会总是按照计划进行：包含当前库存数据的文件可能会慢慢地产生一些误差；机器停机没有被及时报告；人们错误地理解了计划决策；生产批量被证明是有缺陷的；等等。MRP 要求非常苛刻且需要严格规划，它不大可能容忍这类错误。

另外，作为一种管理方法，集中控制显得很不灵活：一般来说，它会产生大量的管理费用（表现为大量的官僚）。在车间和仓库工作的人通常将 MRP 看成是一种冷漠、武断的管理方式。他们没有任何发挥主动的机会，即使在改善 MRP 本身方面（如报告有问题的情况）或者在改善实际生产过程方面也是如此。

从这一点来看，人们很可能会赞成一种完成不同的方法——即时制（just-in-time，JIT）方法。JIT 的一个核心原则就是尽可能分散化控制。在这种方法中，在最小化中央指令的情况下，需求从下游阶段拉动（pull）库存，这反过来又拉动了上游阶段的库存。相比之下，MRP 通过 MPS 和核心模型的启发式算法在整个系统中推动（push）库存。部分出于这一原因（当然还有其他原因），JIT 通过一些小规模的措施和大规模的项目鼓励流程改善（我们将在 8.8 节对 JIT 方法进行进一步的讨论。注意，对 JIT

的吹捧甚至超过了对 MRP 和 OPT 的吹捧）。

尽管二者背后的观点差别巨大，但将 MRP 和 JIT 结合在一起（至少是部分地结合在一起）也是有可能的。当然，任何因素都不能阻止一家公司鼓励流程改善，同时坚持采用 MRP。即使在控制层面上，MRP 也可以用来设定长期产出目标，而让 JIT 来设定每天或每小时的产出目标。我们也可以在一些相关阶段的群组内放松集中控制，但对群组间商品的流动实行集中控制。这并不是全部的可能性，这种可能性还有很多。

这为我们带来了一个最终的、决定性的问题——适应性（adaptability）。在这一点上，MRP 既有成功的一面，也有失败的一面。MRP 产业并不太想听取来自运营管理人员的意见，在早期阶段更是如此，在某种程度上，现在也是这样。一位博识的观察者（Wagner，1993）写道："MRP 已经变成了一个严厉的看门人，他利用运筹学来防止工厂的车间遭到入侵。"在我看来，这种狭隘性已经对 MRP 产业造成了巨大的损失。如果它对其他观点、解决方案和控制机制更加开放，那么今天 MRP 肯定会成为一种为人们广泛接受的原则，而不会被看成是一块顽石。

从另一个角度看，在一些关键方面，MRP 显示出了相当大的适应性。在将其扩展为 MRP II 和 ERP 以及与 JIT 要素相结合的过程中，这一产业对其客户的真正需求做出了响应。根据那些体验，一些实践者预计 MRP 会变成一种灵活的方法，能够接受一系列新的方法与观点。这确实是一个很受欢迎的进步。

本章注释

5.2 节：库存—工作量权衡曲线的重要性首先由 Starr 和 Miller（1962）提出。另请参见 Gardner 和 Dannenbring（1979）。De Groote（1994b）对品类指标（variety index）进行了详细的分析和说明。

5.3～5.5 节：这里的总体方法要归功于 Maxwell 和 Muckstadt（1985）以及 Roundy（1985，1986）［一部分是由 Schwarz（1973）、Schwarz 和 Schrage（1975）以及 Jackson 等（1985）提出的］。我们可以在 Mitchell（1987），Federgruen 和 Zheng（1992a，1995），Federgruen、Queyranne 和 Zheng（1992），以及 Atkins 和 Sun（1995）中找到推广和优化。Atkins（1990）以及 Muckstadt 和 Roundy（1993）讨论了这些文献资料。

Anily 和 Federgruen（1990）严格分析了库存—路径问题，并且提供了大量的数值结果。最近的结果以及对这些文献的指导请参见 Bramel 和 Simchi-Levi（1995）以及 Herer 和 Roundy（1997）。更直观的、启发式的讨论请参见 Burns 等（1985）。

5.6 节：ELSP 前期的主要工作是由 Hanssmann（1962）和 Maxwell（1964）完成的。Elmaghraby（1978）在 20 世纪 70 年代末评估了对这一问题的研究。最近重要的发展包括 Dobson（1987，1992）、Jones 和 Inman（1989）、Roundy（1989）、Gallego（1990），以及 Zipkin（1991b）。ELSP 可以扩展以包含有计划的延期交货，参见 Gallego 和 Roundy（1992）。对于串联系统的推广，请参见 Dobson 和 Yano（1990）、El-Najdawi（1992），以及 El-Najdawi 和 Kleindorfer（1993）。

5.7 节：Veinott（1969）证明了模型（5.7.1）到（5.7.4）的零库存特性。Crowston 和 Wagner（1973）、Afentakis 等（1984）以及 Rosling（1986）将整数规划方法用到了该模型中。串联系统的有效算法由 Zangwill（1966）和 Love（1972）提出，其推广请参见 Erickson 等（1987）。该模型的一种启发式算法就是 MRP 的启发式算法。其他启发式算法由 Graves（1981）、Blackburn 和 Millen（1982）、Heinrich 和 Schneeweiss（1986）以及 Roundy（1993）提出。

有限产能模型（5.7.6）到（5.7.10）在 Lasdon 和 Terjung（1971）、Eppen 和 Martin（1987），以及 Diaby 等（1992）中进行了讨论。对启发式算法的评估请参见 Maes 和 Van Wassenhove（1988），总体分析请参见 Salomon（1990）。

Billington 等（1986）对将供应/需求关系和产能限制结合在一起的启发式算法（建立在最优化原则的基础上）进行了讨论。Hax 和 Candea（1984）对递阶规划方法进行了综述。

5.8 节：许多图书都详尽地论述了 MRP。早期的介绍请参见 Orlicky（1975）。Chase 和 Aquilano（1992）的文章包含了最新的概述，而 Vollman 等（1992）则提供了更为广泛的论述和文献。安全时间问题在 Karmarkar（1993）中得到了详尽的论述。关于 MRP 更有意思的社会学观点请参见 Kling 和 Iacono（1984，1989）。

Morton 等（1988）、Dobson 等（1992）以及 Faaland 和 Schmitt（1993）讨论了有限产能计划方法。有关 OPT 的介绍请参见 Jacobs（1983）、Aggarwal（1985）以及上面提到的两篇文章。同样的两篇文章也包含了对 JIT 的概述。JIT 的最初来源之一是 Shingo（1989）。对流行文献的重要评论请参见 Zipkin（1991a），对研究文献的调查请参见 Groenevelt（1993）。Karmarkar（1989）和 Rao（1989）论述了将 MRP 和 JIT 结合在一起的可选择的方法。Krajewski 等

（1987）通过计算机仿真对 MRP 和 JIT 进行了比较。

本章习题

5.1　证明品类指标（variety index）J_* 满足（5.2.1），即 $1 \leqslant J_* < J$（提示：定义 $x_j = w_j c_j \lambda_j$。将 x_j 看成是适当的最优化问题中的变量）。

5.2　执行正文中列出的求解最优化问题（5.2.2）的步骤。利用其解证明等式（5.2.4），它描述了库存—工作量权衡曲线。

5.3　考虑一个物品数量 J 很大的独立物品系统。要获得所有独立物品的数据很困难。该问题建议用统计学的方法来估算 J_*。

首先，w_j 对于各个 j 是相似的，这通常是正确的。为了简便起见，假设它们都相等（等于 w）。其次，在许多多物品库存中，我们可以观察到一种实用的实证关系：物品的支出率（expenditure rate）$c_j\lambda_j$ 的频数分布（frequency distribution）近似为对数正态分布（lognormal）（如果 Y 是一个拥有正态分布的随机变量，且均值为 μ，方差为 σ^2，那么，$X = e^Y$ 服从具有这两个相同参数的对数正态分布）。假设 J 很大，物品有效地构成了一个连续统一体（continuum），而且支出率介于一个很小的区间 $(x, x+dx)$ 的部分物品为 $f(x)dx$，其中 $f(x)$ 是参数为 μ 和 σ^2 的对数正态概率密度函数（probability density function，pdf）。另外，假设我们已经估算出了 μ 的 σ^2。

对于任何正数ϵ，$E[X^\epsilon] = \exp(\epsilon\mu + \frac{1}{2}\epsilon^2\sigma^2)$。例如，根据 5.2 节的符号，$c\lambda/J = E[X] = \exp(\mu + \frac{1}{2}\sigma^2)$。在这些假设下，证明 $J_* = J \cdot \exp(-\frac{1}{4}\sigma^2)$。解释为什么 J_* 随 σ^2 下降具有直观上的意义。

5.4　考虑 5.2 节中的多物品库存，但现在假设允许有计划的延期交货存在。定义第三个总体绩效：

$$cB = \text{延期交货的总成本价值}$$
$$= \sum_j c_j \bar{B}_j$$

其中，$\bar{B}_j$ 为物品 j 的平均延期交货量（事实上，一个更有用的指标是 pB，它是利用销售价格 p_j 而非 c_j 对 $\bar{B}_j$ 进行加权而定义的。这种情况更复杂。我们暂时假设加成率 p_j/c_j 对于所有物品都是一样的，因此 cB 和 pB 传递出的信息是一样的）。

证明这三个指标通过下列函数关系联系在一起：

$$wO = \frac{\frac{1}{2}(wc\lambda)J_*}{(\sqrt{cI} + \sqrt{cB})^2}$$

这个等式描述了坐标为 (cI, cB, wO) 的三维空间中的一个二维平面，与5.2节中的权衡曲线类似。有时候，它被称为总权衡平面（aggregate tradeoff surface）。

现在，放弃上面的假设，即加成率 p_j/c_j 为常数的假设，并用 pB 代替 cB。在这种情况下，不存在一个权衡平面的简单公式，但我们仍然可以生成一个用数值表示的平面：令 β 表示总延期交货的成本因子，类似于 κ 和 η，并且 $\omega = \beta/(\beta + \eta)$。推导出用成本率 η/κ 和 ω 表示的 cI、cB 和 wO 的公式。说明如何利用这些公式来计算权衡平面上的点。

5.5 对于一个具有任意阶段数量 J 的串联系统，证明一种嵌套策略优于一种非嵌套策略，如定理5.3.1所述。

5.6 对于一个具有任意阶段数量 J 的串联系统，证明零库存策略优于其他任何策略，如定理5.3.2所述。

5.7 给定问题（5.3.3）的解 u^*，定义子集 $A^*_= = \{j \in A : u^*_j = u^*_{j+1}\}$。证明 $\mathbf{u}^*$ 是问题(5.3.3[$A^*_=$]）的唯一解［利用反证法。假设相反的情况，构建(5.3.3）的一个成本低于 $\mathbf{u}^*$ 的可行解］。

5.8 为了根据5.3.6节的内容构建一种策略，必须使函数 $C^+(\underline{u})$ 在区间[1,2)内最小化。正文中概括性地讲述了这种方法。本习题将补充其细节。

定理5.3.7的证明（5.3.8节）说明了如何计算断点，表示为 $\chi(m)$，并给出了 $u^+(m)$ 作为 $\underline{u}$ 的函数的公式。利用这一信息，为 $C^+(\underline{u})$ 写出一个明确的表达式。这一表达式应该与每一个子区间的EOQ模型的成本函数类似［为了简便起见，假设所有的 $\chi(m)$ 都不相同，且都严格大于1］。解释如何在每一个子区间内最优化 $C^+_i(\underline{u})$。

5.9 补充定理5.3.7的证明中的细节：证明 $\chi(m)$ 实际上是 $u^+(m)$ 的断点，并证明 $u^+(m)$ 的公式是 $\underline{u}$ 的函数。证明括号中的两个积分之和为 $1/\sqrt{2}$。

5.10 在定理5.3.6的证明中，我们证明了：

$$2^{-\frac{1}{2}} \leqslant \frac{u^+(m)}{u^*(m)} < 2^{+\frac{1}{2}}$$

很明显，对于所有的 m 和 λ 的任意取值，这是正确的。利用这一事实证明：如果 λ 从一个数值变为另一个数值，相关的订货频率 $u^+(m)/u^+(\text{next}(m))$ 差不多要变化2倍。

5.11 考虑一个串联系统，其成本因子由 $k_j = \kappa w_j$ 和 $h_j = \eta c_j$ 给定。松弛后的问题的最优分区 $\mathbf{N}^*$ 与 κ 和 η 是独立的。假设我们利用松弛后的问题和

$\mathbf{N}^*$ 来估计 wO 和 cI。证明库存—工作量权衡曲线就是（5.2.4），与独立物品模型中的形式一样，其总体系统参数与在 5.3.7 节中一样进行重新定义。

5.12　考虑一个 5.3 节中所述的串联系统，只是物品 j 中有一个固定比例 δ_j 是次品。所有的次品都能够被立即发现并必须报废。对于次品没有补偿［δ_1 表示来自外部来源的供应中存在的次品部分。对于 $j>1$，阶段 j 将 1 单位物品 $j-1$ 转化为 $(1-\delta_j)$ 单位的可用物品 j 和 δ_j 单位的次品］。构建一个没有次品的等价模式。

5.13　考虑一个串联系统，其每一个阶段都有一个有限生产率 μ_j，如 3.4 节所述。阶段 1 逐步生产物品 1，阶段 $j+1$ 逐渐将物品 j 转化为物品 $j+1$。假设每一件物品 J 在生产完成后就可以立即用于满足需求。同样，物品 j 在生产出来后也可以立即用于阶段 $j+1$。没有提前期或准备时间。因此，原则上，1 单位物品可以立即通过所有的阶段。

假设 $\mu_1 \geqslant \mu_2 \geqslant \cdots \geqslant \mu_J > \lambda$，并定义 $\rho_j = \lambda/\mu_j$。考虑一种嵌套的、零库存的、定期的策略。证明任何此类策略都是可行的。解释对于每一个 j，层级库存 $I_j(t)$ 都遵循与单一物品模型中相同的周期模式。然后，证明平均层级库存为 $\bar{I}_j = \frac{1}{2}(1-\rho_j)u_j\lambda$。最后，解释如何重新定义 g_j，使得函数 $C(\mathbf{u})$ 正确地度量平均成本（因此，从这一点开始，我们就可以应用 5.3 节中的方法来找到这类问题的一个良好策略）。

5.14　与上一习题中一样，考虑一个具有有限生产率 μ_j 的串联系统。但是，现在产成品只是在整个批量加工完成后才能用来满足需求，如 3.4.5 节所述。同样，在阶段 $j<J$ 的生产批次中生产的库存也只是在整批产品完成后才可以使用。此后，$j+1$ 阶段的生产过程将逐渐减少 $I'_j(t)$，同时增加 $I'_{j+1}(t)$。再次令 $\rho_j = \lambda/\mu_j$，并假设对于所有 j，$0<\rho_j<1$（但是，μ_j 不一定是单调的）。

在这一背景下，如果阶段 $j+1$ 在阶段 j 每次完成一件产品时就开始一个生产过程，那么策略就是嵌套的。零库存策略就是每一个阶段的每一次生产过程开始于具有可行性的最后可能时刻的策略。定期特性与前面的含义一样。只考虑嵌套的、零库存的、定期的策略。

(a) 考虑一个具体的例子，其中 $J=2, \lambda=1, \mu_1=\mu_2=4, u_1=8, u_2=4$。画出 $0 \leqslant t \leqslant 16$ 时 $I'_j(t)$ 的图形，假设物品 1 的一个生产批次始于时点 0，并令 $I'_1(0)=0$ 和 $I'_2(0)=3$。然后，画出在同一区间内层级库存 $I_j(t)$ 的图形。

(b) 现在，考虑一般情况：对于物品 J，与单一阶段模型一样，在每一个周期中（长度为 u_J），生产过程持续时间为 $\rho_J u_J$。因此，生产期开始时必须拥有足够的库存，以满足这一期间内的需求 $\rho_J u_J \lambda$。

证明：出于类似的原因，一般来说，物品 j 的一个生产过程开始时必须拥有层级库存 $I_j(t)=(\sum_{i\geqslant j}\rho_i u_i)\lambda$。这是每一个周期内的最小层级库存。然后，证明最大库存是这一数量再加上 $u_j\lambda$。最后，证明平均层级库存为 $\bar{I}_j=\frac{1}{2}(1+\rho_j)u_j\lambda+(\sum_{i>j}\rho_i u_i)\lambda$。

(c) 设 $h_j^+=(1+\rho_j)h_j+2\rho_j\sum_{i<j}h_i$，并重新定义 $g_j=h_j^+\lambda$。证明 $C(\mathbf{u})$ 现在正确地度量了一种策略的平均成本（因此，我们可以应用 5.3 节中的方法来找到一个良好的策略）。

5.15 考虑一个具有如下数据的串联系统：$J=4,\lambda=10$，所有的 $k_j=80$，并且：

$$h_1=0.5 \qquad h_2=4.5 \qquad h_3=9.0 \qquad h_4=4.0$$

求解这一松弛后的问题。然后，利用基期 $\underline{u}=2$ 计算出一个可行解。C^+/C^- 的比率是多少？

5.16 考虑如图 5.4.3 所示的具有下列弧提前期的树形系统：

$$L'_{14}=6 \qquad L'_{24}=3$$
$$L'_{35}=5 \qquad L'_{45}=3$$
$$L'_{36}=6$$

给定零提前期系统的一种策略，准确地说明如何为这一真实的系统建立一个等价的策略。

5.17 考虑如图 5.4.2 所示的配送系统。假设它描述了一个生产过程。最初，所有的物品都由千克（kg）来衡量的。要生产 1 千克的成品 6，需要 4 千克的物品 3。物品 5 需要 1 千克物品 3。反过来，1 千克物品 3 需要 2 千克物品 1。物品 4 需要 2 千克物品 1，而物品 2 需要 0.25 千克物品 1。改变物品的单位，使得每一个物品都恰好用 1 单位的（单一）前趋（仍然用千克来度量原材料即物品 1）。如果最初的需求率为：

$$\lambda'_2=200 \qquad \lambda'_4=200 \qquad \lambda'_5=800 \qquad \lambda'_6=1600$$

修改后的比率为多少？

5.18 考虑在 5.4.7 节中讨论到的三种物品、非嵌套的配送系统。提供详细的论据，证明那里给出的虚拟物品 $1j$ 和物品 1 本身的平均层级库存的公式。

5.19 5.6 节中的 ELSP 基础版本假设库存在生产出来后可以立即用于满足需求。证明在相反的情况下如何修改公式，即只有当整个批量加工完成后才能用于满足需求（假设采用一种轮换计划）。

5.20　在 ELSP 中（假设产出可以立即用来满足需求），假设除准备成本 k_j 外，每一个产品都需要准备时间 τ_j。假设一种轮换计划的情况。定义在一个周期中的总准备时间为 $\tau = \sum_j \tau_j$。利用这一数量，说明如何改变 3.4 节中的方法来确定最优周期长度 u^*。

5.21　考虑一个需求率为 $\lambda(t)$ 且变化缓慢的串联系统，如 5.7.1 节所述。给出类似于（4.2.2）的总平均成本的近似（提示：对每一个时间点，计算类似于 C^- 的数值）。提供支持这一近似的最佳证明。

5.22　考虑（5.7.1）到（5.7.4）表示的在离散时间下通用系统的最优化模型。该模型假设一对一的输入/输出使用情况。在此，我们假设对于所有 $i \in Pre(j)$，1 单位物品 j 的产出需要 a_{ij} 单位的物品 i。说明如何修改公式（提示：只有一种改变是必要的）。

5.23　考虑问题（5.7.1）到（5.7.4）。令 $d_i(t)$、$x_i(t)$ 和 $h_i(t)$ 分别表示层级 i 在时点 t 的需求、库存和持有成本。用本地数据和变量给出这些数量的表达式。利用层级水平的数量写出等价的公式［注意，动态方程变得比（5.7.2）更简单，但约束条件变得比（5.7.3）更复杂］。

5.24　考虑作为串联系统特殊情况的问题（5.7.1）至（5.7.4）。假设对于每一个 t，$h'_j(t)$ 对于 j 是非递减的，而对于每一个 j，$k_j(t)$ 和 $c_j(t)$ 对于 t 是非递增的。证明最优解是嵌套的（利用反证法，如定理 5.3.1 的证明一样）。

事实上，你的证明只需要下列较弱的条件：对于所有 $t < u$ 以及所有的 j，定义：

$$\bar{c}_j[t,u) = c_j(t) + \sum_{s=t+1}^{u} h_j(s) - c_j(u)$$

其中，$h_j(s) = h'_j(s) - h'_{j-1}(s)$［这类似于在定理 4.3.1 的证明中的数量 $\bar{c}[t,u)$］。条件是 $k_j(t)$ 对于 t 是非递增的，且所有的 $\bar{c}_j[t,u) \geqslant 0$。

5.25　考虑一个有三个物品的装配系统，其中物品 1 和物品 2 为最终产品提供原料。假设存在正的转换提前期 L_{13} 和 L_{23}。准确说明如果扩充最初的条件（5.7.1），并增加特定的边界条件以反映这些提前期。

第6章 随机需求:具有恒定提前期的单一物品

本章提要

6.1 导言

6.1.1 本章要点

本章涵盖了一些非常基本的运营管理问题：我们如何控制一个需求不确定的系统？这些不确定性对系统运作有何影响？

在本章中，我们将利用一个非常简单的系统来分析这些问题：该系统中只有一种物品，供应过程具有恒定的提前期、可靠的质量和静态的需求。后续章节将研究一些复杂的系统，在这些系统中，提前期是随机的，且质量会有瑕疵（第7章），具有多种物品（第8章），具有随时间改变的需求（第9章）。另外，本章假设缺货订单是被积压的订单，第7章将讨论销售损失的情况。

随机需求，再加上订货提前期，为我们增加了新的困难：由于有提前期，在我们采取行动与这些行动产生效果之间就存在着延迟。正如我们在前面看到的，如果需求是确定的，则这些滞后不会产生问题，因为我们知道在提前期内会发生什么事情，我们可以调整当前的行动以进行弥补。同样，在零提前期这种极端的（并且是罕见的）情况下，即使需求是随机的，我们也可以保持对系统的完全控制。现在，这一点不再正确。我们必须在一无所知的情况下采取行动，而不能预知我们的行动会产生何种最终影响。

特别是，不管我们做什么，意外的大量需求都有可能耗尽我们的库存，使我们无法满足后续的需求。某种程度的缺货风险是无法避免的。

一般来说，较长的提前期和较大的需求不确定性都降低了我们对系统控制的精确性。对系统的控制越不精确，为充分满足客户需求所需的库存就越多。本章的主要目标是分析和详细阐述这种直观的见解，以准确理解这些综合效应是如何产生影响的。

一个主要的结论是：这些因素的主要影响可以用一个综合指标“提前期需求标准差”（standard deviation of leadtime demand）来衡量，记为。在适当的时候我们会解释它的含义。目前，我们将 σ 看成是一个不精确的指标，是一个度量阻碍我们对系统进行控制的噪音或变异的指标（下一章表明，σ 还可以反映提前期的不确定性造成的影响）。加上前面讨论的其他参数，如需求率和固定订货成本，σ 是系统绩效的一个主要决定因素。我们所做的任何能够减少它的事情——通常有几种方式——都能够改善这一系统。

另一方面，降低波动性需要耐心，而且完全消除不确定性实际上是不可能的。这些简单的事实被人们普遍地遗忘了：很多企业傲慢地下达一些命令，要求实现完美的客户服务和零库存，同时忽视了以认真的方式调动应对波动所需的资源。这些都是虔诚的行为，而不是政策。我们的目标肯定是管理缺货风险，而为了明智地做到这一点，我们必须理解其背后的原因。

6.1.2 概要

下面是对即将讲述的内容的概述：在本章中，我们将时间看成是连续的，但需求、库存和其他数量是离散的（整数值）。我们将提出几个需求和供应模型。在每一种情况下，我们都会指出一类可行的控制策略。

初始目标是绩效评估，即计算特定类别中任何策略的关键绩效指标。有时候，我们能获得精确的公式，但我们也开发出了一些有用的近似方法。我们分析了这些公式的一些特性，以了解不同控制策略对绩效的影响，以及模型参数变化对绩效的影响。这种形式的分析占用了 6.2 节至 6.4 节以及 6.6 节和 6.7 节的大部分内容。

接下来（6.5 节以及 6.6 节和 6.7 节的部分内容），我们介绍了成本因子，定义了一个总成本函数，并说明了如何确定最优策略（在给定的类别中）。由于这里的模型非常复杂，我们不是总能利用解析解表述最优解。在某些特殊的情况下以及近似的情况下，我们确实得出了这类公式。此外，我们还说明了如何利用相当简单的数值方法来计算最优策略。另外，即便没有解析解，我们也可以了解很多有关最优策略定性行为及其绩效的信息。正是在这里我们才最清楚地看到了变动指数（variation index）σ 的影响。

6.1.3 需求模型

基本的需求模型是泊松过程（Poisson process），它是最简单的基于时间的随机事件模型。需求每次只产生一个单位。在每个很小的时间间隔内，需求可能发生，也可能不发生。不管在其他时间间隔内发生什么，在每一个这样的时间间隔内包含一个需求的可能性是一样的。这一可能性由一个正数 λ（即平均需求率）来度量。6.2 节重点讨论了这类需求过程。

6.3 节引入了一个更一般的模型。同样，需求一次只有一个，并且随着时间的变化需求不会产生可预见的波动。因此，需求率恒定为 λ。但是，存在某种外生的系统（如经济条件），其行为部分决定了需求。这一系统的状态提供了关于未来需求的信息。我们称这一系统为环境（world），并称需求为环境驱动的需求过程（world-driven demand process）。由于它们依赖于环境系统，因此不同时间间隔中的需求是相互关联的（第 9 章分析了一种随时间变化的环境系统，以及随时间变化的需求）。

我们详细地讨论了一种特殊情况，其中环境是由连续时间的马尔可夫链（Markov chain）来表示。在此，需求过程被称为马尔可夫链驱动的计数过程（Markov-chain-driven counting process），或称 MCDC 过程。这一过程的变动性或高于或低于泊松过程（因此会产生一个较高或较低的 σ 值），取决于其细节。

6.6 节研究了一个多单位随机需求模型，被称为混合泊松过程（compound-Poisson process）。客户按泊松过程到达，但每位客户需求的数量是随机的。这样一个过程通常会具有比泊松过程更大的 σ 值，因为除需求发生的时机之外，需求的大小也是一个不确定性的来源。

尽管这些模型存在着差异，但其分析的最终结果——即绩效公式——的形式差不多是一样的。因此，绩效指标的许多重要定性特征是普遍成立的。另外，6.5 节中的最优化方法适用于各种不同的系统。

6.1.4 策略

什么是随机环境中合理的控制策略？直观上，我们希望对需求波动做出明智的响应，努力避免反应过度。另外，我们采用的任何规则都应该非常简单，即易于理解和实施。我们在这里讨论的策略满足了这些需求，它们在实践中应用广泛（第 9 章证明了在某些合理的假设下，这样一个策略是所有策略中最优的。但目前我们将这些策略看成是给定的）。

第 3 章的策略假设确定性需求以恒定的速率发生，它有两个理想的属性：所有订单的规模都是相同的，并且下订单的时间间隔也是相等的，订单的数量以及下订单的时间都是有规律且可以预测的。在随机需求的情况下，我们必须至少放弃其中的一个规律。我们仍然是定期下订单，但此时订货的数量会发生变化。或者订货的数量相等，而下订单的时间无法预测。这些因素使得制定规划更加困难。

在此，我们重点讨论第二种方法，也就是说，我们将订单建立在对库存位势的观察上，而不是根据钟表或日历来下订单。在实践中，这意味着我们需要一个能够追踪库存位势的信息系统，当需求发生时，这一系统会将其记录下来。有时候，这些系统被称为交易报告系统（transaction reporting system）（由于销售点电子终端以及相关通信技术的进步，这类系统现在已经十分常见）。6.7.3 节简要讨论了一种定期盘点策略（periodic-review policy），其中订单是定期下达的。第 9 章讨论了离散时间模型，在这些模型中，从一开始就为问题设定了一组定期的可能订货时间。

在本章的大部分内容中，我们假设每次发生一单位的需求，我们将集中讨论订货量/再订货点策略（order-quantity/reorder-point policy），或称 (r,q) 策略，这一策略是在 3.3 节引入的。一个重要的特例是基本库存策略（base-stock policy），其中 $q=1$。

对于多单位随机需求（lumpy-demand）的情况（6.6 节），我们考虑了 (r,q) 策略的两种可行的扩展。第一种扩展也被称为 (r,q) 策略，它订购 q 的整数倍。第二种推广被称为 (r,s) 策略，它订货的数量足以使库存位势提高到一个固定的目标水平 s。另外，6.7.2 节针对环境驱动的需求探讨了一个更为复杂的策略，这一策略将订货决策建立在环境信息基础之上。

6.2 策略评估：泊松需求

6.2.1 预备知识

本节说明了如何计算一个给定策略的绩效指标。在本节中，需求是一个泊松过程。本小节提供了一些基本的符号和预备技术知识。接下来的两个小节展示了主要结果。6.2.2 节集中讨论了一个基本库存策略的特例，而 6.2.3 节讨论了一般的 (r,q) 策略。6.2.4 节讨论了客户等待时间。所有的证明集中在 6.2.5 节中。

符号如下：

λ= 需求率
L= 提前期
q= 订货量
r= 再订货点
$E[\cdot]$ = 期望
$V[\cdot]$ = 方差
t= 连续时间变量，$t \geqslant 0$

对于每个 $t \geqslant 0$，令：

$D(t)$ = 直到时间 t 的累积需求，即区间 $(0,t]$ 内的需求
$D(t,u]$ = 区间 $(t,u]$ 内的需求
$= D(u) - D(t), u \geqslant t$

这些都是随机变量。需求过程是一个随机过程，是随机变量 $\mathbf{D} = \{D(t): t \geqslant 0\}$ 的集合。

在这里，**D** 是一个具有需求率 λ 的泊松过程。也就是说，需求在长度为 Δt 的一个很短的时间间隔内发生的概率大致为 $\lambda(\Delta t)$，与在其他时间间隔内发生什么无关。另外，在这一时间间隔内发生一次以上需求的概率可以忽略［从技术上说，发生一次需求的概率为 $\lambda(\Delta t) + o(\Delta t)$，而大于一次需求的概率为 $o(\Delta t)$］。

这意味着 $D(t)$ 服从均值为 λt 的泊松分布，也就是说：

$$\Pr\{D(t) = d\} = \frac{(\lambda t)^d e^{-\lambda t}}{d!} \qquad d \geqslant 0$$

同样，$D(t,u]$ 服从均值为 $\lambda(u-t)$ 的泊松分布，它只取决于时间间隔 $(t,u]$ 的长度，而不取决于其位置。最后，$D(t)$ 与 $D(t,u]$ 是独立的（在技术术语中，**D** 具有静态的、独立的增量。关于泊松分布和过程的更详细的信息，请参见附录 C 中的 C.2.3.4 节和 C.5.6 节）。

图 6.2.1 显示了一些由一个泊松过程产生的需求。这些需求完全没有规律；在几个地方，它们似乎是一起发生的，而在另一些地方则很长时间没有需求。这种情况是非常典型的。

泊松过程广泛应用于需求建模有几个原因：它易于阐述，需求率 λ 是其唯一参数。另外，在很多实际情况中，这一模型相当准确，需求确实像

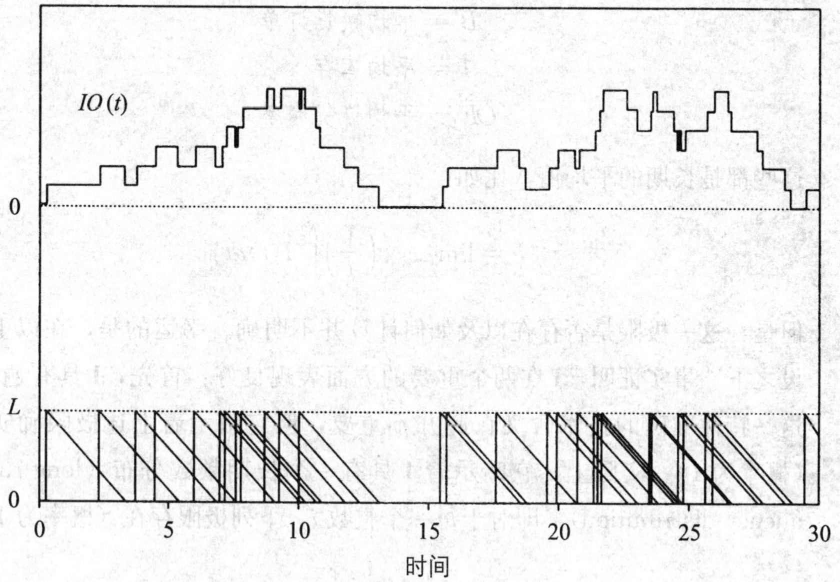

图 6.2.1　**需求、订单和收入**

是一个泊松过程（原因之一是，需求常常来自于许多很小的、几乎独立的来源，如客户分布在一个很大的区域中，泊松过程很好地近似了这一总体过程）。最后，这一模型在数学上的简单性使分析和计算任务变得顺利了。

给定一个固定的策略，一些状态变量描述了系统在长期中的演进。对于每一个时点 $t \geqslant 0$：

$$I(t) = \text{现有的库存}$$

$$B(t) = \text{未交货的缺货订单}$$

$$IN(t) = \text{净库存} = I(t) - B(t)$$

$$A(t) = \text{缺货指标} = \mathbf{1}\{IN(t) \leqslant 0\}$$

$$IO(t) = \text{订购的库存}$$

$$IP(t) = \text{库存位势} = IN(t) + IO(t)$$

这些数量都是随机变量。为了说明一个针对所有 t 的量，我们使用了黑体字，如上面的 **D** 所示，例如，$\mathbf{I} = \{I(t): t \geqslant 0\}$。这是一个随机过程，**B** 和 **IN** 等也是如此。如上所述，净库存 $IN(t)$ 决定了缺货指标 $A(t)$，而库存和缺货订单是由下式决定的：

$$I(t) = [IN(t)]^{+} \qquad B(t) = [IN(t)]^{-}$$

我们最感兴趣的绩效指标与 3.3 节中的一样：

$$\overline{A} = \text{平均缺货频率}$$

$$\overline{B} = \text{平均缺货订单}$$

$$\overline{I} = \text{平均库存}$$

$$\overline{OF} = \text{平均订货频率}$$

这些都是长期的平均值，比如：

$$\overline{I} = \lim_{T\to\infty}\{\left(\frac{1}{T}\right)\int_0^T I(t)dt\}$$

但是，这一极限是否存在以及如何计算并不明确。幸运的是，在以上的假设之下，事实证明，**I** 在两个重要的方面表现良好：首先，**I** 具有遍历性。这一特性准确的技术含义在此并不重要，但它暗示着上述极限确实存在（概率为 1）。实际上，它暗示着 **I** 具有一个长期频数分布（long-run frequency distribution），即对于每一个整数 i，下列极限存在（概率为 1）：

$$g_{\underline{I}}(i) = \lim_{T\to\infty}[\left(\frac{1}{T}\right)\int_0^T \mathbf{1}\{I(t) = i\}dt]$$

$\underline{I}$ 表示一个服从这一分布的随机变量，因此，$\overline{I} = E[\underline{I}]$。其次，**I** 具有极限分布（limiting distribution）。这意味着随机变量 $I(t)$ 的概率分布随着 $t\to\infty$ 而收敛于一个极限，而这一极限并不取决于初始条件。令：

$$I = \text{均衡库存水平，这是一个服从 } \mathbf{I} \text{ 的极限分布的随机变量}$$

确定这一分布相对容易。遍历性的特性进一步暗示着极限分布就是上面给出的 $g_{\underline{I}}$，也就是说，I 与 $\underline{I}$ 具有相同的分布。因此，$\overline{I} = E[I]$。

上述其他随机过程的表现同样良好。需要特别指出的是，**IN** 也是如此。因此，我们应该采用下列一般性方法：确定下列分布：

$$IN = \text{均衡净库存}$$

利用它确定 I 的分布，以及：

$$A = \text{均衡缺货指标}$$

$$B = \text{均衡缺货订单}$$

然后，计算 $\overline{I} = E[I]$、$\overline{A} = E[A]$、$\overline{B} = E[B]$。

事实证明，要描述 IN，我们需要其他两个随机变量的分布。第一个是：

$$IP = \text{均衡库存位势}$$

它的分布相对简单。第二个随机变量被称为提前期需求（leadtime demand），记为 D。变动指数（variation index）σ 就是 D 的标准差。需求和供应过程影响系统的绩效主要是通过 D，特别是 σ。

6.2.2 基本库存策略——单位批量

6.2.2.1 讨论

假设我们遵循一个批量 $q=1$ 的 (r,q) 策略，称为基本库存策略。当供应系统中的规模经济相对于其他因素可以忽略不计时，这一策略就是有意义的。例如，当每一个单位物品的价值都很高时，持有成本和延期交货的成本显然高于其他任何固定订货成本。同样，对于一种滞销的产品（需求率很低的产品），出于经济意义上的考虑，我们显然应该排除大批量订单。另外，有时候，需求和供应都存在着一个自然的数量单位（如货车的载重量），从那种单位的角度来看，令 $q=1$ 是有意义的。

由于 q 固定为 1，因此就只剩下一个策略变量 r。使用一个等价的变量会非常方便：

$$s = \text{基本库存水平} = r + 1$$

这一策略旨在使库存位势保持在恒定数值 s 上：如果系统在开始时 $IP(0^-)\leqslant s$，我们可以订购其中的差额，使得 $IP(0)=s$。如果 $IP(0^-)>s$，我们可以什么都不订购，直到需求将 $IP(t)$ 减少为 s。一旦 $IP(t)$ 等于 s，从这一时刻起它将保持在这一水平上（这就解释了基本库存水平和基本库存策略这些名称的由来）。这一策略有时候被称为一对一补货策略（one-for-one replenishment policy），因为从 $IP(t)$ 等于 s 的那一刻起，每一个需求都会立即引发一个订单［有时候用大写字母 S 来代替 s，基本库存策略也被称为 $(S-1,S)$ 策略］。

6.2.2.2 分析

暂时假设 $s\geqslant 0$，且 $IN(0)=I(0)=IP(0^-)=s$。因此，订单与需求是一致的。另外，每一个订单在时点 L 依然未交付。因此，$IO(t)$（未交付订单）不依赖 s 的选择。

图 6.2.1 有助于我们想象需求与订单之间的相互影响。在该图的下半部分，每一个需求都由高度为 L 的垂线表示。每一条垂线上都有一条斜率为-1 的斜线。因此，如果在 t 时有一个需求，那么这条斜线就会与时间轴相交于 $t+L$，正好是相应订单到达的时刻。现在，任意选择一个时点 t，不一定是一个需求点，数一数 t 时时间轴上方斜线的数量。结果恰好是 $IO(t)$。该图的上半部分画出了 $IO(t)$（这一系统的 $\lambda=1, L=3$）。

选择任意的 $t>L$。任何在 $t-L$ 之前下达的订单必须在 t 之前到达，因此不可能被包含在 $IO(t)$ 中。当然，$IO(t)$ 中也不会包含 t 之后下达的任何订单。包含在 $IO(t)$ 中的订单就是那些在区间 $(t-L,t]$ 内下达的订单。但是，每一个此类订单都对应于一个需求，因此，$IO(t)$ 就是在区间 $(t-L,t]$ 内的需求，或者：

$$IO(t)=D(t-L,t]$$

因此，$IO(t)$ 服从均值为 λL 的泊松分布。

$IP(t)$ 的定义为：

$$IP(t)=IN(t)+IO(t)$$

但是，$IP(t)$ 就是常数 s。因此：

$$IN(t)=s-IO(t) \tag{6.2.1}$$

净库存 $IN(t)$ 只不过是 $IO(t)=D(t-L,t]$ 的一个变形。另外，尽管我们假设 $IP(0^-)=s$，但不管 t 足够大这一初始条件是否成立，(6.2.1) 显然成立 [即 $IP(t-L)=s$]。

由于对于所有较大的 t，$IO(t)$ 具有同样的分布，因此 **IO** 肯定具有极限分布，**IN** 也是如此。极限随机变量 IO 服从均值为 λL 的泊松分布，并且：

$$IN=s-IO \tag{6.2.2}$$

这是主要的结论。以略微不同的术语来描述它会更方便：我们称 $D(t,t+L]$ 为开始于 t 的提前期需求，并令：

$D=$ 提前期需求，是一个服从均值为 λL 的泊松分布的一般随机变量

即服从与 IO 和 $D(t,t+L]$ 同样的分布（符号 D 同样代表第 3 章中的提前期内的需求，但在那里是恒定的 λL）。因此：

$$IN(t+L)=s-D(t,t+L]$$

$$IN=s-D \tag{6.2.3}$$

如后面所述（定理 6.2.3），这一特性也描述了 **IN** 的长期频率分布。

现在我们来计算关键的系统绩效指标：令 g 表示 D 的概率质量函数 (probability mass function，pmf)，G^0 为其互补累积分布函数（complementary cumulative distribution，ccdf)，G^1 为其损失函数（loss function）[后者为 $G^1(d)=E[[D-d]^+]$，如 C.2.2 节所述)]。根据 (6.2.3)：

$$\overline{A}=\Pr\{IN\leqslant 0\}=\Pr\{D\geqslant s\}=G^0(s-1) \tag{6.2.4}$$

$$\bar{B} = E[[IN]^-] = E[[D-s]^+] = G^1(s) \quad (6.2.5)$$

$$\bar{I} = E[[IN]^+] = E[IN + [IN]^-] = s - \lambda L + \bar{B} \quad (6.2.6)$$

当然，$\overline{OF} = \lambda$。

G^0 和 G^1 没有解析解，因此我们必须直接计算它们，即 $\bar{A} = G^0(s-1) = 1 - \sum_{j<s} g(j)$，$\bar{B} = G^1(s) = \lambda L - \sum_{0 \leqslant j<s} G^0(j)$［对于很大的 s，要获得较高的准确性，则需要我们特别注意，参见 C.2.3.4 节。G^1 的另一个表达式在下面的（6.2.18）中给出］。

即使是对于 $s<0$，公式（6.2.4）至公式（6.2.6）也是正确的，其中 $G^0(s)=1$，$G^1(s)=-(s-\lambda L)$，$s<0$。但是，在实践中，我们永远也不会选择负的 s。对于 $s=0$，$\bar{I}=0$，库存不能进一步减少了。令 s 为负使得 $\bar{I}=0$，但增加了 $\bar{B}$。

顺便说一下，对于任何具有泊松需求的模型，包括这一个，$\bar{A}$ 也是在长期中被延期交货的需求的一部分，因此 $1-\bar{A}$ 是满足率（fill rate），即被立即满足的那部分需求。这一事实反映了泊松过程的一个基本特性，用缩略词 PASTA 表示，它代表"Poisson arrivals see time averages"。在这里讨论的时间平均值是 $\bar{A}$，而 PASTA 断言一个典型的到达客户发现没有库存（因而被延期交货）的频率为 $\bar{A}$。我们将在后面再次用到 PASTA 这一特性。

6.2.2.3　绩效测度行为

上述绩效指标取决于系统参数 λ 和 L，而且只是取决于它们的乘积 λL，即平均提前期需求。你可能会推测，与具有低需求率和长提前期的系统相比，具有高需求率和短提前期的系统的绩效会大不相同。情况并非如此：只要两个系统的 λL 相同，它们的绩效特征就是一样的。

该公式揭示出了 s 的变化对绩效的定性影响：首先，$\bar{B}$ 是 s 的减函数，且是凸的，随着基本库存水平的增加，延期交货会下降，但速率越来越慢。同样，$\bar{I}$ 是 s 的增函数，且是凸的。至于 $\bar{A}$，它是 s 的减函数，增加基本库存水平降低了缺货的概率（但是，$\bar{A}$ 并非总是 s 的凸函数。当 $\lambda L \leqslant 1$ 时，它碰巧是凸的，但在其他条件下则不是）。

图 6.2.2 画出了 $\bar{B}$ 和 $\bar{I}$ 作为 s 的函数的图形，其中 L 有 4 个不同的值，$\lambda=10$（由于 $\bar{B}$ 和 $\bar{I}$ 只是通过 λL 的形式取决于 λ 和 L，如果我们将 L 固定为 1，而 λ 增加到 20、30、40，那么我们将得到相同的曲线族）。递减的曲线描述了 $\bar{B}$，而递增的曲线描述了 $\bar{I}$。显然，这些函数都是凸的（另外，对于每一个 L，$\bar{B}$ 和 $\bar{I}$ 的曲线相交于 $s=\lambda L$ 附近，它们似乎总是互为镜像，也

就是说，如果我们沿 $s=\lambda L$ 处的垂线反转 $\bar{B}$，我们就可以得到与 $\bar{I}$ 非常接近的曲线）。

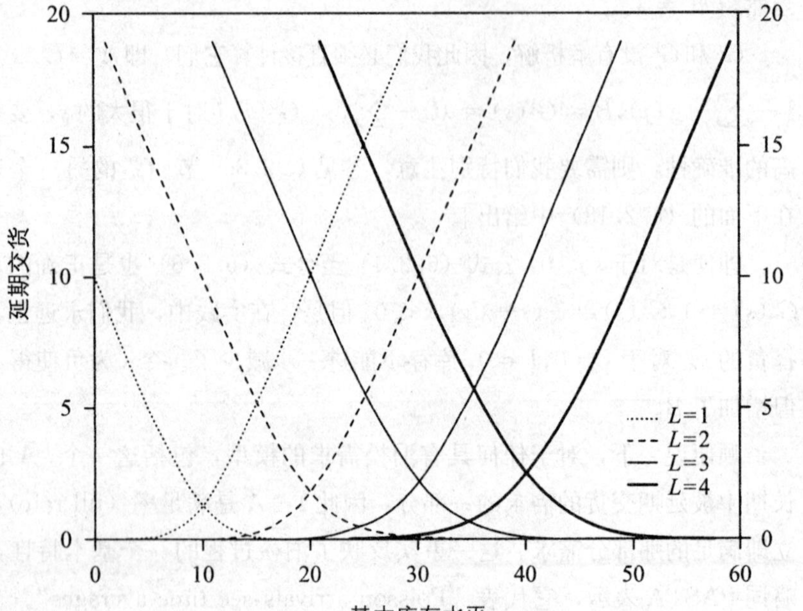

图 6.2.2 基本库存策略的绩效

接下来，我们要比较 L 取不同数值时的绩效曲线。随着 L 的增加，最明显的影响是两条曲线都向右移。因此，随着 L 的增大，我们必须相应地改变 s，以使绩效保持在大致相同的水平上。为了观察 L 对曲线形状的影响，我们看一看图 6.2.3。在该图中，我们通过将横轴变为 $s-\lambda L$，将所有的曲线移动到一个共同的中心。通过这种方式来观察，随着 L 的增加，$\bar{B}$ 和 $\bar{I}$ 也增加。在 $s=\lambda L$ 处附近，这一影响最明显。

为了判断 L 对总体绩效的影响，利用相同的数据以不同的形式进行制图是很有帮助的，如图 6.2.4 所示。在该图中，我们使用了下列调整后的绩效指标而不是 $\bar{B}$ 和 $\bar{I}$：

$$\overline{BW}=\text{平均客户延期交货等待时间}$$

$$\overline{IW}=\text{平均库存时间，一单位产品的库存时间}$$

6.2.4 节说明，$\overline{BW}=\bar{B}/\lambda$，$\overline{IW}=\bar{I}/\lambda$。对于每一个 s，该图画出了 $\overline{BW}$ 和 $\overline{IW}$ 的相应取值（s 的实际取值被压缩了）。我们得到的曲线显示出为了达到一个特定的等待时间所需的存储时间（等待时间使用对数坐标能够更好地揭示出这种关系）。

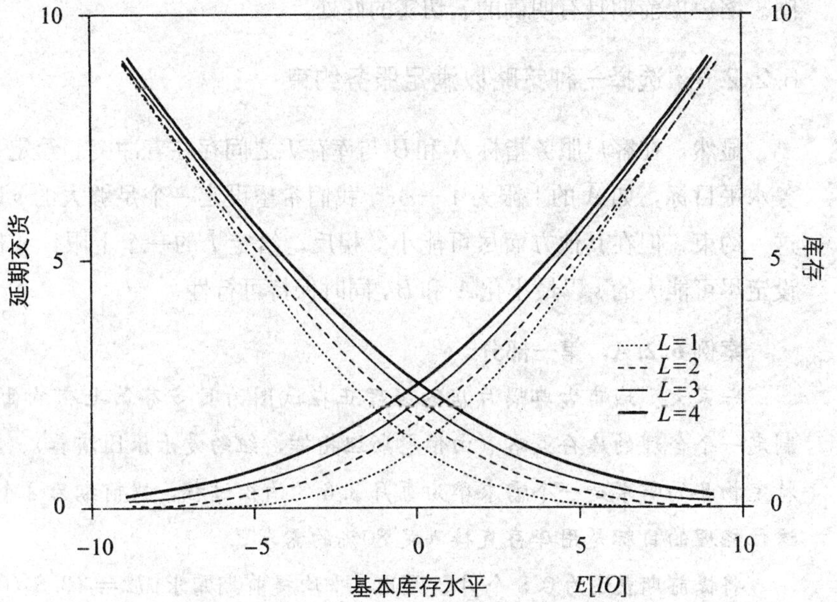

图 6.2.3　基本库存策略的绩效（向中心移动后）

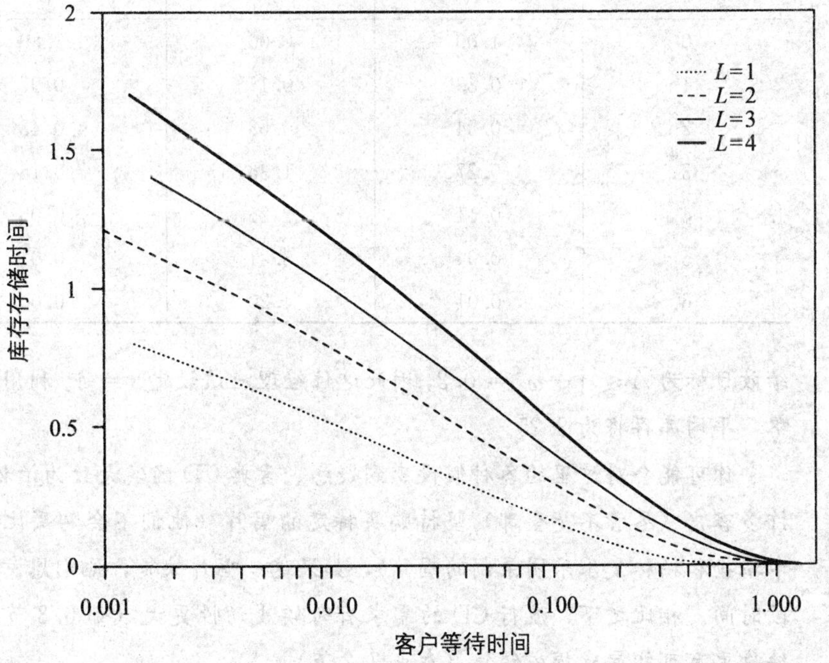

图 6.2.4　库存—服务权衡

从图中我们可以清楚地看出，绩效随着提前期的增加而恶化。为了达到一个期望的等待时间，随着 L 的增加，我们必须增加储存时间（通过增加 s），或者为了维持一个给定的储存时间，我们必须接受更长的等待时间。缩短提前期具有明确的、切实的好处。

6.2.2.4 选择一种策略以满足服务约束

显然，在客户服务指标 $\overline{A}$ 和 $\overline{B}$ 与库存 $\overline{I}$ 之间存在着冲突。给定一个服务水平目标，如 $\overline{A}$ 的上限为 $1-\omega_{-}$，我们希望设定一个足够大的 s 以满足这一约束，但在其他方面尽可能小。相反，给定 $\overline{I}$ 的一个上限，我们需要设定尽可能大的 s 以最小化 $\overline{A}$ 和 $\overline{B}$，同时保持可行性。

案例 6.2.A，第一部分

一家大型城市古典唱片店的经理正在试图为贝多芬第七交响曲的 CD 制定一个合理的库存策略（由伯恩斯坦指挥，纽约爱乐乐团演奏）。对这一特定物品的需求是一个需求率为每月 3.6 的泊松过程，提前期为 2 个星期。这位经理的目标是用库存直接满足 80%的需求。

将提前期表述为 0.5 个月。因此，平均提前期需求 $\lambda L=(3.6)(0.5)=1.8$。通过直接计算，我们得到了几种基本库存策略的绩效：

s	$\overline{A}$	$\overline{I}$	$\overline{B}$
0	1.00	0.00	1.80
1	0.83	0.17	0.97
2	0.54	0.63	0.43
3	0.27	1.36	0.16
4	0.11	2.25	0.05
5	0.04	3.21	0.01
6	0.01	4.20	0.00

绩效目标为 $\overline{A}\leqslant 1-\omega_2=0.2$，因此这位经理应该设定 $s=4$。利用这一策略，平均库存将为 2.25。

你可能会对这里的各种假设感到疑惑。古典 CD 确实大致为泊松需求。许多客户（尽管不是全部）坚持购买特定的唱片（他们不会购买比如说由卡拉扬和柏林爱乐乐团录制的唱片），如果这一唱片缺货，他们愿意等待一段时间。相比之下，流行 CD 的需求有时候波动性更大（如 6.3 节所述），缺货更有可能导致损失销售（参见 7.2 节）。

解决这一冲突的另一种方法是通过成本最优化。我们将推迟到 6.5 节再讨论这种方法。

6.2.3　一般批量

接下来，我们要评估一个一般性的 (r,q) 策略，其中 q 是任意正整数。图6.2.5说明了 **IP** 和 **IN** 的行为。较粗的曲线表示 $IN(t)$，较细的曲线表示 $IP(t)$。在本例中，$r=4$，$q=3$。需求与图6.2.1中的相同，它们发生在 $IN(t)$ 向下跳跃的时候。当订单被下达后，$IP(t)$ 向上跳跃（从 $r+1$ 到 $r+q$），而当订单被接收后，$IN(t)$ 向上跳跃（跳跃 $q=3$）。注意，有几个区间中 $IN(t)=IP(t)$ 。在这种情况下，没有在途库存。在剩下的时间里，$IN(t)<IP(t)$，意味着存在着在途库存。

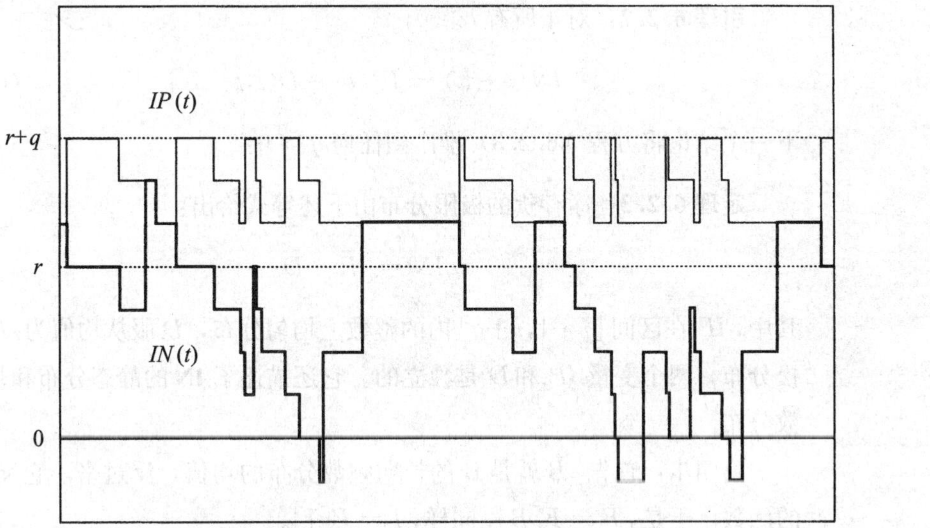

图6.2.5　库存位势和净库存

6.2.3.1　分析

这里的策略评估需要一种与前面完全不同的方法，并要付出更多的努力。分析过程分为四步：

1. 确定 **IP** 的极限分布，即 IP 的分布。
2. 描述 **IP** 和 **D** 之间的关系。
3. 确定 **IN** 的极限分布，即 IN 的分布。
4. 推导出绩效指标的公式。

最终结果即为下面的公式（6.2.8）至（6.2.13）（本节中所有结果的证明都集中在6.2.5节的结尾处）。

第一步：使用了下面的引理：

引理 6.2.1：**IP** 的静态分布、极限分布和长期频数分布对于区间 $[r+1, r+q]$ 内的整数是均匀的。也就是说：

$$\Pr\{IP = i\} = \frac{1}{q} \qquad i = r+1, \cdots, r+q$$

第二步：对于固定的 t，随机变量 $IP(t)$ 和 $D(t, t+L]$ 是独立的。这直接来自于这一事实：直到时间 t，$IP(t)$ 都依赖于需求过程，而 $D(t, t+L]$ 则不然。

第三步：从一个引理开始，该引理是第 3 章中的方程（3.3.1）的随机模拟。

引理 6.2.2：对于所有 $t \geqslant 0$，

$$IN(t+L) = IP(t) - D(t, t+L] \tag{6.2.7}$$

下一个结论将方程（6.2.3）推广到任何 $q > 0$：

定理 6.2.3：净存货的极限分布由下述等式给出：

$$IN = IP - D$$

其中，IP 在区间 $[r+1, r+q]$ 内的整数上均匀分布，D 服从均值为 λL 的泊松分布，两个变量 IP 和 D 是独立的。它还描述了 **IN** 的静态分布和长期频数分布。

第四步：首先，$\bar{B}$ 就是 B 的长期频数分布的均值，反过来，它又是 **IN** 的函数。于是，$\bar{B} = E[B]$，同样，$\bar{I} = E[I]$。

定理 6.2.3 告诉我们，IN 是两个独立随机变量 IP 和 D 的差。对 IP 加以限制，比如说 $IP = s$。$[IN \mid IP = s]$ 的分布由（6.2.3）给出。IN 的（无条件）分布就是这些条件分布（conditional distribution）在 $s = r+1, \cdots, r+q$ 上的简单平均。这一事实使我们能够利用与基本库存策略的公式（6.2.4）至（6.2.6）类似的公式为基础为 $\bar{A}$、$\bar{B}$ 和 $\bar{I}$ 构建公式。令 $\bar{A}(s)$、$\bar{B}(s)$ 和 $\bar{I}(s)$ 表示一个基本库存策略的绩效指标，现在写成 s 的显函数（explicit function）。同样，令 $\bar{A}(r,q)$、$\bar{B}(r,q)$ 和 $\bar{I}(r,q)$ 表示一个 (r,q) 策略的绩效指标。则：

$$\begin{aligned}
\bar{A}(r,q) &= \Pr\{IN \leqslant 0\} \\
&= \sum_{s=r+1}^{r+q} \left(\frac{1}{q}\right) \Pr\{IN \leqslant 0 \mid IP = s\} \\
&= \left(\frac{1}{q}\right) \sum_{s=r+1}^{r+q} \bar{A}(s)
\end{aligned} \tag{6.2.8}$$

同样：

$$\overline{B}(r,q)=\left(\frac{1}{q}\right)\sum_{s=r+1}^{r+q}\overline{B}(s) \tag{6.2.9}$$

$$\overline{I}(r,q)=\left(\frac{1}{q}\right)\sum_{s=r+1}^{r+q}\overline{I}(s) \tag{6.2.10}$$

因此，使用一个 $q>1$ 的策略的系统的绩效可以表述为几个基本库存策略绩效的简单平均。

我们可以根据 D、G^1 和 G^2 的一阶和二阶损失函数明确写出这些量。后者为 $G^2(d)=\sum_{j>d}^{\infty}G^1(j)=½(\lambda L)^2-\sum_{0<j\leqslant d}G^1(j)$。根据（6.2.8）至（6.2.10），我们可以立即得到：

$$\overline{A}=\left(\frac{1}{q}\right)[G^1(r)-G^1(r+q)] \tag{6.2.11}$$

$$\overline{B}=\left(\frac{1}{q}\right)[G^2(r)-G^2(r+q)] \tag{6.2.12}$$

$$\overline{I}=\frac{1}{2}(q+1)+r-\lambda L+\overline{B} \tag{6.2.13}$$

[注意 $\overline{I}$ 和 $\overline{B}$ 之间的密切关系。在第 3 章中的确定性需求的情况下，我们观察到了一个类似的关系。唯一的差别在于公式中有一项 $½(q+1)$ 而不是 $½q$。这一差别完全是因为需求数量是离散的，如习题 3.8 所述。]

最后，考虑订货频率 $\overline{OF}$。需求以速度 λ 发生，每一个 q 需求发生时就会下达一份订单，因此，与第 3 章一样：

$$\overline{OF}=\frac{\lambda}{q}$$

现在，我们拥有了所有绩效指标的表达式。

对于所有整数值 r，这些公式都是正确的，即使对于负数也是如此。但是，我们永远也不希望一种策略拥有 $r<-q$，正如我们希望避免 $s<0$ 的基本库存策略一样：在 $r=-q$ 时，$\overline{I}=0$。将 r 减小到该值之下将使 $\overline{I}=0$，但增加了延期交货。因此，我们限制 $r\geqslant -q$。

顺便说一下，函数 G^1 和 G^2 可以用 G^0 和 g 的形式写出来：

$$G^1(d)=-(d-\lambda L)G^0(d)+\lambda Lg(d) \tag{6.2.14}$$

$$G^2(d)=\frac{1}{2}\{[(d-\lambda L)^2+d]G^0(d)-\lambda L(d-\lambda L)g(d)\} \tag{6.2.15}$$

[参见习题 6.6。这些表达式利用了泊松分布的特殊形式。与上面的一般损失函数相比，求解它们也容易不了多少。但是，考虑到 $G^0(d)$ 和 $g(d)$ 计算

的准确性，对于较大的 d，它们在数值方面的准确性更高。]

6.2.3.2 绩效测度行为

公式（6.2.8）至（6.2.10）暗示 $\overline{A}(r,q)$、$\overline{B}(r,q)$ 和 $\overline{I}(r,q)$（将它们看成是 r 的函数）继承了 $\overline{A}(s)$、$\overline{B}(s)$ 和 $\overline{I}(s)$ 的定性特征。对于固定的 q，$\overline{B}$ 是 r 的减函数，且是凸的，而 $\overline{I}$ 是 r 的减函数，并且也是凸的（对于 $r \geqslant -q$，两个函数都是严格凸函数）。$\overline{A}$ 是 r 的增函数，但不一定是凸的。

q 的影响更微妙。当然，$\overline{OF}$ 是 q 的减函数，且是凸的。另外，我们从（6.2.8）至（6.2.10）中可以立即看出，对于固定的 r，$\overline{A}$ 和 $\overline{B}$ 是 q 的减函数，而 $\overline{I}$ 是增函数。但是，这一事实本身并不是真的很重要。真正重要的是：随着 r 的变化，q 对绩效指标有效范围的影响。

我们可以通过改变变量来观察这一影响，如图 6.2.6 所示。对于固定的 $\lambda L = 20$ 以及 q 的几个奇数值（odd value），该图画出了 $\overline{B}$ 和 $\overline{I}$ 与 $s' = r + ½(q+1)$ 的关系，而不是与 r 本身的关系。s' 是整数 $s = r+1, \cdots, r+q$ 的中心点，平均值是在这一范围内计算的。随着 q 的变化，我们调整 s 以便在同一个中心点 s' 比较 $\overline{B}$ 和 $\overline{I}$。以这种方式观察，$\overline{B}$ 和 $\overline{I}$ 都随着 q 的增加而增加［这一性质直接来自于 $\overline{B}(s)$ 和 $\overline{I}(s)$ 的凸性，参见习题 6.2］。对于较大的 q 值，$\overline{B}$ 和 $\overline{I}$ 之间的权衡变得更糟。这是我们减小 $\overline{OF}$ 付出的代价。

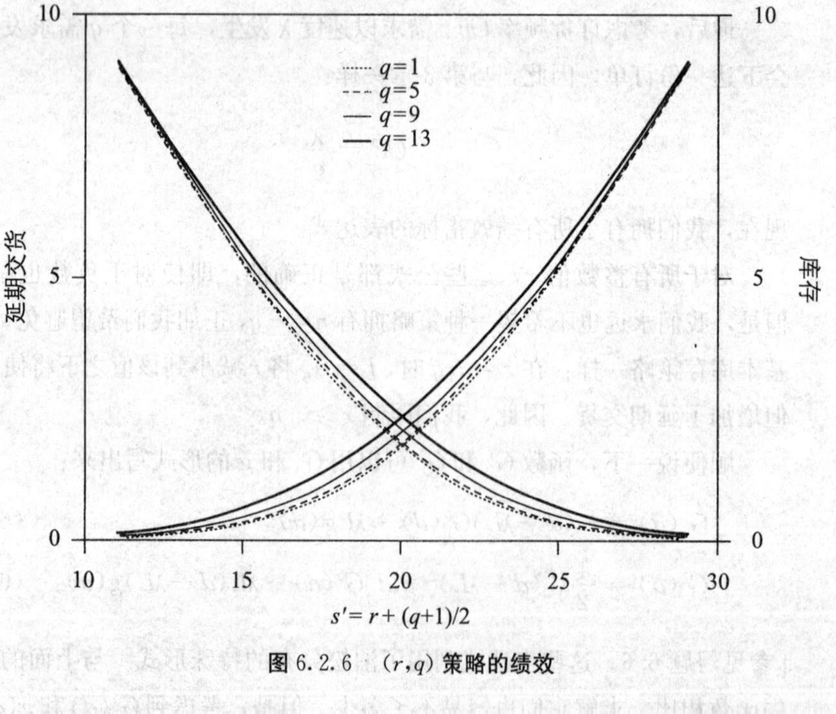

图 6.2.6 (r,q) 策略的绩效

对于固定的 q，根据（6.2.8）至（6.2.10），与 $q=1$ 的情况一样，随着 L 的增加，绩效指标将会恶化。尽管这一点很难看得出来，但令 r 和 q 都发生改变，我们就能够感受到相同的影响（6.5 节证明了这一陈述）。

6.2.3.3　选择一种策略以满足服务约束

同样，绩效指标间也存在着冲突。假设 q 是固定的。给定约束条件 $\overline{A}=1-\omega_{-}$，我们应该怎么做是很明显的：令 r 足够大以满足服务需求，但在其他方面应尽可能小。

案例 6.2.A，第二部分

出于某种原因，上面所述的唱片店必须以批量 $q=2$ 来订购唱片。数据仍然是 $\lambda=3.6$ 和 $L=0.5$，服务需求仍然为 $\overline{A}\leqslant 1-\omega_{-}=0.2$。某一 (r,q) 策略的绩效如下：

r	$\overline{A}$	$\overline{I}$
−1	0.92	0.09
0	0.69	0.40
1	0.41	1.00
2	0.19	1.81
3	0.08	2.73
4	0.03	3.71

因此，经理应该设定 $r=2$。这一策略的 $\overline{I}=1.81$［这一 $\overline{I}$ 值小于第一部分中基本库存策略的 $\overline{I}$ 值，这有些奇怪。这完全是因为整数策略变量并不能总是准确地实现绩效目标这一事实造成的。回忆一下，$s=4$ 的策略的 $\overline{A}=0.11$，比要求的 0.2 低得多，而这一 (r,q) 策略刚刚满足需求］。

如果 q 不是固定的，我们仍然面临着 $\overline{OF}$ 与 $\overline{I}$ 的权衡问题。6.5 节中的成本最优化框架可以解决这一问题。

6.2.4　延期交货与等待时间

回忆一下第 3 章的 3.3.6 节，在那一节中，平均延期交货与平均客户等待时间存在着密切的关系，即 $\overline{B}=\lambda\overline{BW}$。现在我们要证明（用启发式算法）同样的关系也适用于本节的情况。然后，我们要证明（严格地）一个更强大的结果。

图 6.2.7 描述了一些客户经历的等待时间。每一个客户都由一个水平

的线段表示，当需求发生时开始等待，当需求被满足时结束等待。不需要等待的客户（3号、4号、8号、9号客户）用一个短垂线表示——水平线段长度为0。我们看到，$B(t)$ 可以用横轴上 t 时点上方的水平线数量来表示。

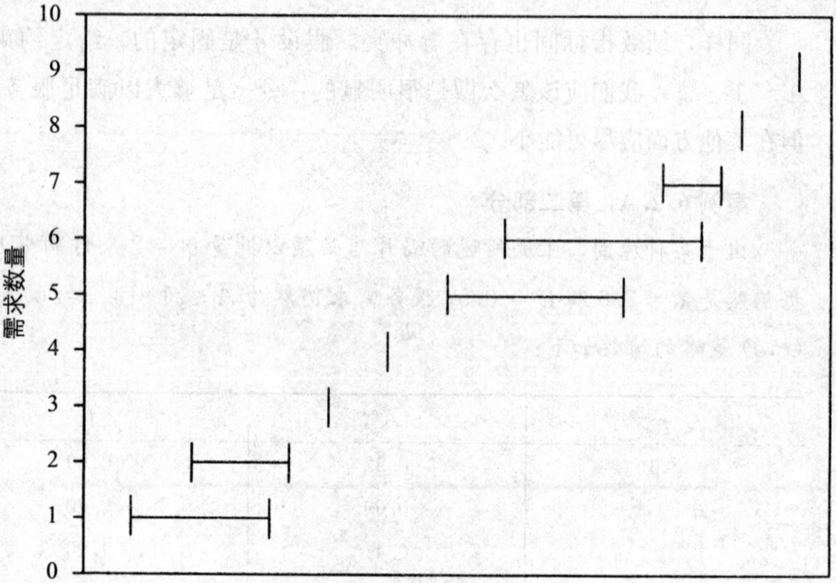

图 6.2.7　客户等待时间

现在，令$\underline{\mathrm{BW}}_n$表示前 n 个需求的累积总等待时间。选择 $B(t)=0$ 的 t 值。这样，$\underline{\mathrm{BW}}_{D(t)}$ 就是在 t 之前结束的水平线长度之和。但是，这一数量还等于积分$\int_0^t B(u)du$。

对于 $B(t)\neq 0$ 的 t，这一点不完全正确，因为$\underline{\mathrm{BW}}_{D(t)}$包含 t 之后的部分水平线。令 $R(t)$ 表示二者之差，水平线长度之和“包住了”（hanging over）t。从直观上看，很明显，$R(t)$ 不应该系统性地随着 t 的增加而增加，特别地，$\lim_{t\to\infty}R(t)/t=0$。因此：

$$
\begin{aligned}
\bar{B} &= \lim_{t\to\infty}\left(\frac{1}{t}\right)\int_0^t B(u)du \\
&= \lim_{t\to\infty}\left(\frac{1}{t}\right)\left(\underline{\mathrm{BW}}_{D(t)}-R(t)\right) \\
&= \lim_{t\to\infty}\left(\left\{\frac{D(t)}{t}\right\}\cdot\left\{\frac{\underline{\mathrm{BW}}_{D(t)}}{D(t)}\right\}-\left\{\frac{R(t)}{t}\right\}\right) \\
&= \lim_{t\to\infty}\left\{\frac{D(t)}{t}\right\}\cdot\lim_{t\to\infty}\left\{\frac{\underline{\mathrm{BW}}_{D(t)}}{D(t)}\right\}
\end{aligned}
$$

$$= \lambda \overline{BW}$$

［这一结果与 Little（1961）在排队环境下的结果类似。］类似的论证表明，平均储存时间与平均库存通过 $\bar{I} = \lambda \overline{IW}$ 联系在一起。

另外，这一论证对于平均值 $\bar{B}$、λ 和 $\overline{IW}$ 存在的任何过程都是成立的。它没有使用泊松需求和恒定提前期的假设。对于一般性的需求和供应的过程（包括 6.3 节和第 7 章中的过程），这一结果也成立。

现在，$\overline{BW}$ 直接度量了向客户提供的服务。它与 $\bar{B}$ 成比例这一事实是 $\bar{B}$ 很重要的主要原因。另外，$\overline{BW}$ 继承了上面讨论的 $\bar{B}$ 的定性特征，例如，增加 s（或 r）会缩短平均客户等待时间。

案例 6.2.A，第三部分

重新考虑一下前文所述的唱片店（$\lambda = 3.6$）。在 $s = 4$、$\bar{B} = 0.05$ 的基本库存策略中，$\overline{BW} = 0.05/3.6 = 0.014$ 个月，或者说大约 0.4 天。在 $q = r = 2$、$\bar{B} = 0.11$ 的 (r, q) 策略下，$\overline{BW} = 0.11/3.6 = 0.029$ 个月，或者是 0.9 天。

下面的定理是一个更清晰的结果［它确实假设了泊松需求和恒定的提前期。实际上，对于第 7 章中讨论的一些（并非全部）更复杂的供应系统，这一结果也成立。参见 7.3.8 节］。令 BW 表示描述等待时间极限分布的随机变量，因此 $\overline{BW} = E[BW]$。另外，令 $D(BW)$ 表示在随机时间 BW 内的需求，其中 BW 独立于 $\mathbf{D}$。

定理 6.2.4：假设 $r \geqslant -1, B = D(BW)$。

因此，不仅 B 和 BW 的均值联系密切，它们的分布也存在着函数关系。具体而言，这一定理暗示了下面的特性，它将 B 的 z－变换（z-transform）和 BW 的拉普拉斯变换（Laplace transform）联系在一起：

推论 6.2.5：

$$\tilde{g}_B(z) = \tilde{f}_{BW}[\lambda(1 - z)] \tag{6.2.16}$$

实际上，(6.2.16) 暗示：

$$\begin{aligned} E[B] &= \lambda E[BW] \\ V[B] &= \lambda E[BW] + \lambda^2 V[BW] \end{aligned} \tag{6.2.17}$$

如上所述，第一个特性就是 $\bar{B} = \lambda \overline{BW}$。第二个特性使我们能够根据 B 的方差计算出 BW 的方差。

那么，$V[B]$ 是什么？考虑数量 $\frac{1}{2}E[B(B-1)]$。这被称为 B 的二阶二

项矩（second binomial moment）。对于一个基本库存策略，根据（6.2.5）的推导，我们可以证明：

$$\tfrac{1}{2}E[B(B-1)] = G^2(s) \tag{6.2.18}$$

（参见习题 6.14。函数 G^2 具有几种完全不同的应用!）对于一个一般的 (r,q) 策略，与（6.2.9）类似：

$$\frac{1}{2}E[B(B-1)] = \left(\frac{1}{q}\right)\sum_{s=r+1}^{r+q} G^2(s)$$

给定这一数量，我们很容易计算 $V[B]$，从而计算 $V[BW]$。

尽管 $\overline{BW}$ 肯定是最重要的等待时间指标，但 $V[BW]$ 也很重要。它们从客户的角度共同为我们提供了一个更加易于理解的、更加全面的系统绩效解释。

6.2.5 证明

引理 6.2.1 的证明：对 **IP** 进行一些简单的变换会使问题更加容易解决：定义 $IP_c(t)=(r+q)-IP(t), t\geqslant 0$，以及 $\mathbf{IP}_c=\{IP_c(t): t\geqslant 0\}$。因此，$IP_c(t)$ 度量了 $IP(t)$ 与其最大值 $(r+q)$ 之间的差距。目前，我们假设 $IP(0)\leqslant r+q$，因此，$IP_c(t)\geqslant 0$。

过程 $\mathbf{IP}_c$ 是一个连续时间的马尔可夫链。将其状态空间（state space）看成是整数 $\mathrm{mod}(q)$。转换发生在每一个需求时点上。在每一个此类时点 t，假如 $IP_c(t^-)<q-1$，则 $IP_c(t)$ 向上跳跃 1。但是，如果 $IP_c(t^-)=q-1$，则跳跃至 0 而不是 q，这反映了 $\mathrm{mod}(q)$ 的运算（这些是由这一策略所触发订单的准确需求）。因此，过程 $\mathbf{IP}_c$ 非常简单，它只是在其 q 的状态内循环，并且遵循相同的次序［下标 c 代表循环（cyclic）一词］。另外，所有的转移率（transition rate）都等于 λ。因此，$\mathbf{IP}_c$ 的生成元（generator）是矩阵 $\lambda(-I+I_+)$，其中 I 是一个阶数为 q 的单位矩阵（identity matrix），而 I_+ 是转移 $\mathrm{mod}(q)$ 矩阵。

$$\begin{pmatrix} 0 & 1 & & & & \\ & 0 & 1 & & & \\ & & 0 & 1 & & \\ & & & \ddots & \ddots & \\ & & & & \ddots & 1 \\ 1 & & & & & 0 \end{pmatrix}$$

图 6.2.8 显示了 $q=8$ 的情况下的状态转换图（state-transition diagram）。

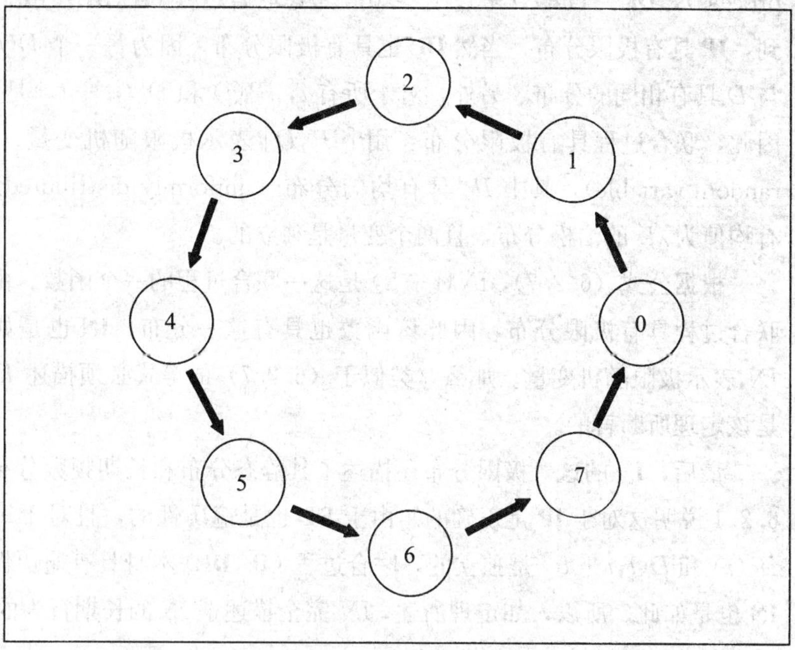

图 6.2.8　$\mathbf{IP}_c$ 的状态转换图

注意，该图在各状态间是完全对称的，旋转图形除了状态的标号之外什么都不会改变。那么，你可能会怀疑，如果 $\mathbf{IP}_c$ 服从极限分布，它对于整数 mod(q) 是否是均匀的。这是正确的：内含的离散时间链是不可约的（irreducible），因此马尔可夫链理论（参见附录 C）告诉我们，$\mathbf{IP}_c$ 服从唯一的静态分布（stationary distribution），这同时也是其极限分布和长期频数分布。另外，令 $\mathbf{e}$ 表示全为 1 的一个列向量，显然，$(1/q)\mathbf{e}'[\lambda(-I+I_+)]=0$，因此，这一均匀分布（uniform distribution）是静态的。

实际上，$\mathbf{IP}_c$ 的完整状态空间还包含负整数，以考虑 $IP(0)>r+q$ 或 $IP_c(0)<0$ 的情况。但是，这些状态是暂时的。因此，上述结果是正确的。最后，$IP=(r+q)-IP_c$，因此，它在整数 $r+1$ 到 $r+q$ 之间具有均匀分布。

引理 6.2.2 的证明：数量 $IO(t)$ 指出了在区间 $(t,t+L]$ 内到达的供应总量，因为在 t 之前下达的订单必须在 $t+L$ 之前到达，而在 t 之后下达的订单则在 $t+L$ 之后到达。根据定义，$D(t,t+L]$ 是同一区间内的需求。因此：

$$\begin{aligned} IN(t+L) &= IN(t)+IO(t)-D(t,t+L] \\ &= IP(t)-D(t,t+L] \end{aligned}$$

定理 6.2.3 的证明：定义提前期需求过程（leadtime-demand process），**DL**$=\{D(t,t+L]:t\geqslant 0\}$，考虑联合过程（**IP**,**DL**）。我们已经看到，**IP** 具有极限分布，当然 **DL** 也具有极限分布，因为每一个 $D(t,t+L]$ 与 D 具有相同的分布。另外，对于所有 t，$IP(t)$ 和 $D(t,t+L]$ 是独立的。因此，联合过程具有极限分布：用 $[IP,D]$ 表示极限随机变量（limiting random variable），其中 IP 具有均匀分布（uniformly distributed），D 具有均值为 λL 的泊松分布，且两个变量是独立的。

根据公式（6.2.7），$IN(t+L)$ 是这一联合过程的一个函数。由于这一联合过程具有极限分布，因此该函数也具有这一分布，**IN** 也是如此。令 IN 表示极限随机变量。那么，类似于（6.2.7）的等式必须描述 IN。这正是该定理所断言的。

最后，**IN** 的这一极限分布还描述了其静态分布和长期频数分布：引理 6.2.1 说明这对于 **IP** 是正确的。由于 **DL** 也是遍历性的，且对于每一个 t，$IP(t)$ 和 $D(t,t+L]$ 是独立的，联合过程（**IP**,**DL**）本身具有遍历性，因此 **IN** 也是如此。所以，如定理所述，IN 完全描述了 **IN** 的长期行为的特性。

定理 6.2.4 的证明：假设系统开始于 $t=0$，库存为 $r+q$，不存在延期交货，没有未交付的订单。定义：

$$B_n^{\text{arr}} = \text{第 } n \text{ 个到达的客户观察到的延期交货}$$

$$B_n^{\text{dep}} = \text{第 } n \text{ 位客户的需求被满足后仍然存在的延期交货}$$

$$BW_n = \text{客户 } n \text{ 的等待时间}$$

（客户 n 永远都不包含在 B_n^{arr} 中。另外，如果客户 n 和客户 $n+1$ 的需求同时得到满足，则我们将客户 $n+1$ 计算在 B_n^{dep} 内。）相应的极限随机变量（随着 $n\to\infty$）表示为 B^{arr}、B^{dep} 和 BW。

首先，因为按顺序被满足，且提前期是恒定的，B_n^{dep} 就是客户 n 的需求之后 BW_n 时间内的需求数量。另外，BW_n 取决于直到 n 的需求发生时的 **D**，但不取决于后面的需求（这是因为，对于 $n\geqslant r+q$，用于满足 n 的需求的订单是被某一客户 $m\leqslant n$ 触发的。在此，我们使用了假设 $r\geqslant -1$）。结果，B_n^{dep} 与 $D(BW_n)$ 具有相同的分布，其中，我们将 BW_n 和 **D** 看成是独立的。因此，$B^{\text{dep}}=D(BW)$。

其次，应用所谓的水平交叉论点：固定某一整数 i，遵循函数 $B(t)$，集中考虑当 $B(t)$ 在 i 和 $i+1$ 之间变化的情况。从 i 跃升到 $i+1$ 一定反映了某一客户的需求，那位客户观察到了 i 延期交货，因而被计算在那些 $B_n^{\text{arr}}=i$ 的人之中。另一方面，从 $i+1$ 下降至 i 意味着某位客户的需求最终得到了满足，那位客户将被计算在那些 $B_n^{dep}=i$ 的人之中［记住，如果几个需求同时被满足，则 $B(t)$ 的下降就会大于 1，我们将其计算为几个同时性的单位跳跃］。但是，每次从 i 跃升到 $i+1$ 之后，在下一次此类向上跳跃发生之前，必然会出现从 $i+1$ 到 i 的跳跃。因此，在长期中，这两组客户的比例肯定是相等的。由于对于每一个 i 这一点都是正确的，因此 $B^{arr}=B^{dep}$。

再次，由于泊松分布的 PASTA 特性，$B^{arr}=B$。将所有这三种一致性结合在一起，我们有 $B=B^{arr}=B^{dep}=D(BW)$。

推论 6.2.5 的证明：令 $\tilde{g}(z|t)$ 表示 $D(t)$ 的 $z-$变换，即：

$$\tilde{g}(z|t)=e^{-(1-z)\lambda t}\qquad |z|\leqslant 1,t\geqslant 0$$

根据定理 6.2.4：

$$\begin{aligned}\tilde{g}_B(z)&=E[\tilde{g}(z|BW)]=E[\exp(-(1-z)\lambda BW)]\\&=\tilde{f}_{BW}[\lambda(1-z)]\end{aligned}$$

6.3　环境驱动的需求

6.3.1　绪论

泊松过程通常能够较为准确地近似实际需求。但是，近似很少是完美的，某些需求过程完全以非泊松方式发生。本节将分析一个更一般的、更复杂的需求模型。

假设需求仍然是每次 1 单位，但随着时间的推移，会发生一些影响未来需求的事件（在泊松过程中，这是不正确的）。将这些事件看成是在某一系统中发生的变化，我们称这一系统为环境（world）。我们通过一个随机过程 $\mathbf{W}=\{W(t):t\geqslant 0\}$ 来定义环境。这一系统是外生的，我们所做的事情不会影响 $\mathbf{W}$ 的演变。但是，$\mathbf{W}$ 的行为会影响需求过程 $\mathbf{D}$。需求的总体模型是联合过程（$\mathbf{W},\mathbf{D}$）。下面是一些例子：

天气。对许多产品的需求取决于当前的天气情况。想一想雨伞、防晒油和民用燃料油。在这里，$\mathbf{W}$ 包含相关的变量，如温度和降雨。

经济。$\mathbf{W}$ 可能代表一个国家、地区或行业的一般经济状况。对于汽车和办公室之类产品的需求与经济活动水平相关。

竞争。假设 $\mathbf{W}$ 代表一种产品在市场上的竞争状态。它可能包括当前的技术水平、竞争性产品的优势、客户的偏好等。这些因素在长期中会发生变化，我们对后续需求的信心也会随之发生变化。例如，一家推出新产品的公司就面临着这类不确定性。同样，考虑一个具有高度创新性的成熟产品行业，如计算机行业、制药行业或服装、香水以及其他时尚产品行业，在这些行业中，每一种产品都面临着部分或完全过时的风险。

客户的状态。假设需求代表来自少数大客户的订单。在这种情况下，**W** 描述了每一位客户地点的相关情况，或许包括它们自己的库存。

预测。许多需求预测技术都是明确地或隐含地基于某种环境系统的一个模型。预测方法涉及跟踪一些特定的与 **W** 相应的变量，这些变量反过来又成为对未来需求预测的主要输入信息。在某些情况下，**W** 的变量具有实际意义（如天气、经济状况等），但在另一些情况下，它们只是统计上的概念（9.7.1 节讨论了一些具体的例子）。

此刻，你也许会担心：是的，所有这些因素都可能会影响需求，但我们如何能为它们建立模型？我们真的需要建立一个全面的天气和/或经济模型（你可能会想到，气象学家和经济学家建立了巨大的、复杂的模型，但即便是这些模型也并非总是有效）？只有营销天才才能度量竞争条件，更不要说理解其动态了。

别紧张。在此，我们的目的是理解在给定一个环境需求模型（**W,D**）的情况下会发生什么。我们会看到，6.2 节的核心结果，即使是绩效公式，仍然成立。唯一的差别是提前期需求随机变量 D。我们的确需要计算或估计其分布，但仅此而已。另外，如 6.4 节所述，出于实用的目的，估计两个变量就足够了，即平均需求率 λ 和另一个度量需求波动的指标。

因此，为了使用这些结果，我们必须完成一些额外的工作，但我们能够控制需要做多少工作。对于一种非常重要的产品，构建一个详细的、明确的（**W,D**）模型是值得的，但在其他情况下，我们可以用一个比较简单的、近似的（**W,D**）模型或只是利用一些统计估计值来做到这一点。实际上，我们可以将这一模型看成是对一般性复杂需求在技术上很方便的具体表现。也就是说，$W(t)$ 包含了所有与未来需求相关的信息。

我们需要一些具有相当技术性但并不过度严格的假设：**W** 是一个马尔可夫过程（Markov process）。从本质上说，这只是意味着 **W** 是完全的或自包含的（self-contained）。$W(t)$ 中的变量构成了环境系统的状态（state），它们包含了时间 t 之后所有关于 **W** 未来演化的相关信息（C.3.2 节提供了一个严格的定义，但在这里并不重要）。另外，**W** 表现良好，就像 6.2.1 节中讨论的过程一样，它是遍历性的，并具有极限分布。因此，讨论均衡条件（equilibrium condition）是有意义的（因此，如果 **W** 包含一个天气模型，那么只有在较短的时间间隔内它是有效的，除非是在热带地区。随时间变化的环境模型将在 9.7 节进行讨论）。最后，**W** 体现了所有影响 **D** 的事件。也就是说，联合过程（**W**,**D**）是一个马尔可夫过程，这一过程的表现也很好。

结果使得 **W** 可以以任何初始状态在时间 0 开始。当 **W** 以均衡状态开始时，就会产生一个重要的特例，此时，**W** 是静态的，而 **D** 拥有静态增量（stationary increments）［$D(t,u]$ 的分布只取决于 $u-t$］。定义：

$D=$ 提前期需求，随机变量 $D(L)$，假设 **W** 以均衡状态开始

$\lambda=$ 需求率

$\quad=E[D(1)]$，假设 **W** 以均衡状态开始

因此，D 代表典型或一般条件下在一段提前期内的（概率性的）需求预测。这样，$E[D(t)]=\lambda t$（因此，实际上 λ 是平均需求率），特别地，$E[D]=\lambda L$。

另外，定义：

$$\psi^2 = \text{长期方差}-\text{均值比率}$$

$$= \lim_{t\to\infty}\left\{\frac{V[D(t)]}{\lambda t}\right\}$$

（对于服从上述假设的差不多任何过程，这一极限都是存在的。）对于泊松过程，由于 $V[D(t)]=\lambda t$，$\psi^2=1$。环境驱动的需求过程可以拥有一个较大或较小的比率。这是一个新的需求参数，是这一过程的一个基本特性。因此，对于较大的 L，$V[D]\approx\psi^2\lambda L$。

顺便说一下，你可能期望内含于状态 $W(t)$ 中的信息可以用于协助制定订货决策。实际上，这是可行的。但是，在这里，我们是评估一个具有固定 r 和 q 的 (r,q) 策略，根据定义，它不会根据 $W(t)$ 改变订货。(r,q) 策略广泛应用于实践中，因为它们非常简单，便于实施。实时观察 $W(t)$ 通常很困难，甚至不可能。即使 $W(t)$ 可以观察，通常也很难处理和应用这些信息。因此，即使是在这样的背景下（原则上说，某种更复杂的策略表现会更好一些），看一看在 (r,q) 策略下会发生什么是值得的。在这个过程中，我们应该能够看出上述技术对于泊松需求假设的可靠性［6.7.2 节和 9.7 节讨论了更加精确的策略，这些策略确实使用了 $W(t)$ 中的信息］。

6.3.2 MCDC 过程

让我们分述一种具体的环境驱动过程的类别。它们是根据连续时间马尔可夫链建立的（C.5 节讨论了这一概念。如果你熟悉它，那么这里的讨

论将有助于使环境驱动需求的概念更加具体。如果你不熟悉它，那么你可以跳过这一小节）。尽管它们在某种程度上有些特殊，但它们仍然提供了大量的建模灵活性，而且它们也可以用来近似更加一般的过程。

假设 **W** 是一个有限状态的（finite-state）、不可约的连续时间马尔可夫链。令 Q 表示 **W** 的生成元（generator），$\boldsymbol{\xi}$ 是其静态概率向量（stationary probability vector）。另外，在 $W(t)$ 的条件下，近期的需求是一个泊松过程。具体来说，将 Q 分解如下：

$$Q = Q^0 - \Lambda^D + \Lambda$$

其中，Q^0 本身具有生成元的形式（其非对角的元素是非负的，且 $Q^0\mathbf{e} = \mathbf{0}$，其中 $\mathbf{e}$ 表示全为 1 的一个列向量）。$\Lambda = (\lambda_{ww'})$ 是非负的。$\Lambda^D = \text{diag}(\Lambda\mathbf{e})$ 是一个非负的对角矩阵。这些矩阵代表不同类型的事件：当 Q^0 发生转换时，**W** 会改变状态，但是需求并没有产生。另一方面，矩阵 Λ 给出了确实会产生需求的事件的比率，**W** 也可能会改变。具体来说，如果 **W** 现在处于状态 w，一个需求发生了，并且 **W** 以速度 $\lambda_{ww'}$ 从 w 跃升到 w'。Λ 的对角项描述了令 **W** 不发生改变的需求。最后，Λ^D 总结了 Λ 中所有与具体状态相关的需求率。

因此，为了全面说明这一模型，我们只需要指定两个矩阵 Q^0 和 Λ，或者等价地指定 Q 和 Λ。联合过程 (**W**,**D**) 本身是一个连续时间马尔可夫链。我们称 **D** 为一个马尔可夫链驱动的计数过程（Markov-chain-driven counting process），或 MCDC 过程（MCDC process）。

与马尔可夫链一样，这类模型在复杂性上的差别很大，这取决于 **W** 拥有的状态数量，它决定了矩阵的大小。在实践中，复杂性没有限制，但是，随着状态数量的增加，建模和计算的难度当然也会提高。

我们需要提及几种特殊的情况：当 $\Lambda = \Lambda^D$ 时，**D** 是一个经马尔可夫调节的泊松过程（Markov-modulated Poisson process），或者称为 MMP 过程（MMP process），因此 Λ 的非对角线元素都为 0，且 $Q = Q^0$。在这种情况下，**W** 和需求的转换是不同的事件。在 **W** 发生改变的任何区间内，**D** 像是一个泊松过程，但需求率（λ_{ww}）取决于 **W** 的当前状态。上面的大部分例子（天气、经济状况等）都相当于这种形式的需求过程。

或者，假设需求是一个更新过程（renewal process）。也就是说，需求与需求之间的时间间隔（interdemand time）是独立同分布（i. i. d.）的随机变量，参见 C. 5. 6 节［顺便说一下，任何更新过程都可以用 (**W**,**D**) 的形式进行描述，其中 **W** 是自上一次需求以来的时间，下面的结果在适当条件下是成立的。在此，我们考虑一种特殊情况，使用不同的 **W**]。每一个需求与需求之间的时间间隔都具有参数为（**κ**,K）的 CPH 分布，其中 $\boldsymbol{\kappa}\mathbf{e}=1$。为了恢复上述形式，令 $Q=-K(I-\mathbf{e}\boldsymbol{\kappa})$ 和 $\Lambda=K\mathbf{e}\boldsymbol{\kappa}$（由于 **e** 是一个列向量，而 **κ** 是一个行向量，因此 **eκ** 是一个矩阵）。例如，如果我们的需求来自单一的客户，这个客户自己的需求过程是一个泊松过程，并遵循一个 $q>1$ 的 (r,q) 策略，那么我们的需求过程也具有这一形式。需求与需求之间的时间间隔具有一种爱尔朗 $-q$ 分布（Erlang- q distribution），环境 **W** 为客户的 **IP**。

下面是两个例子。在这两个例子中，**W** 有两种状态，且：

$$Q=\begin{pmatrix}-20 & 20\\ 20 & -20\end{pmatrix}$$

因此，$\boldsymbol{\xi}=(\frac{1}{2},\frac{1}{2})$。第一个例子具有：

$$\Lambda=\begin{pmatrix}0.5 & 0\\ 0 & 19.5\end{pmatrix}$$

这描述了一个 MMP 过程，定义如上。在这里，**W** 在低需求状态和高需求状态之间转换。第二个例子具有：

$$\Lambda-\begin{pmatrix}0 & 0\\ 20 & 0\end{pmatrix}$$

W 仍然是在其两个状态之间转换，当从第二个状态转换到第一个状态时，就发生一次需求。在这里，**D** 是一个具有爱尔朗－2（Erlang－2）的需求与需求之间时间间隔的更新过程。

一般来说，$\lambda=\boldsymbol{\xi}\Lambda\mathbf{e}$（上述两个例子都具有 $\lambda=10$）。另外，令 β 为一个很大的正整数，我们可以证明（Neuts，1981）：

$$V[D]=[\lambda+2\boldsymbol{\xi}(\Lambda-\lambda I)(\beta\mathbf{e}\boldsymbol{\xi}-Q)^{-1}\Lambda\mathbf{e}]L-2\boldsymbol{\xi}\Lambda(I-e^{QL})(\beta\mathbf{e}\boldsymbol{\xi}-Q)^{-2}\Lambda\mathbf{e}$$

（看起来可能有些奇怪，只要 β 足够大，这一计算的结果就不取决于 β。）这看起来可能会让人头痛，但其实很简单。第二项是一个常数，再加上一些指数项，这些指数项随着 $L\rightarrow\infty$ 而衰减为 0。第一项对于 L 是线性的。因此：

$$\psi^2=\frac{\lambda+2\boldsymbol{\xi}(\Lambda-\lambda I)(\beta\mathbf{e}\boldsymbol{\xi}-Q)^{-1}\Lambda\mathbf{e}}{\lambda}$$

对于很大的 L，我们可以忽略上面的第二项，利用第一项（即 $\psi^2\lambda L$ ）来近

似表示 $V[D]$。

对于上述 MMP 过程，$\psi^2=1.45$，对于更新过程，$\psi^2=0.5$。图 6.3.1 画出了 L 取不同值时的 $V[D]$。虚线表示极限线性函数（limiting linear function）。作为参照，直线显示了具有相同需求率 $\lambda=10$ 的泊松过程的 $V[D]$。观察一下，MMP 过程的波动性一律大于泊松过程，而更新过程的波动性较小。

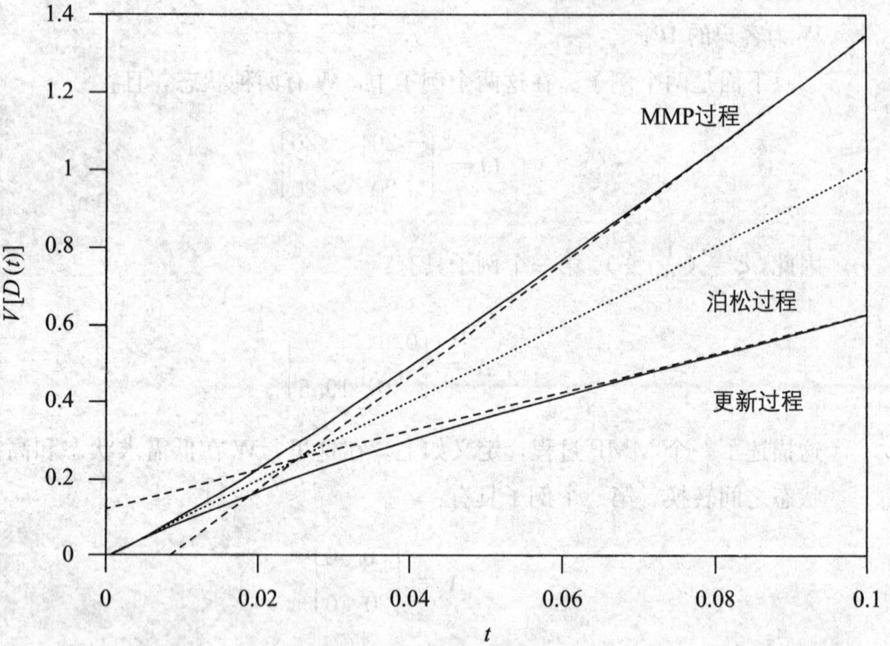

图 6.3.1　环境驱动的需求：方差

计算 D 的准确分布并不容易。这要求求解马尔可夫链 $(\mathbf{W},\mathbf{D})$ 的瞬时概率（transient probability）的微分方程。具体来说，令：

$$g_w(d|t)=\Pr\{D(t)=d,W(t)=w\}\qquad t\geqslant 0,d\geqslant 0$$

从 $D(0)=0$ 开始，且 $W(0)$ 的分布与 $\boldsymbol{\xi}$ 相同，令 $\mathbf{g}(d|t)$ 表示行向量 $[g_w(d|t)]_w$。为了计算 $\mathbf{g}(d|t)$，求解线性微分方程：

$$\mathbf{g}'(0|t)=\mathbf{g}(0|t)(Q-\Lambda)$$
$$\mathbf{g}'(d|t)=\mathbf{g}(d|t)(Q-\Lambda)+\mathbf{g}(d-1|t)\Lambda\qquad d>0$$

（上撇号表示求关于 t 的导数。）初始条件为：

$$\mathbf{g}(0|0)=\boldsymbol{\xi}$$
$$\mathbf{g}(d|0)=\mathbf{0}\qquad d>0$$

从概念上说，这很简单，但实际上需要进行大量乏味的数值计算。这样，$g(d)=\Pr\{D=d\}=\mathbf{g}(d|L)\mathbf{e}$。

图 6.3.2 显示了上述例子的 $g(d)$，其中 $L=0.2$，因此 $E[D]=\lambda L=2$，以及具有相同均值的泊松概率质量函数（pmf）。显然，MMP 过程产生的概率质量函数是三者中波动性最大的，而更新过程的波动性最小，泊松过程介于两者之间。

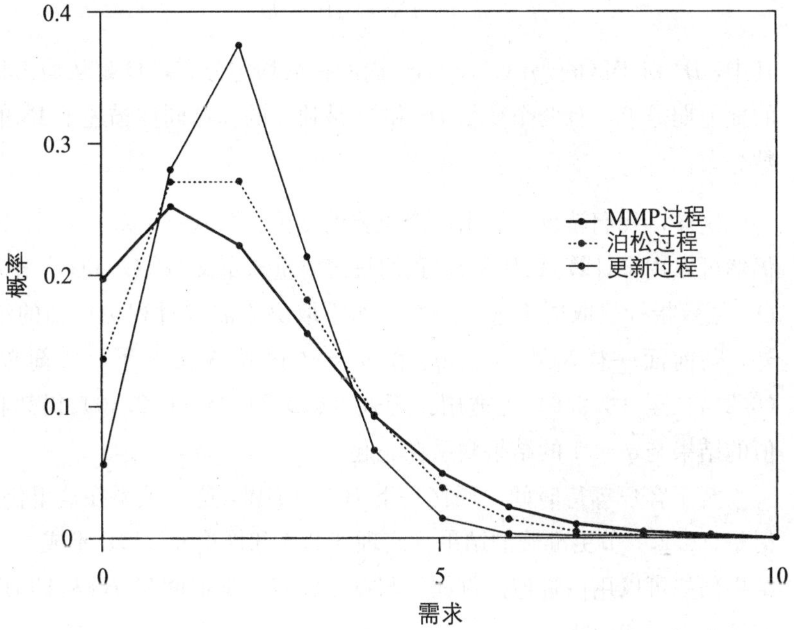

图 6.3.2　**概率质量函数（环境驱动的需求）**

6.3.3　分析

为简便起见，我们假设需求是一个 MCDC 过程来说明和证明相关的结果。但是，在更一般的情况下，它们也是成立的。我们需要一个适当的技术性假设：

假设：联合过程 $(\mathbf{IP},\mathbf{W})$ 是不可约的。

对于大部分合理的模型，这一假设是成立的。例如，当 $\mathbf{D}$ 是一个 MMP 过程或是一个更新过程时，它是成立的（参见习题 6.4。6.3.5 节进一步讨论了这一假设）。

引理 6.3.1：在上述假设下，联合过程 $(\mathbf{IP},\mathbf{W})$ 具有极限分布，IP 在区间 $[r+1,r+q]$ 之间的整数上均匀分布，且 IP 和 W 是独立的。

具体来说，联合过程的极限行为（limiting behavior）对于 $\mathbf{W}$ 和 $\mathbf{D}$ 的

具体分布不敏感，当然，W 本身的边际分布（marginal distribution）除外。利用下面的方式想象其结果：随着时间的推移，$IP(t)$ 围绕着其 q 的可能取值循环，**IP** 的变化部分由 **W** 决定。然而，对于一个足够长的时间，$IP(t)$ 的水平包含的关于 $W(t)$ 的信息可以忽略不计。

下一个结果与定理 6.2.3 类似：

定理 6.3.2：在上述假设下，净库存的极限分布由下式表示：

$$IN = IP - D$$

其中，IP 对于区间 $[r+1, r+q]$ 内的整数均匀分布，D 是从均衡状态开始的提前期需求，且两个变量 IP 和 D 是独立的。这同样描述了 **IN** 的长期频数分布。

这样，我们就可以得出一个重要的结论：公式（6.2.11）至（6.2.13）仍然可以用来计算 $\overline{A}$、$\overline{B}$ 和 $\overline{I}$。我们只需要重新定义 G^0、G^1 和 G^2 来描述新的 D。绩效指标只取决于这一分布，而不取决于需求过程更详细的细节。另外，与前面一样，$\overline{OF} = \lambda/q$。在 $q=1$ 的特殊情况下，较简单的公式（6.2.4）至（6.2.6）也适用。等式（6.2.8）至（6.2.10）仍然将一般 q 值的结果与 $q=1$ 的结果联系在一起。

至于客户等待时间，回忆一下 $\overline{B} = \lambda \overline{BW}$，这一关系在这里仍然成立。但是，6.2.4 节更准确的结果（定理 6.2.4 和推论 6.2.5）不成立。类似的结果仍然可以用做近似。例如，与（6.2.17）类似的 $V[B]$ 和 $V[BW]$ 的近似关系由下式给出：

$$V[B] = \psi^2 \lambda E[BW] + \lambda^2 V[BW]$$

关于计算，G^0 可以直接根据 g 计算出来，递归式（6.2.16）和（6.2.17）可以用来根据 G^0 计算 G^1 和 G^2。但如上所述，计算 g 相当困难。因此，估计 $\overline{A}$、$\overline{B}$ 和 $\overline{I}$ 也不是一件容易的事情［公式（6.2.14）和（6.2.15）取决于泊松分布的特殊形式，它们在此不适用］。6.4 节给出了一个可用的近似。另外，说来奇怪，在某些随机提前期模型中，准确的绩效评估反而变得简单了，参见 7.5.2 节。

有一个条件是必须的：$\overline{A}$ 仍然是缺货的概率，但不是被延期交货的需求部分（PASTA 特性对于非泊松需求不成立）。那一部分可以用其他方法进行计算，但我们不会那样做。

6.3.4　绩效测度行为

由于绩效公式保持了与泊松需求情况下相同的形式，因此其定性特征也是一样的：对于基本库存策略，$\overline{B}$ 是 s 的减函数，且是凸的，而 $\overline{I}$ 是递增的，且是凸的（对于 $s \geqslant 0$ 是严格凸的）。$\overline{A}$ 是递减的，但不是凸的。对于一般的 q，$\overline{B}$ 是 r 的减函数，且是凸的，而 $\overline{I}$ 是递增的，且是凸的（对于 $r \geqslant -q$ 是严格凸的）。另外，$\overline{B}(s')$ 和 $\overline{I}(s')$ 是 q 的增函数，参见图 6.2.6。

分析绩效如何取决于需求模型本身是很有意思的。我们在此专注于基本库存策略。图 6.3.3 画出了上面两个例子的 $\overline{I}$ 和 $\overline{B}$，以及具有相同需求率 $\lambda = 10$ 的泊松过程，其中所有的 $L = 2$。回想一下，MMP 过程在三者中具有最大的 $V[D]$，而更新过程具有最小的 $V[D]$。在该图中，我们看到 $\overline{I}$ 和 $\overline{B}$ 似乎随着 $V[D]$ 的增加而增加。也就是说，需求波动越大，系统的绩效就越差。

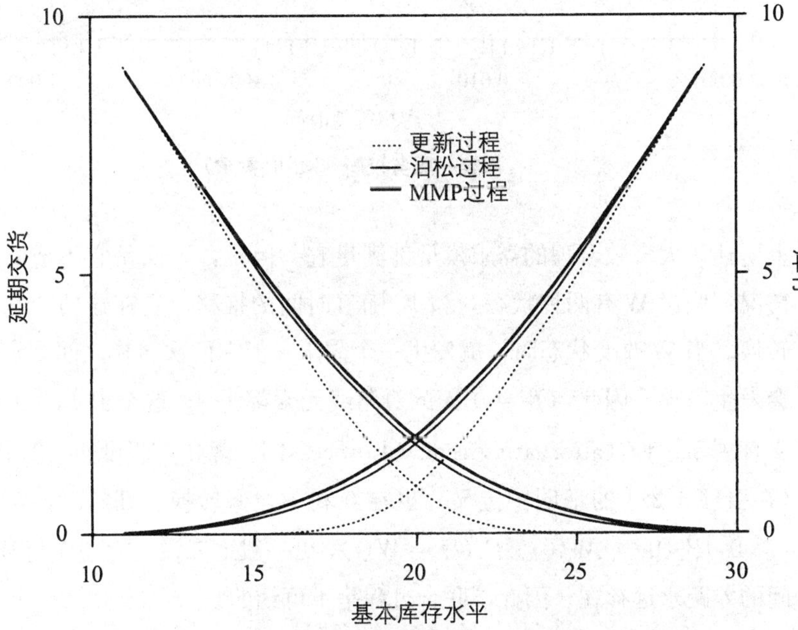

图 6.3.3　基本库存策略的绩效（环境驱动的需求）

图 6.3.4 进一步分析了 MMP 过程。对于 L 的不同取值，它画出了等待时间和储存时间的权衡，与上面的图 6.2.4 的形式一样。注意，每条曲线的总体形式，以及随着 L 的增加绩效下降的方式，都令我们想到了泊松需求的情况。比较这两个图形，我们可以看出，正如我们预料的，对于波动性更大的 MMP 过程，绩效变得更差了。

6.3.5　技术细节与证明

在证明这些结果之前，我们先更详细地分析一下 6.3.3 节的假设：如

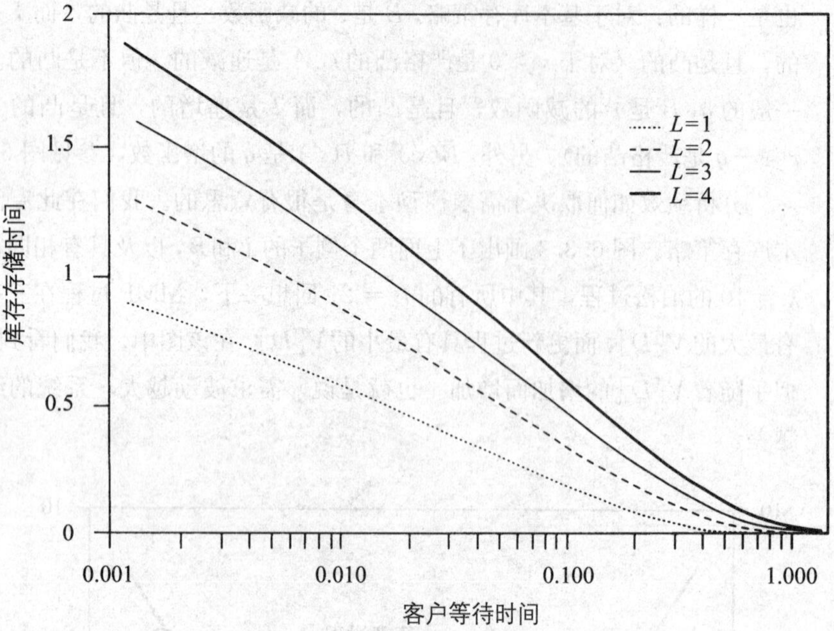

图 6.3.4　**库存—服务权衡**（MMP **需求**）

上所述，大多数合理的需求模型都满足它。但是，下面是它不成立的一种情况：假设 **W** 有两种状态 0 和 1. 随着时间的推移，它在这两个状态之间转换。当 **W** 改变状态时，就发生一个需求，但在两次转换之间则永远也不会发生需求［因此，$Q^0=0,\Lambda$ 的对角线元素都为 0。这个 **D** 是我们所谓的交替更新过程（alternating renewal process）］。现在，假设 $q=2$，因此 $\mathbf{IP}_c$（在引理 6.2.1 的证明中定义）也在 0 和 1 之间转换。开始时，对于所有 $t\geqslant 0, IP_c(0)=W(0), IP_c(t)=W(t)$，更一般地来说，$IP_c(0)$ 与 $W(0)$ 之间的差距永远存在。因此，联合过程是不可约的。

称这种情况是病态的是很公平的，在实际需求过程中，我们很难想象具有这种周期性的行为。但是，有一些合理的需求模型也不满足这一假设：假设当前需求率取决于到目前为止的累积需求，在我们的术语中，$W(t)$ 就是 $D(t)$ 本身。这样一个模型可能描述了对一种新产品的需求。在此，我们的想法是对合理的市场饱和情况建模，需求率随 $D(t)$ 而下降［例如，请参见 Mahajan 和 Wind（1986）］。显然，这一联合过程是可约的。

另一方面，假设当需求发生时，$W(t)$ 增加，但在两次需求之间，$W(t)$ 也可能下降。这样一个概念可以对具有产能约束的市场建模，以吸收短期内的需求大幅增加，假如市场会进行调整，以使最近的需求在长期中“被遗忘”的话。实际上，我们不难证明这一假设现在得到了满足。

引理 6.3.1 的证明：由于联合过程（**IP**,**W**）具有有限的状态数量，而且考虑到其假设，我们只需要证明引理中描述的分布是静态分布。我们将给出两种独立的论证，每一种都有其优势。

首先是一种直接的代数证明。联合过程（$\mathbf{IP}_c$,**W**）的生成元可以写为：

$$I \otimes Q^0 - I \otimes \Lambda^D + I_+ \otimes \Lambda$$

[在前面引理 6.2.1 的证明中，I_+ 是转移 mod(q) 矩阵。附录 C 中的 C.5.3 节解释了克罗内克积的符号$\otimes$。] 第一项相当于没有需求时 **W** 的转换，而第二项和第三项加在一起描述了需求事件，因此不管 **W** 是否同时发生变化，$\mathbf{IP}_c$ 都会改变。我们想要证明概率行向量（probability row-vector）$(1/q)(\mathbf{e}' \otimes \boldsymbol{\xi})$ 对于（$\mathbf{IP}_c$,**W**）是静态的，也就是说，我们用上述矩阵乘以这一向量时，其结果为 0。但是，由于 $\mathbf{e}'I = \mathbf{e}'I_+ = \mathbf{e}'$ 以及 $\boldsymbol{\xi}Q = \mathbf{0}$，我们有：

$$\begin{aligned}(\mathbf{e}' \otimes \boldsymbol{\xi})(I \otimes Q^0 - I \otimes \Lambda^D + I_+ \otimes \Lambda) &= \mathbf{e}' \otimes [\boldsymbol{\xi}(Q^0 - \Lambda^D + \Lambda)] \\ &= \mathbf{e}' \otimes (\boldsymbol{\xi}Q) = \mathbf{0} \otimes \mathbf{0}\end{aligned}$$

这就完成了第一个证明。对于第二个证明，假设系统开始于时间 0，$[IP_c(0), W(0)]$ 具有定理所说的分布。现在，对于任何 $t \geqslant 0$：

$$[IP_c(t) \mid W(t)] = \{IP_c(0) + [D(t) \mid W(t)]\} \text{mod}(q)$$

右边的表达式由在整数 mod（q）上均匀分布的随机变量 $IP_c(0)$ 构成，再加上另一个与 $IP_c(0)$ 独立的随机变量$[D(t) \mid W(t)]$，全部 mod(q)。事实证明，任何此类组合都是均匀分布的［如习题 6.5 要求你做的那样，我们可以直接证明这一点，或者请参见 Feller（1971），第 64 页］。因此，$[IP_c(t) \mid W(t)]$ 在整数 mod(q) 上具有均匀分布。特别地，$IP_c(t)$ 和 $W(t)$ 是独立的。最后，$W(t)$ 本身与 $W(0)$ 具有相同的分布，即 **W** 的静态分布。

上述假设对于这一结果是必要的。考虑上面的例子，其中 **W** 只有两个状态，且 $q = 2$。对于联合过程，$(1/q)(\mathbf{e}' \otimes \boldsymbol{\xi})$ 是一个静态向量（stationary vector），这仍然是正确的，但还有其他一些，静态向量不是唯一的。另外，如果 **W** 在两种状态间的转移率不同，那么 $\mathbf{IP}_c$ 的极限分布就取决于初始状态，且通常这一分布不是均匀的。

定理 6.3.2 的证明：如定理 6.2.3 的证明一样，考虑联合过程（**IP**,**DL**），但将其扩展为（**IP**,**W**,**DL**）。根据假设，$D(t, t+L]$ 只是通过 $W(t)$ 取决于 **IP**、**W** 和 **D** 的历史（跨越时间 t）。另一方面，（**IP**,**W**）具有极限分布，其中 IP 和 W 是独立的。因此，整个过程（**IP**,**W**,**DL**）具有极限分布，且 IP 独

立于 $[W,D]$。另外，$IN(t+L)$ 仍然如公式（6.2.7）所述，具体而言，**IN** 是(**IP**,**W**,**DL**) 的函数。取 $t\to\infty$ 时的极限，就可以立刻得到结果。

6.4 近似

到目前为止，我们已经准确地推导出了几个不同系统的绩效指标。现在我们转向近似（approximations）。出于两个原因，近似非常重要：第一个原因也是最明显的原因是便利性。这些近似比精密的公式需要更少的数据，而且易于计算。第二个原因是，简单的近似有时候能够比精确的表达式更好地揭示出一些重要的关系。例如，我们会看到一些近似，它们能够表明需求和供应中最重要的特性，以及它们如何影响绩效。

最重要的近似采用了正态分布（normal distribution）。正态近似在很多情况下表现良好，但也并非总是如此（其有效性在很大程度上取决于恒定提前期的假设。如第 7 章所述，对于某些类型的随机提前期，它的表现也很好，但对其他情况则不然）。

6.4.1 基本库存策略——正态近似

我们首先专注于基本库存策略。考虑泊松需求模型，其中 D 服从均值和方差为λL 的泊松分布。正如你知道的，具有较大均值的泊松分布可以用正态分布进行很好的近似。那么，我们的想法是用一个具有相同均值和方差的正态分布随机变量代替实际提前期需求：

$$v=E[D]=\lambda L\qquad \sigma^2=V[D]=\lambda L$$

对于大多数环境驱动的需求过程，对于较大的 L，D 也近似为正态的（这也适用于每一个 MCDC 过程）。同样，$v=E[D]=\lambda L$。我们可以准确地计算方差 $V[D]$，但为了方便起见，我们使用线性近似（linear approximation）$V[D]=\psi^2\lambda L$，其中 ψ^2 是渐近的方差—均值比（asymptotic variance-to-mean ratio）。也就是说，令：

$$v=\lambda L\qquad \sigma^2=\psi^2\lambda L$$

我们需要一些关于正态分布的基本事实（参见 C.2.5.4 节）：ϕ 表示标准正态概率密度函数（pdf），Φ^0 表示标准正态互补累积分布函数（ccdf）。函数

$$\Phi^1(z)=\int_z^{\infty}(x-z)\phi(x)dx \tag{6.4.1}$$

是标准正态损失函数（standard normal loss function），它类似于 G^1 的标准正态损失函数。下列特性非常有用：

$$\Phi^1(z)=\int_z^{\infty}\Phi^0(x)dx=-z\Phi^0(z)+\phi(z) \tag{6.4.2}$$

$$\Phi^1(-z)=z+\Phi^1(z) \tag{6.4.3}$$

现在，根据 6.2.2 节的分析，利用对（6.2.3）中 D 的正态近似，我们得到：

$$\bar{A}=\int_s^{\infty}\left(\frac{1}{\sigma}\right)\phi\left(\frac{x-v}{\sigma}\right)dx=\Phi^0\left(\frac{s-v}{\sigma}\right)$$

$$\bar{B}=\int_s^{\infty}(x-s)\left(\frac{1}{\sigma}\right)\phi\left(\frac{x-v}{\sigma}\right)dx=\Phi^1\left[\frac{s-v}{\sigma}\right]\sigma$$

$$\bar{I}=s-v+\bar{B}=\left[\frac{s-v}{\sigma}+\Phi^1\left(\frac{s-v}{\sigma}\right)\right]\sigma=\Phi^1\left(\frac{-s+v}{\sigma}\right)\sigma$$

用 z 表示标准化的 s 值，即：

$$z=\frac{s-v}{\sigma}$$

这样，上面的公式可以写成更简单的形式：

$$\bar{A}=\Phi^0(z) \tag{6.4.4}$$

$$\bar{B}=\Phi^1(z)\sigma \tag{6.4.5}$$

$$\bar{I}-\Phi^1(-z)\sigma \tag{6.4.6}$$

这一近似有多准确？首先，考虑泊松分布的情况。图 6.4.1 画出了 $\lambda=10$ 以及 L 为 0.5 和 1 时的准确绩效指标和近似绩效指标。显然，在这些情况中，近似极为准确。对于较大的 λL，这一近似会更加准确。只有对于非常小的 λL 该近似才会给出糟糕的结果。

6.3.2 节中 MMP 过程的相应结果如图 6.4.2 所示（$\psi^2=1.45$）。这一近似不像前面那些精确，但仍然很好（当然，这种差异部分是由 σ^2 的近似值造成的）。对于较大的 L，这一近似同样会变得更加精确。

正态近似让一些人感到不舒服，因为它允许 D 假设为负值（当然，当客户可以退货时，这不是一个缺点。例如，零售商通常会将未售出的 CD 退还生产商。尽管这些情况并非罕见，但它们并不是一般规则）。记住，我们使用近似不是详细描述系统的动态，而是预测绩效，在很多情况下，它的表现良好。但预测较小的 $\Pr\{D<0\}=\Phi^0[-v/\sigma]$ 时，即当变异系数 σ/v 较小时，近似的效果最好。对于泊松需求，$\sigma/v=1/\sqrt{\lambda L}$，这是近似在 λL

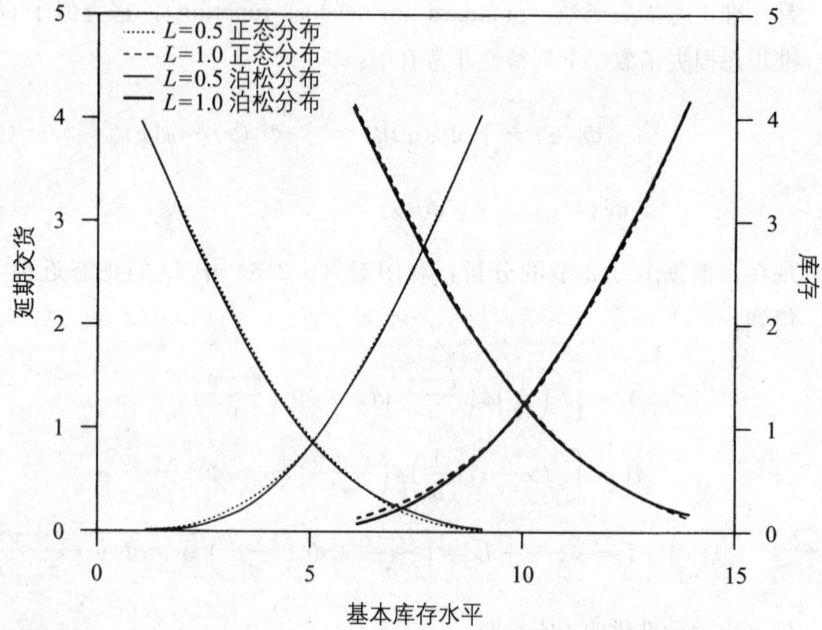

图 6.4.1　基本库存策略的绩效（正态分布与泊松分布）

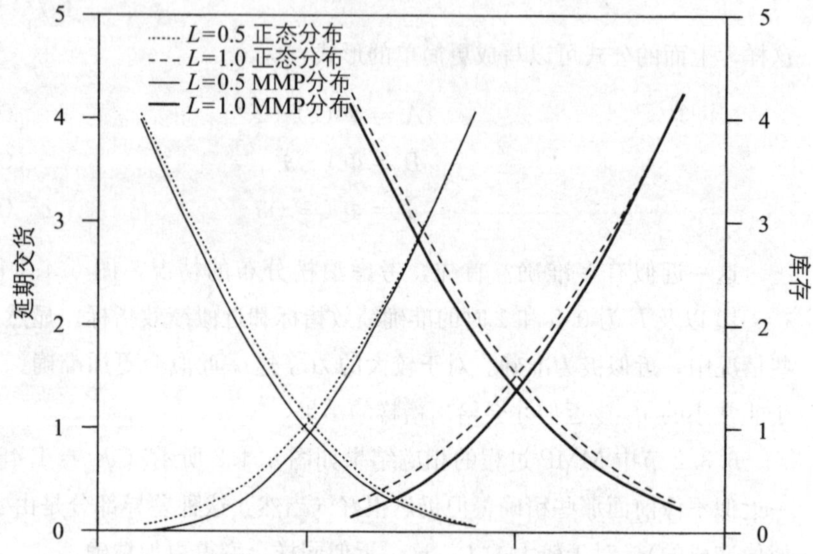

图 6.4.2　基本库存策略的绩效（正态分布与 MMP 分布）

较小时效果不佳的一个原因。

要注意的一点是：正态近似的确体现了绩效的广泛特征，但当接近极限时，它并不准确。假设我们有一个严格的绩效要求，要求 $\overline{A}$ 很小，比如说0.001。我们知道s必须很大，但要多大呢？正态近似并不能总是给出正确的答案。用技术术语说，它没有提供尾概率（tail probability）的渐近精确估计；当$s \to \infty$时，比率$\Phi^0(z)/G^0(s)$没有趋向1（当然，这假设了模型和数据完全准确。来自这些来源的误差通常会造成近似的误差）。

一般来说，正态近似的适当性部分取决于L足够大，但还取决于分析的环境和目的：如果我们正在分析一种特别重要的物品，而我们不知道L是否足够大，那么在使用精密公式时就要谨慎。另一方面，如果我们正在进行一次大规模的分析以支持系统的设计，那么对于任何L，近似通常就足够了。因此，在那种情况下，我们没有必要对环境需求系统（**W**,**D**）建模，甚至不必估计D的完全分布。直接估计λ和ψ^2就足够了。

假设我们对近似感到满意。公式（6.4.4）至（6.4.6）很容易使用。例如，为了满足服务水平要求$\bar{A} = 1 - \omega_-$，从标准正态分布表中（或通过计算机的计算）找到z的值使得$\Phi^0(z) = 1 - \omega_-$，并令$s = v + z\sigma$［如C.2.5.4节所述，对于较大的z，$\ln[\Phi^0(z)] \approx -\frac{1}{2}z^2$。因此，对于接近0的$1-\omega_-$，$z \approx [-2\ln(1-\omega_-)]^{1/2}$，$s \approx v + [-2\ln(1-\omega_-)]^{1/2}\sigma$。这只是粗略、定性地说明了$s$如何随着服务要求越来越严格而增长的。但是，正如上面所讨论的，正态近似在这方面损失了精确性，因此使用这一估计值时要谨慎］。

这个z有时候被称为安全因子（safety factor）：它只取决于ω_-。通常，当$\omega_- > \frac{1}{2}$时，它是正的。如果v改变但σ不变，那就将s改变同样的数量以保持z。如果σ改变，则安全因子说明了s适当变化的方向和大小。根据这些原则，平均库存就与σ成比例。因此，影响绩效的关键参数是σ，即提前期需求的标准差（standard deviation）（6.5节中的成本最优化方法也会得出类似的结论）。

顺便说一下，某些习惯做法大幅偏离了这一方法。某些企业遵循下面这些指导原则："保持两周的库存"或"保持两周的安全库存"。在实践中，这意味着或者设定$s = 2\lambda$，或者设定$s = v + 2\lambda$（假设时间按周度量）。因此，σ根本就没有发挥作用。没有理由采用这样的规则。它们只会带来问题。

现在，σ本身与λL的平方根成比例。因此，较短的提前期能够改善绩效。我们在图6.2.4和图6.3.4中观察到了同样的现象。同样，随着需求率的增长（ψ^2保持固定），$\bar{I}$和$\bar{B}$也会增长。但是，σ的增长比λL本身的增长要慢得多，也就是说，这些绩效指标显示了一种统计上的规模经济（statistical economy of scale）。例如，如果λ加倍，我们调整s以保持z的值不变，那么$\bar{I}$和$\bar{B}$只会增长$\sqrt{2}$倍，而不是2倍。

这种类型的敏感性分析与 EOQ 模型的敏感性分析类似，但原因完全不同。当我们令 λ 加倍时，新的需求 D 是最初两个独立需求的总和。标准差只会增加 $\sqrt{2}$ 倍，主要是因为两个独立需求中较小的一个值可能会抵消另一个较大的值（这是统计估计背后的一个常见的原则，随着样本数量的增大，估计值会变得更精确）。如果令 L 加倍，也会出现同样的情况，因为 **D** 拥有独立的增量——在泊松需求的情况下是精确的，在 MCDC 需求的情况下是近似的——因此 $V[D]$ 对于 L 是线性的（精确的或近似的）。

另外，σ 与 ψ（方差—均值比 ψ^2 的平方根）成比例。因此，降低需求的波动能够改善绩效（习题 6.1 分析了获得更准确的需求信息的另一种方法）。

近似还有助于解释更微妙的绩效问题：注意，此处 $\bar{I}$ 恰好是 $\bar{B}$ 反应了 $z=0$，准确的指标也展示出了差不多同样的对称性，如图 6.2.3 和图 6.3.3 所示。另外，我们不难证明：

$$\frac{\partial \bar{B}}{\partial \sigma} = \frac{\partial \bar{I}}{\partial \sigma} = \phi(z) \tag{6.4.7}$$

因此，$\bar{B}$ 和 $\bar{I}$ 都是 σ 的增函数，$z=0$ 时，即 $s=v$ 时，它们对 σ 的敏感性最大。上面的图形显示出准确的 $\bar{B}$ 和 $\bar{I}$ 的行为是相似的。

6.4.2 基本库存策略——其他的连续近似

正态近似是一种特殊的连续近似（continuous approximation）。通常，用一个连续的互补累积分布函数 F^0 代替 G^0 就可以得到以下公式：

$$\bar{A} = F^0(s) \qquad \bar{B} = F^1(s)$$

$$\bar{I} = s - v + \bar{B}$$

其中，$F^1(s) = \int_s^\infty F^0(x)dx$ 是一个连续损失函数［显然，(6.4.4) 至 (6.4.6) 详细说明了这些正态分布情况下的结果］。这些近似公式与准确的公式拥有相同的定性性质：例如，$\bar{B}$ 是 s 的减函数和凸函数，而 $\bar{I}$ 是增函数和凸函数。

例如，考虑一种均值为 $v=E[D]$ 的指数分布，因此 $F^0(x)=e^{-x/v}$。那么，$F^1(x)=ve^{-x/v}$（对于某些随机提前期系统，这一近似表现良好，如 7.3.11 节所述）。

下面是另一个重要的近似，定义函数：

$$\Omega^0(z) = \frac{1}{2}\left[\frac{1-z}{(1+z^2)^{\frac{1}{2}}}\right]$$

$$\Omega^1(z) = \frac{1}{2}[(1+z^2)^{\frac{1}{2}} - z]$$

Ω^0 恰好是 $Z = T/\sqrt{2}$ 的互补累积分布函数（这并不真的重要），其中 T 具有学生 t 分布（Student's t distribution），自由度（degrees of freedom）为 2。Ω^1 是相应的损失函数，即 $\Omega^1(z) = \int_z^\infty \Omega^0(t)dt$。假设我们用 $v+\sigma Z$ 来近似 D（与正态近似不同，这一构造与 D 的矩并不匹配。实际上，尽管 Z 的均值为 0，但其方差为无穷大）。近似的绩效指标在形式上与正态近似类似：

$$\bar{A} = \Omega^0(z)$$

$$\bar{B} = \Omega^1(z)\sigma \qquad \bar{I} = \Omega^1(-z)\sigma$$

其中，$z = (s-v)/\sigma$ 仍然是 s 的标准值。

我们称其为极大近似（maximal approximation）。事实证明，对于任何 D 使得 $E[D] = v$ 和 $V[D] = \sigma^2$，$\bar{B}$ 的这一估计值总是大于真正的平均延期交货。同样，上面的 $\bar{I}$ 是真实库存的上限（参见习题 6.10）。因此，只给定 v 和 σ^2，这一方法给出了绩效的保守估计。

与在正态近似中一样，对于固定的 z，$\bar{B}$ 和 $\bar{I}$ 都与 σ 成比例。因此，σ 仍然是绩效的主要决定因素，这与利用最糟糕情况的估计值进行度量的结果是一样的。

6.4.3　一般 (r,q) 策略

对于一个 (r,q) 策略，我们用在区间 $[r, r+q]$ 中的实数上的连续均匀分布来代替 IP 的实际分布（实际上，利用区间 $[r+½, r+q+½]$ 会更准确。我们在此使用 $[r, r+q]$ 是为了简化符号。对于更准确的方法，在下面所有的公式中用 $r+½$ 代替 r 就可以了）。

假设我们使用 D 的正态近似。G^2 的标准近似式为下列函数：

$$\Phi^2(z) = \int_z^\infty (x-z)\Phi^0(x)dx$$

我们可以证明：

$$\Phi^2(z) = \int_z^\infty \Phi^1(x)dx = ½[(z^2+1)\Phi^0(z) - z\phi(z)] \qquad (6.4.8)$$

现在，令：

$$z_r = \frac{r-v}{\sigma} \qquad z_{r+q} = \frac{r+q-v}{\sigma}$$

为了推导绩效指标，我们可以采用两种方法，它们的结果是一样的：遵循获得准确公式（6.2.11）至（6.2.13）的分析，利用连续近似代替实际 IP 和 D。或者，求（6.4.4）至（6.4.6）中各个量的平均值，令 s 跨越区间 $[r, r+q]$（第二种方法更简单一些）。两种方法都可以得到：

$$\overline{A} = \left(\frac{\sigma}{q}\right)[\Phi^1(z_r) - \Phi^1(z_{r+q})] \tag{6.4.9}$$

$$\overline{B} = \left(\frac{\sigma^2}{q}\right)[\Phi^2(z_r) - \Phi^2(z_{r+q})] \tag{6.4.10}$$

$$\overline{I} = \frac{1}{2}q + \sigma z_r + \overline{B} \tag{6.4.11}$$

这了使这些公式准确可靠，D 和 IP 本身的近似必须准确。我们已经讨论了 D 的正态近似何时表现良好，何时表现不好。至于 IP，显然，当（且仅当）q 很大时，连续均匀近似（continuous uniform approximation）与实际分布相当接近。

那么，q 何时才会很大呢？或者更准确地说，我们何时才能将我们的注意力限制在很大的 q 值上呢？我们还要讨论策略的最优化（将在 6.5 节进行讨论）。但是，你可以根据前面的章节或常识推测出，当供应中存在着显著的规模经济（即固定订货成本很高）时，就会出现很大的 q 值。

同样，这一问题的重要性取决于我们使用这些模型做什么。对于粗略的系统设计研究，不管 q 的大小如何，近似通常就足够了。但是，当精确的策略评估非常重要时，则精确的公式就是不可替代的。

对于一般连续近似，与（6.4.9）至（6.4.11）类似的公式是：

$$\overline{A} = \left(\frac{1}{q}\right)[F^1(r) - F^1(r+q)]$$

$$\overline{B} = \left(\frac{1}{q}\right)[F^2(r) - F^2(r+q)]$$

$$\overline{I} = ½q + r - v + \overline{B}$$

其中，

$$F^2(x) = \int_x^{\infty} F^1(t)dt$$

例如，指数分布具有 $F^2(r) = v^2 e^{-x/v}$。一般来说，与在精确公式中一样，$\overline{B}$

显然随 r 和 q 减小。习题 6.11 要求你证明 $\bar{B}$ 和 $\bar{I}$ 对于变量 (r,q) 都是凸的。这一特性在策略优化中非常有用。

极大近似得到的公式与（6.4.9）至（6.4.11）类似，其中 Φ^1 由 Ω^1 取代，而 Φ^2 则由下式取代：

$$\Omega^2(z) = -\tfrac{1}{4}\{z[(1+z^2)^{1/2}-z]+\ln[(1+z^2)^{1/2}+z]\}$$

6.4.4　近似绩效指标

接下来，我们分析一种不同的近似类型。这些公式广泛应用于实践中。它们在很多初级教科书中都出现过，实际上，它们通常以绩效指标而不是近似的形式出现。它们深受欢迎，是因为它们比精确的公式简单一些。但是，正如我们将要看到的，它们也不是非常简单，而且也不是非常准确。了解这些是有必要的，因为它们的使用非常广泛，但我并不推荐使用它们。

首先，考虑下面对 $\bar{A}$ 和 $\bar{B}$ 的近似：

$$\bar{A}_{+1} = \left(\frac{1}{q}\right)G^1(r) \qquad \bar{B}_{+1} = \left(\frac{1}{q}\right)G^2(r)$$

将这些公式同（6.2.11）和（6.2.12）进行比较。显然，$\bar{A}_{+1}$ 同（6.2.11）中的 $\bar{A}$ 类似，但它忽略了 $-(1/q)G^1(r+q)$ 这一项。同样，$\bar{B}_{+1}$ 忽略了（6.2.12）中 $\bar{B}$ 的第二项。由于这些被忽略的项是负的，因此 $\bar{A}_{+1} > \bar{A}$，$\bar{B}_{+1} > \bar{B}$。这些近似高估了准确的数量。误差可能会很严重。例如，对于指数近似，我们很容易证明 $\bar{A}_{+1}/\bar{A} = \bar{B}_{+1}/\bar{B} = 1/(1-e^{-q/v})$。当 q/v 较小时，它可能非常大。也就是说，这些近似不可靠，除非我们可以肯定 q/v 很大。

其次，考虑下面的近似：

$$\bar{A}_{+2} = G^0(r) \qquad \bar{B}_{+2} = G^1(r)$$

回忆一下，$\bar{A}$ 是 q 个 $G^0(s)$ 的平均值，$r \leqslant s < r+q$，$\bar{A}_{+2}$ 用 $G(r)$ 代替了平均值。由于 G^0 是非递增的，因此 $\bar{A}_{+2} \geqslant \bar{A}$。同样，$\bar{B}_{+2} \geqslant \bar{B}$。因此，与上面一样，这些近似高估了实际数量。然而，当 q 很大时，$\bar{A}_{+1}$ 和 $\bar{B}_{+1}$ 非常准确，而对于较小的 q，$\bar{A}_{+2}$ 和 $\bar{B}_{+2}$ 效果最好。这些近似也可能会给出非常不准确的结果。对于指数近似，$\bar{A}_{+2}/\bar{A} = \bar{B}_{+2}/\bar{B} = (q/v)/(1-e^{-q/v})$，它可能会非常巨大，除非我们预先知道 q/v 很小。

顺便说一下，$\bar{A}_{+2}$ 有时候被推荐作为客户服务的另一个指标。它是订货提前期期间缺货的概率。但是，这不会以任何有意义的方式来度量客户服务。客户可能会关心 $\bar{A}$ 和 $\bar{B}$，但并不关心在我们的一个提前期中发生什么。

因此，这些近似都不是非常可靠。至于从简捷性方面评估一种策略，这两种近似的计算量是精确公式计算量的一半。这并不是一个引人注目的改善。

在选择一个策略以满足特定要求时，这些近似确实有一些不大的优势：例如，假设 q 已经通过某种方式确定了，因此剩下的问题就是选择 r，而且对于 $\overline{A}$，有一个给定的目标值 $1-\omega_{-}$。假设对于 D 我们采用正态近似。利用 $\overline{A}$ 的精确公式（6.4.9），我们必须求解 $\overline{A}=1-\omega_{-}$ 以得到 r，这是一个具有一个未知量的非线性方程。利用近似 $\overline{A}_{+2}$，这个方程式变成了 $\Phi^0(z_r)=1-\omega_{-}$。

现在，利用计算机，我们不难通过数值方法求解精确公式。但是近似方程可以通过人工计算求解：只需要在标准正态分布表中找到 $z_r=(\Phi^0)^{-1}(1-\omega_{-})$ 的值，并令 $r=\upsilon+z_r\sigma$。同样，基于 $\overline{A}_{+1}$ 的类似方程也只需要查一次表（此次是查找 Φ^1 表）。

事实上，在计算机被广泛使用之前，这些近似方法就已经很流行。只需要一本统计表格手册和一把计算尺，分析人员就可以很容易地求解近似方程，而精确公式则需要冗长的迭代。但在今天，这已经不是使用近似方法的一个很好的借口了。

另外，由于 $\overline{A}_{+1}$ 和 $\overline{A}_{+2}$ 高估了 $\overline{A}$，因此利用这两种近似得到的 r 都大于精确方程的解，有时候会大很多。所以，近似会造成不必要的库存。这是避免使用近似的一个很好的理由。

案例 6.4.A

让我们重新考虑 6.2 节中案例 6.2.A 中的唱片商店。在 $q=r=2$ 的 (r,q) 策略中，我们发现 $\overline{A}=0.19$，刚好满足 0.2 的服务要求。直接计算（利用泊松分布而不是正态近似）表明，$\overline{A}_{+1}=0.22$。因此，利用这一近似，经理将会得出结论：$r=2$ 不能满足要求，尽管实际上它的确满足了要求。经理会选择 $r=3$，此时 $\overline{I}=2.73$，比以前要多。

6.5 最优化

6.5.1 建模

正如我们已经看到的，绩效指标的公式对于泊松需求和环境驱动的需求具有相同的一般形式。需求过程只是通过 D（即提前期需求）的分布来影响绩效。另外，D 的连续近似会带来差不多相同的绩效指标。

在本节中，我们将对问题给出一个成本结构，并说明怎样计算出最优策略。我们还会研究最优策略的定性特征和最优化系统的绩效。这些方法和结果适用于上述所有特定的需求模型（它们也适用于第 7 章讨论的更加复杂的供应模型）。

成本因子和第 3 章 3.3 节中的确定性模型中的成本因子相同：

k = 下达一份订单的固定成本(货币单位)

h = 单位时间内持有单位库存的成本(货币 /[数量单位・时间单位])

b = 单位时间内单位产品延期交货的惩罚成本(货币 /[数量单位・时间单位])

(因为在所有情况下，平均变动成本都是常数 $c\lambda$，所以它在决定一个最优策略时不发挥作用，因此我们暂时忽略它，看成是 $c=0$。) 所有因子都是正数，除非另做说明。这样，总平均成本就是：

$$C(r,q)=k\overline{OF}(r,q)+h\overline{I}(r,q)+b\overline{B}(r,q) \tag{6.5.1}$$

我们的目标是确定能够使这一函数最小化的 r 和 q 的（整数）值。

类似地，我们可以利用连续近似对平均成本建模。我们也称之为 $C(r,q)$。这里，将策略变量也看成是连续的是有意义的。正如我们将要看到的，这种情况在概念上和计算上都更简单一些。

6.5.2　基本库存模型

假设在供应中不存在规模经济，即 $k=0$。如 6.2 节所述，这是基本库存策略有意义的情况。同样，$s=r+1$ 为基本库存水平。平均成本函数变为：

$$C(s)=h\overline{I}(s)+b\overline{B}(s) \tag{6.5.2}$$

图 6.5.1 画出了这个函数。对于较小的 s，$\overline{I}(s)$ 可以忽略不计，$\overline{B}(s)$ 几乎是线性的，斜率为−1。因此，在这个范围内，$C(s)$ 也几乎是线性的，斜率为 $-b$。对于较大的 s，$\overline{B}(s)$ 趋向于 0，同时 $\overline{I}(s)$ 变成了线性的，斜率为+1，因此 $C(s)$ 变成了线性的，斜率为 h。最后，如 6.2.2 节所述，$\overline{I}(s)$ 和 $\overline{B}(s)$ 都是凸函数，所以 $C(s)$ 也是凸函数。

我们可以将 $C(s)$ 表示为另一种有用的形式。定义函数：对于所有实数 y：

$$\hat{C}(y)=h[y]^{+}+b[y]^{-}$$

这是一个非负的、分段线性的凸函数。因此：

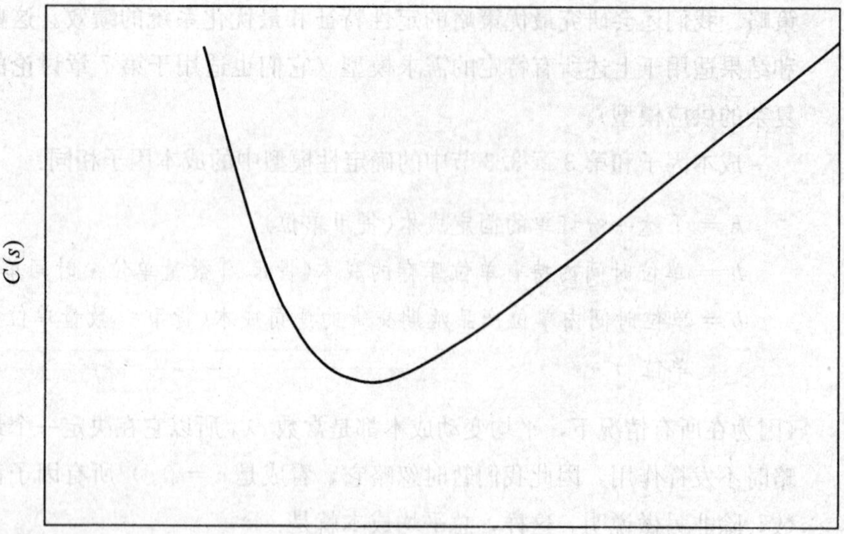

基本库存水平，s

图 6.5.1 平均成本函数

$$C(s)=E[\hat{C}(s-D)]$$

6.5.2.1 连续近似：一般情况

假设我们用一个连续随机变量来近似 D，如 6.4.2 节中一样，并利用成本函数（6.5.2）中 $\bar{B}(s)$ 和 $\bar{I}(s)$ 的相应公式，将 s 看成是一个连续变量。现在，近似的互补累积分布函数 F^0 是连续的，且是非递增的，因此 F^1 是连续可微的，且是凸函数，$\bar{B}(s)$ 和 $\bar{I}(s)$ 也是如此，所以 $C(s)$ 也是如此。这样，为了最小化 $C(s)$，我们只需要求解方程 $C'(s)=0$。

另外，$dF^1(s)/ds=-F^0(s)$，所以 $\bar{B}'(s)=-F^0(s)$，$\bar{I}'(s)=1-F^0(s)$。因此，最优化方程 $C'(s)=0$ 简化为：

$$h[1-F^0(s)]-bF^0(s)=0$$

或者：

$$F^0(s)=\frac{h}{b+h}=1-\omega \tag{6.5.3}$$

其中，ω 为成本率 $b/(b+h)$，与第 3 章中一样。为了简单起见，假设 D 拥有一个正的概率分布函数 $f(x)$，至少对于 $x\geqslant 0$ 是这样。因此，$F^0(x)$ 是严格递减的，且（6.5.3）有唯一的解，比如说为 s^*。这就是最优基本库存水平。假如近似的 D 是正数［对于 $x\leqslant 0, F^0(x)=1$］，那么 s^* 也是正的。

因此，确定 s^* 就意味着要求解单一非线性方程（6.5.3），这一数值问题可以通过多种标准方法来求解。在某些特定情况中，我们可以用解析解的形式计算出解，我们将在下面进行讲述。

回忆一下，$\overline{A}(s) = F^0(s)$，方程（6.5.3）描述了如下所述的确定最优策略的简单原则：设定基本库存水平，使得缺货概率等于临界比（critical ratio）$1-\omega$。这与满足 $\overline{A}$ 的既定目标水平 $1-\omega_-$ 的计算是一样的。

6.5.2.2　正态近似

我们具体考虑一下 D 的正态近似。也就是说，在成本函数（6.5.2）中对于 $\overline{I}(s)$ 和 $\overline{B}(s)$ 使用（6.4.5）和（6.4.6）。根据 $z=(s-v)/\sigma$ 和标准正态互补累积分布函数 Φ^0，方程（6.5.3）现在可以写成：

$$\Phi^0(z) = 1-\omega$$

也就是说，最优基本库存水平可以写成：

$$s^* = v + z^*\sigma$$

其中，$z^* = (\Phi^0)^{-1}(1-\omega)$。与满足特定的目标水平一样，计算最优策略实际上简化为在标准正态表上进行查找，或用计算机进行计算。

因此，标准化的最优基本库存水平 z^* 只取决于相对成本，而不取决于 v 和 σ，因而也不取决于供应和需求过程。提前期需求参数告诉我们如何利用上述线性关系根据 z^* 确定 s^*。同样，z^* 也被称为安全因子。当 $\omega > ½$ 或 $b > h$ 时，它是正的，因此 $x^* > v$。一般来说，z^* 是 ω 的增函数，随着 ω 趋近于 1，它会变得任意大。实际上，与 6.4.1 节中所讲的一样，对于接近 0 的 $1-\omega$，$z^* \approx [-2\ln(1-\omega)]^{1/2}$。

对于最优的 $s=s^*$，绩效指标变为：

$$\overline{B}(s^*) = \Phi^1(z^*)\sigma \qquad \overline{I}(s^*) = \Phi^1(-z^*)\sigma$$

所以，最优成本就是：

$$\begin{aligned} C^* &= h\Phi^1(-z^*)\sigma + b\Phi^1(z^*)\sigma = (b+h)[(1-\omega)z^* + \Phi^1(z^*)]\sigma \\ &= (b+h)\phi(z^*)\sigma \\ &= b\Upsilon(z^*)\sigma \end{aligned}$$

其中，$\Upsilon(z) = \phi(z)/\Phi(z)$（第二个等式使用了 z^* 和 Φ^1 的定义，而最后一个等式使用了 ω 的定义）。另外，我们可以证明，对于接近 0 的固定的 h 和 $1-\omega$，$C^* \approx h[-2\ln(1-\omega)]^{1/2}\sigma$。

注意，C^* 是下面三项的乘积：第一项（b）实际上是一个比例因子，它度量了成本系数的总体大小（如果货币单位发生了变化，比如英镑变为美元，则只有这一项会改变)。第二项 $[\Upsilon(z^*)]$ 通过比率 ω 而取决于库存和延期交货的相对成本。这两项概括了这一问题的经济因素（economics）。只有最后一项 (σ) 取决于需求与供应的实际变动。因此，对于固定的成本因子，绩效指标和最优成本都与 σ 成比例。

这个发现巩固了之前"σ 是绩效的主要决定因素"这一观察结果。例如，σ 与 $\sqrt{L}$ 成比例，所以 C^* 也是如此。在某种程度上，改善供应和需求过程可以降低 σ，因而我们可以降低系统运营的总体成本。

实际上，假设我们通过某种方法使 σ 降低到 σ_-，而成本因子保持不变。那么，新的最优成本占原成本的比例为 σ_-/σ。成本节约的百分比完全独立于成本参数。库存和延期交货也以同样的比例降低。

6.5.2.3 极大近似

极大近似会产生相似的结果。同样，$s^* = \nu + z^*\sigma$，其中，z^* 求解了下列方程：

$$\Omega^0(z) = \frac{1}{2}\left[\frac{1-z}{(1+z^2)^{1/2}}\right] = 1-\omega$$

这一方程可以明确求解：

$$z^* = \frac{\omega - 1/2}{[\omega(1-\omega)]^{1/2}}$$

$$C^* = (b+h)[\omega(1-\omega)]^{1/2}\sigma = (bh)^{1/2}\sigma$$

（习题 6.15 要求你证明这些结果。）

因为极大近似提供了 $\bar{B}$ 和 $\bar{I}$ 的上限，因此相应的 $C(s)$ 值就是任何 s 的实际成本的上限。所以，此处的 C^* 就是最优成本的上限（当然，也不完全如此：它允许 s^* 保留小数部分。而要得到一个真正的上限，需要将 s^* 限定为整数，这样就会得到一个略高的值。但是，从实用角度出发，我们可以将 C^* 看成是上限）。

所以，极大最优成本也与 σ 成比例。这点更进一步强调了 σ 的重要性。

6.5.2.4 离散建模

现在我们再看一看精密的离散公式，在成本函数（6.5.2）中使用绩效指标（6.2.5）和（6.2.6）。在这里，$C(s)$ 是整数变量 s 的函数。

定义 s^* 为所有整数 s 中使 $C(s)$ 最小化的最小 s 值。显然，$0 \leqslant s^* < \infty$。另外，由于 C 是凸的，因此 s^* 是满足下列条件的唯一 s 值：

$$\Delta C(s-1) < 0 \leqslant \Delta C(s)$$

事实上，对于所有的 $s < s^*$，都有 $\Delta C(s) < 0$，而对于所有的 $s \geqslant s^*$，则有 $\Delta C(s) \geqslant 0$。

现在，利用（6.2.5）和（6.2.6）以及 G^1 的定义，我们可以得到：

$$\Delta C(s) = h\Delta \bar{I}(s) + b\Delta \bar{B}(s) = h[1 - G^0(s)] - bG^0(s)$$

因此，s^* 唯一满足下式：

$$G^0(s-1) > 1-\omega \geqslant G^0(s) \tag{6.5.4}$$

注意这一最优化条件与上述（6.5.3）的相似性。它的解释也是类似的，回忆一下 $\bar{A}(s) = G^0(s-1)$：选择尽可能小的 s^*，同时确保延期交货的概率不大于临界比率 $1-\omega$。

案例 6.5.A，第一部分

让我们再来考虑一下 6.2 节中的唱片商店。假设经理估计 $h = 0.25$ 美元，$b = 1.75$ 美元（都为每张 CD 每月）。所以，$\omega = 1.75/2.00 = 0.875$，$1-\omega = 0.125$。6.2.2 节中案例 6.2.A 第一部分中的表格表明，$G^0(2) = 0.27$，$G^0(3) = 0.11$，因此 $s^* = 3$。另外，$C^* = 0.62$ 美元（每月）。

从本质上说，求解（6.5.4）就像求解一个非线性方程，并略微进行调整以确保 s 的完整性。例如，利用标准二分法过程（standard bisection procedure），我们可以很容易地计算 s^*［在特殊的情况下，G^0 可能会反转，而 s^* 用解析解表达。例如，在几何分布（geometric distribution）中，这是正确的，这种分布将在 7.3 节的模型中出现］。

6.5.3　一般 (r,q) 模型：连续近似

现在我们转向 $k>0$ 的一般情况。我们的目的是最优化（6.5.1）中的函数 $C(r,q)$。假设我们将 D 的实际分布近似为一个连续分布，而用连续均匀分布来近似 IP 的分布。现在，r 和 q 都是连续变量。

通常，对于最优的 (r,q) 没有明确的公式，所以要计算它们，只能通过数值方法。但是，我们在 6.4 章提到，$\bar{I}$ 和 $\bar{B}$ 都是 (r,q) 的凸函数，当然 $\overline{OF}$ 也是，所以 C 也是。另外，C 是连续可微的。因此，任何非线性最优化的规则都可以用来最小化 C（附录 A 的注释中提供了这类方法的来源。我们可以为函数 C 设计一个专门的算法，但在这里我们不讨论这一问题）。

即使没有精确的公式，我们也可以学到很多东西。这一模型将 3.3 节中有计划延期交货的 EOQ 模型同 6.5.2 节中 $k=0$ 的基本库存模型的特性

结合在了一起。事实证明，最优策略和最优成本以非常简单的方式与这两个比较简单的模型密切相关。

令 r^* 和 q^* 表示最优的 r 和 q，并令 $C^* = C(r^*, q^*)$ 表示最优成本。令 q_k 和 C_k 表示最优批量大小和确定性模型中的成本，即 $q_k = (2k\lambda/h\omega)^{1/2}$，$C_k = h\omega q_k = (2k\lambda h\omega)^{1/2}$。对于基本库存模型，令 s^* 表示最优基本库存水平，$C_\sigma = C(s^*)$ 表示最优成本。另外，$C_{\sigma+} = (bh)^{1/2}\sigma$ 表示在极大近似下基本库存模型的最优成本。最后，令 $q_\sigma = C_\sigma/h\omega$，$q_{\sigma+} = C_{\sigma+}/h\omega$。

定理 6.5.1：

$$r^* \leqslant s^* \leqslant r^* + q^* \tag{6.5.5}$$

$$q_k \leqslant q^* \leqslant (q_k^2 + q_{\sigma+}^2)^{1/2} = \frac{(2k\lambda h\omega + bh\sigma^2)^{1/2}}{h\omega} \tag{6.5.6}$$

$$C_k \leqslant C^* \leqslant (C_k^2 + C_{\sigma+}^2)^{1/2} = (2k\lambda h\omega + bh\sigma^2)^{1/2} \tag{6.5.7}$$

$$q_k \leqslant q^* \leqslant q_\sigma + q_k \tag{6.5.8}$$

$$(C_k^2 + C_\sigma^2)^{1/2} \leqslant C^* \leqslant C_\sigma + C_k \tag{6.5.9}$$

在进行证明之前，我们先看一看这些结果。(6.5.5) 表明，区间 $[r^*, r^* + q^*]$（即 IP 的最优范围）包含了 s^*。(6.5.6) 和 (6.5.7) 是 q^* 和 C^* 的界限，我们需要知道 $\sigma^2 = V[D]$，但不需要关于 D 的更多的信息。(6.5.8) 和 (6.5.9) 给出了准确的界限，而这些界限在整个 C_σ 的范围内取决于 D。

这些结果表明，该模型继承了（至少是近似地）EOQ 模型和基本库存模型的敏感性分析。例如，q^* 和 C^* 的上限与下限都受到与 $\sqrt{k}$ 成比例的函数的约束。因此，相对于 k 的变化，q^* 和 C^* 的变化更小一些，就像在 EOQ 模型中一样。同样，q^* 和 C^* 的界限也是由与 σ 成比例的函数给出的。因此，与前面一样，σ 降低了绩效：提前期需求的不确定性只会增加成本，且只会增加有限的数量。总之，我们学到的所有有关绩效的决定以及系统改善的好处的知识在这里都适用（关于敏感性分析的更多信息，请参见习题 6.18）。

另外，q^* 的取值范围为我们设定 q 提供了一种有效的启发式算法，最简单的就是 q_k 本身。我们可以直接应用任何此类启发式算法，或者将其作为一个最优化过程的初始值。至于 r，(6.5.5) 给出了一个 $s^* - \beta q$ 形式的值，其中 $0 \leqslant \beta \leqslant 1$［下面的证明建议将 β 设定在 $(1-\omega)$ 和 ½ 之间］。同样，对于大致的经济研究，这些界限提供了 C^* 的合理近似。

下面是一个数值示例。固定 $\lambda = 10, L = 1$，然后利用正态近似。成本参数为 $k = 4$、$h = 1$、$b = 24$。现在我们分析一下 σ 在 0 和 8 的范围内的一些取值的情况（如果需求服从泊松分布，则 $\sigma = \sqrt{\lambda L} \approx 3.16$，大约位于这一范围的中间)。图 6.5.2 显示了真实最优成本 C^*（粗线）以及（6.5.9）的上下限（细线)。注意，C^* 随 σ 而增加，对于较大的 σ，它变得接近于线性，上下限曲线也是如此。图 6.5.3 显示了 q^* 以及上下限（6.5.8)。显然，q^* 随 σ 的增加而增加的速度非常缓慢，因此 q_k 是一个非常准确的近似(对于较大的 σ，上限严重高估了 q^*。如上所述，它的主要价值体现在定性的敏感性分析中)。

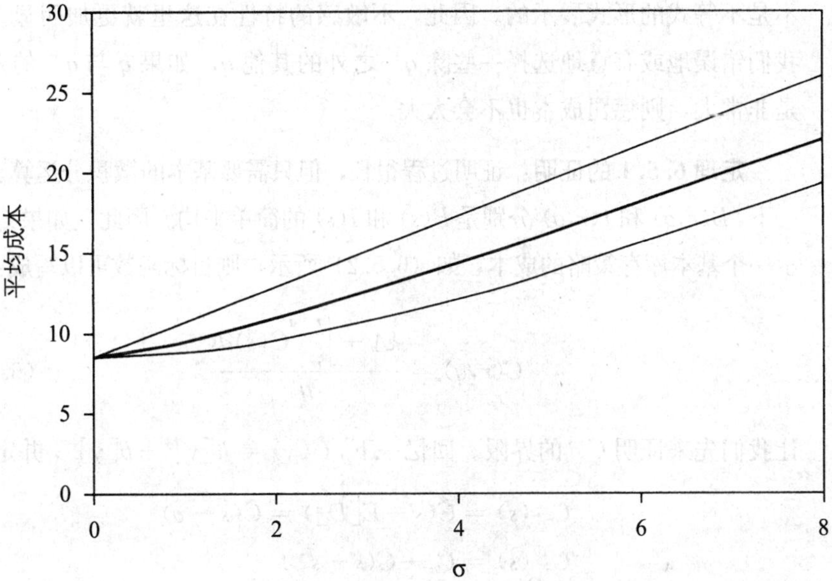

图 6.5.2　最优平均成本（准确值和上下限）

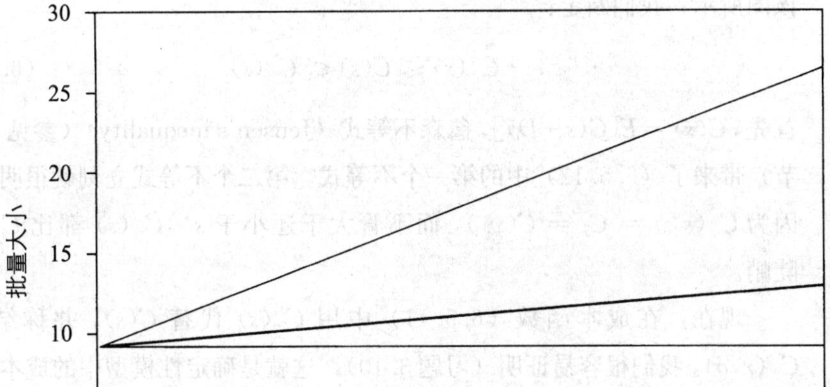

图 6.5.3　最优批量大小（准确值和上下限）

另一个性质也值得一提：定义函数 $C^*(q)=\min_r\{C(r,q)\}$，即最优成本，其中 q 保持固定，并回忆一下 EOQ 误差函数 $\epsilon(x)=½(x+1/x)$，$x>0$。则：

$$\frac{C^*(q)}{C^*}\leqslant\epsilon\left(\frac{q}{q^*}\right) \tag{6.5.10}$$

（参见习题 6.19。）第 3 章展示了确定性情况下类似的关系，但是以等式而不是不等式的形式展示的。因此，不敏感的特性在这里就更加明显。如果我们错误地或有意地选择一些除 q^* 之外的其他 q，如果 q 与 q^* 的差别不是非常大，则惩罚成本也不会太大。

定理 6.5.1 的证明：证明过程很长，但只需要基本的微积分运算。回忆一下，$\bar{B}(r,q)$ 和 $\bar{I}(r,q)$ 分别是 $\bar{B}(s)$ 和 $\bar{I}(s)$ 的简单平均。因此，如果 $C(s)$ 表示一个基本库存策略的成本，如（6.5.2）所示，则目标函数可以写成：

$$C(r,q)=\frac{k\Lambda+\int_r^{r+q}C(s)ds}{q} \tag{6.5.11}$$

让我们先来证明 C^* 的界限。回忆一下，$\hat{C}(y)=h[y]^++b[y]^-$，并定义：

$$C_-(s)=\hat{C}(s-E[D])=\hat{C}(s-v)$$
$$C_+(s)=C_\sigma+\hat{C}(s-s^*)$$

因此，C_- 和 C_+ 是分段线性凸函数 $\hat{C}$ 经过转换的版本，如图 6.5.4 所示。如该图所示，我们断定：

$$C_-(s)\leqslant C(s)\leqslant C_+(s) \tag{6.5.12}$$

首先，$C(s)=E[\hat{C}(s-D)]$，詹森不等式（Jensen's inequality）（参见 C.2.2 节）带来了（6.5.12）中的第一个不等式。第二个不等式立刻就很明显了，因为 $C_+(s^*)=C_\sigma=C(s^*)$，而不管大于还小于 s^*，$C_+(s)$ 都比 $C(s)$ 更陡峭。

现在，在成本函数（6.5.11）中用 $C_-(s)$ 代替 $C(s)$，并称结果为 $C_-(r,q)$。我们很容易证明（习题 3.10），这就是确定性模型中的成本函数，而（6.5.12）暗示，对于所有 (r,q)，$C(r,q)\geqslant C_-(r,q)$。所以，$C^*\geqslant C_k$，这就是（6.5.7）的下限。

（6.5.9）的下限是通过对函数 $C_{-+}(s)=\max\{C_\sigma,C_-(s)\}$ 进行类似的论证得到的［这是另一个分段线性函数，这本例中分为 3 段。它在 C_σ 的水平上用一条水平线段代替了 $C_-(s)$ 最下面的部分］。显然，$C_{-+}(s)\leqslant C(s)$。

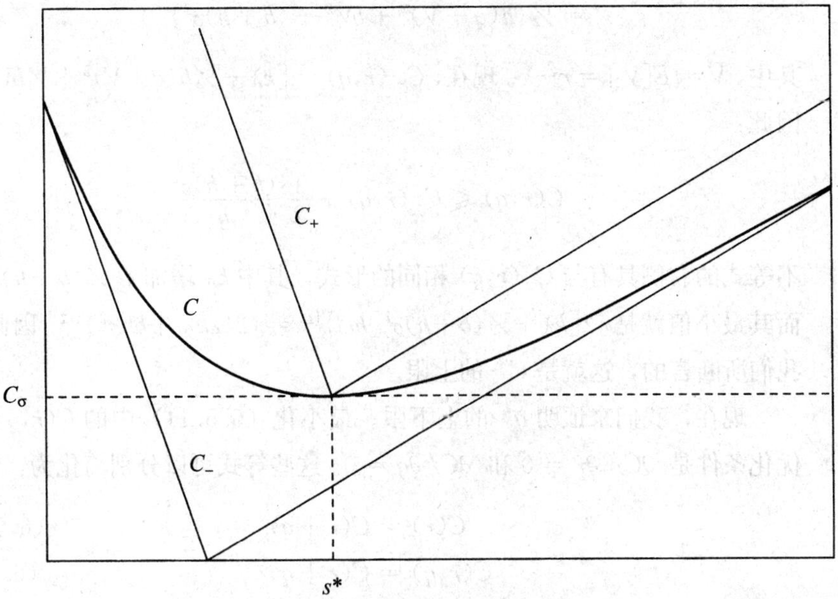

图 6.5.4　分段线性近似

因此，在（6.5.11）中用 $C_{-+}(s)$ 代替 $C(s)$ 会得到 C^* 的下限，而直接的计算表明，这一下限是 $(C_k^2+C_\sigma^2)^{1/2}$。

同样，在（6.5.11）中用 $C_+(s)$ 代替 $C(s)$，并称结果为 $C_+(r,q)$。显然，$C_+(r,q)=C_\sigma+C_-(r',q)$，其中 $r'=r-s^*+v$。因此，$C_+(r,q)$ 的最小值就是 $C_\sigma+C_k$（r' 的转换并不会改变最小值）。但是，（6.5.12）暗示，对于所有的 (r,q)，都有 $C(r,q)\leqslant C_+(r,q)$，因此 $C^*\leqslant C_\sigma+C_k$，这就是（6.5.9）的上限。

对于（6.5.7）的上限，我们可以暂时固定 D，并令 $V=r-D$。通过直接计算可以得到：

$$\int_r^{r+q}\hat{C}(s-D)ds=\int_V^{V+q}\hat{C}(y)dy$$

$$=\begin{cases}\frac{1}{2}b[V^2-(q+V)^2] & V<-q\\ \frac{1}{2}[h(q+V)^2+bV^2] & -q\leqslant V\leqslant 0\\ \frac{1}{2}h[(q+V)^2-V^2] & V\leqslant 0\end{cases}$$

显然，对于所有的 V，这一数量都小于等于 $\frac{1}{2}[h(q+V)^2+bV^2]$。因此：

$$\int_r^{r+q}C(s)ds=\int_r^{r+q}E[\hat{C}(s-D)]ds=E[\int_r^{r+q}\hat{C}(s-D)ds]$$

$$\leqslant \frac{1}{2}E[h(q+V)^2+bV^2]$$

$$=\frac{1}{2}\{h(q+\bar{V})^2+b\bar{V}^2+(b+h)E[(V-\bar{V})^2]\}$$

$$= \frac{1}{2}\{h(q+\bar{V})^2 + b\bar{V}^2 + (b+h)\sigma^2\}$$

其中，$\bar{V} = E[V] = r - v$。现在，$C_-(r,q) = [k\lambda + \frac{1}{2}h(q+\bar{V})^2 + \frac{1}{2}b\bar{V}^2]/q$，因此：

$$C(r,q) \leqslant C_-(r,q) + \frac{1}{2}\frac{(b+h)\sigma^2}{q}$$

不等式的右侧具有与 $C_-(r,q)$ 相同的形式，其中 $k\lambda$ 增加了 $\frac{1}{2}(b+h)\sigma^2$，因而其最小值就是 $\{2[k\lambda + \frac{1}{2}(b+h)\sigma^2]h\omega\}^{1/2} = (2k\lambda h\omega + bh\sigma^2)^{1/2}$。因此，如我们所断言的，这就是 C^* 的上限。

现在，我们来证明 q^* 的上下限。最小化（6.5.11）中的 $C(r,q)$ 的最优化条件是 $\partial C/\partial r = 0$ 和 $\partial C/\partial q = 0$。这些等式可以分别简化为：

$$C(r) = C(r+q) \tag{6.5.13}$$

$$C(r,q) = C(r+q) \tag{6.5.14}$$

图 6.5.5 阐明了这一点：（6.5.13）说明，对于任何固定的 q，设定 r 使得 $C(r)$ 与 $C(r+q)$ 相等。所以，在 $C(s)$ 的曲线上，这两个点的高度相同并且可以用一条水平线连接起来［根据 $C(s)$ 的凸性，这意味着 $r \leqslant s^* \leqslant r+q$，它证明了（6.5.5）］。令 $H = H(q)$ 表示这一共同的高度。

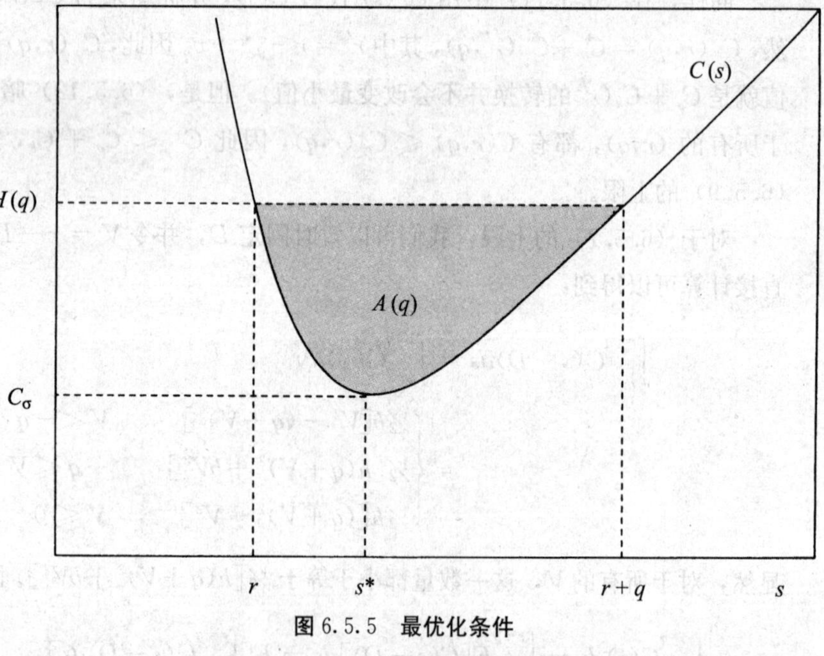

图 6.5.5 最优化条件

在选定一个满足（6.5.13）的 r 后，阴影区域 $A = A(q)$ 由下式给出：

$$A(q)=qC(r+q)-\int_{r}^{r+q}C(s)ds$$
$$=qC(r+q)-[qC(r,q)-k\lambda]$$

（这个 A 与缺货概率 $\bar{A}$ 没有关系。）第二个最优化条件（6.5.14）因此等价于：

$$A(q)=k\lambda \tag{6.5.15}$$

从概念上说，我们可以通过上下调整定义 H 的水平线直到阴影区域等于 $k\lambda$ 来确定 q^*。

令 $H_+(q)$ 表示 $H(q)$，$A_+(q)$ 表示 $A(q)$，用 $C_+(s)$ 代替 $C(s)$。假设从相同的 q 开始，然后使其增加很小的量 dq。随后，让 H 增加 $dH=H'(q)dq$，H_+ 增加 $dH_+=H'_+(q)dq$。利用简单的几何学知识，我们可以得到 $H'_+(q)=h\omega$。但是，如上所述，$C_+(s)$ 比 $C(s)$ 更陡峭，因此 $dH_+\geqslant dH$，也就是说，$0\leqslant H'(q)\leqslant h\omega$（习题 6.16 要求你给出更严格的论证）。因此：

$$H(q)=C_\sigma+\int_0^q H'_0(x)dx\leqslant C_\sigma+h\omega q=H_+(q)$$

增加相同的 dq 使得 A 增加了 $dA=A'(q)dq=(q)dH\leqslant(q)dH_+=(h\omega q)dq=dA_+$。因此：

$$A(q)=\int_0^q A'(x)dx\leqslant\int_0^q(h\omega x)dx$$
$$=½h\omega q^2=A_+(q)$$

特别地，根据（6.5.15），$A(q_k)\leqslant ½h\omega q_k^2=k\lambda=A(q^*)$。由于 $A(q)$ 是递增的，$q_k\leqslant q^*$，这就是（6.5.6）和（6.5.8）的下限。

另一方面，令 $H_-(q)$ 表示 $H(q)$，用 $C_-(s)$ 代替 $C(s)$。由于 $C_-(s)\leqslant C(s)$，显然 $H(q)\geqslant H_-(q)=H_+(q)-C_\sigma=h\omega q$。具体来说，利用（6.5.14），$C^*=H(q^*)\geqslant h\omega q^*$，因此 $q^*\leqslant C^*/h\omega$。结果，（6.5.7）暗示 $q^*\leqslant(2k\lambda h\omega+bh\sigma^2)^{1/2}/h\omega$，这就是（6.5.6）的上限。同样，利用（6.5.9）可以得到（6.5.8）的上限。

6.5.4　一般 (r,q) 模型：离散建模

6.5.4.1　算法

现在我们转向精确公式，其中 r 和 q 为整数变量。没有一种标准的、易于使用的方法对含有几个整数变量的函数进行最优化。现在，我们要开

发一种专门使 $C(r,q)$ 最优化的算法，如（6.5.1）所定义的。它建立在类似于定理 6.5.1 的证明中连续模型的特性基础之上。

首先，将 $C(r,q)$ 改写为与（6.5.11）类似的形式：

$$C(r,q)=\frac{k\lambda+\sum_{s=r+1}^{r+q}C(s)}{q} \tag{6.5.16}$$

其中，$C(s)$ 已经在（6.5.2）中定义了。将 $C(r,q)$ 看成是 q 个基本库存策略成本的平均值，再加上固定成本项 $\frac{k\lambda}{q}$。

令 C_1 表示 s 的取值范围为所有整数时 $C(s)$ 的最小值［当然，$C_1=C(s^*)$］，C_2 表示第二最小值，C_3 表示第三最小值，依此类推。也就是说，通过按顺序列出 $C(s)$ 的值而构建序列 $\{C_1,C_2,\cdots\}$，而不必注意 s 本身的顺序。由于 $C(s)$ 是凸的，对于任意一个 q，这些数字中第一个 q 对应着 s 的连续值（consecutive value）。

暂时固定 q 的值，并用 $r^*(q)$ 表示 r 的最佳值。根据（6.5.16），对于任何 r，$C(r,q)$ 是 q 个 $C(s)$ 连续值的平均值，再加上 $k\lambda/q$。因此，为了确定 $r^*(q)$，选择 r，使得 $\{C(s):r+1\leqslant s\leqslant r+q\}$ 包含 q 个最小的 $C(s)$ 值，即 $C_1,\cdots,C_q$。

此外，假设我们已经利用这种方法确定了 $r^*(q)$。为了找到 $r^*(q+1)$，只需要找到 C_{q+1}，并把它加到集合 $C_1,\cdots,C_q$ 中。另外，根据函数的凸性，对于某些位于区间$[r^*(q)+1,r^*(q)+q]$之外的 s，这一 C_{q+1} 就是 $C(s)$。只有两种可能性：或者 $C_{q+1}=C(r^*(q))$，在这种情况下，$r^*(q+1)=r^*(q)-1$，或者 $C_{q+1}=C(r^*(q)+q+1)$，因此 $r^*(q+1)=r^*(q)$。所以，$r^*(q)$ 对于 q 是非递增的，但它下降的速度比 q 增加的速度要慢。

因此，对于固定的 q，最优化 r 是很容易的。我们还需要最优化 q。令 $C^*(q)=C[r^*(q),q]$ 表示固定 q 的最优成本，且：

$$q^*=\min\{q>0:C_{q+1}\geqslant C^*(q)\}$$

这个式子源于（6.5.16），以及上面的观察结果：

$$\begin{aligned}(q+1)C^*(q+1)&=k\lambda+\sum_{j=1}^{q}C_j+C_{q+1}\\&=qC^*(q)+C_{q+1}\\&=(q+1)C^*(q)-[C^*(q)-C_{q+1}]\end{aligned}$$

或者：

$$C^*(q+1)=C^*(q)-\frac{C^*(q)-C_{q+1}}{q+1}$$

所以，当且仅当 $C_{q+1} < C^*(q)$ 时，$C^*(q+1) < C^*(q)$。因此，对于 $q < q^*$，$C^*(q) > C^*(q+1)$，因此 $C^*(q) > C^*(q^*)$。对于 $q \geqslant q^*$，我们可以证明（利用简单的归纳法），$C^*(q) \leqslant C^*(q+1) \leqslant C_{q+1} \leqslant C_{q+2}$，因而 $C^*(q) \geqslant C^*(q^*)$。所以，$q^*$ 是最优的。

下面的算法实现了这些想法，因而确定了一个最优策略：

Algorithm Optimize _ rq 算法：

第 0 步（初始化）：

　如上所述确定 s^*。

　设定 $q \leftarrow 1, r \leftarrow s^* - 1, C^* \leftarrow k\lambda + C(s^*)$。

第 1 步［确定下一个最小的 $C(s)$］：

　设定 $c_* \leftarrow \min\{C(r), C(r+q+1)\}$。

第 2 步（测试结束条件）：

　如果 $c_* \geqslant C^*$：

　　设定 $q^* \leftarrow q, r^* \leftarrow r$。

　　停止。

第 3 步（更新）：

　设定 $q \leftarrow q+1$。

　设定 $C^* \leftarrow C^* - (C^* - c_*)/q$。

　如果 $C(r)$ 在第 1 步中是最小的：

　　设定 $r \leftarrow r - 1$。

　转向第 1 步。

案例 6.5.A，第二部分

假设唱片商店的成本因子仍然是 $h = 0.25$ 美元，$b = 1.75$ 美元，但现在 $k = 0.15$ 美元，所以 $k\lambda = 0.54$ 美元。直接计算可得到函数 $C(s)$：

s	$C(s)$
0	3.15
1	1.73
2	0.91
3	0.62
4	0.65
5	0.83
6	1.06

第 0 步：

$s^* = 3, q = 1, r = 2$。

$C^* = 0.54 + 0.62 = 1.16$。

第 1 步：

$c^* = \min\{0.91, 0.65\} = 0.65$

第 2 步：

$c_* = 0.65 < 1.16 = C^*$，所以继续

第 3 步：

$q = 1 + 1 = 2$。

$C^* = 1.16 - \frac{(1.16 - 0.62)}{2} = 0.89$。

r 仍然为 2。

第 1 步：

$c_* = \min\{0.91, 0.83\} = 0.83$。

第 2 步：

$c_* = 0.83 < 0.89 = C^*$，因此继续

第 3 步：

$q = 2 + 1 = 3$。

$C^* = 0.89 - \frac{(0.89 - 0.83)}{3} = 0.87$。

r 仍然为 2。

第 1 步：

$c_* = \min\{0.91, 1.06\} = 0.91$。

第 2 步：

$c_* = 0.91 > 0.87 = C^*$，所以停止在

$r^* = 2, q^* = 3, C^* = 0.87$。

关于最优策略的定性行为，类似于 (6.5.5)，一般来说，$r^* < s^* \leqslant r^* + q^*$ 是正确的。我们怀疑与定理 6.5.1 其他部分类似的结论也成立，尽管就我们所知还没有人对其进行研究。

6.5.4.2 讨论

显然，Algorithm Optimize _ rq 算法从 $q = 1$ 开始，并不断增加 q，直到找到 q^*。当 q^* 恰好相对较小时，这很有效，但当 q^* 很大时，这种算法可能需要大量时间。但是，这种算法可以扩展到从任何策略开始。

例如，与连续模型类似，q 的一个合理的初始值是 q_k，舍入为整数。对于某些介于 ½ 和 $1-\omega$ 之间的 β，r 的一个合理的值为接近 $s^*-\beta q$ 的整数。

给定一个初始策略，首先找到初始 q 值的 $r^*(q)$。我们可以通过基于上述方法的一个简单的搜索过程做到这一点。然后，通过比较 C_{q+1} 和 $C^*(q)$，确定是要增加还是减少 q。如果 $C_{q+1}<C^*(q)$，则 $q<q^*$，因此继续执行 Algorithm Optimize _ rq 算法，从第 3 步开始。否则，如果 $C_{q+1}\geqslant C^*(q)$，则 $q\geqslant q^*$，我们不难修改这一算法以减少 q，直到找到 q^*（习题 6.21 要求你写出详细过程）。

值得一提的是，上面的结果和 Algorithm Optimize _ rq 算法并非真的要求 $C(s)$ 是凸的。其关键特性为 $-C(s)$ 是单峰的［即对于 $s<s^*$，$C(s)$ 是非递增的，而对于 $s\geqslant s^*$，$C(s)$ 是递非减的］。

另一方面，当对 $\overline{A}$ 而不是 $\overline{B}$ 存在着惩罚成本时，这一算法并不一定有效（如 3.3.7 节所述，这是一个特殊的目标，在确定性情况下，它会导致特殊的结果）。在这种情况下，平均成本仍然可以用（6.5.16）的形式表示，其中 $C(s)$ 被重新定义为：

$$\begin{aligned}C(s)&=h\overline{I}(s)+b\overline{A}(s)\\&=h[s-v+G^1(s)]+bG^0(s-1)\end{aligned}$$

现在，当 D 具有泊松分布时，$-C(s)$ 恰好是单峰的，在那种情况，这个算法是有效的。但是，通常 $-C(s)$ 不一定（我们偶尔会在文献中找到相反的建议，一定要注意）是单峰的。如果没有这个特性，那么我们要找到一个最优决策会更加困难。

6.5.5　服务水平约束

现在，假设对 $\overline{A}$ 存在一个上限 $1-\omega_-$，而不是延期交货成本 b。另外，$k>0$，r 和 q 都是需要确定的变量。现在，成本只包括（6.5.1）中前两项，$C(r,q)=k\,\overline{OF}(r,q)+h\overline{I}(r,q)$。问题是最小化这一 $C(r,q)$，约束条件为 $\overline{A}(r,q)\leqslant 1-\omega_-$。

一般来说，这是一个很难的问题。正如在 6.2.3.3 节中提到的，对于固定的 q，找到最优的 r（即最小的可行值）是很简单的。但是，寻找 q^* 需要更全面的分析。

下面是一种启发式算法：令 $b=h\omega_-/(1-\omega_-)$，因此 $\omega=b/(b+h)=\omega_-$，用 k/ω_- 代替 k，像上面一样在没有约束条件的情况下最小化（6.5.1）的初始 $C(r,q)$。在我们得到的策略 (r,q) 的 $\overline{A}$ 值接近 $1-\omega_-$ 时，这一方法相

对简单且有效（对于连续近似，我们最容易看到这一点，在这种情况下，$\bar{A}=1-\omega_-$。参见习题 6.17)。

另一方面，我们不能保证这一策略能够最小化真实成本。但这一策略的表现仍然很好（对于 3.3.5 节中的确定性情况，它重新得到了最优策略)。此外，正如 3.3.7 节中讨论的，$\bar{A}$ 通常是更基本的标准的一个特殊替代品。出于这些原因，我们相信这种方法是合理的。

6.6 多单位的随机需求

6.6.1 讨论

到目前为止，我们一直假设每次只发生 1 单位的需求。现在，考虑这样一个系统，其中需求 **D** 是一个混合泊松过程（compound-Poisson process)：需求的时点（epoch）构成了一个泊松过程，用 $\tilde{\mathbf{D}}$ 表示，但在每一个时点，需求的数量是一个随机变量。这一模型描述了需求以大批量、不可预测的方式到达的情况。

不同时点的需求数量是均匀分布的，而且相互独立，并与订货的时机相互独立。为了简便起见，假设它们都是整数（对于连续的数量，类似的结果也成立)。令 Y 为表示一般需求量的随机变量。出于技术上的原因，假设 $g_Y(1)>0, g_Y(0)=0$。需求—时点比率（demand-epoch rate）为 λ，因此总需求率为 $\lambda E[Y]$。

每一需求的增量都能分别被满足。例如，假如当 $I(t^-)=2$ 时，在时点 t 时发生了一个 $Y=5$ 的需求，这位客户愿意先得到 2 单位的现有货物，使得未交货的数量为 $B(t)=3$（但事情也并非总是如此，客户也许会坚持一次付清或全部都延期交付。第二种情况会导致一个复杂得多的模型，但很少会导致完全不同的系统行为)。另外，客户很关心何时能够满足第一个需求；满足所有需求 Y 的时间并不重要。换句话说，主要服务指标仍然是 $\bar{B}$（用单位数来衡量)，而不是处于等待中的客户数量。

在这种情况下，哪些策略有效呢？(r,q) 策略对于纯粹的泊松需求非常有效，因此我们可以对它进行修改，使其适用于混合泊松需求。我们要进行几个方面的调整，但在此我们只讨论其中两个。在这两个调整中，再订货点 r 触发订单，这与以前一样，但订货数量的决定则完全不同。

首先，存在着一个 (r,s) 策略。第二个参数 s 被称为目标库存水平（target stock level)，且 $s\geqslant r+1$。每当 $IP(t^-)$ 下降至 r 或低于 r 时，就会

下达一个订单。订货数量为 $s-IP(t^-)$，这使得 $IP(t)$ 立刻增加到 s。因此，每一个订单至少为 $s-r$ 单位，但有些订单可能会更大，订货数量是随机的［这类策略常常被称为 (s,S) 策略，其中 s 代替了我们的 r，而 S 代替了 s］。

第二类策略是 (r,q) 策略。在这一策略中，$q \geqslant 1$ 是基本的批量大小。每份订单的批量都是 q 的正整数倍。当 $IP(t^-) \leqslant r$ 时，首先订购批量 q。如果这一批量大小不足以使 $IP(t)$ 超过 r，则在这一订单中追加批量 q。以这种方式不断增加批量，直到 $IP(t)$ 至少为 $r+1$（但不超过 $r+q$）。当存在一些“自然的”订货批量（如货车的载重量）时，这类策略很有用［有时候，它被称为 (r,Nq) 策略，其中 N 表示一份订单中基本批量的随机数量］。

略微想一想你就会相信，当需求的大小总是为 1 单位时，这两种类型都可以简化为标准的 (r,q) 策略。另外，当 $s-r=1$ 时，(r,s) 策略可以简化为基本库存策略，而当 $q=1$ 时，(r,q) 策略也是如此。

第 9 章将会讲到，在标准成本假设下，最佳 (r,s) 策略实际上是最优的。对于 (r,q) 策略，这一点不成立。如上所述，存在着一些特殊的情况，在这些情况下，(r,q) 策略是首选，但在其他情况下，一般来说 (r,s) 策略的表现更好。但是，最佳 (r,q) 策略通常都接近于最优。

此处的计划与前面一样：首先，我们要评估绩效指标 $\overline{A}$、$\overline{B}$、$\overline{I}$ 和 $\overline{OF}$。然后，在两种策略类别中，我们要计算出一个最优策略。正如我们将要看到的，前面对于纯粹泊松需求的大多数分析也适用于这一模型。

6.6.2　策略评估

要分析绩效，我们遵循与 6.2.3 节中相同的四个步骤：描述 IP 的分布；描述 $\mathbf{IP}$ 和 $\mathbf{D}$ 的关系；确定 IN 的分布；最后根据 IN 计算 $\overline{A}$、$\overline{B}$、$\overline{I}$ 和 $\overline{OF}$。

这里有两类策略，对于每一个类型，我们分别执行第一步（描述 IP）。这是两种策略类别的唯一不同点。剩下的步骤将同时涵盖这两类策略。

第一步：从第二类策略即 (r,q) 策略开始。其结果和纯粹泊松需求的情况完全相同：限制库存位势 IP 在区间 $[r+1,r+q]$ 内的整数上具有均匀分布。

论证遵循引理 6.2.1 的证明：同样，定义 $IP_c(t)=(r+q)-IP(t)$。忽略暂时状态（transient state），即假设 $0 \leqslant IP_c(0) < q$。过程 $\mathbf{IP}_c$ 是一个连续时间马尔可夫链。它只在需求发生的时点改变，如果 t 是这样一个时点，

那么：

$$IP_c(t) = [IP_c(t^-) + Y] \bmod (q)$$

现在，我们不难证明均匀概率向量（uniform probability vector）$(1/q)\mathbf{e}'$ 对于 $\mathbf{IP}_c$ 是静态的［从根本上说，这是习题 6.5 的结论，在定理 6.3.2 的证明中使用了这一点］。另外，$g_Y(1) > 0$ 这一假设保证了 $\mathbf{IP}_c$ 是不可约的。因此，IP_c 在整数 $\bmod(q)$ 上是均匀分布的，且 IP 在区间 $[r+1, r+q]$ 内的整数上是均匀分布的。

现在，考虑一个 (r,s) 策略。在此，IP 的分布更加复杂，但仍然很简单。以递归的方式定义下面的序列：

$$m_0 = 0$$

$$m_j = 1 + \sum_{i=1}^{j} g_Y(i) m_{j-1} \qquad j \geqslant 1$$

（这是相应于 g_Y 的离散更新函数。）定义 $q = s - r$，并令 $\boldsymbol{\iota}$ 表示具有下列要素的 q—向量：

$$\boldsymbol{\iota}_i = \frac{(m_{i+1} - m_i)}{m_q} \qquad 0 \leqslant i < q$$

因此，$\Pr\{IP = i\} = \boldsymbol{\iota}_{s-i}$（在这里，$IP$ 的确取决于 g_Y）。

为理解这一点，与前面一样定义 $\mathbf{IP}_c$，其中 $IP_c(t) = (r+q) - IP(t) = s - IP(t)$。在一个需求时点 t：

$$IP_c(t) = \begin{cases} IP_c(t^-) + Y & \text{如果这一数量小于 } q \\ 0 & \text{其他} \end{cases}$$

同样，$g_Y(1) > 0$ 暗示了 $\mathbf{IP}_c$ 是不可约的，并且其静态向量就是 $\boldsymbol{\iota}$（习题 6.22 要求你证明这一点）。IP 本身的分布也遵循这一点。

第二步：需求过程 $\mathbf{D}$ 同样具有独立的增量。因此，对于所有的 t，随机变量 $IP(t)$ 和 $D(t, t+L]$ 是独立的。

第三步：对任何一种策略，(6.2.7) 仍然成立：

$$IN(t+L) = IP(t) - D(t, t+L]$$

6.2 节的证明同样有效，所以：

$$IN = IP - D \tag{6.6.1}$$

其中，IP 和 D 是独立的。提前期需求 D 现在具有混合泊松分布（C.2.3.8 节）。此外，利用与 6.2 节类似的参数，IN 描述了 $\mathbf{IN}$ 的长期频数分布。

因此，纯粹泊松需求情况下的基本定性结果仍然成立。尽管 IP 取决于策略的类型，但等式（6.6.1）却并非如此。

第四步：首先，考虑一个 (r,q) 策略。因为 IP 是均匀的且（6.6.1）成立，绩效指标 $\overline{A}$、$\overline{B}$ 和 $\overline{I}$ 与泊松需求情况下是一样的，即（6.2.11）至（6.2.13）。函数 G^0、G^1 和 G^2 现在代表 D 的实际混合泊松分布。此外，在 $\overline{I}$ 的公式中，$r-\lambda L$ 现在变成了 $r-\lambda E[Y]L$。对于基本库存策略，6.2.2 节中的简单公式是适用的。

至于 $\overline{OF}$，实际上，一份订单可以用两种方式来定义：每一个基本批量 q 可以看成是一份单独的订单。在这种解释下，有时候会同时下达数份订单。或者，当一次订购几个基本批量时，它们可以被看成是组成了一份单独的订单。正确的解释取决于经济状况。当每一个基本批量与工作量有关时，如当每一个 q 都需要单独的一辆汽车时，第一种方法就有意义。而当工作量独立于订货批量时，第二种方法就是有意义的。

基于第一个解释，即每个基本批量是一份单独的订单，总需求率为 $\lambda E[Y]$，则：

$$\overline{OF}=\frac{\lambda E[Y]}{q}$$

这和纯粹泊松需求情况的结果类似。对于第二种解释需要特别注意：在一个特定的需求时点，订单以下列概率发生：

$$\begin{aligned}\sum\nolimits_{i=r+1}^{r+q}\Pr\{IP=i\}\cdot\Pr\{Y\geqslant i-r\}&=\sum\nolimits_{j=0}^{q-1}\left(\frac{1}{q}\right)G_Y^0(j)\\&=\left(\frac{1}{q}\right)[E[Y]-G_Y^1(q)]\end{aligned}$$

其中，与前面的符号一致，$G_Y^1(d)=\sum\nolimits_{j=d}^{\infty}G_Y^0(j)$。由于需求时点以速率 λ 发生，因此：

$$\overline{OF}=\left(\frac{\lambda}{q}\right)[E[Y]-G_Y^1(q)]$$

其中，$\overline{OF}$ 的值小于第一种解释中的值。

然后，考虑一个 (r,s) 策略。应用（6.6.1）：

$$\begin{aligned}\overline{A}&=\Pr\{IN\leqslant 0\}\\&=\sum\nolimits_{d=r+1}^{s}\Pr\{IP=d\}\cdot\Pr\{D\geqslant d\}\\&=\sum\nolimits_{d=r+1}^{s}\boldsymbol{\iota}_{s-d}G^0(d-1)\end{aligned}$$

$$\begin{aligned}\overline{B} &= E[[IN]^-] \\ &= \sum_{d=r+1}^{s} \Pr\{IP = d\} \cdot E[[D-d]^+] \\ &= \sum_{d=r+1}^{s} \iota_{s-d} G^1(d) \\ \overline{I} &= E[IP] - E[D] + \overline{B} \\ &= \sum_{i=1}^{q} \frac{m_i}{m_q} + r - \lambda E[Y]E[L] + \overline{B}\end{aligned}$$

另外，一个需求时点会导致一份订单发生，其概率为 $\sum_{i=1}^{q} \iota_{q-i} G_Y^1(i-1) = \iota_0 = 1/m_q$，所以：

$$\overline{OF} = \frac{\lambda}{m_q}$$

这些公式不像 (r,q) 策略中的公式那样简单，但它们总体上并不复杂。注意，$\overline{A}$ 是 q 个 $G^0(d-1)$ 的加权平均值，其中 d 的范围是从 $r+1$ 到 $r+q$，但权重不再相等。同样，$\overline{B}$ 是 q 个权重不相等的 G^1 的加权平均值。

现在，抛开对于 $\tilde{\mathbf{D}}$ 的泊松过程假设，而假设 $\tilde{\mathbf{D}}$ 是一个环境驱动的需求过程。事实证明，同样的结果也是成立的。唯一的差别在于 D。它拥有一个包含 Y 和新 $\tilde{D}$ 的混合分布。

对于一个 (r,q) 策略，特别是对于基本库存策略，6.4 节中的正态近似和极大近似仍然适用。利用 C.2.3.8 节中的混合分布的一般公式，并令 $\tilde{\psi}^2$ 表示 $\tilde{\mathbf{D}}$ 的方差—均值比率：

$$\begin{aligned}v &= E[D] \\ &= E[\tilde{D}]E[Y] \\ &= \lambda E[Y]L \\ \sigma^2 &= V[D] \\ &= E[\tilde{D}]V[Y] + V[\tilde{D}]E^2[Y] \\ &= \lambda(V[Y] + \tilde{\psi}^2 E^2[Y])L\end{aligned}$$

总体需求过程 $\mathbf{D}$ 的渐近方差—均值比率为 $\psi^2 = \sigma^2/v = (V[Y] + \tilde{\psi}^2 E^2[Y])/E[Y]$，它大于 $\tilde{\psi}^2$，因为 $E[Y] > 1$。在混合泊松分布的情况下，$\tilde{\psi}^2 = 1$，σ^2 简化为 $\lambda E[Y^2]L$，且 $\psi^2 = E[Y^2]/E[Y] > 1$。

所以，σ^2 反映了需求的时间（通过 $\tilde{\psi}^2$）和需求量（通过 $V[Y]$）的不确定性。正如我们所看到的，系统的绩效主要取决于 σ。因此，由于需求量的不确定性造成的额外需求波动确实降低了绩效。

6.6.3　最优化

现在，假设我们对绩效指标 $\overline{OF}$、I 和 B 分别增加成本因子 k、h 和 p。根据策略类型的不同，用 $C(r,q)$ 或 $C(r,s)$ 表示总平均成本。我们希望在每一类策略中最小化 C。

首先，考虑 (r,q) 策略。这里的 B 和 I 与泊松需求情况下具有相同的形式。另外，假设每个基本批量都被视为一份单独的订单，$\overline{OF}=\lambda E[Y]/q$ 同样也具有同前面一样的形式。因此，$C(r,q)$ 就是（6.5.1）中的函数（用 $\lambda E[Y]$ 代替 λ），所以，我们可以直接应用 6.5 节中的所有方法、公式和上下限 [对于一份订单的第二种解释，即该订单包含所有同时订购的基本批量，需要使用更加复杂的方法，参见 Zheng 和 Chen（1992）]。

下面我们转向 (r,s) 策略，这种策略的难度要大一些。我们可以构建一个 $C(r,s)$ 的连续近似，但用处不大 [对于当前的连续变量 (r,s) 来说，我们得到的成本函数通常不是凸的。因此，标准的非线性最优化算法并不能够保证得到一个全局最优解]。对于离散建模，确实有一些算法能够计算出一个最优 (r,s) 策略。到目前这止，最优秀的方法是 Zheng 和 Federgruen（1991）。这一过程与 6.5 节中的 Algorithm Optimize _ rq 算法类似，并且不难执行。

6.5 节中的一些定性结果可以直接扩展到 (r,s) 策略：因为最佳 (r,s) 策略的成本并不高于最佳 (r,q) 策略的成本，因此定理 6.5.1 中 C^* 的上限仍然有效。另外，我们很容易证明下限为 $C^*\geqslant C_\sigma$。因此，我们得出结论：不管采用哪种类型的策略，σ 对总体绩效的影响与以前一样，如 6.5 节所述。

有人已经开发出了有用的近似，例如，请参见 Ass'ad 和 Beckmann（1988）。对于离散时间的环境，也存在着一些可比的结果，我们将在第 9 章中进行讨论。另外，人们还进行了大量的实证研究来分析最优策略的行为。例如，请参见 Archibald 和 Silver（1978）、Naddor（1975）、Wagner 等（1965）和 Zheng（1991）。

6.7　其他推广

6.7.1　期望现值标准

第 3 章中的 3.7 节讨论了确定性模型的现值标准。现在，我们要分析一下随机模型的类似标准。我们的论述非常简要，主要目的是看一看结果是什么样的。相同的方法（针对离散时间进行了调整）构成了第 9 章中模型的基础，我们将在第 9 章中详细讨论其中的一些概念。

这种思路在概念上很简单：利用上述模型中的任何一个，任意选择一种控制策略。现在，想象任何一种特殊的情境，即一种在长期内需求过程能够完全实现的情境［从技术上说，是一条样本路径（sample path）］。给定这一情境以及体现在该策略中的规则，将会发生某种现金流，而这一现金流具有明确的现值。现在，将这一现值应用于所有可能的情境，并称之为选定策略的期望现值（expected present value）。当现金流被表述为成本时，如本章的情况，我们称结果为期望折现成本（expected discounted cost）。

在随机情况下，这不是唯一可能的标准［例如，请参见 Singhal (1988)］。它是最简单的，但应用却最广泛。

我们将注意力集中在 6.2.2 节中的模型：需求是一个泊松过程，并且 $k = 0$，所以我们遵循基本库存策略。与 3.7 节中一样，α 表示利率。另外，我们暂时假设系统从时间 $t = 0$ 开始，没有库存，也没有未交付的订单。

我们首先评估期望折现订货成本。由于 $k = 0$，因此只存在变动订货成本 c。我们将其看成是订货成本，并假设（这是合理的）在提前期之后（而不是订单下达时）收到货物时付款。这一策略在 $t = 0$ 时订购 s 单位货物，并在 $t = L$ 时收到货物，因此折现初始订货成本为 $e^{-\alpha L}cs$。从那时起，每当需求发生时我们订购 1 单位。我们可以证明这些连续成本的期望折现值为 $e^{-\alpha L}c(\lambda/\alpha)$。

接下来，我们考虑持有成本和延期交货成本（成本因子 h 和 b 只包括真实发生的实际成本 $\underline{h}$ 和 $\underline{b}$，不包括融资成本，如 3.7 节所述）。我们无法影响在时间间隔 $[0,L]$ 内的初始成本，因此将它们忽略掉。然后，假设这一类型的期望折现成本可以按下面的方式进行计算：对于每一个时点 $t \geqslant L$，确定成本发生的期望比率，然后对这一数量进行折现（乘以 $e^{-\alpha t}$），并在时间 t 内求其积分（从技术上说，我们用积分替换了期望值）。现在，根据 6.2 节和 6.5 节的推导，对于 $t > L$，这一期望成本率就是 $C(s)$。总体持有—延期交货成本为 $\int_L^{\infty} e^{-\alpha t}C(s)dt = (e^{-\alpha L}/\alpha)C(s)$。

我们还应该对由于延期交货所导致的应收收入的延期做出说明，如习题 3.27 所述。但这一问题过于复杂，所以我们不讨论它（9.4.7 节给出了对于离散时间情况的详细说明）。所以，我们假设每位客户在需求发生时付款，即使订单被延期（上述成本 $\underline{b}$ 包含我们持续向需求被延期的每一位客户支付的惩罚成本）。令 p 代表销售价格，总期望折现收入为 $p\lambda/\alpha$，这是一个被我们忽略的常数。

将这些结果结合起来，总期望折现成本就是：

$$C_\alpha(s) = \left(\frac{e^{-\alpha L}}{\alpha}\right)[c\lambda + \alpha cs + C(s)]$$

这个式子并不比 $C(s)$ 本身更复杂［所有这一切都假设我们从 $IP(0^-) = 0$ 开始。另外，只要 $IP(0^-) \leqslant s$，实际成本就只与上述成本差一个常数。实际上，如第9章所述，一般来说，$C_\alpha(s)$ 就是“正确的”目标函数］。

现在，让我们像6.5节一样进行最优化。假设我们采用连续近似。对 $C_\alpha(s)$ 求微分，我们可以得到下列关于 s^* 的方程：

$$F^0(s) = \frac{\underline{h} + \alpha c}{\underline{b} + \underline{h}}$$

这和（6.5.3）的形式完全相同，只是成本比率不同。实际上，对于较小的 α，这一比率接近 $1-\omega$，即（6.5.3）中的比率，因此 s^* 的值与平均成本模型中的值差不多一样。另外，我们可以证明 $\alpha C_\alpha(s^*)$ 近似等于最优平均成本。

总而言之，尽管推导涉及不同的方法，但这两个标准产生的结果密切相关。我们在3.7节中观察到了相同的密切关系。

这种方法可以扩展到更复杂的策略、需求过程等。例如，请参见习题6.23。

6.7.2　利用与需求相关的当前信息

在环境驱动的需求下，如果我们将环境系统 **W** 看成是一个随时间而改变的系统，那么基本库存策略或 (r,q) 策略就不大可能是最优的。看一看 $W(t)$ 提供的关于未来需求的信息，这些信息被那些策略忽略了。现在，我们要提出一种使用这些信息的新策略（在标准经济假设下，这种形式是最优的，如9.7节所述）。现在，准确的计算变得相当复杂（9.7节包括了这些内容），因此我们要开发一种相对简单的近似。这一方法会产生一个关于 **W** 的估计值。

假设供应中不存在规模经济，因此如果我们无法观察到驱动过程，那么基本库存策略就会很有吸引力。假设我们的确观察到了驱动过程，那么下面就是一个合理的控制规则：只要 $W(t)$ 本身发生变化，就重置基本库

存水平 s。也就是说，存在一个固定参数的向量 $\mathbf{s}=(s_w)$，其中 w 的取值范围为 $\mathbf{W}$ 的状态空间。对于任何 $W(t)=w$ 的时点 t，遵循基本库存水平为 s_w 的基本库存策略。我们称之为状态相关的基本库存策略（state-dependent base-stock policy）。

这个策略可以保证 $IP(t)$ 尽可能接近 $s_{W(t)}$。如果 $s_{W(t)}$ 突然增大，使得 $s_{W(t)}>IP(t^-)$，则这一策略就会立刻订货，使得 $IP(t)$ 增加至 $s_{W(t)}$。如果 $s_{W(t)}$ 减少，且 $s_{W(t)}<IP(t^-)$，那么到需求使 $IP(t)$ 减少至 $s_{W(t)}$ 时，它就会停止订货。

我们如何评估这样一个策略呢？首先要注意，我们熟悉的方程式(6.2.7) 仍然适用，即 $IN(t+L)=IP(t)-D(t,t+L]$。在此，$D(t,t+L]$ 取决于 $W(t)$。具体来说，令 $(D|w)$ 表示一个一般随机变量，其分布与 $D(t,t+L]$ 的分布相同，约束条件为 $W(t)=w$。这也是 $D(L)$ 的分布，约束条件为 $W(0)=w$。这样，$IN(t+L)$ 就与 $IP(t)-(D|W(t))$ 具有相同的分布。因此，从时点 t 来看，时点 $t+L$ 时的期望成本比率由 $C_{W(t)}(IP(t))$ 给出，其中：

$$C_w(y)=E[\hat{C}(y-(D|w))]$$

并再次利用 6.5 节中定义的函数 $\hat{C}(y)=h[y]^+ + b[y]^-$。

在一个状态相关的基本库存策略中，我们永远也不会观察到 $IP(t)<s_{W(t)}$（订货之后）。现在，我们进行近似：忽略 $IP(t)>s_{W(t)}$ 的可能性，即对于所有 t，$IP(t)=s_{W(t)}$。在时点 $t+L$ 的期望成本率就变成了 $C_{W(t)}(s_{W(t)})$。

回忆一下，$\boldsymbol{\xi}$ 是 $\mathbf{W}$ 的静态向量，因此它指出了 $\mathbf{W}$ 在其每一个状态上花费的时间。具体来说，ξ_w 就是这样一段时间，在这段时间里，我们会预期未来一个提前期中的（近似）成本率 $C_w(s_w)$。因此，平均期望成本率 $C(\mathbf{s})$ 由 $C(\mathbf{s})=E[C_W(s_W)]=\sum_w \xi_w C_w(s_w)$ 给出。实际上，这就是总平均成本（通过与 6.2 节类似的遍历性论证），取决于近似。

现在，假设我们的目标是在 $\mathbf{s}$ 上最小化 $C(\mathbf{s})$。但 $C(\mathbf{s})$ 对于其变量是可分离的。也就是说，为了使它最小化，我们只需要选择各个 s_w 以最小化相应的 $C_w(s)$，而不必考虑其他变量。这些一维问题中的任何一个都可以利用 6.5 节中的方法进行求解。令 $\mathbf{s}^+$ 表示我们得到的基本库存水平的向量。这被称为这一模型的近视策略（myopic policy），因为它最优化了期望成本率，只向前预测了未来的一个提前期，而忽略了所有的后续成本。

即使是在次优的情况下，这种近视策略也是一个很有用的基准。当假设的提前期需求对于初始状态 $W(0)=w$ 很不敏感时，它接近于最优，因

此 s_w^+ 非常接近。在其他情况下，它的表现可能很差。即便如此，它也与真正的最优策略（表示为 $\mathbf{s}^*$ ）相关。正如我们将在 9.7 节中看到的，$\mathbf{s}^* \leqslant \mathbf{s}^+$ 总是正确的，$\mathbf{s}^*$ 的形状（其要素随 w 而变化的方式）与 $\mathbf{s}^+$ 的形状大致相同。

数量 $C(\mathbf{s}^+)$ 对任何策略的平均成本都提供了一个下限，因而也对实际最优成本提供了一个下限：如果在每个时点 t 我们都可以重置 $IP(t)=s_{W(t)}^+$，则这就是我们将要得到的用 $C_{W(t)}$ 衡量的能够达到最佳可能成本率的成本。这些做法可能是不可行的，但肯定没有哪种策略能够做得更好。

当然，最佳基本库存策略的成本（采用恒定的基本库存水平）（我们仍然用 C^* 来表示）是真正最优成本的上限。因此，$C^*-C(\mathbf{s}^+)$ 为我们提供了利用当前关于 $\mathbf{W}$ 的信息而得到的成本节约的估计值，或者换句话说，就是这类信息的价值。这种近似并非总是很准确（它高估了实际节约或价值），但它比任何更加精确的估计要简单得多。

现在我们将这种方法和正态近似结合起来。具体来说，对于每个 w，使用均值为 v_m 、方差为 σ_w^2 的正态分布来近似 $(D|w)$。另外，令 $\mathbf{v}$ 表示列向量 $(v_w)_w$，且 $\boldsymbol{\sigma}=(\sigma_w)_w$。根据 6.5.2 节的结果，近视策略由 $s_w^+=v_w+z^*\sigma_w$（对于每一个 w）决定（回忆一下，z^* 只是成本参数的函数，因此独立于 w）。另外，$C_w(s_w^+)=\sigma_w(b+h)\phi(z^*)$。因此，$C(\mathbf{s}^+)=(\boldsymbol{\xi\sigma})(b+h)\phi(z^*)$，而且：

$$C^*-C(\mathbf{s}^+)=(\sigma-\boldsymbol{\xi\sigma})(b+h)\phi(z^*)$$

这是一个非常简单的公式。实际上，以 C^* 作为基本情况，（近似）相对成本为 $C(\mathbf{s}^+)/C^*=\boldsymbol{\xi\sigma}/\sigma$，这与成本参数完全无关。

让我们来分析一下这个比率：我们注意到，σ_w^2 是提前期需求的方差，假设我们已知 $\mathbf{W}$ 从 $W(0)=w$ 开始。另一方面，σ^2 是假设不知道初始状态的提前期需求的方差（$\boldsymbol{\xi}$ 本身之外）。因为 σ^2 包含了这一额外的不确定性，我们期望 σ 至少在平均水平上大于 σ_w。实际上，利用下列条件方差公式对 σ^2 进行分解：

$$\begin{aligned}\sigma^2&=V[D]\\&=E_wV[D|w]+V_wE[D|w]\\&=\sum\nolimits_w\xi_w\sigma_w^2+\sum\nolimits_w\xi_w(v_w-v)^2\\&=(\boldsymbol{\xi\sigma})^2+\left[\sum\xi_w\sigma_w^2-(\boldsymbol{\xi\sigma})^2\right]+\left[\sum\xi_wv_w^2-(\xi v)^2\right]\end{aligned}$$

方括号中的两个表达式是方差，在此处分别是 $\boldsymbol{\sigma}$ 和 $\mathbf{v}$ 的方差。它们都是非负的，所以 $\sigma^2 \geqslant (\boldsymbol{\xi\sigma})^2$，$\boldsymbol{\xi\sigma}/\sigma \leqslant 1$[$\sigma^2$ 的分解和统计学中的方差分析完全类似。这里的“因变量”是提前期需求，σ^2 是它的总方差，$(\boldsymbol{\xi\sigma})^2$ 则是残余方差]。

回忆一下，在 6.5 节中，类似的比率也曾扮演过重要角色（我们使用 σ_-/σ 来表示）。但在 6.5 节中，我们关注的是改善产生供应和需求的实际系统，而在这里则更有效地利用了信息。从直觉上看，二者之间应该存在着联系，而且在这个分析水平上，我们看不到两者之间的根本差别。

例如，再考虑一下 6.3 节中的具有两种状态的 MMP 过程。回忆一下，$\lambda = 10$。假设 $L = 0.1$。(准确的) 总体提前期需求参数为 $v = 1$，$\sigma = 1.147$。状态相关参数为 $\mathbf{v} = (0.766, 1.234)'$，$\boldsymbol{\sigma} = (1.013, 1.222)'$。由于 $\boldsymbol{\xi} = (0.5, 0.5)$，我们得到 $\boldsymbol{\xi\sigma} = 1.118$。所以，$\boldsymbol{\xi\sigma}/\sigma = 1.118/1.147 = 0.975$。

在这个例子中，成本节约为（最多）2.5%。这个数值很小，因为 **W** 的状态变化很快，因此知道初始状态只为我们提供了关于提前期需求的有限信息。如果 L 较小，相对节约将会较大。

回忆一下，6.3 节的结果并不要求 **D** 是一个 MCDC 过程，在这里这一点也同样适用：同样，将 $W(t)$ 看成是关于未来需求的当前信息的汇总。例如，它可能会是某种连续变量，而不是离散变量。在那种情况下，我们需要将上述所有向量重新解释为变量 w 的函数。原则上，我们需要描述所有可能的 w（**W** 的状态空间），再加上它们在长期中的相对可能性（$\boldsymbol{\xi}$）以及相应的提前期需求参数（$\mathbf{v}$ 和 $\boldsymbol{\sigma}$）。在实践中，我们可以利用全部预测工具来估计这些数量。在这种情况下，w 可能是某种特殊的与需求相关的因素，而 v_m 和 σ_m 是 w 的函数，它们都存在一些需要估计的参数。有了这些数据后，我们就可以很容易地计算 σ，以及平均标准差（$\boldsymbol{\xi\sigma}$），然后按上面讨论的方法使用它们。9.7 节在离散时间环境下讲述了这些观点。

6.7.3 定期盘点

到目前为止，我们都专注于连续盘点（continuous-review）策略。现在，我们简要地讨论一下定期盘点（periodic-review）系统，在这个系统中，订单只能在特定时间下达，其间隔时间相等（如每周）。第 9 章利用离散时间建模分析了类似的系统，但周期是被预先固定的。在这里，我们继续将时间看成连续的。

考虑 6.2.2 节中的基本系统，其中需求是一个泊松过程。假设我们遵循 (u, s) 策略：订货区间 u 和目标库存水平 s 都是固定的策略变量。每次盘点时，我们订购足够的货物使库存位势上升到 s。

其他条件不变，使用 (r,q) 策略更好一些，因为这种策略能够比 (u,s) 策略更快地对需求波动做出响应。但是，其他条件可能会改变：(r,q) 策略需要所有时间的库存位势信息，而 (u,s) 只是定期（在每次盘点时）需要这类信息。另外，出于模型之外的原因（如与其他活动相协调），供应商可能更愿意定期发送货物，而我们也可能更喜欢定期收到货物。

在这个背景下，因为订货策略引发的周期行为，**IN** 并不具有真正的极限分布。但是，它的确存在着一个长期频数分布，我们用随机变量 $\underline{IN}$ 表示。

假设时点 0 是一个盘点时间，且 $IP(0^-) \leqslant s$，因此 $IP(0)=s$。对于直到下一次盘点时间（$0 \leqslant t < u$）的每一个时点 t，等式（6.2.1）仍然有效，也就是说，$IN(t+L)=IP(t)-D(t,t+L]$，且 $IP(t)$ 和 $D(t,t+L]$ 仍然是独立的。此外，$IP(t)$ 正好是 $s-D(t)$，所以 $IN(t+L)=s-D(t+L)$。显然，后面的周期也遵循同样的模式。因此，为了得到 $\underline{IN}$ 的分布，我们只需要计算出 $IN(t+L)$ 在 t 上的分布的平均值。令 $\underline{D}$ 表示在区间 $[0,u)$ 内 $D(t+L)$ 在 t 上的均匀混合分布（uniform mixture）。则：

$$\underline{IN} = s - \underline{D}$$

注意，$\underline{IN}$ 与（6.2.3）中的 IN 有着相同的形式，只有提前期需求变量不同。因此，绩效指标也具有与基本库存策略相同的形式。

用 $g(d|t)$、$G^0(d|t)$ 等描述 $D(t)$ 的分布，即均值为 λt 的泊松分布。利用简单的微积分计算，我们就可以得到 $g_{\underline{D}}$ 的表达式，即 $\underline{D}$ 的概率质量函数（pmf）：

$$\begin{aligned} g_{\underline{D}}(d) &= \left(\frac{1}{u}\right)\int_0^u g(d|t+L)dt \\ &= \left(\frac{1}{\lambda u}\right)[G^0(d|L+u)-G^0(d|L)] \end{aligned}$$

因此：

$$G^0_{\underline{D}}(d) = \left(\frac{1}{\lambda u}\right)[G^1(d+1|L+u)-G^1(d+1|L)]$$

$$G^1_{\underline{D}}(d) = \left(\frac{1}{\lambda u}\right)[G^2(d|L+u)-G^2(d|L)]$$

与（6.2.4）至（6.2.6）一样：

$$\begin{aligned} \overline{A} &= G^0_{\underline{D}}(s-1) \\ \overline{B} &= G^1_{\underline{D}}(s) \\ \overline{I} &= s-\lambda(L+\tfrac{1}{2}u)+\overline{B} \end{aligned}$$

因为 $E[\underline{D}]=\lambda(L+\frac{1}{2}u)$。当然，$\overline{OF}=1/u$。这些绩效标准，再加上成本因子，根据 6.5 节的思路，可以用来构建一个最优化模型。

下面这些近似被广泛应用：

$$\overline{A}_{+1}=\left(\frac{1}{\lambda u}\right)G^1(s|L+u)$$

$$\overline{B}_{+1}=\left(\frac{1}{\lambda u}\right)G^2(s|L+u)$$

像 6.4.4 节中一样，这些近似忽略了实际值中的负项。同样，与 6.4.4 节中一样，它们是不可靠的。

我们暂时假设 u 是固定的，且设 s 为最优的。与基本库存模型中一样，最优安全库存和成本主要是由 $\underline{\sigma}$ 即 $\underline{D}$ 的标准差决定的。我们不难证明：

$$\underline{\sigma}^2=V[\underline{D}]=\lambda L+\left(\frac{\lambda}{2}\right)u+\left(\frac{\lambda^2}{12}\right)u^2$$

这个表达式揭示出了采用固定盘点周期对绩效的影响。对于较小的 u，最后一项是可以忽略不计的，因此这一影响与将提前期从 L 增加到 $L+\frac{1}{2}u$ 的效果是一样的。对于较大的 u，这一影响更大，$\underline{\sigma}^2$ 差不多等于 u 的平方，因此 $\underline{\sigma}$ 变成了线性的。

为了应用正态近似（对于任何一个环境驱动的需求过程），将 $D(t)$ 看成是均值为 $v_t=\lambda t$ 、方差为 $\sigma_t^2=\lambda\psi^2 t$ 的正态分布。设 $z_t=(s-v_t)/\sigma_t$，$z_t^+=(s+v_t)/\sigma_t$，我们得到：

$$\begin{aligned}\overline{A}&=\left(\frac{1}{u}\right)\int_L^{L+u}\Phi^0(z_t)dt\\&=\left(\frac{1}{\lambda u}\right)[F^1(s|L+u)-F^1(s|L)]\\\overline{B}&=\left(\frac{1}{u}\right)\int_L^{L+u}\sigma_t\Phi^1(z_t)dt\\&=\left(\frac{1}{\lambda u}\right)[F^2(s|L+u)-F^2(s|L)]\\\overline{I}&=s-\lambda(L+\frac{1}{2}u)+\overline{B}\end{aligned}$$

其中，

$$F^1(s|t)=\sigma_t\Phi^1(z_t)-\frac{1}{2}\psi^2[\Phi^0(z_t)-e^{2s/\psi^2}\Phi^0(z_t^+)]$$

$$F^2(s|t)=\sigma_t^2\Phi^2(z_t)-\frac{1}{2}\psi^2F^1(s|t)$$

（这些积分不难证明。）

本章注释

6.2 节：Kimball 曾于 20 世纪 50 年代在一份备忘录中讨论过基本库存策略，并以 Kimball（1988）的著作出版。在其 1953 年的著作中则提供了一项关于 (r,q) 策略的早期研究。泊松需求模型的基本结果在 Galliher 等（1959）以及 Hadley 和 Whitin（1963）中被详细列出。关于泊松过程中的 PASTA 特性，请参见 Wolff（1982）。定理 6.2.4 出现在 Svoronos 和 Zipkin（1991）中。

6.3 节：6.3 节的 MCDC 过程是 Neuts（1979）介绍的点过程（point process）的一种特殊情况。Song 和 Zipkin（1993a，1996c）讨论了各种应用。主要结果（对于各种不同情况）借鉴了 Sahin（1979，1983）、Sivazlian（1974）、Stidham（1974）、Zipkin（1986a），以及 Browne 和 Zipkin（1991）。

6.4 节：正态近似已经被广泛应用多年；早期的一项研究是 Whitin（1953）。极大近似借鉴了 Scarf（1958a），同时参考了 Gallego 和 Moon（1993）。更多关于标准绩效近似不准确性的讨论，请参见 Herron（1978）和 Zipkin（1986b）。

6.5 节：基本库存策略的大部分材料改编自第 9 章报童问题（news-vendor problem）的著名结果。全于 (r,q) 策略，Zipkin（1986b）和 Zhang（1998）证明了 $C(r,q)$ 的凸性。定理 6.5.1 以及 6.5.3 节的其他结果源自 Zheng（1992）和 Gallego（1998）（其中也包含更多精确的结果）。Algorithm Optimize _ rq 算法则借鉴了 Federgruen 和 Zheng（1992b）[其中部分思路由 Sahin（1982）率先提出]。关于 6.5.5 节中的缺货约束模型（stockout-constraint model），Platt 等（1997）讨论了另一种启发式算法。

6.6 节：(r,q) 策略的结果主要来自于 Richards（1975）以及 Zheng 和 Chen（1992）。(r,s) 策略的方法则源于 Iglehart（1963a）以及 Veinott 和 Wagner（1965）。

6.7 节：6.7.2 节中近视策略的概念在很多领域都得到了应用（在第 4 章以及第 9 章参数随时间变化的背景下都出现过）。主要参考文献包括 Veinott（1965）以及 Heyman 和 Sobel（1984）。本章中用它来估计信息的价值似乎是一种新的应用。

关于 6.7.3 节中的定期盘点模型，Rao（1994）证明了平均成本是 (u,s) 的凸函数，并推导出了与定理 6.5.1 类似的结果。Johnson 等（1995）测试了各种近似，他们发现 $\overline{A}_{+1}$ 是不可靠的。

本章习题

6.1 考虑 6.2.2 节中的模型：需求是一个泊松过程，且我们遵循基本库存策略。但是，我们的客户以恒定的时间 L_D 提前告知我们其需求。换句话说，就是客户向我们发出订单，而这些订单将延迟交货（他们将不接受提前送货）。因此，客户的订货本身就构成了一个泊松过程，而实际需求描述了时间被提前 L_D 的相同过程。

首先，假设 $L_D \geqslant L$，证明在这种情况，我们可以管理一个完美的流系统，每一个需求发生时都能得到满足，而不持有任何库存。

现在，假设 $L_D < L$。让我们稍微修改一下基本库存策略的含义：假设我们从 $I(0)=s$ 开始，每当客户下达一个订单时（不是实际需求），就订购 1 单位货物。令 $S(t)$ 表示累计供应，即在时间 t 内收到的单位数量。显然，$IN(t)=s+S(t)-D(t)$。

考虑一个传统的系统（即不存在 L_D），其提前期为 $L-L_D$，且面临着与初始系统一样的需求过程，并利用具有相同基本库存水平 s 的基本库存策略。证明对于所有 t，$S(t)$ 以及 $IN(t)$ 在两个系统中是一样的（证明初始系统的绩效与具有更短提前期 $L-L_D$ 的标准系统的绩效是一样的。在这里，我们的客户向我们提供的信息的确很有价值）。

6.2 本习题解释了我们在图 6.2.6 中观察到的行为（增加 q 本质上是增加了延期交货）。假设 f 是关于这些整数的任意凸函数。固定一个整数 s'。对于每一个正奇整数 q，令 $F(q)$ 表示数量 $f(s)$ 的平均值，在以 s' 为中心的 q 个连续整数中选取 s（例如，对于 $q=3$，则使用 $s=s'-1$、s' 和 $s'+1$）。证明 $F(q)$ 是 q 的增函数。

6.3 假设需求构成了一个 MMP 过程。驱动过程 $\mathbf{W}$ 有三个状态，我们分别记为低（l）、中（m）和高（h）。相应的需求率是 $\lambda_l < \lambda_m < \lambda_h$。从状态 l 和状态 h 只能转换到状态 m，从状态 m，$\mathbf{W}$ 改变到状态 l 的概率为 1/3，改变到状态 h 的概率为 2/3。每次 $\mathbf{W}$ 进入一个状态后，它在那个状态停留一个随机的时间。对于状态 l，平均时间为 12 周，对于状态 m，平均时间为 18 周，对于状态 h，平均时间为 19 周。

写出矩阵 Q 和 Λ，并计算静态向量 $\boldsymbol{\xi}$。假设需求率为 $\lambda_l=35$ 单位/周，$\lambda_m=50$ 单位/周，$\lambda_h=75$ 单位/周，总体平均需求率 λ 是多少？

6.4 证明当 $\mathbf{D}$ 是一个 MMP 过程时，6.3.3 节的假设得到满足（注意：在某些状态中，需求率 λ_{ww} 可能为 0，但是，它们中的一些必须为正数，因为 λ

为正数)。

6.5　直接证明在引理 6.3.1 的证明中的下述断言：假设 IP_c 是一个在整数 $\mathrm{mod}(q)$ 上均匀分布的随机变量，并假设 D 是一个取整数值的随机变量，独立于 IP_c。因此，随机变量 $[IP_c + D]\mathrm{mod}(q)$ 也在整数 $\mathrm{mod}(q)$ 上均匀分布。

6.6　证明泊松损失函数的公式（6.2.14）和（6.2.15）(通过归纳法证明)。

6.7　考虑 6.2 节中的模型，但假设提前期 $L=0$。假设我们希望完全排除延期交货。我们可以选择的 r 的最小值是多少？为什么？假设我们用这种方式选择了 r。证明 $\bar{I}=½(q-1)$。假如我们面临订货成本 k 和持有成本 h，证明最优的 q 可以像在习题 3.8 中一样确定（因此，在本例中，系统的行为和最优策略取决于 λ，但在其他情况下需求过程的具体情况则不会产生任何影响)。

6.8　证明描述标准正态损失函数的公式（6.4.2）和（6.4.3）。

6.9　证明描述 $\bar{I}$ 和 $\bar{B}$ 的正态近似对 σ 的敏感性的公式（6.4.7）。

6.10　假设 D 的均值为 v，方差为 σ^2，但对其分布却一无所知。我们可以写出下列公式：

$$\bar{B}=E[[D-s]^+]=E[\frac{1}{2}\{|D-s|+(D-s)\}]$$

运用詹森不等式，证明：

$$E[|D-s|]\leqslant\{E[(D-s)^2]\}^{1/2}$$

现在，证明（通过直接计算）：

$$\bar{B}\leqslant ½[(1+z^2)^{1/2}-z]\sigma=\Omega^1(z)\sigma$$

同样，证明 $\bar{I}\leqslant\Omega^1(-z)\sigma$。

6.11　假设我们对 D 和 IP 采用连续近似。证明：

$$\bar{B}(r,q)=E[[D-(r+qU)]^+]$$

其中，U 是一个在 $[0,1]$ 中均匀分布的随机变量，独立于 D。然后，证明 $\bar{B}(r,q)$ 是连续变量 (r,q) 的一个凸函数［由于 $\bar{I}(r,q)$ 就是 $\bar{B}(r,q)$ 加上一个 (r,q) 的线性函数，因此我们可以立刻得到 $\bar{I}$ 也是凸的］。

6.12　根据 6.2.4 节的论证，证明平均存储时间 $\overline{IW}$ 由 $\bar{I}/\lambda$ 给定。

6.13　利用公式（6.2.16），结合 B 和 BW 的转换，证明（6.2.17），结合它们的方差。

6.14　证明公式（6.2.18）中 $\frac{1}{2}E[B(B-1)]$ 的表达式。

6.15 利用极大近似证明 6.5.2.3 节中 z^* 和 C^* 的公式。

6.16 在对定理 6.5.1 的证明中，有一个对 $0 \leqslant H'(q) \leqslant h\omega$ 的几何证明。在这里，我们要更严格地证明这一结论。

用 $r(q)$ 表示对于固定的 q 值 r 的最优值，即满足（6.5.13）的 r 值。根据链式法则（chain rule），$H'(q) = C'(r(q))r'(q)$。现在，计算（6.5.13）对 q 的微分，并利用隐函数定理（implicit function theorem），得到一个 $r'(q)$ 的表达式。然后，利用不等式 $-b \leqslant C'(r(q)) \leqslant 0$ 和 $0 \leqslant C'(r(q)+q) \leqslant h$，证明 $0 \leqslant H'(q) \leqslant h\omega$。

6.17 对于 6.5.3 节中的连续 (r,q) 模型，证明最优化条件（6.5.13）等价于 $\overline{A}(r,q) = 1-\omega$。因此，与在基本库存模型中一样，最优策略将缺货频率设定为 $1-\omega$。

6.18 考虑利用 D 的正态近似寻找最优 (r,q) 策略的问题。我们要分析当需求参数改变时，(r^*, q^*) 和 C^* 会发生什么变化，保持成本因子不变。假设 σ^2 以线性方式取决于 λ，具体来说就是对于某些常数 λ_1，$\sigma^2 = \dfrac{\lambda}{\lambda_1}$。允许 v 独立于 λ 和 σ^2 变化。

令 (r_1, q_1) 表示最优策略，C_1 表示 $\lambda = \lambda_1$（因此 $\sigma^2 = 1$）、$v = 0$ 时的最优成本。证明对于所有的 λ 和 v 值：

$$r^* = v + r_1\sigma \qquad q^* = q_1\sigma \qquad C^* = C_1\sigma$$

因此，r^* 取决于 v 和 σ，就像 s^* 在基本库存模型中一样。另外，q^* 和 C^* 与 σ 成比例。

6.19 本习题要求你证明不等式（6.5.10），证明连续 (r,q) 模型的最优成本对于 q 的次优选择不敏感。

(a) 利用不等式 $H(q) \geqslant h\omega q$ 证明，对于任何固定的 q，$wH(q) - H(wq)$ 是 w 的非递减函数（对于 $w > 0$）。

(b) 利用（a）部分证明，对于任何固定的 q 和 $x > 0$，$\int_q^{xq} H(y)dy \leqslant$ ½$(x^2-1)qH(q)$。提示：改变变量，令 $wq = y$。

(c) 使用 $H(q)$ 和 $A(q)$ 的定义证明：

$$C^*(q) = \frac{k\lambda + \int_0^q H(y)dy}{q}$$

(d) 现在，利用（b）部分（$x = q/q^*$）和（c）部分证明（6.5.10）。

6.20 考虑案例 6.2.A 中的唱片店。现在，这个问题涉及勃拉姆斯的第四交响曲（由奥曼迪和费城爱乐乐团演奏）。对于这张 CD，需求是一个泊松过程，每月的需求率为 2.4，同样，$L=0.5$。在本例中，$h=0.3$ 美元，$b=2.70$ 美元。

(a) 假设 $k=0$。计算 s^* 和 C^*。

(b) 现在，假设 $k=0.20$ 美元，利用 Algorithm Optimize _ rq 算法计算 (r^*, q^*) 和 C^*。

6.21　6.5.4 节中的 Algorithm Optimize _ rq 算法以 $q=1$ 开始，并逐渐增加 q，直到找到 q^*。假设我们以一个较大的 q 值开始，测试证明 $q>q^*$。修改算法，以增量 1 减少 q，直到找到 q^* 为止。

6.22　6.6.2 节给出了 (r,s) 策略下过程 $\mathbf{IP}_c$ 的极限概率向量 $\boldsymbol{\iota}$ 的公式。证明这个公式。

6.23　考虑 6.7.1 节中的折现成本模型。本习题要求推导出具有固定订货成本 $k>0$ 的 (r,q) 策略的相应成本函数。

(a) 选择任何 $t \geqslant L$，并假设 $IP(t)=i$。令 T 表示 t 之后直到下一次需求发生的时间，$C^T(i)$ 表示时间间隔 $[t+L, t+T+L)$ 内的期望折现持有成本和延期交货成本。证明 $C^T(i)=(1-\gamma)(\frac{e^{-\alpha L}}{\alpha})C(i)$，其中 $C(i)$ 是基本库存策略的平均成本，与前面一样，且 $\gamma=\frac{\lambda}{(\lambda+\alpha)}$。

(b) 现在，令 $C^\infty(i)$ 表示所有时间的总体折现期望成本，从 $IP(0)=i$ 开始。证明这些数量满足下列方程：

$$
\begin{aligned}
C^\infty(i) &= [k+e^{-\alpha L}c(r+q-i)]+C^\infty(i)(r+q) \qquad && i \leqslant r \\
C^\infty(i) &= C^T(i)+\gamma C^\infty(i-1) \qquad && r<i \leqslant r+q
\end{aligned}
$$

(c) 求解关于 $r \leqslant i \leqslant r+q$ 的方程，得到：

$$
C^\infty(r)=\frac{(k+e^{-\alpha L}cq)+\sum_{i=1}^{q}\gamma^{q-j}C^T(r+j)}{1-\gamma^q}
$$

$$
C^\infty(0)=e^{-\alpha L}cr+C^\infty(r)
$$

将这个结果和平均成本公式（6.5.16）进行比较。证明这一结果与正文中推导出的基本库存策略的成本一致，假设 $k=0$。

6.24　假设需求过程 $\mathbf{D}$ 是一个布朗运动（Brownian motion）过程，具有正漂移率（drift rate）λ 和方差率（variance rate）$\psi^2\lambda$［因此，$D(t)$ 服从均值为 λt、方差为 $\psi^2\lambda t$ 的正态分布］。令 $v=\lambda L$，$\sigma^2=\psi^2\lambda L$，与前面一样。我们遵循 (r,q) 策略。

设 $\beta=2/\psi^2$，对于任何固定的数字 a，定义函数 $h(x|a)=1-e^{-\beta(x-a)}$，$x \geqslant a$。我们可以证明，IP 存在着下列概率分布函数：

$$f(x)=\begin{cases}\left(\frac{1}{q}\right)[h(x|r)-h(x|r+q)] & x\geqslant r+q\\ \left(\frac{1}{q}\right)[h(x|r) & r\leqslant x\leqslant r+q\end{cases}$$

（**IP** 可以超过 $r+q$，因为 **D** 具有负的增量。）定义函数：

$$F^0(x)=\Phi^0\left(\frac{x-v}{\sigma}\right)-e^{\beta x}\Phi^0\left(\frac{x+v}{\sigma}\right)$$

$$F^1(x)=\int_x^\infty F^0(t)dt$$

$$F^2(x)=\int_x^\infty F^1(t)dt$$

(a) 证明 F^0 拥有互补累积分布函数的所有性质。

(b) 然后，证明：

$$\bar{A}=\left(\frac{1}{q}\right)[F^1(r)-F^1(r+q)]$$

$$\bar{B}=\left(\frac{1}{q}\right)[F^2(r)-F^2(r+q)]$$

$$\bar{I}=\beta+\frac{1}{2}q+r-v+\bar{B}$$

（因此，绩效指标的形式与前面相同。所以，6.5 节中的方法可以用来确定最优策略。）

(c) 用 Φ^0、Φ^1 和 Φ^2 表示函数 F^1 和 F^2。σ 在这些公式中所起的作用是什么？

第 7 章　随机提前期：供应系统的结构

本章提要

7.1　导言

7.1.1　绪论

上一章讲解了几种随机需求过程，但只是供应系统中最简单的类型，其中每一订货提前期均恒定为 L。现实中，提前期很少是恒定的，供应系统中不可预知的事件会导致不可预知的延误。

事实证明，提前期不确定性的影响取决于供应系统的结构（structure）及其运作方式。令人惊讶的是，在一些特定情况下，提前期不确定性在实质上并没有什么影响，并且可以被忽略。然而，在多数情况下，正如需求的不确定性一样，提前期的波动会显著降低绩效。此外，当供应系统的产能有限时，需求不确定性会导致提前期更长、变化更大。换句话说，有限产能放大了需求不确定性的影响。

供应系统中不可预知的事件也能导致质量缺陷。在第 3 章中我们了解到，即使在一个完全确定性的系统中，质量缺陷也会影响绩效。特别是考虑到随机需求和提前期时，不可预知的质量问题的影响将更为显著。此外，在有限产能系统中，这些缺陷浪费了产能，因而放大了其他不确定性来源的影响。

即使存在着这些令问题复杂化的额外特性，在很多情况下，绩效指标仍然具有和第 6 章中相同的形式。因此，6.5 节中的最优化方法仍然适用。

另外，提前期不确定性和质量缺陷以及需求不确定性的影响可以通过综合指标 σ 来衡量（要经过适当的重新定义）。

7.1.2 分类法

一个供应系统由生产和运输业务组成。我们用一般性的术语“处理器”（processor）来描述个体的运作。这种系统可简单可复杂，它可能是我们组织的一部分，也可能是一个不同的公司。

我们关注三种截然不同的供应系统结构。它们强调了真实系统的不同特征。它们在某种程度上都进行了抽象。实际供应系统通常是这些类型的混合，并包含一些令问题更加复杂的特征。但是，为了理解更加复杂的系统，彻底理解这些基本的结构是非常重要的。

7.2 节探讨了并行处理系统（parallel processing systems）：有无限多完全相同的处理器，它们独立工作。我们的每一个订单都由不同的处理器来处理。一般来说，处理器处理每份订单的时间是随机的。因此，订货提前期是独立同分布（independent，identically distributed，i. i. d.）的随机变量。显然，这种系统没有产能限制。第 6 章的恒定提前期系统是具有确定性处理时间的特殊情况。

事实证明，提前期的不确定性对并行供应系统的影响相对较小。实际上，在一种特殊情况下（泊松需求，基本库存策略），绩效对提前期的分布完全不敏感。这种系统实际上等同于恒定提前期的系统。但一般来说并非如此，对于环境驱动的需求和/或 (r,q) 策略，提前期的不确定性则确实有影响。即便如此，这种影响也不会像在其他结构中那样强烈。

7.3 节讨论了有产能限制的供应系统。最简单的情况是有一个处理器，每次能够处理一份订单。更为复杂的系统则有多个处理器（但数量仍是有限的），它们按串联、并行或以更复杂的网络方式排列在系统中。

有限产能与随机需求共同导致了阻塞，这反过来就增加了订货提前期且使其更加不可预知。这些阻塞现象对于系统的行为和绩效有着重大的影响，而在纯粹的并行系统中，这些情况全部都被忽略了。在顺序系统（sequential system）中，这种影响最为强烈和明显，这种系统保留了订单到达的顺序。这种类型的系统包括单一处理器和串联系统。

7.4 节介绍了外生的、顺序的（sequential）供应系统。这种系统是无产能约束的，但原因与并行系统不同：我们的订单构成了系统总工作量中微不足道的一部分。这样的系统与有产能约束的顺序系统有着许多共同特征，特别是提前期的不确定性在绩效中扮演着重要的角色（恒定提前期系统也是这种结构的一个特例）。7.5节着重讲述了计算某些重要情况下的绩效指标。

所有这些系统都可以被看成是排队系统（queueing system）［我们更喜欢用处理系统（processing system）一词。“处理”是这些系统的职能和目的，而排队则是它们的一些特性］。如果你已经学习了排队论，那么你对其中一些概念会比较熟悉，但对其他一些概念则会感到生疏。

处理系统本身通常被用来描述服务的交付（delivery）。在生产—运输环境中，一个纯粹的处理系统对服务类型的产品进行建模。其产出通常是定制的，每一单位产品都具有客户要求的特征。在任何情况下，所有的处理活动都是由顾客的需求触发，每一位顾客都要等到他的订单被处理完成。这被称为按订单生产（make-to-order）的系统。

在这里，处理系统是一个更大的按库存生产（make-to-stock）的系统（它可以根据预期的需求来生产和存储产品，以缩短客户的等待时间）的一部分。处理过程是由订单而不是需求触发的。显然，只有在商品都一样或差不多一样时，这样做才有意义（按订单生产系统可能会有一些等待处理的库存，但这些都是投入，而不是产出）。

7.1.3　分析前的预习

让我们暂时忘掉供应系统的结构，把它想象成一个黑箱。我们的每一份订单都进入这个黑箱，一段时间后订购的货物出现，在这个时点我们正好收到订购的货物。

考虑一个基本库存策略，并假设 $IN(0)=I(0)=s\geqslant 0$。与6.2.2节一样，描述我们的订单的过程与需求过程本身是一致的。因此，方程（6.2.1）仍然适用：

$$IN(t)=s-IO(t)$$

同样，$IO(t)$ 是在 t 时刻供应系统中的订单数量，也就是当前的系统占用率（occupancy）。这完全与 s 无关；事实上，当 $s=0$ 时，我们就拥有一个纯粹的（按订单生产）处理系统。

现在，考虑一种特别的供应系统。系统的输入是一个需求过程。假设具有这种输入特点的系统能像具有遍历性的系统一样良好运作，其均衡占用率 IO 是存在的，并且我们能精确地计算出 IO 的分布。那么，与（6.2.2）一样：

$$IN=s-IO$$

由此我们可以计算出所有相关的绩效指标，正如6.2.2节中那样。实际上，如果用g代表IO的概率质量函数，G^0代表其互补累积分布函数，G^1代表其损失函数，则$\overline{A}$、$\overline{B}$和$\overline{I}$的公式与（6.2.4）至（6.2.6）几乎是一样的：

$$\overline{A}=G^0(s-1) \qquad \overline{B}=G^1(s)$$
$$\overline{I}=s-E[IO]+\overline{B}$$

当然，$\overline{OF}=\lambda$。

因此，第6章的许多定性结果仍然是有效的。例如，$\overline{B}$是s的减函数，且是凸的，而$\overline{I}$是增函数，且是凸的。所以，在成本最小化的情况下，最优化条件（6.5.4）仍然成立，最优的基本库存水平实际上将延期交货的概率$G^0(s)$设定为临界比率$1-\omega$。

因此，为理解整个库存系统，我们需要恰到好处地理解供应系统。为此，我们可以使用而且也确实使用了排队论的结果。然而，我们需要彻底了解这个系统，平均占用率$E[IO]$是远远不够的。正如第6章的结果所示，我们或者需要IO的完整分布，或者需要基于$V[IO]$以及$E[IO]$的近似。

接下来，考虑一个$q>1$的(r,q)策略。至少从概念上来说，同样的基本观点也是适用的。然而，这一供应系统的输入不再是一个需求过程，而更像是它的一种经过过滤的版本。因此，IO的计算可能会困难得多。我们将会看到IO可以准确确定的情况，也会看到一些IO可以被准确近似的情况。

这就是在下面两节的大部分内容中使用的分析方法。而在7.4节中，我们会使用一种不同的方法，这种方法与6.2.3节的方法非常类似。在那里，我们讨论的重点将转向一份订单在系统中花费的时间而不是占用率。

7.2 独立随机提前期

本节将探讨具有并行处理结构的供应系统。系统中有无限个完全一致且独立的处理器。每份订单都由一个不同的处理器处理。所以，当系统中有两个或更多个订单时，它们是同时被处理的，并且相互之间没有任何形式的相互干扰。通常，处理一份订单的时间是随机的。因此，订货提前期是独立同分布（i. i. d.）的随机变量。令L表示具有此种共同分布的一般随机变量，平均提前期则为$E[L]$。

在排队论中，这是一个·/G/∞系统。∞代表无穷数量的并行服务器，G代表一般独立服务时间，·代表输入还需要具体说明。当我们把这一系统与模型的其他部分连接时，输入即为描述订单的过程，它取决于需求过程和库存策略。

当然，任何真实的供应系统都不具备无限的处理能力。这个模型只是一种近似，是尽管系统处理能力有限，但它具有广泛的并行结构、很少会达到其产能限制的一种极限情况。这一模型对此类系统的行为给出了定性和定量上的准确描述。

7.2.1　泊松需求，基本库存策略

假设需求服从泊松分布。考虑一种基本库存水平为 $s \geqslant 0$ 的基本库存策略，并假设 $IN(0)=I(0)=IP(0)=s$。因此，输入（订单）过程与泊松需求过程完全一致。这一供应系统的代码是 M/G/∞（M 代表马尔可夫过程，即泊松过程）。

这个模型的核心结果是帕姆定理（Palm's Theorem）：均衡占用率 IO 服从均值为 $\lambda E[L]$ 的泊松分布。因此，IO 以及对于任何 s 的绩效指标 $\overline{A}$、$\overline{B}$ 和 $\overline{I}$ 与 6.2.2 节中的恒定提前期模型完全一致。它们只是通过其均值 $E[L]$ 取决于 L 的分布。

这是一个不敏感的结果。并行处理的特性消除了提前期波动性带来的所有影响。为了使用这个模型，我们只需要估计 $E[L]$。最优基本库存水平与恒定提前期模型的情况一样。另外，我们可以使用 6.4 节中的正态近似，其中 $v-\sigma^2-\lambda E[L]$。因此，根据 6.5.2.2 节的结果，系统的总体绩效（如最优成本）主要取决于 σ，从而取决于 $\lambda E[L]$ 的平方根。

6.2.4 节中推导出的关系 $\overline{B}=\lambda\overline{BW}$ 在这里也适用，因此客户平均等待时间 $\overline{BW}$ 也只通过 $E[L]$ 依赖于 L。另一方面，除 L 恒定的特殊情况之外，定理 6.2.4 不再适用［除此之外，该定理还要求供应系统是顺序的，这只有当 L 不变时才是正确的。一般而言，客户等待时间的分布（包括其方差）取决于 L 的分布］。

案例 7.2.A

一家个人电脑维修服务公司为其顾客提供“代用品”。也就是说，当顾客带来一台坏电脑时，在这台电脑修好之前，公司会把一台替代的电脑借给该顾客使用。这家公司提供的服务十分卓越，即使没有代用品，顾客也不会到其他地方去。但是，这家公司仍然将代用品计划看成是其整体服务的一个组成部分，因此其目标是保持足够的代用品库存以使 95%的顾客能够享受到该服务。

这家公司雇用了大量的技术人员，他们都有能力诊断并修好任何电脑故障。每一项到达的任务都被分配给一名技术人员，由他处理整项工作。很少出现一项工作需要等待空闲技术人员的情况（当工作量异常大时，公司可以召回正在度假的员工或聘请一些兼职人员）。

顾客的到达服从泊松过程。平均来说，每天会有 16 项工作到达，每项工作平均需要 1.25 天来完成。这些工作的差别很大。大多数工作都能在几小时内完成，但有一部分工作却需要数周的时间才能完成。公司的所有者想知道这些差别是否会影响其拥有的代用品的数量。

由于每一项工作都有其自身的特点，所以完全有理由假设提前期（工作完成时间）是独立同分布。因此，方差是没什么影响的。给定 $\lambda = 16$ 和 $E[L] = 1.25$，IO 服从均值为 $(16)(1.25) = 20$ 的泊松分布。95%的顾客能够得到代用品的目标意味着 $\overline{A} \leqslant 1 - \omega_{-} = 0.05$。

以下是选定的基本库存策略的绩效：

s	$\overline{A}$	$\overline{B}$	$\overline{I}$
21	0.44	1.34	2.34
22	0.36	0.98	2.98
23	0.28	0.70	3.70
24	0.21	0.49	4.49
25	0.16	0.33	5.33
26	0.11	0.22	6.22
27	0.08	0.14	7.14
28	0.05	0.09	8.09
29	0.03	0.05	9.05
30	0.02	0.03	10.03
31	0.01	0.02	11.02
32	0.01	0.01	12.01

因此，为了满足绩效目标，该公司应该设定 $s = 28$。利用这一策略，代用品的平均库存就大约为 8。正态近似则规定 $s = 27.36$。由于四舍五入后为 28，该近似预测 $\overline{A} = 0.037$，$\overline{I} = 8.07$，与准确数值非常接近。

顺便说一下，虽然提前期变化本身不会影响结果，但公司仍可以通过缩短用时最长的工作所需的时间而获利，因为那样会减少 $E[L]$。

上面的计算和本章其他的例子可以利用文中的公式在一个简单的电子表格中进行演算。你或许想建立自己的电子表格来证实这些结果并分析参数改变带来的影响。

案例 7.2.B，第一部分

重新考虑一下案例 6.2.A 中古典唱片店的例子。在那里，提前期恒定为 0.5，但现在假定它是随机的，且 $E[L]=0.5$。尽管如此，对于一个并行供应系统来说，结果仍与前面相同。

7.2.2　环境驱动的需求

接下来，考虑一个环境驱动的需求过程，与 6.3 节中一样，我们仍然假定为基本库存策略。获得 IO 的准确分布状况是很困难的，即使能够获得，其计算也会相当复杂。

幸运的是，如果 $\lambda E[L]$ 很大，则 IO 的正态近似就很有效［事实上，在某些情况下，当 $\lambda E[L]\to\infty$ 时，这一近似非常接近准确的分布。这种结果被称为高负荷近似（heavy-traffic approximation）］。正态参数是：

$$v=\lambda E[L] \qquad \sigma^2=\lambda E[L]+\lambda(\psi^2-1)E[L_{[2]}] \tag{7.2.1}$$

其中，ψ^2 是需求过程的渐近方差—均值比率，$L_{[2]}$ 为一个随机变量，是 L 的两个值中的最小值，即 $L_{[2]}=\min\{L^1,L^2\}$，其中 L^1 和 L^2 是独立同分布的随机变量，它们与 L 具有相同的分布。稍后我们将会更多地讨论 $L_{[2]}$。

当然，对于一个泊松过程，$\psi^2=1$，因此 σ^2 减少到正确的数值 $\lambda E[L]$。对于 $\psi^2\neq 1$，则将 σ^2 看成是基本值（base value）$\lambda E[L]$ 加上一个修正因子。修正因子的符号取决于需求过程的特征（ψ^2-1），它并不取决于 L。因此，根据近似，IO 比在泊松分布（$\sigma^2>v$）的情况下变动更大，更准确地说是需求的变动比在泊松过程中更大。该修正因子的大小取决于 ψ^2 偏离 1 的程度，但也取决于 $E[L_{[2]}]$（反映了 L 的分布）。

对于恒定的 L，$E[L_{[2]}]=E[L]=L$，因此 $\sigma^2=\psi^2\lambda L$。其近似与 6.4 节的近似一致。一般来说，$0<E[L_{[2]}]\leqslant E[L]$，我们不难证明：

$$E[L]-E[L_{[2]}]=\tfrac{1}{2}E[|L^1-L^2|]$$

因此，$E[L]-E[L_{[2]}]$ 是 L 变动的一个衡量指标。如果 L 分布得很广，那么这一数值就很大。例如，如果 L 在区间 $E[L]\pm u$ 内服从均匀分布，对于某些 $0<u\leqslant E[L]$ 的恒定的 u，则 $E[L]-E[L_{[2]}]=u/3$（参见习题 7.1）。

若 $\psi^2>1$，就会导致看起来矛盾的结果：L 更大的变动性使得 σ^2 减小。一般来说，σ^2 介于 $\lambda E[L]$ 和 $\psi^2\lambda E[L]$ 之间，就像提前期是固定的，而需求过程与泊松过程混合在一起一样。这是随机的并行处理系统的基本效果。

（近似的）最优库存水平 s^* 同样可以像在 6.5.2.2 节中一样确定。另外，最优成本与 σ 和 λ 的平方根（近似地）成比例。

图 7.2.1 阐述了近似的准确性，需求是 6.3.2 节中两状态的更新过程，因此 $\lambda=10, \psi^2=\frac{1}{2}$。提前期服从指数分布，其中 $E[L_{[2]}]=\frac{1}{2}E[L]$。该图显示了 $E[L]$ 的两个值，即 $\frac{1}{2}$ 和 1。显然，尽管 $\lambda E[L]$ 很小，但这一近似在本例中表现良好。

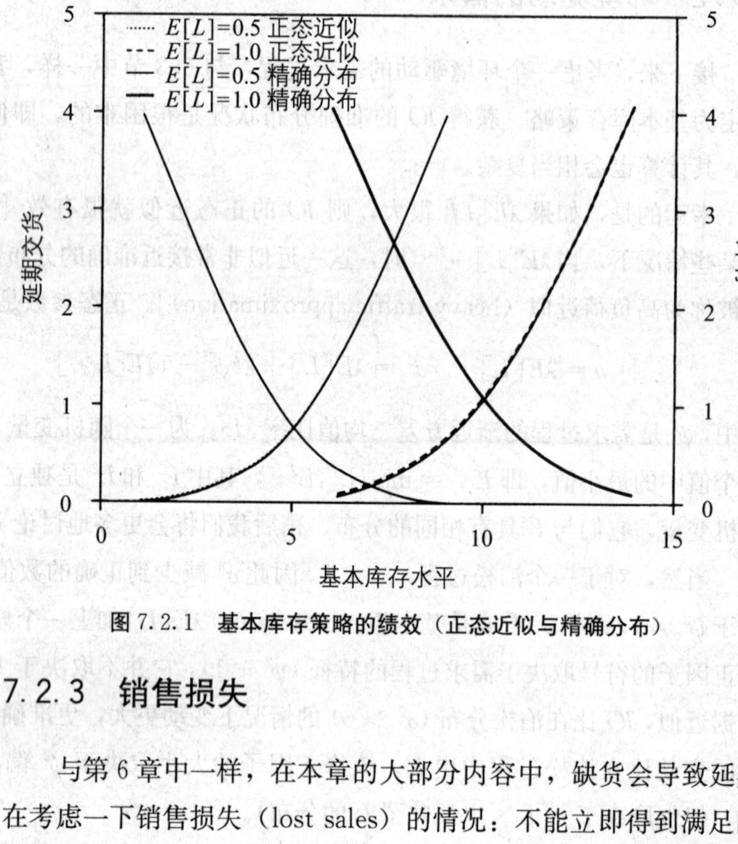

图 7.2.1　基本库存策略的绩效（正态近似与精确分布）

7.2.3　销售损失

与第 6 章中一样，在本章的大部分内容中，缺货会导致延期交货。现在考虑一下销售损失（lost sales）的情况：不能立即得到满足的需求就永远损失了（正如 3.3.8 节和 7.3.4 节中一样）。假设泊松需求和基本库存策略的情况。

当 $I(t)>0$ 因而 $IO(t)<s$ 时，该系统会如前面那样运作；每一次需求都会触发一份订单。但是，当 $I(t)=0$ 且 $IO(t)=s$ 时，所有的需求都不见了，也不会再下达订单。因此，$IO(t)$ 永远不会超过 s。事实上，供应系统不会使用多于 s 个处理器。我们可以假定只存在 s 个处理器。

下面是一个等价的控制规则：每一个需求产生一份订单，但当所有的处理器都忙时，供应系统就会忽视到达的订单。这是另一种典型的处理系统，被称为爱尔朗损失系统（Erlang loss system）。其代码是 M/G/ s/s（第一个 s 代表处理器的数量，第二个 s 代表最大占用率）。

这个系统的均衡行为也相当简单。令 $v=\lambda E[L]$，IO 的概率质量函数（pmf）由下式给出：

$$G_{IO}(d)=\frac{(v^d/d!)}{\sum_{j=0}^{s}(v^j/j!)}$$
$$=\frac{g(d)}{G(s)}\qquad d=0,\cdots,s$$

其中，g 代表均值为 v 的泊松概率质量函数，G 代表相应的累积分布函数（cdf）。因此，g_{IO} 是 g 的一种截取形式。同样，IO 只通过其均值而取决于 L 的分布。

缺货概率为 $\overline{A}=g_{IO}(s)$，所以，销售损失发生的比率为 $\lambda g_{IO}(s)$，且 $\overline{OF}=\lambda(1-\overline{A})=\lambda[1-g_{IO}(s)]$。平均库存为：

$$\overline{I}=\sum_{j=0}^{s}(s-j)g_{IO}(j)=s-v+vg_{IO}(s)$$

这些标准与延期交货模型中的形式完全不同。$\overline{A}$ 是 s 的减函数，且是凸的，$\overline{I}$ 为增函数，且是凸的（参见习题7.2）。因此，给定服务水平目标或有关 $\overline{A}$ 和 $\overline{I}$ 的成本因子，我们不难确定最优基本库存水平。

案例7.2.B，第二部分

假设古典唱片店的旁边有一家流行唱片商店。根据泊松过程，这家唱片店最受欢迎的甲壳虫乐队专辑之一的需求率为每月3.6张（与贝多芬第七交响曲相同）。其平均提前期为两周（仍然相同）。该店的目标是直接通过库存满足80%的需求。但是，如果顾客发现这张专辑已经断货，他们就会很生气地走出去并到街上另一家竞争性的商铺去购买。

同样，平均提前期需求为 $n=(3.6)(0.5)=1.8$。直接计算可以得出不同基本库存策略的绩效：

s	$\overline{A}$	$\overline{I}$
0	1.00	0.00
1	0.64	0.36
2	0.37	0.86
3	0.18	1.52
4	0.08	2.34
5	0.03	3.25
6	0.01	4.21

（将该表与案例6.2.A第一部分的表格进行对比，相对于订单积压

的情况而言，对于每一个 s 值，$\overline{A}$ 更小而 $\overline{I}$ 更大。）对于绩效目标 $\overline{A} \leqslant 1-\omega_{-}=0.2$，这家商店应该设定 $s=3$（回想一下，在订单积压的情况下，同样的绩效目标却要求 $s=4$）。这一策略导致平均库存为 1.52。

顺便说一下，你可能会对80%的服务目标有疑问。销售损失常常（在本例中很有可能）会造成比延期交货更严重的经济影响。因此，流行唱片店的目标应该更高，比如说 95%。

这些结果特别适用于恒定提前期的系统。在 6.2 节我们注意到，对于这一系统，假设存在延期交货，基本库存策略真的是最优的。在损失销售的情况下则不然。基本库存策略是一种有用的启发式算法，但也仅此而已（第 9 章 9.6.5 节解释了原因）。

7.2.4 更大的批量

回到泊松需求、延期交货的模型，但现在考虑一个 $q>1$ 的 (r,q) 策略。

我们需要准确地说明一批产品中每一单位产品发生了什么。它们在供应系统中是变成了独立的单位，还是作为一个整体批量加工？在第一种情况下，我们是立刻得到了全部产品，还是必须等到整批货物加工完成？（在 3.4 节中我们遇到了同样的问题。）在第二种情况下，批量的大小是否会影响提前期，如果影响的话，又如何影响呢？[在所有这些情况下，供应系统就变成了成批队列（bulk queue），其中的产品成批到达，或成批被提供，或两者皆有。参见 Chaudhry 和 Tempelton（1983）。这类模型较难分析]。

我们假设一种像 6.2 节中那样的最简单的情况，供应系统把整批货物当成一个整体，订货提前期是一个随机变量 L，它并不取决于 q。即便如此，要进行准确的分析也相当困难。下面是一种近似，我们利用了 7.2.2 节中的正态近似和 6.4.3 节对 (r,q) 策略的评估方法。

首先，我们专注于供应系统：把每份订单都当成一个单独的单位。我们用 $\widetilde{IO}(t)=IO(t)/q$ 表示这些货物在供应系统中的占用率，即未交付的订单数量。当每一个需求 q 发生时，就下达一份订单，因此，供应系统的输入就是一个更新过程，其中每一个需求之间的时间都服从爱尔朗分布。这是一种 MCDC 过程，**IP** 扮演了 **W** 的角色。很明显，输入率为 $\tilde{\lambda}=\lambda/q$，我们不难证明方差—均值比率为 $\tilde{\psi}^2=1/q$。因此，正如 7.2.2 节所述，对于较大的 λ，极限占用率（limiting occupancy）$\widetilde{IO}$ 近似为正态分布，参数为：

$$E[\widetilde{IO}]=\tilde{\lambda}E[L]$$
$$V[\widetilde{IO}]=\tilde{\lambda}E[L]+\tilde{\lambda}(\tilde{\psi}^2-1)E[L_{[2]}]$$

因此，$IO=q\widetilde{IO}$ 也近似为正态分布，且参数为：

$$v=qE[\widetilde{IO}]=\lambda E[L]$$
$$\sigma^2=q^2V[\widetilde{IO}]=\lambda E[L]+\lambda(q-1)(E[L]-E[L_{[2]}]) \quad (7.2.2)$$

现在，IP 在区间 $[r+1,r+q]$ 内的整数上均匀分布，我们可以通过在区间 $[r,r+q]$ 内的连续均匀分布来对它进行近似，正如 6.4.3 节中那样。另外：

$$IN=IP-IO$$

然而，IP 和 IO 并不是独立的。作为进一步的近似，我们将它们看成是独立的［更准确地说，就是利用上述 σ^2 来估计 $V[IN]-V[IP]=V[IO]-2V[IP,IO]$，其中 $V[IP,IO]$ 表示 IP 和 IO 的协方差（covariance）。事实证明，对于较大的 λ，由此产生的误差是可忽略的］。给定所有这些近似，公式（6.4.9）至（6.4.11）就能被直接用来衡量绩效了。当 $\lambda E[L]$ 较大时，这种方法非常有效。

v 的表达式与恒定提前期的情况相同，但 σ^2 就完全不同。回想一下，$E[L]-E[L_{[2]}]$ 度量了提前期的变动。因此，与 $q=1$ 时形成鲜明对比，当 $q>1$ 时，提前期的变动确实会影响 σ^2 从而影响系统绩效。q 越大，影响就越大。因此，批量的大小和提前期的变动会对系统绩效产生联合影响。

事实上，对于较大的 q，(7.2.2) 倾向于高估 $V[IN]-V[IP]$，而下面修正的公式的效果更好：

$$\sigma^2=\lambda E[L]+\min\{\lambda(q-1)(E[L]-E[L_{[2]}]),\lambda^2V[L]\} \quad (7.2.3)$$

（求最小值项中的第二项也出现在顺序供应系统的分析中，如 7.5.3 节所述。它在这里出现，是因为当 q 很大时，很少会有多于一份未交付的订单，因此，供应系统的处理方式几乎是顺序的。）这个公式也表达了 q 和提前期变动的联合影响，但影响有限。

6.5 节中的最优化结果并不能直接适用于此处，因为绩效公式（6.4.9）至（6.4.11）都直接取决于 q，同时也间接地依赖于 σ。对于固定的 q，这些公式仍然像前面那样以同样的方式取决于 r。例如，$\bar{B}$ 和 $\bar{I}$ 是 r 的凸函数，因此，对于固定的 q 来说，我们很容易最小化对于 r 的平均成本。

另外，最优成本包括一个与 σ 大致成比例的项。但是，对于变量 q 和 r 来说，这一系统的最优化行为还是未知的。

当需求本身是一个环境驱动的过程时，同样的方法也适用。此时，$\widetilde{\psi}^2=\psi^2/q$，其中，$\psi^2$ 是需求过程最初的方差—均值比率。进行一些简单的代数运算，(7.2.2) 就变为：

$$\sigma^2=\lambda E[L]+\lambda(\psi^2-1)E[L_{[2]}]+\lambda(q-1)(E[L]-E[L_{[2]}])$$

[公式 (7.2.3) 经过调整后会变成什么形式并不完全清楚。]

顺便说一下，将这种方法扩展到订单的批量大小影响提前期的情况并不难：只需给定 L（以及 $E[L]$ 和 $E[L_{[2]}]$）作为 q 的函数，并应用上述结果。

7.2.5 多单位的随机需求

现在假定需求是一个混合泊松过程。如 6.6 节所述，令 Y 为表示一般批量大小的随机变量。假设我们遵循基本库存策略。与 7.2.4 节中一样，每一份订单包含了几个单位的产品，我们必须明确在供应系统中它们发生了什么变化。

首先，假定每一份订单在供应系统中变成了单一的、不可分割的工作单位，提前期 L 独立于 Y。在这种情况下，未交付订单数量 $\widetilde{IO}$ 的分布与纯粹泊松需求模型中的分布相同，泊松分布的均值为 $\lambda E[L]$。因此，已订购的总库存 IO 服从混合分布，即 $\widetilde{IO}$ 与 g_Y 的混合。总而言之，这里的结果与恒定提前期的情况相同 [用上述方法也可以分析 (r,q) 策略]。

接下来，假设每一单位产品由不同的处理器来处理。这种情况与 7.2.2 节中相似，订单根据一个复杂的需求过程到达，并单独进行处理。IO 的正态近似本身在此也是适用的。变动率为 $\psi^2=E[Y^2]/E[Y]$，在 (7.2.1) 中，$\lambda E[Y]$ 代替了 λ。

7.2.6 品质缺陷

再次回到泊松需求且 $q=1$ 的情况。假定供应系统有时会生产出次品。每一个到达的单位有 δ 的概率是次品，并独立于其他单位。有瑕疵的单位完全无用，并且必须被废弃。假设我们立即就发现了次品。这种情况与第 3 章 3.6 节的情形相似。但在那里，次品是可以预测的。在这里，尽管 δ 仍然代表长期中有瑕疵的部分，但在实际收到货物之前，我们并不知道某一单位是不是次品，质量既是不确定的，也是不完美的。

考虑一下当一单位货物到达并被发现有瑕疵时会发生什么：实际上，这份订单是无效的，所以立即订购另一单位的货物是有意义的。当第二个单位到达时，它也有可能是次品。如果是这样，就需要再订购一单位货物。这一连串事件会持续到我们最终所收到一单位无瑕疵的货物为止［这种规则是基本库存策略，它保证了 $IP(t)$ 是恒定的。这是一种合理的启发式算法，但即便在恒定提前期的情况下，它也不是总体最优的。参见第 9 章的 9.4.8 节和 9.6.7 节］。

我们称 L 为名义提前期（nominal leadtime），即在不管其质量的情况下，该供应系统交付一单位货物所需的时间。定义 L' 为交付一单位合格品所需的时间，即实际的有效提前期（effective leadtime）。不同订单的有效提前期是相互独立的，因此该系统运作起来就像无次品的系统一样，只是用 L' 取代了 L。

为了简便起见，假设在一个有效提前期内的名义提前期也是独立的。因此，根据 L 的分布，随机变量 L' 具有混合分布。但是，根据 7.2.1 节的结果，只有均值发挥作用，它是由下式给出的：

$$E[L'] = \frac{E[L]}{\xi}$$

其中，$\xi = 1 - \delta$。因此，质量缺陷的影响是平均有效提前期的增大。在正态近似或极大近似情况下，σ 会增加 $1/\sqrt{\xi}$ 倍，而绩效则相应下降。

质量缺陷也会影响成本参数，这取决于支付协议。所需的修正与 3.6 节相同（分析 3.6 节中的第二种检验方法是可能的，但较为困难，因为次品是当货物交付给客户以满足其需求时才被发现。7.3.5.3 节中把这种方法放在一个不同的供应系统环境中进行了考虑）。

最后，假设提前期 L 不变，并考虑一个一般 (r,q) 策略。到达的一批货物既可能包括次品又可能包含正品。因此，如上所述，次品的影响并不能通过被延长的提前期准确地反映出来。然而，这种方法作为近似却很有效［参见 Moinzadeh 和 Lee（1987）］，也就是说，用常数 $L' = L/\xi$ 代替 L，并运用 6.2.3 节中的计算。

7.2.7　处理网络

假设供应系统包括了几个阶段或节点，每一个都是上面所述的并行处理系统。节点由 $j = 1,\cdots,J$ 进行编号。每一份订单必须按从 1 到 J 的顺序通过这些节点。因此，这些节点是串联排列的，我们可以称这种网络为串联系统（然而，与第 5 章中所讲述的串联系统不同，该供应系统是一个纯粹按订单生产的系统，在各节点中没有半成品库存。第 8 章会讨论包含内部库存的随机系统）。节点 j 的处理时间为随机变量 L_j 。这些时间在每一个节点内和不同节点间都是相互独立的。

每一份订单的总提前期为随机变量 $L=\sum_j L_j$。而且，每一份订单的提前期与其他订单的提前期是相互独立的。因此，该系统可以简化成上述单一节点的并行供应系统。

在这里我们有必要提到另一个事实：假设泊松需求和基本库存策略的情况。令 IO_j 表示节点 j 的均衡占用率。那么 IO_j 服从均值为 $\lambda E[L_j]$ 的泊松分布，且这些随机变量是相互独立的（这与我们所知的 $IO=\sum_j IO_j$ 服从均值为 $\lambda E[L]$ 的泊松分布一致）。第 8 章的 8.3.4.4 节利用了这一事实。

这些结果可以扩展至更为复杂的网络结构，其中的处理顺序不是固定的：假设每一份订单都从一个随机选择的节点开始。随后，在节点 i 完成加工后，订单以某一固定的概率移动到节点 j，并以另外的一个概率离开该供应系统（到达我们的库存中）。因此，任何一份订单都可能会几次遇到同一个的节点，而可能根本不会遇到其他的节点。假设每一份订单最终都会退出系统［用排队论的观点来说，具有这种属性的网络被称为开放（open）网络。还有一些模型被称为闭合网络（closed network），在这里我们不讨论它］。

具体来说，令 r_{0j} 表示初始节点为 j 的概率，r_{ij} 表示从节点 i 移动到节点 j 的概率，r_{i0} 是从 i 点退出系统的概率。这些被称为路径概率（routing probabilities）。网络中订单的移动独立于处理时间，并且每一个此类事件都是相互独立的。

这些路径概率可以被解释为次品率。假设在一切都正常时，常规的处理顺序是节点 1，2，…，J，与上述串联系统中一样。也就是说，若处理过程很顺利，对于 $i<J$，订单从 i 点移动到 $i+1$ 点，并从 J 点离开网络。然而，节点 i 可能会导致缺陷。在那种情况下，订单可能不得不在节点 i 进行返工（概率为 r_{ii} ），或者更糟糕，要回到前面的节点（概率为 r_{ij}，$j<i$）。如果缺陷非常严重的话，我们或许不得不废弃该订单并重新下达一份新的订单，这就意味着要回到节点 1。7.2.6 节中的不完美质量模型是 $J=1$ 且 $\delta=r_{11}$ 的特殊情况［以网络结构的观点来说，这被称为具有反馈的串联系统（series system with feedback）］。

再一次假设泊松需求和基本库存策略的情况。开始的订单以 λr_{0j} 的速率到达节点 j。令 $\boldsymbol{\lambda}_0$ 表示行向量 $(\lambda r_{0j})_j$。令 R 表示路径矩阵（routing matrix）$(r_{ij})_{i,j\neq 0}$。另外，令 λ_j 表示节点 j 的总体订单到达率，$\boldsymbol{\lambda}$ 表示行向量 $(\lambda_j)_j$（我们还不知道这些）。因此，订单以速率 $\lambda_i r_{ij}$ 由 i 转移到 j。为了使 λ_i 的定义保持一致，我们需要 $\lambda_j = \lambda r_{0j} + \sum_i \lambda_i r_{ij}$，或用矩阵表示为：

$$\boldsymbol{\lambda} = \boldsymbol{\lambda}_0 + \boldsymbol{\lambda} R$$

现在，假设 $I-R$ 为非奇异矩阵（nonsingular matrix）。事实上，这个条件保证了每一份订单最终都会离开网络。那么，上面的等式就有唯一解：

$$\boldsymbol{\lambda} = \boldsymbol{\lambda}_0 (I-R)^{-1} \tag{7.2.4}$$

（在上述串联系统中，所有 $\lambda_i = \lambda$。）λ_j 总是非负的。

事实证明，每一个 IO_j 都服从均值为 $\lambda_j E[L_j]$ 的泊松分布，就好像节点 j 是一个孤立的 M/G/∞系统，且 IO_j 为独立的。因此，总占用率 IO 服从均值为 $v = \sum_j \lambda_j E[L_j]$ 的泊松分布。系统绩效等同于平均提前期需求为 v 的恒定提前期系统的绩效［在单一节点、质量不完美的模型中，$I-R=(1-\delta)=(\xi)$，且 $r_{01}=1$，因此 $\lambda_1=\lambda/\xi, v=\lambda E[L]/\xi$，与前面的结果相一致］。

下面是解释这一结果的另一种方式：假设所有的 $\lambda_j \geqslant \lambda$（对于具有反馈的串联系统来说这总是正确的），并令 $\xi_j = \lambda/\lambda_j$。定义平均有效提前期为 $E[L'_j] = E[L_j]/\xi_j$，且令 $E[L'] = \sum_j E[L'_j]$，则 $v = \lambda E[L']$。因此，v 可以用总输入率 λ_j 来解释，或者等价地用平均有效提前期 $E[L'_j]$ 来解释。

质量对绩效的影响以一种复杂的方式取决于 R 的结构。大致上，随着次品率的增加，λ_j（或 $E[L'_j]$）增加，从而使绩效变差。另外，对于较大的 i 和较小的 j，r_{ij} 的影响会更大。重大缺陷会将订单送回很早之前的节点，这就要求重复其间所有节点的操作。也就是说，对于 $j \leqslant k \leqslant i$，$r_{ij}$ 影响所有的 λ_k。

7.3 有限产能供应系统

7.3.1 讨论

本节讨论了订单处理能力有限的供应系统。排队论涵盖了大量此类系统，在较大的按订单生产的库存系统中，这些系统差不多都可以作为供应系统。在本节中，我们只讨论几个重要的系统。另外，我们忽略了这一理论的技术性细节，而集中讨论其主要的结果。

排队论的核心观点是有限产能和波动共同导致堵塞：考虑一个能够以某种有限的速率处理工作的处理系统。假设它接收到一个随时间波动的输入流。当输入激增时，该系统会面临短暂的产能不足，于是就会有工作积压下来。即使在输入平稳后，也需要花费一定的时间来处理积压的工作。更大的或更频繁的输入激增会导致更多的堵塞。由于偶尔的故障或其他原因造成的处理能力波动会以同样的方式增加堵塞。即使系统产能在长期中足以处理其工作量，这一点也是正确的。

令 ρ 表示长期平均工作量到达率和平均处理能力的比率（这些概念都有些模糊，但没关系，我们将在下面非常精确地阐述它们）。因此，"充足的产能"就意味着 $\rho \leqslant 1$。事实证明，系统的稳定性实际上要求 $\rho < 1$。这就表达了另一个关键的见解：在一个输入或处理能力不断波动的系统中，超额产能对于稳定性是必要的。另外，随着 ρ 接近于 1，系统的堵塞及其绩效就会出现"爆发"（变得无限糟糕）。实际上，到达的单位产品经历的提前期包括一个与 $\rho/(1-\rho)$ 成比例的项。

所有这一切描述了一个独立的处理系统，但这些结果对于按库存生产的系统同样重要。供应系统必须拥有超额产能，而绩效在很大程度上取决于 ρ。下面的结果清楚地说明了这一点。

7.3.2 一台处理器，泊松需求，基本库存策略

本节中的大部分内容都假设是泊松需求和基本库存策略的情况。因此，从 $I(0) = IP(0) = s$ 开始，供应系统的输入本身就是一个泊松过程。7.3.8 节和 7.3.9 节考虑了其他的需求过程和策略。

本小节和下面的其他几节都将讨论单一处理器的情况。每逢有输入（订单）需要处理时［即当 $IO(t) > 0$ 时］，处理器就会进行处理，当不存在输入时处理器才会关闭。它按订单到达顺序来处理订单。我们将在后面讨论具有多个处理器的系统。

7.3.2.1 马尔可夫处理过程

假设当处理器运转时，它以处理速度（processing rate）为 μ 的泊松过程来完成加工。这就意味着单位处理时间是相互独立的，且服从均值为 $1/\mu$ 的指数分布（参见 C.5.6 节）。在这种情况下，μ 代表系统产能，且 $\rho = \lambda/\mu$。假设 $\rho < 1$，则该系统稳定，这一处理系统的代码为 M/M/1（两

个 M 都代表马尔可夫过程，第二个 M 代表上述关于处理过程的假设)。

马尔可夫过程意味着大量的变动。相对于它的均值，指数分布更关注过程的长期性；其方差为 $(1/\mu)^2$，即均方。例如，它描述了接听电话的时间长度、电脑程序的运行时间以及复杂装备的维修时间（如案例 7.2.A 所述)。大多数生产过程的波动较小。然而，一个处理器频频发生故障或生产出次品就可能表现出接近马尔可夫行为（参见 7.3.5 节)。

在这种情况下（参见 C.5.4 节)，均衡占用率 IO 服从参数为 ρ 的几何分布：

$$g(i) - (1-\rho)\rho^i \qquad i \geqslant 0$$

因此，$E[IO] = \dfrac{\rho}{(1-\rho)}$，且：

$$\overline{A} = G^0(s-1) = \rho^s$$

$$\overline{B} = G^1(s) = \left(\frac{\rho}{1-\rho}\right)\rho^s$$

$$\overline{I} = s - E[IO] + -\overline{B} = s - \left(\frac{\rho}{1-\rho}\right)(1-\rho^s) \qquad (7.3.1)$$

注意，$\overline{A}$ 和 $\overline{B}$ 为 s 的简单几何函数。

因为 $\rho = \Pr\{IO > 0\}$，它被称为利用率（utilization)；它给出了处理器实际工作的那部分时间。显然，绩效指标在很大程度上取决于 ρ。当 ρ 接近 1 时，$E[IO] = G^1(0)$ 就变得十分巨大，而 ρ^s 衰减很慢。因此，s 和 $\overline{I}$ 必须很大才能达到必要的顾客服务要求，即 $\overline{A}$ 和/或 $\overline{B}$ 较小。

现在将该系统与并行供应系统进行比较，我们令两种系统的 $E[IO]$ 相等（它们的需求率和处理时间都不相等。在那种情况下，顺序系统中的 $E[IO]$ 更大)。图 7.3.1 显示了两种系统中关于 s 的函数 $\overline{B}$，其中 $E[IO]$ 分别等于 10 和 20（因此，该顺序系统中 ρ 分别等于 10/11 和 20/21）。对于较小的 s，这两种系统的运作很相似。但随着 s 的增大，在顺序系统中，$\overline{B}$ 的下降要慢得多。

图 7.3.2 以与图 6.2.4 相同形式的显示了库存—服务水平之间的权衡（在新的图形中，横坐标和纵坐标是不同的)。比较这两个图形，我们可以看到，当产能有限时，为达到所要求的绩效（由 $\overline{BW}$ 来衡量)，花费的成本（用 $\overline{IW}$ 来衡量）要高得多。另外，在两幅图中曲线的形状不相同：在图 6.2.4 中，曲线有些凹，但此处的曲线却是凸的。因此，当我们对 $\overline{BW}$ 施加更为严格的限制时，有限产能系统中必要的 $\overline{IW}$ 增加更快。

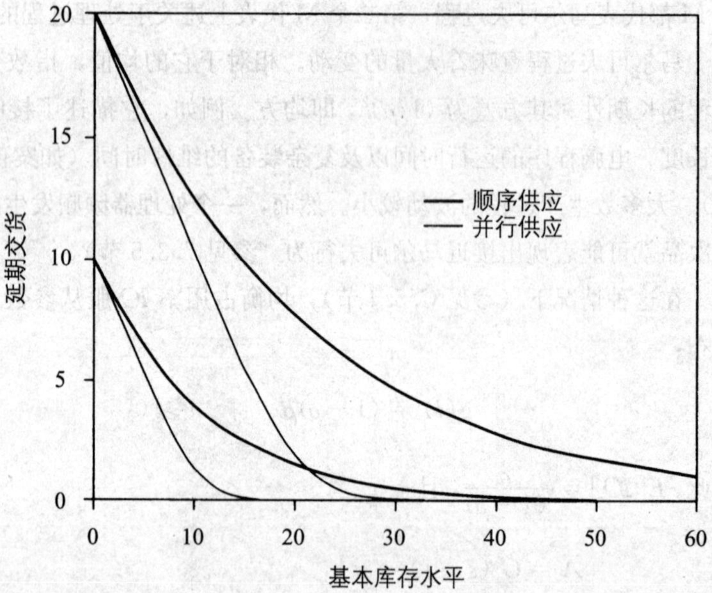

图 7.3.1　基本库存策略的绩效（顺序供应与并行供应）

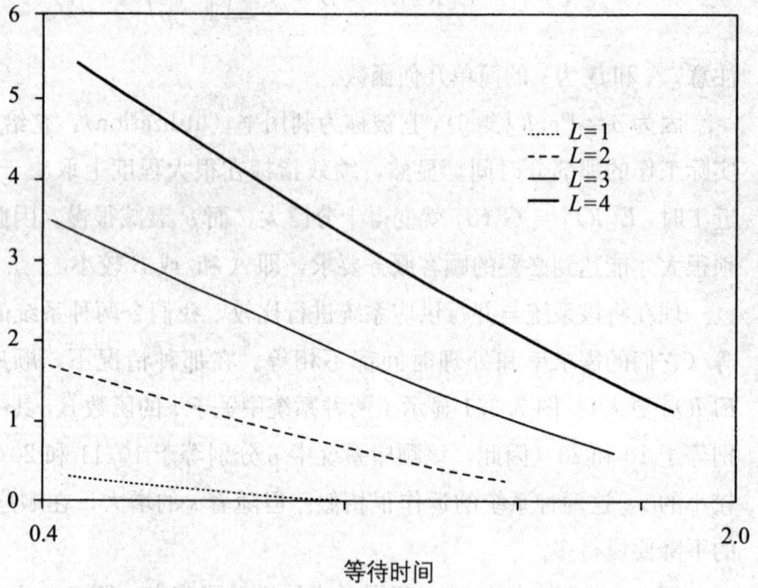

图 7.3.2　库存—服务水平权衡（M/M/1 系统）

案例 7.3.A，第一部分

回想一下案例 7.2.A 中的电脑维修公司。假设该公司只有一名维修技师，但他的工作速度很快。维修时间服从均值为 0.06 天的指数分布，因此与前面一样，$E[IO]=20$。基本库存策略的绩效如下：

s	$\bar{A}$	$\bar{B}$	$\bar{I}$
58	0.059	1.18	39.18
59	0.056	1.12	40.12
60	0.054	1.07	41.07
61	0.051	1.02	42.02
62	0.049	0.97	42.97
63	0.046	0.92	43.92
64	0.044	0.88	44.88

为满足 $\bar{A} \leqslant 0.05$ 的要求，该公司需设定 $s = 62$，远远高于最初并行系统的 28。该策略的平均库存约为 43，而最初的并行系统平均库存为 8。

7.3.2.2　一般处理时间

现在，假设处理时间仍为独立同分布，但它服从任意分布。这种处理系统的代码为 M/G/1。令 S 表示一般处理时间的随机变量。假设 $E[S]$、$E[S^2]$ 和 $E[S^3]$ 是有限的。令 $\mu = 1/E[S]$，$\rho = \lambda/\mu$，且假设 $\rho < 1$。

对于 IO 的概率质量函数 g，不存在简单的公式，但它可以通过一个递归过程来计算。令 $g_{D(S)}$ 表示 $D(S)$ 的概率质量函数，即在随机时间间隔 S 内的需求，用 $G^0_{D(S)}$ 表示其互补累积分布函数（ccdf）（通常，$g_{D(S)}$ 很容易推导或计算出来）。因此：

$$g(0) = 1 - \rho$$

$$g(i+1) = \frac{G^0_{D(S)}(i)g(0) + \sum_{j=1}^{i} G^0_{D(S)}(i+1-j)g(j)}{G_{D(S)}(0)} \qquad i \geqslant 0$$

由 g 可以直接推导出互补累积分布函数 G^0 和损失函数 G^1（稍后我们会看到一种特殊情况下的明确公式）。

对于订单等待时间（订单在开始得到处理之前等待进入处理器的时间，用 L_Q 表示）的均值和方差，存在着解析解：

$$E[L_Q] = \frac{1}{2}(1 + \psi_S^2)\left(\frac{\rho}{1-\rho}\right)\left(\frac{1}{\mu}\right) \tag{7.3.2}$$

$$V[L_Q] = E^2[L_Q] + \left(\frac{1}{3}\right)(\mu^3 E[S^3])\left(\frac{\rho}{1-\rho}\right)\left(\frac{1}{\mu}\right)^2 \tag{7.3.3}$$

（ψ_S^2 是 S 的变动系数的平方，即 $V[S]/E^2[S] = \mu^2 V[S]$。）这些公式被称为波拉切克—欣钦公式（Polleczek-Khintchine formulas）。因此，总订货提前期的均值和方差为：

$$E[L] = E[L_Q] + E[S]$$
$$V[L] = V[L_Q] + V[S]$$

另外，事实证明（参见 7.3.8 节）：

$$E[IO] = \lambda E[L]$$
$$V[IO] = \lambda E[L] + \lambda^2 V[L]$$

这些矩（moment）可以被用来近似 IO 的分布。

这些公式都清晰地揭示了该系统参数对 L_Q 从而对 L 和 IO 的影响：在 (7.3.2) 中，$1/\mu = E[S]$ 项为一个比例因子；公式的其余部分将 $E[L_Q]$ 表示为 $E[S]$ 的倍数。通过 $\rho/(1-\rho)$，利用率 ρ 再次扮演了一个举足轻重的角色。随着 ρ 接近 1，$E[L_Q]$ 猛增。处理的波动通过 $\frac{1}{2}(1+\psi_S^2)$ 这一项产生了一种线性的影响。这些因素也会通过 $E^2[L_Q]$ 对（7.3.3）中的 $V[L_Q]$ 产生影响。$V[L_Q]$ 的其他组成要素在形式上相似，但它是通过三阶矩因子 (third-moment factor) $\frac{1}{3}\mu^3 E[S^3]$ 来描述了处理的波动。

在处理时间恒定不变的情况下，$\psi_S^2 = 0, \mu^3 E[S^3] = 1$。上面的公式简化为：

$$E[L_Q] = \frac{1}{2}\left(\frac{\rho}{1-\rho}\right)\left(\frac{1}{\mu}\right)$$
$$V[L_Q] = E^2[L_Q] + \left(\frac{1}{3}\right)\left(\frac{\rho}{1-\rho}\right)\left(\frac{1}{\mu}\right)^2$$

当 S 为指数分布时，$\psi_S^2 = 1, \mu^3 E[S^3] = 6$，我们可以重新得到了上述M/M/1系统的结果。大多数生产过程的 ψ_S^2 的值介于 0 和 1 之间。

现在，假设 S 服从参数为 $(\boldsymbol{\mu}, M)$ 的 CPH 分布（参见 C.5.5 节），其中 $\boldsymbol{\mu}$ 为行向量，M 为方阵（square matrix）。假设 $\boldsymbol{\mu}\mathbf{e}=1$，因此，单位处理时间为正的概率为 1。回想一下 $M^{-1} \geqslant 0$，且 $E[S] = 1/\mu = \boldsymbol{\mu} M^{-1}\mathbf{e}$。

在这种情况下，L 也服从 CPH 分布。其参数为 $(\mathbf{v}, N)$，其中：

$$\mathbf{v} = \boldsymbol{\mu}\left[(1-\rho)I + \lambda M^{-1}\right] \qquad N = M - \lambda \mathbf{e}\boldsymbol{\mu}$$

[事实上，N 并不需要具备 CPH 分布所需的全部属性。尽管如此，L 的分布仍遵循 CPH 的形式。] 另外，对于 $P = \lambda(\lambda I + N)^{-1}$ 和 $\boldsymbol{\pi} = \mathbf{v}P$，$IO$ 也服从参数为 $(\boldsymbol{\pi}, P)$ 的 DPH 分布（参见 C.4.4 节）。因此：

$$\begin{aligned} \overline{A} &= G^0(s-1) = \mathbf{v}P^s\mathbf{e} \\ \overline{B} &= G^1(s) = \mathbf{v}P(I-P)^{-1}P^s\mathbf{e} \qquad (7.3.4) \\ \overline{I} &= s - \mathbf{v}P(I-P)^{-1}\mathbf{e} + \overline{B} \qquad s \geqslant 0 \end{aligned}$$

注意（7.3.4）与（7.3.1）在形式上的相似性；在此，矩阵 P 与上述标量 ρ 扮演着同样的角色（C.4.4 节讨论了这类算法的实现方法）。

7.3.3　柔性产能

7.3.3.1　取决于工作量的处理率

下面，考虑 M/M/1 系统的一种变形，其中处理速度 μ 依赖于系统目前的占用情况。具体而言，当 $IO(t)=i$ 时，处理速度就变为 μ_i。例如，供应系统会在工作量变大时运转得更快，在这种情况下，μ_i 随着 i 而增加。

过程 **IO** 是一种特殊类型的连续时间马尔可夫链，是一种生灭过程（birth-death process）（参见 C.5.4 节）。IO 的分布可以很容易地计算出来：定义 $\rho_0=1$，且：

$$\rho_i=\frac{\lambda}{\mu_i}\qquad i>0$$

$$R_i=\prod_{j\leqslant i}\rho_j\qquad i\geqslant 0$$

$$R=\sum_{i=0}^{\infty}R_i$$

给定 R 是有限的，该系统稳定（例如，对于足够大的 i，当 ρ_i 由某一小于 1 的常数给定上限时，这一点是正确的）。在那种情况下，IO 的概率质量函数由下式给出：

$$g(i)=\frac{R_i}{R}\qquad i\geqslant 0$$

据此，我们可以直接计算出 G^0 和 G^1 。习题 7.4 展示了一种特殊的情况。

7.3.3.2　多处理器

下面是另一种特殊情况：重新考虑 7.2.1 节中的独立提前期模型，并假设 L 服从均值为 $E[L]=1/\mu$ 的指数分布。在此，当 $\mu_i=i\mu$ 时，**IO** 与上面的形式一致。在这种情况下，IO 服从均值为 $\lambda/\mu=\lambda E[L]$ 的泊松分布。

这与前面的结果相同。有趣的是下面的另一种解释：系统中没有无穷多个处理速度恒定的处理器，而是只有一个处理器，其处理速度随着 $IO(t)$ 的增加而呈线性增长。过程 **IO** 与前面一样，因此 IO 也相同，即使订货提前期肯定不相互独立也是如此。所以，与处理能力随工作量增加的情况相比，7.2.1 节中的结果更少依赖于独立性假设（在任何一种解释下，供应系统都拥有无限产能）。

接下来，假设有 m 台有限数量的独立处理器，每一台的处理速度恒定为 μ，因此 $\mu_i = \min\{i,m\}\mu$。该系统的代码为 M/M/m。设 $v = \lambda/\mu$，$\rho = v/m = \lambda/m\mu$，并假设 $\rho < 1$。则：

$$g(i) = \begin{cases} \dfrac{v^i/i!}{R} & 0 \leqslant i \leqslant m \\ \dfrac{v^m/m!\rho^{i-m}}{R} & i > m \end{cases}$$

其中，

$$R = \sum_{i=0}^{m} \frac{v^i}{i!} + \left(\frac{v^m}{m!}\right)\left(\frac{\rho}{1-\rho}\right)$$

因此，对于 $i \leqslant m, g(i)$ 看起来像一个泊松概率质量函数。该系统综合了 M/M/1 和 M/M/∞系统的特性，其解也是如此。

案例 7.3.A，第二部分

假设电脑维修公司有 15 名技师。现在的处理速度为 $\mu = 1.1731$，因此 $v = 13.639, \rho = 0.9093$，且 $E[IO]$ 与前面一样，约为 20。选定的基本库存策略的绩效如下：

s	$\overline{A}$	$\overline{B}$	$\overline{I}$
39	0.065	1.30	20.30
40	0.059	1.18	21.18
41	0.054	1.07	22.07
42	0.049	0.97	22.97
43	0.044	0.89	23.89
44	0.040	0.81	24.81
45	0.037	0.73	25.73

为满足 $\overline{A} \leqslant 0.05$ 的要求，该公司应设定 $s = 42$，这一数值介于并行系统和顺序系统（28 和 62）之间。该策略的平均库存约为 23，同样也介于上述两种系统的取值之间。

7.3.3.3 有限的需求来源

现在，回到处理速度恒定的情况。假设存在有限数量的潜在客户，比如说 n 个，且当一位客户的需求被延期交货后，他将不会有更进一步的需求。下面是一个例子：客户是一些设备，比如说是飞机或机床，当一个重要的部件损坏时，就会产生一个需求。库存为备用零件的存货。供应过程为一个维修系统。当需求被延期时，相应的机器不能运转，因此不能产生后续的需求。

同样，**IO** 为一个生灭过程，但现在需求率依赖于目前的状态。具体来说，假设每一位客户的需求率为 λ/n，所以当没有延期交货发生时，总需求率为 λ。一般来说，当 $IO(t)=i$ 时，需求率就变成了：

$$\lambda_i=\begin{cases}\lambda & i\leqslant s\\ \dfrac{\lambda(n+s-i)}{n} & s<i<n+s\\ 0 & i\geqslant n+s\end{cases}$$

我们把确定 IO 的分布和绩效指标的公式作为习题留给你（习题 7.10）。

在为备件库存建模时，通常将需求率看成是恒定的。这是对上述模型的近似。当（且仅当）n 很大时，它是合理的。

7.3.4　销售损失

考虑一下像 7.2.3 节中那样的销售损失系统，但仅有一台处理器。处理时间服从均值为 $1/\mu$ 的指数分布，且设 $\rho=\lambda/\mu$（不必假设 $\rho<1$，由于销售损失的特性，该系统对于任何 $\rho\geqslant 0$ 都是稳定的）。

现在，**IO** 就像是一个具有有限占用率限制的单处理器系统，当 $I(t)=0$ 时，$IO(t)=s$，在这种情况下，到达的订单（需求）就损失了。这一系统的代码是 M/M/1/s。它的解相当简单（你可以自己来证明：**IO** 为有限状态的生灭过程，正如 C.5.4 节所讨论的那样）。

$$g_{IO}(i)=\frac{\rho^i}{\sum_{j=0}^{s}\rho^j}\qquad i=0,\cdots,s$$

当 $\rho=1$ 时，它就是均匀概率质量函数。否则：

$$g_{IO}(i)=\frac{(1-\rho)\rho^i}{1-\rho^{s+1}}\qquad i=0,\cdots,s$$

对于 $\rho<1$，$g_{IO}(i)=g(i)/G(s)$，其中 g 和 G 分别是参数为 ρ 的几何分布的概率质量函数和累积分布函数。也就是说，与 7.2.3 节一样，g_{IO} 截取了相应的积压模型的解。

同样，$\overline{A}=g_{IO}(s)$，因此销售损失率为 $\lambda g_{IO}(s)$，且 $\overline{OF}=\lambda[1-g_{IO}(s)]$。对于 $\rho=1$，$\overline{I}=\frac{1}{2}s$，而对于 $\rho\neq 1$：

$$\overline{I}=s-\frac{\rho}{1-\rho}+\frac{(s+1)\rho^{s+1}}{1-\rho^{s+1}}$$

我们可以用同样的方式来分析几种相关的系统。例如，对于一个$\rho<1$的一般处理时间的分布（如 7.3.2.2 节所述）来说，首先对于延期交货的情况计算 g，然后根据 s 对它进行截取。

7.3.5 品质缺陷

7.3.5.1 马尔可夫处理过程

回到存在延期交货的 M/M/1 系统。现在假设每单位产品完成加工后为次品的概率是 δ。除了供应系统不同外，其情境与 7.2.6 节中的情境相同。这个模型是第 3 章 3.6.3 节中有限产能确定性模型的随机情况。暂时假设我们在收到货物时检查每一个单位产品，并丢弃次品。同样，$\xi=1-\delta$。

当处理器工作时，无瑕疵产品的产出是一种稀布泊松过程（thinned Poisson process），它本身是一个比率为 $\xi\mu$ 的泊松过程（参见 C.5.6 节）。我们称之为有效处理速度（effective processing rate）。因此，该系统与完美质量系统一致，但其处理速度较慢。7.3.2.1 节中的所有结果均适用，其中 $\rho=\lambda/(\xi\mu)$。

正如在确定性模型中一样，次品会浪费生产能力。如果次品率太高，稳定的系统也会变得不稳定。但是，在稳定的范围内，质量低劣的影响比确定性情况下更为显著。例如，$\rho/(1-\rho)$ 现在变为 $\lambda/(\xi\mu-\lambda)$，如果 μ 接近 λ，那么它对很小的 δ 也非常敏感。该系统的随机要素（包括质量本身）放大了低劣质量的影响。另外，与 7.2.6 节中无产能限制的系统相比，其影响更大。糟糕的质量对于存在不确定性和有限产能的情况影响最大。

7.3.5.2 一般处理时间

与 M/M/1 系统相比，这些影响在如果不是因为质量问题则会更稳定的系统中更加明显。考虑一个一般处理时间为 S 的 M/G/1 系统。现在，生产一单位次品的影响与要求那一单位产品重复处理操作的影响一样。因此（利用与 7.2.6 节中一样的逻辑），有效处理时间是一个新的随机变量 S'，其中：

$$E[S']=\frac{E[S]}{\xi}$$

$$V[S']=\frac{V[S]}{\xi}+\frac{E^2[S]\delta}{\xi^2}$$

$$\psi_{S'}^2=\delta+(1-\delta)\psi_S^2$$

参考 (7.3.2)，δ 对 μ 和 ρ 的影响与在 M/M/1 的情况中一样，但它通过 $\psi_{S'}^2$ 产生了额外的影响：如果名义处理时间 S 相对来说是可预测的，且 $\psi_S^2 < 1$，则 $\psi_{S'}^2 > \psi_S^2$。具体而言，如果 S 是恒定的 ($\psi_S^2 = 0$)，那么 $\psi_{S'}^2 = \delta$。总而言之，次品会导致加工时间的波动。在上述 M/M/1 模型中，这一影响是不存在的，因为在那里，$\psi_S^2 = 1$（对于 S 服从 CPH 分布的情况，习题 7.11 得到了更清晰的结果）。

7.3.5.3　延期检验

回到 M/M/1 模型，考虑 3.6 节中延期检验的情况（情况 3 和情况 4），其中次品直到货物交付给客户后才被发现，实际上，货物是由客户本人进行检验的。当需求发生时，从库存中取出一单位产品，并对它进行检验。如果是次品，就丢弃，然后再取出另一单位产品，以此类推。有可能所有的库存单位都是次品，在这种情况下，需求肯定会被积压。当存在未交付的订单且来自供应系统的一单位产品到达时，检验会立即进行，就像以前一样。

与立即进行检验的情况相比，这种情况需要更为复杂的分析（参见习题 7.12）。但是，其结果很简单且很有意思：设 $\rho_+ = 1-(1-\rho)\xi$：

$$\bar{B}(s) = \left(\frac{\rho}{1-\rho}\right)\rho_+^s \qquad \bar{I}(s) = \left(\frac{\rho}{1-\rho_+}\right)(1-\rho_+^s)$$

观察一下，$\bar{B}(s)$ 与立即检验的情况具有相同的几何形式，且在两种情况中常数 $\rho/(1-\rho) = \bar{B}(0)$ 是一样的。然而，这里的几何衰变率（geometric-decay rate）ρ_+ 大于 ρ，因此，随着 s 的增加，$\bar{B}(s)$ 下降得更慢。从直觉上看，延期检验会使系统更难以管理，因为它产生了另一个不确定性的来源。当存在库存时，其中一些可能会是次品，而我们并不知道有多少是次品。因此，我们需要更多的库存以避免延期交货。

7.3.6　处理网络

7.3.6.1　马尔可夫处理过程

现在，假设供应系统是一个拥有 J 个节点的网络。与 7.2.7 节相同，初始节点以及在节点之间的移动由路径概率 r_{ij} 决定。同样，r_{ij} 可以被解释为次品率。然而，这里的每一个节点都由一个处理器组成，这一处理器的运作与上述 ·/M/1 系统中一样。令 μ_j 表示节点 j 的处理速度（7.3.5.1 节中立即进行检验的质量不完美系统是 $J=1$ 的特殊情况）。这一模型被称为杰克逊网络（Jackson network），是以它的发明者 Jackson（1957，1963）命名的。

假设矩阵 $I-R$ 是非奇异的，因此该网络是开放的，且每一份订单最终都会离开网络。等式（7.2.4）给出了总输入率 λ_j。设 $\rho_j=\lambda_j/\mu_j$，且假设对于所有的 j，$\rho_j<1$，因此，每一个节点的产能都足以处理其输入。

与 7.2.7 节中一样，均衡占用率 IO_j 是独立的。然而，这里的每一个 IO_j 都服从参数为 ρ_j 的几何分布，就好像节点 j 是一个独立运行的 M/M/1 系统一样。现在，IO 是 IO_j 之和，即独立的几何分布随机变量的总和。因此，IO 服从 DPH 分布，且我们可以通过 G^0 和 G^1 的矩阵代数公式来计算绩效指标，与（7.3.4）一样。

这一分布可以被直接构建出来，但有一种更方便的方法：令 $L^= = \sum_{j=1}^{J} L_j$，其中 L_j 服从参数为 $v_j=\mu_j-\lambda_j=\mu_j(1-\rho_j)$ 的指数分布，且 L_j 是相互独立的（因此，如果节点 j 确实是独立工作的话，L_j 就为节点 j 的提前期）。因此，$L^=$ 服从参数为 $(\mathbf{v},N)$ 的 CPH 分布，其中 $\mathbf{v}$ 为单位 J—向量 $\mathbf{e}_1'$，N 为 $J\times J$ 矩阵：

$$N=\begin{pmatrix} v_1 & -v_1 & & & \\ & v_2 & -v_2 & & \\ & & \ddots & \ddots & \\ & & & \ddots & -v_{J-1} \\ & & & & v_J \end{pmatrix}$$

因此，$IO=D(L^=)$，它服从参数为 $P=\lambda(\lambda I+N)^{-1}$ 和 $\boldsymbol{\pi}=\mathbf{v}P$ 的 DPH 分布。

7.3.6.2 恒定处理时间

现在，考虑一个串联系统，其中节点 j 的处理时间 S_j 恒为 $1/\mu_j$。令 $S^*=\max\{S_j:1\leqslant j\leqslant J\}$，并考虑一个处理时间为 S^* 且输入率为 λ 的 M/G/1系统。事实证明，总订货等待时间（total order-waiting time）L_Q 在串联系统和 M/G/1 系统中是完全相同的。因此，这里的 L 是所有处理时间之和，$S=\sum_j S_j=\sum_j(1/\mu_j)$，再加上 M/G/1 系统中的 L_Q。7.3.8 节解释了如何利用这一事实来计算 IO 的分布。

令 j^* 代表 $S_{j^*}=S^*$ 的任一节点。我们称 j^* 为瓶颈（bottleneck）。瓶颈决定了 L_Q。如果我们移除其他节点之一，则 L 的减少量等于那一节点的处理时间，但 L_Q 不受影响。仅当我们移除所有的瓶颈后，L_Q 本身才会减少。这种行为与上述马尔可夫网络十分不同，其中每个节点对 L 的贡献是相互独立的，且移除任何节点都会缩短等待时间和处理时间。

7.3.6.3　更为复杂的网络

某些更一般的网络也拥有简单的解，例如，像 7.3.3.2 节中那样，当每一个节点拥有几个相同的马尔可夫处理器并行工作时。不幸的是，其他重要的模型并非如此。即使是拥有非指数和非恒定处理时间的串联系统，通常也不可能得到 IO 的准确分布（人们已经开发出了其近似，参见本章注释）。

另一个重要但有问题的模型是有限缓冲串联系统（finite-buffer series system）：设想每个节点的列队都占用容量有限的物理存储区域或缓冲区。当缓冲区被占满后，前面的节点就会被堵塞（blocked），它不能或被禁止处理任何单位，即使在其自己的队列中有一些需要处理的单位也是如此。即使是在指数处理时间的情况下，我们也很难确定该系统是否稳定，更不用说其绩效特性了（同样，我们也可以找到一些近似，参见本章注释）。

7.3.7　多输入源

考虑上述任何一种系统。假设除了我们的订单外，供应系统还要处理其他任务。这就构成了另外一种速率为 λ' 的泊松过程，它与我们的订单是相互独立的。假设所有单位的处理时间的分布是相同的，如果不相同，则被视为相同。

因此，供应系统的总输入是速率为 $\lambda_+ = \lambda + \lambda'$ 的泊松过程。假设我们能算出系统中总单位数 IO_+ 的概率质量函数 $g_+(\cdot)$。事实证明，系统中的每一个单位是我们的订单之一的概率为 $\theta = \lambda/\lambda_+$，与其他单位的特性独立。因此，给定 $IO_+ = n, IO$ 的条件分布是参数为 (n,θ) 的二项分布。去除 IO 的条件，我们得到：

$$g(i) = \sum\nolimits_{n=i}^{\infty} \begin{pmatrix} n \\ 1 \end{pmatrix} \theta^{i}(1-\theta)^{n-i} g_+(n) \qquad i \geqslant 0$$

这个技术被称为二项式解集（binomial disaggregation）。

例如，在服务率为 μ 的 M/M/1 系统中，如上所述，IO_+ 服从参数为 $\rho_+ = \lambda_+/\mu$ 的几何分布。通过简单的计算就可以证明 IO 也服从参数为 $\rho = \lambda/[\lambda + (\mu - \lambda_+)]$ 且均值为 $\rho/(1-\rho) = \lambda/(\mu - \lambda_+)$ 的几何分布。

更一般地来说，假设 IO_+ 服从参数为（$\boldsymbol{\pi}_+$，P_+）的 DPH 分布，其中，对于某一使 $\boldsymbol{v}_+\boldsymbol{e}=1$ 的向量 $\boldsymbol{v}_+$，$\boldsymbol{\pi}_+=\boldsymbol{v}_+P_+$（上面的几种模型具有这种形式的分布）。因此，$IO$ 也服从参数为（$\boldsymbol{\pi}$，P）的 DPH 分布，其中，

$$P=\theta P_+[I-(1-\theta)P_+]^{-1} \qquad \boldsymbol{\pi}=\boldsymbol{v}_+P \tag{7.3.5}$$

（参见习题 7.5。）因此，公式（7.3.4）求出了绩效指标。

7.3.8 顾客等待时间

上面谈到的许多供应系统都是顺序的（sequential）。它们按订单下达的先后顺序对其进行处理。7.3.2 节中的单一处理器系统是顺序的，7.3.6 节中的串联网络也是如此，但该网络没有反馈。假设一份订单的总提前期完全不受后续订单的到达时间和处理时间的影响。这就排除了 7.3.3 节中的系统，那些系统的处理速度与工作量相关。我们继续假设泊松需求、基本库存策略和延期交货的情况。

在这些条件下，6.2.4 节中的定理 6.2.4 是适用的（如果你仔细检查其证明过程，你就会发现它是有效的）。也就是说，延期交货随机变量 B 与顾客等待时间内的需求 $D(BW)$ 的分布相同。作为一种特殊情况，设 $s=0$，我们得到 $IO=D(L)$。这些事实有几个有意思且有用的含义。

首先，考虑 7.3.6.1 节中的马尔可夫处理网络。在那里，我们构建了一个随机变量 $L^=$，且得出 $IO=D(L^=)$。因此，对于没有反馈的串联系统来说，$L^=$ 与 L 是相同的，其中 L 为单位产品在供应系统中的实际提前期（但是，如果有反馈的话，这两个随机变量的分布将会不同）。

其次，考虑 7.3.6.2 中处理时间恒定的串联系统。回想一下，S^* 代表最大处理时间，S 为所有节点的总处理时间。这里的 IO 为两个独立随机变量之和：第一个是 $D(S-S^*)$，它服从均值为 $\lambda(S-S^*)$ 的泊松分布。第二个是处理时间为 S^* 的 M/G/1 系统的占用率，我们可以像 7.3.2.2 节中那样计算或近似其分布。IO 的完全分布是以上两者的卷积（convolution）。

一般来说，IO 的均值和方差可以很容易地根据 L 的均值和方差计算出来：

$$E[IO]=\lambda E[L]$$
$$V[IO]=\lambda E[L]+\lambda^2 V[L]$$

请注意，在均假设为泊松需求的情况下，注意 7.2.2 节中的并行处理系统与这里的顺序系统的关键差别：在 7.2.2 节中，$V[IO]=E[IO]=\lambda E[L]$，不包含上述 $V[IO]$ 公式中的第二项。但是，在顺序系统中，提前期的方差

确实很重要（当然，这里的 L 并不是模型数据所决定的，而是由需求和供应共同决定的）。另外，在上面所有的顺序系统中，即使在具有恒定处理时间的 M/M/1 系统中，$V[L]$ 也是正的。给定 $E[L]$ 相等的顺序模型和并行模型，对于所有的 s，顺序模型总是会产生更大的 $\bar{B}$ 值，因而 $\bar{I}$ 也更大（参见习题 7.6。图 7.3.1 阐述了这个事实。7.5 节将对 $V[L]$ 对绩效的影响进行进一步的分析）。

B 和 BW 的矩之间类似的关系也成立：

$$E[B] = \lambda E[BW]$$
$$V[B] = \lambda E[BW] + \lambda^2 V[BW]$$

7.5 节阐述了在一些重要的情况下如何计算 BW 的总体分布，包括具有 CPH 处理时间的 M/G/1 系统和具有马尔可夫处理过程的串联网络。

7.3.9　环境驱动的需求

当我们放松泊松需求假设时，主要有四种可能性。第一种是：对于很特殊的情况，存在着简单、准确的结果。例如，对于 GI/M/1 系统，其中需求为一个更新过程，且有单一的马尔可夫链处理器。第二种是：对某些范围更广的系统来说，利用数值方法计算 IO 的分布是可能的。例如，有一种求解一般 MCDC/M/1 系统的算法。尽管很有意思也很有用，但如此特殊的结果和方法对于我们要讲述的内容来说过于专业，或过于复杂。第三种是：我们可以通过电脑仿真来估计绩效。

第四种是：对于范围很宽泛的系统类型来说，也同样存在着相当精确的近似。当我们想了解系统行为的一般模式时，这些近似是合适的，且相当精确。考虑一个 · /G/1 供应系统和环境驱动的需求过程，令 ψ_D^2 为方差—均值比率。下面是对 $E[L_Q]$ 的一个相当有用的近似：

$$E[L_Q] = \frac{1}{2}(\psi_D^2 + \psi_S^2)\left(\frac{\rho}{1-\rho}\right)\left(\frac{1}{\mu}\right) \tag{7.3.6}$$

注意，当 $\psi_D^2 = 1$ 时，(7.3.2) 与 (7.3.6) 是一致的，因此，这一近似与 M/G/1 系统的准确结果是一致的。一般来说，$\frac{1}{2}(\psi_D^2 + \psi_S^2)$ 这一项代表一个总体变动因子，它综合了需求与供应的波动性的影响。假设每一个单位都是单独处理的，如 7.2.5 节所述，则该公式对多单位随机需求也是适用的。

当 ρ 很大时，该近似特别有效。事实上，这是一种高负荷近似。随着 $\rho \to 1$，在极限情况下，其真实值与 (7.3.6) 一致。即使对于适中的 ρ，该近似通常也很有效［研究者们已经进行了很多修正来提高其准确性。例如，请参见 Heyman 和 Sobel (1982)]。

对于 ψ_D^2 和 ψ_S^2，我们为什么要用相似的符号呢？令 **S** 表示供应过程，即 $S(t)$ 是时间 t 的累积产出，假设处理器连续不断地工作，永不停止。因为处理时间 S 为独立同分布（i. i. d），**S** 是一个更新过程。因此，ψ_S^2 恰好是该过程的长期方差—均值比。所以，ψ_D^2 和 ψ_S^2 所度量的的确是相似的量。事实上，(7.3.6) 更一般地适用于环境驱动的供应过程 **S**，即与 6.3 节中讨论的 **D** 具有相同属性的过程。在那种情况下，ψ_S^2 被定义为方差—均值比。

高负荷理论还表明，随着 ρ 趋近 1，L 的分布就变成了 (7.3.6) 中给定的均值为 $E[L]$ 的指数分布（当然，$E[L]$ 包括 $E[S]$ 和 $E[L_Q]$，但对于较大的 ρ，$E[L_Q]$ 占主导地位）。这就说明我们可以用指数分布来近似 L。

对于 M/G/1 系统来说，该近似的效果如何？它并不准确，但很接近：指数变量的方差是其均值的平方。对于 M/G/1 系统来说，$V[L_Q]$ 中的第一项是 $E[L_Q]$ 中第一项的平方，且当 ρ 接近 1 时，这些项主导着其他项。

至于 IO，$E[IO]=\lambda E[L]$ 仍然成立，且 (7.3.6) 估计了 $E[L]$ 的值。事实上，下列近似的效果更好一些：

$$E[IO]=\frac{1}{2}(\psi_D^2+\psi_S^2)\left(\frac{\rho}{1-\rho}\right) \tag{7.3.7}$$

（这与 M/M/1 系统的结果一致。）另外，根据高负荷理论的另一种结果，IO 本身的分布近似为指数分布。7.3.11 节进一步分析了这一近似。

7.3.10 较大的批量

7.3.10.1 订单驱动型控制

即使是泊松需求，对于 $q>1$ 的 (r,q) 策略，问题也变得更加复杂。正如 7.2.4 节中提到的那样，供应系统就变成了一个成批的队列，很难进行分析。

那里的近似方法似乎也是有效的：通过 7.3.9 节得知，当 $\psi_D^2=1/q$ 时，我们用指数分布来近似 $\widetilde{IO}$，然后，就像在 7.2.4 节中那样，利用结果来近似 IO 和 IN。这种方法对于负荷很大的系统（ρ 接近于 1）来说效果应该很好，但据我们所知，它还没有得到验证。

7.3.10.2 直接处理器控制

在上面的模型中，我们通过发送的订单流来间接控制供应系统。当有订单需要处理时，系统就会运转，而当没订单时，系统就会关闭。我们在

7.1 节中大致讨论了这种情况，并将贯穿于本章的余下部分。

现在，设想我们可以和供应系统直接进行沟通：我们可以准确地告诉系统做什么，而不是下达订单。为简便起见，假设只有一个处理器，它有两种状态：开和关，因此我们向它发出的指令是开始生产或停止生产。

首先，假设我们遵循基本库存策略：当净库存下降到某一固定值 s 之下时，启动处理器，当净库存等于或超过 s 时就关闭处理器。稍微想一想你就会明白，该系统与订单驱动型系统是一致的。给定相同的需求顺序和单位处理时间，处理器同时打开和关闭，**IN** 在这两种情况下是相同的。订单流实质上传递了与直接生产信号相同的信息。

现在，考虑一种更为一般的策略：r 和 s 为两个策略变量，其中 $r<s$。假设系统开始的时间为 0，此时 $IN(0)=s$，处理器是关闭的。在 $IN(t)$ 到达 r 之前，什么事情都不会发生。在 $IN(t)$ 等于 r 的那一刻，我们启动处理器。当 $IN(t)$ 等于 s 时，我们就关掉处理器。现在，系统又回到起始点，而我们以同等的方式继续下去。

当存在着开始生产的准备成本（或停止生产的关闭成本）时，或者存在着发送这两类信号的成本时，这种策略就是有意义的。增加 $s-r$ 的范围意味着这类成本发生的频率较低。从这种意义上说，这一策略与 (r,q) 策略相似，它利用了规模经济（显然，如果 $s=r+1$，该策略就简化为基本库存策略）。正如我们将要看到的那样，与标准的订单转移系统相比，这一直接控制系统更容易分析。

我们称这种策略为 (r,s) 策略（在 6.6 节相关的策略中也使用了同样的符号）。该模型是第 3 章 3.4 节中确定性有限产能模型的随机版本。

与 7.1 节一样，定义 $IO=s-IN(t)$，我们称 **IO** 为供应系统的占用率。同样，**IO** 并不取决于 r 和 s 的特定值，但它的确取决于 $s-r$ 之差，用 q 表示（当然，这里的 q 并不是批量大小。事实上，q 是一个生产批量中最小的生产单位数量，在这一批量的生产过程中发生的需求可能需要更多的单位来满足）。另外，令 $\mathbf{X}$（χ 的大写字母）表示随机过程，它说明了处理器是开还是关，$\chi(t)=1$ 表示开，$\chi(t)=0$ 表示关。

现在，假设系统的其他所有方面都与上述 M/M/1 系统一致：需求为泊松分布，且单位处理时间为指数分布。习题 7.7 要求你证明联合过程 $(\mathbf{IO},\mathbf{X})$ 为连续时间马尔可夫链，并推导出其静态分布。具体来说，令 $g(i,\chi)=\Pr\{IO=i,\mathbf{X}=\chi\},\chi\in\{0,1\},i\geqslant 0$。

$$g(i,0)=\frac{1-\rho}{q}\qquad 0\leqslant i<q$$

$$g(i,1)=\frac{\rho(1-\rho^{i})}{q} \qquad 1\leqslant i\leqslant q$$

$$g(i,1)=\frac{\rho(1-\rho^{q})\rho^{i-q}}{q} \qquad i>q$$

现在我们来计算绩效指标：为简便起见，假设 $r\geqslant 0$，因此 $s\geqslant q$。则：

$$\bar{B}=E[[IO-s]^{+}]=\left(\frac{1}{q}\right)\left(\frac{\rho}{1-\rho}\right)^{2}(\rho^{r}-\rho^{r+q})$$

$$=\left(\frac{1}{q}\right)[G^{2}(r)-G^{2}(r+q)]$$

其中，G^2 为几何分布的二阶损失函数。同样：

$$\bar{I}=s-E[IO]+\bar{B}$$

$$=\frac{1}{2}(q+1)+r-\left(\frac{\rho}{1-\rho}\right)+\bar{B}$$

（习题 7.7 也要求你证明这些表达式。）这些公式与 6.2.3 节中的 (r,q) 策略的公式［即（6.2.12）至（6.2.13）］非常类似，但它们使用的是几何分布，而非泊松分布。最后，将 $\overline{OF}$ 当成生产开始的频率。生产开始于从状态 $(q-1,0)$ 向 $(q,1)$ 的转换，且这一事件发生的速率为：

$$\overline{OF}=\lambda g(q-1,0)=\frac{(1-\rho)\lambda}{q}$$

除了常数项 $(1-\rho)$ 之外，这一指标也与先前的形式一样［事实上，平均批量大小为 $q'=q/(1-\rho)$ 单位，且 $\overline{OF}=\lambda/q'$］。

更一般地，假设单位处理时间服从 CPH 分布，与 7.3.2.2 节中一样。其结果与上面的形式相同：

$$g(i,0)=\frac{1-\rho}{q} \qquad 0\leqslant i<q$$

$$g(i,1)=\frac{\mathbf{v}P(1-P^{i})\mathbf{e}}{q} \qquad 1\leqslant i\leqslant q$$

$$g(i,1)=\frac{\mathbf{v}P(1-P^{q})P^{i-q}\mathbf{e}}{q} \qquad i>q$$

$$\bar{B}=\left(\frac{1}{q}\right)[G^{2}(r)-G^{2}(r+q)]$$

$$\bar{I}=\frac{1}{2}(q+1)+r-\mathbf{v}P(I-P)^{-1}\mathbf{e}+\bar{B}$$

$$\overline{OF}=\frac{(1-\rho)\lambda}{q}$$

其中，G^2 是参数为（$\mathbf{v}$,P）的 DPH 分布的二阶损失函数（G^2 的明确公式在 7.5 节和 C.4.4 节中给出）。

因为绩效指标与在恒定提前期模型中有着相同的形式，所以 6.2.3 节中定性的结果仍适用。例如，$\overline{B}$ 是 r 的减函数，且是凸的。同样，6.5.4 节的算法找到了一种成本最小化的策略，6.5.3 节的上下限仍然有效，这取决于连续近似（见下面）。

7.3.11　指数近似

回想一下，IO 的正态近似在恒定提前期的供应系统中很有效，更一般地来说，它对于独立提前期的系统也有效。根据本节的结果，对于有限产能系统，指数分布扮演了类似的角色。

对于 7.3.9 节中的环境驱动需求、单一处理器的系统，对于较大的 q，IO 的分布近似为指数分布。有几个地方出现了几何分布，且几何分布与指数分布的形状相同。在其他地方，IO 为 DPH 分布，且 DPH 分布的尾部近似于几何分布，因此近似于指数分布［事实上，对于马尔可夫网络，对于较大的 i 来说，$G^0(i) \approx \rho^{i+1}$，其中 $\rho = \max\{\rho_j\}$］。最后，对于 7.3.10.2 节中的 (r,s) 策略，其绩效公式与第 6 章中的 (r,q) 策略的绩效公式相似，但采用了几何分布或 DPH 分布，同样，在本质上是指数分布形式。

因此，指数分布反映了一个有限产能系统基本的、定性的行为。那种分布只有一个参数，其均值为 $v = E[IO]$。为了估算它，我们需要一些关于供应和需求过程的信息，但并不需要太多。例如，对于一个单一处理器的系统来说，我们可以使用（7.3.7）。在绝大多数情况下，v 接近于与 $1/(1-\rho)$ 成比例。另外，标准差为 $\sigma = v$。

在 6.4.2 节中已给出了基本库存策略的绩效指标，但为简便起见，我们在这里重复一遍：

$$\overline{A}(s) = F^0(s) = e^{-s/v}$$
$$\overline{B}(s) = F^1(s) = ve^{-s/v}$$
$$\overline{I} = s - v + \overline{B}(s) = v(\frac{s}{v} - 1 + e^{-s/v})$$

因此，为了满足 $\overline{A}$ 的目标值 $1-\omega_-$，设 $s = [-\ln(1-\omega_-)]v$。在这种情况下，$\overline{I} = [-\ln(1-\omega_-) - \omega_-]v$。为使平均成本最小化，我们遵循 6.5.2 节中的方法：

$$s^* = -\ln(1-\omega)v$$
$$C^* = hs^* = h[-\ln(1-\omega)]v$$

我们来分析一下这些公式的行为，并将它们与正态近似的公式进行比较。由于$\sigma = v$，显然，σ在两种情况下都扮演着同样的角色。在比率s/σ中，它是一个比例因子，并与$\bar{B}$、$\bar{I}$、s^*和C^*相乘。因此，σ同样为系统绩效的一个关键决定因素，最初的系统参数（ρ、ψ_D^2、ψ_S^2等）通过σ影响绩效。

然而，σ主要通过$1/(1-\rho)$来反映产能约束，而这种影响在并行处理系统中是不存在的。另外，给定两个具有泊松需求和相等v的系统，一个为并行的，一个为顺序的，在这两种情况下，σ是不同的。在并行系统中，$\sigma = \sqrt{v}$，而在顺序系统中，$\sigma = v$。一般来说，指数近似与它所描述的有限产能的供应系统并不会表现出统计意义的规模经济。例如，如果使用公式(7.3.7)，σ包括一个与需求—方差比率ψ_D^2而不是其平方根成比例的项。同样，σ的增长速度至少与λ而不是$\sqrt{\lambda}$的增长速度一样，甚至忽略了因子$1/(1-\rho)$。当然，那个因子随λ以双曲线的方式增长，显示出了强烈的规模不经济。

换句话说，虽然系统改善的好处仍然可以通过σ来估算，但在此，这些好处有很大的不同，且通常比并行系统的好处更大。具体来说，改善系统的一种方法是增加其产能从而降低ρ。显然，对于无限产能的系统来说，这是没有意义的。

此外，与在正态近似中相比，s和$\bar{I}$对ω_-更为敏感。在正态情况下，随着ω_-趋近于1，s和$\bar{I}$只是随着$-\ln(1-\omega_-)$的平方根而增加，但此处，在这一数量中它们是线性的（s^*和C^*也以同样的方式取决于ω)。这一发现与7.3.2.1节中的图7.3.2的讨论相一致。产能约束表明，要实现优质服务，我们需要更多的库存。

事实上，每一个真实的供应系统都包含这两种模型的要素。没有一个系统会真正具有无限的产能，但至少在某种程度上，产能可以根据工作量的波动进行调整。那么，如果进行选择的话，哪一种是“正确的”形式，是正态的还是指数的？不存在明确的答案。如果产能约束经常被达到，则指数近似可能是一个更好的选择，但当产能相对来说具有弹性时，正态近似就会更好一些。

在这两种近似之间还有很多经过改善的近似。例如，伽马分布（gamma distribution）有两个参数，允许（实事上是要求）对$V[IO]$和$E[IO]$进行独立的估计。它与指数分布的定性特征有许多相似之处，但其形状参数（n）值较大时，它就接近正态分布。我们将在7.5节中进一步讨论这种方法（习题7.4讨论了产能具有某些弹性但不具有完全弹性的系统。其中的IO为负二项分布，它能通过伽马分布进行相当准确的近似）。

7.4　外生、顺序供应系统

7.4.1　描述

7.4.1.1　例子与概要

本节将会展示一种不同的供应系统。下面这些例子有助于你理解这一想法：

设想我们经营一家小型零售店，并从一家大型制造商那里订货。把供应商的生产和运输活动想象成一个处理网络。为简便起见，假设该网络是顺序的，它按我们下达订单的顺序来交付货物。在学习了 7.3.6 节之后，我们可以构建一个网络模型来代表供应商。毫无疑问，该供应商有许多其他客户，因此，我们可以根据 7.3.7 节中的思路来相应地调整该模型。

某些事情似乎失去了平衡：7.3 节中的模型的一大优势是它们体现了订单对供应系统的动态影响。每份订单的提前期取决于供应链系统中的堵塞情况，而这反过来又取决于以前的订单。在这个意义上，这一供应系统是内生的（endogenous）。

在其他情况下，这是相当重要的，但在这里，这种影响可以忽略。虽然供应商的总工作量以及我们所经历的提前期在长期中会波动，但我们的需求和订单对这些波动几乎没什么影响。因此，我们可以合理地将供应商的网络近似为外生的（exogenous），忽略我们的订单产生的影响。正如我们将要看到的，这意味着我们可以在不了解处理网络模型的很多细节的情况下进行分析。

下面是另外一个例子：假设提前期表示的是运输时间。当我们下达一份订单时，相应的货物就被装载到运输工具上，比如说卡车、火车或轮船上。这一运输工具通过高速公路、铁路或海上运输把货物运送给我们。对于所有的订单来说，运输工具都是一样的，且路径也相同。然而，由于当地的交通状况、转辙器失灵、天气等原因，运输时间可能会有所不同。现在，假设我们的运输工具对运输系统总负荷造成的影响可以忽略不计。因此，我们同样可以将供应系统看成是外生的。另外，假设我们的运输工具都不会超越其他运输工具，因此该系统是顺序的。

这些例子强调了我们所考虑的系统的两个重要特性：起始点为一个外生的供应系统，其演变与我们的需求和订单是相互独立的；该系统的运转决定了我们的提前期。该系统是顺序的，因此，我们的订单在时间上也不会交叉。在实践中，这种情形与前一节中的情况的不同之处在于其规模。事实上，我们假设与我们的业务相比，该供应系统的规模更大。当然，没有哪个供应系统是真正外生的。与 7.2 节中的并行供应系统一样，该模型是一种极限情况，但很有用。

例 7.4.A

一家日本贸易公司从一家国际木材公司购买木材，并把它们分销给全日本的家具制造商。这家供应商在东南亚收购原木，把它们加工成木材，并把这些木材运到世界各地。对于它的每一个主要市场，包括日本，它都按订单到达的顺序进行送货。虽然该日本贸易公司很大，但它也只是这家木材公司的众多客户之一。因此，从这家贸易公司的角度来看，该供应系统实际上是外生的。

在恒定提前期的情况下，这种方法的优势就是允许我们运用 6.3 节中同样的方法。具体来说，我们可以采用任何 (r,q) 策略很容易地估算出任何环境驱动需求的绩效。这与上述其他随机提前期系统形成了鲜明的对比，在那些系统中，非泊松需求和很大的批量显著增加了问题的复杂性。另外，6.5 节中的最优化方法和结果全部适用。

7.4.1.2 建模

现在我们用正规的术语来描述供应系统：该模型的核心是一种马尔可夫过程 $\mathbf{Z}=\{Z(t):t\geqslant 0\}$，它描述了供应系统的状态。另外，存在一个随机过程 $\mathbf{L}=\{L(t):t\geqslant 0\}$，它以拟马尔科夫链（quasi－Markov）的方式取决于 $\mathbf{Z}$：对于每一个 t，给定 $Z(t)$，仅当 $u\geqslant t$ 而不是 $u<t$ 时，$L(t)$ 的分布才取决于 $Z(u)$。也就是说，根据 $Z(t)$ 的条件，$L(t)$ 与 $\mathbf{Z}$ 以前的情况相互独立，但某些共同的事件会影响 $L(t)$ 和 $\mathbf{Z}$ 未来的情况。此外，从 6.2.1 节的角度来看，联合过程 $(\mathbf{Z},\mathbf{L})$ 表现良好。它是遍历性的，且具有极限分布，由随机变量 (Z,L) 来表示。

对于每一个 t，$L(t)$ 为一个标量，且 $0\leqslant L(t)<\infty$。我们称 $L(t)$ 为 t 时刻的实际提前期（virtual leadtime）。如果在 t 时刻下达一份订单，其提前期就为 $L(t)$，但是，$L(t)$ 是针对所有 t 进行定义的。

我们还需要另外两个假设。第一个假设是，(Z,L) 与 D 完全相互独立，外生指的就是这个意思。第二个假设是，$t+L(t)$ 对于 t 是非递减的，这就保证了订单在时间上不会交叉，即供应系统是顺序的。

图 7.4.1 说明了在基本库存策略下需求、提前期和订单之间的相互作

用。其形式与图 6.2.1 相同。在该图的下半部分，$L(t)$ 为虚线。每个需求都由一条高度为 $L(t)$ 的垂线表示，因此，当相应的订单到达时，附加的对角线与时间轴在 $t+L(t)$ 处相交。图的上半部分为 $IO(t)$ 的图形。

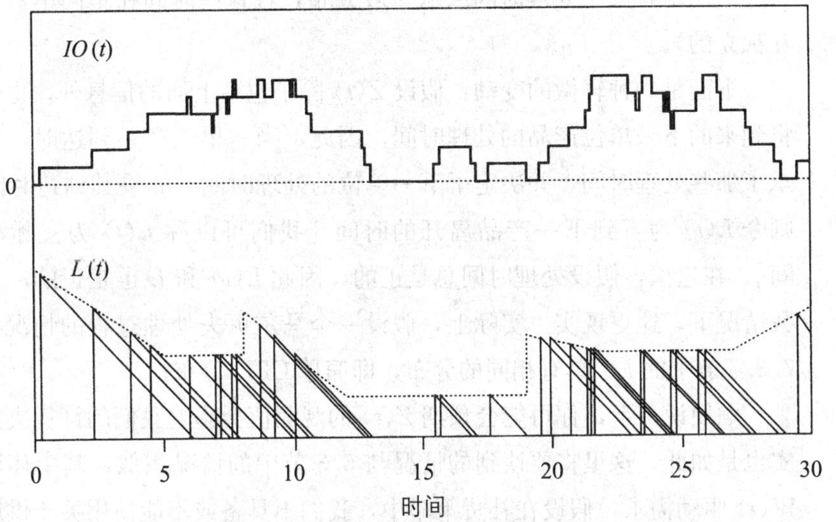

图 7.4.1　**需求、订单和订单接收（随机提前期；外生、顺序供应）**

例如，考虑一个与上述制造商的系统类似的顺序处理网络，并假设其输入是一个泊松过程（并不是 **D**；要记住，供应系统是外生的）。假设每一个节点都为马尔可夫处理过程。状态变量 $Z(t)$ 描述了每一个节点的当前占用率（7.3.6 节中向量 $[IO_j(t)]_j$ 的外生情况）。这里的 **Z** 实际上是一个马尔可夫过程，明确地说就是连续时间马尔可夫链。

令 $L(t)$ 为直到所有产品离开网络的时间，若网络为空，则 $L(t)=0$。因此，我们的每一份订单都是一位"真实的客户"，它与真实产品之一同时到达，且最终注定要离开网络，对其处理时间毫无影响。注意，**L** 以上述方式取决于 **Z**, $L(t)$ 取决于 $Z(t)$ 以及网络中现有单位的未来处理时间，而这一时间也会影响 $Z(u), u \geqslant t$。在标准假设下（如系统稳定性），显然，(**Z**,**L**) 满足上述条件。

下面是对相同系统的另一种建模方法：设想当一个单位进入网络时，它携带着确定在各个节点处理时间的所有信息。现在，除了占用率外，$Z(t)$ 还包括每一单位剩余的处理时间。有时候，这被称为"工作量建模"(workload formulation)。给定 $Z(t)$，在 t 时刻，在其对已经出现的单位的影响范围内，我们可以确定网络未来的演变。同样，$L(t)$ 是直到所有现有单位离开网络的时间。在这个意义下，$L(t)$ 是 $Z(t)$ 的一个确定性函数。

这些模型看起来或许很复杂。幸运的是，我们仅仅出于概念上的目的才需要它们。最后，正如我们将要看到的，系统绩效只取决于 L 的分布。例如，虽然上述最初的（$\mathbf{Z,L}$）和工作量建模是不同的随机过程，但它们具有相同的均衡提前期 L，这才是最重要的（工作量建模可以被扩展到更为一般的网络，其中处理时间服从一般分布，且这些时间在不同单位间是相互独立的）。

下面是一种轻微的变动：假设 $Z(t)$ 除了包括上面的信息外，也包括即将到来的下一单位产品的处理时间。因此，当一单位产品到达时，它就继承了那些处理时间，并决定了下一单位的处理时间。如果其到达时间为 t，则令 $L(t)$ 为直到下一产品离开的时间［我们可以称 $L(t)$ 为实际滞留时间］。在这里，假设处理时间总是正的，因此 $L(t)$ 和 L 也是正的。在大多数情况下，这更现实。实际上，假设一个马尔可夫处理过程的情况，L 与 7.3.6 节中的 $L^{=}$ 具有相同的分布，即简单 CPH 分布。

顺便说一下，你可能会预期 $Z(t)$ 的观测值会影响我们的订货决策。事实也是如此。这里将要谈到的情况与 6.3 节中的情况相似，其中环境变量 $W(t)$ 驱动需求：假设在补货策略中，我们不具备或不能使用关于供应系统的现有信息。当供应系统是某种规模很大的网络，我们无法观察其运作时（如上面的例子所述），这一假设就非常有意义。因此，使用简单的基本库存策略或 (r,q) 策略是合理的，与前面一样，这取决于供应中的规模经济。

7.4.2 分析

首先，我们来证明与引理 6.2.2 类似的一个引理。

引理 7.4.1：对于 $t \geqslant 0$，

$$IN(t+L(t)) = IP(t) - D(t, t+L(t)] \qquad (7.4.1)$$

证明：在时刻 t 或之前下达的订单只能在时刻 $t+L(t)$ 或之前到达。

现在，考虑满足在 6.3.3 节中假设条件下的一种环境驱动的需求过程。因此，引理 6.3.1 描述了（$\mathbf{IP,W}$）的极限分布，且对于任何固定的提前期，定理 6.3.2 根据提前期需求描述了 $\mathbf{IN}$ 的极限分布。

对于实际的随机提前期系统，定义提前期需求为随机变量 $D=D(L)$。也就是说，在时刻 0，过程（$\mathbf{W,D}$）和（$\mathbf{Z,L}$）均衡地开始，并观察随机时间 $L=L(0)$ 内的需求。令 $g(d \mid t)$ 表示 $D(t)$ 的概率质量函数，即恒定提前期 t 的提前期需求。那么，D 的概率质量函数为：

$$g(d) = E_L[g(d \mid L)] \qquad d \geqslant 0$$

也就是说，D 为时间 t 内 $D(t)$ 的混合，令 t 与 L 的分布相同。

我们现在就可以证明与定理 6.3.2 类似的定理描述了这种情况下的 **IN**：

定理 7.4.2：在上述假设下，净库存的极限分布就可以用如下公式来描述：

$$IN = IP - D$$

其中，IP 在区间 $[r+1, r+q]$ 内的整数上均匀分布，D 为上面定义的提前期需求，且 IP 和 D 是相互独立的。

证明：我们给出一个直观的论证（很容易用公式进行表述）：首先，我们不难证明 $IN(t+L(t))$ 与 $IN(t)$ 本身具有同样的极限，即 IN。因此，考虑（7.4.1）右边的随机变量 $IP(t) - D(t, t+L(t)]$。与引理 6.3.1 一样，随着 $t \to \infty$，$IP(t)$ 趋近于 IP，这是一个均匀随机变量（uniform random variable），且与 W 相互独立。另外，由于过程（**W**,**D**）和（**Z**,**L**）之间没有相互作用，显然有 $D(t, t+L(t)] \to D$。把这两个极限结合就能得到结果。

该定理与先前的恒定提前期的结果完全相同。绩效指标有着相同的形式。我们可以立即得到绩效标准具有相同形式这一结论。令 G^0 表示 D 的互补累积分布函数，G^1 和 G^2 为其损失函数，且 $v = E[D] = \lambda E[L]$。

推论 7.4.3：

$$\overline{A} = \left(\frac{1}{q}\right)[G^1(r) - G^1(r+q)] \tag{7.4.2}$$

$$\overline{B} = \left(\frac{1}{q}\right)[G^2(r) - G^2(r+q)] \tag{7.4.3}$$

$$\overline{I} = \frac{1}{2}(q+1) + r - v + \overline{B} \tag{7.4.4}$$

因此，平均成本 $C(r, q)$ 与 6.5 节中的形式相同，因而那里的结果在这里可以直接使用。

值得注意的是，在泊松需求和基本库存策略的情况下，其结果与内生的、有限产能系统的结果是相同的。此处的提前期需求 D 和那里的 IO 在绩效中扮演着同样的角色，且 $IO = D(L) = D$。

当然，此处的 L 与需求过程是独立的，但在那里，**D** 对 L 的影响极大。如果实际供应系统不是完全外生的，而我们希望研究 λ 的变化，利用我们关于内生系统的知识，我们可以为每一个 λ 指定不同的 L 来代表堵塞。严格地说，这是一种欺骗，因为内生供应系统排除了这种相互作用。但是，作为一种近似，这却是相当合理的。

许多不同的过程（$\mathbf{Z},\mathbf{L}$）会导致相同的 L。我们发现，最终，重要的只是 L 的分布，而不是供应系统的细节，这一点很有意思，也很有用。另一方面，D 反映了 L 的完整分布，而不仅仅是其均值，这与独立提前期情况下的 IO 是不同的。如 7.5.3 节所述，这对系统的绩效具有重要的意义。

对于多单位的随机需求，如混合泊松过程，同样的方法也是有效的。其结果与 6.6 节的结果相同，如上所述，这取决于其策略，且 $D=D(L)$。

7.4.3　（近似的）推广

虽然这些结果比前两节的结果更一般化，但这种方法有些不灵活。它很难被扩展到存在销售损失的系统中，并且用于不完美质量情况时也存在问题。

7.4.3.1　销售损失

考虑一种存在销售损失的系统。回想一下上面的分析，麻烦就立即出现了：引理 7.4.1 不再成立，因为损失的需求不会减少净库存。当 $IN(t)=0$ 时，需求过程就会停止运转。因为余下的分析建立在这一引理基础之上，所以整个方法也就失效了［对于任何有效需求过程（描述了被实际满足的需求）取决于 $IN(t)$ 当前值的系统，包括 7.3.3.3 节的有限来源需求模型，这一点都是正确的］。

下面的近似是根据前两节的结果得出的。首先，考虑一个基本库存策略。像前面一样，令 g 和 G 表示 D 的分布，然后估计：

$$\overline{A}(s)=\frac{g(s)}{G(s)}$$

$$\overline{OF}(s)=\lambda[1-\overline{A}(s)]$$

$$\overline{I}(s)=\sum\nolimits_{j=0}^{s}\frac{(s-j)g(j)}{G(s)}$$

这些公式与 7.2.3 节和 7.3.4 节中公式的非常相似。对于 (r,q) 策略，与前面一样，求这些数量的平均值：

$$\overline{A}(r,q)=\left(\frac{1}{q}\right)\sum\nolimits_{s=r+1}^{r+q}\overline{A}(s)$$

$$\overline{OF}(r,q)=\left(\frac{\lambda}{q}\right)[1-\overline{A}(r,q)]$$

$$\bar{I}(r,q)=\left(\frac{1}{q}\right)\sum_{s=r+1}^{r+q}\bar{I}(s)$$

下面是另外一种可选的近似。这些公式假设永远不会有多于一份未交付的订单。当$0\leqslant r<q$时，该假设是成立的，因此，在此种情况下这些公式是正确的。

$$\overline{A}(r,q)=\frac{G^1(r-1)}{q+G^1(r)}$$

$$\overline{OF}(r,q)=\frac{\lambda}{q+G^1(r)}$$

$$\bar{I}(r,q)=\frac{[1/2(q+1)+r-v+G^1(r-1)]q}{q+G^1(r)}$$

[它的推导涉及相当复杂的方法和计算，我们将它们忽略了。请参见 Hadley 和 Whitin（1963），197～204 页。]

在这些近似中，哪种近似更好一些？我们没有明确的证据。当 q 相对于 r 很小时，我们预计第一种近似更好一些，而当 q 相对较大时，第二种就更为准确。

不管怎样，(r,q) 策略都是一种启发式算法。关于离散时间环境下更精确的启发式算法，请参见第 9 章 9.6.5 节。

7.4.3.2　品质缺陷

回到延期交货的情况中，但假设供应系统会交付给我们次品，我们会立即进行检验并发现这些次品（如果供应系统本身发现并修正了自己的次品，根据 7.3.5 节的结果，则由此导致的延误只会发生在 L 的范围内，然后我们可以利用上面的无次品模型。相比之下，在这里，供应系统会为我们提供一些次品）。

与销售损失的情况一样，引理 7.4.1 失效了，但原因却不相同。$IP(t)$ 的定义成问题了：现有的库存由正品构成，而缺货订单必须由这些产品来满足。但是，某些已订购的库存最终可能被证明是次品，而我们并不知道有多少。因此，$IP(t)$ 的两个组成要素 $IN(t)$ 和 $IO(t)$ 度量了不同的因素。我们不能简单地将它们加在一起构成 $IP(t)$。

我们现在还不知道怎样解决这一难题。对于恒定提前期的系统，7.2 节中提供了精确的方法（对于 $q=1$）和近似方法（对于 $q>1$）。第 9 章展示了一种完全不同的方法。或许这些技术经过修正后也可以应用于此处的系统。

7.5 提前期需求分布

本节将继续讨论外生的顺序供应系统，并集中于计算问题。给定 **D** 和 L，D 的分布是什么？知道了 D 之后，我们能否高效地计算出它的损失函数 G^1 和 G^2？我们将关注一些特殊的情况。

7.5.3 节讨论了某些近似，7.5.4 节讨论了多单位随机需求的情况。所有的证明都集中在 7.5.5 节中。

7.5.1 泊松需求

首先，假设 **D** 是一个泊松过程。由于 $D = D(L)$，一个类似于（6.2.16）的公式描述了 D 的 z－变换和 L 的拉普拉斯变换（Laplace transform）之间的关系：

$$\tilde{g}_D(z) = f_L[\lambda(1-z)] \tag{7.5.1}$$

另外，（6.2.16）本身描述了 B 和 BW 的关系。

我们考虑两种特殊的提前期分布。

7.5.1.1 伽马提前期

首先，假设 L 服从伽马分布（C.2.5.3 节）。μ 和 n 为两个参数，且都为正数。$E[L] = n/\mu$，且 $V[L] = n/\mu^2$。拉普拉斯转换为 $f_L(s) = [\mu/(\mu+s)]^n$（在实践中，常常使用伽马分布来近似 L。这需要估计 $E[L]$ 和 $V[L]$ 以满足 μ 和 n，但不需要更多的信息）。

应用（7.5.1），可以得到：

$$\tilde{g}(z) = \left(\frac{1-p}{1-pz}\right)^n$$

其中，$p = \lambda/(\lambda+\mu)$。在 C.2.3.6 节中，我们看到提前期需求服从参数为 p 和 n 的负二项分布。C.2.3.6 节也同样说明了如何计算概率质量函数和损失函数。

案例 7.5.A

案例 7.4.A 中的木材分销商估计，红木运输的平均提前期为 $E[L] = 1.5$ 个月，方差为 $V[L] = 0.75$ 月^2。红木的需求为 $\lambda = 8$（百板米/月）的泊松过程。供应商只接受 5（百板米）单位的订单。库存持有成本为 $h = 1$（千日元/百板米每月），延期交货惩罚成本为 $b = 9$（单位同上）。因为 $q = 5$ 是固定的，因此没有必要包含订货成本。

利用伽马分布来近似 L。因此 $\mu = E[L]/V[L] = 1.5/0.75 = 2$，$n = \mu E[L] = 2(1.5) = 3$。所以，$D$ 服从参数为 $n = 0.75$、$p = 8/(8+2) = 0.8$ 的负二项分布。在 7.4.2 节的绩效指标中使用 C.1.3.6 节中的负二项分布公式，我们就能得到另一种 $q = 5$ 时的 (r,q) 策略的成本（单位为千日元/月）。

r	$C(r,q)$
15	18.55
16	17.73
17	17.16
18	16.80
19	16.63
20	16.63
21	16.77
22	17.04
23	17.41
24	17.88
25	18.42

显然，当 $r = 19$ 或 20 时成本最低。

下面我们一起分析一下在这种情况下提前期波动对绩效的影响。图 7.5.1 显示了 $\lambda = 10$、$E[L] = 1$ 以及 $V[L]$ 取 4 个不同值的结果。显然，随着方差的增加，绩效下降。换句话说，通过降低提前期的波动，我们可以获得实际利益。

对于 $n = 1$，负二项分布就简化为几何分布。这种形式在 7.3.7 节的多来源系统中也出现过，我们有必要对这两种情况进行比较。在这里，对任意 $\lambda > 0$，p 介于 0 和 1 之间，因为 $E[L] = 1/\mu$ 被指定为外生的。而在那里，相应的参数为 $\rho = \lambda/[\lambda + (\mu - \lambda_+)] = \lambda/(\mu - \lambda')$，其中 μ 为处理速度，λ' 为来自其他来源的到达率，$\lambda_+ = \lambda + \lambda'$ 为总到达率。因此，与 p 相比，ρ 对 λ 更敏感。但是，如果 μ 和 λ' 相对于 λ 来说很大，则这种相互影响就很微弱。因此，外生系统是多来源系统的一种极限情况，如 7.4.1 节所述。

7.5.1.2　位相型提前期

接下来，假设 L 服从（连续的）位相型（phase-type）或 CPH 分布。

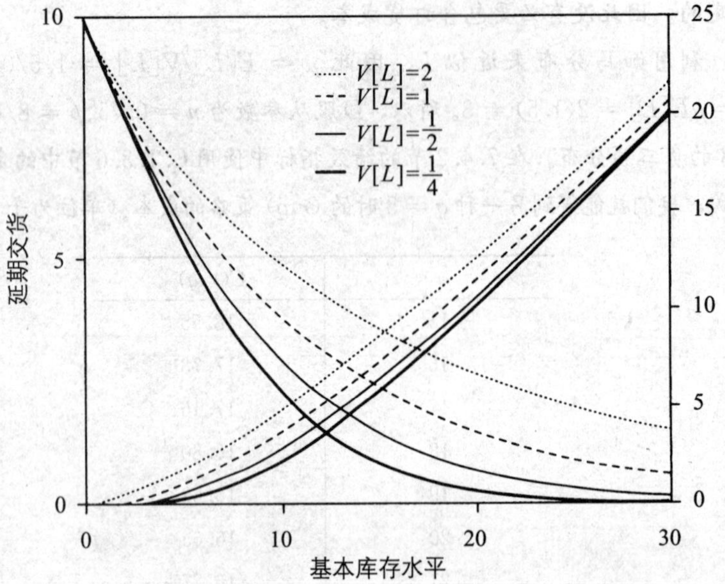

图 7.5.1　基本库存策略的绩效（提前期波动的影响）

这种分布由 m 向量 $\boldsymbol{\mu}$ 和 $m\times m$ 矩阵 M 指定。为了简便起见，假设 $\boldsymbol{\mu}\mathbf{e}=1$，因此，$L$ 在 0 点时没有值（参见 C.5.5 节。如该节所述，一些作者用 $-M$ 代替我们的 M 来说明 CPH 分布）。这里与前面的模型有重叠部分：爱尔朗分布，特别是指数分布，是伽马分布和 CPH 分布的一种特殊情况。

CPH 分布的优势和劣势与伽马分布完全不同。如上所述，伽马分布适用于两阶矩的情况。CPH 分布特别不适合直接利用数据进行估算，因为它的参数很多。另一方面，它提供了另外一种灵活性：利用其状态转换图，该分布能对实际供应系统进行建模。

例如，假设与 7.3.6.1 节中一样，供应系统是一个马尔可夫串联网络。正如 7.3.8 节中讲的那样，总提前期是 $L=L^{=}$，即几个独立指数时间之和，每一个节点一个。因此，$L^{=}$ 服从 CPH 分布，其状态转换图看起来与网络本身一样，每一个节点都有一种状态，并且有弧线将它们串联起来。

定理 7.5.1：如果需求是一个泊松过程，L 服从 CPH 分布，那么 D 就服从参数为 $(\boldsymbol{\pi},P)$ 的 DPH（discrete phase-type）分布（参见 C.4.4 节）。其中，

$$P=\lambda(\lambda I+M)^{-1}\qquad \boldsymbol{\pi}=\boldsymbol{\mu}P \tag{7.5.2}$$

（习题 7.16 要求你证明 π 和 P 具有必要的特性。）

损失函数由下面的公式给出：

$$G^1(i) = \boldsymbol{\pi}\ (I-P)^{-1}P^i\mathbf{e} \tag{7.5.3}$$

$$G^2(i) = \boldsymbol{\pi}P\ (I-P)^{-2}P^i\mathbf{e} \qquad i \geqslant 0 \tag{7.5.4}$$

因此，对于 $r \geqslant 0$ 的 (r,q) 策略：

$$\overline{A} = \left(\frac{1}{q}\right)\boldsymbol{\pi}(I-P)^{-1}(I-P^q)P^r\mathbf{e} \tag{7.5.5}$$

$$\overline{B} = \left(\frac{1}{q}\right)\boldsymbol{\pi}P(I-P)^{-2}(I-P^q)P^r\mathbf{e} \tag{7.5.6}$$

C. 4. 4 节解释了如何估算这类数量。对于 $q=1$ 且 $s=r+1$ 的基本库存策略，这些公式简化为：

$$\overline{A} = \boldsymbol{\mu}P^s\mathbf{e}$$
$$\overline{B} = \boldsymbol{\pi}(I-P)^{-1}P^s\mathbf{e}$$

从本质上说，这些公式与（7. 3. 4）一样。

此外，利用定理 6. 2. 4，我们可以完整地描述客户等待时间的分布 BW：首先，考虑一个 $s \geqslant 0$ 时的基本库存策略。给定 D 的形式，我们可以立刻得出 $B=[D-s]^+$ 服从参数为 $(\boldsymbol{\pi}P^s, P)$ 的 DPH 分布。现在，颠倒定理 7.5.1 的论证，用 B 扮演 D 的角色，可以得出 BW 服从参数为 $(\boldsymbol{\mu}P^s, M)$ 的 CPH 分布。因此，BW 的形式与 L 的形式完全相同，甚至连它们的矩阵参数 M 也一样，只是它们的向量参数不同。

例如，假设 L 服从参数为 μ 的指数分布，其中 $\boldsymbol{\mu}=(1)$，$M=(\mu)$。因此，BW 服从延迟指数分布（delayed exponential distribution），具体来说，$F^0_{BW}(t)=p^s e^{-\mu t}, t>0$，其中 $p=\lambda/(\lambda+\mu)$。

同样，对于 $r \geqslant 0$ 的 (r,q) 策略来说，BW 服从矩阵参数为 M、初始向量为 $(1/q)\boldsymbol{\mu}P(I-P)^{-1}(I-P^q)P^r$ 的 CPH 分布。

7. 5. 2　环境驱动的需求

接下来，假设与 6. 3 节中一样，需求为一个 MCDC 过程。它是由马尔可夫链 $\mathbf{W}$ 驱动的，生成元为 $Q=Q^0-\Lambda^D+\Lambda$，其中矩阵 Λ^D 指定了在所有状态下的需求率。同样，$\boldsymbol{\xi}$ 表示矩阵 $\mathbf{W}$ 的静态向量。

回想一下，当提前期 L 恒定不变时，D 的分布是很难计算的。现在，假设 L 服从参数为 $(\boldsymbol{\mu}, M)$ 的 CPH 分布，其中 $\boldsymbol{\mu}\mathbf{e}=1$。因为具有这种形式的随机提前期，$D$ 变得相对简单了。重新定义：

$$P=(\Lambda \oplus I + -Q \oplus M)^{-1}(\Lambda \otimes I) \qquad \boldsymbol{\pi}=(\boldsymbol{\xi} \otimes \boldsymbol{\mu})P$$

在这里，$-Q\oplus M$ 并不是 $-(Q\oplus M)$ 的意思，而是：

$$-Q\oplus M=(-Q)\oplus M=-Q\otimes I+I\otimes M$$

定理 7.5.2：如果需求是一个 MCDC 过程，且 L 服从上述 CPH 分布，那么 D 就服从参数为 $(\boldsymbol{\pi},P)$ 的 DPH 分布。

对于泊松需求的情况，P 和 π 的表达式一般化了（7.5.2）[在那里，Q 变为 1×1 矩阵（0），$\boldsymbol{\xi}=(1)$，$\Lambda=(\lambda)$]。因此，$\bar{A}$ 和 $\bar{B}$ 的公式（7.5.5）至（7.5.6）适用于该模型 [在基本库存策略下，BW 服从矩阵参数为 M 的 CPH 分布。现在，初始向量包含了一个较大的矩阵（如 P）的幂。参见 Song 和 Zipkin（1992）]。

显然，计算绩效指标的难度通过矩阵 Q 和 M 的大小而取决于需求和供应模型的复杂程度。值得一提的是，在需求是一个更新过程的特殊情况下，这些计算在某种程度上简化了：假设需求之间的时间服从参数为$(\boldsymbol{\kappa}, K)$的 CPH 分布。这样，$Q=-K(I-\mathbf{e}\boldsymbol{\kappa})$，$\Lambda=K\mathbf{e}\boldsymbol{\kappa}$。因此，$\Lambda\otimes I=(K\mathbf{e}\otimes I)(\boldsymbol{\kappa}\otimes I)$，所以：

$$G^0(d)=\boldsymbol{\pi}P^d\mathbf{e}=\boldsymbol{\pi}_R P_R^d\mathbf{e}\qquad d\geqslant 0$$

其中，

$$P_R=(\boldsymbol{\kappa}\otimes I)(\Lambda\otimes I+-Q\oplus M)^{-1}(K\mathbf{e}\otimes I)$$

$$\boldsymbol{\pi}_R=\boldsymbol{\mu}[(\boldsymbol{\xi}\otimes I)(\Lambda\otimes I+-Q\oplus M)^{-1}(K\mathbf{e}\otimes I)]$$

因此，D 拥有“简化的”参数 $(\boldsymbol{\pi}_R,P_R)$ [我们可以证明 $(\boldsymbol{\pi}_R,P_R)$ 具备必要的特性]。P_R 与 M 具有相同的维度，且无论 Q 有多大，$\boldsymbol{\pi}_R$ 与 $\boldsymbol{\mu}$ 的大小都相同。最终结果的复杂程度只取决于提前期分布的复杂程度，而不取决于需求过程分布的复杂程度。例如，如果提前期服从指数分布，因而 M 为 1×1 矩阵，那么 P_R 也同样是 1×1 矩阵，并且 D 服从（延迟的）几何分布。的确，要计算 P_R，我们需要翻转一个很大的矩阵，但所有随后的计算都可以在一个较小的规模上完成。

下面是一个数值例子：假设 L 为两个独立指数变量之和，其均值分别为 ⅙ 和 ⅓（如两节点串联网络的提前期）。因此，$\boldsymbol{\mu}=(1,0)$，并且：

$$M=\begin{pmatrix}6 & -6\\ 0 & 3\end{pmatrix}$$

需求为 6.3.1 节中所讲的 MMP 过程。因此，上面的矩阵为：

$$\Lambda \otimes I = \begin{bmatrix} 0.5 & & & \\ & 0.5 & & \\ & & 19.5 & \\ & & & 19.5 \end{bmatrix}$$

$$-Q \otimes I = \begin{bmatrix} 20 & & -20 & \\ & 20 & & -20 \\ -20 & & 20 & \\ & -20 & & 20 \end{bmatrix}$$

$$I \otimes M = \begin{bmatrix} 6 & -6 & & \\ 0 & 3 & & \\ & & 6 & -6 \\ & & 0 & 3 \end{bmatrix}$$

像前面一样将这些结合起来计算 P（P 中的实际数字不是特别具有启发性）。另外，$\boldsymbol{\xi} \otimes \boldsymbol{\mu} = (\frac{1}{2}, 0, \frac{1}{2}, 0)$。假设我们采用基本库存策略。图 7.5.2 将该系统的绩效与泊松需求系统的绩效进行了比较。显然，波动更大的 MMP 过程导致更高的延期交货率，但仅仅是稍高一点（稍后我们将解释其原因）。

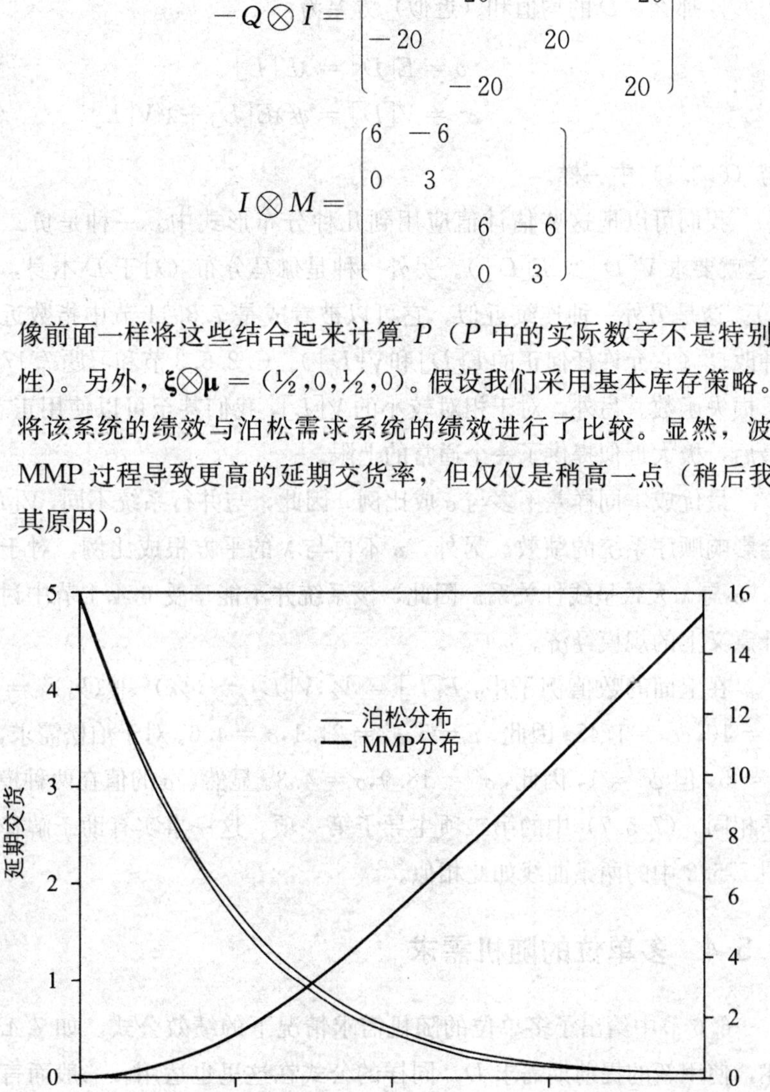

图 7.5.2　基本库存策略的绩效（需求波动的影响）

7.5.3 近似

正如上面所指出的那样，我们常常利用一种方便的形式来近似 L 的分布，即基于对其矩（moment）的估计或一个供应系统的模型。另一种同样很常用的方法是直接近似 D。假如我们估算出了 λ、$\psi^2=\psi_D^2$、$E[L]$ 和 $V[L]$。那么，D 的均值和（近似）方差为：

$$v=E[D]=\lambda E[L]$$
$$\sigma^2=V[D]=\psi^2\lambda E[L]+\lambda^2 V[L] \tag{7.5.7}$$

与（6.3.1）中一样。

我们可以把这些估计值应用到几种分布形式中。一种是负二项分布（这就要求 $V[D]>E[D]$）。另外一种是伽马分布（对于 D 本身，而不是 L）。这是另外一种连续近似。它可以被看成是 7.3.11 节中指数近似的一种改良（它允许任何正的 $E[D]$ 和 $V[D]$）。C.2.5.3 节和习题 7.17 中给出了损失函数。另外，对于相对较小的 $V[L]$，我们甚至可以使用正态近似。最后，极大近似提供了一个通常的上限。

最优成本同样差不多与 σ 成比例。因此，与并行系统不同，$V[L]$ 确实会影响顺序系统的绩效。另外，σ 不再与 λ 的平方根成比例，对于较大的 λ，σ 与 λ 大致呈线性关系。因此，该系统并不能享受 6.4.1 节中讨论的统计意义上的规模经济。

在上面的数值例子中，$E[L]=\frac{1}{2}$，$V[L]=(\frac{1}{6})^2+(\frac{1}{3})^2=0.139$，$\lambda=10$，$\psi^2=1.45$。因此，$v=5$，$\sigma^2=21.1$，$\sigma=4.6$。对于泊松需求，同样，$v=5$，但 $\psi^2=1$，因此，$\sigma^2=18.9$，$\sigma=4.3$。显然，σ 的值在两种模型中几乎相同。（7.5.7）中的第二项主导了第一项。这一事实有助于解释为什么图 7.5.2 中的两条曲线如此相似。

7.5.4 多单位的随机需求

6.6 节中给出了多单位的随机需求情况下的绩效公式。如 7.4.2 节所述，使用新的提前期需求 D，同样的公式在这里也适用。一般而言，D 服从根据 $\tilde{D}$ 和 Y 的分布构建的混合分布。下面我们一起来分析一下在几种特殊情况下 D 的形式。

首先，假设 $\tilde{D}$ 服从均值为 v 的泊松分布（就像在恒定提前期系统中一样），Y 服从参数为 p 的对数分布（参见 C.2.3.7 节）。那么：

$$\tilde{g}_D(z)=\exp\{-v[1-\tilde{g}_Y(z)]\}$$

$$= \exp\{-v[1-\frac{\ln(1-zp)}{1-p}]\}$$

$$= \left(\frac{1-p}{1-zp}\right)^n$$

其中，$n = v[-1/\ln(1-p)]$。因此，D 服从参数为 n 和 p 的负二项分布（除了这一简洁的结果外，对于使用对数分布，我们不知道还有其他什么令人信服的动机。在这里以及 7.5.1.1 节差别很大的模型中和习题 7.4 中出现负二项分布完全是一种巧合）。

接下来，假设 $\widetilde{D}$ 服从参数为 $(\tilde{\boldsymbol{\pi}},\widetilde{P})$ 的 DPH 分布，Y 本身服从参数为 $(\boldsymbol{\theta},\boldsymbol{\Theta})$ 的 DPH 分布［因为 $g_Y(0)=0,\boldsymbol{\theta}\mathbf{e}=1$］。因此，$D$ 也服从参数为 $(\boldsymbol{\pi},P)$ 的 DPH 分布。其中：

$$\boldsymbol{\pi} = \tilde{\boldsymbol{\pi}} \otimes \boldsymbol{\theta} \qquad P = I \otimes \boldsymbol{\Theta} + \widetilde{P} \otimes [(I-\boldsymbol{\Theta})\mathbf{e}\boldsymbol{\theta}]$$

（参见习题 7.20。）例如，假设 Y 服从几何分布，上移 1，使得 $g_Y(0)=0$。因此，$\boldsymbol{\theta}$ 和 $\boldsymbol{\Theta}$ 都为 1×1 矩阵，$\boldsymbol{\theta}=(1)$，对于某些 $0<\theta<1$ 的标量 θ，$\boldsymbol{\Theta}=(\theta)$。在这种情况下：

$$\boldsymbol{\pi} = \tilde{\boldsymbol{\pi}} \qquad P = \theta I + (1-\theta)\widetilde{P}$$

（7.5.3）和（7.5.4）给出了损失函数。它们可以用在 6.6 节中 $\overline{A}$、$\overline{B}$ 和 $\overline{I}$ 的公式中，取决于使用何种策略。对于 (r,q) 策略，$\overline{A}$ 和 $\overline{B}$ 由（7.5.5）和（7.5.6）给出［对于 (r,s) 策略，我们可以明确地计算出 $\boldsymbol{\iota}$ 的值］。

一般而言，我们可以改变 7.5.3 节中的近似。假设混合泊松需求的情况：

$$E[\widetilde{D}] = \lambda E[L]$$
$$V[\widetilde{D}] = \lambda E[L] + \lambda^2 V[L]$$

利用 C.2.3.8 节中混合分布的公式可以得出：

$$E[D] = E[\widetilde{D}]E[Y]$$
$$V[D] = E[\widetilde{D}]V[Y] + V[\widetilde{D}]E^2[Y]$$

将这两个结果结合起来，得到：

$$E[D] = \lambda E[Y]E[L]$$
$$V[D] = \lambda E[Y^2]E[L] + (\lambda E[Y])^2 V[L]$$

我们可以利用这些矩来满足一种合适的分布，如负二项分布、伽马分布或正态分布。

即使当 $\widetilde{\mathbf{D}}$ 不是泊松分布时，这种方法也比较有效。我们从（7.5.7）中对 $V[\widetilde{D}]$ 的近似开始，得到：

$$E[D] = \lambda E[Y]E[L] \tag{7.5.8}$$

$$V[D] = \lambda(V[Y] + \widetilde{\psi}^2 E^2[Y])E[L] + (\lambda E[Y])^2 V[L] \tag{7.5.9}$$

（7.5.9）中的 $\lambda(V[Y] + \widetilde{\psi}^2 E^2[Y])$ 这一项代表了总体需求波动（demand variation），如 6.6.2 节所述，这个量是由平均提前期来度量的。$V[L]$ 这一项代表了供应波动（supply variation），它是由总体需求率（的平方）来度量的。系统中总波动（total variation）$V[D]$ 概括了所有这些来源的总体影响。

7.5.5 证明

定理 7.5.1 的证明：根据（7.5.1）和 C.5.5 节中 L 的拉普拉斯转换：

$$\widetilde{g}(z) = \boldsymbol{\mu}[(1-z)\lambda I + M]^{-1} M\mathbf{e} \tag{7.5.10}$$

在继续证明之前，我们先用另外一种方法来推导（7.5.10）(我们在后面会再次用到这种方法)。令 $\mathbf{U}$ 为马尔可夫链，其占用的时间决定了 L 的分布。因此，$\mathbf{U}$ 的初始分布由向量 $\boldsymbol{\mu}$ 指定，$\mathbf{U}$ 的转移率（受限于其暂时状态）由 $-M$ 给出（注意，$\mathbf{U}$ 与上面描述供应系统的 $\mathbf{Z}$ 不同）。

考虑联合马尔可夫链 $(\mathbf{D},\mathbf{U})$。定义：

$$g_{uu'}(d|t) = \Pr\{D(t) = d, U(t) = u' | U(0) = u\}$$

$$G(d|t) = [g_{uu'}(d|t)]_{uu'}$$

（这只包括暂时状态 u 和 u'。）令 $G' = \dfrac{\partial G}{\partial t}$，联合过程的动态方程可通过矩阵微分方程来表示：

$$G(0|0) = I$$

$$G(d|0) = 0 \qquad d > 0$$

$$G'(0|t) = -G(0|t)(\lambda I + M)$$

$$G'(d|t) = -G(d|t)(\lambda I + M) + G(d-1|t)(\lambda I) \qquad d > 0$$

现在，考虑矩阵的 z—变换：

$$\widetilde{G}(z|t) = \sum\nolimits_{d=0}^{\infty} z^d G(d|t)$$

由上面的动态方程，我们可以立即得到下面的微分方程：

$$\widetilde{G}(z|0) = I$$

$$\widetilde{G}'(z|t) = -\widetilde{G}(z|t)[(1-z)\lambda I + M]$$

对于每一个固定的 z，其解为：

$$\widetilde{G}(z|t) = \exp\{-[(1-z)\lambda I + M]t\}$$

现在，$\boldsymbol{\mu}G(d|t)M\mathbf{e}$ 连带地描述了 $D(t)=d$ 的概率，以及在 t 时刻 U 的吸收率（absorption rate）。因此：

$$g(d) = \int_0^\infty [\boldsymbol{\mu}G(d|t)M\mathbf{e}]dt$$
$$= \boldsymbol{\mu}[\int_0^\infty G(d|t)dt]M\mathbf{e}$$

两边同时变形后：

$$\widetilde{g}(z) = \boldsymbol{\mu}[\int_0^\infty \widetilde{G}(z|t)dt]M\mathbf{e}$$
$$= \boldsymbol{\mu}[\int_0^\infty \mathrm{e}^{-[(1-z)\lambda I+M]t}dt]M\mathbf{e}$$

由此立即推导出（7.5.10）。

现在，利用 P 的定义和一些矩阵运算，我们可以得到下面的性质：

$$\lambda M^{-1} = P(I-P)^{-1} \tag{7.5.11}$$

利用这一事实以及更多的矩阵运算，我们可以得到：

$$[(1-z)\lambda I + M]^{-1}M = (I-P)(I-zP)^{-1} \tag{7.5.12}$$

将上式代入（7.5.10），得到：

$$\widetilde{g}(z) = \boldsymbol{\mu}(I-P)(I-zP)^{-1}\mathbf{e}$$

这是参数为 $(\boldsymbol{\pi}, P)$ 的 DPH 分布的 z—变换，其中 $\boldsymbol{\pi} = \boldsymbol{\mu}P$。

定理 7.5.2 的证明：我们用类似于（7.5.10）的第二种证明方法来论证：考虑联合过程 $(\mathbf{D},\mathbf{W},\mathbf{U})$。定义：

$$g_{wu,w'u'}(d|t) = \Pr\{D(t)=d, W(t)=w', U(t)=u' | W(0)=w, U(0)=u\}$$
$$G(d|t) = [g_{wu,w'u'}(d|t)]_{wu,w'u'}$$

[矩阵 $G(d|t)$ 的行用 w 和 u 来编号，列用 w' 和 u' 来编号。具体来说，为了对行进行编号，我们将具有相同 w 值的状态分为一组，令 u 在 $\mathbf{U}$ 的所有暂时状态中变化；列以类似的方式进行编号，将具有共同 w' 的状态分为一组。与前面一样，只有暂时状态 u 和 u' 被包含在内。]

现在，$\mathbf{W}$ 和 $\mathbf{U}$ 是相互独立的马尔可夫链，因此，$(\mathbf{W},\mathbf{U})$ 的生成元（受

限于 U 的暂时状态）可以写成如下形式：

$$Q \oplus (-M) = Q \otimes I + I \otimes (-M) = -(-Q \oplus M)$$

$G(d|t)$ 的动态方程可由下面的公式表示：

$$G(0|0) = I \otimes I$$
$$G(d|0) = 0 \otimes 0 \qquad d > 0$$
$$G'(0|t) = -G(0|t)(\Lambda \otimes I + -Q \oplus M)$$
$$G'(d|t) = -G(d|t)(\Lambda \otimes I + -Q \oplus M) + G(d-1|t)(\Lambda \otimes I) \qquad d > 0$$

像前面一样定义矩阵的 z—变换 $(z|t)$，我们得到：

$$\tilde{G}(z|t) = \exp\{-[(1-z)(\Lambda \otimes I) + -Q \oplus M]t\}$$

在这种情况下，$(\boldsymbol{\xi} \otimes \boldsymbol{\mu})G(d|t)(\mathbf{e} \otimes M\mathbf{e})$ 共同描述了 $D(t) = d$ 的概率以及 U 的吸收率。因此：

$$\begin{aligned} g(d) &= \int_0^\infty (\boldsymbol{\xi} \otimes \boldsymbol{\mu})G(d|t)(\mathbf{e} \otimes M\mathbf{e})dt \\ &= (\boldsymbol{\xi} \otimes \boldsymbol{\mu})\left[\int_0^\infty G(d|t)dt\right](\mathbf{e} \otimes M\mathbf{e}) \\ &= (\boldsymbol{\xi} \otimes \boldsymbol{\mu})\left[\int_0^\infty G(d|t)dt\right](-Q \oplus M)(\mathbf{e} \otimes \mathbf{e}) \end{aligned}$$

[最后一个等式利用了 $(-Q \oplus M)(\mathbf{e} \otimes \mathbf{e}) = -Q\mathbf{e} \otimes \mathbf{e} + \mathbf{e} \otimes M\mathbf{e} = \mathbf{e} \otimes M\mathbf{e}$ 这一事实。] 因此：

$$\begin{aligned} \tilde{g}(z) &= (\boldsymbol{\xi} \otimes \boldsymbol{\mu})\left[\int_0^\infty \tilde{G}(z|t)dt\right](-Q \otimes M)(\mathbf{e} \otimes \mathbf{e}) \\ &= (\boldsymbol{\xi} \otimes \boldsymbol{\mu})\int_0^\infty \exp\{-[(1-z)(\Lambda \otimes I) + -Q \oplus M]t\}dt(-Q \oplus M)(\mathbf{e} \otimes \mathbf{e}) \\ &= (\boldsymbol{\xi} \otimes \boldsymbol{\mu})[(1-\mathrm{z})(\Lambda \otimes \mathrm{I}) + -\mathrm{Q} \oplus \mathrm{M}]^{-1}(-Q \oplus M)(\mathbf{e} \otimes \mathbf{e}) \end{aligned}$$

这一表达式与（7.5.10）类似。

与（7.5.11）和（7.5.12）类似的等式如下：

$$(-Q \oplus M)^{-1}(\Lambda \otimes I) = P(I-P)^{-1}$$

$$[(1-z)(\Lambda \otimes I) + -Q \oplus M]^{-1}(-Q \oplus M) = (I-P)(I-zP)^{-1}$$

因此：

$$\tilde{g}(z) = (\boldsymbol{\xi} \otimes \boldsymbol{\mu})(I-P)(I-zP)^{-1}(\mathbf{e} \otimes \mathbf{e})$$

这是参数为 $(\boldsymbol{\pi}, P)$ 的 DPH 分布的 z—变换，其中 $\boldsymbol{\pi} = (\boldsymbol{\xi} \otimes \boldsymbol{\mu})P$。

本章注释

7.1 节：将排队系统作为按库存生产系统的一部分最早是由 Karush（1957）、Morse（1958）和 Scarf（1958b）提出的。关于排队论的最新的图书包括 Gross 和 Harris（1985）、Hall（1991）、Heyman 和 Sobel（1982），以及 Walrand（1988）。

7.2 节：Scarf（1958b）的同一篇论文中介绍了帕姆定理（Palm's theorem）在这一背景下的应用。许多关于该模型的推广在 Nahmias（1981）中得到了评估。消费者等待时间的分布在 Berg 和 Posner（1990）、Higa 等（1975）以及 Sherbrooke（1975）中进行了论述。

某些环境驱动需求过程的准确（但很复杂）结果由 Ramaswami 和 Neuts（1980）以及 Scarf（1958b）提供。正态近似和 σ 的公式在 Whitt（1982，1992）、Glynn 和 Whitt（1991）及其参考资料中进行了论述。在这种背景下，提前期波动相互矛盾的影响在 Wolff（1977）中进行了进一步的论述。

7.2.3 节中的销售损失模型是由 Karush（1957）提供的。Smith（1977）提出了近似技术。Johansen 和 Thorstenson（1993）展示了在指数提前期情况下如何计算最优策略。对于 7.2.4 节中的 (r,q) 策略，Galliher 等（1959）和 Sahin（1983）推导出了准确但复杂的结果。Song 和 Zipkin（1996a）评估了（7.2.3）中的近似。Yano 和 Lcc（1995）对具有不完美质量的批量大小模型的文献资料进行了评论。

7.3 节：处理速度取决于状态的模型（如 7.3.3 节所述）可以在 Gross 和 Harris（1971）中找到。处理网络的近似请参见 Whitt（1983）、Harrison 和 Nguyen（1990）以及 Walrand（1988）。Baker（1992）以及 Dallery 和 Gershwin（1992）提供了有限缓冲系统的概述。Baker（1973）和 Sobel（1969）研究了直接处理器控制系统。修正后的指数近似可以在 Abate 等（1995）中找到。

7.4 节：外生供应系统的概念和此处的结果来自 Zipkin（1986a），利用了 Ehrhardt（1984）、Kaplan（1970）和 Nahmias（1979）以前的作品。Song 和 Zipkin（1996b）分析了利用当前供应系统信息的策略。

7.5 节：涉及 CPH 分布的推导使用了 Neuts（1981）和 Zipkin（1988）的观点。对于许多其他的分布，人们已经推导出了明确的公式：Bagchi、Hayya 和 Ord（1984）以及 Bagchi（1987）进行了评论。有关提前期波动影响的进一步讨论，请参见 Bagchi 等（1986）。Feeney 和 Sherbrooke（1966）研究了具有独立提前期和混合泊松需求的系统。

本章习题

7.1　考虑在 7.2 节中介绍过的随机变量 $L_{[2]}$，即 L 的两个独立类型中最小的一个。证明其互补累积分布函数由 F_L^0 的平方（即 F 的互补累积分布函数本身）所给出。利用这一事实证明，如果 L 在区间 $E[L]\pm v$ 上服从均匀分布，那么 $E[L_{[2]}]=E[L]-\frac{v}{3}$。

7.2　考虑 7.2.3 节中的销售损失模型，假设泊松需求和独立提前期的情况。证明对于 $s\geqslant 0$，$\overline{A}$ 是 s 的减函数，且是凸的。

提示：首先证明 $\overline{A}(s)$ 满足递归：

$$\overline{A}(s)=\frac{\overline{A}(s-1)}{\overline{A}(s-1)+\frac{s}{v}}$$

或：

$$\overline{A}(s-1)=\overline{A}(s)[\overline{A}(s-1)+\frac{s}{v}]\qquad s>0$$

用该式证明：

$$[\overline{A}(s)+\frac{s+1}{v}]\Delta\overline{A}(s)=[1-\overline{A}(s)]\Delta\overline{A}(s-1)-\frac{\overline{A}(s)}{v}$$

现在，直接证明 $\Delta\overline{A}(0)=-1/(1+v)<0$，然后用归纳法证明 $\Delta\overline{A}(s)<0$。接下来，证明：

$$[\overline{A}(s+1)+\frac{s+2}{v}]\Delta^2\overline{A}(s)=[1-\overline{A}(s)]\Delta^2\overline{A}(s-1)-2\Delta\overline{A}(s)[\Delta\overline{A}(s)+\frac{1}{v}]$$

再利用归纳法来证明 $\Delta\overline{A}(s)>-1/v$ 和 $\Delta^2\overline{A}(s)>0$。

7.3　考虑 7.3.2.2 节中的 M/G/1 系统。本习题专注于当处理器偶尔发生故障时单位处理时间 S 的建模。假设无论何时开始生产产品，机器总是在运转，且在生产期间，机器以速率 μ_0 完成这些产品的生产，与在 M/M/1 系统中一样。然而，当机器进行生产时，它的故障率恒为 β_d。维修时间服从均值为 $1/\beta_u$ 的指数分布。

对 S 的分布进行建模，包括服从 CPH 分布的等待修理的时间。用上面指定的参数计算其均值和方差。另外，描述 L 的分布，并计算其均值。

7.4　考虑 7.3.3.1 节中处理速度取决于工作量的系统。假设对于某些恒定的

$\mu > \lambda$ 和 $n \geqslant 1$, $\mu_i = \mu[i/(n-1+i)]$, $i \geqslant 1$。因此，处理速度从较小的值开始，且 $\mu_1 = \mu/n$，但逐渐增加，随着 i 的增加趋近于极限 μ。这是一种介于固定速率（fixed-rate）的 M/M/1 系统和比例速率（proportional-rate）的 M/M/∞系统之间的情况。

将 **IO** 看成是一个生灭过程，证明 IO 服从参数为 n 和 $p = \lambda/\mu$ 的负二项分布。

7.5　考虑 7.3.7 节中的多输入来源的系统，并假设 IO_+ 服从 DPH 分布。证明 IO 服从相同的分布，其参数由等式（7.3.5）给出。提示：利用 z－变换。证明 $\tilde{g}(z) = \tilde{g}_+[\theta z + (1-\theta)]$。

7.6　如 7.3.8 节中指出的那样，在具有泊松需求的串联系统中，$IO = D(L)$。利用这一事实和詹森不等式（Jensen's inequality）证明：给定具有相等 $E[L]$ 值的顺序系统和并行系统，对于所有的 s，顺序系统总是拥有较大的 $\bar{B}(s)$。

7.7　考虑 7.3.10.2 节中以 (r,s) 策略运作的直接处理器控制系统。

(a) 解释为什么过程（**IO**, **X**）是一个连续时间马尔可夫链，并画出其状态转换图。证明正文中给出的概率质量函数 $g(i,\chi)$ 满足平衡方程。

(b) 给定（**IO**, **X**）的这一分布，推导出正文中给出的 $\bar{I}$ 和 $\bar{B}$ 的公式。

7.8　考虑在 7.2.3 节和 7.3.4 节中的简单销售损失系统，假定基本库存策略的情况。对于这两种系统中的任何一种系统，证明 $\bar{I}$ 的公式。

7.9　考虑下列 M/M/1 系统的变形：假设当需求发生时没有可用的库存，顾客离开（需求变为销售损失）的概率为 $1-\beta$，等待（需求被延期）的概率为 β。哪一种绩效标准在这里更重要？证明 **IO** 是一个生灭过程，并推导出 IO 的分布。利用这一结果推导出绩效指标的公式。

7.10　考虑 7.3.3.3 节中具有有限数量客户的系统。确定 IO 的分布。利用该结论推导出 $\bar{I}$ 和 $\bar{B}$ 的公式。

7.11　考虑 M/G/1 系统，其中各个单位为次品的概率为 δ，如 7.3.5.2 节所述。假设在接到货物时就进行检验，并将次品丢弃。对于最初（“名义”）处理时间 S 服从 CPH 分布的情况，证明有效处理时间 S' 也服从 CPH 分布，并计算其参数。

7.12　考虑在 7.3.5.3 节的检验方案下具有次品率 δ 的 M/M/1 系统，其中，货物只是在需求时点被检验并发现次品。过程 **IO** 是一个马尔可夫链。其动态方程取决于 s。

(a) 对于固定的 s，画出 **IO** 的状态转换图。证明转移率 q_{ij} 具有如下的形式：

$$\lambda(1-\delta)\delta^{j-i-1} \qquad i \leqslant s, i < j \leqslant s$$

$$\begin{array}{ll} \lambda\delta^{s-i} & i \leqslant s, j = s+1 \\ \lambda & i > s, j = i+1 \\ \mu & 0 < i \leqslant s, j = i-1 \\ \mu(1-\delta) & i > s, j = i-1 \end{array}$$

(b) 令 $\rho = \frac{\lambda}{(\xi\mu)}$，$\rho_+ = 1-(1-\rho)\xi$。证明下面的概率满足平衡方程，因而描述了 IO 的分布：

$$\pi_0 = 1-\rho$$

$$\pi_j = (1-\rho_+)\rho\rho_+^{j-1} \qquad 1 \leqslant j \leqslant s$$

$$\pi_j = (1-\rho)\rho_+^s\rho^{j-s} \qquad j > s$$

(c) 证明正文中所断言的：

$$\bar{B}(s) = \left(\frac{\rho}{1-\rho}\right)\rho_+^s$$

$$\bar{I}(s) = s - \left(\frac{\rho}{1-\rho_+}\right)(1-\rho_+^s)$$

7.13 考虑 7.3.2.1 节中的 M/M/1 系统，对它进行修正以描述一种易逝品。库存中的每一单位物品都可能按照速率为 δ 的泊松过程在任何时间腐坏，其中 $\delta > 0$（如果在物品离开库存以满足需求前事件发生，该物品就会在泊松过程第一时间腐坏）。这些泊松过程与需求和供应过程是独立的，且相互之间也是独立的。

说明 **IO** 是一个生灭过程，并确定其转换率 λ_i 和 μ_i。用比率 $\rho = \lambda/\mu$ 和 $\eta = \delta/\lambda$ 来表达 ρ_i。证明，对于 $i \geqslant s, R_i = \rho^i \prod_{j=1}^{s}(1+\eta j)$。另外，计算 R_i（对于 $i < s$）和 R 本身。

7.14 下面描述了几种情况。每一种情况的问题都是要决定运用哪种类型的供应系统：并行系统、有限产能系统，或外生顺序系统。说明你认为哪一种类型最合适，并解释为什么（不一定是唯一正确的答案。如果你不确定，描述你会寻找哪些额外信息以协助确定这一问题）。

(a) 你正经营一家小型机械工厂，为一家大型工厂制造配件。有一个必不可少的部件需求频率很高，制造这个部件消耗了你相当大的一部分生产能力。

(b) 你订购了用于化学过程的原料。这些原料中的一种是由许多不同的化学公司提供的，且你通常将订单分散在这些公司中，订单的交叉对你来说是很正常的，即可能在向另一家公司下订单之前收到一家公司的货物。然而，各公司间订单响应时间的区别并没有什么规律可循，也不可预测。

(c) 你经营一家小型服装零售店。你从一家生产商处获得了你最畅销的产品线之一。这一供应商规模很大，年销售额达到数亿美元。你非常肯定这家公司的总裁没有听到过你的名字。

7.15 假设 **D** 是一个 $\lambda = 3$ 的泊松过程，且 L 是服从 $E[L] = 2$、$V[L] = 2$ 的伽马分布。确定 L 和 D 的参数。假设我们希望遵循 $\overline{A}(s) \leqslant 0.05$ 的基本库存策略。要达到这种绩效要求，s 的最小值是多少？（你可以通过手工计算或使用电子数据表程序利用计算机来计算。）

7.16 假设 M 是 CPH 分布的转换矩阵（transition matrix）。也就是说，M 是一个非奇异的方阵，其非对角元素是非正的，且 $M\mathbf{e} \geqslant 0$，证明 $M^{-1} \geqslant 0$。

定义 $P = \lambda(\lambda I + M)^{-1}$，证明 P 是一个 DPH 分布的转换矩阵：$P \geqslant 0$，$(I - P)\mathbf{e} \geqslant \mathbf{0}$，且 $(I - P)$ 是非奇异的。

7.17 假设 F^0 是一个伽马分布的互补累积分布函数，f 是其概率密度函数。如正文中那样定义 F^1，利用分部积分法（integration by parts）证明：

$$F^1(x) = \left[\left(\frac{n}{\mu}\right) - x\right]F^0(x) + \left(\frac{x}{\mu}\right)f(x)$$

用此结论来推导 $F^2(x)$ 的公式。

7.18 假设我们从 7.2 节和 7.3 节中次品率为 δ 的质量不完美的供应系统中获得补货。我们采用基本库存策略。6.5 节中的平均成本模型适用，并且我们运用连续近似（具体来说就是正态近似或指数近似）来计算最优策略。对于这两种情况中的每一种，解释 δ 的变化对最优成本造成的定性影响。巧妙地运用文字和图形，尽量少用数学运算。

7.19 假设需求是 $\lambda = 5$ 的泊松过程，且供应系统是外生的、顺序的，其中，L 服从 $E[L] = 0.2$ 的指数分布。成本因子 $h = 1, b = 19$。

(a) 提前期需求 D 服从哪种类型的分布？参数是什么？

(b) 利用 D 的指数近似，并暂时设 $k = 0$。计算最优基本库存策略和最优成本。

(c) 利用精确的离散建模，计算最优基本库存策略和最优成本。将这些结果与 (b) 部分的结果进行比较。

(d) 现在，设 $k = 3$，用 6.5.4 节中的 Algorithm Optimize _ rq 算法确定最优 (r,q) 策略和最优成本。

7.20 考虑一种 7.5.4 节所述的多单位随机需求，其中，$\widetilde{D}$ 服从参数为 $(\tilde{\boldsymbol{\pi}}, \widetilde{P})$ 的 DPH 分布，Y 服从参数为 $(\boldsymbol{\theta}, \boldsymbol{\Theta})$ 的 DPH 分布，且 $\boldsymbol{\theta}\mathbf{e} = 1$。证明 D 也服从参数为 $(\boldsymbol{\pi}, P)$ 的 DPH 分布，其中：

$$\boldsymbol{\pi} = \tilde{\boldsymbol{\pi}} \otimes \boldsymbol{\theta} \qquad P = I \otimes \boldsymbol{\Theta} + \widetilde{P} \otimes [(1 - \boldsymbol{\Theta})\mathbf{e}\boldsymbol{\theta}]$$

7.21　考虑一个包含单一处理器且产能有限的服务设施。当顾客到达时，他们都会带来一单位需要处理的物品。直到处理器开始处理它之前，每一位顾客都必须等待物品接受处理。在那时，顾客可以离开（例如，这一情境描述了装载食物或垃圾到处理厂的情况）。令 $IO(t)$ 表示系统中物品的总占用率，包括正在等待和正在处理的物品。证明正在等待的顾客数量为 $B(t)=[IO(t)-1]^{+}$，即具有基本库存水平 $s=1$ 的库存系统的延期交货量。

现在，假设该设施提供 $s-1$ 个储存箱，其中 $s>1$。当一个箱子变得可用时，顾客可以把他的物品放到该储存箱中，然后离开。证明 $IO(t)$ 与前面是相同的，但现在 $B(t)=[IO(t)-s]^{+}$，即具有基本库存水平 s 的延期交货量。因此，在这种情况下，储存箱扮演了与库存相同的角色，即避免顾客在供应系统中遭受堵塞。

第 8 章　具有随机需求的多个物品

本章提要

8.1　导言

前两章主要讨论了在单一地点具有单一产品的情况。现在，我们将注意力转向在结构上更加复杂的系统，如第 5 章所述，其中几个物品（产品和/或地点）联系在一起，形成了一个网络。与第 5 章不同（但与第 6 章和第 7 章相同）的是，需求过程和供应系统可能包括随机因素。

这样一个系统有时被称为供应链（supply chain）。随着许多公司意识到再造其供应链会带来大量的好处，因此最近它们对供应链管理（supply-chain management）产生了极大的兴趣。要做到这一点，我们必须了解不同的控制方案和系统设计是如何运作的。本章在这一概念层面上总结了可以用来支持供应链管理的最佳分析工具。

供应链是一种业务流程（business process）（这个词语也包括纯粹的信息处理系统，其中有形货物在这个系统中发挥的作用微不足道）。对于网络再造（network restructuring）来说，业务流程再造（business-process reengineering）是一种以提高绩效为目标的严谨的、系统的办法。同样，本章将提供能够支持这一努力的各种工具。

我们从 8.2 节开始讨论由许多独立物品组成的系统，每个物品都面临着随机的需求和供应条件。这些结果一般化了第 5 章 5.2 节中的结果：我们借助几个简单的综合统计指标来描述总体系统绩效。这些指标包括品类指标（variety index）J_* 和一个系统层面的变动指数（index of variation）（各物品 σ 的加权成本之和）。这些结果使我们能准确地度量并直观地理解物品整合（item consolidation）的好处。

本章的其余部分将系统看成是这样的：其物品主要通过供应—需求关系联系在一起。我们将集中讨论一些特殊的结构，即串联系统、装配系统和配送系统。另外，我们还会讨论共享供应过程。

这类系统的一个关键区别在于信息流和控制（我们在第 5 章中谈到过这个问题，但在这里它变得更加重要）。当一个结构复杂的系统在一定程度上受随机事件驱动时，我们就需要清楚地了解谁知道何时、如何以及使用哪些信息来控制网络的不同部分。

从概念上来说，最简单的情况是一个集中的系统（centralized system）。其中，网络中所有的相关信息都流入一个点，所有的决策都是在这个点上做出的。然后，这些决策在网络中传递以得到实施。从某种意义上讲，这是一种理想的情况，还有什么比具有完全信息的决策制定者能够彻底控制整个系统更好呢？

然而，在实践中（如 5.8 节所述），集中化可能不切实际，甚至出现紊乱：它需要一种快速、可靠的沟通系统、强大的信息处理能力，以及一个愿意并且能够以协调的方式进行运作的组织。出于大量的技术、经济和文化原因，这些因素常常并不具备。在无法得到适当支持的地方实施集中控制会造成负面影响。

出于这个原因，我们还考虑了相对分散的系统（decentralized system），其中的信息和控制分布在整个网络中。我们说"相对"，是因为尽管分散系统所需的信息不像完全集中的系统那样多，但仍然需要很多信息。分散化有很多方式，但不是全都有效。没有集中控制，就必须有某种不同的机制避免混乱。我们考虑的所有控制策略都经过了仔细雕琢以实现合理程度的协调。

有时候，我们有明确的理由将信息和控制集中在一起。集中化使我们能够平衡物品的库存，而在纯粹的本地控制下则会出现失衡。平衡的确切含义取决于实际环境，但这个一般性概念的应用十分广泛。

在 8.3 节中，我们从串联系统开始讨论，集中分析了供应中不存在规模经济的情况。与单一阶段的系统一样，这里的根本问题是需求的不确定性和供应提前期交织在一起。同样，这导致了库存和延期交货之间的权衡。但是，我们现在有几个可能的存货点，以不同的费用水平提供不同程度的缺货保护。我们不仅要决定持有多少库存，而且要决定库存的位置。

有趣的是，集中化的系统和分散化的系统的区别在这里不复存在。我们从一个简单、可行的本地控制方案开始，在每一个阶段都采用基本库存策略，并说明它等同于一个完全集中化的系统。因此，集中控制可以用一种分散化的方式得到实施。

我们开发了各种算法来评估此类策略，然后选择最好的一个。在两阶段的情况下，我们推导出了最优策略变量和最优成本的界限。这些结果，再加上某些说明性的例子，使我们能够直观地理解有效控制和系统绩效的主要驱动因素。

我们首先得到了具有泊松需求和恒定提前期的基本模型的这些结果。随后，我们发现，同样的方法也适用于混合泊松需求以及第 7 章中的所有供应系统，不论是在近似还是准确的意义上来看都是如此。

然后，我们考虑了一个具有固定订货成本的系统。我们从一种简单的情况开始，在这种情况中，外部订单会发生固定成本，但内部发货则不会。前面的大多数结果都能够直接扩展到这一系统中。在这里，第一个阶段使用的是 (r,q) 策略，而在其他阶段则使用基本库存策略。同样，集中化控制和分散化控制是相同的。然后，我们转向一般情况，即内部装运同样会产生固定成本的情况。这个系统比以前的系统更加复杂。具体而言，集中控制和分散控制不再相同（实际上，集中控制更普遍）。我们开发出了一种策略评价方法，涵盖了这两种情况，以及一种局部优化，在给定固定订货数量的情况下，它可以计算出最佳再订货点。

8.4 节将这些想法延伸到装配系统（assembly systems）。值得注意的是，一个装配系统可以简化为一个等价的串联系统。因此，我们可以使用 8.3 节中进行策略评估和最优化的方法。然而，我们得到的策略无法单独依靠本地信息执行。我们可以局部地控制每一件物品，但我们需要关于其他物品的明确信息，以便恰当地平衡物品的库存。当然，在这种环境中，我们也可以利用分散化控制方案，即基本库存策略，但这种做法的成本更高。我们将再次使用串联系统的技术来说明如何评估这一策略。

接下来，我们研究了一个两级的配送系统（distribution system），其中一个地点（被称为仓库）从外部接收货物，然后依次向其他地点（零售商）供货。该系统在结构上是一种两阶段串联系统和独立（或并行）物品系统的混合。这一观点非常有用，我们可以用类似的方法，通过整合串联系统和并行系统的各个要素，来解释系统的运营以及绩效。

现在，即使没有固定成本，集中化和分散化的问题也很重要。我们将在 8.5 节讨论本地控制。每个地点都遵循基本库存策略，同时仓库基于先进先出（FIFO）的原则来满足零售商的订单。我们将说明如何评估这样的策略，以及如何选择最佳的策略。这种方法可以直接扩展至任意配送网络和具有固定外部订货成本的系统。

分析表明，仓库库存具有两种不同的经济职能。它提供了一种低成本的缺货保护和在一定程度上整合零售商的手段，即为零售商提前期需要的不确定性提供了一种缓冲。

第 8.6 节将讨论在集中控制下运行的配送系统。我们开发出了一种近似算法和一种启发式策略。该策略的一部分是近视分配（myopic allocation），是一种将出货与零售商间的仓库区分开来的简单技术。均衡近似（balanced approximation）将模型简化为两阶段的串联系统，我们将用 8.3 节中的方法进行求解。这样我们就得到了最优成本的估计值和启发式策略的其他要素。这一近似算法和策略效果良好，特别是对于高需求量的系统。

我们发现，一般来说，与本地控制系统相比，集中控制系统需要更少的仓库库存。集中化的系统能够替代库存信息，以实现某种程度的零售商整合（retailer consolidation）。

8.7 节讨论了两种类型的共享供应过程。首先，我们将求解一个简单的联合补货问题。然后，我们将转向具有共享产能的系统。这些与配送系统类似，但并不完全相同。本节将以具有有限资源的系统中准备成本的一般性讨论作为结束。

最后，8.8 节探讨了具有有限产能的处理器网络的基本库存策略的变形。这些策略建立在著名的看板系统（kanban system）基础之上。我们发现，尽管这些策略比基本库存策略更复杂，但 8.3 节中的简单模型反映了系统的基本经济学。然后，我们在即时制（just-in-time）这一更宽泛的背景下讨论了这些观点。

8.2 独立的物品

考虑几种独立物品的库存，即如第 5 章 5.2 节中所述的并行系统。现在，每个物品都遵循第 6 章和第 7 章的情境之一：它们都面临着随机需求过程，也可能面临着随机供应系统。与 5.2 节中一样，此处的目标是理解用总体参数表示的总体层面的系统绩效（你可能希望复习一下 5.2 节，那一节解释了这类总体层面分析的应用）。

同样，我们定义：

$J=$ 物品的数量

$i=$ 物品的序号，$i=1,\cdots,J$

λ_j = 物品 j 的需求率

c_j = 物品 j 的采购成本

p_j = 物品 j 的销售价格

使用总采购成本率作为总需求的统计量：

$$c\lambda = \sum_j c_j \lambda_j$$

8.2.1 基本库存策略

假设在订货中不存在规模经济，我们对每个物品都采用基本库存策略。每个物品有两个主要的绩效指标——平均库存和平均延期交货。因此，定义两个总体绩效指标：

$$\begin{aligned} cI &= \text{库存的平均总投资} \\ &= \sum_j c_j \bar{I}_j \\ pB &= \text{延期交货的总销售额} \\ &= \sum_j p_j \bar{B}_j \end{aligned}$$

其中，$\bar{I}_j$ 和 $\bar{B}_j$ 表示物品 j 的平均库存和平均延期交货。

为了研究 cI 和 pB 之间的关系，我们采用了 5.2.3 节中单个物品的方法。也就是说，指定两个正常数 η 和 β，并使用这些正常数和 cI 与 pB 中的系数一起来定义各个物品的成本因子：

$$h_j = \eta c_j \qquad b_j = \beta p_j, j = 1, \cdots, J \tag{8.2.1}$$

然后，单独计算每个物品的最优基本库存策略。这就确定了 $\bar{I}_j$ 和 $\bar{B}_j$，从而确定了 cI 和 pB。这一对 (cI, pB) 是有效的，也就是说，没有更小的 pB 和 cI 一致。改变比率 β/η，并重复这一程序，得到其他有效的配对。这些配对的轨迹描述了总库存—延期交货权衡曲线。这个概念对管理人员来说是非常有用的，其发挥作用的方式与 5.2 节的权衡曲线一样。

这个方法是有效的，但是它并没有提供关于系统行为的更综合的见解。一般来说，它不能简化为（5.2.4）那样简明的公式。因此，我们必须做出额外的假设：首先，假设对于所有物品，加成率（markupratio）p_j/c_j 是一样的。然后（与习题 5.4 一样），我们可以用下述公式作为总体延期交货指标：

$$\begin{aligned} cB &= \text{延期交货的总成本} \\ &= \sum_j c_j \bar{B}_j \end{aligned}$$

因为它体现出了与 pB 一样的信息，并重新指定延期交货成本为 $b_j=\beta c_j$（在这里，β 的含义改变了）。另外，假设每一物品的提前期需求都服从正态分布（近似地，如 6.4 节所述）。

遵循 6.5.2.2 节的方法，我们得到：对于所有物品，

$$\omega_j=\frac{b_j}{b_j+h_j}=\frac{\beta c_j}{\beta c_j+\eta c_j}=\frac{\beta}{\beta+\eta}\equiv\omega$$

因此，所有项目共享最优标准化基本库存水平 $z^*=(\Phi^0)^{-1}(1-\omega)$。因此，$\bar{I}_j=\sigma_j\Phi^1(-z^*)$，$\bar{B}_j=\sigma_j\Phi^1(z^*)$，并且：

$$cI=c\sigma\Phi^1(-z^*)\qquad cB=c\sigma\Phi^1(z^*)\tag{8.2.2}$$

其中，

$$c\sigma=\sum_j c_j\sigma_j$$

（极大近似值会带来类似的结果。）

因此，为了计算权衡曲线，我们可以绕过 η 和 β，只令 z^* 介于所有实际值范围内，并直接通过（8.2.2）计算（cI，cB）。请注意，这种关系只通过总体参数 $c\sigma$ 而取决于系统数据，且这种依赖性是同质的（homogeneous），也就是说，$c\sigma$ 是 cI 和 cB 的一个比例因子。

图 8.2.1 显示了这样一条权衡曲线，是利用正态近似计算得到的。在这里，$c\sigma$ 约为 2.2。图 8.2.2 对 cB 采用对数坐标画出了同样的数据，以更清晰地显示将 cB 减小到一个非常小的数值所造成的影响。这种方法类似于第 6 章的库存—服务权衡图，但是在总体层面上。

给定成本因子，最优成本变成了：

$$C^*=c\lambda+(c\sigma)(\beta+\eta)\Phi(z^*)\tag{8.2.3}$$

除了不变的采购成本 $c\lambda$ 外，总成本也与 $c\sigma$ 成比例。

因此，总体参数 $c\sigma$ 表达了多个物品的本质影响，与 5.2 节中品类指标（variety index）J_* 类似。显然，我们无法仅仅根据总体需求统计量如 $c\lambda$ 来预测绩效。例如，如果每个物品的需求过程都是泊松过程，所有物品都有共同的固定提前期 L，那么 $\sigma_j=\sqrt{\lambda_j L}$，因此 $c\sigma=(\sqrt{L})\sum_j c_j\sqrt{\lambda_j}$。因此，为了估计绩效，我们需要有关 λ_j 在物品上的分布的信息。同样，由于平方根函数的凸性，与拥有大量低需求物品的系统相比，我们预期拥有少数物品（具有很大的 λ_j）的系统的成本更低（但要记住，对于差异化的产品线，在营销方面存在着很多支持性的论点）。

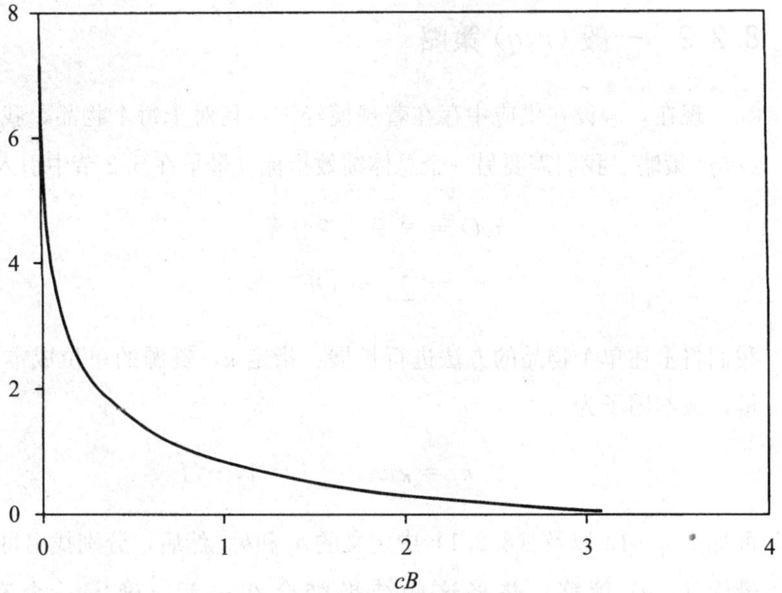

图 8.2.1　总库存—延期交货权衡图

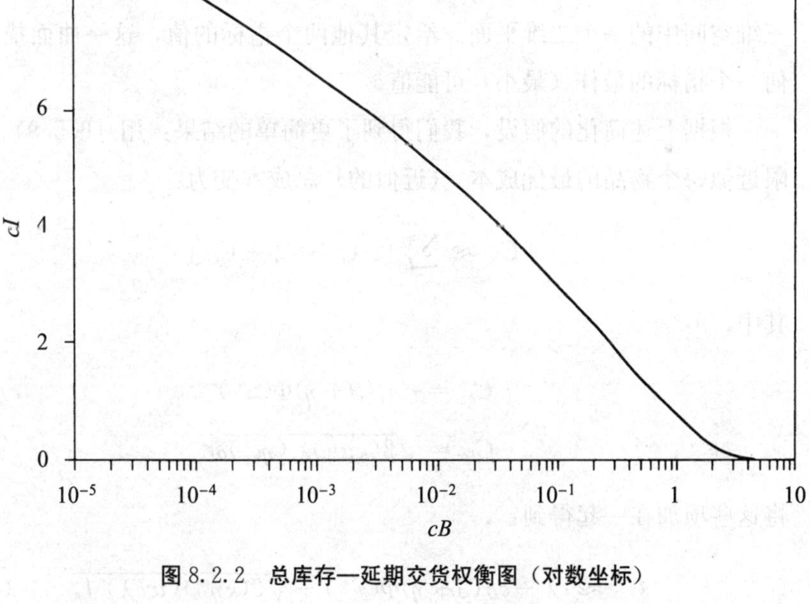

图 8.2.2　总库存—延期交货权衡图（对数坐标）

在物品完全相同的情况下，这一点最明显。假设我们保持总需求率 λ 不变，那么 $c\lambda$ 就是 λ 和（共同）成本率 c 的乘积。每个 $\lambda_j = \lambda/J$，因此 $\sigma_j = \sqrt{\lambda L/J}$，$c\sigma = c\sqrt{J\lambda/L}$。所以，除了常数项 $c\lambda$ 外，总成本 C^* 也与物品数量的平方根成比例。

8.2.2 一般 (r,q) 策略

现在，假设在供应中存在着规模经济，且对于每个物品，我们都遵循 (r,q) 策略。我们需要另一个总体绩效指标（最早在 5.2 节中引入）：

$$wO = \text{总平均工作量}$$
$$= \sum_j w_j \overline{OF}_j$$

我们将上述单个物品的方法进行扩展：指定 κ，资源的单位成本由 wO 衡量，成本因子为：

$$k_j = \kappa w_j \qquad j = 1, \cdots, J$$

再加上 η、β，以及（8.2.1）中定义的 h_j 和 b_j。然后，分别找出每个物品的最优 (r,q) 策略，并将这些结果结合在一起，确定一个有效的点 (cI, pB, wO)。通过对于不同的 κ/η 和 β/η 值重复这一过程，我们可以绘出总权衡曲面图（aggregate tradeoff surface），即以 (cI, pB, wO) 为坐标的三维空间中的一个二维平面。给定其他两个指标的值，这一曲面描述了任何一个指标的最佳（最小）可能值。

根据上述简化的假设，我们得到了更简单的结果：用（6.5.9）中的上限近似每个物品的最优成本。（近似的）总成本变为：

$$C^* \approx \sum_j [c_j \lambda_j + C_{\sigma j} + C_{kj}]$$

其中，

$$C_{\sigma j} = c_j \sigma_j (\beta + \eta) \Phi(z^*)$$
$$C_{kj} = \sqrt{2(\kappa w_j) \lambda_j (\eta c_j) \omega}$$

将这些项加在一起得到：

$$C^* \approx c\lambda + c\sigma(\beta + \eta)\Phi(z^*) + \sqrt{2(\kappa \eta \omega)(wc\lambda)}\, J_* \qquad (8.2.4)$$

其中，J_* 是 5.2 节中的品类指标。

这里我们可以看到绩效的所有重要决定因素。总体统计量 $c\sigma$ 对每个物品都存在着规模效应，就像上面讲到的基本库存模型一样，同时品类指标扮演着与在 5.2 节的确定性模型中相同的角色。在物品相同的情况下，$J_* = J$，因此（除了常数 $c\lambda$ 外）C^* 也与 $\sqrt{J}$ 成正比。

8.3 串联系统

8.3.1 基本库存策略评估：泊松需求，恒定提前期

考虑一个与 5.3 节中一样的串联系统：有 J 个阶段。每个阶段的编号都遵循货物的流动。阶段 1 从一个外部来源收到供应。其他所有联系都是内部的，每个阶段 $j<J$ 都为其后继（阶段 $j+1$）提供供应。每一个阶段都有其自己的相关供应系统。当阶段 $j-1$ 向阶段 j 发送一批货物时（或者由外部来源向阶段 $j=1$ 发送一批货物时），这批货物在到达 j 之前，必须经过阶段 j 的供应系统。每一个阶段都可以持有库存。需求是随机的，只在最后阶段 J 发生。

在 8.3.4 节之前，我们关注最简单的情况：需求是一个速率为 λ 的泊松过程，且每个阶段 j 的供应系统都产生恒定的提前期 L'_j。供应中不存在规模经济，因此没有动机进行批量订货或批量发货。

我们应该考虑单一阶段的基本库存策略的自然推广。在一个多阶段系统中，有两种基本库存策略：本地库存策略和层级库存策略。正如我们将会看到的，虽然它们似乎差别很大，但是在这种背景下它们是等价的。

本地基本库存策略（local base-stock policy）是一个分散化的控制计划，其中每个阶段监测其自身的本地库存位势，向其前趋下达订单，并对其后继的订单做出响应。每一个阶段 j 都遵循参数由下式给出的标准的单一阶段基本库存策略：

$$s'_j = \text{阶段 } j \text{ 的本地基本库存水平}$$

这是一个非负的整数。总体策略由向量 $\mathbf{s}' = (s'_j)_{j=1}$ 进行描述。

该策略的运作如下：阶段 J 监控自己的库存位势。就像是一个单一地点独立运作一样，它会经历需求并向阶段 $J-1$ 下达订单，并采用一种标准的基本库存策略，基本库存水平为 s'_J。阶段 $J-1$ 将这些到达的订单看成是自己的需求，有库存时，就会满足这些订单（发送货物，在时间 L'_J 后到达），否则就记录为延期交货，以便在以后满足这些订单。它也遵循参数为 s'_{J-1} 的标准基本库存策略，以确定它向阶段 $J-2$ 下达的订单。阶段 $J-2$ 将这些订单看成是其需求，如此等等。阶段 1 的订单转到外部来源，而外部来源会立即满足这些订单，因此货物会在时间 L'_1 后到达阶段 1。

假设每个阶段都以库存 s'_j 和一个空的供应系统开始。因此，阶段 J 的每一个客户需求都会立即触发阶段 $J-1$ 的一个需求，这反过来又会在阶段

$J-2$ 产生一个需求，依此类推。需求以这种方式在整个系统中向后传递，一直到外部来源。因此，每一个阶段都会经历最初的需求过程。

我们的目标是评估这样一个策略。对于 $t\geqslant 0$，定义：

$$
\begin{aligned}
I'_j(t) &= \text{阶段 } j \text{ 的本地库存} \\
B'_j(t) &= \text{阶段 } j \text{ 的本地延期交货} \\
IN'_j(t) &= \text{阶段 } j \text{ 的本地净库存} \\
&= I'_j(t)-B'_j(t) \\
IO_j(t) &= \text{阶段 } j \text{ 的订货库存} \\
IOP'_j(t) &= \text{阶段 } j \text{ 的本地库存订货水平} \\
&= IN'_j(t)+IO_j(t) \\
IT_j(t) &= \text{阶段 } j \text{ 的在途库存(阶段 } j \text{ 的供应系统中的单位数量)} \\
ITP'_j(t) &= \text{阶段 } j \text{ 的本地在途库存水平} \\
&= IN'_j(t)+IT_j(t)
\end{aligned}
$$

$IO_j(t)$ 和 $IOP'_j(t)$ 的定义中的“订单”是指那些由本地基本库存策略产生的订单。其他变量描述了实际的、有形的数量。注意订货库存（stock on order）$IO_j(t)$ 和在途库存（stock in transit）$IT_j(t)$ 的区别：$IO_j(t)$ 包含所有阶段 j 未交付的订单，但 $IT_j(t)$ 只包含那些在阶段 $j-1$ 已经满足的订单，即那些已经开始通过阶段 j 的供应系统的订单。其差额就是阶段 $j-1$ 的本地延期交货。当然，$IT_1(t)=IO_1(t)$，因为外部来源会对来自阶段 1 的订单立即做出响应。因此，设 $B'_0(t)\equiv 0$，对于所有 j 和 t：

$$IO_j(t)-IT_j(t)=IOP'_j(t)-ITP'_j(t)=B'_{j-1}(t)$$

每个阶段的库存订货水平仍然恒定为 $IOP'_j(t)=s'_j$，但在途库存水平 $ITP'_j(t)$ 随时间的变化而变化。

进行绩效评估有几种可行的方法。第一种方法与 6.2.2 节、7.2 节和 7.3 节中的方法一样，专注于供应系统占用 $IT_j(t)$。上述定义暗示：

$$
\begin{aligned}
B'_j(t) &= [-IN'_j(t)]^+ \\
&= [IO_j(t)-IOP'_j(t)]^+ \\
&= [B'_{j-1}(t)+IT_j(t)-s'_j]^+
\end{aligned}
$$

因此，给定 $IT_j(t)$，随机变量 $B'_j(t)$ 满足下列递归：

$$
\begin{aligned}
B'_0(t) &= 0 \qquad (8.3.1)\\
B'_j(t) &= [B'_{j-1}(t)+IT_j(t)-s'_j]^+
\end{aligned}
$$

现在，很难直接描述 $IT_j(t)$。因此，在这里我们要利用一种不同的方法

[后面将会讲到（8.3.1）的其他应用]。

考虑 6.2.3 节中讲到的方法：与（6.2.7）的论点一样，直接的流守恒观点表明：

$$\begin{aligned} IN'_j(t+L'_j) &= IN'_j(t) + IT_j(t) - D(t,t+L'_j] \\ &= ITP'_j(t) - D(t,t+L'_j] \\ &= s'_j - B'_{j-1}(t) - D(t,t+L'_j] \end{aligned} \tag{8.3.2}$$

令 $L_0 = 0$，并且：

$$L_j = \sum\nolimits_{i \leqslant j} L'_j$$

这是阶段 j 的后向层级提前期（backward echelon leadtime）（而不是第 5 章使用的前向层级提前期）。经过多次化简（8.3.2）后重新得到：

$$IN'_j(t+L_j) = s'_j - B'_{j-1}(t+L_{j-1}) - D(t+L_{j-1}, t+L_j]$$

利用 $B'_j(t+L_j) = [-IN'_j(t+L_j)]^+$，我们得到下列递归：

$$\begin{aligned} &B'_0(t) = 0 \\ &B'_j(t+L_j) = [B'_{j-1}(t+L_{j-1}) + D(t+L_{j-1}, t+L_j] - s'_j]^+ \end{aligned} \tag{8.3.3}$$

区间 $(t+L_{j-1}, t+L_j]$ 的长度为 L'_j，且区间不相交。因此，（8.3.3）中的 $D(t+L_{j-1}, t+L_j]$ 服从均值为 $\lambda L'_j$ 的泊松分布，且这些随机变量是独立的。这种分布并不取决于 t，因此 $B'_j(t+L_j)$ 也是静态的。

因此，为了描述系统的均衡行为，我们可以简单地忽略（8.3.3）的时间指标。令：

D_j = 阶段 j 的提前期需求，一个服从均值为 $\lambda L'_j$ 的泊松分布的一般随机变量；这些 D_j 是独立的

因此：

$$\begin{aligned} &B'_0 = 0 \\ &B'_j = [B'_{j-1} + D_j - s'_j]^+ \end{aligned} \tag{8.3.4}$$

一旦我们有了 B'_j，就可以通过下式确定 I'_j：

$$\begin{aligned} I'_j &= IN'_j + B'_j \\ &= s'_j - B'_{j-1} - D_j + B_j \end{aligned}$$

现在我们就可以计算我们最感兴趣的绩效指标 $E[B'_j]$ 和 $E[I'_j]$。

请注意，计算并不那么容易。我们从 D_1 开始，它具有泊松分布。为了获得 B'_1 的分布，我们变换然后截取 D_1 的分布。下一步，我们利用数值卷

积（numerical convolution）构建 B'_1+D_2，然后对它进行变换并截取以得到 B'_2。后续步骤与之类似。

下面是一个有用的、相对简单的近似：它只需要 $E[D_j]$ 和 $V[D_j]$，并相应地被称为二阶矩近似（two-moment approximation）。从设定 $E[B'_0]=V[B'_0]=0$ 开始。我们知道如何计算 $E[B'_1]$ 和 $V[B'_1]$，因为 D_1 服从泊松分布。假设对于 $j\geqslant 2$，我们已经估计出了 $E[B'_{j-1}]$ 和 $V[B'_{j-1}]$。由于 B'_{j-1} 与 D_j 是独立的：

$$E[B'_{j-1}+D_j]=E[B'_{j-1}]+E[D_j]$$
$$V[B'_{j-1}+D_j]=V[B'_{j-1}]+V[D_j]$$

使用这些量，通过负二项分布来近似 $B'_{j-1}+D_j$，然后通过（8.3.4）和 7.5.1.1 节中的方法计算 $E[B'_j]$ 和 $V[B'_j]$。继续使用这种方法，直到 $j=J$（在这里我们可以使用负二项分布，因为每一个 $V[B'_j]\geqslant E[B'_j]$，参见习题 8.1）。事实证明，这一近似相当准确。

我们还需要 $E[IT_j]$。一般来说，我们在每一单位时间内向阶段 j 的供应系统发送 λ 单位货物，每一单位货物在那里停留 L'_j 的时间，因此 $E[IT_j]=\lambda L'_j$。注意，这也是 $E[D_j]$。

为了从经济的角度出发评估一种策略，我们指定成本因子：

$h'_j=$ 阶段 j 的库存持有成本率

$b=$ 阶段 J 的延期交货成本率

[也可能存在变动订货成本 c，但平均订货成本为常数 $c\lambda$，所以我们忽略它。同样，我们忽略代表在各阶段之间运输货物的变动成本的常数。另一方面，我们不仅将持有成本 h'_j 应用到阶段 j 的实际库存中，也将其应用到发往阶段 $j+1$ 的在途库存中。一般来说，这一“渠道持有成本”（pipeline holding cost）就是常数 $h'_jE[IT_{j+1}]=h'_j\lambda L'_{j+1}$。] 因此，总平均成本为：

$$E\left[\sum_{j=1}^{J}h'_j(I'_j+IT_{j+1})+bB'_J\right] \tag{8.3.5}$$

其中，$IT_{J+1}=0$。

让我们回顾一下：到目前为止，我们的主要结果是（8.3.4）。这一递归简要地描述了各阶段之间的联系。每个阶段 j 都像一个孤立的单一阶段系统那样运作。随机变量 $B'_{j-1}+D_j$ 扮演着提前期需求的角色，本地基础库存水平 s'_j 减少了阶段 j 的延期交货，同时以通常的方式增加了库存。将该阶段与其前趋联系起来的是 B'_{j-1} 项，它增加了其“自己的”提前期需求 D_j。

在此，我们先暂时考虑一下管理方面的问题：客户只看到了最后阶段的延期交货 B'_J，且只是这些延期交货直接引发了（8.3.5）中的成本。只有最后阶段的库存对这些延期交货提供了直接的保护。前面各阶段的库存具有间接影响，降低 B'_j 就减少了 B'_{j+1}，它又减少了 B'_{j+2}，依此类推，直到 B'_J（习题 8.2 要求你用公式表述这一概念，具体来说，就是证明每一个 $E[B'_j]$ 对于所有的 s'_i 都是非递增的，且是凸的）。尽管直接缺货保护更有效，但其成本更高。一般来说，h'_j 随着 j 而增加（如 5.3.2 节所述）。

因此，为了有效地管理系统，我们必须进行一些微妙的权衡。总体问题仍然是库存与延期交货的平衡，但现在不同的地点以不同的成本和收益持有库存。显然，我们不能独立地选择 s'_j，因为如果我们在一个阶段持有更多的库存，则在其他阶段就需要较少的库存。

正如我们现在看到的，还有另一种方式来看待系统的动态和成本，这种方式以更简单的方法表达了这些相互作用。这种做法为后面的策略最优化方法奠定了基础。

8.3.2　基于层级的计算方法

定义：

$$
\begin{aligned}
B(t) &= \text{系统延期交货} \\
&= B'_J(t) \\
I_j(t) &= \text{阶段 } j \text{ 的层级库存} \\
&= I'_j(t) + \sum\nolimits_{i>j}[IT_i(t) + I'_i(t)] \\
IN_j(t) &= \text{阶段 } j \text{ 的层级净库存} \\
&= I_j(t) - B(t) \\
IOP_j(t) &= \text{阶段 } j \text{ 的层级库存订货水平} \\
&= IN_j(t) + IO_j(t) \\
ITP_j(t) &= \text{阶段 } j \text{ 的在途库存水平} \\
&= IN_j(t) + IT_j(t) \\
h_j &= \text{阶段 } j \text{ 的层级库存持有成本率} \\
&= h'_j - h_{j-1}
\end{aligned}
$$

层级基本库存策略（echelon base-stock policy）是一个集中控制计划。我们监测层级的库存订货水平 $IOP_j(t)$（事实证明，这些数量归纳了所有关于系统的相关信息）。我们确定订单和各阶段间的发货，以保证每一个 $IOP_j(t)$ 保持恒定。换句话说，每一个阶段 j 都适用一个基本库存策略。

该策略的变量为：

$$s_j = \text{阶段 } j \text{ 的层级基本库存水平}$$

令 $\mathbf{s} = (s_j)_{j=1}^J$。

我们可以用层级的概念重新解释本地基本库存策略：给定 $\mathbf{s}'$，设 $s_j = \sum_{i \geqslant j} s'_i$。现在，初始条件 $I'_j(0) = s'_j$ 和 $IT_j(0) = 0$ 意味着 $IOP_j(0) = s_j$，因此，层级基本库存策略表明，当一个需求发生时，每一个阶段都会订购一单位货物。所以，这一策略与最初的本地策略完全等价。

反过来，每一个层级基本库存策略都与本地基本库存策略等价。给定 $\mathbf{s}$，如果 s_j 是非递增的，令 $s'_j = s_j - s_{j+1}$（其中 $s_{J+1} = 0$）。一般来说，设 $s_j^- = \min_{i \leqslant j}\{s_j\}, s'_j = s_j^- - s_{j+1}^-$（其中 $s_{J+1}^- = 0$）。事实证明，策略 $\mathbf{s}$ 等价于 $\mathbf{s}^- = \{s_j^-\}_{j=1}^J$，其组成要素是非递增的。

要看到这一点，我们考虑一个两阶段系统（$J = 2$），并假设 $s_1 < s_2$。假设开始时系统在阶段 1 没有库存，在阶段 2 持有 s_1 的库存。阶段 2 立即订购 $s_2 - s_1$，但阶段 1 没有库存，因此它会推迟这些订单。实际上，阶段 1 的层级库存位势已经达到其基本库存水平 s_1，因此它只是根据后续需求做出响应从而进行订货。所以，阶段 1 最初的积压永远存在，即至少保持为 $s_2 - s_1$。阶段 1 从不持有库存，而阶段 2 的库存永远也不会超过 s_1。总之，货物的实际流动与策略 $\mathbf{s}^-$ 中完全一样，其中 $s_2^- = s_1^- = s_1$，因此与具有 $s'_1 = 0$ 和 $s'_2 = s_1$ 的本地策略一样。

同样的逻辑可以扩展到任意的 J。一般来说，$s_{j+1} \geqslant s_j$ 意味着 $s'_{j+1} = s_j^-$，因此 $s'_j = 0$。也就是说，不管什么时候 s_{j+1} 超过 s_j，阶段 j 均不持有库存。顺便说一下，对 $j > 1$ 来说，$\mathbf{s}$ 甚至可以拥有一些 $s_j = \infty$ 的要素。假设 s_1 是有限的，则所有的 s_j^- 和 s'_j 也是如此。当然，如果 $s_{j+1} = \infty$，那么肯定 $s_{j+1} \geqslant s_j$，因此阶段 j 永远不持有库存。

总之，每一个本地基本库存策略都等价于某一层级基本库存策略，反之亦然。正如我们将要在第 9 章中看到的，建立在完全集中化信息基础之上的真正的最优策略是层级基本库存策略。因此，在这种环境下，集中控制和本地控制没有本质上的差别，集中控制也可以在局部实施。

为了评估一个层级基本库存策略，我们可以将它转化为等价的本地库存策略，并应用上面的方法。但是，开发一种直接针对层级层面的方法仍然很有意思，也很有用：如（8.3.2）所示，流守恒意味着：

$$\begin{aligned} IN_j(t + L'_j) &= IN_j(t) + IN_j(t) - D(t, t + L'_j] \\ &= ITP_j(t) - D(t, t + L'_j] \end{aligned}$$

另外，状态变量的定义意味着（参见习题 8.3）：

$$ITP_j(t) = \min\{s_j, IN_{j-1}(t)\} \tag{8.3.6}$$

经过化简这些等式，得到与（8.3.3）类似的递归方程：

$$\begin{aligned} ITP_1(t) &= s_1 \\ IN_j(t+L_j) &= ITP_j(t+L_{j-1}) - D(t+L_{j-1}, t+L_j] \\ ITP_{j+1}(t+L_j) &= \min\{s_{j+1}, IN_j(t+L_j)\} \end{aligned}$$

在平衡状况下，它们变为：

$$\begin{aligned} ITP_1 &= s_1 \\ IN_j &= ITP_j - D_j \\ ITP_{j+1} &= \min\{s_{j+1}, IN_j\} \end{aligned} \tag{8.3.7}$$

同样，根据状态变量的定义和简单的代数运算，我们可以得到平均成本（8.3.5）的另一种表达式：

$$C(\mathbf{s}) = E\left[\sum_{j+1}^{J} h_j IN_j + (b+h'_J)B\right] \tag{8.3.8}$$

下面是进行这些计算的等价方法［它并不是真的更简单，而是将（8.3.7）与下面的最优化算法联系在一起］。定义函数：

$$\begin{aligned} \tilde{C}_j(x|\mathbf{s}) &= E\left[\sum_{i\geqslant j} h_i IN_i + (b+h'_J)B \mid IN_j = x\right] \\ C_j(y|\mathbf{s}) &= E\left[\sum_{i\geqslant j} h_i IN_i + (b+h'_j)B \mid ITP_j = y\right] \\ \underline{C}_j(x|\mathbf{s}) &= E\left[\sum_{i\geqslant j} h_i IN_i + (b+h'_J)B \mid IN_{j-1} = x\right] \end{aligned}$$

条件事件（conditioning event）涉及（8.3.7）。例如，为了计算 $C_j(y|\mathbf{s})$，固定 $ITP_j = y$，并从那一点继续进行递归。这里的 $\mathbf{s}$ 只是提醒我们策略是固定的。

这些函数可以通过递归方式确定：首先，$\underline{C}_{J+1}(x|\mathbf{s}) = (b+h'_J)[x]^-$。对于 $j = J, J-1, \cdots, 1$，给定 $\underline{C}_{j+1}$，计算：

$$\begin{aligned} \hat{C}_j(x|\mathbf{s}) &= h_j s + \overline{C}_{j+1}(x|\mathbf{s}) \\ C_j(y|\mathbf{s}) &= E[\hat{C}_j(y-D_j|\mathbf{s})] \\ \underline{C}_j(x|\mathbf{s}) &= C_j(\min\{s_j, x\}|\mathbf{s}) \end{aligned}$$

通过（8.3.7），这一算法正确地计算了这些函数。平均成本（8.3.8）就是 $C(\mathbf{s}) = C_1(s_1|\mathbf{s})$。

8.3.3 基本库存策略的最优化

对上述算法进行微小的变形就可以得到最佳的层级基本库存策略：令 $\underline{C}_{J+1}(x)=(b+h'_J)[x]^-$。对于 $j=J,J-1,\cdots,1$，给定 $\underline{C}_{j+1}$，计算：

$$\begin{aligned}\hat{C}_j(x)&=h_jx+\underline{C}_{j+1}(x)\\C_j(y)&=E[\hat{C}_j(y-D_j)]\\s_j^*&=\mathrm{argmin}\{C_j(y)\}\\\underline{C}_j(x)&=C_j(\min\{s_j^*,x\})\end{aligned}\qquad(8.3.9)$$

最后，设 $\mathbf{s}^*=(s_j^*)$，$C^*=C_1(s_1^*)$。我们将在下面证明这些数量描述了最优策略和最优成本。

显然，这一递归与前面的策略评估算法是一致的，但在那里，s_j 被预先设定为常数，而在这里，s_j^* 是在计算中出现的［如果 $C_j(y)$ 上的最小值不是唯一的，则选择使该值最小化的最小值。另外，C_j 可能是一个非递增函数，当 $h_j=0$ 时就会出现这种情况。如果是这样，令 $s_j^*=\infty$。如上所述，无限的 s_j 确实是有意义的。在那种情况下，$\underline{C}_j=C_j$］。利用 C_j 构建 $\underline{C}_j$ 如图 8.3.1 所示。

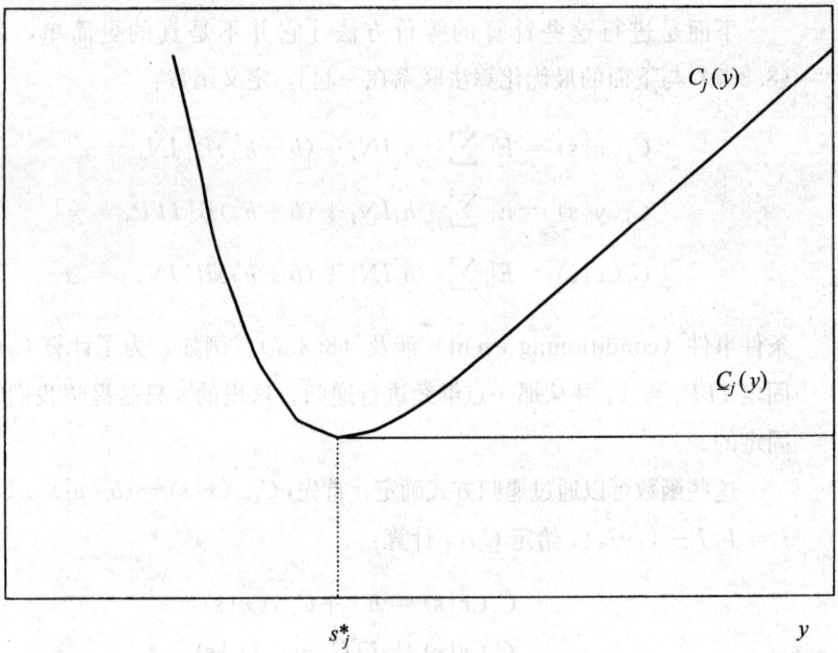

图 8.3.1　修正的成本函数的构建

一般来说，最优策略向量 $\mathbf{s}^*$ 不一定是非递增的。然而，正如 8.3.2 节所述，它等价于非递增向量 $\mathbf{s}^{-*}$，其中 $s_j^{-*}=\min_{i\leqslant j}(s_i^*)$。只有当整个算法完成后，这一策略（以及相应的本地策略 s'^*）才能确定。只有到那时，我们才能看出哪些阶段持有库存，哪些阶段不持有库存。

现在，让我们来证明这一算法的确可以找到最优策略。

引理 8.3.1：对所有的 j 来说，C_j 和 $\underline{C}_j$ 是凸函数。另外，对于任何固定的层级基本库存策略 $\mathbf{s}$，$C_j(\cdot\,|\mathbf{s}) \geqslant C_j(\cdot)$，且 $\underline{C}_j(\cdot\,|\mathbf{s}) \geqslant \underline{C}_j(\cdot)$。

证明：我们通过对 j 的归纳法来进行证明。当然，$\underline{C}_{J+1}$ 是凸的，且 $\underline{C}_{J+1}(\cdot\,|\mathbf{s}) = \underline{C}_{J+1}$。所以，假设对于任何 $j \geqslant 1$，$\underline{C}_{j+1}$ 是凸的，且 $\underline{C}_{j+1}(\cdot\,|\mathbf{s}) \geqslant \underline{C}_{j+1}$。首先，$\hat{C}_j$ 显然是凸的，且定义 C_j 的期望保留了这种凸性，因此 C_j 是凸的。由于 C_j 是凸的，因此 $\underline{C}_j$ 也是凸的［这一点在图（8.3.1）中很明显：对于任何 $y < s_j^*$，$\underline{C}_j(y)$ 是递减的，且是凸的，而对于 $y \geqslant s_j^*$ 则是恒定的］。另外，根据 $\underline{C}_{j+1}(\cdot\,|\mathbf{s}) \geqslant \underline{C}_{j+1}(\cdot)$，我们可以立即得出 $C_j(\cdot\,|\mathbf{s}) \geqslant C_j(\cdot)$，这意味着：

$$
\begin{aligned}
\underline{C}_j(y|\mathbf{s}) &= C_j(\min\{s_j, y\}|\mathbf{s}) \\
&\geqslant C_j(\min\{s_j, y\}) \\
&\geqslant (\min\{s_j^*, y\}) = \underline{C}_j(y)
\end{aligned}
$$

（最后一个不等式在图 8.3.1 中也可以清楚地看出：如果我们使用其他的 s_j 值而不是 s_j^* 来构建 $\underline{C}_j$，最终我们将得到一个比 $\underline{C}_j$ 更大的函数。）归纳到此结束。

定理 8.3.2：由 $\mathbf{s}^*$ 决定的策略在所有的基本库存策略中是最优策略。

证明：比较本节和前面章节中的算法，很明显，$C_1(s_1^*)$ 实际上就是策略 $\mathbf{s}^*$ 的平均成本 $C(\mathbf{s}^*)$。而且，引理告诉我们，没有其他的策略具有更低的成本。

递归方程（8.3.9）可以被称为供应链理论的基本方程（fundamental equation of supply-chain theory）。它体现了串联系统的基本动态特征和经济特征。

值得注意的是，如此简单的一个回归方程非常有效：为了确定 s_j^*，我们几乎忽略了上游阶段的所有信息。为了计算 h_j，我们需要知道前一个阶段的持有成本 h'_{j-1}，但这就足够了。s_j^* 完全不受 D_i（$i < j$）的影响（在计算出所有的 s_i^* 之前，我们仍然不知道 s_j^* 在本地条件下意味着什么）。

我们可以把每一个 C_j 看成是一个单一阶段系统的平均成本函数。对于 $j = J$ 来说，这是正确的。成本率可能看起有些奇怪（h_J 扮演着持有成本的角色，而 $b + h'_{j-1}$ 扮演着惩罚成本的角色），但形式是正确的。对于

$j < J$，包含 $\underline{C}_{j+1}$ 的项就替代了通常的惩罚成本，$\underline{C}_{j+1}$ 有时候被称为隐含损失成本函数（implicit penalty-cost function）。

执行这一算法有多难？知道每一个 C_j 都是凸的很有帮助，所以寻找 s_j^* 就相对容易一些。然而，对 $j < J$，估计 $C_j(y) = E[\hat{C}_j(y - D_j)]$ 是很困难的。它需要直接的数据计算。

8.3.4 其他需求和供应过程

在其他的模型假设下，同样的方法也可以用来进行评估和最优化，不论是精确的还是近似的。

8.3.4.1 混合松柏需求

假设需求是一个混合泊松过程。正如在 6.6 节中一样，每个需求的增量可以分别被满足。上述所有论证和结果仍然成立。这里，所有的 D_j 均服从混合泊松分布，但这是唯一的不同。

8.3.4.2 外生的顺序供应系统

如 7.4 节所述，假设每个阶段都有一个外生的顺序供应系统。令 $L'_j(t)$ 表示阶段 j 的实际提前期（virtual leadtime），从时间 t 开始发送到阶段 j 的一批货物在 $t + L'_j(t)$ 时到达。假设这些系统都是相对独立的，需求过程也是如此的，因此 $L'_j(t)$ 在 j 上也是独立的。令 L'_j 为阶段 j 的均衡提前期（随机变量）。

与（8.3.2）类似的公式现在为：

$$IN'_j(t + L'_j(t)) = s'_j - B'_{j-1}(t) - D(t, t + L'_{j-1}(t)]$$

令 $L_0(t) = 0$，并且对于 $j > 0$，$L_j(t) = L_{j-1}(t) + L'_j(t + L_{j-1}(t))$。因此，$L_j(t)$ 是从 t 开始的通过前 j 个供应系统所需的总时间。重写上述等式：

$$IN'_j(t + L_j(t)) = s'_j - B'_{j-1}(t + L_{j-1}(t)) - D(t + L_{j-1}(t), t + L_j(t)]$$

因此，延期交货满足下列递归，与（8.3.3）类似：

$$B'_0(t) = 0$$

$$B'_j(t + L_j(t)) = [B'_{j-1}(t + L_{j-1}(t)) + D(t + L_{j-1}(t), t + L_j(t)] - s'_j]^+$$

区间 $(t + L_{j-1}(t), t + L_j(t)]$ 不相交，它们的长度 $L'_j(t + L_{j-1}(t))$ 是相互独立的。

在均衡情况下，这一递归方程的形式与（8.3.4）完全一样，也就是说：

$$B'_0 = 0$$
$$B'_j = [B'_{j-1} + D_j - s'_j]^+$$

然而，D_j 具有新的含义。在这里，D_j 具有 $D(L'_j)$（随机时间区间 L'_j 内的需求）的分布，与 7.4 节中的 D 一样。对于泊松需求：

$$E[D_j] = \lambda E[L'_j] \qquad V[D_j] = \lambda E[L'_j] + \lambda^2 V[L'_j]$$

与在（7.5.7）中一样。此外，D_j 是独立的。同样，（8.3.7）直接评估了一个层级库存策略，因此算法（8.3.9）决定了最优的此类策略。总的来说，策略评估和最优化可以像在固定提前期的情况下那样进行，并用新的 D_j 代替原来的。

当每一个 L'_j 都服从 CPH（continuous phase-type）分布时，递归方程（8.3.4）可以通过使用矩阵向量运算而准确地执行。参见习题 8.4。

8.3.4.3　有限产能的供应系统

回到泊松需求的情况。假设每个供应系统都由单一处理器（具有指数处理时间和其自己的队列）构成，就像 7.3.2.1 节中的 M/M/1 系统一样。令 μ_j 表示阶段 j 的处理器的处理速度，且 $\rho_j = \lambda/\mu_j$。现在，整个系统看起来更像是一个处理网络（7.3.6.1 节），但我们可以在每一个节点（即在两个连续的处理器之间，而不仅仅是在阶段 J）持有库存。

（8.3.4）的推导在这里无效，因此我们重新考虑另一个方法，从（8.3.1）开始。均衡情况下的递归方程为：

$$B'_0 = 0$$
$$B'_j = [B'_{j-1} + IT_j - s'_j]^+ \tag{8.3.10}$$

不幸的是，一般来说，很难描述 IT_j。

有一种很简单的情况，即当 $\mathbf{s} = \mathbf{s}' = \mathbf{0}$ 时。在这种情况下，系统是一个串联的网络（tandem network）（为了弄明白这一点，想象一下当需求产生时会发生什么。需求向前经过阶段 $j < J$，在每个阶段产生一个缺货订单，一直到供应商，而这一供应商向阶段 1 的供应系统发送一单位货物。当这一单位货物退出阶段 1 的处理器时，阶段 1 会立即将其传递给阶段 2 的供应系统，以满足相应的缺货订单。同样，每当阶段 $j < J$ 完成一单位货物的处理后，就会直接将其转移给下一个供应系统。因此，这一系统就像标准的串联网络一样运作）。因此，在这种情况下，占用率 IT_j 是独立的，每

一个 IT_j 都服从参数为 ρ_j 的几何分布。

对一般的 $\mathbf{s}' \geqslant \mathbf{0}$，我们可以使用这一相同的分布来近似 IT_j。也就是说，假设 IT_j 是独立的，且服从几何分布，然后应用（8.3.10）。这一近似相当准确。

注意（8.3.10）和（8.3.4）在形式上的相似性。在这里，IT_j 似乎代替了 D_j，但在其他情况下，递归是一样的。同样，与（8.3.7）相似，我们可以推导出一个层级层面的递归：

$$ITP_1 = s_1$$

$$IN_j = ITP_j - IT_j$$

$$ITP_{j+1} = \min\{s_{j+1}, IN_j\}$$

此外，根据近似，IT_j 是独立的，就像 D_j 一样。所以，用 D_j 来代表近似的 IT_j，我们可以以同样的方式应用上面开发出的策略评估与最优化方法。具体来说，（8.3.9）中的算法找到了（近似的）最优基本库存策略。

我们注意到，与恒定提前期的模型不同，在这里，基本库存策略不必是最优的。一个基本库存策略经常能够很好地运行，但是真正的最优化策略一般来说要复杂得多。我们将在 8.8 节中考虑一种更为一般（但仍然是次优的）的策略。

8.3.4.4 独立提前期

当每一个供应系统都是由多个同样的并行处理器构成时，同样的方法仍然有效，所以提前期是独立的、服从相同分布的随机变量。递归方程（8.3.10）仍然是有效的。如 7.2.7 节所述，当 $\mathbf{s} = \mathbf{s}' = \mathbf{0}$ 时，IT_j 是独立的，且 IT_j 服从均值为 $E[IT_j] = \lambda E[L_j']$ 的泊松分布。在一般情况下，我们使用这一相同的分布作为一个近似。

因此，根据这一近似，任一策略的绩效与恒定提前期的系统绩效相同，只有 $E[L_j']$ 是重要的。正如第 7 章所述，这与顺序供应系统的行为非常不同，在顺序供应系统中，提前期的波动对于绩效具有重大影响。

8.3.4.5 质量缺陷

这一方法可以用来分析质量不完美的系统：阶段 i 的供应系统有时会产生一个有缺陷的单位，它会被立即发现，然后必须被退回到之前的某一阶段 $j \leqslant i$（像这样没有内部库存的系统在 7.2.7 节和 7.3.6 节中讨论过）。在这里，我们必须略微修改 下基本库存策略：阶段 i 的 个次品对丁 j

到 $i-1$ 的所有阶段都产生了一个隐含的需求，以表示以前被满足的需求现在变得未被满足这种情况。

因此，这一方法就是像在一个没有内部库存的普通反馈网络中一样计算 IT_j，并将结果作为一种近似。换句话说，就是像在（7.2.4）中一样计算有效需求率 λ_j，然后像上面一样继续后面的工作。这一近似看起来非常准确。

质量低劣的总体影响与在没有内部库存的网络中是一样的，这取决于供应系统的本质：对于没有产能限制的并行供应系统，质量低劣增加了有效提前期。对于具有产能限制的顺序系统，缺陷降低了有效处理速度。

8.3.5　例证

本小节将展示一些数值实例，以加深对最优策略行为的理解。

8.3.5.1　模型的设定

我们假设泊松需求和恒定提前期的情况。在不损失一般性的情况下，我们固定时间标度（time scale），使得总提前期为 $L=1$，并固定货币单位，使得最后阶段的库存持有成本为 $h'_J=1$。各个阶段被对称地划分开，所以每个阶段 j 的提前期是 $L'_j=1/J$。我们考虑 4 个不同的阶段数，分别为 $J=1$，4，16，64 、两个需求率 $\lambda=16,64$，以及两个惩罚成本 $b=9,39$（相应的订单满足率为 90%和 97.5%）。

我们考虑几种不同形式的持有成本 h'_j，如图 8.3.2 所示。最简单的形式是恒定的持有成本，其中所有的 $h'_j=1$。在这里，货物从外部来源到客户不存在额外的成本。这是一个很不现实的情境，但它是我们理解其他形式的一个有用的出发点。线性持有成本的形式具有 $h'_j=j/J$ 或 $h_j=1/J$。在这里，随着产品从外部来源转移到顾客手中，成本以一个恒定的速率发生。这是相当现实的。仿射的（affine）持有成本更加现实，其中对于一些 $\alpha\in(0,1)$，$h'_j=\alpha+(1-\alpha)j/J$。在此，外部来源处的物料存在着某种正成本，然后系统以某一恒定的速率增加成本。这种形式是恒定速率和线性速率的结合。在此，$\alpha=0.75$。

最后的两种形式代表了对线性的偏离。转折（kink）形式是具有两段直线的分段线性。在一段时间内，这个系统的成本以恒定的速率发生，但在某个点上转变成另一个不同的速率，在那以后就保持不变。此处，转折发生在过程的 $J/2$ 阶段。因此，对于某些 $\alpha\in(-1,1)$，$j\leqslant J/2$ 时，$h_j=(1-\alpha)/J$，而 $j>J/2$ 时，$h_j=(1+\alpha)/J$。同样，我们设 $\alpha=0.75$。最后，

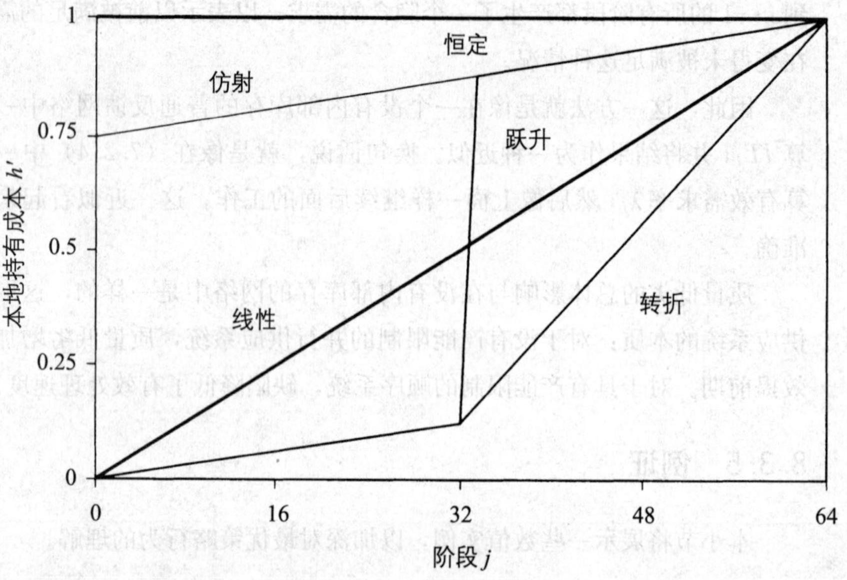

图 8.3.2　持有成本的形式

在跃升（jump）形式中，除具有很大的成本的阶段外，成本以恒定的速度发生。在此，跃升仅发生在 $J/2$ 阶段后。因此，对于某些 $\alpha\in(0,1)$，$j=J/2+1$ 时，$h_j=\alpha+(1-\alpha)/J$，在其他情况下 $h_j=(1-\alpha)/J$。在 $J/2$ 之前，我们可以将其看成是线性成本，而在 $J/2$ 之后将其看成是仿射成本。同样，$\alpha=0.75$。

8.3.5.2　最优策略

对于恒定持有成本，最优策略很简单：对于 $j<J$，$s_j'^*=0$，只在最后一个阶段持有库存。实际上，阶段 J 变成了提前期为 L 的单一阶段系统。对于所有的 J，最优策略是一样的。这也是在任何其他持有成本形式中 $J=1$ 时的最优策略。

图 8.3.3（a）显示了 $J=64$ 以及 λ 和 b 分别取两个值时线性持有成本情况下的最优策略 $\mathbf{s}^*$。有几个观察结果值得一提：曲线是光滑的，且接近线性；最优策略并不会在一些阶段积压库存，而是相当平均地分布。对线性的偏离也很有意思：曲线是凹的。因此，这一策略注重在最接近客户的阶段持有安全库存。

图 8.3.3（b）显示了仿射持有成本的最优策略。对于 $j>1$，曲线遵循与上一个图形同样的模式［事实上，这里 $b=9$ 的曲线和线性成本以及 $b=39$ 的曲线是一样的，因为这两种情况具有相同的比率 $h_j/(b+h_J')$，$j>1$］。然而，曲线在 $j=1$ 时急剧下降（因为 h_1 很大）。因此，对于较小的 j 来说，等价的策略 $\boldsymbol{\varepsilon}^-$ 是平坦的，因而早期没有库存。该解介于恒定成本和线性成本

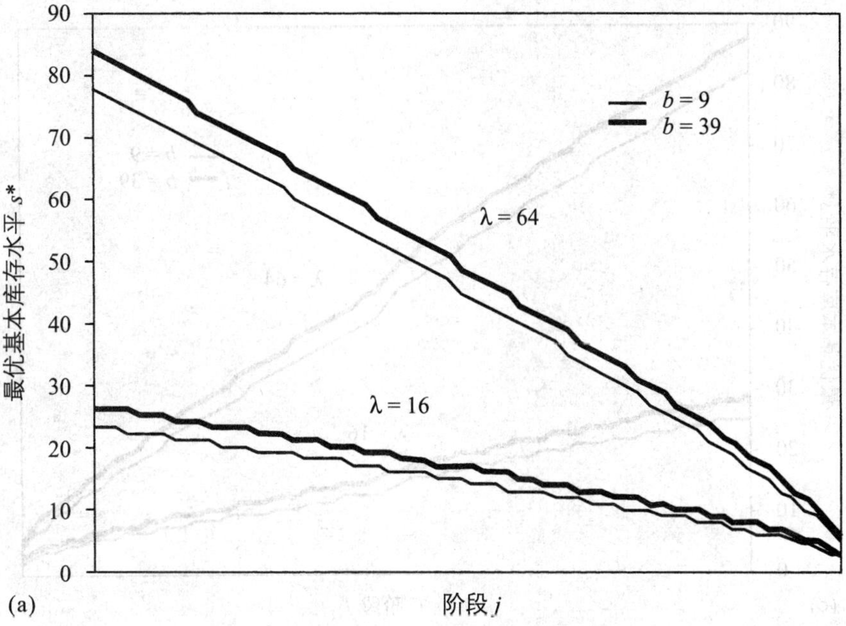

(a)

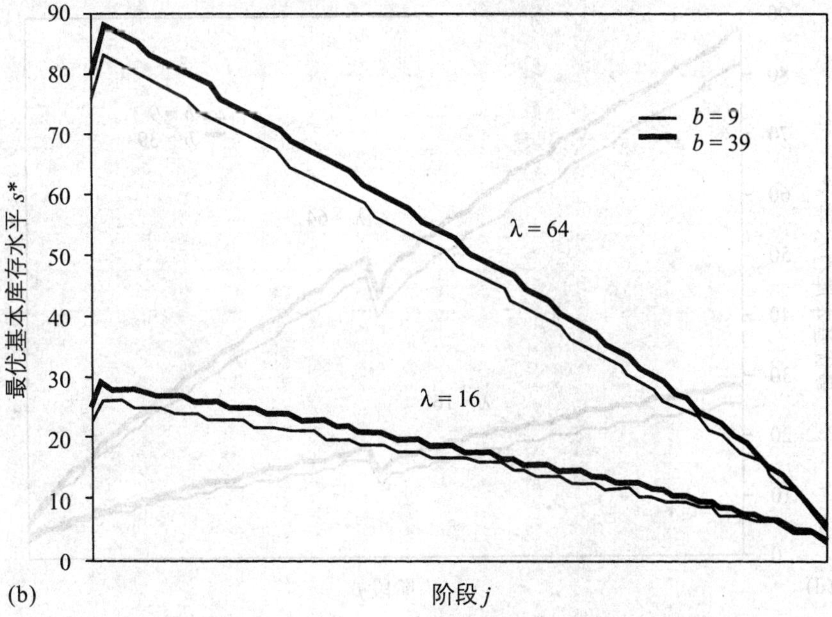

(b)

图 8.3.3　最优策略

(a) 线性持有成本；(b) 仿射持有成本；(c) 转折持有成本；(d) 跃升持有成本

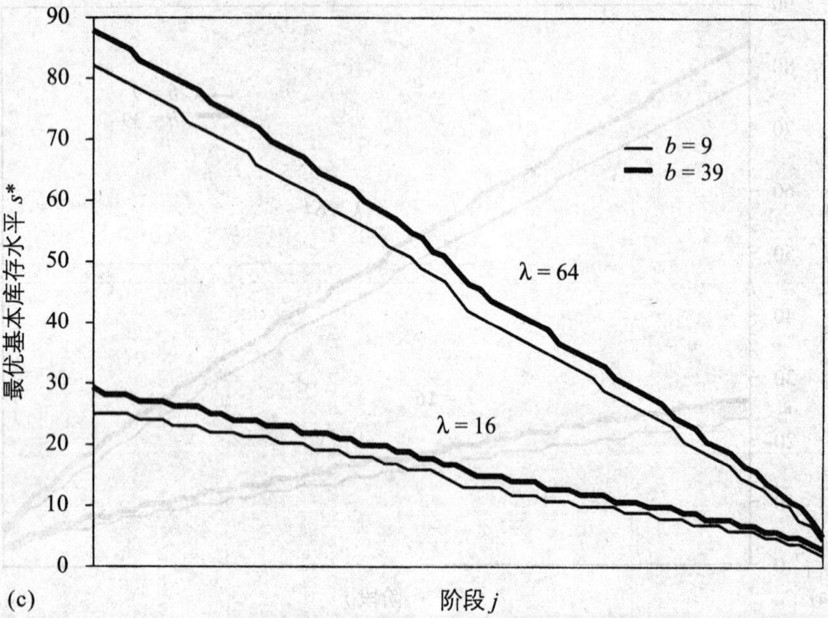

(c)

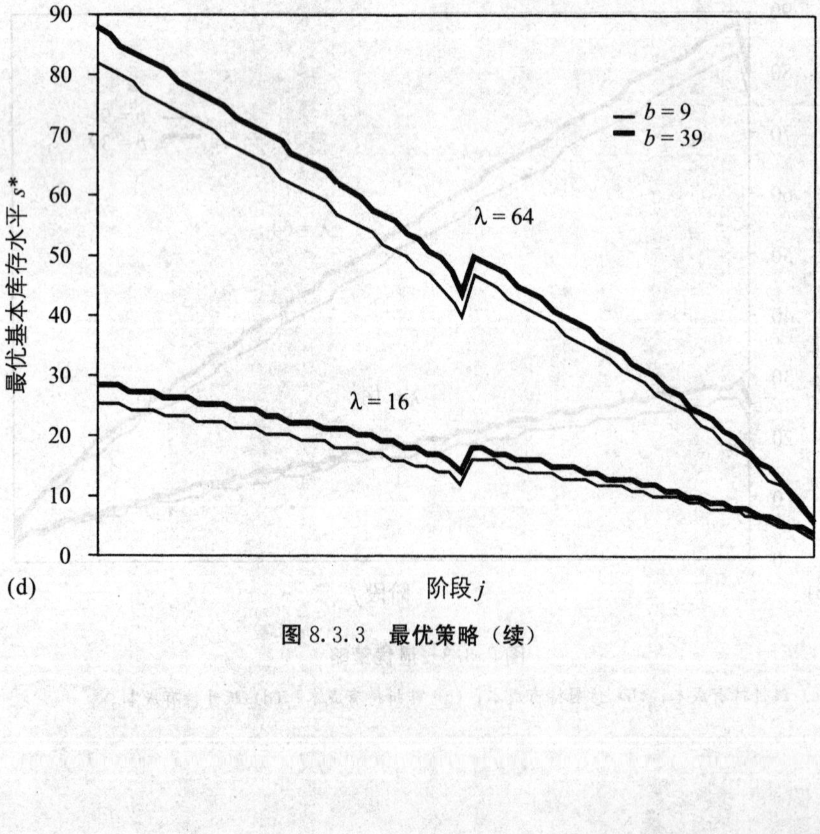

(d)

图 8.3.3 最优策略（续）

的解之间。随着 α 的增加，成本向上移动，库存向客户移动。总系统库存轻微下降。但是，可能令人感到惊讶的是，接近客户的库存实际上增加了。

图 8.3.3（c）显示了转折持有成本情况下的 $\mathbf{s}^*$。从转折点开始的下游[在算法（8.3.9）遇到它之前]，曲线显示出与线性情况下相同的模式。在从转折点开始的上游，该策略仍然遵循线性模式，就好像转折点就是最后一个阶段。最终结果是：在转折点处以及转折点出现之前存在着大量的库存，其中的持有成本比后续阶段要低。

最后，图 8.3.3（d）显示了跃升持有成本情况下的 $\mathbf{s}^*$。从跃升点开始，这个策略的表现与仿射情况下类似——在跃升点之前是平滑的，且是凹的，并不断递减，而在跃升点处出现大幅下降。在跃升点的上游，策略同样遵循线性情况下的模式。因此，在跃升点之前存在着大量的库存，而在跃升点后则没有库存。

8.3.5.3　敏感性分析

图 8.3.4 比较了不同的 J 的情况下的 $\mathbf{s}^*$，它们都具有线性持有成本，$\lambda = 64, b = 39$。曲线遵循与前面一样的模式，尽可能接近受限制的阶段数量所允许的情况。事实上，一个存货点上的实际层级库存差不多与 $J = 64$ 的情况一致。更认真的分析表明，对于较大的 J，总系统库存会略高一些。同样，最优成本随着 J 而下降，但速度很慢，如图 8.3.5（a）所示。

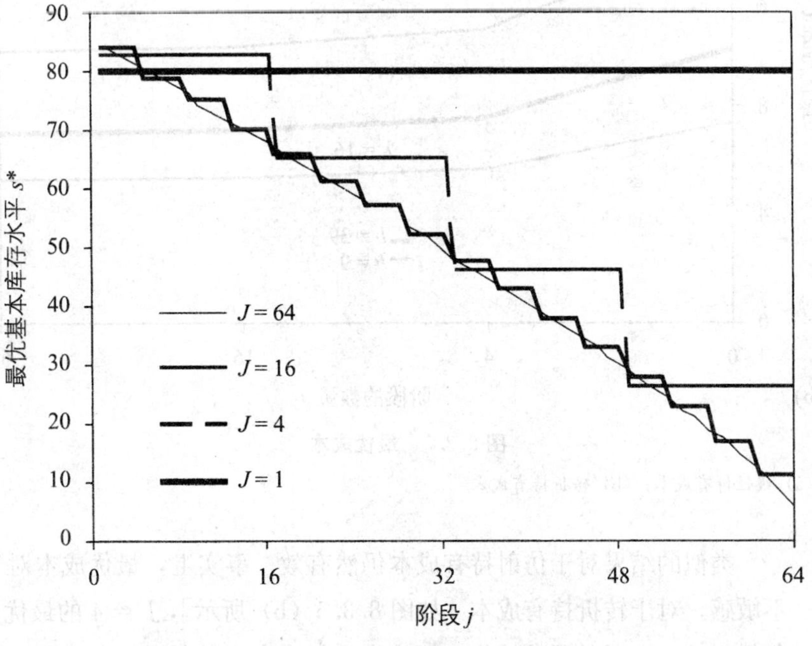

图 8.3.4　最优策略：J 的影响

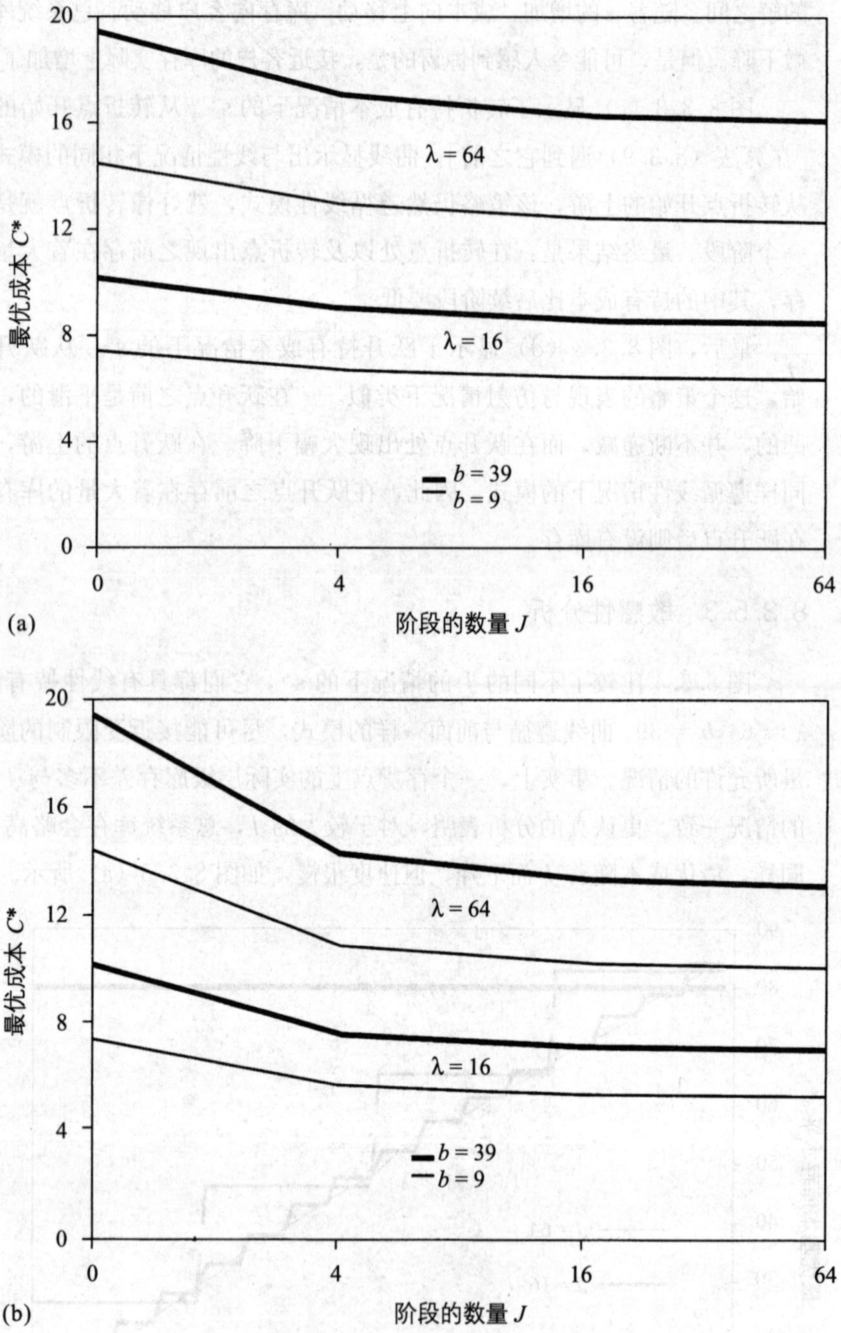

图 8.3.5 最优成本

(a) 线性持有成本；(b) 转折持有成本

类似的结果对于仿射持有成本仍然有效。事实上，最优成本对于 J 更不敏感。对于转折持有成本［如图 8.3.5（b）所示］，$J=4$ 的最优成本显著低于 $J=1$ 时的最优成本，因为在转折点存在着低成本的库存点。较大

的 J 只能带来很小的改善。跃升模式显示出类似的模式。因此，对于这两种模式，在转折点（或跃升点）持有库存是非常重要的。在其他情况下，成本对于 J 很不敏感。

这些结果表明，该系统的成本对库存的位置相对不敏感，假设总体库存水平大致正确，明显的低成本库存点是非常有用的。

在图 8.3.5（a）和（b）中，在任何一种情况下，$\lambda=64$ 时的最优成本大约为 $\lambda=16$ 时的 2 倍。这与最优成本与 $\sqrt{\lambda}$ 大致成比例的观点是一致的，就像在单一阶段系统中一样。我们还画出了累积安全库存 $\sum_{i\leqslant j} s_j'^{*}-\lambda j/J$，但在这里忽略了。$\lambda=64$ 的曲线大致为 $\lambda=16$ 时的 2 倍。因此，安全库存也大致与 $\sqrt{\lambda}$ 成比例。

8.3.6　两阶段系统

现在我们集中分析 $J=2$ 的系统。在最后的阶段 $j=2$：

$$\hat{C}_2(x)=h_2x+(b+h_2')[x]^-=h_2[x]^++(b+h_1)[x]^-$$
$$C_2(y)=E[\hat{C}_2(y-D_2)]$$

这是单一阶段系统的成本函数，所以很容易最优化。阶段 1 的计算更复杂且不易理解。我们应当推导出 $C_1(y)$、s_1^* 以及最优成本 C^* 的界限，并利用这些结果获得对库存地点的额外见解。

假设我们禁止阶段 1 持有库存。也就是说，我们限制可行的策略，固定 $s_1'=0$。从层级的角度看，我们令 $s_2=\infty$，对 s_1 无限制。因此 $\underline{C}_2(x)$ 就变成了 $C_2(x)$ 本身。在 $\hat{C}_1$ 然后在 C_1 中进行这一替换，我们得到下列近似：

$$\begin{aligned}C_1^+(y)&=E[h_1(y-D_1)+C_2(y-D_1)]\\&=h_1E[D_2]+h_2'(y-E[D])+(b+h_2')E[[y-D]^-]\end{aligned}$$

其中，$D=D_1+D_2$。这是单一阶段系统的成本函数。令 s_1^+ 表示 y 的最优值，$C^{+*}=C_1^+(s_1^+)$。

由于我们限制了可行策略，因此 C^{+*} 就是 C^* 的上限。另外，$\Delta C_2(y)\geqslant\Delta\underline{C}_2(y)$，因此对于所有 y，$\Delta C_1^+(y)\geqslant\Delta C_1(y)$。所以，$s_1^+$ 提供了 s_1^* 的下限。

现在，假设 $h_2>0$，所以 s_2^* 是有限的。我们观察一下，对于 $y\leqslant s_2^*$，$C_1^+(y)$ 与 $C_1(y)$ 是一致的。因此，假设事实证明，$s_1^+\leqslant s_2^*$。那么，$s_1^*=s_1^+\leqslant s_2^*$。在这种情况下，相应的本地策略具有 $s_1'^*=0$，即阶段 1 不持有库存。否则，$s_2^*<s_1^+\leqslant s_1^*$，因此 $s_1'^*>0$，阶段 1 确实持有库存。

因此，通过求解两个单一阶段系统（分别针对 s_2^* 和 s_1^+ 的情况），我们可以确定阶段 1 是否应该持有库存。如果不应该持有库存，那么实际上我们就已经求解了最初的模型。如果要持有库存，我们至少拥有了阶段 1 应该持有的库存量的下限。

一些简单的敏感性分析揭示了两者之间的区别是如何发挥作用的：首先，固定所有的参数，包括 h_2'，但令 h_1 在 0 和 h_2' 之间变化（因此 $h_2 = h_2' - h_1$）。随着 h_1 的变化，s_2' 也向相同的方向变化，但 s_1^+ 保持不变。实际上，随着 $h_1 \to h'_2, s_2^* \to \infty$，因此对于足够大的 $h_1, s_1^+ \leqslant s_2^*$。相反，随着 $h_1 \to 0$，$h_2 \to h'_2$，且由于 D（随机地）大于 D_2，对于足够小的 $h_1, s_1^+ > s_2^*$。

因此，当（且仅当）在阶段 1 持有库存比在阶段 2 持有库存的成本明显较低时，阶段 1 才会持有库存。当然，必要的差额取决于其他参数。

接下来，我们集中考虑恒定提前期的情况。固定除 L_1' 之外的所有参数。只有 s_1^+ 受 L_1' 变化的影响，s_2^* 不受影响。当 L_1' 很小时，D 接近 D_2，所以 $s_1^+ \leqslant s_2^*$。相反，对于足够大的 $L_1', s_1^+ > s_2^*$（对于 L_2' 的任何取值来说，这都是正确的，但其差额取决于 L_2'。我们可以证明，随着 L_2 的增加，能够使 $s_1^+ \geqslant s_2^*$ 的 L_1' 的取值也会增大）。

也就是说，当（且仅当）阶段 1 的提前期与阶段 2 的提前期具有实质联系时，阶段 1 才持有库存。否则，如果其提前期可以忽略不计，则那里的库存就没有什么作用（类似的结论描述了随机提前期模型）。

最后，对 C_1^+ 使用正态近似，我们可以看到最优成本的界限由一个线性函数 σ 给出，其中 $\sigma^2 = V[D]$。因此，系统参数对绩效的影响和单一阶段系统中一样。

8.3.7 规模经济

现在，考虑供应中存在规模经济的系统。向阶段 j 发货存在一个固定成本 k_j。我们将注意力集中在具有恒定或外生顺序提前期的泊松需求。

8.3.7.1 外部供应商的固定成本

首先，假设只有 $k_1 > 0$，而其他的 $k_j = 0$。也就是说，内部转运不产生成本，但是来自外部供货商的外部转运则会产生成本。这一特殊的情况相当简单。

最优策略具有我们所期望的形式。像上面一样，阶段 $j > 1$ 遵循基本库存策略，而阶段 1 遵循参数为 (r_1', q_1) 的 (r, q) 策略，其中 $r_1' + q_1 \geqslant 0$。同样，它完全等价于层级基本策略。也就是说，阶段 $j > 1$ 遵循层级基本库存策略。

阶段 1 监测其层级库存订货水平，并对那一数量应用 (r,q) 策略（对于 $j>1$，与上面一样，层级基本库存水平 s_j 由 s'_j 定义。阶段 1 采用同样的 q_1。令 $s'_1=r'_1+q_1$，$s_1=s'_1+s_2$，层级再订货点是 $r_1=s_1-q_1$，所以 $s_1=r_1+q_1$）。

为了评估这种类型的策略，我们只需要评估特定的基本库存策略，然后对这些结果求平均，与在单一阶段系统中一样。这些基本库存策略都拥有相同的 s_j，$j>1$，但具有不同的 s_1。令 $ITP_j(s)$ 和 $IN_j(s)$ 表示基本库存策略中的层级层面随机变量，与通过（8.3.7）进行评估一样，现在被看成是 $s=s_1$ 的函数。同样，我们简化 $(r_1,q_1)=(r,q)$。

显然，阶段 1 的（层级）库存订货水平 $\mathbf{IOP}_1$ 与在单一阶段系统中的行为一样，因此 $ITP_1=IOP_1$ 在整数 $r+1$ 至 $r+q$ 上均匀分布。另外，我们不难证明，递归方程（8.3.7）同样描述了 ITP_j 和 IN_j。根据这一点，我们可以得到（参见习题 8.8），每一个 ITP_j 都是 $ITP_j(s)$ 的混合，其中 $s=r+1,\cdots,r+q$，且相等的混合权重为 $1/q$，IN_j 是 $IN_j(s)$ 的一个类似的混合。因此，$E[IN_j]$ 是 $E[IN_j(s)]$ 在这些 s 上的简单平均，$E[B]$ 是 $E[B(s)]$ 的平均。

为了计算这一策略的平均成本，我们可以直接使用这些数量。或者，计算上面的函数 $C_j(y|\mathbf{s})$。实际的平均成本为：

$$C(r,q,\mathbf{s})=\frac{k_1\lambda+\sum_{y=r+1}^{r+q}C_1(y|\mathbf{s})}{q} \tag{8.3.11}$$

这些事实使我们能够通过对算法（8.3.9）进行少量修正而确定最佳策略。计算函数 C_j，$j\geqslant 1$，以及 s_j^*，$j>1$。这些 s_j^* 实际上是最优的。另外，保持这些基本库存水平和在阶段 1 使用任何 (r,q) 策略的平均成本为：

$$C_1(r,q)=\frac{k_1\lambda+\sum_{y=r+1}^{r+q}C_1(y)}{q} \tag{8.3.12}$$

这看起来就像是单一阶段模型的成本（6.5.16）。因为 C_1 是凸的，6.5.4 节中的 Algorithm Optimize _ rq 算法对于 (r,q) 最小化了 $C_1(r,q)$。最小解 (r^*,q^*) 和 $j>1$ 时的 s_j^* 共同构成了一个最优策略。

对于一个两阶段系统，我们可以通过以下方式获得简单、直观的描述：用 8.3.6 节中的 $C_1^\dagger(y)$ 代替（8.3.12）中的 $C_1(y)$。然后，应用定理 6.5.1，确切地说是最优单一阶段成本（6.5.7）或（6.5.9）的界限。我们看到（举例来说），与无固定成本模型中一样，σ 驱动了绩效。同样，最优成本的上限由与 k_1 的平方根成比例的项给出（习题 8.10 要求你给出细节）。

8.3.7.2 一般情况

现在我们转向一般情况，其中所有的 k_j 可能都是正的。现在问题变得更加困难。我们甚至不知道最优策略是什么样子。我们将描述一种可行的策略。在这里，本地控制和集中控制存在着差别。我们首先描述本地控制方案，然后再描述一个集中控制方案。结果证明，集中策略包含了本地策略，但反过来不成立。我们展示了一个针对更一般的集中控制计划的评估和（部分）最优化的过程。

假设每个阶段 j 都使用参数为 (r'_j, q_j) 的本地 (r,q) 策略，其中 $r'_j+q_j\geqslant 0$。每一个阶段 j 监控自己的本地库存订货水平，以及来自其前趋的订货批量大小 q_j，这些订单变成了其前趋的需求。假设这一策略是嵌套的，即对于 $j<J$，r'_j 和 q_j 是 q_{j+1} 的整数倍。这是一个合理的限制：阶段 j 经历了大小为 q_{j+1} 的需求，因此以类似的单位进行订货并持有库存是有意义的。在这一条件下，如果每一个 $I'_j(0)=r'_j+q_j$ 且 $IT_j(0)=0$，则 $IN'_j(t)$ 和 $IOP'_j(t)$ 仍然为 q_{j+1} 的整数倍（对于所有 t）。而且，只要阶段 j 订货，则 $j+1$ 也订货，从这个意义上说，这一策略是嵌套的。

现在，考虑一种层级 (r,q) 策略。它就像一个本地 (r,q) 策略一样运作，除了每一阶段监控其层级库存订货水平并使其订单建立在这一数量基础之上。策略变量为 (r_j, q_j)。假设这个策略是准嵌套的（quasi-nested），即 q_j 是 q_{j+1} 的整数倍［这是有意义的，原因在前面已经提到。我们可以而且确实令 $I'_j(0)$ 为 q_{j+1} 的整数倍，因此对于所有 t，IN'_j 仍然为 q_{j+1} 的整数倍］。但是，对于 r_j，我们只需要 $r_j+q_j\geqslant 0$。

给定一个本地 (r,q) 策略，存在着一个等价的层级 (r,q) 策略：使用相同的 q_j，并设 $s'_j=r'_j+q_j$，$s_j=\sum_{i\geqslant j}s'_i$，$r_j=s_j-q_j$（因此 $s_j=r_j+q_j$）。显然，在两种策略之下，状态变量在任何时间都具有相同的值。相反，从一个基于层级的策略开始，如果每一个 r_j-r_{j+1} 都是 q_{j+1} 的整数倍，则存在着一个等价的嵌套本地策略（这一论证与前面的基本库存策略的论证一致）。否则，就不存在等价的本地策略。尽管可能不明显，但完全自由地在层级 (r,q) 策略中选择 r_j 而不受本地策略数值的限制实际上很有意义。

直观来看，本地策略和层级策略的关系可以通过比较 $\mathbf{IOP}'_j$ 和 $\mathbf{IOP}_j$ 的行为而看出来。只要阶段 j 订货，两者都会增加 q_j。但是，只有当阶段 $j+1$ 订货时，$\mathbf{IOP}'_j$ 才会下降，而在每次产生实际客户需求时，IOP_j 就会下降。也就是说，在层级策略下，阶段 j 立即知道客户的需求，而在本地策略下，传递这一信息存在着延迟，直到需求累积到足够大以触发阶段 $j+1$ 的订单。如果层级策略参数满足上述条件，使得存在一个等价的本地策略，那么这一延迟就不重要；额外的信息没有被使用。否则，两者之间就存在着一种真正的差别（我们称层级策略为“集中的”，因为与逐阶段的订单相比，它需要更多的信息。但是，给定这些信息，控制决策仍然是在本地制定的）。

现在我们展示一种递归的方法来评估层级 (r,q) 策略，类似于（8.3.7）。首先，$ITP_1 = IOP_1$ 在整数 r_1+1 至 r_1+q_1 上均匀分布。其次，下式仍然成立：

$$IN_j = ITP_j - D_j$$

最后，回忆一下，对于基本库存策略，$ITP_{j+1} = \min\{s_{j+1}, IN_j\}$，它可以写为 $s_{j+1} - ITP_{j+1} = [s_{j+1} - IN_j]^+$。事实证明，类似的等式为：

$$s_{j+1} - ITP_{j+1} = \pi(s_{j+1} - IN_j, q_{j+1}) \tag{8.3.13}$$

其中，对于任何正整数 q，函数 $\pi(\cdot,q)$ 由下式给出：

$$\begin{aligned}\pi(x,q) &= \max\{x,(x)\mathrm{mod}(q)\}\\ &= \begin{cases} x & x \geqslant 0 \\ (x)\mathrm{mod}(q) & x < 0 \end{cases}\end{aligned}$$

该递归的数值计算很复杂，但在概念上很直观。

为了评估转运频率（shipment frequency），我们必须确定转运费用的影响。这一策略有时可能会指示同时向阶段 j 发送数批数量为 q_j 的货物。这样的转运是只发生一个固定成本 k_j，还是每一个批量都发生一个成本？在 6.6 节中我们遇到了同样的问题，正确的答案同样取决于实际情况。当每一个批量都产生自己的成本时，尽管成本更高，但分析却简单得多，因为在这种情况下，向阶段 j 的平均转运成本为 $k_j\lambda/q_j$。另一种情况也可以进行分析，但要付出更大的努力，我们将不对其进行讨论。

这一技术可以评价任何层级 (r,q) 策略。那么最优化呢？给定固定的 $\mathbf{q}$，我们可以通过一种类似于（8.3.9）的算法找到最优的 $\mathbf{r}$（或者等价地，$\mathbf{s}=\mathbf{r}+\mathbf{q}$）。设 $\underline{C}_{J+1}(x) = (b+h'_J)[x]^-$。对于 $j = J, J-1, \cdots, 1$，给定 $\underline{C}_{j+1}$，计算：

$$\begin{aligned}\hat{C}_j(x) &= h_j x + \underline{C}_{j+1}(x)\\ C_j(y) &= E[\hat{C}_j(y-D_j)]\\ \overline{C}_j(y) &= \left(\frac{1}{q_j}\right)\sum_{z=0}^{q_j-1} C_j(y-z)\\ s_j^* &= \mathrm{argmin}\{\overline{C}_j(y)\}\\ \underline{C}_j(x) &= C_j(s_j^* - \pi(s_j^* - x, q_j))\end{aligned}$$

最后，设 $\mathbf{s}^* = (s_j^*)$, $C^* = \bar{C}_1(s_1^*) + \sum_j \frac{k_j\lambda}{q_j}$。

为了确定最佳的 $\mathbf{q}$，一种合理的启发式方法是将第 5 章中的方法应用到相应的确定性系统中，以得到一个良好的初始 $\mathbf{q}$ 值。Chen 和 Zheng (1994c) 开发出了另一种似乎更有效的方法，它基于成本的界限（将在下面讨论）。然后，应用局部搜索算法（local search），在每一步中使用上面的算法以便对 $\mathbf{r}$ 实现最优化。

我们可以利用几种方法来计算实际最优成本的下限（习题 8.11 分析了一种方法）。通过将这一界限同一个良好的（或最佳的）层级 (r,q) 策略的成本进行比较，我们就可以估计出这一策略相对于所有可选策略的绩效。通过这种方式，研究者们已经发现，对于某些系统，层级 (r,q) 策略运行良好；这种策略的成本只超过下限几个百分点。然而，我们仍然缺乏像第 5 章中那样有力的结果。具体来说，我们没有一个能够确保表现良好的策略构建启发式算法。对于研究来说，这仍然是一个需要优先解决的问题。

8.3.8 服务水平约束

回到不存在规模经济和泊松需求的情况。上面的模型通过未交付的缺货订单来度量客户服务。为了实现令人满意的服务，它们会对 $E[B'_J]$ 施加成本 b 的惩罚。假设对于需求被延期交付的部分存在着明确的限制 $1-\omega_-$。根据 6.5.5 节，我们提出以下简单方法：设定 b，使得 $b/(b+h'_J) = \omega_-$，然后你上面一样进行计算。

这一方法是有效的：假设我们要确定一个最优基本库存策略。此外，给定其他 s'_j，该策略选择 s'_J 来最小化 $h'_J E[I'_J] + bE[B'_J]$。因此，如 6.5.2 节所述，它设定缺货概率 $E[A'_J]$ 接近 $1-\omega_-$（在连续近似的情况下，$E[A'_J] = 1-\omega_-$。在离散模式中，这一关系近似成立）。同样，$E[A'_J]$ 是被延期交付的那部分需求。

但是，我们仍然不能保证，在所有可行的策略中，这一策略最小化了总平均持有成本。从这种意义上说，最优化是非常困难的，而上述方法有可能表现良好。

8.4 装配系统

8.4.1 模型

回忆一下，在第 5 章的分类方案中，装配系统（assembly system）是一种具有单一最终物品 J 的供应—需求网络，使得 $i < J$ 的其他所有物品只有一个后继。但是，与串联系统不同，物品 j 可能拥有数个前趋，构成了集合 $Pre(j)$。制造一单位物品 j 可能需要一单位所有的前趋 $i \in Pre(j)$。

假设顾客只需要最终物品，且需求是一个泊松过程或混合泊松过程。不存在规模经济。每一个物品都有自己的恒定提前期 L'_j（回忆一下，第 5 章允许由前趋确定的提前期 L'_{ij}。在此我们假设，对于 $i \in Pre(j)$，L'_{ij} 等于 L'_j）。L'_j 可能代表从一次装配操作开始的生产活动，开始时要求具备所有的部件。因此，从库存中提取前趋物品并只以完工的套件的形式将它们送到 j 是有意义的，而这一套件中包含了一单位所有的 $i \in Pre(j)$，而且从现在开始我们做出这样的假设。

图 8.4.1 描述了这样一个系统。垂线显示了装配操作，每个箭头的长度表示相应的提前期。因此，供应系统的动态相当于沿着这些箭头以恒定的速度移动的物品（我们将在下面解释图形底部的 L''_j）。

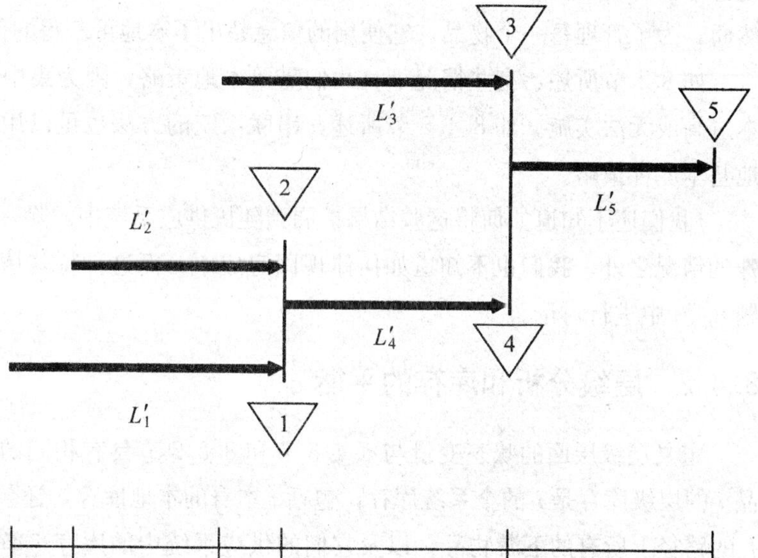

图 8.4.1　装配系统

如 5.4.2 节所述，我们可以把这张图解释为一个项目计划表，这一观点使我们能够更深入地理解有效控制的含义。假设我们在完全没有存货的情况下运行这一系统。当需求发生时，我们必须订购所有部件，并从头开始装配。很明显，我们希望以图形所示的方式安排这些事件。这种方法能尽快地满足需求，但给定那种要求，它会尽可能晚地完成所有活动。具体来说，我们会立即订购物品 1，但在订购物品 2 之前会等待一段时间，使得两单位物品同时到达并被装配成物品 4。我们订购物品 3 的时间更晚(但是在物品 1 和物品 2 到达之前)，因此它恰好是在物品 4 完成时才到达。

本地控制方案能够实现这种紧凑的安排吗？想一想在基本库存水平为 0 的本地基本库存策略下会发生什么情况。需求在整个网络中向后传播，因此我们立即订购所有原材料（物品 1、物品 2 和物品 3)。因此，物品 2 和物品 3 在使用它们之前就到达了。当然，我们可以修正这一策略，或者通过延迟需求的信号，或者通过命令每一个物品在按信号行动之前等待。但这类修正违背了纯粹本地控制的精神。

在我们确实持有存货的情况下，也会出现同样的问题。纯粹的本地信息不足以明智地运行整个系统（一般来说，上述简单的修正是不够的)。我们需要全局信息。

不过，正如我们将要看到的，装配系统可以简化为一个等价的串联系统。一旦我们构建了这一等价系统，我们就可以利用 8.3 中的方法对策略进行评估和最优化。事实证明，最佳策略很像是一个层级基本库存策略。然而，为了管理每一个物品，它使用的信息超出了本地可获得的信息范畴。

如 8.1 节所述，有些情况下，我们需要本地策略，因为集中控制的成本过高或无法实施。如 8.4.5 节所述，串联系统的方法也可以用来评估本地基本库存策略。

(我们还不知道如何将这些结果扩展到随机供应系统中。除一种非常特殊的情况之外，我们也不知道如何体现固定成本，而这种特殊情况将在习题 8.13 中进行讨论。)

8.4.2 层级分析和库存的平衡

定义层级层面的状态变量与 5.4.3 节和 8.3.2 节具有相同的含义。物品 i 的层级库存是 i 的全系统库存，包括 i 本身的本地库存，还包括从 i 到 J 的路径上所有的下游物品，以及它们的供应系统中的库存。净层级库存和在途层级库存水平可以用递归的方式定义为：

$$IN_J(t) = I_J(t) - B(t) = I'_J(t) - B'_J(t)$$

$$ITP_j(t) = IT_j(t) + IN_j(t)$$

$$IN_i(t) = I'_i(t) + ITP_j(t) \qquad i \in Pre(j)$$

[在途库存 IT_j 以目标物品 j 的单位数量来衡量。因此，一单位 IT_j 包含一单位 $i \in Pre(j)$ 中的所有物品]。另外：

$$h_j = h'_j - \sum_{i \in Pre(j)} h'_i$$

总平均成本同样可以写成（8.3.8）的形式，即：

$$E[\sum_{j=1}^{J} h_j IN_j + (b + h'_J)B] \tag{8.4.1}$$

接下来，定义：

$$\underline{L}_j = \text{物品 } j \text{ 的前向层级提前期,包括 } j \text{ 自身的提前期}$$

与 5.3.2 节中一样，这是将一单位物品 j 交付客户所需的最小时间，但在此，我们从 j 的提前期开始时而不是在结束时开始。因此：

$$\underline{L}_J = L'_J$$

$$\underline{L}_i = L'_i + \underline{L}_j \qquad i \in Pre(j)$$

重新对物品进行编号，使得 $\underline{L}_j$ 随着 j 递减（暂时假设没有关联，因此 $\underline{L}_j$ 严格递减）。另外，设 $\underline{L}_{J+1} = 0$，并定义：

$$L''_j = \underline{L}_j - \underline{L}_{j+1}$$

$$\bar{L}_j = \sum_{i \leqslant j} L''_i = \underline{L}_1 - \underline{L}_{j+1}$$

［$\bar{L}_j$ 是后向层级提前期（backward echelon leadtime）。这一定义与 8.3 中的定义一致。］观察一下，对所有的 j，$L''_j \leqslant L'_j$（显然，$L''_J = L'_J$。在 $i < J$ 时，对于某些 j，我们有 $i \in Pre(j)$，所以 $i + 1 \leqslant j$，从而 $L''_i \leqslant \underline{L}_i - \underline{L}_j = L'_i$）。图 8.4.1 阐明了这个概念。

这些概念可以帮助我们更深入地研究有效控制的意义。在图 8.4.1 中，最终物品 5 的库存发挥着通常的作用，即预防需求的突然增加和对客户的延期交货。其前趋（物品 3 和物品 4）的库存提供了间接的保护。但是，这些中间库存只能以配对的形式为物品 5 提供供应。如果物品 4 的库存多于物品 3 的库存（或者反过来），则过量的库存至少在近期内是无用的。我们应该尽量避免这类库存不平衡，保证 $IN_3(t)$ 与 $IN_4(t)$ 大致相等。出于同样的原因，我们应该努力保证物品 4 的前趋（物品 1 和物品 2）的（净层级）库存相等。一般来说，对于每一个 j，我们的目标应该是保证 $IN_i(t)$ 相等，$i \in Pre(j)$。

但是，我们不能直接控制这些净库存，所以我们必须扩展平衡的概念：在时点 t，我们能做什么以影响物品 3 和物品 4 的净库存？我们可以通过当前的转运来影响 $IN_3(t + L'_3)$ 和 $IN_4(t + L'_4)$，因此让我们专注于这些时点中最早的时点 $t + L'_4$。在那个时点，我们有：

$$IN_4(t + L'_4) = ITP_4(t) - D(t, t + L'_4]$$

那么，物品 3 的净库存是什么？一部分 $IT_3(t)$ 在 $t+L'_4$ 时到达，但并不是全部。令 $IT_3^-(t)$ 表示那一部分 $IT_3(t)$，即在时点 $(t+L'_4)-L'_3=t-L''_3$ 到达物品 3 的供应系统的数量。令：

$$IN_3^+(t) = IT_3^-(t) + IN_3(t)$$

我们有：

$$IN_3(t+L'_4) = IN_3^+(t) - D(t,t+L'_4]$$

因此，当且仅当 $ITP_4(t) = IN_3^+(t)$ 时，$IN_4(t+L'_4) = IN_3(t+L'_4)$。在后面的两个量中，我们只能直接控制 $ITP_4(t)$，而且只能增加它。因此，如果 $ITP_4(t) > IN_3^+(t)$，则没有理由订购更多的物品 4。而如果 $ITP_4(t) < IN_3^+(t)$，我们可能希望增加 $ITP_4(t)$，但不能超过 $IN_3^+(t)$。

在此，我们可以通过在网络中画一条垂线来形象化地展示这一想法，如图 8.4.2 中的虚线所示。虚线的右边（即下游）是一个包含了物品 4 所有供应系统的子网络，但只包括物品 3 的一部分。虚线与提前期箭头的交点表示对于最终物品的相同的总提前期。这些点的下游的层级库存为 $IN_3^+(t)$ 和 $ITP_4(t)$，我们希望这些值尽可能相等。

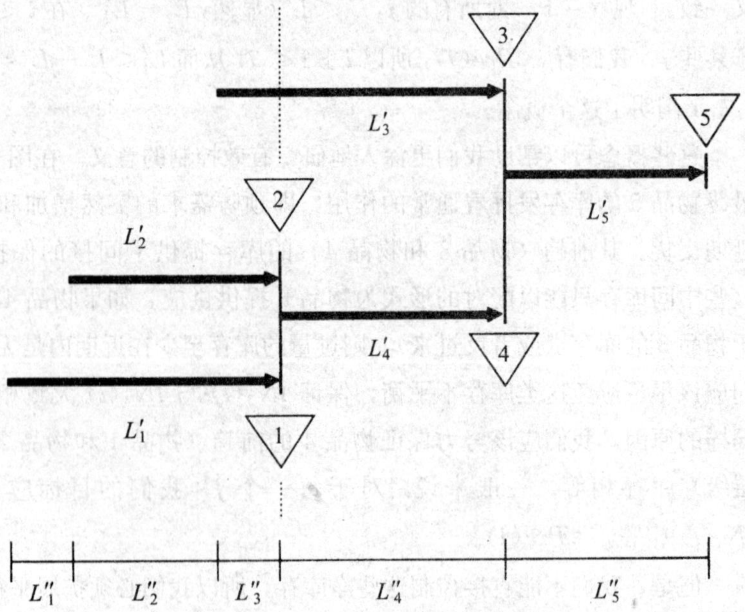

图 8.4.2　相等的前向层级提前期

我们可以在网络中的任何地方画线。这样的线通常会与几个物品的提前期相交。这些交点至最终物品的距离是相等的（按总提前期衡量）。现在，考虑每一个交点下游的层级库存，即从该点至最终物品的路径中的总库存。在理想情况下，我们希望这些层级库存都相等。

因此，很明显，我们不能指望仅仅通过使用本地信息来很好地运行系统。在上面的例子中，直线与项目 3 和物品 4 有关，它们碰巧是两个相邻的物品，但是，在一般情况下，这当然不一定是正确的。我们可能希望平衡那些在网络中相距很远的物品的库存。换句话说，我们必须在整个网络中明确地协调这些行动。

幸运的是，有效协调的要求并不像乍看起来那样可怕。为了找出其中的原因，我们假设某条直线显示要平衡 7 种不同物品的库存。为了实现必要的协调，成对地考虑这些物品是有意义的，即平衡第一个物品和第二个物品、第二个物品和第三个物品，等等。事实证明，这是可行的。为了控制每一个物品，我们必须注意另一个物品。但是哪一个呢？上述新的物品编号方案为我们提供了答案：对于每一个物品 $j>1$，我们必须考虑物品 $j-1$ 的状态。

8.4.3　平衡的层级基本库存策略

现在，我们定义一类可行的策略。其基本逻辑与层级基本库存策略相同，其中的策略变量为 s_j，它们决定了总体库存水平。但是，我们要调整那一策略以改善各库存之间的平衡。我们称结果为平衡的层级基本库存策略（balanced echelon base-stock policy）。这种类型的最佳策略是最优的（我们将不进行证明）。

回忆一下，最初的 $IT_j(t)$ 是在时间间隔 $[t-L'_j, t)$ 内运来的库存（以物品 j 的单位数量来衡量）。定义：

$$IT_j^-(t) = \text{在时间间隔}[t-L'_j, t-L''_j)\text{内运来的}\ IT_j(t)\ \text{部分}$$
$$IN_j^+(t) = IT_j^-(t) + IN_j(t)$$

［回忆一下，$L''_j \leqslant L'_j$。如果二者相等，则有 $IT_j^-(t)=0$，且 $IN_j^+(t)=IN_j(t)$。］

该策略运作方式如下：物品 1 采用策略参数为 s_1 的一般层级基本库存策略。对于物品 j，我们使用变量 $IN_{j-1}^+(t)$ 来调整基本库存策略。具体来说，我们决定运送到物品 j 的数量，以使 $ITP_j(t)$ 尽可能接近 $\min\{s_j, IN_{j-1}^+(t)\}$。也就是说，如果 $ITP_j(t^-)$ 在任何发货之前就已经大于这一数量，则我们就不运送任何货物。如果 $ITP_j(t^-)$ 小于这一数值，则我们运送二者的差额，假设物品 $i \in Pre(j)$ 拥有充足的库存使我们能够这样做。如果这些库存之一过少，我们就尽可能地多运送一些，即我们令 $ITP_j(t)=\min_i\{IN_i(t):i\in Pre(j)\}$。

其原理与图 8.4.2 中的例子相似。如果我们在物品 j 的提前期开始时划分网络，则物品 j 本身的下游净库存就是 $ITP_j(t)$，而物品 $j-1$ 的下游净库存为 $IN^+_{j-1}(t)$。$ITP_j(t)$ 大于 $IN^+_{j-1}(t)$ 没有任何意义，因为过量的库存是没有用的。

实际上，我们可以在某种程度上简化这一规则。按下述方式初始化时点 $t=0$ 时的系统：首先，给定策略变量的向量 $\mathbf{s}$，像 8.3.2 节中那样计算向量 $\mathbf{s}^-$，得到 $\mathbf{s}^-\leqslant\mathbf{s}$，且 s_j^- 对于 j 是非递增的（同样，$\mathbf{s}^-$ 确定的策略与最初的策略等价，但在此我们不使用这一事实）。然后，设：

$$IN_J(0)=I'_J(0)=s_J$$
$$I'_i(0)=s_i^- - IN_j(0) \qquad i\in Pre(j)$$

因此：

$$IN_i(0)=I'_i(0)+IN_j(0)=s_i^- \qquad i\in Pre(j)$$

对所有的 $j>1$：

$$ITP_j(0)=IN_j(0)=s_j^-\leqslant s_{j-1}^-=IN_{j-1}(0)=IN^+_{j-1}(0)$$

具体来说：

$$ITP_j(0)\leqslant\min\{s_j,IN^+_{j-1}(0)\}$$

因此，这一策略保证了对于所有的 $t\geqslant 0$：

$$ITP_j(t)\leqslant\min\{s_j,IN^+_{j-1}(t)\} \tag{8.4.2}$$

[只有需求才会导致 $IN^+_{j-1}(t)$ 下降，但也使 $ITP_j(t)$ 减少了相同的数量。]

对于当前的目的来说，(8.4.2) 的关键部分是：

$$ITP_j(t)\leqslant IN^+_{j-1}(t) \qquad j>1 \tag{8.4.2}$$

这一条件被称为长期均衡（long-run balance）。

定理 8.4.1：假设长期均衡条件（8.4.3）对于所有的 t 都成立。那么对于所有的 $j>1$ 和 $i\in Pre(j)$，$IN_i(t)\geqslant IN^+_{j-1}(t)$。

（我们推迟到 8.4.6 节进行证明。）因此，我们永远也不需要担心前趋的库存，它们肯定是充足的。我们只需要比较 $ITP_j(t)$ 和 $\min\{s_j,IN^+_{j-1}(t)\}$。

[实际上，从任何初始条件出发，如果系统运行了一段时间，它都将在某一有限的时间 t 内达到（8.4.2）的情况。而且，一旦系统进入这一状

态，它就永远不会离开。所以，这个定理是成立的，而且对于足够大的 t，这种策略也可以简化。为了简化我们的讨论，假设上述特定初始条件的情况，因此这一定理是成立的。]

因此，实际上，(8.4.2) 作为一个等式也是成立的：

$$ITP_j(t) = \min\{s_j, IN_{j-1}^+(t)\}$$

注意它与 (8.3.6) 的相似性！同样：

$$IN_j^+(t + L_j'') = ITP_j(t) - D(t, t + L_j'']$$

根据 8.3.2 节中的方法，利用简单的时间变换重写这些等式：

$$ITP_1(t) = s_1$$
$$IN_j^+(t + L_j) = ITP_j(t + L_{j-1}) - D(t + L_{j-1}, t + L_j]$$
$$ITP_{j+1}(t + L_j) = \min\{s_{j+1}, IN_j^+(t + L_j)\}$$

在均衡情况下，这变成了：

$$ITP_1 = s_1$$
$$IN_j^+ = ITP_j - D_j$$
$$ITP_{j+1} = \min\{s_{j+1}, IN_j^+\} \qquad (8.4.4)$$

其中，D_j 和 $D(L_j'')$ 具有相同的分布，且 D_j 是独立的。它与 (8.3.7) 的形式完全相同！

8.4.4　策略评估和最优化

现在我们已经准备好来描述等价的串联系统：它有 J 个阶段，具有与装配系统一样的需求过程和层级成本率 h_j 及 b，但提前期为 L_j''。因此，其提前期需求 D_j 与上面一样。因而，根据 (8.4.4)，其 IN_j 与最初的装配系统的 IN_j^+ 一样。

假设我们将 8.3.2 节中的策略评估算法应用到这一串联系统中，使用相同的策略参数 $\mathbf{s}$。根据装配系统的术语，平均成本为：

$$E\left[\sum_{j=1}^{J} h_j IN_j^+ + (b + h_J')[IN_J^+]^-\right] \qquad (8.4.5)$$

这与装配系统的平均成本 (8.4.1) 是不一样的。但是 $L''_J = L'_J$，因此 $IN_J^+ = IN_J$，且 $[IN_J^+]^- = B$。同样，通过简单的守恒性论证 (conservation argument)，$E[IT_j^-] = E[D(L_j' - L_j'')]$，因此：

$$E[IN_j^+] = E[IN_j] + E[IT_j^-] = E[IN_j] + E[D(L_j' - L_j'')]$$

所以，计算出的成本（8.4.5）超过了真实成本（8.4.1），超过的数量为：

$$\sum_{j=1}^{J} h_j E[D(L_j'-L_j'')] \tag{8.4.6}$$

这是一个常数，与策略独立。总之，为了评估装配系统中的平衡的基本库存策略，我们只需要计算相应策略的等价的串联系统的平均成本（8.4.5），然后减去常数（8.4.6）。

如果将 8.3.3 节中的最优化算法应用到等价的串联系统中，我们立刻可以看到，得到的策略向量 $\mathbf{s}^*$ 对于最初的装配系统也是最优的。我们成功了！

好吧，是差不多成功了。还有一个没有解决的问题：当两个或更多个 L_j 相等时会发生什么？我们可以通过重新对物品编号来解决这一问题。但是，此时有些 L_j'' 为 0，且相应的 $D_j=0$。在这种情况下，在等价的串联系统中（或任何串联系统中）会出现什么情况？如果 $D_j=0$，从直观上看，阶段 $j-1$ 和阶段 j 的库存发挥着同样的作用，但阶段 j 的库存成本更高，因此没有理由在那里持有库存。实际上，$C_j(y)=h_j y+C_{j+1}(y)$，因此（由于 $h_j\geqslant 0$）$s_j^*\leqslant s_{j+1}^*$，这意味着阶段 j 永不持有库存。

同样，在装配系统中，我们选择 $s_j^*\leqslant s_{j+1}^*$，但在这里，这个条件具有不同的含义：如果 $j\in Pre(j+1)$，则我们就永远都不会持有物品 j 的库存，否则就有可能持有。例如，考虑图 8.4.1 所示的系统，但假设物品 1 和物品 2 具有相等的实际提前期 L_j'，因此 $L_1''=0$。这意味着 $IN_1^+(t)=ITP_1(t)$。因此，这一策略使得 $ITP_2(t)=\min\{s_2^*, ITP_1(t)\}=ITP_1(t)=s_1$。所以，我们总是持有相等的物品 1 和物品 2 的库存。这也是常识告诉我们的。

8.4.5 本地基本库存策略评估

现在，假设我们无法实施上述控制方案，而是采用本地基本库存策略。为了说明这一想法，我们专注于两阶段装配系统，其中所有的物品 $j<J$ 都是原材料，即最终物品 J 的直接前趋，而它们自己则没有前趋。像上面一样对这些物品进行编号，因此在这些原材料中，物品 1 拥有最长的提前期，而物品 $J-1$ 的提前期最短。

同样，我们只以套件的方式向 J 运送货物。因此，某些物品可能会同时存在（本地）库存和延期交货。实际上，物品 $j<J$ 的延期交货是相等的。但是，如果这些物品中的任何一个（因而可能是所有的）被延期交货，那么至少有一个物品没有库存。

我们仍然可以定义 $IN'_i(t)=I'_i(t)-B'_i(t)$ 和 $IOP'_i(t)=IO_i(t)+$

$IN'_j(t)$。假设 $I'_j(0)=s'_j$，每一位客户的需求产生了对每一个物品的需求，因此会就每一种原材料向供应商发出一份订单。结果，$IOP'_j(t)=s'_j$，且 $IN'_j(t+L'_j)=s'_j-D(t,t+L'_j],j<J$。另外，显然：

$$B'_j(t)=B'_{J-1}(t)=[\min_{i<J}\{IN'_i(t)\}]^- \qquad j<J$$

像上面一样定义 L''_j 和 L_j。让我们评估一下在时点 $t+L_{J-1}$ 时原材料的延期交货。注意，$(t+L_{J-1})-L'_j=t+L_{j-1}$。同样，假设 $j<J$ 时 s'_j 是非递增的（这是合理的），并令 $s^=_{J-1}=s'_{J-1}$，且 $s^=_j=s'_j-s'_{j+1},1\leqslant j\leqslant J-2$。因此：

$$\begin{aligned}IN'_j(t+L_{J-1})&=s'_j-D(t+L_{j-1},t+L_{J-1}]\\&=\sum\nolimits_{j\leqslant i<J}(s^=_i-D(t+L_{i-1},t+L_i])\end{aligned}$$

所以：

$$B'_{J-1}(t+L_{J-1})=\max\{0,\sum\nolimits_{j\leqslant i<J}(D(t+L_{i-1},t+L_i]-s^=_i):j<J\}$$

在均衡情况下则变为：

$$B'_{J-1}=\max\{0,\sum\nolimits_{j\leqslant i<J}(D_i-s^=_i):j<J\}$$

这正是在一个 $(J-1)$ 个阶段的串联系统中延期交货的形式（参见习题8.2）。在这里，$s^=_j$ 扮演着本地基本库存水平的角色，而 s'_j 则扮演着层级基本库存水平的角色。因此，与在（8.3.4）中一样，我们有：

$$B'_J=[B'_{J-1}+D_J-s'_J]^+$$

因此，我们可以利用8.3节中的方法来计算 $E[B'_J]$ 和 $E[I'_J]$。同样：

$$\begin{aligned}E[I'_j]&=E[IN'_j]+E[B'_j]\\&=s'_j-E[D(L'_j)]+E[B'_{j-1}] \qquad j<J\end{aligned}$$

总之，我们可以通过等价的串联系统来评估本地基本库存策略（但是，我们并不清楚怎样找到最佳的此类策略，因为 $E[I'_j]$ 并不像在串联系统中那样与 $E[B'_j]$ 无关）。同样的方法可以直接扩展至任何装配系统（习题8.14提供了另一个例子）。

显然，评估本地策略和集中策略付出的努力大致相同，而我们知道如何最优化后者。还要记住，将执行问题放在一边，最佳的平衡层级基本库存策略比任何本地策略的表现更好。因此，给定一个选择，平衡的策略肯定更好一些。

8.4.6 定理 8.4.1 的证明

[这一证明涉及 $t-L''_i$ 时的状态变量，对于较小的 t，它们可能是负的。但是，这些定义可以扩展到负的时间：对于 $t<0$，令 $ITP_j(t)=IN_j(t)=IN_j(0)$ 和 $D(t)=0$。因此，下面的推导对所有的 t 都有效。]

对于 $i\leqslant j$，定义：

$$\begin{aligned} IN_{ij}(t) &= ITP_i(t)-D(t,t+\underline{L}_i-\underline{L}_j] \\ &= ITP_i(t)-D(t,t+L_{j-1}-L_{i-1}] \end{aligned}$$

在 $i=j-1$ 的特殊情况下：

$$IN_{j-1,j}(t)=ITP_{j-1}(t)-D(t,t+L''_{j-1}]=IN^+_{j-1}(t+L''_{j-1})$$

同样，对于 $i\in Pre(j)$，$\underline{L}_i-\underline{L}_j=L'_i$，因此：

$$IN_{ij}(t)=ITP_i(t)-D(t,t+L'_i]=IN_i(t+L'_i)$$

现在，长期平衡条件（8.4.3）意味着：

$$ITP_i(t)\leqslant IN_{i-1,i}(t-L''_{i-1})=ITP_{i-1}(t-L''_{i-1})-D(t-L''_{i-1},t]$$

因此（由于 $L''_{i-1}+\underline{L}_i=\underline{L}_{i-1}$）：

$$\begin{aligned} IN_{ij}(t) &\leqslant ITP_{i-1}(t-L''_{i-1})-D(t-L''_{i-1},t+\underline{L}_i-\underline{L}_j] \\ &= IN_{i-1,j}(t-L''_{i-1}) \end{aligned}$$

反复地运用该不等式。对于 $i\in Pre(j)$：

$$\begin{aligned} IN_i(t) &= IN_{ij}(t-L'_i)\geqslant IN_{i+1,j}[(t-L'_i)+L''_i] \\ &\geqslant\cdots\geqslant IN_{j-1,j}[(t-L'_i)+(L''_i+\cdots+L''_{j-2})] \\ &= IN_{j-1,j}(t-L''_{j-1})=IN^+_{j-1}(t) \end{aligned}$$

8.5 配送系统：本地控制

8.5.1 基本的模型

考虑一个二级配送系统。为了具体起见，假设有一个单一的产品和几个地理位置。为了方便起见，我们要略微修改一下编号方案：现在有 $J+1$ 个地点。所有商品从一个外部来源进入系统中，并首先进入被称为仓库（warehouse）的地点 $j=0$。反过来，这一仓库向 J 个零售商（客户需求发生在这里）供货，序号为 $j=1,\cdots,J$。所有这些地点都可能持有库存。每一个地点都有自己的供应系统。我们暂时假定提前期为常数 L'_j。其中不存在规模经济（在 8.5.5 节之前遵循这一假设）。

信息以相反的方向流动：与在串联系统中一样，每一个地点都遵循它们自己的本地基本库存策略。每一个零售商都向仓库下达订单。所有这些订单共同构成了仓库的需求过程。仓库根据先到先服务（first-come-first-served）的原则来满足这些需求（向零售商发货）。反过来，仓库向供应商发出补货订单。

因此，信息和控制是分散化的或本地化的：每一个零售商只看到自己的需求，而仓库只看到进入的订单流。每一个地点（包括仓库）只监控自身的库存订货水平，并在此基础上制定决策（下一节将讨论集中控制方案）。

零售商处的需求是独立的泊松过程 $\mathbf{D}_j, j=1,\cdots,J$。假设每个地点开始时都持有充足的库存（库存为其基本库存水平），这些需求向后传播到仓库。因此，仓库的需求过程 $\mathbf{D}_0$ 本身是一个泊松过程。

定义：

$\lambda_j =$ 对零售商 j 的需求率，$j=1,\cdots,J$

$\lambda_0 =$ 对仓库（$j=0$）的需求率 $= \sum_{j=1}^{J} \lambda_j$

$D_j =$ 地点 j 的提前期需求，是一个与 $D_j(L'_j)$ 的分布相同的随机变量

这一策略的变量为基本库存水平 $s'_j \geqslant 0$。

这是基于模型的规划系统（被称为 METRIC）的一个简化版本，这一规划系统是在 20 世纪 60 年代开发出来的，旨在为美国空军管理飞机发动机和其他重要、昂贵的部件（在该系统中，零售商代表一个空军基地，仓库代表一个中央支持设施）。从那时起，METRIC 就不断以不同的方式进行优化和扩展。这一系统和类似的系统也被美国其他武装部队和其他国家以及数家航空公司所采用［在那些应用中，需求因一个操作部件失灵而产生，供应系统代表维修和运输活动。真正的需求和供应过程比模型所示复杂得多。每一个空军基地都具有有限数量的需求来源、最大数量的操作部件（如 7.3.3.3 节所述），每一个供应系统都有产能限制。这一模型近似了实际情况，并降低了这些复杂性］。

正如在第 5 章中所解释的，模型中的地点可以被看成是一般物品，而一般物品也可以代表不同的产品或产品—地点对。在多产品系统中，零售商相当于不同的最终产品。仓库代表相同的中间产品，它可以被加工成任何最终产品。

真正的配送系统通常要在一个地点网络中移动多种产品。此处的模型不可能描绘出这种复杂程度。我们的仓库被限制为单一的物品。但有时候，产品之间不存在像联合补货成本那样密切的联系。因此，产品本身是独立的，我们可以对每一种产品应用一个独立的模型。METRIC之类的模型经常以这种方式使用。

顺便说一句，该方法比其他常用的启发式算法更有效，因为那些算法是根据地点而不是产品来划分环境的。在那些算法中，每一个地点独立管理其库存，而忽略与其他地点的联系。这种方法试图通过对每一个地点施加服务水平约束（通常是基于一个总体标准，如所有产品的订单满足率）来弥补这些被忽略的联系。这听起来是合理的，但还不够，总体约束不足以体现地点之间的联系。

8.5.2 策略评估

为了评价一个给定的策略，我们遵循“自上而下”的方法，这与（8.3.2）至（8.3.4）类似。我们首先分析仓库，然后分析零售商。

仓库就像串联系统的第一个阶段一样运作，因此：

$$B'_0 = [D_0 - s'_0]^+ \tag{8.5.1}$$

接下来，考虑零售商 j。根据 8.3.1 节的逻辑，我们得到与（8.3.4）类似的公式：

$$B'_j = [B'_{0j} + D_j - s'_i]^+ \tag{8.5.2}$$

其中，B_{0j} 代表由来自不同零售商 j 的订单引发的仓库延期交货。现在，与 7.3.7 节中一样，仓库是一个具有多个输入来源的系统。输入是独立的泊松过程，仓库按顺序满足需求。因此，条件随机变量（$B'_{0j} \mid B'_0$）服从参数为 B'_0 和 $\theta_j = \lambda_j / \lambda_0$ 的二项分布。根据这一点以及 B'_0 的分布本身，我们可以利用二项式解集（binomial disaggregation）直接计算出 B'_{0j} 的分布。然后，运用（8.5.2）。

还有一种等价的方式来表述 B'_{0j}。令 BW'_0 表示仓库需求对延期交货的等待时间，是一个随机变量。与 6.2.4 节中一样，$D_0(BW'_0) = B'_0$。同样，由于仓库平等地对待所有需求，BW'_0 为来自每一个零售商的订单的等待时间，因此 $B'_{0j} = D_j(BW'_0)$。这样，给定（8.5.1）中 B'_0 的分布，我们可以得到 BW'_0 的分布，然后计算出 B'_{0j} 的分布（对于后面将要讨论的一些推广，这一想法特别有用）。

将 8.3.1 节中的二阶矩近似直接扩展到配送系统。各层间的联系由下列等式给出：

$$
\begin{aligned}
E[B'_{0j}] &= \theta_j E[B'_0] \\
V[B'_{0j}] &= \theta_j^2 V[B'_0] + \theta_j(1-\theta_j)E[B'_0]
\end{aligned}
\tag{8.5.3}
$$

[第二个等式使用了附录 C 中 C. 2. 2 节的条件方差公式（conditional-variance formula）。]

我们还可以定义层级库存及相关的数量。事实上，我们可以证明，本地和层级基本库存策略是等价的。在这里，这种方法并没有提供独特的优势，所以我们将其推迟到下一节，在那里我们将会充分利用它（一个基本库存策略，不管是本地的还是层级的，在这里都不一定是最优的。我们对真正的最优策略知之甚少）。

8.5.3　最优化

考虑选择基本库存策略以最小化长期平均成本的问题。每一个地点都存在一个持有成本率 h'_j，每一个零售商都有自己的延期交货成本率 b_j（我们以与 8.3 节不同的方式使用符号 C_j）。

总成本由几个部分构成：首先，定义：

$$C_j(s'_0, s'_j) = h'_j E[I'_j] + b_j E[B'_j] \qquad j = 1, \cdots, J$$

这是零售商 j 的平均成本。它是 s'_0 和 s'_j 的函数。其次，从仓库到零售商 j 的平均在途库存为常数 $\lambda_j L'_j$。与上面一样，这个库存以速率 h'_0 发生成本。对于仓库本身，唯一重要的成本是库存持有成本。将这些持有成本加在一起，得到：

$$C_0(s'_0) = h'_0\left(E[I'_0] + \sum_{j=1}^{J} \lambda_j L'_j\right)$$

令 s' 表示零售商策略变量 $(s'_j)_{j=1}^{J}$ 的向量。则总平均成本为：

$$C(s'_0, \mathbf{s}') = C_0(s'_0) + \sum_{j=1}^{J} C_j(s'_0, s'_j)$$

不幸的是，没有一种简单的方法最优化这一函数（串联系统的递归算法不能扩展到配送系统中）。最常用的方法是投影法（projection method）：这一算法的主循环（main loop）在可能的 s'_0 取值中进行搜索，以找到最佳值。对于每一个 s'_0，一个内循环（inner loop）确定了其他 s'_j 的最佳值。

该方法的优点是：由于 s'_0 暂时固定，目标函数 $C(s'_0, \mathbf{s}')$ 被 j 划分，所以内循环可以单独地对每一个 s'_j 进行最优化。另外，由于只是 s'_j 的函数，每一个 $C_j(s'_0, s'_j)$ 都具有与第 6 章中单一地点成本函数相同的形式（具体来说，它是凸的），因此很容易最小化。另外，令 $s'_j(s'_0)$ 表示在固定 s'_0 时 s'_j 的最优值。显然（且不难证明），每一个 $s'_j(s'_0)$ 对于 s'_0 是非递增的。随着我们在仓库中增加更多的库存，我们对零售商的要求就更少。因此，如果搜索过程持续地增加 s'_0，我们只需要考虑更小的 s'_j 值。

寻找最优 s'_0［即选择 s'_0 以最小化 $C(s'_0,\mathbf{s}'(s'_0))$］的问题仍然没有解决。不幸的是，它不是 s'_0 的凸函数。穷举搜索（exhaustive search）是唯一可靠的方法（另一方面，使用这类模型的人发现，局部搜索算法几乎总能找到全局最优解）。

正态近似可以应用于这一系统。令 μ_j 和 σ^2 表示 $D_j(j\geqslant 0)$ 的均值和方差。根据对仓库的正态近似，我们得到：

$$E[B'_0]=\Phi^1(z_0)\sigma_0$$
$$E[B'_0(B'_0-1)]=2\Phi^2(z_0)\sigma_0^2$$
$$E[I'_0]=\Phi^1(-z_0)\sigma_0$$

其中，$z_0=(s'_0-\mu_0)/\sigma_0$。另外：

$$E[B'_{0j}]=\theta_j E[B'_0]$$
$$V[B'_{0j}]=\theta_j(1-\theta_j)E[B'_0]+\theta_j^2 V[B'_0] \qquad j>0$$

现在，通过具有相同均值和方差的正态分布来近似每一个 $B'_{0j}+D_j$：

$$\underline{\mu}_j=E[B'_{0j}]+\mu_j$$
$$\underline{\sigma}_j^2=V[B'_{0j}]+\sigma_j^2$$

根据对零售商 j 的正态近似，我们得到：

$$E[B'_j]=\Phi^1(z_j)\underline{\sigma}_j$$
$$E[I'_j]=\Phi^1(-z_j)\underline{\sigma}_j$$

其中，$z_j=(s'_j-\underline{\mu}_j)/\underline{\sigma}_j$。我们现在具备了评估任何策略的成本 C 所需要的所有要素。

此外，如果我们设 s'_j 为最优，给定 s'_0，则零售商 j 的成本变为：

$$C_j^*(s'_0)=(b_j+h_j)\Phi(z_j^*)\underline{\sigma}_j$$

其中，z_j^* 求解了 $\Phi^0(z)=h_j/(b_j+h_j)$［函数 $C_j^*(s'_0)$ 通过 $\underline{\sigma}_j$ 取决于 s'_0］。因此，总成本就简化为一个变量的函数：

$$C(s'_0)=h'_0E[I'_0]+\sum\nolimits_{j>0}C_j^*(s'_0)$$

通过数值的方式可以很容易地最优化这一函数。

Gallego 和 Zipkin（1999b）描述了这一近似的数值研究。他们得出的结论是：这一方法相当准确。

为了对系统绩效有更深入的理解，考虑零售商完全相同的情况。令 L'_r、h'_r和 b 表示 L'_j、h'_j和 b_j 的公共值。由于 $\theta_j = 1/J$：

$$V[B'_{0j}] = \frac{V[B'_0] + (J-1)E[B'_0]}{J^2}$$

且：

$$V[B'_{0j} + D_j] = \frac{V[B'_0] + (J-1)E[B'_0] + J\lambda_0 L'_r}{J^2}$$

因此，对于所有的零售商，如果 z^* 代表 z 的（公共）最优值：

$$\begin{aligned} C_j(s'_0, s'_j(s'_0)) &= \underline{\sigma}_j(b + h'_r)\Phi(z^*) \\ C(s'_0, \mathbf{s}'(s'_0)) &= h'_0(E[I'_0] + \lambda_0 L'_r) + \underline{\sigma}_r(b + h'_r)\Phi(z^*) \end{aligned} \tag{8.5.4}$$

其中，$\underline{\sigma}_j$ 是 $B'_{0j} + D_j$ 的标准差，且：

$$\begin{aligned} \underline{\sigma}_r &= \sum\nolimits_j \underline{\sigma}_j = J\underline{\sigma}_j \\ &= \{V[B'_0] + (J-1)E[B'_0] + J\lambda_0 L'_r\}^{1/2} \end{aligned} \tag{8.5.5}$$

让我们来看一看 s'_0和 J 对总成本（8.5.4）的共同影响。首先，固定 $s'_0 = 0$。在这种情况下，各零售商独立运作，与 8.2 节的并行系统中一样，且都具有总有效提前期 $L'_0 + L'_r$。实际上，$V[B'_0] = E[B'_0] = \lambda_0 L'_0$，因此 $\underline{\sigma}_r = [J\lambda_0(L'_0 + L'_r)]^{1/2}$。去掉常数 $h'_0\lambda_0 L'_r$后，（8.5.4）简化为与（8.2.3）一样的形式。对于固定总需求 λ_0，总成本与 $\sqrt{J}$ 成比例。现在，将 s'_0 增加到任何正值。当然，这增加了 $E[I'_0]$ 并减少了 $V[B'_0]$，但这些影响独立于 J。同样，增加 s'_0 减少了 $\underline{\sigma}_r(E[B'_0])$ 中 J 的因子中的一个，使得其他 $(\lambda_0 L'_r)$ 保持恒定。总之，对于任何 s'_0，总成本（8.5.4）大致取决于零售商数量的平方根，但这种依赖性的强度随着 s'_0 的增大而下降。

因此，仓库库存执行着两种截然不同的功能：它也许只是比零售商库存的成本更低，正如在串联系统中一样。此外，它还可以降低零售商需求的不确定性，可以用来满足任何零售商的订单，这种灵活性降低了仓库自身提前期 L'_0 的影响。因此，仓库库存可以让我们在保持多个零售商地点的同时享受某些整合的优势。

案例 8.5.A，第 1 部分

一家巴西公司制造 doce de leite（字面意思为牛奶糖，这是一种奇妙的混合物，有点像焦糖汁，但味道更好），并将其产品从位于乡村的工厂送到圣保罗市内及周边地区的几个地点。它正在考虑在城郊租一个仓库，并从那里供应其零售店。

一共有 $J = 16$ 个地点，每个地点都相同。每一个地点都面临着速率为 $\lambda = 0.625$ 箱/天的泊松需求。每个地点的总提前期为 $L = 4.4$ 天。成本率为 $b = \text{R\$}10$ 每箱每天和 $h = \text{R\$}0.62$ 每箱每天（巴西的货币为里亚尔，简写为 R$）。不存在规模经济。

当前，将各个地点看成是独立的物品（如 8.2 节所述）。每一个地点的最优基本库存水平为 $s^* = 5$，所有地点的总成本（忽略渠道持有成本）为每天 R$38。

如果公司租赁仓库，提前期将变为 $L'_0 = 2.8$ 和 $L'_r = 1.6$。延期交货成本仍然是 $b = 10$，持有成本将为 $h'_0 = h'_r = 0.62$（注意，仓库的持有成本与各个地点的持有成本是一样的，总提前期仍然为 4.4）。最佳本地基本库存策略为 $s'_0 = 28$，且每一个 $s'_j = 3$，总成本 $C = \text{R\$}26.4$。显然，在这种情况下，集中库存带来了显著的节约。

8.5.4 推广

大部分基本串联系统模型的推广在这里同样有效。

8.5.4.1 混合泊松需求

然而，评估具有混合泊松需求的配送系统并不是一件简单的事情。仓库本身没有问题：假设 Y_j 为表示零售商 j 的需求大小的随机变量。因此，仓库的总需求也是一个混合泊松过程，需求发生率为 λ_0，需求大小 Y_0 是 Y_j 的混合，混合权重为 θ_j。知道这一点后，我们可以确定 D_0 的分布，然后对 B'_0 应用（8.5.1）。

当我们尝试着分析零售商时，困难出现了。二项式解集法失灵了，等待时间 BW'_0 变得相当复杂。因此，与纯粹泊松需求情况相比，这里的准确分析要困难得多。

我们可以通过采用另一种相当粗略的近似步骤来扩展二阶矩近似（two-moment approximation）：假设所有的零售商具有相同的需求大小分布，因此 $Y_0 = Y_j = Y$。现在，假设延期交货 B'_0 总是由一个整数数量的需求批量（如 N'_0）构成（对于 $s'_0 = 0$ 这是正确的，但在其他情况下不成立）。在这一近似下，B'_0 服从混合分布，这是根据 N'_0 和 Y 得到的。给定 $E[B'_0]$ 和 $V[B'_0]$，$E[N'_0]$ 和 $V[N'_0]$ 可以通过下列等式得到：

$$E[B'_0] = E[N'_0]E[Y]$$
$$V[B'_0] = E[N'_0]V[Y] + V[N'_0]E^2[Y]$$

接下来，来源于零售商 j 的这些批量数字 N'_{0j} 可以通过二项式解集确定，与（8.5.3）中一样：

$$E[N'_{0j}] = \theta_j E[N'_0]$$
$$V[N'_{0j}] = \theta_j^2 V[N'_0] + \theta_j(1-\theta_j)E[N'_0]$$

最后，B'_{0j} 的矩可以通过 N'_{0j} 的矩推导出来：

$$E[B'_{0j}] = E[N'_{0j}]E[Y]$$
$$V[B'_{0j}] = E[N'_{0j}]V[Y] + V[N'_{0j}]E^2[Y]$$

结合这三个步骤可以得出：

$$E[B'_{0j}] = \theta_j E[B'_0] \tag{8.5.6}$$
$$V[B'_{0j}] = \theta_j^2 V[B'_0] + \theta_j(1-\theta_j)E[B'_0]\frac{E[Y^2]}{E[Y]}$$

因子 $E[Y^2]/E[Y] > 1$ 使得此处的方差大于泊松需求情况下的方差。

在后面的“独立提前期”一节中，我们将讨论一种更简单、更粗略的近似。为了避免这些困难，下面的大部分讨论都是以纯粹泊松需求假设为前提。

8.5.4.2　外生的顺序供应系统

假设每一个供应系统都是外生的、顺序的。仓库的系统与零售商的系统相互独立（但零售商的供应系统不一定相互独立。例如，每一个零售商的供应系统都可能包括仓库的装载活动）。

将 8.5.1 节与 8.3.4.2 节相结合，我们可以立即得到（8.5.1）和（8.5.2）。D_j 现在表示地点 j 在其（随机）极限提前期内的需求。二项式解集对于从 B'_0 推导出 B'_{0j} 仍然有效。

8.5.4.3　有限产能供应系统

接下来，假设每个供应系统都由单一处理器组成，其处理时间服从指数分布。与 8.3.4.3 节中类似的一个近似相当有效：将 IT_j（对于仓库和零售商）看成是独立的、服从几何分布的随机变量，参数为 $\rho_j = \lambda_j/\mu_j$，然后应用（8.5.1）和（8.5.2）（IT_j 扮演 D_j 的角色）。等价地，将供应系统看成是外生的，L'_j 服从参数为 $(1-\rho_j)\mu_j$ 的指数分布。

8.5.4.4 独立提前期

假设每一个供应系统都产生独立的提前期。与 8.3.4.4 节中一样，近似 IT_j 为独立的、服从泊松分布的随机变量，其中 $E[IT_j]=\lambda_j E[L'_j]$。

我们可以将这一方法与上面的二阶矩近似结合起来。在这一背景下，我们有时也可以采用一个更简单的近似：像在（8.5.3）中那样计算 $E[B'_{0j}]$，但将 B'_{0j} 看成是服从具有这一均值的泊松分布（跳过其方差的计算）。同样，用常数 $E[BW'_0]$ 代替 BW'_0。或者，同样，将连续需求的仓库等待时间看成是独立的，因此，每一个零售商都面临着独立的总订货提前期。在这三种解释的任何一种情况下，$B'_{0j}+IT_j$ 现在都服从泊松分布。

这种简化的方法可以直接扩展到混合泊松需求。也就是说，以通常的方式计算 $E[B'_0]$。利用 6.2.4 节中的方法计算 $E[BW'_0]=E[B'_0]/(\lambda_0 E[Y_0])$。然后，将 BW'_0 当成是常数 $E[BW'_0]$，确定每一个 $B'_{0j}+IT_j$ 的（混合泊松）分布，并继续计算 $E[B'_j]$。

有时候，这被称为 METRIC 近似（METRIC approximation），因为它是由那一模型的最初版本率先引入的。它相当精确，但不如二阶矩近似精确。

8.5.4.5 一般配送网络

这些方法可直接扩展到任意配送系统（序号为 $j=0,\cdots,J$ 的物品网络，其中每一个物品 $j>0$ 都有唯一的前趋，而物品 0 没有前趋）。习题 8.16 要求你写出细节。

同样，我们很容易将任何物品或所有物品的外生需求包括进来。例如，在两级系统中，假设需求发生在仓库和零售商处。假设这些新的需求构成了一个泊松过程，其速率为 λ'_0，独立于零售商的需求。在网络中增加一个虚拟零售商。将仓库的外生需求指派给这个新的零售商，并设该零售商的提前期和基本库存水平为 0。显然，这一扩展的系统与最初的系统是等价的。

8.5.5 规模经济

现在，假设每一个地点都具有自己的固定运输成本 k_j。与 8.3.7 节中一样，我们从仅有外部订单的特殊情况开始（在这里是从仓库开始），并具有规模经济，因此 $k_0>0$，且其他的 $k_j=0$。相应地，假设零售商都采用基本库存策略，但仓库采用 (r,q) 策略（这些都是本地策略）。

这个系统很容易处理：仓库的运作与具有泊松需求的单一地点的系统

一样，因此 IOP'_0 仍然服从均匀分布。另外，由于 $IOP'_0 = s'_0 = s$，与纯粹基本库存策略中一样，B'_0 和 B'_j 服从参数为 $(s, \mathbf{s}')$ 的相同的分布。因此，总成本可以写成与（8.3.11）类似的简单平均的形式：

$$C(r,q,\mathbf{s}') = \frac{k_0\lambda_0 + \sum_{s=r+1}^{r+q} C(s,\mathbf{s}')}{q} \tag{8.5.7}$$

同样，为了最优化这个函数，我们采用投影算法（projection algorithm）：对于任何固定的 (r,q)，通过最小化一个凸函数来单独计算每一个 j 的最佳 s'_j。将这一技术作为一种常规方法，寻找最优的 (r^*, q^*)。

一般情况（其中对于内部运输也存在规模经济，因此任何 k_j 都可能是正的）要困难得多。我们简要总结一下当前的情况：与 8.3.7.2 节中一样，在每一个地点使用一个 (r,q) 策略是合理的。这样一个策略可能会使用本地信息或者层级信息（当然，差别只出现在仓库中）。但是，当本地 (r,q) 策略变为层级 (r,q) 策略时，情况就不同了。这是两种不同的策略类型。另外，任何一个策略都不是总比另一个策略更好。有一些方法可以准确地评估任何此类策略。但是，这些技术很复杂且很难计算，且对于较大的 J 非常棘手。有一些比较简单的近似，它们似乎相当准确（8.7.2.2 节简要介绍了其中一种方法）。

8.6 配送系统：集中控制

上一节中的本地基本库存策略从很多方面来看都很吸引人。对于仓库连续满足需求来说，它似乎特别合理。在仓库有库存期间，这就意味着需求产生时就可以得到满足。但是，考虑一下仓库缺货时的情况（在持有少量库存或没有库存时，这是一种很常见的情况）。首先，假设来自零售商 1 的一个单一需求到达了。零售商 2 产生了随后的 45 个需求。此时，仓库从其供应系统中收到 1 单位物品。它应该将这 1 单位物品发送到哪里？根据先进先出规则，这一单位物品应该发送到零售商 1 处，因为它的需求是先发生的，尽管零售商 2 显然更需要它。

因此，本地控制方法的不足之处在于：在制定关键决策时，它依赖系统过去的历史而不是当前状态。本节讲述了另一种方法，它需要并利用了完全集中的信息。这一方法似乎非常有效，特别是对于数量很大的商品，以及当相对于个别零售商的需求波动来说总需求量很大的时候。这正是能够证明一个有效的信息系统在经济上合理的一类情况（对于数量少的物品来说，本地控制机制就足够了，因为零售商很少因为发货而相互竞争，像上面的例子所述的重大差异就更少见了)。

我们暂时假设零售商具有独立的泊松需求，且所有的提前期都是恒定的。在后面我们将会指出，这些假设可以在很大程度上放松。

8.6.1 层级成本核算

该方法利用了层级层面的信息。定义：

$$B_j(t) = B'_j(t)$$
$$I_j(t) = I'_j(t)$$
$$IN_j(t) = I_j(t) - B_j(t)$$
$$ITP_j(t) = IN_j(t) + IT_j(t)$$
$$h_j = h'_j - h'_0 \qquad j = 1, \cdots, J$$
$$ITP_r(t) = \sum_{j=1}^{J} ITP_j(t)$$
$$IN_0(t) = I'_0(t) + ITP_r(t)$$
$$ITP_0(t) = IN_0(t) + IT_0(t)$$
$$h_0 = h'_0$$

注意，$ITP_r(t)$ 将所有零售商处的净库存以及发往所有零售商的在途库存加在了一起，因此 $IN_0(t)$ 包括仓库以及仓库下游的所有库存。

在时点 t 的总成本率由下式给定：

$$h'_0\left[I'_0(t) + \sum_{j=1}^{J} IT_j(t)\right] + \sum_{j=1}^{J}\left[h'_j I'_j(t) + b_j B'_j(t)\right]$$

根据（8.3.8)，这个式子可以被重写为：

$$h_0 IN_0(t) + \sum_{j=1}^{J}\left[h_j IN_j(t) + (b_j + h'_j) B_j(t)\right]$$

现在，让我们改变这些成本的计算方法。考虑一下：在时点 t，我们不能做任何事情来影响在时点 $t+L'_j$ 之前的零售商 j。所以，通过在时间上向后转移某些成本，在时点 t 计算零售商在时点 $t+L'_j$ 时的预期成本，我们不会失去什么。因此，总成本率变为：

$$h_0 IN_0(t) + \sum_{j=1}^{J} E\left[h_j IN_j(t+L'_j) + (b_j + h'_j) B_j(t+L'_j)\right] \quad (8.6.1)$$

（这一类型的转换被广泛使用且非常有用。9.6 节在一个更简单的背景下证明了它的有效性，但它在这里也是有效的。）事实上，与在（8.3.2）中一样，我们有：

$$IN_j(t+L'_j) = ITP_j(t) - D_j(t, t+L'_j] \quad (8.6.2)$$

令 D_j 表示零售商 j 的一般提前期需求，且：

$$\begin{aligned}\hat{C}_j(x) &= h_j x + (b_j + h'_j)[x]^- \\ C_j(y) &= E[h_j IN_j(t+L'_j) + (b_j + h'_j)B_j(t+L'_j) \mid ITP_j(t) = y] \\ &= E[\hat{C}_j(y - D_j)]\end{aligned}$$

我们可以用紧凑的形式重写（8.6.1）：

$$h_0 IN_0(t) + \sum_{j=1}^{J} C_j(ITP_j(t)) \qquad (8.6.3)$$

8.6.2　近视分配和均衡近似

即使简化为（8.6.3），真正的最佳策略也几乎无法计算，而且过于复杂以至于无法实施。下面我们提出一个似乎有效的简单的启发式算法。

考虑一个将存货从仓库运送到各零售商的决策。将决策分为两个阶段［提取（withdrawal）和分配（allocation）］是很有帮助的。首先，我们选择一个要从仓库中提取的库存数量，即要运送给所有零售商的总数量。其次，我们决定如何在零售商之间分配这一数量的库存。

让我们进一步着重考虑分配的步骤：假设我们处于时点 t。在 t 时可能存在着需求和/或到达仓库的订单。令 IN_0^-、ITP_j^- 和 ITP_r^- 表示这些事件发生后但在制定任何决策之前的状态变量的值。然后，我们提取特定数量的库存。其影响是将 $ITP_r(t)$ 从 ITP_r^- 提高到一个更高的值，我们用 ITP_r 表示。因此，问题就是在不同零售商的 $ITP_j(t)$ 之间分配 ITP_r。

我们提出以下启发式分配规则：按能够最小化当前总成本率的方法进行分配，如（8.6.3）所衡量的一样。我们称这一规则为近视分配（myopic allocation），因为它只考虑了当前成本（或者我们目前考虑的成本），而忽略了未来的发展。

一些额外的符号将有助于我们更清晰地表达这种方法：设 $s_j^- = ITP_j^-$，$s_r = ITP_r$。同样，令 s_j 表示进行分配后 $ITP_j(t)$ 的值。在这些条件下，近视分配求解了下列最优化问题：

$$\begin{aligned} &\text{最小化} && \sum_j C_j(s_j) && (8.6.4) \\ &\text{约束条件} && \sum_j s_j = s_r \\ & && s_j \geq s_j^- \qquad j = 1, \cdots, J \end{aligned}$$

假设我们用连续随机变量来近似 D_j，并将 s_j 看成是连续变量。模型（8.6.4）就变成了一个简单的非线性规划。一阶最优化（或 Karush-Kuhn-

Tucker）条件如下：令 ζ 为相应方程的对偶变量，我们要求：

$$C'_j(s_j) \geqslant \zeta \quad j = 1,\cdots,J \tag{8.6.5}$$

同样，对于所有 $s_j > s_j^-$ 的 j，(8.6.5) 是严格成立的（作为一个等式也成立）。

让我们简要地描述一下求解（8.6.4）涉及的问题：假设我们从每个 $s_j = s_j^-$ 开始，然后以小的增量进行分配，始终使（8.6.5）成立，直到（8.6.4）被满足为止，即直到所有提取的数量被分配完为止。首先，确定最小的 $C'_j(s_j)$，令 ζ 为这一最小值。慢慢地增加 s_j，因而也就增加了 $C'_j(s_j)$（根据凸性），保持 $\zeta = C'_j(s_j)$，直到 ζ 等于 $C'_j(s_j)$ 的次最小值（second smallest）。其次，增加这些 s_j，保持它们的 $C'_j(s_j)$ 相等，且 ζ 等于这一共同值，直到 ζ 等于第三最小（third smallest）的 $C'_j(s_j)$。以这种方式继续执行，当方程完全被满足时停止。显然，最后的结果是一个满足（8.6.5）的可行解，因而是一个最优解。

[这是求解离散情况的（8.6.4）的算法的连续形式，我们称之为边际分配（marginal allocation）：从 $s_j = s_j^-$ 开始，每次分配一单位，总是选择一阶差分 $\Delta C_j(s_j)$ 具有当前最小值的 j。]

还有一些更有效的方法来执行这一过程，在这里我们不必关心详细的机理。重要的是要在概念上理解求解（8.6.4）意味着什么：在满足不等式 $s_j \geqslant s_j^-$ 施加的约束条件下，最优解试图尽可能使边际成本 $C'_j(s_j)$ 相等。如果 s_r 足够大（与 $\sum_j s_j^-$ 相比），则我们可以向每一个 j 分配一些库存，那么所有的边际成本将相等。否则，某些 j 将得不到分配，即那些具有较大初始在途库存水平 s_j^- 的 j 将得不到分配。从这个意义上说，近视分配试图平衡零售商的库存（这个平衡的概念尽管不太详细，但与装配系统中的概念是类似的）。

在零售商相同的情况下，成本函数 C_j 是相同的，所以近视分配可以简化为一个更简单的规则：将库存分配给具有最低在途库存水平的零售商。换句话说，就是努力使 $ITP_j(t)$ 相等，具体来说，就是使最小的 $ITP_j(t)$ 尽可能大。

现在，我们来讨论整个模型的近似：我们继续使用（8.6.3）来度量成本率。设想，在每一个时点上，我们可以无成本地立即在各零售商之间重新分配库存、延期交货和在途的货物。也就是说，我们拥有总的 $ITP_r(t)$ 值，它仍然为其真实的值，但我们可以任意在不同 $ITP_j(t)$ 之间对其进行分配。

根据这些新规则，我们知道我们可以在未来的任何时候在零售商之间转移库存，所以我们能够并且应该集中精力于当前成本率（8.6.3）。也就是说，在这种情况下，近视分配实际上是最优的。在这个背景下，近视分配意味着我们可以求解类似于（8.6.4）的模型，但是没有不等式的约束：

$$\text{最小化} \qquad \sum_j C_j(s_j) \tag{8.6.6}$$

$$\text{约束条件} \qquad \sum_j s_j = s_r \qquad j = 1, \cdots, J$$

令 $C_r^*(s_r)$ 表示作为 s_r 函数的最优目标值。现在，最优化条件变成了简单的方程，而不是（8.6.5）：

$$C_j'(s_j) = \zeta \qquad j = 1, \cdots, J$$

因此，该模型的解使所有边际成本 $C_j'(s_j)$ 相等。因而，这一近似假设零售商的库存在所有的时间点都完美平衡。出于这一原因，我们称之为均衡近似（balanced approximation）。

现在，让我们同样应用正态近似。我们有：

$$C_j'(s_j) = h_j - (b_j + h_j')\Phi^0(z_j) = \zeta \tag{8.6.7}$$

或者：

$$\Phi^0(z_j) = \frac{h_j - \zeta}{b_j + h_j'}$$

其中，$z_j = (s_j - v_j)/\sigma_j$。此处涉及 ζ 的比率与单一地点模型中的 $1-\omega$ 发挥着同样的作用。因此，我们的任务是调整 ζ，直到 s_j 的相应值满足 $\sum_j s_j = s_r$。

考虑成本相同的情况，其中所有的 $h_j = h$，所有的 $b_j = b$。在这里，（8.6.7）意味着所有的 z_j 必须等于（比如说）z_r。实际上：

$$s_r = \sum_j s_j = \sum_j (v_j + \sigma_j z_r)$$

因此，$z_r = (s_r - v_r)/\sigma_r$，其中，

$$v_r = \sum_j v_j \qquad \sigma_r = \sum_j \sigma_j$$

简而言之，我们以解析式的形式得到了 $s_j = v_j + \sigma_j z_r$ 的解［注意，它是由 s_r、v_j 和 σ_j 决定的，而不是由成本率决定的。如果零售商完全一致，具有相同的 v_j 和 σ_j，则解使得它们的在途库存水平 s_j 相等。一般来说，它使得 s_j 的标准化形式 z_j 相等。出于这一原因，我们有时候称之为等分位数解

(equal-fractile solution)]。另外，将这一解代入目标函数，我们得到：

$$\begin{aligned} C_r^*(s_r) &= \sum_j C_j(s_j) = \sum_j \sigma_j [h\Phi^1(-z_r) + (b+h')\Phi^1(z_r)] \\ &= \sigma_r [h\Phi^1(-z_r) + (b+h')\Phi^1(z_r)] \\ &= C_r(s_r) \end{aligned}$$

其中，

$$C_r(s) = E[h(s-D_r) + (b+h')[D_r - s]^+]$$

$$h' = h_0 + h$$

D_r 代表一个服从正态分布的随机变量，均值为 v_r，标准差为 σ_r。因此，我们可以用解析解的形式写出问题（8.6.6）的最优成本，另外，那一公式就是单一地点模型的成本。

[极大近似会得到类似的结果。等分位数解同样为最优的。现在，随机变量 D_r 和近似 D_j 具有相同的形式，即 $D_r = v_r + \sigma_r(T/\sqrt{2})$，其中 T 服从学生 t 分布，自由度（degrees of freedom）为 2。同样，如果我们通过指数随机变量来近似 D_j，则 D_r 同样服从均值为 v_r、标准差为 $\sigma_r = v_r$ 的指数分布。更一般地，我们可以利用任何由一种变换（translation）和尺度参数（scale parameter）确定的分布族（family of distributions），如正态分布，并得到类似的结果。]

在成本不相同的情况下，事实证明，具有这种形式的函数构成了对 $C_r^*(s_r)$ 的近似，且具有适当的准确性，至少是当成本率相差不太大的时候。为了做到这一点，令 h 和 b 为最小的零售商成本率，即：

$$h = \min_j\{h_j\} \qquad b = \min_j\{b_j\}$$

以及在上述 $C_r(s)$ 中 $h' = h_0 + h$ [显然，结果是 $C_r^*(s_r)$ 的下限，但它为什么应该是一个准确的近似呢？直观上，当 s_r 很大时，系统拥有充足的库存，我们希望将大部分库存推给持有成本最低的零售商。同样，当 s_r 较小时，我们会将库存集中在承受大部分惩罚成本的零售商处，让具有较小 b_j 的零售商承担大部分延期交货的负担。因此，这一近似体现了系统在极端情况下的实际行为。实际上，在特殊情况下，我们可以构建一个更准确的下限。同样，有时候还存在着更有效的方法。请参见习题 8.17]。

因此，在均衡近似的情况下，总体成本率（8.6.3）现在变成了：

$$h_0 IN_0(t) + C_r(ITP_r(t))$$

这就是一个两阶段串联系统的成本率。因此，我们可以把 8.3 节中所有的方法应用于这个系统。具体来说，我们可以确定最优（层级基本库存）策略。向第二阶段（阶段 r）发送的货物相当于从初始系统中提取的货物；当然，第一阶段的订单意味着仓库的订单（回忆一下，均衡近似基于对初始系统的放松，使我们能够以实际上不可行的方式重新分配库存。因此，这一串联系统的最优成本是实际最优成本的下限——至少相当于正态近似）。

现在，我们为初始系统提出一种可行的启发式策略：利用均衡近似，并求解得到的串联系统。利用最优策略确定来自供应商的订单和仓库的提货，并利用近视分配在零售商之间分配提取的货物。当然，这一可行策略的平均成本是最优成本的上限。同样，我们建议使用这一串联系统的最优成本来估算初始系统的绩效。

直觉上，这种方法应该很有效：近视分配最大限度地实现了一种策略所能够达到的令零售商边际成本相等的程度。正如均衡近似所假设的，它们不会在所有时间都相等，因为需求以随机的数量减少了 $ITP_j(t)$，因此边际成本可能会不相等。但是，我们可能希望分配的均衡化效果会弥补这类波动性，或者差不多弥补波动性。如果是这样，由均衡近似引发的偏离将是较小的。在数量很大的系统中（其中仓库有充足的库存以修正零售商库存的失衡，并且需求本身的波动较小），这一点尤其可能是正确的。

实证证据表明，这种方法在这类情况下非常有效。通常，启发式策略的成本（由计算机仿真估算）和均衡近似的成本相差不过几个百分点，因此两者都很接近真实的最优成本。

8.6.3 讨论

我们思考一下这种启发式策略的细节：它将仓库的订单和提货完全建立在总和状态变量 $ITP_0(t)$ 与 $ITP_r(t)$ 的基础之上，而忽略了 $ITP_r(t)$ 在各零售商间的分布。这一策略运行良好的事实表明，这些数量体现了在那一层次上的决策最重要的系统特征。当然，在分配层面上，个别 $ITP_j(t)$ 很重要。这只是因为近视分配成功地对它们进行了管理，而在其他地方它们可能被忽略。

同样，虽然这种启发式策略似乎与本地基本库存策略具有很大的差别，但当仓库有库存的时候，二者的运作非常相似。为了能够认识到这一点，考虑零售商相同的情况，假定 $s_0^* > s_r^* > 0$，并假设我们从时刻 0 开始，仓库库存为 s_0^*，而零售商没有库存。我们立刻提取 s_r^*，并以近视的方式进行分配，使得每一个 $ITP_j(0) = s_j^* = s_r^*/J$。注意，$C_j'(s_j^*)$ 是相等的。现在，假设产生了一个需求。根据这一策略，如果这一数量是可以得到的，则我们从仓库中提取相等数量的库存，否则就提取剩下的所有库存。显然，我们将库存分配给产生需求的零售商，因为现在其 $C'_j(ITP_j(t))$ 小于其他供应商。净结果与基本库存策略下相同。这一模式持续到仓库缺货为止。只是在对仓库延期交货的反应中，两种策略存在着差别。本地策略采用先进先出规则进行分配，而集中策略采用近视分配的原则，它更好地反映了零售商当前的状态。

因为均衡近似是准确的，8.3.6 节中的界限和它们的解释在这里也全部适用。具体而言，系统绩效受到参数 D_0 和 D_r 特别是 σ_0 和 σ_r 的严重影响。现在，D_0 是在仓库提前期内的总系统需求，σ_0^2 是其方差。将 D_r 同样解释为对整个系统的提前期需求是很有吸引力的。但是，D_r 不是 $\sum_j D_j$。它具有相同的均值 v_r，但 σ_r^2 大于 $V[\sum_j D_j]$（当且仅当 D_j 完全相互关联时，它们是相等的）。例如，考虑供应商相同的情况，其中 D_j 具有相同的方差。因此，由于 D_j 是相互独立的，我们有 $V[\sum_j D_j]=J\sigma_j^2$，而 $\sigma_2^2=J^2\sigma_j^2$。

这种差异反映了一个事实，在实际系统中，在单个地点，零售商的需求和库存都不是合并在一起的［甚至均衡近似实际上也没有联合考虑零售商。它将 $ITP_j(t)$ 而不是 $IN_j(t)$ 加总在一起。换句话说，它是从成本率（8.6.3）开始的，而这反映了零售商的相互分离］。我们享受了这种整合将会提供的某些规模经济，如在 σ_0 中所体现的，但不是全部。

顺便说一句，在某种意义上，均衡近似值扭曲了真实系统：在零售商相同的情况下，假设 $h=0$。当然，两阶段串联系统的最优策略告诉我们，不要在仓库持有库存。换句话说，根据均衡近似，与串联系统中的内部库存一样，仓库库存只有一个功能，即有助于节约持有成本。我们在 8.5 节已经看到过，在本地控制下，仓库库存也有助于将零售商需求的不确定性进行联合考虑，但在这里，第二个功能似乎不存在。这是不对的。仿真研究表明，即使 $h=0$，少量的仓库库存有时候也可以改善绩效。然而，最优仓库库存小于本地控制系统中的库存，绩效的改善并不大。总之，在集中控制下，仓库库存仍发挥着风险共担的作用，但效果弱于本地控制系统。

实例 8.5.A，第二部分

巴西制造 doce de leite 的公司决定租用仓库，它现在正在考虑一个集中式控制方案，由一套基于计算机的系统提供支持。

根据均衡近似，我们得到 $s_0=0, s_r=54$，总成本为 $C=20.8$。最佳启发式策略（利用仿真得到）有 $s'_0=6, s_r=48$（因此每一个 $s_j=3$），总成本为 $C=\text{R\$}21.6$。

与上述本地控制方案相比，这一策略使用了较少的仓库库存（$s'_0=6$与$s'_0=28$），其成本低20%（R$21.6和R$26.4）。另外，这一策略的成本非常接近下限R$20.8，因此该策略接近最优。

8.6.4 耦合系统

考虑仓库无法持有库存或不持有库存的特殊情况。在本地控制下，实际上这意味着零售商独立运作，各零售商单独向供应商下达各自的订单，而有效提前期为$L_j=L'_0+L'_j$。8.2节说明了如何评估这类系统。

然而在这里，仓库的确扮演着重要的角色，它是一个转运中心或分装中心。来自一个中心点的订单提交给供应商。仓库在接到订单后，立刻提供订购的货物，并在零售商中进行分配。集中控制的关键优势是一直等到对订购的货物进行分配的那一时刻的能力。使这一点成为可能的流水线式的物料处理技术有时候被称为直接转运（cross-docking），因为商品通过仓库从入站码头快速转运到出站码头。这一操作模式越来越流行。对其管理优势的一般讨论请参见Rosenfield和Pendrock（1980）。例如，沃尔玛超市就是以这种方式运营其中心订货和配送设施，而这种能力是其总体公司战略的重要组成部分，参见Stalk等（1992）。

在其他情况下，仓库不一定是实际地点，而是一种控制功能。例如，我们与供应商的安排使得我们能够为所有零售商批量订货，但在以后（比如在供应商的提前期之后）来决定订单的处置。

考虑我们通过均衡近似得到的两阶段系统。这一系统与8.3.6节中的近似的表现相同。因此，在正态近似下，我们可以用解析式来描述最佳策略及其绩效：

$$v=v_0+v_r \qquad \sigma^2=\sigma_0^2+\sigma_r^2$$

$$\omega_0=\frac{b}{b+h'}$$

$$\begin{aligned}\Phi(z_0^*)&=\omega_0\\ s_0^*&=v+\sigma z_0^*\\ C^*&=h_0v_r+(b+h')\Phi(z_0^*)\sigma\end{aligned}$$

在零售商相同的情况下，我们来分析关键绩效指标σ：

$$\begin{aligned}\sigma^2&=\sigma_0^2+\sigma_r^2\\&=\lambda_0L'_0+J^2\left(\frac{\lambda_0}{J}\right)L'_r\end{aligned}\tag{8.6.8}$$

$$= \lambda_0(L'_0 + JL'_r)$$

为了理解这个公式，我们考虑两种极端的情况：当 $L'_0 = 0$ 时，零售商实际上独立运作，每个零售商都会将自己的成本加到总成本中。在这种情况下，$\sigma = \sqrt{\lambda_0 JL'_r}$。保持总需求率 λ_0 不变，总成本与零售商数量的平方根成比例，就像在 8.2 节的独立物品系统中一样。另一方面，当 $L'_r = 0$ 时，我们有 $\sigma = \sqrt{\lambda_0 L'_0}$ 总成本与零售商的数量无关，就好像它们的需求在某个地点合并了一样。

L'_0 和 L'_r 都为正的一般情况介于这些极端情况之间。对于固定总提前期 $L'_0 + L'_r$，绩效随着 L'_0 的增加（L'_r 减小）而改善。让我们比较一下在类似假设下本地控制系统的公式（8.6.8）和（8.5.5）。那里的第一项 $V[B'_0]$ 相当于此处的 $\lambda_0 L'_0$（因为我们不持有仓库库存），两个表达式的最后一项相同，代表零售商提前期需求的方差。但是，（8.5.5）中间的一项 $(J-1)E[B'_0]$ 在（8.6.8）中完全没有出现。这一项表示零售商的不平衡，在均衡近似中，它是用 0 来近似的（正如我们所看到的，这一估计大致正确，尽管有些过于乐观）。因此，即使是在集中控制下的耦合系统（coupled system）也实现了某些（但不是全部）零售商整合的优势。集中的信息（此处）以及仓库库存（在本地控制系统中）对绩效具有在某种程度上相似的影响。换句话说，一个有效的信息系统可以部分取代库存。

Lee 等（1993）描述了这些观点在产品设计中的一个有趣的应用。该模型描述了惠普公司将打印机在欧洲市场进行分销的物流网络。打印机产自美国，并被运送到欧洲的一个中心（相当于仓库），然后再配送到几个国家（零售商）。送往不同国家的打印机在特征上略有差别（如电源），最初，这些差别是在生产过程中体现出来的。实际上，每一个零售商单独运作。其提前期 L'_j 是生产时间加上从工厂到市场的全部运输时间，L'_0 实际上为 0。

因此，我们提出了一种新的方法：为所有国家生产通用的打印机，只是在仓库中加入具体国家的特性。这一方法使得惠普公司在产品到达欧洲后再确定特定打印机的目的地，而不是在美国的工厂中就做出这一决定。显然，最初的大部分提前期可以包含在 L'_0 中，并从 L'_j 中扣除。根据上述方式进行的分析表明，这种新方法可以带来显著的节约，并且部分出于这一原因，上述提案被采纳了。

这个故事说明了一个总体设计原则，这一原则有时被称为“延迟专门化”（delayed specialization）：尽可能推迟在产品中加入客户专有特征的时间。

8.6.5　推广

上述方法可以直接推广到混合泊松需求的情况（当然，针对特殊情况的公式必须进行适当调整。回忆一下，在本地控制下，这种情况是存在问题的，但在中央控制下则没有问题）。但是，此处额外的需求波动可能会造成零售商库存更大的不平衡，因此均衡近似可能会丧失其准确性。同样，问题出在不同零售商的波动与总量上。假设整个系统的需求量相对于零售商的需求波动来说很大，则总体方法仍然有效。

同样，这种方法事实上并不需要零售商之间的需求相互独立，如果我们拥有正相关或负相关的需求，结果不会有什么改变。当然，D_0 的分布必须进行适当调整，而 D_r 保持不变（这是这种集中化方法的另一个相对优势。在没有独立性假设的情况下，我们不知道如何分析本地控制策略）。另外，在耦合系统的情况下，我们加入了跨时期的相关性，与在 6.3 节所述的环境驱动需求过程中一样：均衡近似像上面所讲的一样运作，其结果是一个与 6.7.2 节中的模型相似的模型。

对于其他类型的供应系统，这种方法也非常有效（最令我们感到高兴的是，这种方法适用于外生顺序供应系统，因为它可以在没有额外近似的情况下适用于那种情况。对于其他类型，我们不太确定，因为它们确实需要 D_j 的近似。到目前为止，实证证据令人振奋，但也很有限）。在这一分析中，关键步骤仍然是一样的——将 D_j 的标准差加在一起得到 σ_r。

现在，假设外部运输存在着规模经济，即对仓库订单存在着固定成本 k_0。如果我们像上面一样运用均衡近似，最终我们会得到一个两阶段串联系统，这一系统类似于 8.3.6 节中的系统，而我们知道如何求解那个模型。事实证明，模型的解提供了关于最优成本的良好估计，并提供了一个仓库订单和提取货物的良好策略。但是，为了使总体方法有效，我们有必要调整分配策略。

为了说明原因，我们考虑一个具有泊松需求和相同零售商成本的耦合系统。在此，对于仓库订单，我们采用 (r,q) 策略，因此在连续到达的订单之间可能会存在着一个很长的间隔。当一份订单到达仓库时，它会被立刻提取并进行分配。如果我们采用近视分配，我们会在当前以最优的方式平衡库存，但很可能会在下一份订单到达之前的很长时间出现不平衡。

具体来说，我们称当前时间为 0，并看一看 $t \geqslant 0$ 的情况。令 $v_j(t) = \sigma_j^2(t) = E[D_j(L'_j+t)] = \lambda_j(L'_j+t)$。如果我们向零售商 j 分配 s_j，则我们希望对于所有 t，分位数 $z_j(t) = [s_j - v_j(t)]/\sigma_j(t)$ 都相等，但那不大可能。

近视分配试图使 $z_j(0)$ 相等，但对于 $t>0$，这可能会系统性地造成 $z_j(t)$ 不相等。

幸运的是，在零售商相同的情况下，不存在这类困难。$z_j(0)$ 相等意味着对于所有 t，$z_j(t)$ 都相等（参见习题 8.18）。在这种特殊情况下，近视分配仍然有效。

在其他情况下，我们必须选择是现在平衡还是以后平衡。在 $t\geqslant 0$ 的什么时候平衡库存是最有价值的？考虑数量 $s_r-v-\lambda_0 t$［如果 L'_j 相等（等于 L'_r），则这就是在 L'_r+t 时预期总零售商净库存，假设在这一期间没有其他订单到达。一般来说，这就是 $E[\sum\{ITP_j(t)-D_j\}]$］。如果这一数量很大，则系统在时点 t 就会拥有充足的库存，由此带来的持有成本发生在哪里并不重要。同样，如果 $s_r-v-\lambda_0 t$ 较小，则系统在时点 t 会饱受延期交货的困扰，而且它们在各地点间均匀或不均匀分布并不重要。当系统库存被耗尽时，即这一数量达到 0 时，这种不平衡造成的伤害最大，因为此时有些零售商会产生惩罚成本，而同时其他零售商则需要支付持有成本。简而言之，我们最关心 $t=(s_r-v)/\lambda_0$ 时的不平衡（实际上，我们需要略微修改一下这个 t：如果 $s_r<v$，因而 t 是负的，则重置 $t=0$。同样，我们不必考虑下一个订单到达之后的情况。因此，如果存在一个应该在 t 之前到达的未满足的订单，则将 t 重置为那个到达时间，否则，计算预期下一个订单的到达时间，考虑触发下一个订单的必要的需求量，并进行相应的处理）。

然后，利用这个 t 重新定义近视分配问题（8.6.4）：在成本函数 C_j 中，用 $D_j(L'_j+t)$ 代替 D_j。我们称之为近似近视分配（near-myopic allocation）是有道理的。在进行这一调整后，总体方法表现良好（对于其他情况需要不同的调整，如仓库确实持有库存或零售商的成本不相等时，但主要观点是一致的：在某一合理的未来时点 t 平衡零售商的库存）。

内部运输的固定成本如何？唉，据我们所知，对于这一问题还没有令人满意的求解方法。

8.7 共享供应过程

本节将讨论两种类型的共享供应过程（shared supply process）。我们简要讲述一下结果，并大致讲解一下某些有效的分析指导。

8.7.1 联合补货问题

让我们再看一看 5.5 节中的联合补货问题，其中几个物品通过范围经济联系在一起，具体来说，就是通过共享固定订货成本联系在一起。我们集中讨论一种特殊情况：每次订货时，我们支付固定成本 k，而不管订单的构成如何。根据 5.5 节的术语，有一个主要准备成本（major setup cost），但没有次要准备成本（minor setup cost）。对物品的需求是独立的泊松过程，需求率为 λ_j。在每一个订单中，物品 j 具有恒定的提前期 L'_j（在很多情况下，一份订单中的所有物品都是同时发送和接收的，在这种情况下，L'_j 是相等的。在此，我们允许特定物品需要特别处理的可能性存在，因此具有较长的提前期）。

与 5.5.2 节中一样，构建一个等价的二级配送系统：物品相当于零售商。我们添加一个虚拟物品 0 代表仓库。指定物品 0 的固定成本 $k_0=k$，提前期为 0。最初的物品没有固定成本和提前期 L'_j。我们从不持有物品 0 的库存。

根据 8.5.5 节，下面是一个对于该系统合理的策略：对于初始物品采用基本库存策略，对物品 0 采用 (r,q) 策略。指定零售商（物品）的基本库存水平 s'_j，并从 $I'_j(0)=s'_j$ 开始。同样，固定 $r=-q$，以保证仓库不持有库存，所以 $IOP'_0(0)=IN'_0(0)=I'_0(0)=r+q=0$。因此，物品 0 只有一个策略参数，即 q。

对于初始系统来说，这一策略按下述方式运作：每当所有物品累积达到 q 单位需求时，我们就下达一份订单。订单的构成准确反映了自上一份订单以来的需求。

这只是 8.5.5 节中的系统的一个特例，任何此类策略的成本都可以用 (8.5.7) 的形式表达出来［实际上，直接评估一个策略更简单：给定 q，$B'_0=-IN'_0=-IOP'_0$，因此 B'_0 在 0 至 $q-1$ 之间的整数上均匀分布。然后，我们可以像 8.5.2 节中一样进行处理。利用二项式解集可以得到 B'_{0j} 的分布，并应用 (8.5.2) 得到 B'_j］。同样，我们可以应用 8.5.5 节中概述的策略最优化方法。

几十年来，大型石油公司一直在广泛应用这种基本形式的模型，以确定如何为销售附带产品（如车用机油和变速箱润滑油）的加油站供货。这些产品由卡车运送。通常，一辆卡车同时装载着加油站所需的所有产品到达一个加油站。这个模型代表了那一加油站的问题（当然，在实践中，卡车从集中库存中提取货物，因此该模型只包含了一个更庞大的配送系统的一部分）。固定成本 k 衡量了一次运输的成本。有时候，订货批量 q 固定为一辆卡车的运载能力。

8.7.2 共享产能

接下来，我们考虑多个物品共享一个具有产能限制的生产设施的系统。在确定性情况下，这会导致 5.6.2 节中的 ELSP。在这里，物品的需求是独立的泊松过程，我们通过 7.3 节中的有限产能供应系统之一对生产设施进行建模。

从本质上说，这是配送系统的一种特殊类型。物品扮演着零售商的角色，但具有零提前期（因为离开生产设施的物品立刻转移到了库存中）。该处理系统（包括其队列）相当于仓库的供应系统。当然，仓库本身不持有库存。

我们讲“从本质上说”，是因为这一类比并不十分完美：在一个真正的配送系统中，仓库供应系统中的实际物品是无法区分的。在这里，这一点仅在两个非常特殊的对称条件（symmetry condition）下才成立：(1) 物品具有相同的处理要求，即相同的单位处理时间；(2) 只有当完成处理后，正在处理中的物品才具有其特有的物品特征。因此，8.5 节和 8.6 节的结果只有在这些条件下才适用。尽管如此，前面各章节中的许多基本观点都可以有效地应用在这里。

8.7.2.1 无规模经济

首先，假设在系统中不存在规模经济——没有准备时间或准备成本。假设我们采用与 8.5 节本地控制方案类似的方案：每一个物品都遵循一个基本库存策略，并向生产设施发送订单。这一设备根据先来先服务（first come，first served，FCFS）的原则响应这些订单。

我们暂时假设上述第一个对称条件成立，因此物品具有相同的处理要求（根据这一策略，第二个条件是不必要的）。处理系统本身具有泊松输入，因此，就像在 7.3 节中一样，对它的分析相对简单。然后，与 7.3.7 节中一样，利用二项式解集计算其占用率（occupancy），以得到每一物品的未满足订单。最后，单独对每一物品的基本库存水平进行最优化。在相同物品的情况下，我们可以得到一个与（8.5.5）类似的简单的绩效公式，参见习题 8.19。

即使没有对称性条件，同样的方法也是适用的，至少在某些情况下是这样。例如，假设有一个单一的处理器。物品 j 的处理时间是独立同分布的随机变量，但对于 j 来说，S_j 可能不同。事实证明，处理系统的运作与 7.3.2.2 节中的 M/G/1 系统相同。其总处理时间 S 是以 θ_j 为权重的 S_j 的加权混合（具体来说，就是 $E[S]$、$E[S^2]$ 和 $E[S^3]$ 分别为 $E[S_j]$、$E[S_j^2]$ 和 $E[S_j^3]$ 的加权平均）。因此，假设我们计算或近似其占用率 IO。在物品间分配 IO 需要比以前更小心：给定 $IO=n>0$，处理器队列中 $n-1$ 单位中的每一单位为物品 j 的订单的概率相同，为 θ_j，因此像前面一样对这些单位进行二项式解集处理。但是，正在处理的单位属于物品 j 的概率为 ρ_j/ρ，其中 $\rho_j=\lambda_j E[S_j]$，$\rho=\sum_j \rho_j$。利用这一很小的修正，我们可以得到各个物品的占用率，然后像上面一样进行处理。

我们可能更喜欢集中控制方案，而不喜欢这种本地控制方案，如 8.6 节所述。让我们集中讨论单一处理器的情况。当上述两个对称性条件适用时，随着最终产品在处理器上加工完成，我们必须对每一单位最终产品进行分配，在其他情况下，我们就要分配处理器时间而不是库存。在这两种情况下，与近视分配类似的方法似乎是有效的。同样，在相同产品的情况下，近视分配可以简化为一个更简单的规则：当需要进行分配的时候（不管是库存还是处理器时间），选择具有最低净库存的产品（实际上，这一规则是真正最优的）。

我们还需要决定何时操作处理器，何时关闭它，这类似于仓库的订货决策。下面这种简单的启发式策略（实际上是一种基本库存策略）似乎很有效：监控某个库存的总体指标，当那个指标低于某一固定的基本库存水平时，就启动处理器（在产品相同的情况下，恰当的指标是总净库存）。同样，根据均衡近似，我们可以确定一个基本库存水平和全局绩效指标的适当数值。

8.7.2.2　准备成本和时间

现在假设存在着规模经济。具体来说，从一个物品转向另一个物品之间存在着成本和/或时间延迟。这一系统非常复杂，我们只能考虑和分析几种相当粗略的启发式策略。

我们大致讨论一种方法，它扩展了上述本地控制策略：每一种产品都采用一个 (r,q) 策略来下达订单，设备根据先来先服务的原则处理这些订单（许多企业都采用这种一般性的控制方案，特别是对于批量生产过程来说更是如此，如在化工、石油、制药和食品加工企业中）。

为了简单起见，假设产品是相同的，所以每种产品的需求率为 λ/J，且它们都使用相同的策略变量 (r,q)。另外，只有一个处理器，每一份订单的处理时间由两部分构成，即准备时间 τ 和订单中的每一单位产品的处理时间 $1/\mu$，二者都是常数。因此，总处理时间具有 $S=\tau+q/\mu$ 的形式。

现在，每个物品的订单构成了一个更新过程，订单之间的时间服从参数为 λ/J 和 q 的爱尔朗分布。将所有产品的订单加在一起，总输入就是更新过程的叠加。利用泊松过程对其进行近似（如果 J 很大，则这一近似相当准确，如 C.5.6 节所述）。总订单率（order rate）为 $\underline{\lambda}=J(\lambda/J)/q=\lambda/q$。这样，处理系统就变成了一个 M/G/1 系统，它具有恒定的处理时间 S 和利用率 $\underline{\rho}=\underline{\lambda}S=\lambda\tau/q+\rho$，其中 $\rho=\lambda/\mu$。因此，7.3.2.2 节中的公式描述了订货提前期 L。

现在，我们进行另一种近似：对于每一个物品，将处理系统看成是外生的（同样，对于很大的 J 来说这是合理的）。然后，单独分析每一个物品，将其作为具有随机提前期 L 的单一物品系统。例如，使用二阶矩近似（正态、负二项式等），利用 $E[L]$ 和 $V[L]$ 来计算所需的参数 v 和 σ^2。

在此，批量大小 q 具有两个不同的影响：给定 L，q 和 r 以通常的方式决定了每一物品的绩效。但是，q 还会影响 $\underline{\lambda}$ 和 S，而它们决定了 L 本身。实际上，为了让整个系统稳定，我们必须有 $\underline{\rho}<1$，这等价于 $q>\lambda\tau(1-\rho)$。另外，当 q 只是勉强满足这一下限时，$\underline{\rho}$ 接近 1，因而 $E[L]$ 和 $V[L]$ 很大，而总体绩效也会受到不良影响。因此，即使不存在准备成本，我们也有足够的理由避免较小的 q 值（因而我们有强烈的动机来缩短准备时间 τ）。

在此，我们以一种明确和极端的方式看到了 5.2 节和 8.2 节中介绍的情境，其中每一个物品的批量大小决定了它施加于某一共同资源的工作量。在这里，资源是生产设施，其产能是严格有限的。但是，我们不可能利用一个简单的、如（5.6.1）所示的产能约束来说明有限的资源。随着总工作量接近极限，系统的不确定性与其产能相互作用会造成拥挤，绩效会迅速恶化。

虽然有一些简化的假设和近似，但这种拥挤效果并非这一特殊模型的典型产物。这一效果是真实的。实际上，它反映了在很多情况下，批量大小的真正影响好于简单的固定成本的影响。

在实践中，上述明确的模型可能过于严格而难以应用。我们可能只能将各物品看成是独立的，如 8.2 节所述（在那些条件下，每一个物品的 w_j 是 τ，因此 $wO=\lambda\tau/q$）。然而，在选择总资源成本 κ 时，我们应该记住这些观察结果。这一参数必须不仅仅反映直接资源使用成本，还要反映间接的拥挤影响。据我们所知，要做到这一点没有简单的规则，因此我们可能需要进行迭代。也就是说，如果我们选择了某一个 κ，而由此导致的工作量过大时，则我们就必须向上调整 κ。

8.8 看板系统

8.8.1 定义

看板（kanban）是一个日语词汇，意为卡片或标签。看板系统（kanban system）是一种生产控制方案，它以一种特殊的方式使用这些看板卡来管理不同阶段之间的产品流。这种想法最初是丰田汽车公司创立的。看板系统，再加上运营中的其他创新，成为了丰田公司在过去几十年中取得大幅增长的关键因素之一。现在，这种方法已经被日本和世界其他地区的企业广泛采用。

首先，我们要描述一下看板系统的机理。然后，我们会探讨一种更为一般的控制方案。最后，我们要在即时制（just-in-time）方法这一更宽泛的背景下来讨论看板系统。

为了说明这个概念，考虑一个串联系统。每个阶段的供应系统由一个单一的、产能有限的处理器及其队列构成。每次的需求为一单位，不存在规模经济，因此产品以独立的单位通过系统［实际上，在更复杂的系统中和/或较大的批量下，这一方案同样有效。但是，正如我们将要看到的，看板系统的主要优点在于其处理产能限制时的有效性，在无限产能供应系统的情况下（如外生的和独立提前期的模型），它没有什么意义］。

图 8.8.1 描绘了与单一阶段相关的子系统，包括库存本身、处理器、处理器的队列。还有一个盒子（box，有时被称为公告板），是临时存放看板卡的地方。

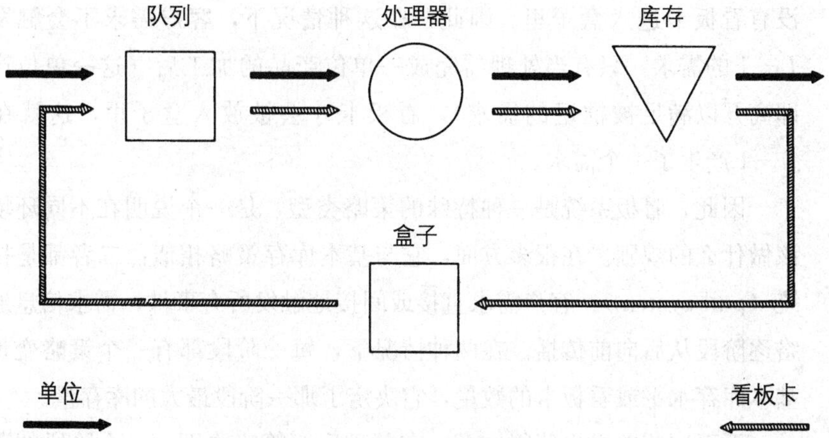

图 8.8.1　看板系统的一个阶段

每一个阶段都有数量固定且为正数的看板卡，它们在子系统中流动。关键规则是：在所有的时间，子系统中的每一单位库存必须有其中一张看板卡附在它上面。任何额外的看板卡都被保存在盒子中。

考虑阶段 J。假设它的所有看板卡都附到了库存中的各单位产品上（因此处理器、处理器的队列和盒子必须是空的）。现在，假设产生了一个需求。我们使用一单位库存来满足这一需求。在那一单位产品离开时，我们将看板卡取下来放入盒子中。如果阶段 $J-1$ 没有库存可用，则那张看板卡就等候在那里。当阶段 $J-1$ 有库存时，我们取出其中的一单位库存，将看板卡从盒子中取出来附在它上面，并把它们一起放入阶段 J 的队列中。由于那个队列是空的，且处理器闲置，那一单位产品立即进入处理器，而处理器则开始对其进行处理（如果处理器被占用，则该单位产品就需要在队列中等待）。加工完成后，成品就会转移到库存中（其看板卡仍然附在它上面）。然后，这一循环重新开始。

其他阶段的运作与此类似：一张看板卡被附在库存中的一单位产品上开始其循环。当这一单位产品从库存发送到下一阶段时，这张看板卡就被取下来并放入盒子中。只有当盒子中有一张看板卡时，才能从前一个阶段提取一单位产品。当产品被提取时，看板卡被附到到达的一单位产品上。在该单位产品处于这一阶段的整个时间内（即在处理器队列中的等待时间、实际处理时间以及花在库存中的时间），它都被附在该产品上。

有一个不同之处，即当产品离开阶段 J 去满足客户的需求时。但是，在阶段 $j<J$，只有当阶段 $j+1$ 的看板卡之一被放入其盒子时，才会产生一个需求。例如，假设阶段 J 没有库存，所有看板卡都被附在正在处理的以及队列中的产品上。如果发生了一个客户需求，则那一需求就会被推迟，没有看板卡进入盒子里。因此，在这种情况下，客户需求不会触发阶段 $J-1$ 的需求。只有当处理器完成一单位产品的加工后（这一单位产品立即离开以满足被推迟的需求），看板卡才会被放入盒子里，这就在阶段 $J-1$ 产生了一个需求。

因此，看板系统是一种特殊的策略类型，是一个说明在不同环境下应该做什么的规则。在很多方面，它与基本库存策略相似：二者都是拉动系统（pull system）：客户需求直接或间接地触发所有事件；需求信息通过网络逐阶段从后向前传播。在两种情况下，每一阶段都有一个策略变量，即基本库存水平或看板卡的数量，它决定了那一阶段最大的库存量。

下面这些差异也值得注意：在基础库存策略之下，一个阶段的需求总是会触发前一阶段的需求。相比之下，看板系统会在一个阶段满足了它自己的一个需求后产生一个对上游的需求。因此，当（且仅当）一个阶段拥有库存时，其需求传播机制是一样的。在看板系统中，被延迟的需求要到后来才会向上游传播。因此，在看板系统中，看板卡的数量还有另一个作用——它限制了一个阶段的供应系统的占用率。相比之下，在基本库存策略中，占用率是无限制的。

这是看板策略的首要优势。例如，考虑一个两阶段的系统，其中阶段1的处理器速度较快，而阶段2的处理器速度较慢。在基本库存策略下，阶段2的队列会快速变长。不管队列有多长，随着后续需求的发生，该策略都会指示阶段1继续生产产品并传送到阶段2。然而，当变得过于拥挤时，看板系统会阻止产品流向阶段2。同样，这种策略也会阻止需求传递到阶段1，这最终会停止阶段1的处理器。通过这种方式，看板方法防止了过长队列的出现。

我们应该明白，此处的基本逻辑并不一定要使用看板卡。我们可以使用任何物理标识。有些公司利用画在地面上的圆圈来实施这一策略，这些圆圈表示队列中的合法空间，队列中的每一单位产品必须存放在其中一个圆圈内。

[建议：为了确保你理解了看板机制，手工模拟两阶段或三阶段系统的操作。用1块钱的硬币代表实际产品，用纸制成看板卡，利用不同的颜色表示各个阶段。你还需要一些标记物（比如说1角钱的硬币）来表示被延迟的客户需求。变化：与几个朋友一起玩儿这个游戏。选择一位参与者模拟客户需求，其他人分别模拟各个阶段。]

8.8.2　广义的看板策略

看板系统并不完美。同样，考虑一个两阶段系统，但现在阶段1的处理器速度较慢，而阶段2的处理器速度相对较快。我们在阶段2几乎不需要库存，因此为它分配少量看板卡是合理的。但是，这也严重限制了阶段2的占用率。因此，阶段1的处理器经常会停止工作，即使在有许多客户被延期交货的情况下也是如此。由于阶段1对其需求的响应较慢，所以阶段2的处理器将经常无事可做。为了减少此类被迫闲置情况的发生，我们可以增加阶段2的看板卡数量，但阶段2的库存会因此变得过大。相比之下，基本库存策略使我们能够精确地调节库存，同时自由地将需求信息传递到工作负荷沉重的阶段，它们最需要这些信息。

因此，看板系统和基本库存策略都存在着优势和不足之处。现在，我们要描述一个更一般的策略类型，它将看板策略和基本库存策略作为特例包含在内，并且体现了二者的最佳特点。回忆一下，在看板系统中，一个阶段中看板卡的数量以两种方式影响其行为：限制了库存和供应系统的占用率。此处的想法是将这两种作用分隔开，为它们指定不同的策略变量。我们称之为广义看板策略（generalized kanban policy）。

同样，使用 $s'_j \geqslant 0$ 表示阶段 j 的基本库存水平，即最大库存。同样，定义：

$$n_j = \text{阶段 } j \text{ 的供应系统占用率限制}$$

这是一个正整数。这两个策略变量可以单独设定。

利用 $I'_j(0) = s'_j$ 和 $IT_j(0) = 0$ 来初始化系统。广义看板策略是一个拉动式系统：同样，每个阶段都会产生对前一个阶段的需求，阶段 J 响应客户的需求，而其他每一个阶段则响应来自其后续阶段的需求。需求传递机制保证了每一个供应系统的占用率保持在其限制范围内，即 $IT_j(t) \leqslant n_j$。在其他情况下，这一策略就像基本库存策略一样运作。也就是说，在能够满足需求时，每一个阶段满足其自己的需求，否则就延期交货。同样，当有工作要做时，即当 $IT_j(t) > 0$ 时，处理器就会开始工作。

具体来说，阶段 j 的需求会立即引发阶段 $j-1$ 的需求，除非它被阻塞。在下列情况下，需求会被阻塞：

$$B'_{j-1}(t) + IT_j(t) = n_j \tag{8.8.1}$$

也就是说，当 n_j 的前一个阶段 $(j-1)$ 的需求或者还没有被满足，或者尽管满足了，但还没有通过阶段 j 的处理器，则需求会被阻塞。同样，假设我们追踪这些被阻塞的需求，当存在着等待传送的被阻塞的需求时，阶段 j 的处理完成会触发对阶段 $j-1$ 的需求。

事实证明（习题 8.21），下式是一个等价的需求阻塞条件：

$$s'_j - IN'_j(t) \geqslant n_j \tag{8.8.2}$$

被阻塞的需求数量为 $[s'_j - IN'_j(t) - n_j]^+$。因此，状态变量 $IN'_j(t)$ 决定了阶段 j 的需求传递机制（在某些情况下，这一方法更容易实施）。

每一个 $s'_j = n_j$ 的特殊情况就是一个看板策略；看板卡的数量是 s'_j 或 n_j [当没有库存时，条件（8.8.2）成立，被阻塞的需求相当于阶段 j 的延期交货]。同样，基本库存策略是每一个 $n_j = \infty$ 时的极限情况（因此需求从来不被阻塞）。另一种特殊情况（其中所有的 $s'_j = 0$）是具有有限缓冲的处理网络（7.3.6.3 节对其进行了简要介绍）。

使用一些物理标识（类似于看板）也可以实施广义的看板策略。图

8.2.2 说明了一种此类方案：现在，我们沿着需求流（或代表需求流的标识），再加上产品单位和看板卡。在此，看板卡的作用有些不同。同样，图中有两个箱子，一个是延迟箱（delay box），一个是阻塞箱（block box）。一共有 n_j 张看板卡，它们都在时点 $t=0$ 从阻塞箱开始。

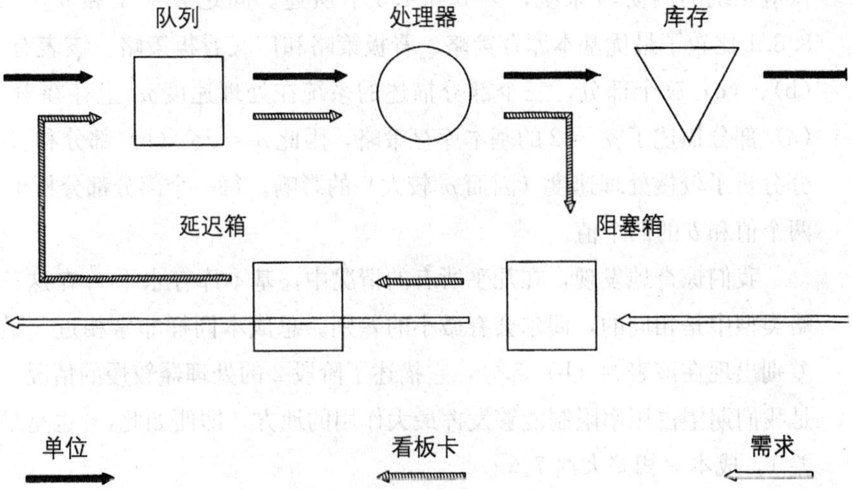

图 8.8.2　广义看板策略下的一个阶段

当来自后续阶段的需求到达时，它会首先进入阻塞箱。如果它在那里发现了一张看板卡，则二者就会一起移动到延迟箱，需求传递到前一个阶段，否则需求就被阻塞，它仍然停留在阻塞箱中，直到有一张看板卡到达。延迟箱就像是一个看板系统中的盒子，那里的看板卡就是一个从前一阶段的库存中移动一单位产品到队列中的信号［因此，$B'_{j-1}(t)$ 是延迟箱中的看板卡数量］。在排队时间和处理时间内，看板卡始终与产品连接在一起。处理完成后，看板卡不与该产品一起进入库存，而是回到阻塞箱等待下一个需求。

广义看板策略为改善绩效提供了相当大的自由。在基本库存策略中，每一个 s'_j 实际上都具有相同的影响，随着我们不断加大 s'_j，我们会以持有更多库存为代价以确保更少出现延期交货的情况。每一个 n_j 也会影响库存和延期交货，但不太直接。它在需求向后传递时起着间接的作用。通过增加 n_j，我们减少了阶段 j 被迫闲置的机会，但增加了其占用率（直观来看，这些特性应该是合理的，它们可以被严格证明，但我们不对其进行证明）。

［想一下你就会明白，n_1 可能任意设定。也就是说，假设 $n_1 \geqslant 1$，那么 n_1 的选择对于 $IN'_1(t)$ 或对下游阶段的事件没有影响。这是因为外部供应来

源总是持有库存，因此阶段 1 的处理器永远也不会因缺乏输入而被闲置。所以，我们可以固定 $n_1=1$，但更大的 n_1 不会有什么损害，因为 $IT_1(t)$ 不会发生持有成本。]

为了说明这一点，考虑一个具有泊松需求和指数处理时间的有限产能供应系统的两阶段系统，如 8.3.4.3 节所述。固定 $\lambda=1$ 和 $h'_2=1$。表 8.8.1 比较了最优基本库存策略、看板策略和广义看板策略。该表有（a）、（b）、（c）三个部分。三个部分描述的系统在处理速度 μ_j 上存在着不同。（a）部分描述了 $\mu_j=2$ 的基本库存策略，因此 $\rho_j=½$。（b）部分和（c）部分分析了较慢处理速度（因而 ρ_j 较大）的影响。每一个部分都分析了 h_1 的两个值和 b 的四个值。

我们惊奇地发现，在几乎所有的情况中，基本库存水平 s'_j 在这三个策略类型中是相同的，偶尔会有微小的差别。总成本同样非常相近［最大的差别出现在该表的（b）部分，它描述了阶段 2 的处理器较慢的情况。这正是我们期望占用率限制能够发挥最大作用的地方。即便如此，s'_j 也是最多相差 1，成本只相差大约 7%］。

因此，8.3 节中的简单模型似乎体现了这一系统的根本经济意义。在所有三种策略中，基本库存水平发挥着同样的作用，不管有没有占用率限制。这一观察结果暗示，我们可以将算法（8.3.9）作为一种启发式方法，以在看板策略或广义看板策略中确定 s'_j。

我们还注意到，在广义看板策略中，n_2 和 s'_2 在很多情况下存在着很大的差别。在（b）部分，n_2 很小，但在（c）部分却很大。另外，它们对参数变化的响应不同。例如，s'_2 对延期交货成本 b 非常敏感，但 n_2 却不敏感。相反，与 s'_2 相比，n_2 对 μ_1 要敏感得多。

表 8.8.1　基本库存策略、看板策略和广义看板策略

		基本库存策略			广义看板策略				看板策略			
h_1	b	s'_2	s'_1	C^*	s'_2	n_2	s'_1	C^*	s'_2	n_2	s'_1	C^*
（a）基本情况：$\mu_j=2$												
0.8	10	5	0	5.35	5	8	0	5.35	5	5	0	5.38
	20	6	0	6.44	6	10	0	6.44	6	6	0	6.46
	40	7	0	7.56	7	11	0	7.56	7	7	0	7.58
	80	8	0	8.70	8	13	0	8.70	8	8	0	8.71
0.5	10	4	1	4.97	4	9	1	4.94	4	4	1	4.99
	20	5	1	6.05	5	11	1	6.03	5	5	1	6.06
	40	6	2	7.16	6	9	2	7.12	6	6	2	7.13
	80	7	2	8.22	7	10	2	8.19	7	7	2	8.19

续表

		基本库存策略			广义看板策略				看板策略			
h_1	b	s_2'	s_1'	C^*	s_2'	n_2	s_1'	C^*	s_2'	n_2	s_1'	C^*
(b) 阶段 2 处理器速度较慢：$\mu_2=1.2$												
0.8	10	14	0	17.36	14	7	0	16.38	13	13	0	16.98
	20	17	0	20.92	18	8	0	20.02	17	17	0	20.70
	40	21	0	24.57	21	8	0	23.74	21	21	0	24.46
	80	25	0	28.31	25	8	0	27.51	25	25	0	28.26
0.5	10	14	0	15.86	14	8	0	15.33	14	14	0	15.62
	20	17	0	19.42	18	8	0	18.94	17	17	0	19.28
	40	21	0	23.07	21	9	0	22.62	21	21	0	23.00
	80	25	0	26.81	25	9	0	26.38	25	25	0	26.78
(c) 阶段 1 处理器速度较慢：$\mu_1=1.5$												
0.8	10	5	2	7.24	5	19	2	7.21	5	5	2	7.26
	20	6	3	8.80	6	20	3	8.77	6	6	3	8.79
	40	7	4	10.41	7	20	4	1038	7	7	4	10.39
	80	8	4	12.01	8	19	4	11.98	8	8	4	11.99
0.5	10	4	4	6.44	4	19	4	6.39	4	4	4	6.42
	20	5	5	7.81	5	19	5	7.77	5	5	5	7.78
	40	6	6	9.20	6	19	6	9.18	6	6	6	9.18
	80	7	6	10.60	7	20	6	10.57	7	7	6	10.57

这些模式可能具有启发性，但对于选择 n_2 来说，我们看不到任何明确的指导。另一方面，我们如何设定 n_2 似乎并不重要。三种策略类型以十分不同的方式来限制 n_2，而它们的绩效却差不多一样。一般来说，我们必须注意不能将 n_2 设定得太小，以避免过多的被迫闲置（在这些例子中，所有的策略都很容易满足这些要求，甚至看板策略也是如此，但那是因为 s_2' 总是很大。如果 s_2' 较小，比如说因为 b 较小，则我们可能更希望 n_2 大一些）。如果我们设定得偏高，则成本损失也不太大。

警告：这是一个小型试验平台，这些结论应该被看成是试验性的。

8.8.3　分析

在研究文献中有一些便于处理的对策略评估的近似（参见本章结尾处的注释）。它们基于那些用于有限缓冲处理网络的方法。

8.8.4　更大的背景：即时制方法

正如我们所看到的，看板系统是一个本地信息和控制系统，所有的决策都建立在本地信息基础之上。另外，信息的传递只需要很短的通信线路（即在连续的阶段之间）。其机制很简单。信息本身以及使用信息的规则很容易描述和实施。最后，这一方法是有形的。任何时候、任何人——工人或管理人员——都能看出哪些事情必须完成。

我们已经看到了其他拥有这些特性的控制方案。基本库存策略也是本地的、简单的且有形的，广义看板策略和本地 (r,q) 策略也是如此。但是，只是当丰田和其他公司引入了看板系统并取得了巨大的成功后，我们才认识到这些因素有多么重要。与看板系统相比，集中控制系统（如 MRP，在第 5 章中讨论过）的弱点就非常明显地暴露出来。

看板系统只不过是被称为即时制（just-in-time，或 JIT）的运营管理方法的一个组成部分。另一个重要组成部分是“改善”（kaizen），这个日语词汇的意思是“持续改进”。它的观点是修正设备和流程使它们运作得更顺畅。在长期中，准备时间、处理时间、产品缺陷的许多小规模的减少累积起来可以使流程更加顺畅，并带来巨大的绩效改善。改善是每个人的责任，甚至连从事一线工作的工厂工人都应该参与，因为离流程最近的人有时候能够发现别人看不到的问题和解决方案。

看板系统强调即时的控制，而改善则要在一个较长的时间范围内进行。它们之间是如何联系起来的？主要联系是心理学上的，或者可能是社会学上的：由于是透明的，因此本地控制系统支持“流程属于任何人”这一观点，因而强化了改善。但是，不存在自动机制。本地控制方案不可能自己引起改善，改善需要训练和激励，更需要耐心。反之，积极的改善计划可以在某种程度上胜过集中控制。

简而言之，我们没有必要以教条的方式运用本地控制的规则。实际上，这样做很愚蠢，也很危险。事实上，更长的沟通链条以及更复杂的信息几乎总是必要的。

设想这样一个场景：有 17 个生产阶段。阶段 11 为瓶颈，它的处理时间最长。现在，销售部获知在一个月之内需求将激增。我们是否必须等待，并在需求发生时依靠看板机制将需求向后传播？

当然不是。在实践中，一般来说，在实际生产活动和市场之间存在着一个更高层面的计划控制职能。生产流程所看到的“需求”并非实际客户需求，而是这一更高层面生成的信号。计划人员确实对实际需求做出响应，但同时也对预测做出响应。另外，他们也经常试图阻止需求波动，以平滑生产设施的工作负荷。而且，为了预测在更长时间内需求的变化，他们可能会在某些阶段或所有阶段增加或减少看板卡的数量。在上述场景中，计划人员可能会选择在需求激增发生前发出需求信号，或者有可能在关键的阶段 11 增加看板卡的数量。这是 MRP 或类似于 MRP 的方法能够与 JIT 的要素整合在一起的方式之一。

JIT 同样也强调了管理激励问题：许多公司仍然使用生产量（单位时间的总产出）和使用率（一台设备运行的时间比例）等维度来衡量管理者。如果这些是你的目标，那么你就很清楚应该做些什么——尽最大努力开动所有设备。同样明显的是，这一规则会导致灾难：库存无限增加。企业迟早会付出代价，不是工厂自己倒闭，就是有人来关闭它。因此，在这一事实上（de facto）的控制策略下，系统将在大规模过量生产和裁员之间摇摆不定。

我们研究过的所有策略都比这个策略更加巧妙。为什么不使用其中的一个呢？难道它们不能解决问题吗？是的：当激励与正式的策略之间存在系统性冲突时，人们总是能够找到颠覆这一策略的办法。出于这一原因，JIT 的主要启示是着眼于现有的激励，并消除那些尽管本意很好但会导致不合意行为的激励。当然，我们不应该要 JIT 来告诉我们这些，但实际情况确实如此（这种负面见解很关键，但通常人们想要的是正面的、建设性的激励理论，即一系列旨在支持智能运作的标准。学术研究和商业实践刚刚开始解决这一问题）。

本章注释

8.1 节：对这一主题的概述请参见 Clark（1972）和 Schwarz（1981）、Axsäter 等（1986）以及 Graves 等（1993）的文集。Davis（1993）从管理的角度阐述了在复杂网络中不确定性和库存的作用。对集中系统和分散系统的一般性讨论可以参见 Rosenfield 和 Pendrock（1980）。Lee 和 Billington（1993）对实践中的分散化控制进行了令人信服的讨论。Hammer（1990）和 Davenport（1993）对企业流程再造进行了描述。

8.2 节：总权衡曲面的概念在 Gardner 和 Dannenbring（1979）中进行了广泛的讨论。

8.3 节：对具有随机需求和恒定提前期的串联系统的研究是由 Clark 和 Scarf（1960）提出的，后来 Federgruen 和 Zipkin（1984c）、Rosling（1989）以及 Chen 和 Zheng（1994b）对其进行了改进。二阶矩近似请参见 Graves（1985）。

8.3.4 节中的策略评估方法推广到外生的、随机提前期的情况应归功于

Svoronos 和 Zipkin（1991）。Buzacott 等（1992）、Lee 和 Zipkin（1992，1995）以及 Zipkin（1995）开发出了独立提前期近似。Gallego 和 Zipkin（1999a）观察到，最优化算法可以应用在这些环境中。Song 和 Zipkin（1992）将策略评估方法扩展到一个 MCDC 需求过程。

8.3.5 节中的数值结果来自 Gallego 和 Zipkin（1999a）。(r,q) 策略的方法应归功于 Chen 和 Zheng（1994a）以及 Chen（1999）。

8.4 节：Rosling（1989）最早对装配系统提出了这一方法，Chen 和 Zheng（1994b）对其进行了改进。

8.5 节：最初的 METRIC 模型是由 Sherbrooke（1968）提出的。Nahmias（1981）和 Axsäter（1993a）对这一文献进行了评论。最近的进一步研究和应用请参见 Ahmed 等（1992）、Axsäter（1990）、Schneeweiss 和 Schröder（1992）、Sherbrooke（1992），以及 Tripp 等（1991）。Muckstadt 和 Thomas（1980）证明了 8.5.1 节中讨论的可供选择的启发式方法的不完备性。最近关于 (r,q) 策略的准确与近似方法的结果可以在 Axsäter（1993b，1997）以及 Chen 和 Zheng（1998）中找到。

关于真正分散化管理下的系统，有一个有意思的新的研究趋势，可惜限于篇幅，我们无法将其囊括在本书中。在那种系统中，策略不仅以本地的方式实施，而且策略变量也是由本地管理者根据自己的本地激励选择的。参见 Cachon（1999）所做的评论。

8.6 节：这种对配送系统的集中控制方法最初是由 Miller（1974）以及 Eppen 和 Schrage（1981）提出的，Federgruen 和 Zipkin（1984a－c）、Jackson（1988）以及 Erkip 等（1990）对其进行了详细描述，Federgruen（1993）对其进行了评论。

8.7 节：8.7.1 节中的联合补货问题要归功于 Renberg 和 Planche（1967）。最近，8.7.2.1 节中的共享产能系统的集中控制方案引发了大量的研究活动。参见 Zheng 和 Zipkin（1990）、Menich 和 Serfozo（1991）、Wein（1992）、Zipkin（1995）、Ha（1997），以及 Peña-Perez 和 Zipkin（1997）。Williams（1984）、Zipkin（1986c）以及 Karmarkar（1987b）对 8.7.2.2 节中对于具有准备时间的系统的启发式方法进行了研究，Karmarkar（1993）对其进行了评论，Karmarkar 和 Rummel（1990）对固定成本下拥挤效果的影响进行了详细讨论。对于这一系统，还有一些更加集中化的方法，它们是受到 ELSP 的启发而得到的，参见 Leachman 和 Gascon（1988）、Gallego（1990）、Katalan（1995），以及 Markowitz 等（1995）。

8.8 节：对于看板系统和 JIT 的综合介绍，请参见 Schonberger（1982）或 Shingo（1985，1989）。Zipkin（1991a）对大众文献提供了一个重要的指导。

Berkley（1992）以及 Groenevelt（1993）对这些研究文献进行了评论。

Buzacott（1989）、Zipkin（1989）以及 Frein 等（1995）对广义看板策略进行了讨论。Buzacott 和 Shanthikumar（1992）以及 Cheng 和 Yao（1993）对更一般的策略进行了分析。近似策略评估方法是由 Buzacott 和 Shanthikumar（1992）、Di Mascolo 等（1996）以及 Mitra 和 Mitrani（1990，1991）提出的。即使是这些广义看板策略也不一定是最优的。Veatch 和 Wein（1994）证明了真正的最优策略可能非常复杂，即使是在两阶段系统中也是如此。

与本章中所讨论的内容相比，基于仿真的、针对更复杂网络的研究还有很多。例如，Vargas 和 Dear（1990）研究了在类似于 MRP 环境中不同缓冲方法的有效性。

本章习题

8.1　证明 8.3.1 节中串联系统的二阶矩近似。具体来说，证明 $V[B_j']\geqslant E[B_j']$（使用定理 6.2.4）。

8.2　考虑 8.3 节中的串联系统。利用（8.3.4），通过归纳法证明，对于所有的 j：

$$B_j'=\max\{0,D_j-s_j',(D_j-s_j')+(D_{j-1}-s_{j-1}'),\cdots,\sum_{i\leqslant j}(D_i-s_i')\}$$

根据这一事实，证明 $E[B_j']$ 是所有 s_i' 的非递增的、（联合）凸函数（将 s_i' 看成是连续变量）。

8.3　考虑 8.3.1 节和 8.3.2 节中的串联系统，证明：

$$I_j'(t)=[IN_j(t)-IOP_{j+1}(t)]^+$$

利用这一事实来证明（8.3.6），即 $ITP_{j+1}(t)=\min\{s_{j+1},IN_j(t)\}$。

8.4　考虑一个具有外生的、顺序提前期的串联系统，如 8.3.4.2 节所述。假定需求为泊松过程，L_j' 服从参数为 $(\boldsymbol{\mu}_j',M_j')$ 的 CPH 分布。首先证明 D_j 服从 DPH 分布，并计算其参数 (π_j',P_j')（这很容易，答案见 7.5 节）。现在，以递归的方式定义矩阵和向量 $P_1=P_1',\boldsymbol{\pi}_1=\boldsymbol{\pi}_1'$，而且：

$$\boldsymbol{\tau}_j=\boldsymbol{\pi}_jP_j^{s_j'}\qquad j\geqslant 1$$

$$\boldsymbol{\pi}_j=[\boldsymbol{\tau}_{j-1},(1-\boldsymbol{\tau}_{j-1}\mathbf{e})\boldsymbol{\pi}_j']$$

$$P_j=\begin{pmatrix}P_{j-1} & (1-P_{j-1})\mathbf{e}\boldsymbol{\pi}_j'\\ 0 & P_j'\end{pmatrix}\qquad j>1$$

利用归纳法证明 B_j' 服从参数为 $(\boldsymbol{\tau}_j,P_j)$ 的 DPH 分布。然后，利用这

些数组写出 $E[B'_j]$ 和 $E[I'_j]$ 的公式。

8.5 考虑与上一道习题中同样的系统，并专注于 $J=2$ 的情况。证明如何使用上述数组来执行最优化算法（8.3.9）：首先，根据数据（π'_2, P'_2）写出 $C_2(y)$ 的公式。然后，给定 s_2^*，写出在两种情况下（即 $y=s_1 \leqslant s_2^*$ 和 $y=s_1 > s_2^*$）$C_1(y)$ 的公式（利用本地和层级基本库存策略的等价性）。

8.6 对于两阶段的串联系统，利用 8.3.6 节的结果，使用极大近似得到 C^* 的明确上限。关于 σ 对绩效的影响，它告诉了我们什么？

8.7 证明怎样将 8.3.6 节中的约束扩展到三阶段系统中：将允许的策略限制在 $s_2=s_3=\infty$ 的策略中。证明这会得到 s_1^* 和 C^* 的界限。利用正态近似以解析式的形式写出这些界限。

8.8 考虑一个具有固定成本的串联系统，其中除 k_1 外，所有的 $k_j=0$。假定我们遵循在正文中提到的类型的策略，即在阶段 1 采用（r,q）策略，在其余阶段采用基本库存策略。证明递归式（8.3.7）描述了 ITP_j 和 IN_j。然后，证明每一个 ITP_j 都是 $ITP_j(s)$ 的一个混合，其中 $s=r+1,\cdots,r+q$，权重都为 $1/q$，且 IN_j 是 $IN_j(s)$ 的一个类似混合。证明 $E[IN_j]$ 是 $E[IN_j(s)]$ 在这些 s 上的简单平均，且 $E[B]$ 是 $E[B(s)]$ 的平均。

8.9 对于 8.3.7.2 节中的模型，证明方程（8.3.13），即：

$$s_{j+1}-ITP_{j+1}=\pi(s_{j+1}-IN_j,q_{j+1})$$

提示：回忆一下 $IN_j=I'_j+ITP_{j+1}$。分别考虑 $s_{j+1}-IN_j \geqslant 0$ 和 $s_{j+1}-IN_j<0$ 这两种情况。

8.10 考虑一个两阶段串联系统，其中阶段 1 具有固定成本 k_1，而 $k_2=0$。用 8.3.6 节中的 $C_1^+(y)$ 代替（8.3.11）中的 $C_1(y)$。然后应用第 6 章中的定理 6.5.1 得到最优成本的界限。关于绩效的决定因素，这一结果告诉了我们什么（至少讨论 k_1 和 λ 的影响）？

8.11 考虑一个两阶段的串联系统，其中两个阶段都具有固定成本。本习题证明了如何计算真正的最优成本的下限。按下述方法构建一对新的系统：系统 1 仍然有两个阶段；系统 2 只有一个阶段，我们称之为阶段 2。我们使用上标来区别这些系统的参数：

$$k_1^1=k_1 \qquad k_2^1=0 \qquad k_2^2=k_2$$

$$D_1^1=D_1 \qquad D_2^1=D_2 \qquad D_2^2=D_2$$

$$h_1^1=h_1$$

对于阶段 2 的持有成本和延期交货成本，我们选择任意的 h_2^1、h_2^2、b^1 和 b^2，使得 $h_2^1+h_2^2=h_2$ 和 $b^1+b^2=b$。

现在，考虑初始系统的任何策略。为每一个新系统描述一种策略，以使得如果所有三个系统都面临着同样的需求，则在所有三个系统中的各阶段收到同样的订单（在数量和时间上）。证明两个新系统中的成本之和等于初始系统中的成本。

当然，对于新系统来说，这些策略不一定是最优的。解释为什么对这些系统进行单独最优化相对简单一些。然后，证明这些最优成本之和提供了初始系统真正最优成本的下限（要找出这类界限的最优值，我们可以在 h_2^1、h_2^2、b^1 和 b^2 的可能值中进行寻找，约束条件为 $h_2^1+h_2^2=h_2$ 以及 $b^1+b^2=b$。我们现在不去做这些事情）。

8.12　考虑图 8.4.1 所示的具有 5 个物品的装配系统。假定我们遵循均衡层级基本库存策略。为简单起见，假设 s_j 对于 j 是非递增的，因此 $\mathbf{s}''=\mathbf{s}$，我们按正文的讲解初始化时点 $t=0$ 时的系统，以使 $IN_j(0)=s_j$。

首先设 $\mathbf{s}=\mathbf{0}$。假设在时点 t 发生了一个单一需求。根据这一策略描述系统的反应，即确定何时所有物品被发运和接收，并解释为什么（通过这一策略的规则）。具体来说，证明这一策略实现了 8.4.1 节中提到的理想安排。也就是说，需求在 $t+L_J$ 时得到满足，这是最早的可能时间，并将它作为一个要求，要求这一策略在最迟的可行时间内运送所有的物品。

现在，假设 s_j 严格为正，且随着 j 而严格下降。同样，详细描述系统在时点 t 对一个单一需求的反应。

8.13　考虑一个类似于 8.4 节那样的装配系统，具有泊松需求，需求率为 λ，但物品 1 的外部订单存在着固定成本 k_1。对于其他物品，即使是从外部获得的（即那些没有前趋的物品），也不存在规模经济（$k_j=0$）。结合 8.4 节和 8.3.7.1 节的内容，证明如何分析这一系统。具体来说，假设物品 1 遵循层级 (r,q) 策略，其他物品遵循均衡层级基本库存策略（这种类型的策略实际上是最优的）。证明这样一个策略的平均成本可以像（8.3.11）那样计算，即 $k_1\lambda/q$ 再加上特定（平衡）基本库存策略的一个简单平均成本。证明对于外部供应来说，存在着一个具有相同固定成本 k_1 的等价串联系统。

8.14　使用 8.4.5 节的技术，证明如何评估图 8.4.1 所示装配系统的本地基本库存策略。具体来说，解释：

$$B_2'(t+L_3)=\max\{0,(D_2+D_3)-s_2',(D_1+D_2+D_3)-s_1'\}$$

$$\begin{aligned}B_4'(t+L_4)=\max\{&0,D_4-s_4',(D_3+D_4)-s_3',(D_2+D_3+D_4)-(s_2'+s_4'),\\&(D_1+D_2+D_3+D_4)-(s_1'+s_4')\}\end{aligned}$$

然后，证明如何根据 B_4' 计算 B_5'。解释（用文字）为什么设定 $s_4'\leqslant s_3'\leqslant s_2'+s_4'\leqslant s_1'+s_4'$ 在直觉上是合理的。最后，描述一个我们可以用来计算

$E[B'_5]$ 的等价的串联系统。

8.15 设想一个具有混合泊松需求的二级配送系统，它遵循本地基本库存策略。正文中提出了一个二阶矩近似方法，我们得到了公式（8.5.6）。证明这些公式。

8.16 考虑一个一般性的配送系统（一个物品编号为 $j=1,\cdots,J$ 的网络，其中每一个物品 $j>1$ 都具有唯一的前趋，而物品 1 没有）。令 $Suc(i)$ 为物品 i 的后继。需求只发生在最终物品上（即那些没有后继的物品），它们是独立的泊松过程，需求率为 λ_j，且提前期恒为 L'_j。我们遵循本地基本库存策略，策略参数为 s'_j。

在此，我们的目标是将 8.5.2 节中的策略评估技术扩展到这一系统中，我们从准确的方法开始。对于某一物品 i，假设我们知道 B'_i 的分布。对于 $j \in Suc(i)$，令 B'_{ij} 表示可以归因于对物品 j 的需求的那一部分 B'_i。适当的权重 θ_j 是什么？然后，证明如何确定 B'_j。现在我们有了一种递归的方法以获得所有物品的延期交货。证明在此如何应用二阶矩近似（显然，这些方法也可以用于 8.5.4 节中的其他供应过程）。

8.17 为了在 8.6.2 节中成本不相等情况下构建均衡近似，我们在 C_r 中的 h 和 b 采用最小零售商成本率。我们暂时称得到的成本函数为 C_r^-。在此，我们分析 C_r^* 的另一种近似，即问题（8.6.6）的最优成本函数［我们应该利用下面的事实：C_r^* 是严格凸函数，且其导数 $C_r^{*\prime}(s)$ 就是对偶变量 ζ］。

(a) 假设我们使用以 σ_j 为权重的初始成本率的加权平均，即 $h=\sum_j(\sigma_j/\sigma_r)h_j$，$b=\sum_j(\sigma_j/\sigma_r)b_j$。我们称得到的函数为 C_r^+。证明 $C_r^+(s_r)$ 衡量了（8.6.6）的（可行）等分位数解的成本。证明 $C_r^+ \geqslant C_r^*$（这一方法有时候更有效）。

(b) 考虑零售商具有成比例成本率的特殊情况：存在着常数 η、η'、β 和 c_j，使得对于所有 j，$h_j=\eta c_j$，$b_j+h'_j=(\beta+\eta')c_j$（我们在第 5 章和 8.2 节已经看到过类似的构造）。令 $c^+=\sum_j(\sigma_j/\sigma_r)c_j$，我们有：

$$C_r^+(s)=c^+E[\eta(s-D_r)+(\beta+\eta')[D_r-s]^+]$$

令 s_r^0 表示最小化 C_r^* 的 s_r 值（因此相应的 $\zeta=0$）。证明 $C_r^+(s_r^0)=C_r^*(s_r^0)$（因此，至少在一点上，这一近似与真实值一致。注意，这一相同的值必须同样最小化 C_r^+）。

(c) 继续考虑成本成比例的情况，令 $c^-=\min\{c_j\}$，我们有 $C_r^-(s)=(c^-/c^+)C_r^+(s)$。证明 $C_r^*(s)\geqslant C_r^-(s)+[C_r^*(s_r^0)-C_r^-(s_r^0)]=C_r^-(s)+(c^+-c^-)\sigma_r(\beta+\eta')\Phi(z_r^*)$，其中 z_r^* 求解了 $\Phi(z)=\omega_r=(\beta+\eta_0)/(\beta+\eta')$ 和 $\eta_0=\eta'-\eta$［提示：令 $\zeta^-=C_r^{-\prime}(s)$，并设定 s^-

求解 $C_r^{*\prime}(s^-)=\zeta^-$。因此，$s^-$ 是 s 的函数。证明如果 $s<s_r^0$，则 $\zeta^-<0, s^-\geqslant s$，因此 $\zeta\leqslant\zeta^-$；而如果 $s>s_r^0$，则 $\zeta^->0, s^-\leqslant s$，因此 $\zeta\geqslant\zeta^-$]。将这一常数加到 C_r，以提供更可靠的 C_r^* 的下限，同时保持同样简单的形式。

8.18　8.6.5 节讨论了一个具有相同零售商成本及外部订货固定成本的耦合系统。在这种情况下，一般来说，近视分配必须进行修订。但是，当零售商相同时，就没有必要修订。解释为什么。也就是说，首先证明如果对于 j，$z_j(t)$ 是一致的，因而对于所有的 t，$z_j(t)$ 也是一致的。其次，假设我们对问题（8.6.4）进行修改，在成本函数 C_j 中，用 $D_j(L_j'+t)$ 来代替 D_j。证明新问题与初始问题等价。

将这个理念扩展到混合泊松需求的情况。现在，$v_j(t)=\lambda_j E[Y_j](L_j'+t)$，$\sigma_j^2(t)=\lambda_j E[Y_j^2](L_j'+t)$。证明上述结果对于零售商相同的情况依然成立，以及在更一般的情况下，当 L_j' 和比率 $E[Y_j^2]/\lambda_j E^2[Y_j]$ 对于 j 来说相等时，上述结果也成立。

8.19　考虑 8.7.2.1 节中的共享产能的系统，其中不存在规模经济、本地控制，且产品相同。假设我们能够确定 IO 的分布、处理器的总体占用率，然后我们应用二项式解集来得到 IO_j，即物品 j 的订单的占用率。最后，利用正态分布近似 IO_j。证明总最优成本与 $\underline{\sigma}$ 成比例，其中 $\underline{\sigma}^2=V[IO]+(J-1)E[IO]$。将这一公式与（8.5.5）进行比较。

8.20　本习题将第 8.7.2.2 节的建模方法扩展到了产品不相同和随机处理时间的情况：物品 j 具有泊松需求，需求率为 λ_j，且遵循参数为 (r_j, q_j) 的 (r,q) 策略。其处理时间 S_j 包括随机的准备时间 T_j 和随机单位处理时间 P_j，所有这些时间都是独立的，即使是对于同一个批量中的物品来说也是如此。利用泊松过程来近似每一个物品的订单。现在，如 8.7.2.1 节所述，该生产设施变成了一个 M/G/1 系统。

(a) 根据 $E[T_j]$、$E[P_j]$、$V[T_j]$、$V[P_j]$ 和 q_j 写出 $E[S_j]$ 和 $V[S_j]$ 的等式。另外，利用这些公式计算 $E[S_j^2]$。

(b) 令 $\underline{\lambda}_j$ 表示物品 j 的订货率，$\rho_j=\lambda_j E[P_j]$，$\underline{\rho}_j=\underline{\lambda}_j E[S_j]$，$\underline{\lambda}=\sum_j\underline{\lambda}_j$，$\rho=\sum_j\rho_j$，$\underline{\rho}=\sum_j\underline{\rho}_j$。根据数据和变量 q_j，写出 $\underline{\rho}$ 最简单的表达式[利用概要参数（summary parameter）ρ]。

(c) 令 L_Q 表示在队列本身中等待的时间（总时间 L 减去实际处理时间）。根据我们的术语，方程（7.3.2）可以写成 $E[L_Q]=\frac{1}{2}\underline{\lambda}E[S^2]/(1-\underline{\rho})$。因此，同样利用数据和 q_j，写出 $\underline{\lambda}E[S^2]$ 最简单的表达式（我们有可能得到 $V[L_Q]$ 的类似公式。反之，用 $E^2[L_Q]$

近似 $V[L_Q]$）。

(d) 最后，令 L_j 表示物品 j 的总提前期，根据 $E[L_Q]$ 和数据表示 $E[L_j]$ 和 $V[L_j]$。

8.21 考虑 8.8.2 节中的广义看板策略。证明对于所有时间 t，下列等式成立：

$$B'_{j-1}(t) + IT_j(t) = \min\{s'_j - IN'_j(t), n_j\}$$

（证明对于 $t = 0$，这是正确的。然后，考虑能够改变一个或多个变量的每一个可能的事件。证明每一个此类事件对两边具有相同的影响。）利用这一事实，证明（8.8.1）和（8.8.2）是等价的。

第 9 章　随时间变化的随机需求：策略最优化

本章提要

9.1　导言

本章将分析需求受可预测与不可预测波动影响的情况。因此，本章讨论的情况结合了我们在第 4 章和第 6 章中单独研究的特征。

利用与 4.2 节相同的思路，我们从 9.2 节开始对一些极端情况进行启发式分析。除了 9.2 节外，本章的主要目标是严格证明最优策略呈现出某种特定的形式，这取决于系统的细节。到目前为止，我们还没有进行类似的工作。例如，在第 6 章中，我们证明了在特定条件下基本库存策略是可行的，但在此我们要证明，在类似条件下，它在所有可能的策略中确实是最好的。

为了实现这个目标，以及更一般地讨论依赖时间的需求，我们采纳了离散时间建模，如第 4 章所述，其中所有重要事件都发生在预定的时间点。另外，我们引入了动态规划（dynamic programming）的概念，这是一个强大的建模、分析和计算工具。

我们的计划是：9.3 节描述一些基本的概念。模型中的成本与以前的假设相同——固定订货成本和变动订货成本、库存的持有成本、延期交货的惩罚成本。每一个时间点的需求都是一个随机变量，其分布是时间的函数。不同时间点的需求是独立的（在 9.7 节之前都是这样）。

9.4 节将讨论不存在规模经济的情况，即存在线性订货成本（linear

order cost）的情况。实际上，最优策略就是一种基本库存策略。对于每一个时点，它都采用一种不同的基本库存水平。在其他情况下，它就像第 6 章中的基本库存策略一样运作。计算最优基本库存水平并不容易，因此我们要讨论一种被称为近视策略（myopic policy）的简单近似，它通常很有效。这种近视方法十分重要，我们将在整章中使用它。当数据为静态的（stationary）时，最优基本库存水平也变成了静态的，如第 6 章所述。

对于基本模型的某些变形（即对于销售损失而不是延期交货、对于更宽泛的利润目标而不是成本）来说，同样的策略安排仍然是最优的。但是，对于质量不完美的情况，基本库存策略不是最优的。我们需要考虑一种被称为扩展基本库存策略（inflated base-stock policies）的规则类型。

在 9.5 节中，订货成本包括固定成本和线性成本。在这里，(r,s) 策略是最优的。对于随时间变化的数据，r 和 s 都会随时间而变化。在无限时间范围、静态的环境中，静态的 (r,s) 策略是最优的。

9.3 节至 9.5 节中的模型都具有最小提前期。9.6 节证明了这些结果对于任何恒定提前期的情况以及顺序随机提前期（sequential stochastic lead-times）的情况仍然成立。最后，在此我们将讨论与第 6 章和第 7 章中连续时间模型类似的离散时间下的情况。我们在 9.6.4 节中指出，在连续时间背景下，简单结构的策略（simple structured policies）也是最优的（但是，这些结果没有扩展到销售损失的情况）。

本章的其余部分向不同的方向扩展了这些结果。9.7 节分析了具有环境驱动需求的系统，这是 6.3 节所述复杂需求过程在离散时间环境下的情况，在 6.3 节中，每一个时期的需求的分布取决于环境的当前状态。以前的结果略做调整后仍然成立。例如，在线性订货成本情况下，基本库存策略仍然是最优的，但最优基本库存水平反映了环境以及时间的当前状态。

9.8 节讨论了离散时间下的串联系统。考虑到线性运输成本，层级基本库存策略是最优的。

9.2 极端情况

假设需求是一个泊松过程，但其需求率 $\lambda = \lambda(t)$ 是时间的已知函数。事实证明，累积需求 $D(t)$ 服从均值为 $E[D(t)] = \int_0^t \lambda(v)dv$ 的泊松分布。在其他方面，其设定与第 6 章相同，成本因子和提前期是恒定的。我们的目标是像 4.2 节一样以近似和启发式的方式分析一些特殊情况。

9.2.1 微小的或快速的变化

当 $\lambda(t)$ 围绕着总平均值 λ 轻微和/或快速波动时，这些变化对于需求过程的影响可以忽略不计，这与 4.2.1 节和 4.2.2 节中的确定性模型的情况一样。因此，忽略 $\lambda(t)$ 的当前值并将需求率看成是恒定的 λ 是有意义的。

9.2.2 缓慢的变化

接下来，假设 $\lambda(t)$ 缓慢变化。令 $D(t|L)=D(t+L)-D(t)$ 表示提前期需求，这是一个服从均值为 $E[D(t|L)]=\int_t^{t+L}\lambda(v)dv$ 的泊松分布的随机变量。定义 $\underline{\lambda}(t)=(1/L)\int_t^{t+L}\lambda(v)dv$，我们可以写出 $E[D(t|L)]=\underline{\lambda}(t)L$。由于 $\lambda(t)$ 变化缓慢，$\underline{\lambda}(t)$ 的变化也很缓慢，实际上，$\underline{\lambda}(t)$ 的变化更缓慢。

我们暂时假设不存在固定订货成本。因此采用基本库存策略是合理的，其基本库存水平 $s(t)$ 本身取决于时间。具体而言，定义下列函数：

$$C(t,s)=E[\hat{C}(s-D(t|L))] \tag{9.2.1}$$

其中 $\hat{C}(y)=h[y]^{+}+b[y]^{-}$，与前面一样，令 $s(t)=s^{+}(t)$ 以对 s 最小化 $C(t,s)$。也就是说，指定 $s(t)$，就好像 $\underline{\lambda}(t)$ 真的不变一样。这一方法与 4.2.3 节的方法类似。由于它只考虑未来一个提前期而忽略了后续成本，因此被称为近视（myopic）方法。同样，利用 C^* 来估计最优平均成本，其中，

$$C^*(t)=c\lambda(t)+C[t,s^{+}(t)]$$

$$C^*=\lim_{T\to\infty}\left(\frac{1}{T}\right)\int_0^T C^*(t)dt$$

正如 9.4 节和 9.6 节所述，当 $\lambda(t)$ 缓慢变化时，近视策略接近于最优，且估计值 C^* 非常准确。

在 $D(t|L)$ 的正态近似下，我们得到：

$$s^{+}(t)=v(t)+\sigma(t)z^*$$

其中，

$$v(t)=\sigma^2(t)=\underline{\lambda}(t)L$$

z^* 求解了方程 $\Phi^0(z)=1-\omega$，其中 $\omega=b/(b+h)$。同样：

$$C^*(t) = c\lambda(t) + (b+h)\phi(z^*)\sigma(t) \qquad (9.2.2)$$
$$C^* = c\lambda + (b+h)\phi(z^*)\sigma_-$$

其中，λ 为平均需求率，而 σ_- 是 $\sigma(t)$ 在 t 内的平均值。极大近似会产生类似的结果。

与第 6 章和第 7 章中一样，在这里，系统的绩效取决于提前期需求的标准差；均值 $v(t)$ 没有影响。注意，σ_-^2 衡量了残余的、不可预测的需求变化，而不是总体变化。对需求的初始观察还包括可预测的波动，这些波动是由于 $v(t)$ 的变化造成的，它并不包含在 σ_-^2 的估计之内。

一种更粗略的启发式方法通常也很有效：注意，$\sigma(t)$ 取决于 $\underline{\lambda}(t)$ 的平方根，因此相对于需求的变化来说，它更加稳定，均值 $v(t)$ 对于 $\underline{\lambda}(t)$ 是线性的，因此它更加敏感。考虑 $\underline{\lambda}(t)$ 只发生适度变化的某个区间，并令 σ_- 表示 $\sigma(t)$ 在这一区间内的平均值。然后，将安全库存固定为常数 $\sigma_- z^*$，并令 $s(t) = v(t) + \sigma_- z^*$。利用（9.2.2）以及这个 σ_- 来估算绩效。只有在 $\underline{\lambda}(t)$ 显著偏离其初始值时，才对 σ_- 进行微调。

在这种启发式算法下，基本库存水平与平均提前期需求一起变化。这是解释需求变化的最简单的方法，并且在实践中广泛应用。另外，除了订货成本项 $c\lambda(t)$ 之外，成本率 $C^*(t)$ 保持不变。

现在，假设存在着正的固定成本 $k > 0$。与上述近视方法类似的方法如下：利用具有与时间相关的策略变量 $r(t)$ 和 $q(t)$ 的 (r,q) 策略。选择这些变量以最小化将（6.5.16）和（9.2.1）结合在一起的成本函数：

$$C(t,r,q) = \left(\frac{1}{q}\right)\left[k\lambda(t) + \sum_{s=r+1}^{r+q} C(t,s)\right]$$

如果需求率变化很慢，这一方法应该非常有效，原因与 4.2.3 节中的原因相同。

或者，利用 6.5.3 节中的更简单的启发式方法来设定 $r(t)$ 和 $q(t)$。例如，利用与（4.2.1）类似的方法设定 $q(t) = [2k\lambda(t)/h\omega]^{1/2}$，对于某一合理的部分 β，$r(t) = s^+(t) - \beta q(t)$。

或者更粗略地，将 $q(t)$ 固定为某一平均值 q，利用 $\sigma(t)$ 的某一平均值 σ_-，像上面一样近似 $s(t) = v(t) + \sigma_- z^*$，并设 $r(t) = s(t) - \beta q(t) = v(t) + (\sigma_- z^* - \beta q)$。只对需求的显著变化调整 q 和 σ_-。在这里，再订货点与平均提前期需求同时变化。这一简单的技术在实践中也得到了广泛应用。

下面是估计平均成本的一种方法：利用定理 6.5.1 中的界限，再加上正态近似或极大近似，对于每一个 t 单独近似 $C^*(t) - C[t, r(t), q(t)]$。然后，像（9.2.2）中那样在长期内求平均值。

9.2.3　其他供应系统

同样的观点可以直接扩展到具有随机提前期（由独立—并行供应过程或外生—顺序供应过程产生的）的系统。同样，微小和/或快速的需求变化可以忽略，而缓慢的变化可以通过近视方法进行处理。

例如，在外生—顺序的情况下，重新定义 $D(t|L)$ 为从时点 t 开始的提前期需求，即 t 和 $t+L$ 之间的需求，其中 L 现在为边际提前期，这是一个随机变量。一般来说，$D(t|L)$ 不再是泊松过程，也不存在任何其他的简单形式，但我们可以近似：计算其均值 $v(t)$ 和方差 $\sigma^2(t)$（习题 9.1），并适用一种标准的分布形式，如正态分布或伽马分布。然后，利用上面的方法继续进行处理。

回忆一下，这一供应系统具有无限产能，这使它很容易处理。有限产能供应系统需要更谨慎一些：微小的和/或快速的需求率变化同样可以被忽略。缓慢的变化也可以用上面的方法进行处理，但只是当变化非常缓慢，且需求率远低于系统产能时才可行。

例如，考虑一个处理速度为 μ 的 M/M/1 系统。利用与近视方法类似的方法，设 $\rho(t)=\lambda(t)/\mu$，并用一个参数为 $\rho(t)$ 的几何随机变量代替（9.2.1）中的 $D(t|L)$。也就是说，假设供应系统在每一个时间点都达到其均衡状态［有时候它被称为逐点静态近似（pointwise stationary approximation）］。关于这一技术以及相关技术的细节，请参见 Green 和 Kolesar（1991）以及 Whitt（1991）。

显然，对于任何 t，如果 $\lambda(t)>\mu$，则这一方法会失效。即使需求永远不会超过产能，供应系统仍然对其自身输入的变化反应缓慢。例如，如果 $\lambda(t)$ 在一段时间内接近 μ，则占用率 $IO(t)$ 会变得很大，即使在 $\lambda(t)$ 降低之后，这种拥挤仍然会持续一段时间。因此，只有在需求率的变化慢到供应系统能够快速恢复的情况下，均衡近似才成立。反过来，这一条件又取决于 $\rho(t)$ 本身，当 $\rho(t)$ 远小于 1 时，供应系统的响应会更快。

这些都是严格的条件。如果这些条件没有得到满足，如果 $\lambda(t)$ 有时候超过产能，或者其变化速度快于供应系统的变化速度，又会如何呢？首先，如果基本库存水平 $s(t)$ 保持恒定，那么供应系统就会像一个具有非静态输入（nonstationary input）的队列一样运作。Rothkopf 和 Oren（1979）已经设计出了分析这类队列的方法。但是，如 4.2.5 节所述，在需求大幅增加之前通过增加 $s(t)$ 而预先建立库存似乎更明智。但何时增加以及增加多少呢？这一问题没有明确、简单的答案。考虑到当前的研究水平，获得任何答案的唯一方法就是利用一些算法（如习题 9.4 所述）。

有时候，我们可以根据需求速率来调节处理速度。考虑下面这种特殊情况：我们可以而且确实设 $\mu(t)$ 与 $\lambda(t)$ 成比例，因此 $\lambda(t)/\mu(t)$ 为常数 $\rho < 1$。事实证明，根据对变化速度的观察，这一系统与具有静态 λ 和 μ 的系统等价。因此，我们没有理由改变基本库存水平。假设我们令它保持不变，则 7.3.2.1 节的分析可以直接适用。

总之，对于一个产能有限且需求为非静态的系统而言，现有的技术水平无法提供一个单一的方法来解决所有问题。有些情况很容易处理，但有些则很难。

9.3 离散时间建模

9.3.1 动态方程

现在以及在本章的后面部分中，我们将世界看成是离散时间的环境。这一情况与 4.3.1 节的情况非常类似：存在一系列时间点 $t = 0, 1, \cdots, T$。时间范围（horizon）T 可能是有限的，也可能是无限的。周期（time period）是从时点 t 到时点 $t+1$ 来临之前的间隔。

同样，我们令：

$z(t) =$ 时点 t 时的订货量

$d(t) =$ 时点 t 时的需求，$t = 0, \cdots, T-1$

现在，需求 $d(t)$ 是一个具有有限均值的非负随机变量。在进一步说明之前（9.7 节），$d(t)$ 在 t 上是独立的。为了简便起见，$d(t)$ 是连续的，控制变量 $z(t)$ 也是如此（除了一些细节之外，在离散数量情况下，所有的结果仍然成立）。由于需求是随机的，我们必须允许延期交货，因此，与 4.4.4 节中一样，状态变量为：

$x(t) =$ 时点 t 时的净库存，$t = 0, \cdots, T$

初始净库存为常数 x_0。

在每一个时点 $t < T$，事件的顺序如下：

1. 我们观察净库存 $x(t)$。
2. 我们确定订货量 $z(t)$。

随后，在时期 t 的某一时点，发生了需求 $d(t)$，并且订单 $z(t)$ 也到达了。系统的动态方程由与（4.3.2）具有同一形式的方程进行描述：

$$x(t+1)=x(t)+z(t)-d(t)\qquad t=0,\cdots,T-1\qquad(9.3.1)$$

在时间范围 T 内，我们观察 $x(T)$，但这就够了。不存在订单 $z(T)$ 或需求 $d(T)$。

在文献中，这一模型通常被描述为具有零提前期。我们没有明确地说订单何时到达，而且我们真的没有必要这样做。只要每一个订单在它自己的周期内到达，则（9.3.1）就是成立的。但是，如果 $z(t)$ 在周期 t 即将结束时到达，则我们称提前期为 1 而不是 0 是有意义的。这种用法与 9.6 节中相同，在那一节中我们引入了一个明确的提前期。不管我们如何称呼它，提前期肯定很短。记住，一个周期可能很短，特别是在构建离散时间模型是为了近似连续时间的情况下。因此，这一模型非常特殊。幸运的是，实际上，所有的结果对于具有更长提前期的更现实的模型仍然成立，如 9.6 节所述。

决策问题的本质与第 4 章截然不同。在第 4 章中，由于 $d(t)$ 是预先知道的，我们可以立即确定 $z(t)$。在本章中，我们根据在步骤 2 中了解的情况在每一个时点 t 选择 $z(t)$。在那一时刻，我们知道 $x(t)$，它反映了过去所有的需求，但不知道 $d(t)$ 或任何后续需求。提前指定 $z(t)$ 没有任何意义，因为这将忽略有用的信息。

因此，我们想要的不是一系列固定的决策，而是一个订货策略，即一个基于当前信息制定决策的规则。与第 6 章相比，我们没有对策略的形式预先加以限制。我们的主要目标之一是：根据经济状况，确定哪种类型的策略最佳。因此，我们绕开了实际绩效指标（如平均延期交货）的分析。与库存、延期交货等相关的成本在一开始就进入了建模过程中。

9.3.2　成本

成本参数如下：

$k(t)=$ 时点 t 时的固定订货成本

$c(t)=$ 时点 t 时的单位变动订货成本

$h(t)=$ 时点 t 时的库存持有成本率

$b(t)=$ 时点 t 时的延期交货惩罚成本

$\gamma=$ 折现因子，$0<\gamma\leqslant 1$

与 4.4.2 节中一样，未来的成本以 γ 进行折现。这些成本因子表明了最初的、未折现的成本。与 4.4.2 节不同，我们没有进行 $k(t)\leftarrow\gamma^t k(t)$ 等的替换。

令 $\delta(z)$ 表示海维赛德函数（Heaviside function）（$z>0$ 时为 1，在其他情况下为 0），时点 t 时的总订货成本为 $k(t)\delta(z(t))+c(t)z(t)$。库存持有成本或延期交货惩罚成本在时点 t 的第一步在 $x(t)$ 中进行了计算。这一成本可以简写为 $\hat{C}(t,x(t))$，其中，

$$\hat{C}(t,x)=h(t)[x]^{+}+b(t)[x]^{-}$$

事实上，在时点 t 之前，即在周期 $t-1$ 结束时计算这一成本很方便。在周期 t 结束时相应的成本为 $\hat{C}(t+1,x(t+1))$。这一惯例更好地揭示出了原因和结果之间的联系。决策 $z(t)$ 影响 $\hat{C}(t+1,x(t+1))$，但不影响 $\hat{C}(t,x(t))$。具体来说，就是忽略常数 $\hat{C}(0,x(0))=\hat{C}(0,x_0)$。

令：

$$y(t)=x(t)z(t)$$

这是第二步订货后的库存位势。因此，(9.3.1) 等价于：

$$x(t+1)=y(t)-d(t)\qquad t=0,\cdots,T-1$$

定义函数：

$$C(t,y)=E[\hat{C}(t+1,y-d(t))]$$

因此，从第二步来看，$C(t,y(t))$ 衡量了预期库存—延期交货成本。我们称 $C(t,\cdot)$ 为单周期成本函数（one-period cost function）。

[这些设定与大多数文献中常见的设定不同，但这些差别只是表面上的。在那些文献中，$h(t)$ 代替了我们的 $h(t+1)$，$b(t)$ 代替了我们的 $b(t+1)$。]

在前面的章节中，我们已经看到过类似于 $\hat{C}$ 和 C 的函数。与前面一样，对于每一个 t，$\hat{C}(t,y)$ 和 $C(t,y)$ 都是 y 的凸函数。在第 6 章和第 8 章中，这类凸函数的性质很重要，而在这里则至关重要。

与 4.4.3 节中一样，我们可以放松对严格离散时间情境的限制。需求可以在整个周期内发生，持有缺货订单的成本也可以在整个周期内累积。我们会得到一个略微不同的单周期成本函数 $C(t,y)$。但是，新的函数与上面的函数具有相同的形式。

9.3.3 残值

有时候，当 T 有限时，包含一个在期末“结账”（settle accounts）的特殊机制是非常方便的。具体来说，当 $x(T)<0$ 时，我们必须以单位采购

价格 $c(T)$ 来采购库存以满足剩下的缺货订单 $-x(T)$ [记住，上一份实际订单发生在时点 $T-1$，因此 $c(T)$ 的含义是明确的。这类采购没有固定成本，即 $k(T)=0$]。同样，如果 $x(T)>0$，我们可以用同样的价格卖出剩下的库存，这样我们就获得了总收入 $c(T)x(T)$，或者等价地，我们支付了 $-c(T)x(T)$ 的成本。总之，不考虑 $x(T)$ 的符号，最终成本（terminal cost）为 $-c(T)x(T)$。

最终成本因子 $c(T)$ 被称为残值（salvage value）。事实上，我们可以忽略它。通过将 $c(T)$ 加到 $b(T)$ 中，并从 $h(T)$ 中减去相同的数量，我们可以得到相同的效果 [实际上，我们可以通过适当地调整 $b(T)$ 和 $h(T)$ 来表示不对称的最终成本]。尽管如此，在某些情况下，残值方法仍然非常有用。如果没有这类机制，则令 $c(T)=0$。

9.4　线性订货成本

本节假设所有的 $k(t)=0$。因此，时点 t 时订单 z 的成本是线性函数 $c(t)z, z\geqslant 0$。

我们将根据时间范围 T 分三部分讨论这一问题。首先，我们分析一个只有两个时间点和一个周期的模型，即 $T=1$。然后，我们会将这一模型扩展到任意有限的时间范围。最后，我们考虑无限时间范围。事实证明，在所有的情况中，基本库存策略都是最优的。

随后，我们会讨论三个重要的推广，即销售损失、利润最大化和质量缺陷的情况。本章最后的习题分析了其他推广。

9.4.1　单周期问题

当 $T=1$ 时，问题如下：我们必须在时点 0 做出一个单一的订货决策。在期间 0，有随机需求发生，并且订单到达了。在时点 1，库存—延期交货成本 $\hat{C}(1,x(1))$ 得到评估，最终成本也实现了。这就够了。由于只有一个周期，我们不考虑时间指标（time index）t。也就是说，我们简化 $x_0=x$，$d(0)=d, y(0)=y, c(0)=c, h(1)=h, b(1)=b, \hat{C}(1,x)=\hat{C}(x)$，$C(0,y)=E[\hat{C}(y-d)]=C(y)$。我们继续使用 $c(1)$ 来表示残值，如果有的话。

这似乎是一个人为的简单情况，但是它准确地描述了一个产品具有短暂使用寿命的情况。这些产品包括报纸、杂志以及众多食物和饮料。事实上，它有时被称为报童问题（newsvendor problem）。在这些应用中，初始

净库存 $x(=x_0)$ 很有可能是 0，但我们允许 x 取任何值（在后面，这种一般化的特性会很有帮助）。

为了选择订货量，我们要平衡订货成本、库存—延期交货成本和最终成本。从时点 0 的第二步来看，时点 1 经过折现的预期最终成本为：

$$\gamma E[-c(1)x(1)] = -\gamma c(1)(y - E[d])$$

因此，我们面临着下列单一变量 y 的最优化问题：

$$\begin{aligned} &\text{最小化} \quad c(y-x) + C(y) - \gamma c(1)(y - E[d]) \\ &\text{约束条件} \quad y \geqslant x \end{aligned} \tag{9.4.1}$$

对于任何给定的 x，它很容易求解。但是，为了确定一个最优策略，我们必须对每一个 x 的值求解（9.4.1）。

定义：

$$\begin{aligned} H(y) &= cy + C(y) - \gamma c(1)(y - E[d]) \\ &= \gamma c(1)E[d] + c^{+}y + C(y) \end{aligned}$$

其中，$c^{+} = c - \gamma c(1)$。目标函数（9.4.1）就是 $H(y) - cx$，且 cx 项为常数，因此我们可以等价地最小化 $H(y)$。回忆一下，C 是凸函数，H 中的其他项是线性的，因此 H 也是凸函数。令 s^* 为能够在全局范围内最小化 $H(y)$ 的最小的 y，忽略约束条件 $y \geqslant x$。

（9.4.1）的最优解取决于 x 和 s^* 的关系。如果 $x \leqslant s^*$，则 $y = s^*$ 是可行的，因而是最优的。如果 $x > s^*$，则最优解为 $y = x$，因为在整个可行范围 $y \geqslant x$ 内，$H(y)$ 是非递减的。这就是一个基本库存水平为 s^* 的基本库存策略。如果初始库存高于 s^*，就不订货；如果它低于 s^*，则订购二者的差额，即恰好订购将库存增加到 s^* 的数量。

要计算 s^*，我们必须求解 $H'(y) = 0$。而 $C(y)$ 具有与 6.5.2 节中平均成本函数相同的形式。具体来说，$C'(y) = [h - (b+h)F^0(y)]$，其中 F^0 为 $d(=d(0))$ 的互补累积分布函数。因此：

$$H'(y) = (c^{+} + h) - (b+h)F^0(y)$$

且 s^* 求解：

$$F^0(y) = \frac{c^{+} + h}{b + h} \tag{9.4.2}$$

这与方程（6.5.3）完全相同。唯一不同的是成本率。这里的需求 d 与连续时间模型中的提前期需求具有相同的作用。如果我们对 d 采用正态近似，其中 $v=E[d]$，$\sigma^2=V[d]$，并设定 z^* 来求解 $\Phi^0(z)=(c^+ +h)/(b+h)$，则 $s^*=v+\sigma z^*$，$H(s^*)=cv+\sigma(b+h)\phi(z^*)$。

当然，只有当 $c^+<b$ 时，(9.4.2) 才有意义。如果 $c^+\geqslant b$，即 $c\geqslant b+\gamma c(1)$，则 $H(y)$ 是非递减的，因此设 $s^*=-\infty$。最优策略告诉我们永远不要订货，即退出这一业务。与以成本 c 采购一单位产品相比，惩罚成本 b 加上折现的最终成本 $\gamma c(1)$ 更低。同样，假设 $c^+ +h>0$。否则，$H(y)$ 是非递增的。实际上，它是严格减少的［除了退化（degenerate）的情况之外］，且 $s^*=+\infty$。在这里，我们可以通过以成本 c 采购产品并在以后以价格 $c(1)$ 出售而获得无限的利润，即使在扣除持有成本 h 后也是如此。排除这些奇怪的情况后，(9.4.2) 的分式严格介于 0 和 1 之间。

令 $V(x)$ 表示问题 (9.4.1) 的最优成本，将其看成是 x 的函数：

$$V(x)=-cx+V^+(x)$$

其中，

$$V^+(x)=H(\max\{s^*,x\})$$

函数 $V^+(x)$ 在图 9.4.1 中进行了描述（该图实际上是图 8.3.1 的镜像。显然，V^+ 是以与 8.3.3 节中的函数 $\underline{C}_j$ 相同的方式构造的，只是方向相反）。显然（而且很容易证明），V^+ 是一个凸函数，因此 V 也是凸函数。

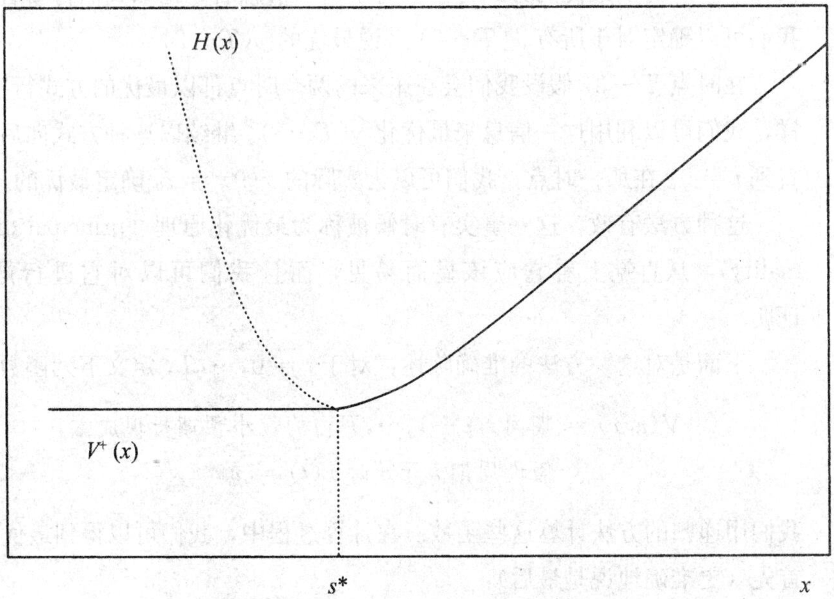

图 9.4.1　最优成本函数（线性订货成本）

9.4.2 有限时间范围问题：动态规划

现在，假设存在着几个周期，但数量仍然是有限的。时间范围 T 是一个有限的正整数，$T>1$。

与单周期的情况相比，此处的问题更加复杂。需要制定一些相关的决策。在选择 $y(0)$ 时，我们需要考虑未来周期的成本，而不仅仅是当前的成本。这太糟糕了，在我们到达时点 $t=1$ 时，我们需要选择 $y(1)$，而它还会影响未来的成本。但是现在，在 $t=0$ 时，我们还没有做出那一选择。因此，我们应该怎样明智地选择 $y(0)$ 呢？然后是 $y(2)$，它有可能依赖于 $y(1)$ 和 $y(0)$，或者是反过来……我们似乎陷入了困境之中。

幸运的是，我们有一个摆脱这一困境的方法。这类困境可以通过动态规划（dynamic programming）来解决。我们的关键想法是在时间上向后看。

考虑时点 $T-1$。一旦我们到达那里，不管过去发生什么，我们都要面对上述单周期的问题。我们知道如何求解那个问题。最优基本库存策略告诉了我们对于任何 $x(T-1)$ 来说最优的 $y(T-1)$。

接下来，假设我们发现自己处在时点 $T-2$。我们所面对的是一个两个周期的问题。为了将未来考虑在内，根据我们已经得到的策略，假设我们会在 $T-1$ 时以最优的方式行事。有了这一信息后，正如我们将要看到的，我们可以确定对于所有 $x(T-2)$ 来说最优的 $y(T-2)$。

在时点 $T-3$，假设我们会在未来的两个时点都以最优的方式行事。同样，我们可以利用这一信息来最优化 $y(T-3)$。继续以这种方式向后推进，直到 $t=0$。在那一时点，我们可以为实际的 $x(0)=x_0$ 确定最优的 $y(0)$。

这种方法有效，这一事实有时候被称为最优化原理（principal of optimality）。从直觉上看它应该显而易见，而且我们可以对它进行严格的证明。

下面是对这一方法的准确陈述：对于 $t=0,\cdots,T$，定义下列函数：

$$V(t,x)=\text{期间 } t,t+1,\cdots,T \text{ 内的最小预期折现成本，}$$
$$\text{假设周期 } t \text{ 开始时 } x(t)=x$$

我们用递归的方法计算这些函数。在计算过程中，我们可以得到最优策略。首先（更准确地说是最后）：

$$V(T,x)=-c(T)x \tag{9.4.3}$$

假设我们已经确定了 $V(t+1,x)$，以及时点 $t+1$ 到 $T-1$ 的最优策略。为了

在时点 t 求解问题，给定 $x(t)=x$，我们定义：

$$H(t,y)=c(t)y+C(t,y)+\gamma E[V(t+1,y-d(t))] \quad (9.4.4)$$

如果我们选择 $y(t)=y$，则这一数量衡量了所有相关的成本。前两项［减去常数 $c(t)x$］代表在时点 t 本身时的成本。最后一项是所有未来成本的预期值，假设我们在未来将以最优的方式行事，因为 $x(t+1)=y-d(t)$。因此，时点 t 的问题就是选择 y 以最小化 $H(t,y)$，约束条件为 $y\geqslant x$。这一问题对于 x 的每一个解给出了时点 t 时的最优策略。然后，我们令：

$$V(t,x)=-c(t)x+\min\{H(t,y):y\geqslant x\} \quad (9.4.5)$$

现在，利用 $V(t,\cdot)$，我们可以继续计算 $V(t-1,\cdot)$，然后以同样的方式计算 $V(t-2,\cdot)$ 等。

方程（9.4.4）和（9.4.5）以及边界条件（9.4.3.）描述了一种递归方法，它可以计算所有时间点的最优成本函数以及最优策略。它们是函数方程（functional equation），即未知数是函数 $V(t,\cdot)$ 和 $H(t,\cdot)$ 的方程。这一模型通常被称为问题的动态规划建模（dynamic-programming formulation）[从本质上说，动态规划和最优控制是同一主题的不同名称。我们也可以将（9.4.3）至（9.4.5）称为最优控制模型（optimal-control model)]。

从原则上说，我们该讲的都讲了。但是，在实践中，两个难题出现了：

首先，x 和 y 是连续变量，因此，对于每一个 t，（9.4.4）指定了无限数量的预期，而（9.4.5）则指定了无限数量的最优化。为了求解这类函数方程，我们通常需要数值近似技术。从概念上说最简单的一种方法是离散化（discretize）并截取（truncate）状态空间：为 $x(t)$ 选择一个有限的取值范围，以同样的方式限定 $d(t)$ 和 $y(t)$。当然，我们必须认真进行这一选择，才能得到准确的结果。

其次，完全最优化策略（对于每一个 x 和 t 的最佳的 y 被写在一张大表格上）会难以理解，实施起来也很乏味。幸运的是，它有一个简单、吸引人的结构：

定理 9.4.1：对于所有 t：

(a) $H(t,y)$ 是 y 的凸函数。

(b) 基本库存策略是最优的。最优基本库存水平 $s^*(t)$ 是能够最小化 $H(t,y)$ 的最小的 y 值。

(c) $V(t,x)$ 是 x 的凸函数。

证明：通过对 t 的归纳：在 9.4.1 节中，我们证明了 $t=T-1$ 的结果。

假设对于任何 $t+1$ 它都是成立的。$H(t,y)$ 的前两项是 y 的凸函数，与在单周期问题中一样。另外，由于 $V(t+1,x)$ 是凸的（根据归纳法的假设），因此 $H(t,y)$ 的第三项也是凸的。所以，$H(t,y)$ 是 y 的凸函数，我们已经证明了（a）部分。（b）部分和（c）部分立即可以得到证明，就像在单周期模型中一样。

顺便说一下，我们还可以证明 $H(t,y)$ 和 $V(t,y)$ 对于 y 是连续可微的。因此，$s^*(t)$ 是 $H'(t,y)=0$ 的解（其中，H' 是对 y 的导数）。

总之，对于每一个时点来说，最优策略由单一的参数即基本库存水平 $s^*(t)$ 来确定。但是，一般来说，计算 $s^*(t)$ 并不容易。即使知道了最优策略的形式，我们仍然必须利用数值技术进行如（9.4.3）至（9.4.5）所示的递归计算。

9.4.3 近视策略

通过对问题进行简单的变换，我们可以得到关于 $s^*(t)$ 的有用而且有趣的信息。定义：

$$V^+(t,x)=c(t)x+V(t,x) \qquad t\leqslant T$$

$$c^+(t)=c(t)-\gamma c(t+1)$$

$$C^+(t,y)=\gamma c(t+1)E[d(t)]+c^+(t)y+C(t,y) \qquad t<T$$

接下来的递归与（9.4.3）至（9.4.5）中相同：

$$V^+(T,x)=0 \tag{9.4.6}$$

$$H(t,y)=C^+(t,y)+\gamma E[V^+(t+1,y-d(t))] \tag{9.4.7}$$

$$V^+(t,x)=\min\{H(t,y):y\geqslant x\} \tag{9.4.8}$$

［习题 9.2 要求你证明（9.4.7）中 H 的另一个表达式。］显然，在这里，$V^+(t,x)$ 的作用与单周期问题中的 $V^+(x)$ 一样。实际上，我们可以写出下列公式：

$$V^+(t,x)=H(t,\max\{s^*(t),x\}) \tag{9.4.9}$$

现在，C^+ 表示在这个转换后的模型中当前周期的成本。令 $s^+(t)$ 为最小化 $C^+(t,y)$ 的最小的 y 值。相应的基本库存策略使当前成本最小化，同时忽略了未来的成本，因此我们称之为近视策略（myopic policy）。因为 $C^+(t,y)$ 是实际的单周期的成本 $C(t,y)$ 加上 y 的一个线性函数和一个常数，它是凸函数，因而很容易最优化。具体来说，$s^+(t)$ 求解了一个与（9.4.2）具有相同形式的方程：

$$F^0_{d(t)}(y)=\frac{c^+(t)+h(t+1)}{b(t+1)+h(t+1)} \quad (9.4.10)$$

从本质上说，这一方法与 9.2.2 节介绍的连续时间背景下需求率变化较慢的方法是一样的。与单周期模型中的 s^* 一样，$s^*(t)$ 以一种简单的方式反映了周期 t 的数据。例如，假设成本因子是静态的，我们利用正态分布来近似 $d(t)$，令 $v(t)=E[d(t)], \sigma^2(t)=V[d(t)]$，并设定 z^* 来求解 $\Phi^0(z)=(c^++h)/(b+h)$。因此，$s^+(t)=v(t)+\sigma(t)z^*, C^+(t,s^+(t))=cv(t)+\sigma(t)(b+h)\phi(z^*)$。

近视策略和最优策略是密切相关的。

定理 9.4.2：对于每一个 t：

(a) $s^*(t)\leqslant s^+(t)$；具体而言，$s^*(T-1)=s^+(T-1)$。

(b) 如果 $s^+(t)\leqslant s^*(t+1)$，则 $s^*(t)=s^+(t)$。

(c) 如果 $s^+(t)\geqslant s^+(t+1)$，则 $s^*(t)\geqslant s^*(t+1)$。

(d) 如果 $s^+(t)\leqslant s^+(t+1)$ 且 $s^*(t+1)\leqslant s^*(t+2)$，则 $s^*(t)\leqslant s^*(t+1)$。

(e) $s^*(t)\geqslant \min_{u\geqslant t}\{s^+(u)\}$。

定理 9.4.2 (a) 告诉我们，真正的最优基本库存水平总是等于或低于近视水平，从来都不会比它高，考虑到未来只会减少基本库存水平。根据 (b) 部分，除非 $s^+(t)>s^*(t+1)$，否则两个水平是一致的。我们可能选择 $s^*(t)<s^+(t)$ 的唯一原因是为了降低在下一周期 $x(t+1)>s^*(t+1)$ 的机会，而只有当 $s^*(t+1)$ 很小时，这一问题才非常重要。实际上，根据 (e) 部分，$s^*(t)$ 的下限由最小的后续近视水平提供。这些结果共同意味着：如果 $s^+(t)$ 对于 t 是非递减的，那么对于所有 t，$s^*(t)=s^+(t)$，即近视策略是最优的（参见习题 9.3）。

(c) 部分和 (d) 部分告诉我们，$s^*(t)$ 一般的变化模式与 $s^+(t)$ 的变化模式非常相似。当 $s^+(t)$ 减少时，$s^*(t)$ 也减少。当 $s^+(t)$ 增加时，$s^*(t)$ 也增加，除非我们预期到未来会减少［即除非 $s^*(t+1)>s^*(t+2)$］。因此，由于 $s^+(t)$ 密切反映了数据的变化，所以 $s^*(t)$ 也是如此，但不太直接。$s^*(t)$ 也会预期到未来的变化。

同样，当 $s^*(t+1)<s^+(t)$ 时，在 $V[d(t)]$ 与 $E[d(t)]$ 相比较大时，我们更有可能发现 $s^*(t)<s^+(t)$。上述定理没有直接支持这一陈述，但上述直觉解释却支持这种观点：如果 $E[d(t)]$ 很大但 $V[d(t)]$ 很小，那么给定 $y(t), x(t-1)$ 的不确定性就很小，即使令 $y(t)=s^+(t)$，我们对 $x(t+1)\leqslant s^*(t+1)$ 也有很大的把握。但是，如果 $V[d(t)]$ 很大，则

$d(t)$ 很小的概率就很高，从而使得 $x(t+1)>s^*(t+1)$。为了避免那种情况，这一模型压低了 $s^*(t)$。

定理 9.4.2 的证明：

(a) 从 (9.4.6) 和 (9.4.9) 中，我们可以清楚地看出 $V^+(t+1,x)$ 对于 x 是非递增的，因此 $E[V^+(t+1,y-d(t))]$ 对于 y 是非递增的。所以，$H'(t,y)\geqslant C^{+\prime}(t,y)$。具体来说，$H'(t,s^+(t))\geqslant 0$，因此 $s^*(t)\leqslant s^+(t)$。对于 $t=T-1$，所有这些关系中"相等的关系"都成立。

(b) 对于 $x\leqslant s^*(t+1)$ 来说，$V^+(t+1,x)$ 是恒定的，因此，$E[V^+(t+1,y-d(t))]$ 是恒定的，且对于 $y\leqslant s^*(t+1)$，$H'(t,y)=C^{+\prime}(t,y)$。具体来说，$H'(t,s^+(t))=0$，因此 $s^*(t)=s^+(t)$。

(c) 与在 (b) 部分中一样，对于 $y\leqslant s^*(t+1)$，$H'(t,y)=C^{+\prime}(t,y)$。如果 $s^+(t)\geqslant s^+(t+1)\geqslant s^*(t+1)$，则对于 $y<s^*(t+1)$，$H'(t,y)=C^{+\prime}(t,y)<0$。这意味着 $s^*(t)\geqslant s^*(t+1)$。

(d) 同样，对于 $y\leqslant s^*(t+2)$，$H'(t+1,y)=C^{+\prime}(t+1,y)$。由于 $s^*(t+1)\leqslant s^*(t+2)$，则 $C^{+\prime}(t+1,s^*(t+2))\geqslant 0$，因此 $s^*(t+2)\geqslant s^+(t+1)$。利用 (b) 部分，$s^*(t+1)=s^+(t+1)\geqslant s^+(t)\geqslant s^*(t)$。

(e) 对于 $t=T-1$ 来说，这一结果是真实的。假定对于 $t+1$ 来说它也是真实的。如果 $s^+(t)\leqslant \min_{u\geqslant t+1}\{s^+(u)\}\leqslant s^*(t+1)$，则根据 (b) 部分，$s^*(t)=s^+(t)=\min_{u\geqslant t}\{s^+(u)\}$。如果 $s^+(t)>\min_{u\geqslant t+1}\{s^+(u)\}$，则 $s^+(t)>s^+(t+1)$，因此根据 (c) 部分，$s^*(t)\geqslant s^*(t+1)\geqslant \min_{u\geqslant t+1}\{s^+(u)\}=\min_{u\geqslant t}\{s^+(u)\}$。

实例 9.4.A 描述了这些结果。

实例 9.4.A

我们需要求解 4 个模型。在所有情况下，$T=5$，$\gamma=1$，持有成本和惩罚成本恒定为 $h(t)=1$，$b(t)=9$。需求 $d(t)$ 或者服从泊松需求，或者服从几何分布。

首先，考虑两个具有恒定 $c(t)$ 的系统，因此每一个 $c^+(t)=0$。平均需求 $E[d(t)]$ 在时点 3 之前恒定为 40，然后忽然降到 2，并在以后保持恒定。这两个系统只在其需求分布上存在差异，或者为泊松分布，或者为几何分布。图 9.4.2 显示了最优策略和近视策略。

在泊松需求模型中，对于所有 t，$s^*(t)=s^+(t)$，近视策略是最优的。在几何需求的情况下，我们看到 $s^*(3)=s^+(3)=s^*(4)=s^+(4)$，这与我们的预期一样，但 $s^*(2)<s^+(2)$，甚至 $s^*(1)<s^+(1)$，预期在时点 3 时需

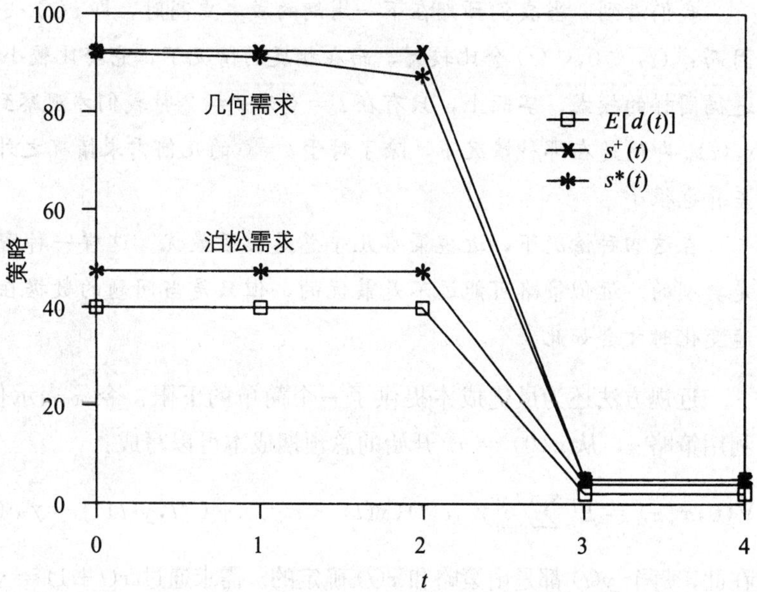

图 9.4.2　**最优基本库存策略与近视基本库存策略（静态成本）**

求下降。但是，值得注意的是，这些差异非常小。这些预期影响在时点 0 消失，其中再次出现 $s^*(0)=s^+(0)$。

其次，考虑两个具有恒定平均需求 $E[d(t)]=30$ 的系统。但是，订货成本 $c(t)$ 会变化，它们遵循总体向下的趋势，其中有一些波动。图 9.4.3 显示了结果。

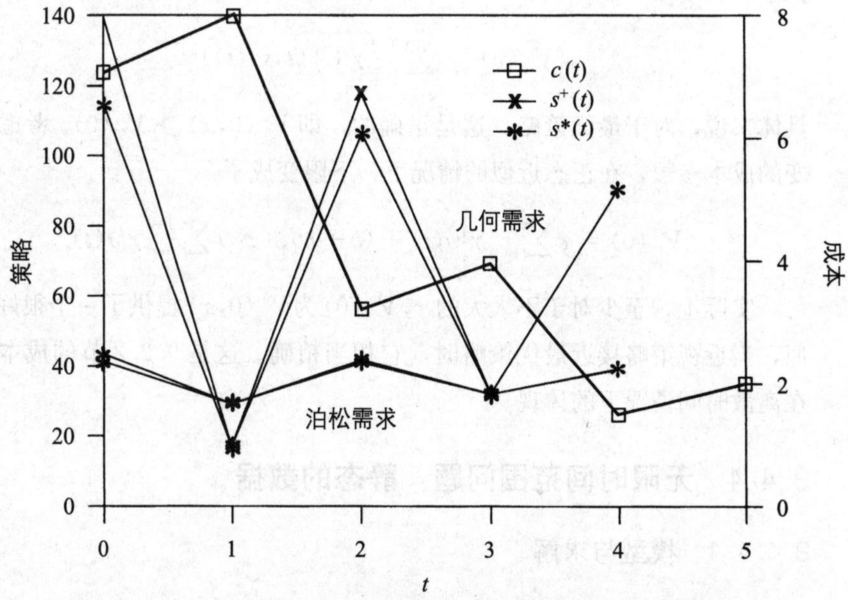

图 9.4.3　**最优基本库存策略与近视基本库存策略（静态需求）**

我们看到，当我们预期在下一周期的成本更高时，即 $c(t) < c(t+1)$，因而 $c^{+}(t) < 0$，$s^{+}(t)$ 会比较大，而在相反的情况下，它会比较小。$s^{*}(t)$ 也遵循同样的模式。实际上，只有在 $t=0$ 和 $t=2$ 时我们才观察到 $s^{*}(t) < s^{+}(t)$。即使是在那种情况下，除了对于 $t=0$ 的几何需求情况之外，它们的差异也很小。

在这四种情况下，近视策略几乎总是接近最优。这样一种密切的关系是典型的。近似策略可能远不是最优的，但只是当问题的数据在长期中快速变化时才会如此。

近视方法还为最优成本提供了一个简单的下限：令 π 表示任何策略。利用策略 π，从 $x(0)=x_0$ 开始的总预期成本可以写成：

$$V(0,x|\pi) = E\left[\sum_{t=0}^{T-1} \gamma^t \{c(t)(y(t)-x(t)) + C(t,y(t))\} - \gamma^T c(T)x(T)\right]$$

在此，每个 $y(t)$ 都是由策略和 $x(t)$ 确定的。需求通过 $x(t+1)=y(t)-d(t)$ 而隐含地发挥着作用。对于 $t>0$，利用这一特性消除 $x(t)$，我们得到：

$$V(0,x|\pi) = E\left[\sum_{t=0}^{T-1} \gamma^t C^{+}(t,y(t))\right] - c(0)x$$

等价地，令 $V^{+}(0,x|\pi) = V(0,x|\pi) + c(0)x$：

$$V^{+}(0,x|\pi) = E\left[\sum_{t=0}^{T-1} \gamma^t C^{+}(t,y(t))\right]$$

现在，$s^{+}(t)$ 最小化了 $C^{+}(t,y)$。因此，对于所有 x，$V^{+}(0,x|\pi) \geqslant V_{-}(0)$，其中，

$$V_{-}(0) = \sum_{t=0}^{T-1} \gamma^t C^{+}(t,s^{+}(t))$$

具体来说，对于最优策略，这是正确的，即 $V^{+}(0,x) \geqslant V_{-}(0)$。考虑到不变的成本参数，在正态近似的情况下，下限变成了：

$$V_{-}(0) = c\sum_{t=0}^{T-1} \gamma^t v(t) + (b+h)\phi(z^{*})\sum_{t=0}^{T-1} \gamma^t \sigma(t)$$

实际上，至少对于不太大的 x，$V_{-}(0)$ 为 $V^{+}(0,x)$ 提供了一个很好的近似，当近视策略接近最优策略时，它相当精确。这是 9.2.2 节的成本近似在离散时间情况下的体现。

9.4.4 无限时间范围问题：静态的数据

9.4.4.1 模型与求解

假设时间范围 T 是无限的。假设问题的数据（成本和需求）不随时间

而改变。因此，$c(t)=c$、$C(t,y)=C(y)$ 等以及 $d(t)$ 都服从相同的分布。令 d 表示一个一般的需求随机变量（只有当时间期间等长时，这些假设才有意义）。

让我们先看一看解。它简单得令人感到吃惊：定义：

$$c^{+}=(1-\gamma)c$$
$$C^{+}(y)=\gamma cE[d]+c^{+}y+C(y)$$

令 s^* 为最小化 $C^{+}(y)$ 的最小的 y 值，也就是说，s^* 求解了下式：

$$F_d^0(y)=\frac{c^{+}+h}{b+h} \tag{9.4.11}$$

假设成本率严格介于 0 和 1 之间，因此 s^* 是有限的。这样，s^* 是（静态的）近视基本库存水平。

定理 9.4.3：具有基本库存水平 s^* 的静态基本库存策略（stationary base-stock policy）是最优的。

近视策略是最优的！

由于 s^* 在长期内保持不变，因此我们可以将这一策略描述成一种需求替代规则（demand-replacement rule）：假设 $x_0\leqslant s^*$。该策略设定 $y(0)=s^*$，因此 $x(1)\leqslant s^*$，从而 $y(1)=s^*$，等等。每一个 $y(t)=s^*$，因此 $x(t+1)=s^*-d(t)$，从而 $z(t+1)=d(t)$。所以，每一份订单恰好替代了前一期间的需求（如果 $x_0>s^*$，则等待，直到需求耗尽库存使得 $x(t)\leqslant s^*$ 为止，从那时起，需求替代规则开始发挥作用）。这是我们在前面的章节中解释基本库存策略的方式［当然，当 $s^*(t)$ 在长期中发生变化时，这一解释就失效了。随时间变化的基本库存策略不是一个需求替代规则］。

求解无限周期问题并不比求解单周期问题更困难。等式（9.4.11）与（9.4.2）是相同的。当 $\gamma=1$ 时（平均成本的情况），（9.4.11）中的成本率变成了 $h/(b+h)=1-\omega$，与（6.5.3）中一样（与在连续时间模型中一样，最优策略没有反映订货成本率 c，因为在任何合理的策略下，平均订货成本为恒定的 $cE[d]$）。

最优成本也很容易计算：最优平均成本（对于 $\gamma=1$ 的情况）由下式给出：

$$v^*=C^{+}(s^*)=cE[d]+C(s^*)$$

对于折现成本的情况（$\gamma<1$），令 $V^*(x)$ 表示在无限时间范围内最优折现期望成本，且 $V^{+*}(x)=V^*(x)+cx$。因此：

$$V^{+*}(x)=\frac{C^{+}(s^{*})}{1-\gamma} \qquad x\leqslant s^{*}$$

剩下的值的计算稍微复杂一些。我们需要求解函数方程：

$$V^{+}(x)=C^{+}(x)+\gamma E[V^{+}(x-d)] \qquad x>s^{*}$$

这一计算需要数值技术。在正态近似下，基本数量 $C^{+}(s^{*})$ 变成了：

$$C^{+}(s^{*})=cv+\sigma(b+h)\phi(z^{*})$$

9.4.4.2 证明

在证明这一结果之前，我们需要对问题进行精确建模。我们区分了 $\gamma<1$ 和 $\gamma=1$ 这两种情况。当 $\gamma<1$ 时，总期望成本在无限时间范围内有可能是有限的，而如果 $\gamma=1$，则在每一种策略下，总成本肯定是无限的，因此我们需要一种不同的标准（这不仅对于库存模型是正确的，而且对于一般的动态规划来说也是正确的）。

在折现成本的情况下（$\gamma<1$），假设我们选择了一个特定的策略，比如说 π，即对于无限数量周期中的每一个周期选择了一个订货规则。令：

$$V(x|\pi)=\text{采用策略}\ \pi\ \text{时总期望折现成本,从}\ x_0=x\ \text{开始}$$

我们可以写出下列公式：

$$V(x|\pi)=E[\sum_{t=0}^{\infty}\gamma^{t}\{c(y(t)-x(t))+C(y(t))\}|x(0)=x] \tag{9.4.12}$$

期望值是对于所有可能需求序列（demand sequence）的。我们希望选择一个对于所有 x 都最小化 $V(x|\pi)$ 的策略 π^{*}。令 $V^{*}(x)$ 表示最优成本。

在这一建模过程中，我们忽略了一些细节：需求过程的每一个样本路径都为（9.4.12）带来了一个无穷级数（infinite series），我们有理由质疑这类级数能否以有限的形式收敛。我们可以证明，对于任何合理的策略 π，几乎所有的级数都能够以有限的形式收敛（即概率为 1）。另外，期望值也很明确，且是有限的。

现在看一看平均成本的情况（$\gamma=1$），我们提出一个不同的目标函数：

$$\begin{aligned}v(x|\pi)&=\text{采用策略}\ \pi\ \text{时期望长期平均成本,从}\ x_0=x\ \text{开始}\\&=E[\lim_{T\to\infty}\left(\frac{1}{T}\right)[\sum_{t=0}^{T-1}\{c(y(t)-x(t))+C(y(t))\}-cx(T)|x(0)=x]]\end{aligned} \tag{9.4.13}$$

我们的目标是找到对于所有 x 来说能够最小化 $v(x|\pi)$ 的 π^*。

同样，我们忽略了某些技术问题。对于我们的问题，一切都令人满意。但是，对于其他动态规划，这些问题就需要更加谨慎。实际上，(9.4.13) 的极限不一定存在，上述标准重新写成如下形式是很常见的：

$$v(x|\pi)=\lim\sup_{T\to\infty}\left(\frac{1}{T}\right)E\left[\sum_{t=0}^{T-1}\{c(y(t)-x(t))+C(y(t))\}-cx(T)\,|\,x(0)=x\right]$$

对于我们的问题，这一目标函数与 (9.4.13) 等价。

另一方面，对于合理的问题（如我们的问题）和合理的策略，对于所有的 x，$v(x|\pi)$ 是相同的数字。在长期中，初始条件的影响消失了。因此，我们可以用 $v(\pi)$ 表示策略 π 的成本，用 v^* 表示最优成本。

既然我们已经建立了模型，那我们就来证明一下上面给出的解。

定理 9.4.3 的证明：我们将证明 $\gamma<1$ 时的结果。$\gamma=1$ 时的情况实际上是一样的。将 $x(t+1)=y(t)-d(t)$ 代入 (9.4.12)，我们得到：

$$V(x|\pi)=-c(x)+E\left[\sum_{t=0}^{\infty}\gamma^t C^+(y(t))\right]$$

现在，对于每一个 t 和每一个可能的 $x(t)$，具有基本库存水平 s^* 的基本库存策略设定了 $y(t)$ 以最小化 $C^+(y(t))$，约束条件为 $y(t)\geqslant x(t)$（证明与单周期模型中的证明一样）。另外，如果 $x(t)\leqslant s^*$，而我们继续应用这一策略，我们就会有 $y(t+1)=s^*$，$y(t+2)=s^*$ 等。另一方面，如果 $x(t)>s^*$，则策略就会设定 $y(t)$ 为尽可能小的值，即等于 $x(t)$。因此，不管 $d(t)$ 为多少，$x(t+1)$ 都会尽可能小，而 $y(t+1)$ 的可行范围则尽可能大。对于后面的时间来说，这一点也是正确的。总之，这一策略对于所有的 t 和每一个需求序列都最小化了 $C^+(y(t))$。它当然最小化了这些期望折现成本之和，因此是最优的。

这一证明很简单且具有启发性。它利用了这一模型的某些特殊的性质。不幸的是，其他动态规划不能以这种方式进行分析，包括下一节中讲述的固定成本模型。现在，我们简要介绍（忽略某些细节）定理 9.4.3 的另一种证明，它阐明了更复杂的模型所需的一般化方法。同样，我们专注于 $\gamma<1$ 的情况（我们可以根据这一思路来证明平均成本的情况，但更加复杂）。

这一方法分析了 T 值不断增加的有限时间范围模型的序列。为了在这种情况下确定一个时间点，重要的不是它离时点 0 的距离，而是离最远时间边界的距离。相应地，我们采用了一个不同的时间编号方案。具体来说，设：

$$n = T - t$$

因此，n 是指当问题中仍然存在 n 个周期时的那一时间点。由于数据是静态的，$V(n,\cdot)=V(T-t,\cdot)$，$s^*(n)=s^*(T-t)$ 等对于不同的 T 具有相同的值，但 t 要相应改变以保持 n 不变。等式（9.4.3）至（9.4.5）现在变成了：

$$V(0,x) = -cx \tag{9.4.14}$$

$$H(n,y) = cy + C(y) + \gamma E[V(n-1, y-d)] \tag{9.4.15}$$

$$V(n,x) = -cx + \min\{H(n,y): y \geqslant x\} \tag{9.4.16}$$

还有另一个函数方程在无限时间范围动态规划中发挥着重要作用：

$$H(y) = cy + C(y) + \gamma E[V(y-d)] \tag{9.4.17}$$

$$V(x) = -cx + \min\{H(y): y \geqslant x\} \tag{9.4.18}$$

（9.4.17）和（9.4.18）这一对方程被称为最优化方程（optimality equation）。它们是（9.4.15）和（9.4.16）去掉时间指标 n 后的形式。但是，这一差别很重要，因为相同的函数 H 和 V 出现在方程的两侧，它们是需要求解的未知数。如果不进行进一步的分析，我们就不知道是否存在一个解，如果存在解，我们也不知道它是不是唯一的。

我们打算应用（但不证明）一个关于动态规划的一般性定理（具有静态的数据）。根据我们的术语，其结果是：

定理 9.4.4：假设：

（i）函数 $V(n,\cdot)$ 逐点收敛于极限 $V(\infty,\cdot)$，即对于每一个 x，$\lim_{n\to\infty} V(n,x) = V(\infty,x)$。

（ii）将极限函数 $V(\infty,\cdot)$ 代入（9.4.17）中，我们称结果为 $H(\infty,\cdot)$，因此，$V(\infty,\cdot)$ 和 $H(\infty,\cdot)$ 满足（9.4.18），因而满足整个最优方程。

令 π^* 表示这样一个策略：它指出了对于（9.4.18）中每一个 x 来说 y 的最优选择，用 $H(\infty,\cdot)$ 代替 $H(\cdot)$。因此：

(a) π^* 是一个最优策略。

(b) 真正的最优成本 $V^*(\cdot)$ 由 $V(\infty,\cdot)$ 给出。

为了证明假设（i）和（ii），我们需要几个步骤，我们称之为一系列引理。在每一个引理之后，我们只是指出证明的主要思路，而不给出正式的证明。

引理 9.4.5：对于 $n \geqslant 1$：

(a) $H'(n,y) = C^{+\prime}(y) \qquad y \leqslant s^*$

(b) $s^*(n)=s^*$

(c) $V(n,x)\geqslant V(n-1,x)$　　　对于所有 x

(d) $H(n,y)\geqslant H(n-1,y)$　　　对于所有 y

可以直接通过归纳法进行证明。

引理 9.4.6：对于所有 n 和任何策略 π，$V(n,x)\leqslant V(x|\pi)$。

这一结果需要简单、直接的证明。

因此，对于每一个 x，序列 $\{V(n,x)\}$ 对于 n 是非递减的，并且具有上限，因此它收敛于一个极限 $V(\infty,x)$。这确立了定理 9.4.4 的条件（i）。因为 $V(\infty,x)$ 是凸函数的极限，因此它也是凸函数。

引理 9.4.7：序列 $\{H(n,y)\}$ 向 $H(\infty,y)$ 收敛。函数 $V(\infty,\cdot)$ 和 $H(\infty,\cdot)$ 满足最优化方程（9.4.17）至（9.4.18）。

显然，$\{H(n,y)\}$ 与 $\{V(n,x)\}$ 一样是收敛的。但是，我们很难证明其极限为 $H(\infty,y)$，证明（9.4.17）和（9.4.18）也很困难［正式的证明涉及勒贝格控制收敛定理（Lebesgue dominated convergence theorem）］。这一结果证明了定理 9.4.4 的条件（ii）。最后，我们很容易看到，策略 π^* 就是具有基本库存水平 s^* 的基本库存策略。

现在，我们已经完成了对定理 9.4.3 的另一种证明。这是一件繁重的工作！最初证明的简便方法肯定更容易一些。

9.4.5　无限时间范围问题：非静态数据

上面对无限时间范围模型的讨论假设数据是静态的。那么具有非静态数据（nonstationary data）的模型又如何呢？为了使我们的论证有效，数据必须满足适当的正则性条件（regularity condition）［例如，当 $\gamma<1$ 时，成本因子被限制在 t 内就足够了，需求 $d(t)$ 也进行类似的限制］。因此，我们可以证明基本库存策略是最优的，定理 9.4.2 仍然将近视策略和最优策略联系在一起。

在实践中，将有限时间范围模型和无限时间范围模型结合起来是很有帮助的，这样可以避免具有误导性的时间范围的影响：通常，我们对于描述相对较短时间范围 T 中的数据有一定的信心，而对于描述很久以后的时间点的数据则信心不足。但是，在时间范围 T 过后，人们期望系统能够继续有效运转。令 $V(T,x)=-c(t)$ 会扭曲这些结果。

下面是对于 $\gamma<1$ 时的另一种方法：将 T 之后的数据看成是静态的，

尽可能对它们进行估计，并用这一数据求解一个无限时间范围模型。具体来说，就是计算最优成本 $V^*(x)$。然后，设 $V(T,x)=V^*(x)$，并求解该有限时间范围模型。

同样的方法可以用于下列更加复杂的模型。

9.4.6 销售损失

上述模型假设缺货被积压起来。现在，考虑销售损失的情况。销售损失假设只是略微改变了我们的模型，而关键结果仍然成立（但是，这些结果不能扩展到较长订货提前期的情况，如 9.6.5.1 节所述）。

现在，净库存 $x(t)$ 就是库存，因此 $x(t)\geqslant 0$。动态方程为：

$$\begin{aligned} x(t+1) &= [x(t)+z(t)-d(t)]^+ \\ &= [y(t)-d(t)]^+ \qquad t=0,\cdots,T-1 \end{aligned}$$

想象一下，如果 $d(t)>y(t)$，销售损失 $d(t)-y(t)$ 发生了，并且在时点 $t+1$ 时 $x(t+1)$ 被设置为 0。将 $b(t+1)$ 重新解释为销售损失的单位成本。因此，与前面定义的一样，单周期成本函数仍然为 $C(t,y)$［通常，$b(t+1)$ 包括单位销售价格，因此 C 包括因缺货而造成的收入损失。这一特性与 9.4.5.2 节的模型一致，该模型以明确的方式来处理收入］。

同样，假设 $b(t+1)+h(t+1)\geqslant \gamma c(t+1)$。在实践中，这一条件几乎总是成立的。销售价格通常会超过单位成本。另外，在理论上，它应该是正确的：将 $b(t+1)$ 看成是由一个特殊的应急外部来源收取的单位成本，它会在时点 $t+1$ 立即送货，以及时满足前一周期的那些需求 $[y(t)-d(t)]^-$，否则就有可能失去这些订单。考虑到那种可能性，为什么不获得额外的应急库存，以成本 $h(t+1)$ 在库存中持有它，并在周期 $t+1$ 结束时使用它？这一交易与定期订货是等价的，而且如果它的成本更低，即如果 $b(t+1)+h(t+1)<\gamma c(t+1)$，那么我们就应该总是使用它而不是定期供应渠道。在那种情况下，我们可能会用 $[b(t+1)+h(t+1)]/\gamma$ 来代替 $c(t+1)$。

动态规划建模与（9.4.3）至（9.4.5）差不多是一致的，但现在（9.4.4）变成了：

$$H(t,y)=c(t)y+C(t,y)+\gamma E[V\{t+1,[y-d(t)]^+\}]$$

利用与（9.4.6）至（9.4.8）类似的近视建模方法来直接进行建模是很方便的。重新定义：

$$C^+(t,y)=c(t)y-\gamma c(t+1)E[[y-d(t)]^+]+C(t,y)$$

并用下式代替（9.4.7）：

$$H(t,y)=C^{+}(t,y)+\gamma E[V^{+}\{t+1,[y-d(t)]^{+}\}]$$

利用 C 的定义，我们可以将 C^{+} 重写为：

$$\begin{aligned}C^{+}(t,y)=&\,b(t+1)E[d(t)]+[c(t)-b(t+1)]y\\&+[b(t+1)+h(t+1)-\gamma c(t+1)]E[[y-d(t)]^{+}]\end{aligned}$$

由于 $b(t+1)+h(t+1)\geqslant\gamma c(t+1)$，因此这一函数是 y 的凸函数。同样，对每一个函数 $V^{+}(t,x)$ 进行扩展，以将 x 的负值涵盖在内，设 $V^{+}(t,x)=V^{+}(t,0),x<0$。因此我们可以像在（9.4.7）中那样重新写出 $H(t,y)$：

$$H(t,y)=C^{+}(t,y)+\gamma E[V^{+}(t+1,y-d(t))]$$

令 $s^{*}(t)$ 在 $y\geqslant 0$ 上最小化了 $H(t,y)$。

我们称参数为 $s^{*}(t)$ 的基本库存策略是最优的。为了证明这一点，我们需要略微加强定理 9.4.1。部分（c）现在指出，扩展后的函数 $V^{+}(t,x)$ 是凸的，且对于 x 是非递减的。假设对于 $t+1$ 这是正确的。因此，$H(t,y)$ 是凸的，且对于 $x\geqslant 0,V^{+}(t,x)$ 是凸的，与以前一样。同样，对于 $x\geqslant 0$，$V^{+}(t,x)$ 是非递减的，这意味着对于所有 x，它都是凸的和非递减的，这就完成了归纳（非递减特性是至关重要的，没有它，扩展后的函数就会丧失其凸性，证明就会失效）。

设定近视基本库存水平 $s^{+}(t)$ 以最小化 $C^{+}(t,y)$。与以前一样，这为 $s^{*}(t)$ 提供了一个上限。

在具有静态数据的无限时间范围模型中，近视策略是最优的（对定理 9.4.3 的简单证明略加修改后仍然有效）。在此，$s^{*}=s^{+}$ 最小化了：

$$C^{+}(y)=bE[d]+(c-b)y+(b+h-\gamma c)E[[y-d]^{+}]$$

并且求解了方程：

$$F_{d}^{0}(y)=\frac{c^{+}+h}{b+h-\gamma c}$$

将它与（9.4.11）进行比较，成本率似乎比延期交货情况下更高，因此 s^{*} 较小。但是，在两个模型中，成本因子 b 具有不同的含义，在此它有可能更大，因此销售损失比延期交货更糟糕。较大的 b 降低了成本率，并且增加了 s^{*}。

9.4.7　利润最大化

上述模型专注于运营成本，而完全没有考虑收入。但是，在很多情况下，持有库存的主要目的是为了支持用商品交换金钱。幸运的是，我们可以对模型进行扩展以便将收入明确地涵盖进来。现在，我们的总体目标从成本扩大到了利润。

假设在每一周期结束时需求被满足，且获得了收入。令：

$$p(t) = t-1 \text{ 周期结束时的单位收入(销售价格)}$$

它们是固定的、非负的常数。

首先考虑销售损失的情况。期间 t 结束时销售的数量为：

$$\min\{y(t), d(t)\} = d(t) - [d(t) - y(t)]^+$$

从时点 t 的第二步看，预期收入由 $R(t, y(t))$ 给出，其中，

$$R(t, y) = p(t+1)\{E[d(t)] - E[[d(t) - y]^+]\}$$

相关成本与前面的模型中相同。我们可以将它们与 R 结合起来建立一个模型以最大化利润。让我们等价地最小化负利润，即成本减去收入（这是一个奇特的目标，但它完全合理，而且它让我们能够使用前面开发出的方法）。定义单周期利润函数 $P(t,y) = R(t,y) - C(t,y)$。为了构建模型，我们只需要用 $-P = C - R$ 来代替上面的 C。

观察一下，$R(t,y)$ 是 y 的凹函数（即 $-R$ 是凸的）。因此 $-P(t,y)$ 是 y 的凸函数［实际上我们只需要 $-P^+ = C^+ - R$ 为凸，在合理的条件 $p(t) + b(t) + h(t) \geqslant \gamma c(t)$ 之下，它是正确的］。因此，上述初始（成本最小化）模型的分析仍然有效，具体来说，基本库存策略是最优的。

注意，从 C 中减去 R 没有改变函数的形式。其中有一个常数项 $-p(t+1)E[d(t)]$，惩罚成本系数 $b(t+1)$ 以 $p(t+1)$ 为增量。这是有意义的：当损失一次销售时，我们就损失了相应的收入。

在静态无限时间范围的情况下，s^* 满足：

$$F_d^0(y) = \frac{(c^+ + h)}{(p + b + h - \gamma c)}$$

现在，假设未得到满足的需求被积压下来。不论从概念上还是从技术上来看，这种情况都更加困难。假设价格 $p(t)$ 随着时间的改变而改变。如果在周期 $t-2$ 发生一个需求，但只能在周期 $t-1$ 结束时得到满足，那么应该适用哪个价格？$p(t-1)$ 还是 $p(t)$？如果 $p(t) > p(t-1)$，收取较高的价格似乎不公平。不管是否公平，如果我们确实收取 $p(t)$ 的价格，那么顾客还会愿意等待吗？

尽管如此，为了简便起见，我们假设实际上 $p(t)$ 为所有在时点 t 满足

的需求和延期交货的价格，尽管它们属于较早的需求。为了使这一假设更能得到认可，并且为了便于分析，我们对价格参数加以限制，要求：

$$p(t)-\gamma p(t+1)+b(t)+h(t)\geqslant 0 \tag{9.4.19}$$

当 $p(t)$ 为常数或者不断下降时，这一条件成立。它允许价格提高，但只允许适度提高。

如果 $x(t\geqslant 0)$，则上述 $R(t,y)$ 仍然衡量预期收入。但是，如果 $x(t)<0$，我们仍然可以通过满足未得到满足的缺货订单来获得收入。设想需求在订单到达之前发生。因此，我们可以销售 $d(t)-x(t)$ 单位产品。当然，我们不能满足超过 $z(t)-y(t)-x(t)$ 的订单。所以，在 $x(t)<0$ 时销售的产品数量为：

$$\min\{y(t)-x(t),d(t)-x(t)\}=d(t)-[d(t)-y(t)]^{+}-x(t)$$

一般来说，对于任何 $x(t)$，销售的产品数量为：

$$d(t)-[d(t)-y(t)]^{+}+[x(t)]^{-}=d(t)-[x(t+1)]^{-}+[x(t)]^{-}$$

总折现收入为：

$$p(t+1)\{d(t)-[x(t+1)]^{-}+[x(t)]^{-}\}$$

现在，对于时点 $t=0$，最后一项 $p(1)[x(0)]^{-}$ 是一个常数，因此我们忽略它。在时点 t，我们不能影响 $x(t)$，因此我们将最后一项 $p(t+1)[x(t)]^{-}$ 指定给时点 $t-1$［同样的推理也可以用于 $C(t,y)$ 的构建］。因此，时点 t 的收入变成了：

$$\begin{aligned}&p(t+1)\{d(t)-[x(t+1)]^{-}\}+\gamma p(t+2)[x(t+1)]^{-}\\&=p(t+1)d(t)-p^{+}(t+1)[x(t+1)]^{-}\end{aligned}$$

其中，$p^{+}(t)=p(t)-\gamma p(t+1)$。因此，从时点 t 来看，预期收入为 $R(t,y(t))$，其中我们重新定义：

$$R(t,y)=p(t+1)E[d(t)]-p^{+}(t+1)E[[d(t)-y]^{+}]$$

同样，令 $P(t,y)=R(t,y)-C(t,y)$。

我们开始为动态规划建模，类似于（9.4.3）至（9.4.5）。在此，$V(t,x)$ 为 t 时刻前的负预期利润。

$$\begin{aligned}V(T,x)&=-c(T)x\\H(t,y)&=c(t)y-P(t,y)+\gamma E[V(t+1,y-d(t))]\\V(t,x)&=-c(t)x+\min\{H(t,y):y\geqslant x\}\qquad t<T\end{aligned}$$

采用与近视建模 (9.4.6) 至 (9.4.8) 类似的方法非常方便。定义 $P^{+}(t,y)=R(t,y)-C^{+}(t,y)$，我们得到：

$$\begin{aligned} V^{+}(T,x) &= 0 \\ H(t,y) &= -P^{+}(t,y)+\gamma E[V^{+}(t+1,y-d(t))] \\ V^{+}(t,x) &= \min\{H(t,y):y\geqslant x\} \qquad t<T \end{aligned}$$

我们可以将 $-P^{+}$ 重新写为：

$$\begin{aligned} -P^{+}(t,y) = & \{c^{+}(t)+h(t+1)\}y-\{h(t+1)-p(t+1)\}E[d(t)] \\ & +\{p^{+}(t+1)+h(t+1)+b(t+1)\}E[[d(t)-y]^{+}] \end{aligned}$$

根据 (9.4.19)，这是 y 的凸函数。因此，我们可以利用定理 9.4.1：在此，基本库存策略同样是最优的。

在静态无限时间范围的情况下，s^{*} 满足：

$$\begin{aligned} F_{d}^{0}(y) &= \frac{c^{+}+h}{p^{+}+b+h} \\ &= \frac{c^{+}+h}{(p^{+}-c^{+}+b)+(c^{+}+h)} \end{aligned}$$

对于 $\gamma=1$，成本率再次简化为 $1-\omega$。对于 $\gamma<1$，在模型中包含收入的影响是使延期交货的成本增加 p^{+}。另外，由于因子 h 和 b 只代表实际成本，我们可以将 c^{+} 解释为库存的融资成本，将 $p^{+}-c^{+}$ 解释为相应的延期交货的融资成本。

整个讨论假设价格 $p(t)$ 为给定的常数。习题 9.8 分析了它们为决策变量的情况（但是，该习题只分析了这一种情况。一般情况非常难以分析）。

9.4.8 品质缺陷

9.4.8.1 讨论

接下来，假设供应系统有时会生产出有缺陷的产品。如果我们在时点 t 订购 $z(t)=z$，我们收到的可用产品数量为 $\Xi(t,z)$，这是一个被称为合格率（yield）的随机变量。等价地，$\Xi(t,z)=z-\Delta(t,z)$，其中 $\Delta(t,z)$ 是缺陷产品的数量。当订单到达时，我们观察到合格率。在那一时刻，我们为无缺陷的产品付款，且只对这些产品付款（如 3.6.2 节中的第一种情况所述），因此实际订货成本为 $c(t)\Xi(t,z)$。每一周期的合格率与其他任何事件（即需求和其他周期的合格率）都是独立的。合格率的分布取决于时间，但为了概念上的简便，我们假设它与时间无关。我们记 $\Xi=\Xi(z)$，$\Delta=\Delta(z)$。

在深入研究细节之前，让我们先尝试着直观地看一看会发生什么情况：动态方程变成了：

$$x(t+1)=x(t)+\Xi(z(t))-d(t) \tag{9.4.20}$$

$x(t+1)$ 的不确定性有两个来源：需求和合格率。

如果我们遵循基本库存策略会发生什么情况？为了简便起见，我们考虑一种静态的环境，其中基本库存水平为 $s(t)=s$，从 $x(0)\leqslant s$ 开始。我们订购 $z(0)=s-x(0)$，因此 $x(1)=s-[\Delta(z(0))+d(0)]$。缺陷使得 $x(1)$ 小于其应有的数量。在时点 1 时我们通过订购 $z(1)=s-x(1)=\Delta[z(0)]+d(0)$ 来弥补这一差距。但是，随后 $x(2)=s-[\Delta(z(1))+d(1)]$，它有可能更小，因为 $z(1)$ 较大。这一模式会持续下去：在每一个时点 t，$z(t)$ 代替周期 $(t-1)$ 的瑕疵品和需求。即便如此，周期 t 的瑕疵品也会造成低于我们期望的 $x(t+1)$。了解这一点后，我们在选择 s 时很有可能希望选择一个大于无缺陷模型的数值。

我们应该如何做才会更好？我们可能会预测当期的缺陷，而不是只订购能够修正过去瑕疵品的数量。

考虑确定性合格率（deterministic-yield）的情况：与 3.6 节中一样，存在一个恒定的合格率 ξ，或者一个恒定的次品率 δ。实际成品率 $\Xi(z)$ 为函数 ξz。在此，求解方法很简单：求解无瑕疵的模型。在那种情况下，基本库存策略是最优的。最优订货量为 $\lfloor s^*-x(t)\rceil^+$。在真实的系统中，将这一数量增加预计的瑕疵品数量，即如果 $x(t)\geqslant s^*$，则设 $z(t)=0$，否则设 $z(t)=[s^*-x(t)]/\xi$，以使 $x(t)+\Xi(z(t))=\max\{s^*,x(t)\}$。实际净库存 $x(t)$ 和成本与无瑕疵模型中一样（这一观点甚至在非静态数据的情况下也有效）。

当然，在随机合格率的情况下，我们不能再完美地进行预测。如果我们设 $z(t)>0$ 以使得 $x(t)+z(t)>s^*$，而事实证明合格率高于预期，我们可能会发现 $x(t+1)>s^*$。这是一个不受欢迎的结果。我们还不知道如何进行恰当的预测。

下面是我们的计划：首先，考虑一种特殊情况。实际上，动态规划分析证明，我们应该修订基本库存规则以预测瑕疵品：我们可以通过对 $x(t)$ 和某一基本库存水平 $s^*(t)$ 进行比较来决定何时订货。当 $x(t)<s^*(t)$ 时，实际要订货的数量大于 $s^*(t)-x(t)$。不幸的是，这一分析无法告诉我们要多订购多少，那需要在每一周期内进行更详细的计算。因而，我们分析一种被称为线性膨胀规则（linear inflation rule）的特殊的启发式策略。我们将进行一次近似的稳定状态绩效评估，并以这一分析为基础，选择最优的此类策略。

9.4.8.2 成比例产出模型——准确分析

$\{\Xi(z): z \geqslant 0\}$ 是一个随机变量族，由参数 z 进行区分。我们应该如何对它建模？有很多种可能性。让我们专注于一种简单的情况，即成比例产出（proportional yield）的情况：每一周期的合格率 $\xi = \xi(t)$ 是一个介于 0 和 1 之间的随机变量，独立于 z，且 $\Xi(z) = \xi z$。给定合格率，则合格率是订货量的一个线性函数（不同期间的合格率为独立同分布）。同样，存在着一个随机的次品率 $\delta = \delta(t)$，独立于 $z(t)$。

这一成比例产出模型非常特殊。我们注意到 $E[\Xi(z)] = E[\xi]z$，$V[\Xi(z)] = V[\xi]z^2$，均值是订货量的线性函数，但方差是二次的。这是一种最糟糕的情况。想象一下将订单分成几个相等的部分。然后，每一个部分具有相同的合格率，它们的合格率完全相关。实际上，订单是完全混合的，因此次品率也是一样的。这说明了关于产生瑕疵品的实际过程的很多信息。瑕疵的产生只是因为系统性的原因，它会以一致的方式影响整个订单。有些实际过程确实以这种方式运作，至少是近似的，但另一些过程则并非如此。在此，在各部分之间不存在独立性，不管是局部还是全部（如果各部分是独立的，$V[\Xi(z)]$ 将是 z 的线性函数，与均值一样）。由于其简单性，我们仍然专注于这一模型。

合格率族 $\{\Xi(z): z \geqslant 0\}$ 有四个有意思且重要的特性：

1. $\Xi(z)$ 是有界限的（bounded），具体来说，$0 \leqslant \Xi(z) \leqslant z$。我们永远也不会收到多于我们订购的数量。
2. $\Xi(z)$ 是平滑的（smooth）。也就是说，对于任何标量函数 $f(\cdot)$，$E[f(\Xi(z))]$ 保留了 $f(\cdot)$ 平滑的特征。例如，如果 $f(\cdot)$ 是连续可微的，则 $E[f(\Xi(z))]$ 也是连续可微的。这一条件在连续数量的情况下是很自然的。
3. $\Xi(z)$ 是随机增函数（stochastically increasing）。也就是说，如果 $f(\cdot)$ 是非递减的，则 $E[f(\Xi(z))]$ 也是 z 的非递减函数。同样，$z - \Xi(z) = \Delta(z)$ 也是随机增加的。如果我们订购更多，我们就有可能收到更多的无瑕疵和有瑕疵的产品。
4. $\Xi(z)$ 是随机凸函数（stochastically convex）。也就是说，对于任何凸函数 $f(\cdot)$，$E[f(\Xi(z))]$ 是 z 的凸函数。另外，如果 $f(x,y)$ 是联合凸函数，则 $E[f(x,\Xi(z))]$ 是 (x,z) 的联合凸函数。

现在，让我们分析库存系统：令 $C(t,y)$ 表示与前面定义的一样的函数，即在无瑕疵模型中的单周期的成本，而 $C^+(t,y)$ 表示近视成本函数。定义：

$$\overline{C}(t,x,z) = E[C(t,x+\Xi(z))]$$
$$\overline{C}^+(t,x,z) = E[C^+(t,x+\Xi(z))]$$

根据（9.4.20），实际单周期成本现在变成了 $\overline{C}(t,x(t),z(t))$。随机凸性保证了对于每一个 t, $\overline{C}(t,x,z)$ 和 $\overline{C}^+(t,x,z)$ 是 (x,z) 的联合凸函数。

让我们直接看一看动态规划的近视建模：

$$V^+(T,x) = 0$$
$$\overline{H}(t,x,z) = \overline{C}^+(t,x,z) + \gamma E[V^+(t+1,x+\Xi(z)-d(t))]$$
$$V^+(t,x) = \min\{\overline{H}(t,x,z): z \geqslant 0\}$$

注意，$\overline{H}$ 可以写成 $\overline{H}(t,x,z) = E[H(t,x+\Xi(z))]$，其中，

$$H(t,y) = C^+(t,y) + \gamma E[V^+(t+1,y-d(t))]$$

在单周期模型中，我们可以不考虑时间指标。问题是选择 $z \geqslant 0$ 以最小化 $\overline{H}(x,z) = \overline{C}^+(x,z)$，其中 $\overline{C}^+(x,z) = E[C^+(x+\Xi(z))]$。最优策略是什么样子？令 s^* 最小化 $C^+(y)$，因此 s^* 就是无瑕疵问题的最优基本库存水平。令 $z^* = z^*(x)$ 表示真正的最优订货批量，且 $y^*(x) = x + z^*(x)$。

定理 9.4.8：在单周期问题中：

(a) 当且仅当 $x < s^*$ 时，$z^*(x) > 0$，且一般情况下 $y^*(x) \geqslant s^*$。

(b) 对于 $x \leqslant s^*$，$y^*(x)$ 是 x 的非递增函数。

(c) 最优成本 $V^+(x)$ 是 x 的凸函数。

我们称具有（a）和（b）特性的任何规则为膨胀的基本库存策略（inflated base-stock policy），对于 x 超过 s^*，什么也不订购。当 x 低于 s^* 时，订购足够多的数量以使 $y = y^*(x)$ 高于 s^*，以预先考虑到瑕疵品。另外，随着 x 进一步下降，$y^*(x)$ 则会进一步高于 s^*。

证明：

(a) 首先，假设 $x \geqslant s^*$。固定 $z > 0$。对于 ξ 的每一个实现值，$\Xi(z) = \xi z \geqslant 0$，因此 $C^+(x+\Xi(z)) \geqslant C^+(x)$。结果，$\overline{C}^+(x,z) = E[C^+(x+\Xi(z))] \geqslant C^+(x) = \overline{C}^+(x,0)$，因此 $z^*(x) = 0$。相反，假设 $x < s^*$。固定 $z < s^* - x$。在 $x \leqslant y \leqslant s^*$ 的范围内，$C^+(y)$ 是非递增的，因此对于 ξ 的任何实现值，$C^+(x+\Xi(z)) = C^+(x+\xi z) \geqslant C^+(x+\xi(s^*-x))$。因此，$\overline{C}^+(x,z) =$

$E[C^+(x+\Xi(z))] \geqslant E[C^+(x+\Xi(s^*-x))] = \bar{C}^+(x,s^*-x)$，所以 $z^*(x) \geqslant s^*-x$。

(b) 选择 $x_1 < x_2 \leqslant s^*$，并令 $z_1 = z^*(x_1), z_2 = z^*(x_2)$。设 $z' = x_2 - x_1 + z_2$，并将 z' 看成是 z_1 的一个潜在值。我们有：

$$\begin{aligned}\frac{\partial \bar{C}^+(x,z)}{\partial z} &= \left(\frac{d}{dz}\right)E[C^+(x+\Xi(z))]\\ &= E\left[\left(\frac{d}{dz}\right)C^+(x+\Xi(z))\right]\\ &= E[\xi C^{+\prime}(x+\xi z)]\end{aligned}$$

由于 $C^{+\prime}(\cdot)$ 是非递减的，对于每一个 ξ 的实现值，我们有：

$$\begin{aligned}\xi C^{+\prime}(x_1+\xi z') &= \xi C^{+\prime}(x_2+\xi z_2-\delta(z'-z_2))\\ &\leqslant \xi C^{+\prime}(x_2+\xi z_2)\end{aligned}$$

其中，$\delta = 1-\omega$。因此：

$$\begin{aligned}\frac{\partial \bar{C}^+(x_1,z')}{\partial z} &= E[\xi C^{+\prime}(x_1+\xi z')]\\ &\leqslant E[\xi C^{+\prime}(x_2+\xi z_2)]\\ &= \frac{\partial \bar{C}^+(x_2,z_2)}{\partial z} = 0\end{aligned}$$

所以，$z_1 \geqslant z'$，或者 $x_1+z_1 \geqslant x_2+z_2$。

(c) 函数 $\bar{H}(x,z)$ 是联合凸的，而对 z 的最小化保留了这种凸性（参见附录 A）。

有了这些单周期的结果后，我们将转向有限时间范围问题。与在定理 9.4.1 中一样，利用归纳法我们得到下列定理：

定理 9.4.9：对于所有 t：

(a) $H(t,y)$ 是 y 的凸函数。

(b) 时点 t 的最优策略是一个膨胀的基本库存策略，最优基本库存水平是令 $H(t,y)$ 最小化的最小的 y 值。

(c) $V^+(t,x)$ 是 x 的凸函数。

在具有静态数据的无限时间范围问题中，最优策略具有与此相同的形式，最优参数 s^* 是静态的。

近视策略选择 $z \geqslant 0$ 以最小化 $\bar{C}^+(t,x,z)$。显然，这也是一种膨胀的基本库存策略。在此，基本库存水平为 $s^+(t)$，即来自无瑕疵问题的数值。但是，我们不能认为 $s^*(t) \leqslant s^+(t)$，因为 $V^+(t,x)$ 不是非递减的。对于

$x \geqslant s^*(t)$，它是非递减的，但对于 $x < s^*(t)$，它不是恒定的。出于同样的原因，在无限时间范围问题中，近视策略不是一般性的最优策略。

9.4.8.3 线性膨胀启发式算法

上述定理告诉我们关于最优策略的某些信息，但并没有告诉我们一切。它们没有告诉我们 $x < s^*(t)$ 时准确的订货量。计算 $z^*(t)$ 意味着要以数值方法最优化 $\overline{H}(t,x,z)$。

考虑下列启发式算法：固定某一常数 β（$0 < \beta \leqslant 1$）和基本库存水平 $s(t)$。在每一个期间，设：

$$z(t) = \frac{[s(t) - x(t)]^+}{\beta}$$

我们称之为线性膨胀规则（linear-inflation rule）。显然，它是一种特殊的膨胀基本库存策略。它以一种简单、明确的方式体现了理论分析的主要观点。普通的基本库存策略是一种 $\beta = 1$ 的线性扩展规则。确定性合格率模型的最优策略也是如此，它使用了 $\beta = \xi$。

我们应该如何选择 β 和 $s(t)$？我们专注于具有静态数据和恒定 $s(t) = s$ 的无限时间范围模型。定义：

$$u(t) = s - x(t)$$

因此，$z(t) = [\frac{u(t)}{\beta}]^+$，动态方程（9.4.20）可以表述为：

$$u(t+1) = u(t) - \Xi\left(\left[\frac{u(t)}{\beta}\right]^+\right) + d(t)$$

我们的目标是均衡地近似 $u(t)$ 的均值和方差。稳定状态随机变量 $u = s - x$ 的作用与无瑕疵模型中的 d 的作用是一样的，我们会用一种正态分布来近似它。给定这些近似，我们可以用最优的方式设定 s 和 β。

我们继续假设成比例产出的情况［实际上，更加一般的产出模型（yield model）也可以用类似的方法进行分析，参见习题 9.9］。为了简便起见，我们设 $\xi_1 = E[\xi], \xi_2 = V[\xi]$。

近似中的关键步骤是忽略 $u(t) < 0$ 的可能性，设 $z(t) = u(t)/\beta$。因此，动态方程变成了线性的：

$$u(t+1) = u(t) - \frac{\xi(t)u(t)}{\beta} + d(t)$$

首先，估计 $E[u]$：我们有：

$$E\left[\frac{\xi(t)u(t)}{\beta}\right]=\left(\frac{\xi_1}{\beta}\right)E[u(t)]$$

因此：

$$E[u(t+1)]=\left(\frac{1-\xi_1}{\beta}\right)E[u(t)]+E[d(t)]$$

在均衡状态下：

$$E[u]=\left(\frac{1-\xi_1}{\beta}\right)E[u]+E[d]=\left(\frac{\beta}{\xi_1}\right)E[d]$$

现在，我们转向 $V[u]$：与 C. 6. 3 节中一样，应用条件方差公式：

$$\begin{aligned}V[u(t)-\frac{\xi(t)u(t))}{\beta}]&=V\{E[(1-\frac{\xi(t)}{\beta})u(t)\,|\,u(t)]\}+E\{V[(1-\frac{\xi(t)}{\beta})u(t)\,|\,u(t)]\}\\&=V[(1-\frac{\xi_1}{\beta})u(t)]+E[\xi_2\left(\frac{u(t)}{\beta}\right)^2]\\&=(1-\frac{\xi_1}{\beta})^2V[u(t)]+\left(\frac{\xi_2}{\beta^2}\right)E[u^2(t)]\\&=[(1-\frac{\xi_1}{\beta})^2+\left(\frac{\xi_2}{\beta^2}\right)]V[u(t)]+\left(\frac{\xi_2}{\beta^2}\right)E^2[u(t)]\end{aligned}$$

我们可以用它来计算：

$$V[u(t+1)]=V[u(t)-\frac{\xi(t)u(t)}{\beta}]+V[d(t)]$$

但让我们直接利用均衡值：

$$\begin{aligned}V[u]&=[(1-\frac{\xi_1}{\beta})^2+\left(\frac{\xi_2}{\beta^2}\right)]V[u]+\left(\frac{\xi_2}{\beta^2}\right)E^2[u]+V[d]\\&=[1-(1-\frac{\xi_1}{\beta})^2-\left(\frac{\xi_2}{\beta^2}\right)]^{-1}\cdot\{\left(\frac{\xi_2}{\xi_1^2}\right)E^2[d]+V[d]\}\end{aligned}$$

我们要在一个正态近似中使用这些数量。由于 $V[u]$ 决定了系统的最终绩效，因此我们希望设定 β 以使 $V[u]$ 较小。注意，$V[u]$ 是两项的乘积，而第二项（在花括号中）独立于 β。第一项可以写成：

$$\frac{\beta^2}{2\xi_1\beta-(\xi_1^2+\xi_2)}$$

我们不难证明最小化这一函数的 β 值为：

$$\beta^*=\frac{\xi_1^2+\xi_2}{\xi_1}=\frac{E[\xi^2]}{E[\xi]}$$

注意，$\beta^* < 1$，因此我们得到的策略是一个线性扩展规则。在确定性合格率情况下 $\beta^* = \xi_1 = \xi_2$，这是正确的值。否则，$\beta^* > \xi_1$。最佳扩展因子大于确定性情况下的值。我们确实预测到了瑕疵品，但只是在某种程度上。奇怪的是，当合格率变动很大时，β^* 接近 1，因此这一规则接近基本库存策略。

将 β^* 代入 $E[u]$ 和 $V[u]$ 中，我们得到：

$$E[u] = (1 + \frac{\xi_2}{\xi_1^2})E[d]$$

$$V[u] = (1 + \frac{\xi_2}{\xi_1^2})\{\left(\frac{\xi_2}{\xi_1^2}\right)E^2[d] + V[d]\}$$

我们称这些参数为 v 和 σ^2，并在正态近似中使用它们：令 $s^* = v + \sigma z^*$。最优成本 $C^+(s^*)$ 与 $\sigma = \sqrt{V[u]}$ 成比例。当合格率真的为随机时（$\xi_2 > 0$），σ 比初始 $\sigma = \sqrt{V[d]}$ 要大。合格率的不确定性会降低绩效。在这里，这种不确定性由比率 $\xi_2/\xi_1^2 = V[\xi]/E^2[\xi]$ 即变异系数（coefficient of variation）ξ 的平方表示。

正如在开始时提到的，这是一个近似分析。但使用 β^* 的线性膨胀规则似乎仍然非常有效。采用 $\beta = E[\xi]$ 的更简单的规则也很有效。

9.5 固定加线性订货成本

本节将允许正的固定成本 $k(t)$。在其他方面，这一模型与前面的模型一样。事实证明，(r,s) 策略在每一个时间点都是最优的（我们在 6.6 节中讨论过这类策略）。

同样，我们分三个主要步骤进行讨论，这取决于时间范围的长度，然后讨论一些推广。

9.5.1 单周期问题

同样，我们去掉时间指标 t。因此，固定成本变成了 k。建模与 9.4.1 节中的过程一样。像前面一样定义函数 H，我们现在需要求解：

$$\begin{aligned} &\text{最小化} \quad && k\delta(y - x) + H(y) \\ &\text{约束条件} \quad && y \geq x \end{aligned} \qquad (9.5.1)$$

令 s^* 最小化 H。

最优策略是什么？当然，同样，最好不要在 $x \geq s^*$ 时订货。但是，在 $x < s^*$ 时，我们宁愿也不订货，以避免固定订货成本。如果我们不订货，

上述成本就是 $H(x)$。如果我们订货，则我们希望设 $y=s^*$，因而成本变成了 $k+H(s^*)$。为了在这两种选择之间做出决定，我们必须比较 $H(x)$ 和 $k+H(s^*)$ 这两个数字。

回忆一下，H 是凸的，因此对于 $x<s^*$，$H(s)$ 是递减的。令 r^* 表示 $x\leqslant x^*$ 时的值，使得：

$$H(x)=H(s^*)+k \tag{9.5.2}$$

因此，对于所有的 $x\leqslant r^*$，$H(x)\geqslant H(s^*)+k$，因此订货的成本较低。对于 $x>r^*$（但 $x\leqslant s^*$），$H(x)<H(s^*)+k$，因此最好的做法就是不订货。总之，最优策略是一个 (r,s) 策略。最优参数是再订货点 r^* 和目标库存水平 s^*。

令 $V(x)$ 表示最优成本，我们有 $V(x)=V^+(x)-cx$，其中，

$$V^+(x)=\begin{cases}H(s^*)+k & x\leqslant r^* \\ H(x) & x>r^*\end{cases} \tag{9.5.3}$$

参见图 9.5.1 和图 9.5.2。

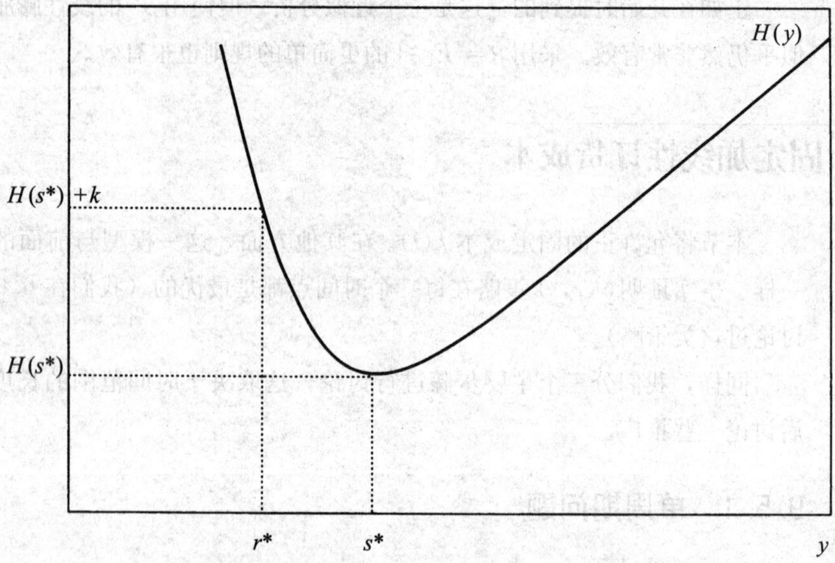

图 9.5.1　单周期问题的成本函数（固定加线性订货成本）

这些函数不是凸的。当然，这并不影响上述解。但是，我们先想一想多周期的问题，显然，我们会遇到一些困难。在线性订货成本模型中，V 的凸性对于分析来说是必要的。因此，为了为未来的讨论做准备，我们现在要重新分析一下单周期问题。正如我们将要看到的，在对 H 的凸性要求更弱的条件下，上述结果仍然成立。这一特性［被称为 k 凸性（k-convexity）］被 V 继承下来，在后续的分析中，它将发挥核心作用。

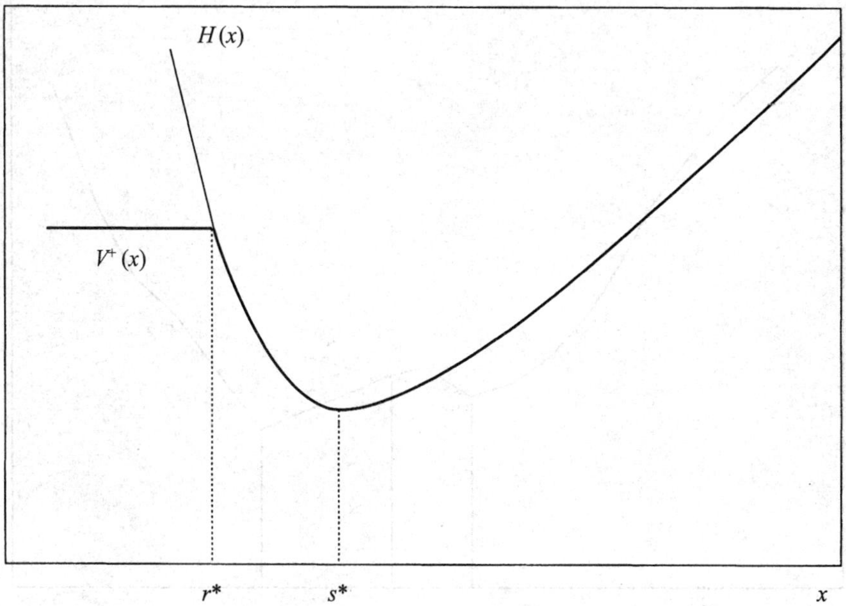

图 9.5.2　最优成本函数（固定加线性订货成本）

令 $f(x)$ 为一个函数，m 是一个非负数。如果对于所有 x 和所有的正数 ξ 和 υ：

$$f(x)+\frac{\xi[f(x)-f(x-\upsilon)]}{\upsilon}\leqslant f(x+\xi)+m \tag{9.5.4}$$

则我们称 f 为 m 凸函数（m-convex）。如果 f 是可微的，则下列条件是等价的：对于所有 x 和所有正的 ξ：

$$f(x)+\xi f'(x)\leqslant f(x+\xi)+m \tag{9.5.4$'$}$$

我们尝试一下直观地理解这一特性：如果 f 实际上是凸的，那么对于 $m=0$，(9.5.4) 成立；0 凸性等价于凸性本身。同样，随着 m 的增加，这一条件变得更加弱化，也就是说，如果 f 是 m_1 凸函数，且 $m_2>m_1$，则 f 也是一个 m_2 凸函数。(9.5.4) 和 (9.5.4$'$) 左边的表达式可以被看成是对 $f(x+\xi)$ 的线性近似（对于固定的 x）。当 $m=0$ 且 f 为凸函数时，我们就重新得到了一个熟悉的事实，即线性近似低估了 $f(x+\xi)$ 的真实数值。当 $m>0$ 时，这一近似可能会高估 $f(x+\xi)$，但误差的上限由 m 给出。图 9.5.3 显示了这一特性。虚线为线性近似。

在下面的引理中，我们提出一些额外的事实，证明请见习题 9.11。

引理 9.5.1：

(a) 如果 $f(x)$ 是 m 凸函数，则对于任何固定的 Ψ（正的或负的），位

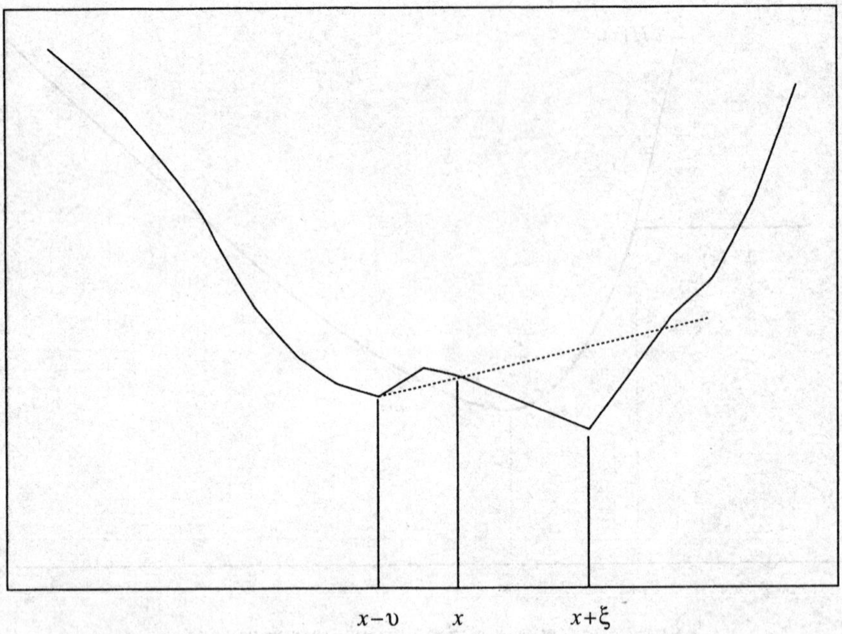

图 9.5.3　一个 m 凸函数

移函数（shifted function）$f(x+\Psi)$ 也是凸函数。

(b) 如果 f_1 是 m_1 凸函数，f_2 是 m_2 凸函数，且 α_1 和 α_2 是正数，则函数 $f=\alpha_1 f_1+\alpha_2 f_2$ 是 m 凸函数，其中 $m=\alpha_1 m_1+\alpha_2 m_2$。

(c) 如果 $\tilde{f}$ 是 m 凸函数，且 $f(x)=E[\tilde{f}(x-d)]$，则 f 是 m 凸函数。

定理 9.5.2：令 H 为问题（9.5.1）中的任何连续的 k 凸函数。最优策略为参数为 (r^*,s^*) 的 (r,s) 策略，其中 s^* 是最小化 $H(y)$ 的最小的 y，而 r^* 是满足（9.5.2）的最大的 $x\leqslant s^*$。

证明：显然，最好的做法是在 $x\geqslant s^*$ 时不订货。同样，对于 $r^*<x<s^*$，根据 r^* 的定义，我们有 $H(x)<H(s^*)+k$，因此最好的做法仍然是不订货。所以，我们只需要证明最优策略是直到 s^* 时才订货，即对于所有 $x\leqslant r^*$，$H(x)\geqslant H(s^*)$。但是，假设对于某些 $\upsilon>0$，这一不等式在 $x=r^*-\upsilon$ 时不成立，并且设 $\xi=s^*-r^*$。因此，$H(r^*)>H(r^*-\upsilon)$，所以：

$$\frac{H(r^*)+\xi[H(r^*)-H(r^*-\upsilon)]}{\upsilon}>H(r^*)=H(r^*+\xi)+k$$

在 r^* 处，这违背了 H 的 k 凸性。

接下来，我们证明 $V^+(x)$ 保留了 k 凸性。

定理 9.5.3：令 H 代表任何连续的 k 凸函数，并根据（9.5.3），利用 H、s^* 和 r^* 来定义 V^+。因此，V^+ 是连续的，且是 k 凸函数。

证明：连续性是显而易见的。对于 k 凸性，我们需要考虑三种情况：

情况（i）：$x+\xi\leqslant r^*$。在这种情况下，对于所有 $w\leqslant x+\xi$，$V^+(w)$ 是常数 $H(s^*)+k$，因此 k 凸性条件（9.5.4）很容易证明。

情况（ii）：$x-\upsilon>r^*$。在这种情况下，$V^+(w)=H(w)$，$w\geqslant x-\upsilon$，这些结果是根据 H 的 k 凸性得出的。

情况（iii）：$x-\upsilon\leqslant r^*<x+\xi$。我们有 $V^+(x-\upsilon)=k+H(s^*)$ 和 $V^+(x+\xi)=H(x+\xi)\geqslant H(s^*)$。至于 x，有两种可能性：如果 $V^+(x)\leqslant H(s^*)+k$，则：

$$\frac{V^+(x)+\xi[V^+(x)-V^+(x-\upsilon)]}{\upsilon}\leqslant V^+(x)\leqslant H(s^*)+k\leqslant V^+(x+\xi)+k$$

如果 $V^+(x)>H(s^*)+k$，那么 $x>s^*$，且 $V^+(x)=H(x)$。同样，设 $\upsilon'=x-s^*$，我们有 $\upsilon'<\upsilon$。因此：

$$\frac{V^+(x)-V^+(x-\upsilon)}{\upsilon}=\frac{H(x)-H(s^*)-k}{\upsilon}<\frac{[H(x)-H(s^*)]}{\upsilon'}$$

所以，考虑到 H 的 k 凸性：

$$V^+(x)+\frac{\xi[V^+(x)-V^+(x-\upsilon)]}{\upsilon}<\frac{H(x)+\xi[H(x)-H(s^*)]}{\upsilon'}$$
$$\leqslant H(x+\xi)+k=V^+(x+\xi)+k$$

推论 9.5.4：像在定理中一样定义 V^+，并设 $V(x)=V^+(x)-cx$。因此，$V(x)$ 是连续的，且是 k 凸函数。

证明：同样，连续性是显而易见的。另外，V 是一个线性函数和 k 凸函数 V^+ 之和，因此根据引理 9.5.1 的（b）部分，它也是 k 凸函数。

9.5.2　有限时间范围问题

现在，考虑一个有限时间范围 T。在每一个周期都存在着一个固定订货成本。我们假设这一成本在长期中是恒定的，即 $k(t)=k>0$［对于 $k(t)$ 不恒定的情况，请参见习题 9.12］。与（9.4.3）至（9.4.5）类似，动态规划建模如下：

$$V(T,x)=-c(T)x \qquad (9.5.5)$$

$$H(t,y)=c(t)y+C(t,y)+\gamma E[V(t+1,y-d(t))] \qquad (9.5.6)$$

$$V(t,x)=-c(t)x+\min\{k\delta(y-x)+H(t,y):y\geqslant x\} \qquad (9.5.7)$$

同样，这些方程描述了一种计算最优策略的递归方法。最优策略的形式在下列定理的（b）部分给出，这个定理与定理 9.4.1 非常相似：

定理 9.5.5：对于所有的 t：

(a) $H(t,y)$ 是 y 的连续的 k 凸函数。

(b) t 时点的最优策略是一个 (r,s) 策略，目标库存水平 $s^*(t)$ 是最小化 $H(t,y)$ 的最小的 y 值，再订货点 $r^*(t)$ 是满足下式的最大的 $x\leqslant s^*(t)$：

$$H(t,x)=k+H(t,x^*(t))$$

(c) $V(t,x)$ 是 x 的连续的 k 凸函数。

证明：证明与定理 9.4.1 的证明类似：利用对 t 的归纳，从 $t=T-1$ 开始，然后向后进行。假设 $V(t+1,x)$ 是 k 凸函数，引理 9.5.1（c）意味着 $EV[(t+1,y-d(t))]$ 也是 k 凸函数，因此 $H(t,y)$ 也是 k 凸函数。对于（b）部分和（c）部分，利用单周期模型的结果。

接下来，我们推导出最优策略变量的相对简单的界限，这与 9.4 节中的近视策略类似。我们应该采用一种类似于（9.4.6）至（9.4.8）的经过变化的递归方法：

$$V^+(T,x)=0 \qquad (9.5.8)$$

$$H(t,y)=C^+(t,y)+\gamma E[V^+(t+1,y-d(t))] \qquad (9.5.9)$$

$$V^+(t,x)=\min\{k\delta(y-x)+H(t,y):y\geqslant x\} \qquad (9.5.10)$$

同样，令 $s^+(t)$ 表示近视基本库存水平，即能够在全局范围内最小化 $C^+(t,y)$ 的最小的 y 值。另外，设 $s^{++}(t)$ 为能够求解下式的 $y>s^+(t)$ 的值：

$$C^+(t,y)=C^+(t,s^+(t))+\gamma k$$

并将 $r^+(t)$ 设为能够求解下式的 $y\leqslant s^+(t)$ 的值：

$$C^+(t,y)=C^+(t,s^+(t))+(1-\gamma)k$$

这些数量直接反映了期间 t 的数据。例如，如果 $d(t)$ 增加或减少 1 单位，则 $s^+(t)$、$s^{++}(t)$ 和 $r^+(t)$ 也会改变相同的数量。同样，随着 k 的增加，$s^{++}(t)$ 和 $r^+(t)$ 会进一步远离 $s^+(t)$，并且相互之间也会相互远离。

定理 9.5.6：对于每一个 t，$s^*(t)\leqslant s^{++}(t)$，且 $r^*(t)\leqslant r^+(t)$。

证明：本证明使用了下列初步结果：首先，根据 V^+ 的定义和 k 凸性，我们可以证明，对于所有的 x 和所有的 $\xi > 0$：

$$V^+(t, x+\xi) - V^+(t, x) \geqslant -k$$

[这一不等式一般化了下列事实：在线性成本的情况下，$V^+(t,x)$ 对于 x 是非递减的。] 根据这一点，我们可以立即得到：对于所有的 y 和所有的 $\xi > 0$：

$$[H(t, y+\xi) - H(t, y)] - [C^+(t, y+\xi) - C^+(t, y)] \geqslant -\gamma k \tag{9.5.11}$$

现在，对于 $y > s^{++}(t)$，我们有：

$$\begin{aligned} H(t,y) - H(t,s^+(t)) &\geqslant C^+(t,y) - C^+(t,s^+(t)) - \gamma k \\ &> C^+(t,s^{++}(t)) - C^+(t,s^+(t)) - \gamma k = 0 \end{aligned}$$

因此，y 不能最小化 H，我们得出结论，$s^*(t) \leqslant s^{++}(t)$。

如果 $s^*(t) \leqslant r^+(t)$，那么显然 $r^*(t) \leqslant r^+(t)$。因此，假设 $s^*(t) > r^+(t)$。我们需要考虑两种情况：首先，假设 $s^*(t) \leqslant s^+(t)$，对于 $y[r^+(t) < y \leqslant s^*(t)]$：

$$\begin{aligned} H(t,s^*(t)) - H(t,y) &\geqslant C^+(t,s^*(t)) - C^+(t,y) - \gamma k \\ &\geqslant C^+(t,s^+(t)) - C^+(t,y) - \gamma k \\ &> -(1-\gamma)k - \gamma k = -k \end{aligned}$$

或者 $H(t,y) < H(t,s^*(t)) + k$。因此，y 不能满足 $r^*(t)$ 的方程，因此，$r^*(t) \leqslant r^+(t)$。

其次，假设 $s^*(t) > s^+(t)$。对于 $y\ [s^+(t) < y \leqslant s^*(t)]$：

$$\begin{aligned} H(t,s^*(t)) - H(t,y) &\geqslant C^+(t,s^*(t)) - C^+(t,y) - \gamma k \\ &> 0 - k = -k \end{aligned}$$

而对于 $r^+(t) < y \leqslant s^+(t)$ 的 y，我们可以利用上述第一种情况中的方法进行证明。总之，对于 $r^+(t) < y \leqslant s^*(t)$ 的所有 y 而言，$H(t,y) < H(t,s^*(t)) + k$，因此 $r^*(t) \leqslant r^+(t)$。

案例 9.5.A 说明了最优 (r,s) 策略。

案例 9.5.A

与案例 9.4.A 中一样，我们考虑四个具有 $\gamma = 1$、$h(t) = 1$ 和 $b(t) = 9$ 的系统。$d(t)$ 服从泊松分布或几何分布。在每一种情况中，都有 $k = 5$。

图 9.5.4 显示了具有静态 $c(t)$ 的一对模型的最优策略。$E[d(t)]$ 改变

了，但改变并不大，它们在 20 至 40 之间振荡。观察一下，在泊松需求和几何需求模型中，$q^*(t)=s^*(t)-r^*(t)$ 在 t 中几乎保持恒定。另外，在泊松需求的情况下，$r^*(t)$ 的变化与 $E[d(t)]$ 的变化差不多一致。这一行为与 9.2 节中提出的启发式算法是一致的。在几何需求的情况下，$r^*(t)$ 的变化方向与 $E[d(t)]$ 的变化方向也是一致的，但变化更显著。实际上，$r^*(t)$ 与 $E[d(t)]$ 差不多是成比例的［在此，$d(t)$ 的标准差不再是接近恒定，相反，它接近 $E[d(t)]$］。

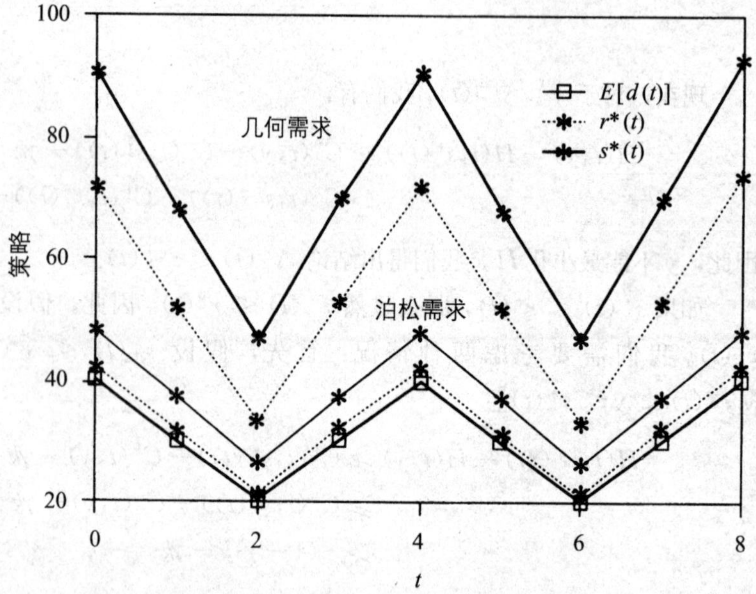

图 9.5.4　最优 (r,s) 策略（静态成本）

接下来，我们分析两个系统，在这两个系统中，$E[d(t)]$ 固定为 30，但 $c(t)$ 是变化的，如图 9.4.3 所示。结果如图 9.5.5 所示。$r^*(t)$ 和 $s^*(t)$ 都预期到 $c(t)$ 的变化，与线性成本情况下的最优基本库存水平非常类似。但是，在某种程度上，$r^*(t)$ 的变化小于 $s^*(t)$ 的变化，因此随着数据的变化，$q^*(t)=s^*(t)-r^*(t)$ 这一差值的增加或减少会更显著，特别是在几何需求的情况下。与需求的变化相比，成本的变化对所有策略变量的影响似乎更大。

Askin（1981）以及 Bollapragada 和 Morton（1994a）开发出了静态成本、非静态需求情况下的类似于近视策略的启发式算法。数值检验表明，它们非常有效，它们的成本只比最优成本高几个百分点。

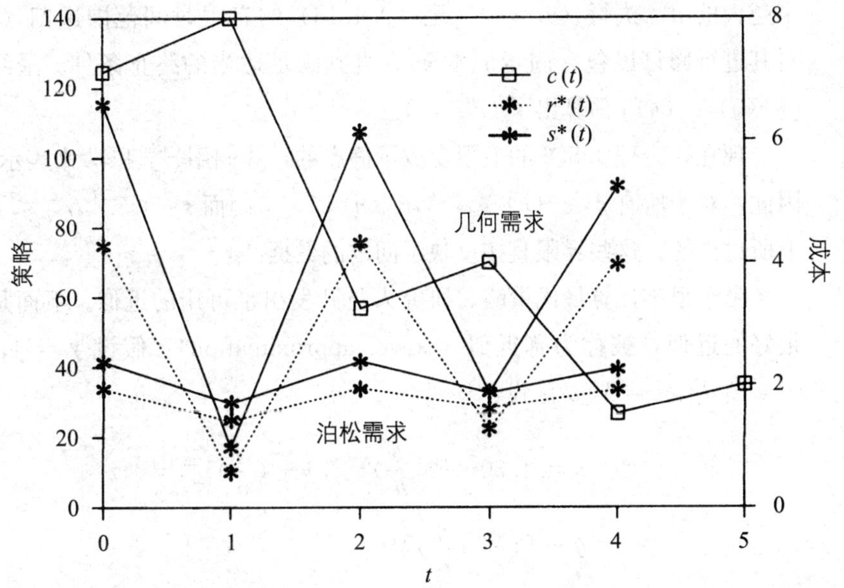

图 9.5.5　最优 (r,s) 策略（静态需求）

9.5.3　无限时间范围问题

现在，假设时间范围 T 为无限的，且数据为静态的。事实证明，与定理 9.4.3 类似的定理是成立的：对于 $\gamma<1$ 和 $\gamma=1$，静态 (r,s) 策略都是最优的。

但是，这一事实很难证明。定理 9.4.3 的那种简单、直接的证明方法在这里不适用。

利用定理 9.4.4，我们可以针对这一模型采取另一种方法。其论证与 9.4.3 节的论证从本质上说是一样的。当然，在这里，一些细节存在着更多的问题。例如，最优策略变量 $r^*(n)$ 和 $s^*(n)$ 保持恒定［如引理 9.4.5 (b)所述］并不总是正确的，甚至也不是单调的。但是，它们是有界限的，因此级数 $\{[r^*(n),s^*(n)]\}$ 存在着一个极限点。事实证明，这就足够了。任何一个此类极限点都描述了一个最优策略。

为了计算一个最优的 (r^*,s^*) 策略，我们需要一种算法。这里的情况与连续时间背景下的情况从本质上说是一样的：在需求 d 或者为 0 或者为 1 的特殊情况下，(r,s) 策略就简化为 (r,q) 策略。为了确定此类最优策略，我们采用 6.5.4 节的 Algorithm Optimize _ rq 算法，对其略微调整以考虑离散时间。在其他情况下，我们采用 6.6 节中提到的类似方法，并进行类似的调整。

另外，我们还可以采用针对一般动态规划的算法之一。从概念上讲，最简单的一种算法被称为逐次近似法（successive approximation）：对于越

来越大的 n，执行（9.4.14）至（9.4.16）的有限时间范围递归（当然，对其进行修订以包含固定成本 k），直到满足适当的终止条件。最终策略 $[r^*(n), s^*(n)]$ 估算出了 (r^*, s^*)。

现在，定理 9.5.6 的上限变成了静态的，我们用 s^{++} 和 r^+ 来表示它们。因此，对于所有 n，$s^*(n) \leqslant s^{++}$，$r^*(n) \leqslant r^+$，因而 $s^* \leqslant s^{++}$，$r^* \leqslant r^+$。如上所讨论的，这些界限直接反映了问题的数据。

由于很难计算最优策略，研究人员开发出了可用的近似。下面是一种很好的近似，被称为幂近似（power approximation）：假设 $\gamma = 1$，且令 $v = E[d]$，$\sigma^2 = V[d]$。设：

$$q = 1.30 v^{0.494} \left(\frac{k}{h}\right)^{0.506} \left[1 + \left(\frac{\sigma}{v}\right)^2\right]^{0.116}$$

$$\theta = \left[\left(\frac{q}{\sigma}\right)\left(\frac{h}{b}\right)\right]^{\frac{1}{2}}$$

$$r = 0.973 v + \left(\frac{0.183}{\theta} + 1.063 - 2.192\theta\right)\sigma$$

$$s = r + q$$

这些公式是通过求解一系列模型、选择一个可行的函数形式并利用回归分析对参数进行拟合后得到的（如果 q/v 不是太小的话，比如说大于 1.5，则这一近似非常有效。否则，使用下面的修正：计算最优基本库存水平 s^+。如果 $s^+ < s$，则用 s^+ 代替 s，并用 $s^+ - q$ 代替 r）。

注意，q 的表达式与 EOQ 模型非常相似。初始常数 1.3 也很接近 $\sqrt{2}$，v 和 k/h 的指数也接近 ½。最后一项是一个膨胀因子（inflation factor），考虑了需求的方差。因此，从广义上说，这一公式与 6.5.3 节中的界限和数值实例是一致的。这种相似性值得注意，因为那一节中的背景在几个方面存在着不同（如连续时间）。在 r 的公式中，v 的系数接近 1，再订货点与平均需求协同变化。

9.5.4 推广

如果我们像 9.4.6 节至 9.4.8 节那样对模型进行推广会发生什么情况？

在销售损失的情况下，(r,s) 策略为最优策略仍然成立。当然，$r^*(t)$ 和 $s^*(t)$ 应该是非负的，我们将它当成一种约束。例如，在单周期问题中，$s^* \geqslant 0$ 总是正确的，但如果没有 $x \geqslant 0$ 满足（9.5.2），则令 $r^* = 0$。

对于 9.4.7 节的利润目标，一切都像上面一样有效。

对于 9.4.8 节中的质量缺陷模型，我们不知道最优策略是什么样子。

到目前为止，还没有与定理 9.4.8 类似的结果。

对于静态无限时间范围模型，一种与线性扩展启发式算法类似的方法似乎很有效：根据某种方法选择 (r,s) 和常数 β。然后，如果 $x \leqslant r$，则订购 $z=(s-x)/\beta$。我们不知道如何扩展 9.4.8.3 节中的均衡分析以协助选择这些参数。但是，将合格率看成是确定性的似乎非常有效。也就是说，在无瑕疵模型中选择最优的 (r^*, x^*)，且 $\beta = E[\xi]$。

9.6 提前期

9.6.1 恒定提前期

假设存在一个恒定的正整数提前期 L。t 时下达的一份订单在期间 $t+L-1$ 结束时到达，并在 $t+L$ 时计算在净库存中。正如我们将要看到的，这一提前期改变了模型的某些数据，但并没有改变其总体形式。前面两节中所有的定性结果仍然成立。

在这些条件下，初始模型的提前期 $L=1$。如 9.3.1 节所述，某些作者对“提前期”的定义有些不同，使得初始模型的提前期为 0，而在这里，提前期为 $L-1$。这只是表面上的差别，而不是本质上的。

我们稍微改变一下 9.3 节的时间方面的惯例：现在，成本 $\hat{C}(t,\cdot)$ 准确地发生在时点 t，而不是之前。同样，假设我们不是在下达订单的时候支付订货成本，而是在我们收到货物的时候（即时点 L 之后）才支付。因此，有效订货成本为 $\gamma^L[k(t)\delta(z(t))+c(t)z(t)]$（这些变化使得结果更整洁一些。当然，只有当 $\gamma < 1$ 时，它们才有意义。在 $L=1$ 的初始模型中，唯一的影响是每一个成本因子要乘上 γ，因此解仍然保持不变）。另外，采购成本通常是在收到货物时支付，而不是在提交订单的时候支付。也有一些例外，如某些国际交易。我们很容易针对这些情况对结果进行修正。

提前期使得我们的行动与这些行动产生的影响之间存在着滞后。在时点 0 和 $L-1$ 之间，我们无法影响净库存，因而也无法影响持有—惩罚成本。因此，在问题中忽略这些成本是合理的。另外，时点 L 时的成本可能只受初始订货量 $z(0)$ 的影响，后来的订单，包括 $z(L)$ 本身，只有在 L 之后才会产生影响。因此，如果我们想象时点 L 时的库存—延期交货成本发生在时点 0 也不会有什么问题。

一般来说，在时点 t，当前订单 $z(t)$ 直接影响时点 $t+L$ 的净库存，而后续订单则没有什么影响。因此，将相应的库存—延期交货成本重新分配给时

点 t 是有意义的（这是一种直观的说明，9.6.2 节给出了严格的证明）。

为了实施新的核算方案，重新定义状态变量和控制变量：

$$x(t) = \text{时点 } t \text{ 时的库存位势，订货之前}$$
$$y(t) = \text{时点 } t \text{ 时的库存位势，订货之后}$$

根据这些定义，系统的动态方程与前面一样，即：

$$y(t) = x(t) + z(t)$$
$$x(t+1) = y(t) - d(t)$$

另外，我们使用一个新的符号来代表净库存：

$$\hat{x}(t) = \text{时点 } t \text{ 时的净库存}$$

指派给时点 t 的成本现在为 $\gamma^L \hat{C}(t+L, \hat{x}(t+L))$［假设初始成本因子 $h(t+L)$ 和 $b(t+L)$ 衡量了时点 $t+L$ 实际的、未折现的成本。因此，为了在时点 t 时正确地计算它们，我们使用因子 γ^L 进行折现］。我们有：

$$\hat{x}(t+L) = y(t) - D[t, t+L)$$

其中，$D[t, t+L)$ 是从时点 t 开始的提前期需求，具体来说：

$$D[t, t+L) = \sum_{s=t}^{t+L-1} d(s)$$

因此，时点 t 第二步中的预期库存—延期交货成本为 $C(t, y(t))$，其中，我们重新定义：

$$C(t, y) = \gamma^L E[\hat{C}(t+L, y - D[t, t+L))]$$

对于有限的 T，在 $t \leqslant T-L$ 时，这种方法是有效的，但当时间接近其边界时会如何呢？为了简便起见，我们想象将时间范围扩展到时点 $T+L-1$，直到那个时候，需求继续发生，库存—延期交货成本也继续产生。因此，同样的方法对于所有的 $t < T$ 是有效的。同样，最后一份订单在时点 $T-1$ 时下达，指派给 $T-1$ 的库存—延期交货成本是时点 $T+L-1$ 时的实际成本。同样，为了简便起见，假设在时点 $T+L$ 时没有残值。

我们像前面一样对动态规划进行建模：现在，$V(t, x)$ 代表修订后的核算方案下的最优成本，不包括时点 $t+L$ 之前的持有—惩罚成本，从时点 t 开始，此时的库存位势为 x。根据 V 和 C 的新定义，除了对所有的订货成本因子都乘上 γ^L 之外，如上所述，函数方程（9.4.3）至（9.4.5）或（9.5.5）至（9.5.7）仍然成立。

现在，我们有了一个在形式上与初始模型完全一样的模型，其中的符号有新的含义，但这是唯一的差别。新的 $C(t,y)$ 仍然是 y 的凸函数。因此，9.4 节和 9.5 节的主要结论仍然成立：在线性订货成本的情况下，基本库存策略是最优的；在固定订货成本的情况下，(r,s) 策略是最优的。线性成本模型的近视策略最优化了函数 $C^{+}(t,y)$，与前面一样，这个函数也是根据 C 构建的，定理 9.4.2 仍然成立。

当然，实际策略体现了新的数据。单周期成本 $C(t,y)$ 现在包括了 L 个周期而不是一个周期内对需求的预期。例如，在线性订货成本模型中，$s^{+}(t)$ 求解了与（9.4.10）类似的方程，但提前期需求 $D[t,t+L)$ 的互补累积分布函数扮演着 $F_D^0(y)$ 的角色。因此，近视策略是 9.2.2 节中的启发式算法在离散时间情况下的类似算法。根据那一节以及 9.4 节给出的原因，近视策略通常接近于最优。

在具有静态数据和 $k=0$ 的无限时间范围问题中，近视策略是最优的，而且与在（9.4.13）中一样，s^* 求解了下列方程：

$$F_D^0(y)=\frac{(c^{+}+h)}{(b+h)}$$

其中，$D=D[0,L)$。有意思的是，只有式子的左边取决于 L 而不是成本率。当 $\gamma=1$ 时，成本率再次变成了 $1-\omega$。此处的解与方程（6.5.3）的解从本质上说是一样的。

最优成本的形式与前面一样：对于 $\gamma=1$：

$$v^*=C^{+}(s^*)=cE[d]+C(s^*)$$

对于 $\gamma<1$，$V^*(x)=V^{+*}(x)-\gamma^L cx$，其中，

$$V^{+*}(x)=\begin{cases}\dfrac{C^{+}(s^*)}{1-\gamma} & x\leqslant s^*\\ C^{+}(x)+\gamma E[V^{+*}(x-d)] & x>s^*\end{cases}$$

同样，在正态近似下，$C^{+}(s^*)$ 显然反映了系统的参数：令 $v=E[D]$，$\sigma^2=V[D]$：

$$C^{+}(s^*)=\gamma^L[\gamma cE[d]+c^{+}v+\sigma(b+h)\phi(z^*)]$$

（对于 $L=1$，前两项可以简化为 cv，因为 $v=E[d]$，但对于 $L>1$ 则不行。）

9.6.2　恒定提前期：严格证明

现在，我们要对上述成本分配方案和简单的动态规划建模进行严格证明。

假设我们发现自己处在时点 t。系统当前的状态是什么？也就是说，

我们可以获得哪些关于过去和现在的有用的信息？除了当前净库存之外，我们还需要追踪未满足的订单。具体来说，对于 $L>1$，令：

$$z_l(t)=l\text{ 个期间之前(即时点 }t-l\text{) 下达的订单},l=1,\cdots,L-1$$
$$\mathbf{z}(t)=[z_l(t)]_{l=1}^{L-1}$$

因此，状态由 $[\hat{x}(t),z(t)]$ 组成一对［不带下标的符号 $z(t)$ 仍然代表时点 t 时的订单。它不是向量 $z(t)$ 的一部分。当 $L=1$ 时，如初始模型所述，不存在未满足的订单，$z(t)$ 为空］。动态方程为：

$$\hat{x}(t+1)=\hat{x}(t)+z_{L-1}(t)-d(t)$$
$$\mathbf{z}(t+1)=[z(t),z_1(t),\cdots,z_{L-2}(t)]$$

在这些条件下，库存位势为 $x(t)=\hat{x}(t)+\sum_{l>0}z_l(t)$。同样，定义函数：

$$C^l(t,y)=\gamma^l E[C(t+l,y-D[t,t+l))]$$

注意，$C^0(t,\hat{x}(t))=\hat{C}(t,\hat{x}(t))$ 是时点 t 的实际（而不是重新分配的）库存—延期交货成本，而 $C^L(t,y)$ 就是上面定义的 $C(t,y)$。

定义函数：

$$\hat{V}(t,\hat{x},\mathbf{z})=\text{时点 }t\text{ 之后的最优成本,从状态 }\hat{x}(t)=\hat{x}\text{ 和 }\mathbf{z}(t)=\mathbf{z}\text{ 开始}$$
$$\hat{C}(t,\hat{x},\mathbf{z})=C^0(t,\hat{x})+C^1(t,\hat{x}+z_{L-1})+C^2(t,\hat{x}+z_{L-1}+z_{L-2})+,\cdots,+C^{L-1}(t,x)$$

后者代表时点 $t+L$ 之前所有的持有成本和惩罚成本。在时点 T，不会再有更多的订单下达，但直到时点 $T+L-1$ 都会继续发生成本。这些残余的成本由 $\hat{C}(T,\hat{x},z)$ 给出，我们设：

$$\hat{V}(T,\hat{x},\mathbf{z})=\hat{C}(T,\hat{x},\mathbf{z}) \tag{9.6.1}$$

对于 $t<T,\hat{V}(t,\cdot,\cdot)$ 服从下列函数方程：

$$\begin{aligned}\hat{V}(t,\hat{x},z)=\min_{z\geqslant 0}\{&\gamma^L k(t)\delta(z)+\gamma^L c(t)z+C^0(t,\hat{x})\\&+\gamma E[\hat{V}(t+1,\hat{x}+z_{L-1}-d(t),(z_1,z_2,\cdots,z_{L-2}))]\}\end{aligned} \tag{9.6.2}$$

［或者，我们可以设 $\hat{V}(T+L-1,\hat{x},\mathbf{z})=0$，并对所有的 $t<T+L-1$ 应用 (9.6.2)。对于 $t\geqslant T$，最优的 $z=0$。过晚下达订单会浪费金钱，因为 $c(t)\geqslant 0$，但永远也不会到达。因此，递归本身就意味着 (9.6.1)。］

这一动态规划非常复杂。我们现在要证明它与上面具有单一状态变量 $x=\hat{x}+\sum_{l>0}z_l$ 和最优成本函数 $V(t,x)$ 的比较简单的动态规划是等价的。

定理 9.6.1：

$$\hat{V}(t,\hat{x},\mathbf{z})=\hat{C}(t,\hat{x},\mathbf{z})+V(t,x)\qquad 0\leqslant t\leqslant T$$

另外，(9.6.2) 中的最优订货量 z 与实现 $V(t,x)$ 最小化的数量是一样的。

证明：我们通过对 t 进行归纳来证明：根据 $V(T,x)=0$ 和 (9.6.1)，对于 $t=T$，结果是正确的。假设对于 $t+1$ 它也是正确的。利用这一归纳假设，以及下列事实：

$$C^l(t,y)=\gamma E[C^{l-1}(t+1,y-d(t))]$$

(9.6.2) 变成了：

$$\begin{aligned}\hat{V}(t,\hat{x},\mathbf{z}) &= \min_{z\geqslant 0}\{\gamma^L k(t)\delta(z)+\gamma^L c(t)z+C^0(t,\hat{x})+\gamma E[\hat{C}(t+1,\hat{x}+z_{L-1}-d(t),\\ &\qquad (z,z_1,\cdots,z_{L-2}))+V(t+1,x+z-d(t))]\}\\ &= \hat{C}(t,\hat{x},\mathbf{z})+\min_{z\geqslant 0}\{\gamma^L k(t)\delta(z)+\gamma^L c(t)z+C(t,x+z)\\ &\qquad +\gamma E[V(t+1,x+z-d(t))]\}\\ &= \hat{C}(t,\hat{x},\mathbf{z})+V(t,x)\end{aligned}$$

9.6.3　其他供应系统

9.6.3.1　外生的顺序系统

现在，假设提前期是一个随机变量。也就是说，时点 t 下达的一份订单将在未来某一时点 $t+L(t)$ 到达，但 $L(t)$ 在 t 内随机变动。我们允许 $L(t)=0$，在这种情况下，$z(t)$ 立即到达，并被计算在时点 t 的净库存 $\hat{x}(t)$ 中。假设 $L(t)$ 是来自 7.4 节中外生顺序供应系统在离散时间情况下的版本。也就是说，$t+L(t)\leqslant(t+1)+L(t+1)$，因此各订单永远也不会在时间上交叉。同样，我们无法影响 $L(t)$，它们与需求相互独立。最后，$L(t)$ 是静态的，它服从与一般提前期变量 L 相同的（边际）分布。

再假设，在每一个时点 t，我们没有能够帮助我们预测 $L(t)$ 的任何信息。也就是说，即使取决于我们在时点 t 所掌握的信息，但 $L(t)$ 仍然服从与 L 相同的分布。这可能意味着下列两种情况之一：或者 $L(t)$ 与过去的所有事件相互独立，因此真的没有此类信息，或者尽管原则上我们可以提取出这类信息，但我们无法得到或无法使用［或许你怀疑是否存在 $L(t)$ 与过去的事件无关的系统。下面就是一个：存在着一系列独立同分布的非负整数随机变量 $A(t)$。在每一个时点 t，所有在时间 $A(t)$ 内或更长时间内未满足的订单会立即到达，也就是说，在仍然未满足的订单中，我们将收到在 $t=A(t)$ 或之前下达的订单。因此，$L(t)=\min\{u\geqslant t:A(u)\leqslant u-t\}$。恒定提前期模型是所有 $A(t)=L$ 的特殊情况］。

我们对上面的成本核算方案进行一些修正以适应这种随机的环境：如

果我们知道 $L(t)=l$，根据对恒定提前期情况的论证，将时点 $t+l$ 的持有—惩罚成本分配给时点 t 是有意义的。因此，我们将这一成本的一部分（即 $\Pr\{L=l\}$ 部分）分配给 t，并且对于每一个 $l\geqslant 0$ 都这样做（同样，这只是直观上的解释。这一概念可以严格证明，但我们不会那样做）。

每一个固定时点 u 的实际成本被以相同的权重在较早的时点 $u-l$ 之间分配。其成本未被分配的概率为 $\Pr\{L>u\}$。这恰好是时点 0 的订单在 u 之后到达的概率。因此，与最初的方案一样，这一方案忽略了我们无法影响的成本。至于最终影响，假设直到最后一个提前期即时点 $(T-1)+L(T-1)$ 之前需求会继续发生，成本也会继续发生（这最后一个假设实际上是不必要的，但它简化了我们使用的符号）。

我们仍然是在收到货物时为订单付款，因此有效订货成本为 $E[\gamma^L][k(t)\delta(z(t))+c(t)z(t)]$。时点 t 时预期库存—延期交货成本现在变成了 $C(t,y(t))$，其中，

$$C(t,y)=E[\gamma^L\hat{C}(t+L,y-D[t,t+L))]$$

预期是针对 L 和需求的。函数 $C(t,y)$ 是 y 的凸函数，因为它是权重为正数的多个凸函数的加权平均。有了这个新的 C，动态规划建模就与以前一样了。因此，前面所有关于最优策略和近视策略的结论仍然成立。

在静态、无限时间范围的情况下，成本函数变成了：

$$C(y)=E[\gamma^L\hat{C}(y-D)]$$

如果 $\gamma=1$，则这一函数简化为：

$$C(y)=E[\hat{C}(y-D)]$$

且最优基本库存水平满足：

$$F_D^0(y)=1-\omega$$

随机变量 D 仍然是 $D[0,L)$，即 L 个期间的需求，但现在 L 是随机的。这与 7.4 节中提前期需求随机变量完全类似。最优成本 $cE[d]+C(s^*)$ 现在体现了提前期的方差和均值，与第 7 章中一样（当 $\gamma<1$ 时，s^* 同样求解了一个简单的方程，但其形式与前面略有不同，因为存在着随机折现项 γ^L。参见习题 9.13）。

9.6.3.2 有限产能系统

让我们转向另一个不同的模型，即 7.3 节有限产能供应系统在离散时间情况下的模型。现在，时点 t 时的订货量存在一个上限 $z_+(t)$。在线性订

货成本的情况下，事实证明，基本库存策略仍然是最优的（参见习题 9.4）。当然，$s^*(t)$ 与最初的无产能限制模型是不同的，通常更大一些。

这一结果对于模型的几种推广仍然成立：我们可能具有有限的产能和恒定的提前期。或者，$z_+(t)$ 可能是随机的，与 $d(t)$ 同时实现。在此，如果我们订购 $z(t)$，则我们实际上将收到 $\min\{z(t),z_+(t)\}$。但是，在固定订货成本模型中，(r,s) 策略并不总是最优的。

同样，对于具有静态数据的无限时间范围模型来说，基本库存策略是最优的［我们还需要一些不太严格的正则性条件（regularity condition），例如，在 $\gamma=1$ 的情况下，我们必须假设 $E[d]<z_+$］。一般来说，准确的策略评估和最优化非常困难。

但是，存在一种很好的近似：假设 $\gamma=1$。令 $u(t)=s-x(t)$，并令 u 表示相应稳定状态的随机变量。这一数量与无产能限制模型中的 D 发挥着同样的作用，即 $C(y)=E[\hat{C}(y-u)]$，且 s^* 求解了 $F_u^0(y)=1-\omega$［换句话说，$u(t)$ 表示一个相关的离散时间队列的占用率］。事实证明，u 的尾部近似于指数函数。也就是说，肯定存在着常数 K 和 θ，使得对于较大的 y，$F_u^0(y)\approx Ke^{-y/\theta}$［有一些易于处理的估计这些常数的方法，参见 Glasserman (1997)］。因此：

$$s^*\approx\theta[\ln(K)-\ln(1-\omega)]$$

$$C(s^*)\approx\theta h[(1-\frac{E[u]}{\theta})+\ln(K)-\ln(1-\omega)]$$

当 ω 接近 1 时，这一近似非常准确。这是 7.3.11 节中指数近似在离散时间条件下的版本。

9.6.3.3　独立提前期

7.2 节讨论的独立提前期又如何呢？据我们所知，对于这类系统，不存在一般性的最优化理论。这样一个理论需要详细地说明我们何时观察提前期，或者更一般地，我们如何得到关于它们的信息。有很多不同的方法。我们可以在它开始时或结束时观察每一个提前期。或者，在提前期内会揭示出部分信息。在每一种情况下，最优策略可能不同，但都很复杂。

7.2 节没有做出这样的假设，但那是因为基本库存策略和 (r,q) 策略不以任何方式使用提前期信息。实际上，对于非常复杂的问题，存在着一些启发式算法。

为了简便起见，我们回到恒定提前期的情况。

9.6.4 与连续时间模型的关联

我们暂时假设时间是连续的。数据是静态的，需求是一个混合泊松过程，不存在规模经济，提前期是一个正常数。事实证明，基本库存策略实际上是最优的，不论是在折现成本标准或平均成本标准下都是如此。我们有几种方式证明这一事实。我们将简要描述其中的三种，但不进行正式的证明。

第一种，上述成本再分配方案在连续时间下是成立的。因此，上述函数 $C(y)$ 衡量了库存—延期交货成本率，其中 $y(t)=IP(t)=y$。因此，在进行少量的符号调整后，定理 9.4.3 的简单证明就能够应用到这里。

第二种，我们可以使时间离散化。对于任何固定的周期长度，我们得到一个离散时间模型，上面的所有结果都成立（当然，离散时间模型的提前期、单周期的需求以及折现率取决于周期长度的选择）。现在，考虑一系列此类模型（后续周期较短）。连续时间模型是周期长度趋于 0 时的极限。事实证明，最优化的结果保留在了极限中。

第三种，我们可以在需求发生的时点嵌入这一过程。这一方法将连续时间问题直接转化为一个等价的离散时间模型［实际上，这一方法与构建一个离散时间马尔可夫链以代表连续时间时的情况是一样的，如附录 C 的 C.5 节所述。连续时间模型是被称为半马尔可夫决策过程（semi-Markov decision processes）或连续时间动态规划（continuous-time dynamic programs）这一一般类型中的一个实例。在那一领域中，嵌入技术（embedding technique）是一种标准的技术］。这一离散时间模型与上面的模型具有相同的形式，因此基本库存策略是最优的。

第二种和第三种方法可以应用于前面以及后面的其他模型中（但除极少数特殊情况之外，第一种方法不适用）。例如，在固定成本 k 的情况下，(r,s) 策略是最优的。当然，在泊松需求的情况下，它将简化为一个 (r,q) 策略。

总之，第 6 章中我们选择进行评估的策略实际上是最优的，至少对于泊松需求和混合泊松需求是这样。因此，6.5 节中的最优化方法在总体上找到了最优策略。

在本章的其余部分，我们将回到离散时间的背景下。

9.6.5 销售损失与“维度的诅咒”

（这不是一部新的动作片，但这一主题同样令人兴奋。差不多吧。）假设我们会丧失未得到满足的需求，而不是被积压下来。我们将专注于线性订货成本的情况。回忆一下 9.4.6 节 $L=1$ 的初始情况，基本库存策略是最优的。但是，对于 $L>1$，情况并非如此。现在，净库存的动态方程变成了（使用 9.6.2 节中的符号）：

$$\hat{x}(t+1)=[\hat{x}(t)+z_{L-1}(t)-d(t)]^{+} \tag{9.6.3}$$

这一关系是非线性的，使问题严重复杂化。当前订单 $z(t)$ 只是在时点 $t+L$ 以及之后影响持有—惩罚成本这一点仍然正确，因此我们可以忽略较早的成本。但是，由于这一非线性的动态方程，我们不能再利用库存位势 $x(t)$ 和 $z(t)$ 来表达 $\hat{x}(t+L)$。重要的不仅是渠道中库存的数量，还包括预计库存何时到达（在 7.4.3.1 节中我们遇到了同样的难题）。

因此，9.6.1 节中简单的方法失灵了。实际上，准确求解这一模型是不可能的。我们将解释其中的原因，然后寻找启发式算法。

让我们对动态规划进行建模。首先，将时点 $(t+L)$ 的持有—惩罚成本重新分配到 t：给定当前状态 $(\hat{x},\mathbf{z})$ 和当前订单 z，（9.6.3）可以重新写成如下形式：

$$\hat{x}(t+l+1)=[\hat{x}(t+l)+z_{L-1-l}+z-d(t+l)]^{+} \qquad 0\leqslant l<L \tag{9.6.4}$$

其中，对于 $l=0,\hat{x}(t)=\hat{x}$，对于 $l=L-1,z_0=z$。（9.6.4）以递归的方式定义了随机变量 $\hat{x}(t+l)$。因此，从时点 t 观察的时点 $t+L$ 的预期成本为：

$$C(t,\hat{x},\mathbf{z},z)=\gamma^{L}E[\hat{C}(t+L,\hat{x}(t+L-1)+z-d(t+L-1))]$$

预期值涉及所有的 $d(t+l),0\leqslant l<L$。在这里，通过（9.6.4），$d(t+L-1)$ 被明确地包括进来，而其他的则是被隐含地包括进来。现在，令 $V(t,\hat{x},z)$ 为从 t 开始往后的最小预期成本，忽略时点 $t+L$ 之前的持有—惩罚成本。因此：

$$V(T,\hat{x},\mathbf{z})=0$$

$$V(t,\hat{x},\mathbf{z})=\min_{z\geqslant 0}\{\gamma^{L}c(t)z+C(t,\hat{x},\mathbf{z},z)+\gamma E[V(t+1,[\hat{x}+z_{L-1}-d(t)]^{+},(z,z_1,\cdots,z_{L-2}))]\}$$

这一递归与（9.6.2）类似。不幸的是，由于动态方程以及单周期成本 C 非常复杂，因此我们无法将状态简化为单一变量 x。

同样，原则上，递归描述了一个寻找最优策略的计算过程。但是，现在状态变量是一个 L 向量。不幸的是，具有高维度状态（high-dimensional state）的动态规划非常难以求解，实际上是无法求解［“维度的诅咒”（the curse of dimensionality）生动地描述了这一点。如果我们对于每一个元素用 n 个值来离散化并截取状态向量，那么状态的总数量就是 n^L。计算时付出的努力至少与这一数字成比例，随着 L 的增加，这一数字以指数方式增长]。

因此，在实践中，我们没有办法找到真正的最优策略。另外，我们对其结构知之甚少，这种结构可能非常复杂，并且难以实施。如果我们无法最优化，那么是不是存在着有效的启发式算法呢？幸运的是，答案是肯定的。为简便起见，我们专注于静态、无限时间范围模型。

我们的关键观点是对近视方法进行调整以适应这一系统。令 $t=0$ 表示当前的时间，因此（9.6.4）变成了：

$$\hat{x}(l+1)=[\hat{x}(l)+z_{L-1-l}-d(l)]^{+}\quad 0\leqslant l<L \tag{9.6.5}$$

单周期的成本变成了：

$$C(\hat{x},\mathbf{z},z)=\gamma^{L}E[\hat{C}(\hat{x}(L-1)+z-d(L-1))]$$

定义函数：

$$C^{+}(\hat{x},\mathbf{z},z)=\gamma^{L}c\{(\hat{x}+z)-\gamma E[\hat{x}(L)]\}+C(\hat{x},\mathbf{z},z)$$

最后一项 C 为（预期）持有—惩罚成本。第一项近似了 z 对当前和未来订货成本的影响（这一近似的原理很微妙，在此我们不进行讨论）。因此，C^{+} 包括当前订单的所有短期成本。近视策略选择 z 以最小化 C^{+}。数值研究发现，这一方法非常有效。

与积压订单的情况相比，近视策略的实施要困难得多。在每一个时间点，我们必须重新最小化 C^{+}[在实践中，对于每一个可能的 $(\hat{x},\mathbf{z})$，我们可以预先确定最佳 z 值，但那会非常乏味]。仅仅为了评估 C^{+}，我们就必须以递归的方式利用（9.6.5）来计算 $\hat{x}(L-1)$ 的分布，然后计算 $\hat{x}(L)$ 的分布。但是，这仍然比计算真正的最优策略要简单得多。

详细分析这种方法很有意思，也很有用：我们可以将 C^{+} 重写为：

$$\begin{aligned}C^{+}(\hat{x},\mathbf{z},z)=\gamma^{L}\{&c(\hat{x}+z)+(h-\gamma c)E[\hat{x}(L-1)+z-d(L-1)]\\&+(b+h-\gamma c)E[[\hat{x}(L-1)+z-d(L-1)]^{-}]\}\end{aligned}$$

假设（与 9.4.6 节中一样）$b+h-\gamma c\geqslant 0$，这一函数是 z 的凸函数。因此，一旦我们拥有了 $\hat{x}(L-1)-d(L-1)$ 的分布，对 z 的最小化就成为了一种常规的计算。z 的近视最优值满足 $\partial C^{+}/\partial z\geqslant 0$，对于 $z>0$，$\partial C^{+}/\partial z=0$。等价地，如果：

$$\Pr\{\hat{x}(L)=0\}\,|_{z=0}\leqslant\frac{c^{+}+h}{b+h-\gamma c}$$

则设 $z=0$，否则找到 $z>0$ 使得：

$$\Pr\{\hat{x}(L)=0\}=\frac{c^{+}+h}{b+h-\gamma c}\tag{9.6.6}$$

这一关系一般化了 9.4.6 节中 $L=1$ 时的准确的最优化条件。

事实证明，近视策略使系统处于"均衡"状态，其中（9.6.6）在每一个期间内都成立。也就是说，或许在一些没有订单的初始期间后，系统会到达一种状态，在这种状态下，（9.6.6）成立，而且从那时起，（9.6.6）就一直成立（参见习题 9.14）。因此，近视策略的目标是维持一个恒定的缺货概率（constant stockout probability），就像在积压订单系统中的基本库存策略一样。

令 s_0^{+} 求解了 $F_D^0(y)=\frac{(c^{+}+h)}{(b+h-\gamma c)}$。近视策略与具有基本库存水平 s_0^{+} 的基本库存策略相关，但并不一样。令 x 表示库存位势，且 $y=x+z$，显然，根据（9.6.5），$\hat{x}(L)\geqslant y-D$，因此：

$$\Pr\{\hat{x}(L)=0\}\leqslant\Pr\{y-D\leqslant 0\}=F_D^0(y)$$

与基本库存策略类似，当 $x\geqslant s_0^{+}$ 时，近视策略也是什么都不订购，而如果 $x<s_0^{+}$，则新的 y 永远也不会超过 s_0^{+}。但是，y 可能小于 s_0^{+}。因此，近视策略的目标是将库存位势保持在 s_0^{+} 或低于 s_0^{+}。

两种策略的差别主要体现在如何对非常大或非常小的需求做出响应。回忆一下，在订单积压系统中，静态的基本库存策略可以被看成是一种需求替换规则。同样的情况也存在于销售损失系统中，只是损失的销售不被计算在内；基本库存策略替换了被满足的需求。当以前的需求很大时，近视策略的订货量通常比基本库存策略的订货量更少。那一需求在当前或在不久的将来很可能导致销售损失，而一旦丧失，它们就会一去不复返，在 $t+L$ 时到达的一个大订单也无济于事。相反，当以前的需求很小时，基本库存策略会订购同样少的数量，而近视策略通常会订购较多的数量。总之，与得到满足的需求本身相比，近视策略形成的订单序列通常更加平滑（这一特性在直觉上是有意义的。或许对最优策略也是如此，但没有人确切地知道）。

还有一些比近视策略更简单的启发式算法。最简单的是基本库存策略。不幸的是，除了一些特殊情况之外，我们不知道如何评估此类策略（我们已经看到了一种情况，即 7.2.3 节的连续时间模型，其中基本库存策略可以进行评估，并能够从中选出最好的一个）。同样，我们能够利用更简单的计算来近似近视策略。这一方法的难度介于基本库存策略和近视策略之间。参见习题 9.15。

销售损失系统的总体绩效如何？在延期交货的情况下，我们理解提前期、需求方差和其他基本参数的影响。但不幸的是，据我们所知，对于销售损失的情况，不存在可比的结果。我们可以合理地推测同样的参数以相同的方式影响绩效，但这只是一种推测。

我们的全部讨论都假设提前期是恒定的。某些有限产能供应系统实际上更容易理解。考虑 7.3.4 节具有泊松需求、单一处理器、不存在规模经济和销售损失的连续时间模型。假设与 7.3.10.2 节一样，我们可以对处理器进行直接控制，因此我们可以决定在每一个时刻是打开它还是关闭它。事实证明，简单的基本库存策略是最优的：对于某些 s^*，当库存低于 s^* 时打开处理器，否则就关闭处理器。因此，7.3.4 节中的方法可以用来评估不同的策略，并选出最好的一个。

9.6.6 利润最大化

即使是对于 $L>1$，利润最大化模型（如 9.4.7 节中的模型）与相应的成本最小化模型也是等价的。

在销售损失的情况下，其中 $z(t)=t$，在时点 $t+L$ 之前销售的数量现在变成了：

$$\begin{aligned}&\min\{\hat{x}(t+L-1)+z,d(t+L-1)\}\\&=d(t+L-1)-[d(t+L-1)-\hat{x}(t+L-1)-z]^+\end{aligned}$$

因此，预期折现收入为：

$$R(t,\hat{x},\mathbf{z},z)=\gamma^L p(t+L)E[d(t+L-1)-[d(t+L-1)-\hat{x}(t+L-1)-z]^+]$$

从 $C(t,\hat{x},\mathbf{z},z)$ 中减去上式得到 $-P(t,\hat{x},\mathbf{z},z)$。这一函数与 C 具有相同的形式。因此，为了将收入考虑在内，我们只需要在上述模型中用 $-P$ 代替 C。

在积压订单的情况下，我们不能影响 $t<L$ 时的收入，因此忽略它们。时点 $t+L$ 销售的数量为：

$$\begin{aligned}&\min\{\hat{x}(t+L-1)+z,d(t+L-1)\}+[\hat{x}(t+L-1)]^-\\&=d(t+L-1)-[\hat{x}(t+L)]^-+[\hat{x}(t+L-1)]^-\end{aligned}$$

对于 $t=0$，忽略最后一项，而对于 $t>0$，将它重新分配给 $t+L-1$。接下来，将时点 $t+L$ 的所有收入重新分配给 t。因此，分配给 t 的预期收入为

$R(t,y(t))$，其中，

$$R(t,y)=\gamma^{L}p(t+L)E[d(t+L-1)]-\gamma^{L}p^{+}(t+L)E[[y-D[t,t+L)]^{-}]$$

从这一时点开始，像 9.4.7 节讲述的那样继续执行。假设 $p(t)$ 满足 (9.4.19)，$-P^{+}(t,y)$ 仍然是 y 的凸函数。因此，最优策略的结构仍然与以前一样，是一个基本库存策略或一个 (r,s) 策略，这取决于订货成本函数。

9.6.7 质量缺陷

当 $L>1$ 时，9.4.8 节中的随机合格率模型会发生什么情况？现在，其状态为 $[\hat{x}(t),\mathbf{z}(t)]$，动态方程（9.4.20）变成了：

$$\hat{x}(t+1)=\hat{x}(t)+\Xi[z_{L-1}(t)]-d(t)$$

与在销售损失的情况中一样，复杂的动态方程使得我们不可能将状态简化为单一变量。因此，由于“维度的诅咒”，我们不可能准确地求解这一模型。

让我们尝试一种线性扩展启发式算法：首先，我们将状态变量合并为一个，与库存位势类似。但这样做存在着问题，因为未满足的订单的合格率（yield）是不确定的，如 7.4.3.2 节所述。在线性的情况下，我们压缩（deflate）未满足的订单，即每一个订单乘以一个恒定的因子，并将结果加到净库存中。一个合理的压缩因子是 $E[\xi]$（确定性产出情况下的正确值）。总之，我们重新定义 $x(t)=\hat{x}(t)+E[\xi]\sum_{l>0}z_{l}(t)$。这一经过调整的库存位势利用其预期合格率替换了订货库存。

整个启发式算法使用这一状态变量像前面一样决定订单。例如，在静态、线性订货成本的情况下，固定 s 和β，并设 $z(t)=[s-x(t)]^{+}/\beta$。我们可以将 9.4.8.3 节中的均衡分析扩展到 $L>1$ 的情况，但这样做很麻烦。或者，我们可以将所有合格率看成是确定性的。也就是说，像在无瑕疵模型中一样设定 s^{*}，且 $\beta=E[\xi]$。或许让人感到惊讶，但这一粗糙的方法似乎非常有效。不管怎样，它是我们目前所知的最好的可选方法。

9.7 环境驱动的需求

9.7.1 模型

到目前为止，我们一直假设 $d(t)$ 是独立的。想一想这意味着什么：我们从一开始就知道它们的分布。随着时间的推移，需求一个接一个被满足。

当我们到达时点 t 时，过去的实现（realization）并不会改变我们最初关于 $d(t)$ 的观点或后续的需求。这种情况非常特殊。

现在，我们要探讨一种更丰富、更现实的需求模型：在此，事件随着时间的流逝而发生，这些事件确实会影响未来的需求。换句话说，我们关于未来的信息随着时间的推移而改变。再换一种说法，就是存在着某种系统，其行为会驱动需求。

为了描述重要的事件，或者我们的信息，或者驱动需求的系统，我们使用一个离散时间马尔可夫过程 $\mathbf{W}=\{W(t)\}$，我们称之为环境（world）。现在，$d(t)$ 的分布取决于 $W(t)=w$ 的当前值。这意味着 $d(t)$ 不再是独立的，它们受到 $W(t)$ 的影响，且马尔可夫过程在 $W(t)$ 中相互依赖导致了 $d(t)$ 的相互依赖。我们甚至允许 $d(t)$ 和下一个环境状态 $W(t+1)$ 受到共同事件的驱动，因此 $d(t)$ 和 $W(t+1)$ 可能是相互依赖的。但是，我们假设这些是依赖性的唯一来源。也就是说，以 $W(t)$ 为条件，$[d(t),W(t+1)]$ 独立于过去所有的事件。等价地，$(\mathbf{W},\mathbf{D})$ 是一个马尔可夫过程（像通常情况一样，其中 $\mathbf{D}$ 代表累积需求）。

这是 6.3 节中连续时间环境驱动过程在离散时间情况下的体现。在那一节中提到的所有例子（天气、经济等）都可以用这种方法来描述。实际上，此处的模型更好地或更明确地体现了那些情况。

例如，$\mathbf{W}$ 可以代表一种新产品或一种面临过时的成熟产品的竞争条件。在那些情况下，$\mathbf{W}$ 包括短期的暂时事件。一旦一种产品变得过时，它通常会停留在那种状态下。现在，连续时间模型可以完美地描述瞬态效应（transient effect），但长期平均成本目标（即第 6 章的重点）过于粗糙，不足以反映它们。在产品生命周期最有意思的部分中，"平均成本"抑制了产品过时前发生的一切。"折现成本"则能恰当地反映产品短暂过时前的阶段。

同样，6.3 节假设 $\mathbf{W}$ 是静态的。在此，这是没有必要的（在我们讨论静态、无限时间范围之前）。因此，$\mathbf{W}$ 可以包含在长期中系统性发生改变的需求驱动因素，如跨越几个季节的天气。

同样，许多标准预测技术明确地或隐含地体现了一种环境驱动的需求模型。最常见的技术在离散时间下是有效的。例如，从本质上说，常见的指数平滑方法将环境看成是标量变量 $W(t)$（代表当前需求预测本身，或者某种简单的变换），它随着马尔可夫过程而演变。更加复杂的技术（被称为 ARMA）将 $W(t)$ 当成一个向量进行建模。参见附录 C 中的 C.6.4 节。

下面是一个相关的模型：需求服从某种特殊的、已知形式的静态分布，但参数是未知的。例如，我们可能知道需求服从泊松分布，但不知道其实际均值。在此，$W(t)$ 代表我们对参数的当前估计［更准确地说，是参数的充分统计量（sufficient statistic）］。**W** 的动态方程包括某种更新估计值的机制［通常是贝叶斯法则（Bayes' rule）］，以将每一个额外的需求观察信息包含在内。

正如我们将要看到的，前面章节的定性结果仍然成立。例如，在线性订货成本情况下，基本库存策略是最优的。但是，正如在初始模型中最优基本库存水平取决于 t 一样，此处它反映了关于未来的所有相关信息，即当前环境状态 w 以及 t。

9.7.2 建模与分析

假设提前期是一个正整数常数 L。根据 9.6 节所述，单周期的成本函数为：

$$C(t,w,y) = \gamma^L E[\hat{C}(t+L,y-D[t,t+L))\,|\,W(t)=w]$$

除了在特殊情况下之外，这一函数很难准确计算［提前期需求 $D[t,t+L)$ 是一个复杂的随机变量，如 6.3 节所述。它包含了 **W** 的未来值的影响，取决于 $W(t)=w$。有时候，我们可以根据（**W**,**D**）的形式来估计 $D[t,t+L)$ 的矩，并用它们来近似 C。习题 9.16 计算了指数平滑模型的矩，9.7.3 节说明了它们的用法］。但到，我们暂时更多地考虑单周期成本的形式，而且它仍然很简单。对于每一个 (t,w)，$C(t,w,y)$ 是 y 的凸函数。

首先在一个有限的时间范围 T 内考虑线性订货成本的情况（$k=0$）。利用最优化原则，认真思考动态规划的逻辑，以得到下列公式：

$$V(T,w,x) = -\gamma^L c(T)x \tag{9.7.1}$$

$$H(t,w,y) = \gamma^L c(t)y + C(t,w,y) + \gamma E[V(t+1,w',y-d(t))\,|\,W(t)=w] \tag{9.7.2}$$

$$V(t,w,x) = -\gamma^L c(t)x + \min\{H(t,w,y): y \geqslant x\} \tag{9.7.3}$$

(9.7.2) 中的期望值是针对需求 $d(t)$ 和下一个状态 $W(t+1)=w'$ 的，二者都以 $W(t)=w$ 为条件。同样，如果我们在时点 t 的第二步选择 $y(t)=y$，则 $H(t,w,y)$ 衡量了所有的相关成本，不管是当前的还是未来的。这些方程描述了一种计算最优策略的递归方法。

实际上，与定理 9.4.1 相同的论证表明一个（状态相关的）基本库存策略是最优的：在归纳中，假设对于每一个 w，$V(t+1,w,x)$ 是 x 的凸函数。通过两步写出（9.7.2）中的预期值，如下：

$$E_{w'}\{E_{d(t)}[V(t+1,w',y-d(t))|W(t)=w,W(t+1)=w']\}$$

与通常情况一样，内部预期是 y 的凸函数。外部预期是凸函数的加权平均，因此它也是 y 的凸函数。所以，完整的预期保留了 $V(t+1,w,x)$ 的凸性，因而 $H(t,w,y)$ 是 y 的凸函数。因此，基本库存策略是最优的。最优基本库存水平 $s^*(t,w)$ 是能够最小化 $H(t,w,y)$ 的最小的 y 值。由于 H 依赖于 w 和 t，因此 s^* 也是如此。同样，对于所有 w，$V(t,w,x)$ 是 x 的凸函数，归纳完成。

接下来，我们考虑具有静态数据的无限时间范围问题。基本库存策略仍然为最优的。最优基本库存水平为 $s^*=s^*(w)$，它取决于当前状态 w，但在时间上是静态的（其证明与定理 9.4.3 的第二种证明类似，比定理 9.4.4 的证明更难一些）。

在固定订货成本模型中（$k>0$），(r,s) 策略是最优的。在有限时间范围 T 的情况下，最优策略变量为 $r^*(t,w)$ 和 $s^*(t,w)$。它们都取决于 w 和 t。其证明与定理 9.5.5 的证明十分相似。对于无限时间范围 T 和静态数据，$r^*=r^*(w)$，$s^*=s^*(w)$。

顺便说一下，如果我们在上述建模中用 $c(t,w)$ 代替 $c(t)$，上述所有结果仍然成立。在这里，订货成本取决于当前环境状态 $W(t)=w$ 和 t（我们仍然是在收到货物时付款，但成本在下订单时就确定了）。同样，固定成本可能是 $k=k(t,w)$（受到某些约束条件的限制，请参见习题 9.12）。这样，我们就拥有了一个完整的环境驱动的经济和需求理论。

同样，如 9.6.3.1 节所述，当提前期 L 为随机的时，这些结果仍然成立。$C(t,w,y)$ 的计算有些不同，上述 γ^L 因子变成了 $E[\gamma^L]$。

总之，不论是基本库存策略还是 (r,s) 策略，最优策略的形式都取决于订货成本的本质，特别是取决于固定成本是否存在。不管策略的形式如何，策略变量的最优值都反映了关于当前和未来的信息。这些信息包括时间指标 t，以及当（且仅当）何时 t 非常重要。在一个具有静态数据的无限时间范围背景下，t 不重要，因为所有的时点都是一样的，因此策略变量是静态的，与 t 无关。在其他情况下，t 非常重要，它提供了关于随时间而变化的数据或受时间范围影响的信息。同样，当存在其他重要信息时（用环境状态 w 表示），策略变量也取决于这些信息（以这种方式来看，时间指标只是一个重要的信息项，但并没有什么特别的）。

但是，计算最优策略并不容易。如上所述，我们很难计算 $C(t,w,y)$。即使给定单周期的成本，状态 (w,x) 现在至少有除 x 之外的一个额外的维度，因此对于每一个 t，与以前相比，递归（9.7.1）至（9.7.3）都需要付出更多的努力。“维度的诅咒”再次出现了。

因此，在对环境需求系统 $(\mathbf{W},\mathbf{D})$ 进行建模时，我们面临着精确度和易处理程度的权衡。将我们所知道的所有与环境 **W** 中的需求相关的驱动因素都包含在内是很吸引人的。但是，当我们知道的信息很多时，得到的模型可能过于复杂而无法求解。我们必须利用我们的最佳判断和/或分析技术来找出真正重要的因素并只将它们包含在内。

在无限时间范围模型中，问题并没有明显地变得更加简单。最直接的方法就是连续近似（successive approximation）。我们曾经在 9.5.3 节中提到过这种方法，该方法必须求解一系列时间范围越来越长的有限时间范围模型。

9.7.3　近视策略和成本近似

重新考虑一下具有线性订货成本的有限时间范围模型。定义：

$$C^{+}(t,w,y)=\gamma^{L+1}c(t+1)E[d(t)\,|\,W(t)=w]+\gamma^{L}c^{+}(t)y+C(t,w,y)$$

并设定近视基本库存水平 $s^{+}(t,w)$ 以最小化 $C^{+}(t,w,y)$。我们可以证明，与定理 9.4.2（a）中一样，$s^{+}(t,w)$ 是 $s^{*}(t,w)$ 的一个上限。与定理 9.4.2 其他部分类似的结论也可以被推导出来。参见习题 9.17［同样的想法对于环境独立订货成本 $c(t,w)$ 也是有效的。函数 C^{+} 包含一个成本因子 $c^{+}(t,w)$，它比前面要复杂一些，参见习题 9.18］。

另外，近视方法得到了一个相当简单的最优成本的下限。像 9.4.3 节中那样进行推导，$V^{+}(0,w,x)\geqslant V_{-}(0,w)$，其中，

$$V_{-}(0,w)=\sum\nolimits_{t=0}^{T-1}\gamma^{t}E[C^{+}\{t,W(t),s^{+}(t,W(t))\}\,|\,W(0)=w]$$

利用 t 的预期是对 $[W(t)\,|\,W(0)=w]$ 进行的。因此，为了计算这一下限，我们必须知道并使用 **W** 的动态方程。

$s^{+}(t,w)$ 再次以一种简单的方式反映了问题的数据。假设成本因子是静态的。估算：

$$v(t,w)=E[D[t,t+L)\,|\,W(t)=w]$$
$$\sigma^{2}(t,w)=V[D[t,t+L)\,|\,W(t)=w]$$

并利用正态分布来近似 $D[t,t+L)$。令 z^{*} 求解了 $\Phi^{0}(z)=(c^{+}+h)/(b+h)$，我们得到：

$$s^{+}(t,w)=v(t,w)+\sigma(t,w)z^{*}$$

$$C^+(t,w,s^+(t,w)) = \gamma^L\{\gamma c E[d(t)\,|\,W(t)=w] + c^+ v(t,w) + \sigma(t,w)(b+h)\phi(z^*)\}$$

$$V_-(0,w) = \gamma^L \sum_{t=0}^{T-1} \gamma^t E[\gamma c d(t) + c^+ v(t,W(t)) + \sigma(t,W(t))(b+h)\phi(z^*)\,|\,W(0)=w]$$

在习题 9.16 的指数平滑模型中，需求数据也是静态的。对于正常数 a 和 $\underline{d}$，我们有 $E[d(t)\,|\,W(t)=w] = aw+\underline{d}$，$v(t,w)=v(w)$ 与 $\beta w+\underline{d}L$ 的形式一样，是 w 的一个线性函数，$\sigma(t,w)=\sigma(w)$ 是恒定的 σ_-，独立于 w。因此，上述表达式简化为：

$$s^+(w) = \beta w + (\underline{d}L + \sigma_- z^*)$$

$$C^+(w,s^+(w)) = \gamma^L\{\gamma c(aw+\underline{d}) + c^+(\beta w+\underline{d}L) + \sigma_-(b+h)\phi(z^*)\}$$

在这里，近视基本库存水平和成本估计值随着状态变量 w 以线性的形式变化。另外，$E[W(t)\,|\,W(0)=w] = a^t w$，因此（对于 $\gamma<1$）：

$$\begin{aligned} V_-(0,w) &= \gamma^L \sum_{t=0}^{T-1} \gamma^t [(\gamma ca + c^+\beta)a^t w + (\gamma c + c^+ L)\underline{d} + \sigma_-(b+h)\varphi(z^*)] \\ &= \gamma^L\left(\frac{1-(\gamma a)^T}{1-\gamma a}\right)(\gamma ca + c^+\beta)w + \gamma^L\left(\frac{1-\gamma^T}{1-\gamma}\right)[(\gamma c + c^+ L)\underline{d} \\ &\quad + \sigma_-(b+h)\varphi(z^*)] \end{aligned}$$

下限同样也是 w 的线性函数。

在无限时间范围情况下，以一种明显的方式定义 $C^+(w,y)$，并令函数 $s^+(w)$ 相对于 y 最小化。我们可以证明 $s^*(w) \leqslant s^+(w)$。最优策略和近视策略实际上与 6.7.2 节中讨论的是一样的。

$\gamma<1$ 时的最优成本的下限变成了：

$$V_-(w) = \sum_{t=0}^{\infty} \gamma^t E[C^+\{W(t), s^+(W(t))\}\,|\,W(0)=w]$$

对于正态近似下的指数平滑模型，其形式为：

$$V_-(0,w) = \gamma^L\left(\frac{\gamma ca + c^+\beta}{1-\gamma a}\right)w + \frac{\gamma^L[(\gamma c + c^+ L)\underline{d} + \sigma_-(b+h)\phi(z^*)]}{1-\gamma}$$

我们可以进一步简化：假设 **W** 服从一种极限的、静态的分布，由随机变量 W 来表示，并且在开始时 $W(0)$ 服从相同的分布［或者，我们不知道 $W(0)$，而且我们愿意将它指定为静态分布］。因此，$W(t)$ 服从这一相同的分布，因而下限变成了：

$$\begin{aligned} V_- &= \sum_{t=0}^{\infty} \gamma^t E[C^+\{W, s^+(W)\}] \\ &= \frac{E[C^+\{W, s^+(W)\}]}{1-\gamma} \end{aligned}$$

对于 $\gamma-1$，不管初始条件如何，$W(t)$ 都会趋近于 W，因此最优平均成本的

界限由 $v^* \geqslant v_-$ 给出，其中，

$$\begin{aligned} v_- &= \lim_{T\to\infty}\left(\frac{1}{T}\right)\sum_{t=1}^{T-1} E[C^+\{W(t), s^+(W(t))\} \mid W(0) = w] \\ &= E[C^+\{W, s^+(W)\}] \end{aligned}$$

在正态近似下，对于 $\gamma < 1$ 和 $\gamma = 1$，下限分别变成了：

$$V_- = \frac{\gamma^L[(\gamma c + c^+ L)E[d] + \sigma_-(b+h)\phi(z^*)]}{1-\gamma}$$

$$\begin{aligned} v_- &= E[c(d \mid W) + \sigma(W)(b+h)\phi(z^*)] \\ &= cE[d] + \sigma_-(b+h)\phi(z^*) \end{aligned}$$

其中，$E[d]$ 为总平均需求，而 σ_- 为 $\sigma(w)$ 的平均值。

它们是 6.7.2 节中的成本近似在离散时间条件下的体现。正如 6.7.2 节所强调的，变动指数 σ_- 代表提前期需求的残余方差（residual variance），即在给定信息（体现当前环境变量 w）情况下的条件方差（conditional variance）。它通常小于总提前期需求的方差。

我们专门看一看指数平滑模型，$\sigma(w)$ 就是 σ_- 本身，而 $E[d] = \underline{d}$，因此：

$$V_- = \frac{\gamma^L[(\gamma c + c^+ L)\underline{d} + \sigma_-(b+h)\phi(z^*)]}{1-\gamma}$$

$$v_- = c\underline{d} + \sigma_-(b+h)\phi(z^*)$$

总之，尽管准确的最优化需要复杂的计算，但我们可以通过近似的方法得到相当简单的、准确的估计值。

9.8 串联系统

考虑一个串联系统。为了简便起见，我们将集中讨论两阶段系统（$J = 2$），但其结果可以扩展到任何 J。信息和控制是完全集中化的。

假设（在 9.8.4 节之前）将货物从外部来源运送到阶段 1 以及从阶段 1 运送到阶段 2 的成本都是线性的。运往阶段 j 的货物在经过 L_j 的提前期后到达（根据第 8 章，我们将 L'_j 简写为 L_j）。

正如我们将要看到的，层级基本库存策略是最优的。我们在 8.3 节中看到了这种策略形式。

9.8.1 建模

本节的建模扩展了 9.6.2 节的建模方法。下列状态变量描述了系统：

$\hat{x}'_j(t)$ = 时点 t 时阶段 j 的(本地)净库存

$z_{jl}(t)$ = l 个期间之前(即时点 $t-l, l=1,\cdots,L_j-1$)发往阶段 j 的在途货物

$\mathbf{z}_j(t) = (z_{jl}(t))_l$

[对于 $j=1, \hat{x}'_1(t)$ 就是本地库存，因此 $\hat{x}'_1(t) \geqslant 0$。] 决策变量为：

$z_j(t)$ = 时点 t 时发送到阶段 j 的货物

我们称 $z_j(t)$ 为货物发送（shipment），而不是订单（order）。对于阶段 1 来说，这一差别并不重要，但对于阶段 2 来说，它确实很重要。在集中控制下，对于阶段 1 无法立即满足的订单，阶段 2 是无法下达的。只有实际的、可用的货物才是有意义的。因此，我们必须限定 $z_2(t)$ 以保证我们从阶段 1 发出的货物不会超过那里可得到的货物。具体来说，约束条件如下：

$$z_j(t) \geqslant 0 \qquad z_2(t) \leqslant \hat{x}'_1(t)$$

动态方程为：

$$\begin{aligned} \hat{x}'_1(t+1) &= \hat{x}'_1(t) + z_{1,L_1-1}(t) - z_2(t) \\ \hat{x}'_2(t+1) &= \hat{x}'_2(t) + z_{2,L_2-1}(t) - d(t) \\ \mathbf{z}_j(t+1) &= [z_j(t), z_{j1}(t), \cdots, z_{j,L_j-2}(t)] \end{aligned} \tag{9.8.1}$$

货物运输成本率（shipment-cost rates）为 $c_j(t)$，本地持有成本因子为 $h'_j(t)$，延期交货成本率为 $b(t)$。时点 t 时的总货物运输成本率为 $c_1(t)z_1(t)+c_2(t)z_2(t)$。为了简便起见，我们假设这一成本在时点 t 时支付，而不是货物到达时支付［这与 9.6 节中的惯例不同。如果这些成本实际上是在较晚的时候发生的，则用适当的折现值来代替 $c_j(t)$。例如，如果阶段 1 的货物是从外部采购的，并在货物到达时付款，则用 $\gamma^{L_1}c_1(t)$ 来代替 $c_1(t)$。但是，阶段 2 的货物为内部转运（internal transfer），而那些成本可能会在任何时候发生］。总库存—延期交货成本由下式给出：

$$h'_1(t)[\hat{x}'_1(t) + \sum_{l>0} z_{2l}(t)] + h'_2(t)[\hat{x}'_2(t)]^+ + b(t)[\hat{x}'_2(t)]^- \tag{9.8.2}$$

这一表达式与（8.3.5）类似。同样，在这里，发往阶段 2 的在途货物以阶段 1 的持有成本率收取费用。

如第 8 章所述，采用层级层面数量是很方便的。定义：

$\hat{x}_j(t)$ = 时点 t 时阶段 j 的层级净库存

$x_j(t)$ = 时点 t 时阶段 j 的层级在途库存水平

具体来说：

$$\hat{x}_2(t)=\hat{x}'_2(t) \qquad x_2(t)=\hat{x}_2(t)+\sum_{l>0} z_{2l}(t)$$

$$\hat{x}_1(t)=\hat{x}'_1(t)+x_2(t) \qquad x_1(t)=\hat{x}_1(t)+\sum_{l>0} z_{1l}(t)$$

条件 $\hat{x}'_1(t)\geqslant 0$ 现在变成了 $\hat{x}_1(t)\geqslant x_2(t)$，约束条件可以写成：

$$z_j(t)\geqslant 0 \qquad x_2(t)+z_2(t)\leqslant \hat{x}_1(t)$$

根据（9.8.1），动态方程变成了：

$$\hat{x}_j(t+1)=\hat{x}_j(t)+z_{j,L_j-1}(t)-d(t)$$

$$x_j(t+1)=x_j(t)+z_j(t)-d(t)$$

同样，令：

$h_j(t)=$ 时点 t 时阶段 j 的层级持有成本

即：

$$h_1(t)=h'_1(t) \qquad h_2(t)=h'_2(t)-h'_1(t)$$

因此，库存—延期交货成本（9.8.2）变成了：

$$h_1(t)\hat{x}_1(t)+h_2(t)\hat{x}_2(t)+[b(t)+h_2(t)][\hat{x}_2(t)]^-$$

[这与（8.3.8）类似。] 等价地，成本可以写为 $h_1(t)\hat{x}_1(t)+\hat{C}_2(t,\hat{x}_2(t))$，其中，

$$\hat{C}_2(t,x)=h_2(t)x+[b(t)+h_2(t)][x]^-$$

将时间范围扩展到时点 $T+L_1+L_2-1$，直到那时，需求和成本都持续发生。但是，为了简便起见，我们假设 $h_1(t)=0, t\geqslant T+L_1$。最后发往阶段 2 的货物为 $z_2(T+L_1-1)$，最后发往阶段 1 的货物为 $z_1(T-1)$，后续的货物无法及时到达以满足需求（这些假设实际上是不必要的，但它们使得建模更加整洁）。

现在，我们已经准备好对动态规划进行建模了：令：

$\tilde{V}(t,\hat{x}_1,\mathbf{z}_1,\hat{x}_2,\mathbf{z}_2)=$ 时点 t 之后的最优成本，从 $\hat{x}_j(t)=\hat{x}_j$ 和 $\mathbf{z}_j(t)=\mathbf{z}_j$ 开始

这是针对满足 $\hat{x}_1\geqslant x_2$ 的状态所做的定义，其中阶段 2 的库存位势 x_2 是对 $(\hat{x}_2,\mathbf{z}_2)$ 的加总。我们有：

$$\tilde{V}(T+L_1+L_2-1,\hat{x}_1,\mathbf{z}_1,\hat{x}_2,\mathbf{z}_2)=0$$

且对于 $t<T+L_1+L_2-1$，$\tilde{V}$ 满足下列递归：

$$\widetilde{V}(t,\hat{x}_1,\mathbf{z}_1,\hat{x}_2,\mathbf{z}_2) = \min\{c_1(t)z_1 + c_2(t)z_2 + h_1(t)\hat{x}_1 + \hat{C}_2(t,\hat{x}_2) + \gamma E[\widetilde{V}(t+1,\hat{x}_1 + z_{1,L_1-1} - d(t),(z_1,z_{11},\cdots,z_{1,L_1-2}), \hat{x}_2 + z_{2,L_2-1} - d(t),(z_2,z_{21},\cdots,z_{2,L_2-2}))] : z_j \geqslant 0, x_2 + z_2 \leqslant \hat{x}_1\} \tag{9.8.3}$$

[我们进一步限制对于 $t \geqslant T+L, z_2 = 0$，对于 $t \geqslant T, z_1 = 0$。实际上，假定成本率都为正，这些选择是最优的。]

显然，这是一个具有很大状态空间的极其复杂的动态规划。幸运的是，它可以大幅简化（令人畏惧的维度的诅咒有时候可以被解除）。我们将描述它的解，然后证明它真的是最优的。

9.8.2 最优策略的形式与计算

定义：

$$C_2^l(t,y) = \gamma^l E[\hat{C}_2(t+l, y - D[t,t+l))]$$

并设 $C_2(t,y)$ 等于 $C_2^l(t,y)$，其中 $l = L_2$。利用动态规划定义函数 V_2：

$$\begin{aligned} &V_2(T+L_1,x) = 0 \\ &H_2(t,y) = c_2(t)y + C_2(t,y) + \gamma E[V_2(t+1,y-d(t))] \\ &V_2(t,x) = -c_2(t)x + \min\{H_2(t,y): y \geqslant x\} \end{aligned} \tag{9.8.4}$$

这一递归与（9.4.3）至（9.4.5）具有相同的形式。具体而言，$C_2(t,y)$ 是 y 的凸函数，因此基本库存策略是最优的。令 $s_2^*(t)$ 表示最优基本库存水平。

同样，令：

$$\begin{aligned} &\underline{H}_2(t,y) = H_2(t,\min\{s_2^*(t),y\}) - H_2(t,s_2^*(t)) \\ &\hat{C}_1(t,x) = h_1(t)x + \underline{H}_2(t,x) \\ &C_1^l(t,y) = \gamma^l E[\hat{C}_1(t+l,y-D[t,t+l))] \end{aligned}$$

并设 $C_1(t,y)$ 等于 $C_1^l(t,y)$，其中 $l = L_1$。通过另一个动态规划定义函数 V_1：

$$\begin{aligned} &V_1(T,x) = 0 \\ &H_1(t,y) = c_1(t)y + C_1(t,y) + \gamma E[V_1(t+1,y-d(t))] \\ &V_1(t,x) = -c_1(t)x + \min\{H_1(t,y): y \geqslant x\} \end{aligned} \tag{9.8.5}$$

函数 $\underline{H}_2$ 被称为隐性惩罚成本（implicit penalty cost），与 8.3 节中的 $\underline{C}_j$ 一样，实际上，它是以与 $\underline{C}_j$ 同样的方式构建的。与引理 8.3.1 的证明一样，

对于 y，由于 $s_2^*(t)$ 最小化了 $H_2(t,y)$，因此 $\underline{H}_2(t,y)$ 是 y 的凸函数（与 $\underline{C}_j$ 不同，为了构建 $\underline{H}_2$，我们减掉了一个常数，即 H_2 的最小值，但这并不会影响其凸性）。因此，$\hat{C}_1(t,y)$ 和 $\hat{C}_1^l(t,y)$ 是 y 的凸函数，对于（9.8.5），基本库存策略同样是最优的。令 $s_1^*(t)$ 表示最优基本库存水平。

如 9.8.3 节所述，具有参数 $s_j^*(t)$ 的层级基本库存策略对于整个系统来说是最优的。换句话说，为了求解复杂的动态规划（9.8.3），我们只需要求解比较简单的（9.8.4）和（9.8.5）。

这一策略描述了实际的货物发送，而不是订单。对于阶段 2，我们调整标准基本库存策略以考虑可行性。也就是说，如果 $x_2(t) \geqslant s_2^*(t)$，我们就什么也不运送，否则，我们设 $y_2(t) = x_2(t) + z_2(t)$ 为 $\min\{s_2^*(t), \hat{x}_1(t)\}$。

我们有必要对上述计算与 8.3.3 节中的连续时间、静态、平均成本模型的算法进行比较。在本节中，存在着一个额外的时间维度，从这个角度看，计算变得更加复杂，但其总体逻辑是一样的：我们从最后一个阶段开始，向后进行计算，直到第一个阶段，在每一个阶段求解一个单一阶段的模型。除了阶段 J 之外，每个阶段的数据都是利用下一个阶段的解构建的。

回忆一下 8.3 节，在静态数据的情况下，层级基本库存策略可以通过一个本地控制方案进行实施。这种等价性基于这样一个事实：（本地）基本库存策略代替了需求，因此阶段 2 的订单为阶段 1 提供了完整的需求信息。但是，在数据随时间变化的情况下，这一点不再正确。这了实施策略，每一个阶段都必须能够直接获取需求信息。

我们可以利用更简单的计算来构建一个近视策略：定义 $c_j^+(t) = c_j(t) - \gamma c_j(t+1)$，且：

$$C_2^+(t,y) = \gamma c_2(t+1)E[d(t)] + c_2^+(t)y + C_2(t,y)$$

并令 $s_2^+(t)$ 最小化了 $C_2^+(t,y)$（对于 y）。然后，定义函数：

$$\begin{aligned}
\underline{C}_2^+(t,y) &= C_2^+(t,\min\{s_2^+(t),y\}) - C_2^+(t,s_2^+(t)) \\
\hat{C}_1^+(t,x) &= h_1(t)x + \underline{C}_2^+(t,x) \\
C_1^{+l}(t,y) &= \gamma^l E[\hat{C}_1^+(t+l, y - D[t,t+l))] \\
C_1^+(t,y) &= \gamma c_1[t+1)E[d(t)] + c_1^+(t)y + C_1^{+L_1}(t,y)
\end{aligned}$$

并令 $s_1^+(t)$ 最小化了 $C_1^+(t,y)$（对于 y）。因此，近视策略为具有基本库存水平 $s_j^+(t)$ 的层级基本库存策略。事实证明（参见习题 9.20），$s_j^*(t) \leqslant s_j^+(t)$。只要数据的改变不太快，近视策略就是有效的。

在无限时间范围和静态数据的情况下，利用近视方法可以得到最优策略（这一点可以利用定理 9.4.4 进行证明）。具体来说，设 $c_j^+ = (1-\gamma)c_j$，$D_1 = D[0,L_1)$，$D_2 = D[L_1,L_1+L_2)$。定义：

$$C_2(y) = \gamma_2^L E[\hat{C}_2(y-D_2)]$$
$$C_2^+(y) = \gamma c_2 E[d] + c_2^+ y + C_2(y)$$

令 s_2^* 相对于 y 最小化了 $C_2^+(y)$。然后，定义：

$$\underline{C}_2^+(y) = C_2^+(\min\{s_2^*, y\}) - C_2^+(s_2^*)$$
$$\hat{C}_1^+(x) = h_1(x) + \underline{C}_2^+(x)$$
$$C_1(y) = \gamma^{L_1} E[\hat{C}_1^+(y-D_1)]$$
$$C_1^+(y) = \gamma c_1 E[d] + c_1^+ y + C_1(y)$$

并令 s_1^* 最小化了 $C_1^+(y)$（对于 y）。除了少量细节外，它与 8.3.3 节中的算法是一样的。

在非静态模型中，近视策略实际上将当前数据在无限时间范围内看成是静态的，如 9.4 节所述。因此，在针对离散时间进行小幅调整后，8.3.5 节中的界限可以用来描述近视策略。

9.8.3 证明

现在我们要严格证明通过上述递归得到策略真的是最优的。

我们要得到 $\check{V}(T+L_1, \cdot, \cdot, \cdot, \cdot)$ 的明确表达式。回忆一下，在 (9.8.3) 中，对于 $t \geqslant T+L_1, z_2 = 0$，对于 $t \geqslant T, z_1 = 0$。同样，对于 $t \geqslant T+L_1, h_1(t) = 0$。因此，时点 $t \geqslant T+L_1$ 时的预期成本为：

$$\check{V}(T+L_1, \hat{x}_1, \mathbf{z}_1, \hat{x}_2, \mathbf{z}_2) = \hat{C}_2(T+L_1, \hat{x}_2, \mathbf{z}_2)$$

其中：

$$\hat{C}_2(t, \hat{x}_2, \mathbf{z}_2) = C_2^0(t, \hat{x}_2) + C_2^1(t, \hat{x}_2 + z_{2,L_2-1}) + \cdots + C_2^{L_2-1}(t, x_2)$$

我们通过三个步骤来简化 (9.8.3)：（1）我们应用定理 9.6.1 将向量 $(\hat{x}_2, \mathbf{z}_2)$ 简化为标量 x_2。这一步会得到一个涉及 $\check{V}(t, \hat{x}_1, \mathbf{z}_1, x_2)$ 的形式的函数。(2) 我们证明这些函数是可分离的（separable），具体来说，就是对于某些 $\hat{V}_1, \check{V}(t, \hat{x}_1, \mathbf{z}_1, x_2) = \hat{V}_1(t, \hat{x}_1, z_1) + V_2(t, x_2)$。函数 V_2 是上面 (9.8.4) 定义的函数。(3) 我们再次应用定理 9.6.1 将 $\check{V}(t, \hat{x}_1, z_1)$ 简化为 $V_1(x_1)$，其中 V_1 是 (9.8.5) 中定义的函数。

第一步。观察一下，$z_2(t)$ 只是在时点 $t+L_2$ 影响由 $\hat{C}_2(\cdot, \cdot)$ 衡量的阶段 2 的成本。因此，我们可以将 $\hat{C}_2(t+L_2, \cdot)$ 重新分配给时点 t。更准确地

说，对于 $t \leqslant T+L_1$，利用下面的递归定义 $\check{V}(t, \hat{x}_1, \mathbf{z}_1, x_2)$：

$$\check{V}(T+L_1, \hat{x}_1, \mathbf{z}_1, x_2) = 0$$
$$\begin{aligned}\check{V}(t, \hat{x}_1, \mathbf{z}_1, x_2) = \min\{& c_1(t)z_1 + c_2(t)(y_2 - x_2) + h_1(t)\hat{x}_1 + C_2(t, y_2) \\ & + \gamma E[\check{V}(t+1, \hat{x}_1 + z_{1,L_1-1} - d(t), (z_1, z_{11}, \cdots, z_{1,L_1-2}), y_2 - d(t))] \\ & : z_1 \geqslant 0, x_2 \leqslant y_2 \leqslant \hat{x}_1\}\end{aligned}$$

因此，根据定理 9.6.1 的归纳论证（inductive argument），我们可以证明，对于 $t \leqslant T+L_1$：

$$\hat{V}(t, \hat{x}_1, \mathbf{z}_1, \hat{x}_2, \mathbf{z}_2) = \hat{C}_2(t, \hat{x}_2, \mathbf{z}_2) + \check{V}(t, \hat{x}_1, \mathbf{z}_1, x_2)$$

另外，最优化 $\check{V}$ 的 z_1 和 y_2 的值是真正最优的。

第二步。现在，对于 $t \leqslant T+L_1$，通过下列递归定义函数 $\hat{V}_1(t, \hat{x}_1, z_1)$：

$$\hat{V}_1(T+L_1, \hat{x}_1, \mathbf{z}_1) = 0$$
$$\begin{aligned}\hat{V}_1(t, \hat{x}_1, \mathbf{z}_1) = \min\{& c_1(t)z_1 + \hat{C}_1(t, \hat{x}_1) \\ & + \gamma E[\hat{V}_1(t+1, \hat{x}_1 + z_{1,L_1-1} - d(t), (z_1, z_{11}, \cdots, z_{1,L_1-2}))] \\ & : z_1 \geqslant 0\}\end{aligned} \tag{9.8.6}$$

定理 9.8.1：对于所有的 $t \leqslant T+L_1$：

$$\check{V}(t, \hat{x}_1, \mathbf{z}_1, x_2) = \hat{V}_1(t, \hat{x}_1, \mathbf{z}_1) + V_2(t, x_2)$$

另外，求解（9.8.6）的 z_1 和求解（9.8.4）的基本库存策略经过上面的可行性修正后是真正最优的。

证明：利用归纳法：根据 $t = T+L_1$ 的定义，结果是正确的，因此假设对于任何 $t+1$ 它都成立。所以：

$$\begin{aligned}\check{V}(t, \hat{x}_1, \mathbf{z}_1, x_2) = \min\{& c_1(t)z_1 + h_1(t)\hat{x}_1 \\ & + \gamma E[\hat{V}_1(t+1, \hat{x}_1 + z_{1,L_1-1} - d(t), (z_1, z_{11}, \cdots, z_{1,L_1-2}))] \\ & + c_2(t)(y_2 - x_2) + C_2(t, y_2) + \gamma E[V_2(t+1, y_2 - d(t))] \\ & : z_1 \geqslant 0, x_2 \leqslant y_2 \leqslant \hat{x}_1\}\end{aligned} \tag{9.8.7}$$

在此，我们有两个决策变量 z_1 和 y_2，它们只是通过约束条件 $y_2 \leqslant \hat{x}_1$ 相联系。我们通过两步来进行最优化。首先，固定 z_1，对 y_2 进行最优化。我们现在面临的问题是求下式的值：

$$-c_2(t)x_2 + \min\{H_2(t, y_2) : x_2 \leqslant y_2 \leqslant \hat{x}_1\} \tag{9.8.8}$$

[函数 H_2 在（9.8.4）中定义。] 我们要考虑两种情况：如果 $\hat{x}_1 \geqslant s_2^*(t)$，则具有基本库存水平 $s_2^*(t)$ 的基本库存策略在（9.8.8）中是可行的，因此

它是最优的。也就是说，我们设 $y_2 = \max\{s_2^*(t), x_2\}$。在这种情况下，(9.8.8) 的值就是 $V_2(t,x_2)$。在其他情况下，如果 $\hat{x}_1 < s_2^*(t)$，则设 $y_2 = \hat{x}_1$ 是最好的做法（这一解是可行的，因为 $x_2 \leqslant \hat{x}_1, H_2$ 的凸性意味着它是最优的)。在这里，(9.8.8) 的值为：

$$\begin{aligned} -c_2(t)x_2 + H_2(t,\hat{x}_1) &= V_2(t,x_2) + [H_2(t,\hat{x}_1) - H_2(t,x_2)] \\ &= V_2(t,x_2) + [H_2(t,\hat{x}_1) - H_2(t,s_2^*(t))] \end{aligned}$$

将这两种情况结合在一起，我们可以将 (9.8.8) 的值写为：

$$V_2(t,x_2) + [H_2(t,\min\{\hat{x}_1, s_2^*(t)\}) - H_2(t,s_2^*(t))] = V_2(t,x_2) + \underline{H}_2(t,\hat{x}_1)$$

现在，将这一值代入 (9.8.7) 中。注意，$V_2(t,x_2)$ 这一项可以提到最小化之外。因此：

$$\begin{aligned} \check{V}(t,\hat{x}_1,\mathbf{z}_1,x_2) = V_2(t,x_2) + \min\{&c_1(t)z_1 + h_1(t)\hat{x}_1 + \underline{H}_2(t,\hat{x}_1) \\ &+ \gamma E[\check{V}(t+1,\hat{x}_1 + z_{1,L_1-1} - d(t),(z_1,z_{11},\cdots,z_{1,L_1-2}))] \\ &: z_1 \geqslant 0\} \end{aligned}$$

回忆一下，$\hat{C}_1(t,\hat{x}_1) = h_1(t)\hat{x}_1 + \underline{H}_2(t,\hat{x}_1)$，我们看到此处的最小值就是 $\hat{V}_1(t,\hat{x}_1,\mathbf{z}_1)$。归纳完成。

第三步。检查定义 $\hat{V}_1$ 的递归方程 (9.8.6)。它的形式与单一阶段系统的动态规划 (9.6.2) 相同，因此我们可以直接应用定理 9.6.1 来简化它。具体来说，定义：

$$\hat{C}_1(t,\hat{x}_1,z_1) = C_1^0(t,\hat{x}_1) + C_1^1(t,\hat{x}_1 + z_{1,L_1-1}) + \cdots + C_1^{L_1-1}(t,x_1)$$

回忆一下 (9.8.6) 中 V_1 的定义，我们有：

$$\hat{V}_1(t,\hat{x}_1,\mathbf{z}_1) = \hat{C}_1(t,\hat{x}_1,\mathbf{z}_1) + V_1(t,x_1) \qquad 0 \leqslant t \geqslant T$$

另外，求解 (9.8.5) 的基本库存策略可以使我们得到最优的阶段 1 的送货数量。

9.8.4 推广

显然，同样的逻辑也适用于更长的串联系统 ($J > 2$)：从 J 开始向后计算，直到 1。对于每一个阶段，简化状态向量（如上述第三步所述)，然后分离出最优成本（如第二步所述)。总之，层级基本库存策略是最优的。

回到两阶段系统，假设存在外部固定成本 $k_1(t) = k_1 > 0$，但内部固定成本 $k_2(t) = 0$。上述全部论证仍然成立。在涉及 z_1 [(9.8.3)、(9.8.5) 等] 的动态规划中，订货成本包括一项 $k_1\delta(z_1)$。因此，对于阶段 2 来说，最优策略是基本库存策略［利用（9.8.4）计算］，而对于阶段 1，最优策略是层级 (r,s) 策略［通过求解（9.8.5）得到］。

但是，正的内部固定成本 $k_2(t)$ 破坏了上述论证（第二步失效）。在此，我们对最优策略知之甚少。层级 (r,s) 策略（如 8.3 节所述）肯定是一个可行的启发式算法。

考虑一个具有线性送货成本的装配系统。一般来说，其最优策略十分复杂。但是，考虑具有静态数据的无限时间范围模型。假设初始状态满足与长期均衡条件（8.4.3）类似的条件，平衡层级基本库存策略是最优的。另外，我们可以通过分析等价的串联系统来找到最佳的此类策略。

初始状态如何呢？如果我们真的使用那种策略，迟早系统会达到平衡状态，并且从那时起，策略就是最优的。对于平均成本目标（$\gamma=1$）来说，那就足够了，最佳平衡层级基本库存策略是真正最优的。但是，对于折现成本的情况（$\gamma<1$），在初始阶段，策略是次优的；真正的最优策略也达到了均衡条件，而且它以较低的成本实现了这一点。但是，最优策略非常复杂，很难计算和实施。因此，对于所有初始状态，利用平衡层级基本库存策略作为一种启发式算法是合理的。

这似乎是人们在结构复杂性方面所能做的所有事情了，至少目前是这样。例如，对于配送系统，计算或者描述真正的最优策略似乎是不可能的（“维度的诅咒”再一次证明了它的力量）。我们必须求助于近似。例如，8.6 节的技术可以用于离散时间系统以得到一种启发式策略和最优成本的下限。

本章注释

9.3 节：Arrow 等（1951）和 Dvoretzky 等（1952）的论文引入了本节以及后面两节中讨论的离散时间动态规划建模。从那时起，出现了大量的文献，将基本模型向多个方向进行扩展。Porteus（1990）提供了一个完整的评论。

9.4 节：Karlin（1958）分析了线性订货成本模型。近视策略及其特性应该归功于 Karlin（1960）和 Veinott（1965）。参见 Morton 和 Pentico（1995）对其表现进行的实证性研究，以及 Lovejoy（1992）。定理 9.4.4 的一个来源是 Bertsekas 和 Shreve（1978）。

9.4.8 节的质量缺陷模型是由 Henig 和 Gerchak（1990）提出的，线性扩展规则是由 Ehrhardt 和 Taube（1987）以及 Baker 和 Ehrhardt（1995）提出

的。9.4.8.3 节的均衡方法来自 Tang（1990）以及 Denardo 和 Tang（1992），他们利用人们熟悉的观点分析了更加复杂的系统。另一种不错的方法请参见 Bollapragada 和 Morton（1994b）。Yano 和 Lee（1995）评论了相关文献。

9.5 节：Scarf（1960）引入了 k 凸性的概念以证明 (r,s) 策略的最优性。另一种方法请参见 Veinott（1966b），这篇论文还提出了定理 9.5.6 的界限。Iglehart（1963a，b）率先讨论了无限时间范围模型。Zheng（1991）提供了相对简单的证明。幂近似应该归功于 Ehrhardt 和 Mosier（1984），Ehrhardt（1984，1985）扩展了这一观点。

9.6 节：Karlin 和 Scarf（1958）说明了如何扩展基本模型以将恒定提前期包含在内。至于随机提前期，Kaplan（1970）、Nahmias（1979）、Ehrhardt（1984）以及 Song 和 Zipkin（1996b）讨论了外生供应系统，Federgruen 和 Zipkin（1986）探讨了有限产能系统。Morton（1971）和 Nahmias（1979）讨论了 9.6.5.1 节中的销售损失系统的近视方法。另请参见 Johansen 和 Thorstenson（1996）。

9.7 节：Iglehart 和 Karlin（1962）引入环境驱动的需求模型，Johnson 和 Thompson（1975）、Lovejoy（1992）、Song 和 Zipkin（1993a，1996c）以及 Sethi 和 Cheng（1997）对其进行了详细说明。参见 Azoury（1985）对于具有贝叶斯更新（bayesian updating）的未知参数的情况进行的讨论。

9.8 节：串联系统的基本结果（以及这一领域中的大多数核心概念，如层级库存）应该归功于 Clark 和 Scarf（1960）。Schmidt 和 Nahmias（1985）以及 Rosling（1989）将这些观点扩展到了装配系统。Chen 和 Zheng（1994b）对于无限时间范围的情况提供了极佳的证明。Iida（1998）证明了当数据缓慢变化时近视策略是有效的。

Eppen 和 Schrage（1981）以及 Federgruen 和 Zipkin（1984a，b，c）根据同样的方法分析了配送系统。Bessler 和 Veinott（1966）以及 Karmarkar（1981，1987a）对于这些系统以及其他在结构上十分复杂的系统开发出了定性结果。

本章习题

9.1 考虑 9.2.3 节中具有随时间而变化的泊松需求和外生、顺序供应过程的模型。利用条件方差公式，证明下列提前期需求的均值和方差的表达式：

$$v(t) = E\left[\int_{t}^{t+L} \lambda(v)dv\right]$$

$$\sigma^2(t) = E[(\int_t^{t+L} \lambda(v)dv)^2] + v(t) - \bar{v}^2(t)$$

9.2　证明函数 H 的表达式（9.4.7）与最初的定义（9.4.4）是一致的。

9.3　在 9.4 节的线性订货成本模型中，利用定理 9.4.2 的（a）部分和（e）部分证明：如果 $s^+(t)$ 对于 t 是非递减的，则对于所有 t，$s^*(t) = s^+(t)$。

9.4　9.4 节中的线性订货成本模型是无产能限制的。订单的大小没有限制。现在，假设存在着一个上限 $z_+(t) > 0$。在这种情况下，基本库存策略运作如下：如果 $x(t) \geqslant s(t)$，则不订货。否则就订购 $z(t) = s(t) - x(t)$，除非这将违反产能限制，而在这种情况下，令 $z(t) = z_+(t)$。

(a) 对于单周期问题，证明基本库存策略是最优的，并证明 $V(x)$ 是凸的。

(b) 遵循定理 9.4.1 的逻辑，证明对于有限时间范围模型，基本库存策略是最优的。

9.5　考虑 9.4 节中的线性订货成本模型，但假设我们在每一个时间点都可以处理掉过量库存。也就是说，如果 $x(t) > 0$，我们可以选择 $z(t) < 0$，因此 $y(t) < x(t)$。单位处理成本为 $-c_-(t)$，因此当 $z(t) < 0$ 时，总处理成本为 $c_-(t)z(t)$。

正常情况下，$c_-(t) \leqslant 0$，因此 $-c_-(t) \geqslant 0$。我们允许 $c_-(t) > 0$。在那种情况下，处理"成本" $c_-(t)z(t)$ 是负的。将处理解释为销售，而 $c_-(t)$ 为销售价格。但是，假设 $c_-(t) \leqslant c(t)$，因为如果不是这样的话，我们就可以通过购买然后立即卖出而获得无限的利润。即使有 $c_-(t) > 0$，这一情境也与 9.4.7 节的利润最大化情境有所不同。销售库存与满足需求完全是两回事。

考虑一个具有下列形式的策略：存在着两个参数 $s(t)$ 和 $u(t)$，其中 $0 \leqslant s(t) \leqslant u(t)$。设：

$$y(t) = \begin{cases} s(t) & x(t) < s(t) \\ x(t) & s(t) \leqslant x(t) \leqslant u(t) \\ u(t) & x(t) > u(t) \end{cases}$$

区间 $[s(t), u(t)]$ 被称为控制范围（control band），而这一策略被称为控制范围策略（control-band policy）。这一规则告诉我们在必要的时候将 $y(t)$ 恢复到控制范围。

(a) 证明对于单周期问题，具有参数 s^* 和 u^* 的控制范围策略是最优的。说明如何计算 s^* 和 u^*。

(b) 证明对于有限时间范围模型，控制范围策略是最优的，且 $s^*(t) \leqslant s^+(t) \leqslant u^*(t)$。

［你可能会认为，在这里，与初始模型相比，$s^*(t)$ 更接近 $s^+(t)$；处理选择权使得近视策略更有吸引力。同样正确的是，对于具有静态数据的无限时间范围模型，具有静态参数 $[s^*, u^*]$ 的控制范围策略是最优的。］

9.6 在 9.3 节的公式中，假设 $h(t)$ 为库存 $x(t)$ 在达到一个给定极限 $x_+(t)$ 之前的持有成本率，但任何高于这一极限的库存都会产生更高的成本 $h_+(t)$（习题 3.5 探讨了类似的情况）。说明如何相应地修正函数 $\hat{C}(t,x)$，并证明这一新函数是 x 的凸函数。

从这一点开始，9.3 节至 9.5 节的完整分析就可以适用了，除了一些特殊的公式如（9.4.2）之外。对于线性订货成本，基本库存策略是最优的；在固定订货成本的情况下，(r,s) 策略是最优的。显然，对于任何凸成本函数 $\hat{C}(t,x)$，这些结论仍然成立［当然，假设 $C(t,y)$ 是有限的］。

9.7 修正定理 9.4.3 证明以包含平均成本的情况（$\gamma = 1$）。

9.8 在 9.4.7 节中的利润最大化模型中，给定价格 $p(t)$ 为恒定的。考虑一种我们控制价格和订货量的情况。为了简便起见，考虑单周期模型，因此只有一个价格 p 供选择。同样，假设订货成本为线性的，且初始库存 $x = 0$。现在，平均需求取决于我们设定的价格［根据函数 $v(p)$］。假设对于 $p > 0$，$v(p)$ 是正的、递减的和凸的，而平均收入 $pv(p)$ 是凹的。同样，假设 $v(p)$ 对需求具有乘数效应（multiplicative effect），即对于某个使得 $E[e] = 1$ 的随机变量 e，$d = v(p)e$。

构建一个模型以最大化总预期利润。暂时固定 p。证明基本库存策略是最优的。证明 $v(p)$ 对最优基本库存水平具有乘数效应，即 $s^* = s^*(v(p)) = v(p)s^*(1)$，并计算常数 $s^*(1)$。证明对于正常数 $C^*(1)$，最优成本 $H(s^*)$ 可以写成 $v(p)[c + C^*(1)]$。

现在，将初始模型简化为一个具有单一变量 p 的模型，推导一个公式，该公式的解为最优价格 p^*。考虑一个更简单的模型，该模型忽略了与库存相关的成本，即最大化了 $(p - c)v(p)$，并令 $\underline{p}$ 为其最优价格。证明 $p^* > \underline{p}$［因而 $v(p^*) < v(\underline{p})$］。

9.9 如 9.4.8.2 节所述，比例产出模型是非常特殊的。本习题将针对更一般的情况分析 9.4.8.3 节中的线性扩展规则：假设存在着非负常数 ξ_1、ξ_{21} 和 ξ_{22} 满足 $0 < \xi_{22} + \xi_1^2 < \xi_1 < 1$，使得：

$$E[\Xi(z)] = \xi_1 z \qquad V[\Xi(z)] = \xi_{21} z + \xi_{22} z^2$$

［在比例产出模型中，$\xi_1 = E[\xi]$、$\xi_{21} = 0$、$\xi_{22} = \xi_2 = V[\xi]$。具有 $\xi_{21} > 0$ 和 $\xi_{22} = 0$ 的模型近似了独立单位缺陷（independent unit defects）的情况。］

调整 9.4.8.3 节的分析以涵盖这种情况。证明在均衡情况下：

$$E[u]=\left(\frac{\beta}{\xi_1}\right)E[d]$$

$$V[u]=[1-(1-\frac{\xi_1}{\beta})^2-(\frac{\xi_{22}}{\beta^2})]^{-1}\cdot\{(\frac{\xi_{21}}{\xi_1})E[d]+(\frac{\xi_{22}}{\xi_1^2})E^2[d]+V[d]\}$$

证明最优的 β^* 与在比例产出情况下是一样的。利用 $\beta=\beta^*$ 给出 $V[u]$ 的表达式。将结果限定在 $\xi_{22}=0$。

9.10 考虑 9.4.8 节中的不完美质量模型。假设订单大小 z 和成品率 $\xi(z)$ 是离散的（discrete）。具体来说，$\{\Gamma_i\}$ 是一系列 0－1 随机变量，其中 $\Gamma_i=1$ 表示单位 i 是合格的（无瑕疵），且 $\xi(z)=\sum_{i=1}^{z}\Gamma_i$。$\Gamma_i$ 是对称的（同分布，但不一定是独立的）。证明 $\xi(z)$ 是随机凸函数［提示：固定 z，以 Γ_i 为条件，$i\leqslant z$。选择任意一组 0－1 值 γ_1 和 γ_2，进一步以事件 $\{\{\Gamma_{z+1}=\gamma_1,\Gamma_{z+2}=\gamma_2\}or\{\Gamma_{z+1}=\gamma_2,\Gamma_{z+2}=\gamma_1\}\}$ 为条件。证明：以所有这些为条件，$\Delta^2E[f(\xi(z))]\geqslant 0$。然后消除这些条件］。

9.11 证明引理 9.5.1（m 凸函数的基本性质）。

9.12 考虑 9.5.2 节中具有有限时间范围 T 的模型。假设固定订货成本 $k(t)$ 的确取决于 t。但是，假设 $k(t)$ 对于 t 是非递增的。证明 (r,s) 策略是最优的。在 $\gamma<1$ 的情况下，在更弱的条件下，这一结果仍然成立。这个条件是什么？为什么是充分的？

9.13 考虑 9.6.3.1 节中具有无限时间范围、静态数据、线性订货成本且 $\gamma<1$ 的随机提前期模型。同样，D 是提前期需求。定义函数：

$$F^0_{D\langle\gamma\rangle}(y)=\frac{E[\gamma^L\mathbf{1}\{D>y\}]}{E[\gamma^L]}$$

$$=\sum\nolimits_l(\Pr\{L=l\}\frac{\gamma^l}{E[\gamma^L]})\Pr\{D>y\,|\,L=l\}$$

证明 $F^0_{D\langle\gamma\rangle}$ 具有互补累积分布函数的特性。然后，证明最优的 s^* 满足下列方程：

$$F^0_{D\langle\gamma\rangle}(y)=\frac{c^++h}{b+h}$$

9.14 考虑 9.6.5.1 节中的具有无限时间范围、静态数据、线性订货成本且 $L>1$ 的销售损失模型。定义 $Z[l,L)$ 为从时点 l 直到 L 之前到达的总供应。也就是说，$Z[L-1,L)=0$，$X[0,L)=x$，且：

$$Z[l,L)=z_{L-1-l}+z_{L-2-l}+\cdots+z_1\qquad 0<l<L-1$$

令 $\hat{x}[l,L)=Z[l,L)+z-D[l,L)$，证明：

$$\hat{x}(L)=\max\{0,\hat{x}[l,L):0\leqslant l<L\}$$

［提示：利用对条件随机变量 $\{\hat{x}(L)\mid\hat{x}(m)\}(0\leqslant m<L)$ 的表达式的归纳进行陈述和证明。此处的逻辑与习题 8.2 中相同。］

现在，假设近视策略在时点 0 选择 $z=z(0)$，使得（9.6.6）完全成立。证明对于 $d(0)$ 的任何实现值：

$$\Pr\{\hat{x}(L+1)=0\mid d(0)\}\mid_{z(1)=0}\geqslant\frac{(c^{+}+h)}{(b+h-\gamma c)}$$

因此（9.6.6）在时点 $t=1$ 时仍然成立［所以，对于所有 $t>0$，（9.6.6）继续成立］。

9.15 再次考虑上一道习题中的销售损失模型。利用上述 $\hat{x}(L)$ 的表示方法，证明：

$$\Pr\{\hat{x}(L)=0\}\leqslant\min\{\Pr\{\hat{x}[l,L)\leqslant 0\}:0\leqslant l<L\}$$

我们利用它来设计一个对近视策略的近似：令 s_l^{+} 求解了 $F^0_{D[l,L)}(y)=(c^{+}+h)/(b+h-\gamma c)$（与正文中 s_0^{+} 的定义一致）。设 $z_l^{+}=[s_l^{+}-Z[l,L)]^{+}$［这是基本库存策略的订货量，使用基本库存水平 s_l^{+}，将 $Z[l,L)$ 看成是库存位势（inventory position）］。最后，设 $z^{+}=\min\{z_l^{+}:0\leqslant l<L\}$。新策略使用 $z=z^{+}$ 作为订货量。证明：如果 $X[l,L)\leqslant s_l^{+}$，则：

$$\min\{\Pr\{\hat{x}[l,L)\leqslant 0\}:0\leqslant l<L\}\geqslant\frac{c^{+}+h}{b+h-\gamma c}$$

［根据这一点我们无法得出关于 $\Pr\{\hat{x}(L)=0\}$ 本身的任何结论，但它可能接近于求解（9.6.6）。］

9.16 考虑 9.7 节中的环境驱动需求模型。假设 W 为稳定的一阶自回归过程。也就是说，W 的动态方程由下式给出：

$$W(t+1)=aW(t)+\tau e(t)$$

其中，a 和 τ 为正常数，$a<1$，且 $\{e(t)\}$ 是一系列独立的随机变量，每一个都具有均值 0 和方差 1。同样，对于正常数 $\underline{d}$，$d(t)=W(t+1)+\underline{d}$（这是基于需求预测的指数平滑技术的模型，如附录 C 中的 C.6.4 节所述）。令 $D=D[0,L)$。将 D 表述为 $W(0)$ 和 $e(t)$ 的线性组合。然后，证明：

$$E[D\mid W(0)=w]=\beta w+\underline{d}L$$

$$V[D\mid W(0)=w]=\left(\frac{\tau^2}{(1-a)^2}\right)\{L-\left(\frac{\beta}{1+a}\right)[2+(1-a)\beta]\}$$

其中，$\beta=a(1-a^L)/(1-a)$。注意，方差并不取决于 w。对于较大的 L，

它差不多是线性的，我们可以近似：

$$V[D|W(0)=w]\approx\left(\frac{\tau^2}{(1-a)^2}\right)\left[L-\left(\frac{a}{1-a^2}\right)(2+a)\right]$$
$$\approx\left(\frac{\tau^2}{(1-a)^2}\right)L$$

9.17　考虑 9.7 节中具有线性订货成本的环境驱动需求模型。为了简便起见，假设 W 具有离散的状态空间。证明 $s^*(t,w)\leqslant s^+(t,w)$，与定理 9.4.2 (a)中一样。同样，证明与定理 9.4.2 (b) 类似的下列定理：假设对于所有从 w' 可以立即到达的状态 w，$s^+(t,w)\leqslant s^*(t+1,w')$，即 $\Pr\{W(t+1)=w'|W(t)=w\}>0$。因此，$s^*(t,w)=s^+(t,w)$。

9.18　考虑 9.7.2 节中具有取决于当前环境状态的线性订货成本 $c(t,w)$ 的环境驱动需求模型。说明如何计算 $c^+(t,w)$ 和 $C^+(t,w,y)$。也就是说，通过计算，使得我们可以将动态规划（9.7.1）至（9.7.3）以与（9.4.6）至（9.4.8）类似的形式重新写出来，即利用函数 $H(t,w,y)$、$C^+(t,w,y)$ 和 $V^+(t,w,y)$ 重新写出来。

9.19　考虑 9.8 节中的串联系统。证明 9.8.1 节中描述层级库存指标 $\hat{x}_j(t)$ 和 $x_j(t)$ 的动态方程。同样，证明基于层级的库存—延期交货成本 $h_1(t)\hat{x}_1(t)+\hat{C}_2(t,\hat{x}_2(t))$ 与最初的成本（9.8.2）是等价的。

9.20　考虑 9.8 节中的两阶段串联系统，具体而言，就是 9.8.2 节中构建的近视策略。证明 $s_j^*(t)\leqslant s_j^+(t)$ [对于 $j=2$，很容易证明，遵循定理 9.4.2 (a) 的证明即可。同样，令 $s_j^{\#}(t)$ 最小化了下式：

$$C_1^{\#}(t,y)=\gamma c_1(t+1)E[d(t)]+c_1^+(t)y+C_1(t,y)$$

证明 $s_1^*(t)\leqslant s_1^{\#}(t)$。然后，证明 $\underline{H}'_2\geqslant C_2^{+\prime}$，并利用它来证明 $s_1^{\#}(t)\leqslant s_1^+(t)$]。

附录 A　最优化与凸性

本章提要

A.1　导言

本附录大致讲述了数学最优化理论中的某些概念。这些概念是库存系统分析中的基本工具。本章注释中提到的参考文献更完整地论述了这一主题。

A.2　最优化

A.2.1　定义

令 X 为一个集合，$f = f(\mathbf{x})$ 为定义在 X 上的一个实值函数（real-valued function）。如果 $f(\mathbf{x}^*) \leqslant f(\mathbf{x})(\mathbf{x} \in X)$，则我们称 $\mathbf{x}^* \in X$ 在 X 上最小化了 f，或者是 f 在 X 上的一个（全局）极小元（minimizer）。值 $f(\mathbf{x}^*)$ 是 f 在 X 上的最小值。我们记 $f(\mathbf{x}^*) = \min\{f(\mathbf{x}): \mathbf{x} \in X\}$，且 $x^* = \operatorname{argmin}\{f(\mathbf{x}): \mathbf{x} \in X\}$。同样，如果 $f(\mathbf{x}^*) \geqslant f(\mathbf{x})(\mathbf{x} \in X)$，$\mathbf{x}^* \in X$ 在 X 上最大化了 f，而 $f(\mathbf{x}^*)$ 是 f 在 X 上的最大值。显然，当且仅当 $\mathbf{x}^*$ 最大化 $-f$ 时，它才会最小化 f。

并非每一个函数都有一个极小元和一个最小值［考虑 $X = \Re$（实数），且 $f(x) = e^x$］。但是，每一个函数都具有一个下确界（infimum），即值域 $\{f(\mathbf{x}), \mathbf{x} \in X\}$ 的最大下界（greatest lower bound），记为 $\inf\{f(\mathbf{x}): \mathbf{x} \in X\}$。因

此，即使没有使 $e^x = 0$ 的 x，$\inf\{e^x : x \in \Re\} = 0$ 也成立。另外，$\inf\{\mathbf{x} : \mathbf{x} \in \Re\} = -\infty$。相应的最大化概念是上确界（supremum），记为 $\sup\{f(\mathbf{x}) : \mathbf{x} \in X\}$。

假设 $X \subseteq \Re^n$。如果对于所有在 $\mathbf{x}^*$ 某一邻域内的 $\mathbf{x} \in X$，$f(\mathbf{x}^*) \leqslant f(\mathbf{x})$，则 $\mathbf{x}^*$ 是一个局部极小元（local minimizer），$f(\mathbf{x}^*)$ 是 f 在 X 上的局部最小值（local minimum）。

假设 $X \subseteq \Re^n$ 是一个开放集（open set），f 是定义在 X 上的一个实值函数。假设 f 是连续可微的。f 的梯度（gradient）［用 $\nabla f(\mathbf{x})$ 表示］就是 f 在 $\mathbf{x}$ 处的偏导数（partial derivatives）的 n 维向量，即：

$$\nabla f(\mathbf{x}) = \left[\frac{\partial f(\mathbf{x})}{\partial x_j}\right]_{j=1}^{n}$$

接下来，假设 f 是二次连续可微的。f 的海赛函数（Hessian）［记为 $Hf(\mathbf{x})$］是 f 在 $\mathbf{x}$ 处的二阶偏导数的 $n \times n$ 维矩阵，即：

$$Hf(\mathbf{x}) = \left[\frac{\partial^2 f(x)}{\partial x_i \, \partial x_j}\right]_{ij=1}^{n}$$

这一矩阵是对称的。

在一维的情况下（$n=1$），梯度就是导数 $f'(x)$，而海赛函数为二阶导数 $f''(x)$。对于任何 n，假设 $f(\mathbf{x})$ 为二次函数 $\mathbf{c}'\mathbf{x} + \frac{1}{2}\mathbf{x}'Q\mathbf{x}$，其中 $\mathbf{c}$ 为一个恒定的 n 维向量，Q 为一个不变的、对称的 $n \times n$ 维矩阵［此处的上撇号表示转置（transpose）］。因此，$\nabla f(\mathbf{x})$ 就是线性函数 $\mathbf{c} + Q\mathbf{x}$，$Hf(\mathbf{x})$ 为恒定的 Q。

A. 2. 2　最优化条件

一般来说，我们很难找到一个全局极小元，甚至也很难找到一个局部极小元。最优化条件有助于找到它们，或者至少是识别它们。下面是典型的一阶必要条件：

命题 A. 2. 1：假设 f 在开放集 X 上是连续可微的。如果 $\mathbf{x}^*$ 是一个局部极小元，则：

$$\nabla f(\mathbf{x}^*) = \mathbf{0} \tag{A. 2. 1}$$

这一结果为我们提供了一种寻找 $\mathbf{x}^*$ 的方法：求解具有 n 个未知数的 n 维方程组（A. 2. 1）。但是，我们不能保证它的一个解（如果存在的话）能够真正求解这一问题。为了求解这一问题，我们需要凸性的概念，这一概念将在下一节进行讲述。

同时，对于约束最优化（constrained optimization）存在着一些相应的结果。我们将专注于线性的情况：假设 A 是一个 $m\times n$ 阶矩阵，$m<n$，$\mathbf{b}$ 是一个 m 维向量。X_o 是 $\Re^n$ 上的一个开放集，f 是在 X_o 上的一个实值的、连续可微的函数，我们希望在 X_o 上最小化 f，约束条件为：

$$A\mathbf{x}=\mathbf{b} \tag{A.2.2}$$

（因此，实际集 X 为 $X_o\cap\{\mathbf{x}:A\mathbf{x}=\mathbf{b}\}$。）令 A' 表示 A 的转置。

命题 A.2.2：在这些假设下，如果 $\mathbf{x}^*$ 是 f 在 X 上的一个局部极小元，则存在一个 m 维向量 $\boldsymbol{\zeta}^*$，使得：

$$\nabla f(\mathbf{x}^*)+A'\boldsymbol{\zeta}^*=\mathbf{0} \tag{A.2.3}$$

另外，如果 A 的行（即 A' 的列）为线性无关的，则 $\boldsymbol{\zeta}^*$ 是唯一的。

$\boldsymbol{\zeta}^*$ 的分量（component）被称为对偶变量（dual variables）或拉格朗日乘数（Lagrange multipliers）。在这里，(A.2.2) 和 (A.2.3) 构成了具有 $m+n$ 个未知数 $\mathbf{x}$ 和 $\boldsymbol{\zeta}$ 的 $m+n$ 个方程。

A.3 凸性

A.3.1 定义与性质

如果对于每一对向量 $\mathbf{x}^1$，$\mathbf{x}^2\in X$ 和每个标量 $\lambda\in[0,1]$：

$$\mathbf{x}\equiv\lambda\mathbf{x}^1+(1-\lambda)\mathbf{x}^2\in X$$

则集合 $X\subseteq\Re^n$ 是凸的。因此，如何它包含连接 $\mathbf{x}^1$ 和 $\mathbf{x}^2$ 的整条线段，则 X 是凸的。

实例：在 $\Re^1$ 中，一个区间是凸的；在 $\Re^2$ 中，一个圆盘（disk）是凸的；在 $\Re^3$ 中，一个球体是凸的。在 $\Re^n$ 中，线性不等式组即 $X=\{\mathbf{x}:A\mathbf{x}\leqslant\mathbf{b}\}$ 的解集是凸的［这样一个集合被称为凸多面体（convex polyhedron）］。另外，两个凸集的交集本身也是凸的。如果 X 是凸的，$\mathbf{y}$ 是一个常向量，那么平移后的集合（translated set）$X+\mathbf{y}=\{\mathbf{x}+\mathbf{y}:\mathbf{x}\in X\}$ 是凸的。

令 f 表示定义在凸集 X 上的实值函数。如果对于每一对向量 $\mathbf{x}^1,\mathbf{x}^2\in X$ 和每一个标量 $\lambda\in[0,1]$，像上面一样定义 $\mathbf{x}\equiv\lambda\mathbf{x}^1+(1-\lambda)\mathbf{x}^2$：

$$f(\mathbf{x})\leqslant\lambda f(\mathbf{x}^1)+(1-\lambda)f(\mathbf{x}^2) \tag{A.3.1}$$

则函数 f 是凸的。右侧的表达式是对 $f(\mathbf{x})$ 的一个近似，是通过在 $\mathbf{x}^1$ 和 $\mathbf{x}^2$ 之间运用线性插值法（linear interpolation）得到的。因此，当 $f(\mathbf{x})$ 的真值总是等于或低于这一近似时，f 就是凸的。换句话说，f 的图形位于在 $\Re^{n+1}$ 中连接 $[\mathbf{x}^1, f(\mathbf{x}^1)]$ 和 $[\mathbf{x}^2, f(\mathbf{x}^2)]$ 的线段的下方。对于 $X \subseteq \Re^1$，f 在 $\Re^2$ 中的曲线是 U 形的；对于 $X \subseteq \Re^2$，f 在 $\Re^3$ 中的曲线是碗形的。

下面是一些相关的定义：如果只要 $\mathbf{x}^1 \neq \mathbf{x}^2$ 且 $\lambda \in (0,1)$，不等式（A. 3. 1）严格成立，则 f 是严格凸（strictly convex）的。当 $-f$ 为凸（convex）时，即当不等式反转时（A. 3. 1）成立，则 f 为凹（concave）的。同样，当 $-f$ 为严格凸时，f 为严格凹（strictly concave）。

实例：线性函数既是凸的，也是凹的，但不严格。对于 $X =$ 正实数，m 是一个标量常数，其中 $m > 1$ 或 $m < 0$，函数 x^m 是严格凸的。如果 $0 < m < 1$，x^m 是严格凹的，与 $\ln(x)$ 一样。对于 $X = \Re$，函数 $[x]^+ = \max\{0, x\}$ 和 $[x]^- = \max\{0, -x\}$ 都是凸的。

在某些变换下，凸性被保留了下来。

命题 A. 3. 1：

(a) 如果 f 在 X 上是凸的，$\mathbf{y}$ 是一个常向量，那么 $f(\mathbf{x}+\mathbf{y})$ 在平移的集合 $X+\mathbf{y}$ 上是凸的。

(b) 如果 f 和 g 在 X 上是凸函数，那么函数 $f(\mathbf{x}) + g(\mathbf{x})$ 以及 $\max\{f(\mathbf{x}), g(\mathbf{x})\}$ 也是凸函数。

(c) 如果 f 是凸的，μ 是一个标量，$\mu \geqslant 0$，那么 $\mu f(\mathbf{x})$ 是凸的。

(d) 如果 g 在 X 上是凸的，f 在 $\Re$ 上是凸的且是非递减的，则 $f[g(\mathbf{x})]$ 在 X 上是凸的。

(e) 如果 $\{f_m\}$ 是逐点收敛于一个函数 f 的一系列函数［即对于每一个 $\mathbf{x}$，$f_m(\mathbf{x}) \to f(\mathbf{x})$］，则 f 也是凸的。

根据这些基本法则，我们可以得出其他一些特性。下面是一个重要的特性，第 6 章和第 9 章大量使用了这一特性：

推论 A. 3. 2：假设 $\hat{C}$ 在 $X = \Re^n$ 上是凸函数，$\mathbf{d}$ 是在 $\Re^n$ 中取值的一个随机变量。那么，函数 $f(\mathbf{x}) = E[\hat{C}(\mathbf{x}-\mathbf{d})]$ 是凸的。

证明：首先，假设 $\mathbf{d}$ 具有一个有限的取值范围，如 $\{\mathbf{d}_i\}$，其中 $\Pr\{\mathbf{d} = \mathbf{d}_i\} = p_i$。对于每一个 i，$\hat{C}(\mathbf{x}-\mathbf{d}_i)$ 对于 $\mathbf{x}$ 是凸的［根据上述命题的（a）部分］，因此 $p_i\hat{C}(\mathbf{x}-\mathbf{d}_i)$ 也是凸的［根据命题的（c）部分］。所以，$f(\mathbf{x}) = \sum_i p_i\hat{C}(\mathbf{x}-\mathbf{d}_i)$ 也是凸的［根据命题的（b）部分］。

接下来，考虑一般情况。函数 f 可以描述为一系列 $\{f_m\}$ 的极限，其

中 $f_m(\mathbf{x})=E[\hat{C}(\mathbf{x}-\mathbf{d}^m)]$,$\mathbf{d}^m$ 是有限范围内的一个随机变量（这一期望值为一个积分，而积分是一个这种类型的极限）。每一个 f_m 都是凸的（根据前面的论证），因此 f 也是凸的［根据命题的（e）部分］。

当 f 是不同程度的光滑曲线时，它有一些等价的凸性特征：

命题 A. 3. 3：假设 X 是开放的且是凸的，函数 $f:X\rightarrow\Re$ 是连续可微的。那么，f 是凸的，当且仅当对于 X 中的所有 $\mathbf{x}$ 和 $\mathbf{y}$：

$$f(\mathbf{x})\geqslant f(\mathbf{y})+(\mathbf{x}-\mathbf{y})\ \nabla f(\mathbf{y}) \tag{A. 3. 2}$$

同样，当且仅当对于所有 $\mathbf{y}\neq\mathbf{x}$，（A. 3. 2）严格成立时，函数 f 是严格凸的。

（A. 3. 2）的右侧是以点 $\mathbf{y}$ 为中心的 $f(\mathbf{x})$ 的一阶线性近似。因此，当 $f(\mathbf{x})$ 的真值位于或高于这一近似时，f 是凸的。在一维情况下，（A. 3. 2）变成了 $f(x)\geqslant f(y)+(x-y)f'(y)$。在这种情况下，等价的条件为 $f'(x)$ 对于 x 是非递减的。

如果对于所有的 $\mathbf{x}$，$\mathbf{x}'Q\mathbf{x}\geqslant 0$，则方阵 Q 是一个非负定（nonnegative definite）矩阵。同样，当对于所有的 $\mathbf{x}\neq 0$，$\mathbf{x}'Q\mathbf{x}>0$，则 Q 为一个正定（positive definite）矩阵。

命题 A. 3. 4：假设 f 二次连续可微。那么，当且仅当对于所有的 $\mathbf{x}$，海赛函数 $Hf(\mathbf{x})$ 为非负定的时，则 f 是凸的。同样，如果对于所有的 $\mathbf{x}$，$Hf(\mathbf{x})$ 是正定的，则 f 是严格凸的。

在一维情况中，凸性条件简化为 $f''(x)\geqslant 0$，而 $f''(x)>0$ 意味着严格凸性。在二维情况下，凸性条件变为 $\partial^2 f(\mathbf{x})/\partial x_1^2\geqslant 0$，$\partial^2 f(\mathbf{x})/\partial x_2^2\geqslant 0$，且 $|Hf(\mathbf{x})|\geqslant 0$；如果这些不等式严格成立，则 f 为严格凸的。

我们可以同样定义域 X 为一个整数区间的函数 f 的凸性：如果只要 $\mathbf{x}$ 本身是一个整数时，（A. 3. 1）就成立，则 f 是凸的。等价地，如果一阶差分（first difference）$\Delta f(x)=f(x+1)-f(x)$ 对于 x 是非递减的，则 f 是凸的。同样，如果对于所有 x，二阶差分 $\Delta^2 f(x)=\Delta[\Delta f(x)]\geqslant 0$，则 f 是凸的。如果这些关系严格成立，则 f 是严格凸的（但是，这一理论不能扩展到有几个整数变量的函数）。

A. 3. 2 含义

我们为什么要关心凸性？主要原因是它简化了最优化。假设 X 是一个凸集，关键结果如下：

命题 A. 3. 5：假设 f 在 X 上是凸的。如果 $\mathbf{x}^*$ 是 f 在 X 上的一个局部最小化元，那么 $\mathbf{x}^*$ 也是一个全局最小化元。

命题 A. 3. 6：假设 f 在 X 上是严格凸的。那么，f 最多只有一个局部最小化元 $\mathbf{x}^*$，因而也只有一个全局最小化元。

因此，如果我们希望最小化 f，而且我们知道 f 是凸的，则只需要寻找一个局部最小化值。而且，如果 f 是严格凸的，我们知道最优点是唯一的（如果存在的话）。

凸性还为局部最优化本身提供了必要和充分条件。首先，定义：如果在 $\mathbf{x}$ 的某一邻域内函数是凸的，则该函数在 $\mathbf{x}$ 处是局部凸（locally convex）的。

命题 A. 3. 7：如果 $\mathbf{x}^*$ 是 f 的一个局部最小化元，则 f 在 $\mathbf{x}^*$ 处是局部凸的。

命题 A. 3. 8：假设 f 是连续可微的。如果 f 在 $\mathbf{x}^*$ 处是局部凸的，且 $\nabla f(\mathbf{x}^*) = \mathbf{0}$，则 $\mathbf{x}^*$ 是 f 的一个局部最小化元。

在上一结果中，如果 f 实际上在任何地方都是凸的，那么根据命题 A. 3. 5，$\mathbf{x}^*$ 就是一个真正的全局最小化元。一阶必要条件（A. 2. 1）因而也就变成了充分条件（我们在第 3 章和其他地方利用了这一结果）。对于线性约束最优化，存在着一个类似的结果：

命题 A. 3. 9：在命题 A. 2. 2 的假设下，如果 f 在 $\mathbf{x}^*$ 处是局部凸的，且 $(\mathbf{x}^*, \boldsymbol{\zeta}^*)$ 满足（A. 2. 2）和（A. 2. 3），则 $\mathbf{x}^*$ 是 f 在 $\mathbf{X}$ 上的一个局部最小化元。

同样，如果 f 是真正凸的，则 $\mathbf{x}^*$ 就是全局最小化元。

在下面的意义上，最优化继承了凸性：

命题 A. 3. 10：假设 X 和 Y 是凸集，$f = f(\mathbf{x}, \mathbf{y})$ 在 $X \times Y$ 上是凸的。定义对于固定的 $\mathbf{x}$，$g(\mathbf{x})$ 是 f 的最小值，即 $g(\mathbf{x}) = \min\{f(\mathbf{x}, \mathbf{y}) : \mathbf{y} \in Y\}$。那么 g 在 X 上是凸的。

本书各处均用到了这一基本结果。

如果我们的目标是最小化一个凹函数呢？如果对于 $\mathbf{x}^1, \mathbf{x}^2 \in X$（其中，$\mathbf{x}^1 \neq \mathbf{x}, \mathbf{x}^2 \neq \mathbf{x}$），我们不能表示为 $\mathbf{x} = \lambda \mathbf{x}^1 + (1-\lambda)\mathbf{x}^2$，则凸集 X 中的一个元素 $\mathbf{x}$ 是一个极值点（extreme point）。例如，如果 X 是一个闭区间，则其极值点是其终点（end point）；如果 X 是一个凸多面体，则其极值点是

其顶点（vertices）。

命题 A. 3. 11：如果 f 在 X 上是凹的，且存在着一个全局最小化元，那么 X 的某个极值点就是一个全局最小化元。

因此，要找到全局最小值，我们只需要考察极值点。尽管一般来说这很困难，但在某些特殊的情况下则很简单，这取决于 X 的结构（第 4 章使用了这一结果）。

对于定义在一个整数区间上的函数 f，命题 A. 3. 5 和 A. 3. 6 存在着一些类似的情况：在这里，局部最小化元是一个值 x，使得 $f(x-1) \geqslant f(x)$，以及 $f(x+1) \geqslant f(x)$，或者等价地，$\Delta f(x-1) \leqslant 0 \leqslant \Delta f(x)$。如果 f 是凸的，且 x^* 是一个局部最小化元，那么 x^* 也是一个全局最小化元。如果 f 是严格凸的，则最多有一个唯一的局部最小化元和全局最小化元（但是，对于具有几个整数变量的函数，局部最优化和全局最优化之间不存在这种简单的联系）。

本章注释

有几篇文章通俗易懂地讲解了经典最优化（这是本章的主要目标），包括 Luenberger（1984）以及 Bazaraa 和 Shetty（1993）。对于凸集和函数，标准参考文献仍然是 Rockafellar（1970）。

我们完全忽略了数学规划（mathematical programming）这一重要的话题，包括线性规划和整数规划。优秀的入门读物请参见 Chvátal（1983）以及 Nemhauser 和 Wolsey（1988）。由 Nemhauser 等（1989）收集的研究性文章提供了一个有用的综述。

为了求解一个真正的最优化模型，我们有几个选择：所有的主流电子表格软件，包括最优化模型，它们对于那些小型、常规的模型来说足够了。对于更复杂的工作（如第 5 章中的大模型），试一试内建强大最优化规则的专门建模语言，如 GAMS［Brooke 等（1988）］和 AMPL［Fourer 等（1993）］。

附录 B 动态系统

本章提要

B.1 定义与实例

一个系统（system）是相关要素的集合。一个动态系统（dynamical system）是系统中的要素随时间变化的系统。下面是一些例子：

太阳系：太阳和行星再加上卫星、彗星、小行星等。这些天体主要通过万有引力联系在一起。

电路：电阻器、电容器、晶体管和其他元件，通过电线连接在一起。

生产—配送网络：一家企业的生产和运输设施，以及它们之间的实际物品的库存。

当然，在这里，我们主要对第三种类型的系统感兴趣，但其他两种类型提供了有用的类比。

这些都是实际的系统，但我们还对系统的模型感兴趣，主要是图形模型和数学模型。我们常用“系统”来称呼这两种模型。本附录专门讨论了确定性（deterministic）系统，而随机系统（其行为受到随机事件的影响）将在附录 C 中进行讨论。

任何实际系统都不是完全单独存在的（除了整个宇宙之外）。因此，讨论一个系统要求我们隐含地或明确地将重点集中在环境的一部分上，而不考虑其他部分。系统的边界（boundary）区分了哪些要素是系统的一部分，哪些不是。在最实际的情况下，系统是什么是非常明显的，即其边界的位置很明确。

但并非总是如此。人们可能会并且确实对系统的“正确”范围存在争议。当然，这取决于讨论的目的。在某些情况下，太阳系可以被看成是在重力上独立于宇宙其他地方的系统，但在其他情况下则不行。同样，有时候单独讨论一家企业自己的生产—配送网络是有用的，但有时候则必须包含其客户和供应商。

子系统（subsystem）是某个更大系统的一部分。例如，地球及其卫星构成了太阳系的一个子系统。某一物品的库存构成了物流系统的子系统。通常，子系统的运作相对独立于系统的其他部分，因此我们将注意力集中在子系统上是有意义的。

B.1.1 词汇

描述系统有一个一般性的词汇表。我们以四个基本概念作为开始，它们是输入（input）、输出（output）、状态（state）和控制（control）。

系统的输入是一种推动因素，它从系统边界之外进入系统。输入可能是一个来自环境的实物流或信息流。

对于一个电路，电池可能以一个电压源的形式提供了部分输入。如果电路的目的是驱动一台电动机，则输入可能还包括让电动机保持理想转速的信号。生产系统的输入包括原材料和客户对最终产品需求的信息。

系统的输出衡量了其运作的结果。输出的定义取决于我们对系统行为的哪些方面感兴趣，或者系统的目的。同样，输出必须是我们可以观察的某一事物。

对于上述电动机驱动电路，其输出可能是电动机的实际转速。生产系统的输出可能就是其生产率。我们可能还希望观察一下订单满足率（需求立即得到满足的部分）。

因此，输入和输出描述了系统与其所在环境的相互作用。相比之下，系统的状态则描述了系统内部的运作。状态是对在某一时点系统中要素的完整描述。这里的关键词是“完整”（complete）。状态总结了可以用来预测其未来演化的关于系统的所有可用信息，不管是过去的还是现在的。

例如，在电路中，状态描述了每一节点处的电压以及网络中每一条电线中的电流。太阳系的状态包含行星的位置和速度。在生产—配送系统中，状态至少包括每一个地点处每一种物品的库存。

有时候，我们不太清楚如何描述一个系统的状态。得到一个满意的描述可能需要付出一些努力。“正确的”状态描述取决于系统的动态（将在下面讨论）。天文学家主要关注行星的位置，而不太关心它们的速度。但是，对于预测其未来的位置，速度也是必要的。

同样，生产—配送系统的适当状态取决于系统是如何运作的。如果很难改变生产率，则状态必须包含当前的生产率，以及库存水平。在具有交付延迟的配送系统中，状态必须描述所有的在途货物，因为它们会影响未来的库存水平。

最后，控制是为了修正系统的行为而采取的某种行动。有时候，控制来自于系统的外部，在这种情况下，它可以修正输入。在其他情况下，控制是系统本身内在的，建立在对实际输出的观察之上。

例如，上述电路中可能包括一个比较电动机期望转速与实际转速并能够相应调整电压的装置。物流系统的控制可能会根据当前库存水平订购原材料，并调整生产率。

为了完成对系统的描述，我们需要一些额外的术语：初始状态（initial conditions）、动态（dynamics）、约束（constraints）以及目标（objective）。

初始状态说明了系统开始时的状态。

系统的动态描述了状态和输出随时间的变化，是对输入和控制做出的响应。这是一个系统最根本的核心。

太阳系的动态具体表现为牛顿（或爱因斯坦）的运动定律。其他物理定律（如欧姆定律以及基尔霍夫定律）左右着电路的动态。物流系统的动态包括库存守恒定律（stock-conservation laws）：如果我们从本周具有特定的库存（当前状态）开始，然后决定订货并生产特定的数量（控制），然后需求发生了（输入），动态确定了下周将剩下的库存。

约束对控制活动或对状态的结果值施加了限制。在大多数生产系统中，负生产数量是没有意义的，而正生产数量则受到产能的限制。约束汇总了这些事实。同样，尽管负库存确实有意义（如第3章所述，它可以被解释为工作的积压），但我们可能希望尽量禁止出现这种情况，而我们可以通过额外的约束来做到这一点。

最后，目标是系统绩效的一个概括性指标。例如，在生产—配送系统中，我们可能对在一个很长的时间间隔内的总成本或者长期平均成本感兴趣。电路的性能可能是通过电动机的期望转速和实际转速的均方差（average squared difference）来衡量的。太阳系没有目标（据我们所知）。

B.1.2 方框图

为了理解这四个关键要素——输入、输出、状态和控制，以及它们如何协作，引入另一种类型的词汇——方框图（block diagram）——是很有帮助的。一个方框图就是以网络形式表示的一个系统图景。这类图形可以以不同的详细程度进行绘制。这些不同的图形使我们能够从不同的角度来看待一个系统。

在最抽象的层面上，我们可以将一个系统简单地看成是一个将输入转化为输出的装置。图 B.1.1 描述了这种观点。

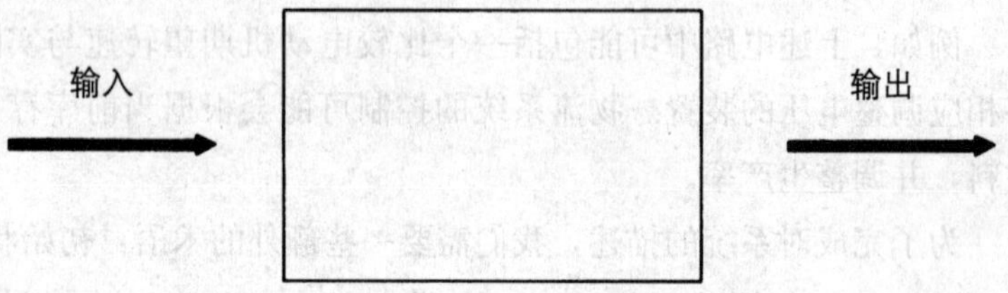

图 B.1.1 方框图：最简单的情况

系统本身是位于图形中央的一个矩形或方框。输入和输出用箭头表示。在这样一个图形中，我们将系统看成是一个黑匣子，而看不到其内部结构。

图 B.1.2 向我们更详细地呈现了一个系统，包括其状态、控制以及输入和输出。所有这些要素都以箭头表示，而方框表示转化过程，每一个要素通过它们相互影响。

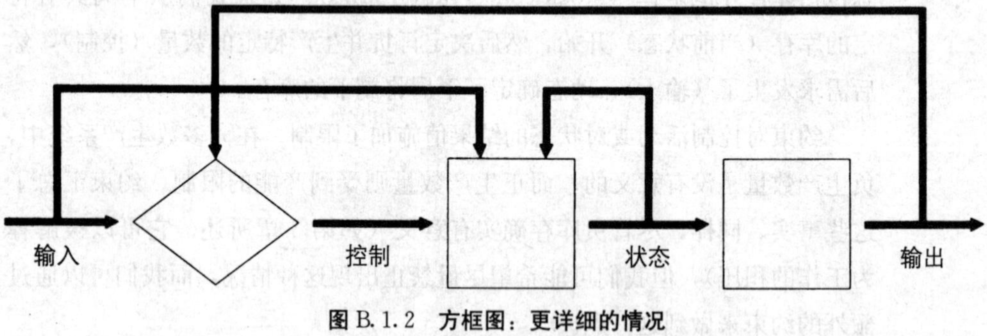

图 B.1.2 方框图：更详细的情况

最右边的方框表明输出由状态的转化决定。中间的方框表明输入和控制影响状态。同样，状态也影响它自己。最后，最左边的方框告诉我们，控制取决于输入，也取决于输出。同样，这一图形本身并没有告诉我们在方框内发生了什么，即相应的转化机制（某些系统缺少图中所示的某些方框和箭头。例如，如上所述，太阳系没有真正的输入、输入或控制，只有动态）。

还有更详细的方框图，它们显示出了方框是如何运作的。另外，我们可以使用分层图（hierarchical diagram）。这实际上是一系列图形，以类似于上面的图形开始，还包括额外的图形，每一个图形表示图 B. 1. 2 中的一个方框，显示出该方框中转化的细节。另外，在这些额外的图形中，其中一些可能会由更详细的图形进行补充。

B. 2　离散时间系统

B. 2. 1　建模

下面是一个系统的相当一般性的数学模型。我们将时间看成是一系列离散的时点（time points）（本书第 4 章进一步解释了这一概念）。没有明确的输出，更准确地说，状态本身就是输出。

$T =$ 时间范围

$t =$ 时点的编号，$t = 0, \cdots, T$

$\mathbf{x}(t) =$ 状态

$\mathbf{z}(t) =$ 控制

$\mathbf{e}(t) =$ 输入

最后三个为向量。它们的维度不一定相同。

初始条件：

$$\mathbf{x}(0) = \mathbf{x}_0 \qquad \text{(B. 2. 1)}$$

动态方程：

$$\mathbf{x}(t+1) = \mathbf{g}[t, \mathbf{x}(t), \mathbf{z}(t), \mathbf{e}(t)] \qquad t = 0, \cdots, T-1 \qquad (B. 2. 2)$$

约束条件：

$$\mathbf{x}(t) \in X \qquad t = 0, \cdots, T \qquad \text{(B. 2. 3)}$$

$$\mathbf{z}(t) \in Z \qquad t = 0, \cdots, T-1$$

目标函数：

$$\text{最小化} \qquad \sum_{t=0}^{T} f[t, \mathbf{x}(t), \mathbf{z}(t), \mathbf{e}(t)] \qquad \text{(B. 2. 4)}$$

其中，$\mathbf{x}_0$ 是一个给定的向量，X 和 Z 是子集，$\mathbf{g}$ 是一个关于其参数的向量函数（vector function），f 是具有相同参数的标量函数（scalar function）[对于 $t=T$，f 只是 $\mathbf{x}(T)$ 的函数]。

这一公式描述了一个一阶系统，在这个系统中，下一个状态 $\mathbf{x}(t+1)$ 只取决于当前状态、控制和输入，即它们在时点 t 的值，而不取决于更早的数值。但是，某些系统具有高阶的依赖性。幸运的是，我们可以改变公式，以将高阶系统简化为一阶系统。例如，假设 $\mathbf{x}(t+1)$ 取决于 $\mathbf{x}(t-1)$ 以及 $\mathbf{x}(t)$、$\mathbf{z}(t)$ 和 $\mathbf{e}(t)$。重新定义状态为 $\mathbf{y}(t)=[\mathbf{x}(t),\mathbf{x}(t-1)]$。现在，$\mathbf{y}(t+1)$ 只取决于状态、控制和输入的当前值。

B.2.2 动态规划的最优化原则

下面是求解问题（B.2.1）至（B.2.4）的一种方法。这种方法从 $t=T$ 开始，然后进行回溯。

令 $V(T,\mathbf{x})=f(T,\mathbf{x})$，即到达最终状态 $\mathbf{x}(T)=\mathbf{x}\in X$ 的成本。现在，定义函数：

$$V(t,\mathbf{x}) = \text{从 } \mathbf{x}(t)=\mathbf{x} \text{ 开始,从时点 } t \text{ 到时点 } T \text{ 的最小成本}$$

$$H(t,\mathbf{x},\mathbf{z}) = f[t,\mathbf{x},\mathbf{z},\mathbf{e}(t)]+V\{t+1,\mathbf{g}[t,\mathbf{x},\mathbf{z},\mathbf{e}(t)]\}$$

给定 $V(t+1,\cdot)$，因而也就给定了 $H(t,\cdot,\cdot)$，通过下式计算 $V(t,\cdot)$：

$$V(t,\mathbf{x}) = \min_z\{H(t,\mathbf{x},\mathbf{z}):\mathbf{z}\in Z,\mathbf{g}[t,\mathbf{x},\mathbf{z},\mathbf{e}(t)]\in X\} \qquad (B.2.5)$$

继续计算，直到 $t=0$。目标函数的最优值由 $V(0,\mathbf{x}_0)$ 给出。为了构建最优解，我们继续计算。设对于 $t=0$，$\mathbf{z}(0)$ 为（B.2.5）中 $\mathbf{z}$ 的最优值，其中 $\mathbf{x}=\mathbf{x}_0$，并设 $x(1)$ 为函数 $\mathbf{g}[0,\mathbf{x},\mathbf{z},\mathbf{e}(0)]$ 中相应的值。设对于 $t=1$，$\mathbf{z}(1)$ 为（B.2.5）中 $\mathbf{z}$ 的最优值，其中 $\mathbf{x}=\mathbf{x}(1)$，并设 $\mathbf{x}(2)$ 为函数 $\mathbf{g}[1,\mathbf{x},\mathbf{z},\mathbf{e}(1)]$ 中相应的值。以这种方式继续执行，直到 $t=T$。

从原则上说，这一方法是有效的。这一方法有效的事实被称为动态规划的最优化原则（optimality principle of dynamic programming）。

在实践中，（B.2.5）的精确递归解需要大量的计算。构造一个几乎不可能求解的问题很容易。注意，对于每一个 t，（B.2.5）要求对每一个 $\mathbf{x}$ 求解一个单独的最优化问题。但是，准确求解某些重要的问题是可能的，各种数值近似技术也适用于其他问题。

第 9 章将这一方法扩展至随机系统。

B.2.3 线性二次系统

下面是一种特殊但很重要的情况。它具有线性的动态方程和二次目标函数，且没有约束条件。

初始条件：

$$\mathbf{x}(0)=\mathbf{x}_0$$

动态方程：

$$\mathbf{x}(t+1)=A\mathbf{x}(t)+B\mathbf{z}(t)+C\mathbf{e}(t)\qquad t=0,\cdots,T-1$$

目标函数：

$$\text{最小化}\qquad \sum\nolimits_{t=0}^{T}½[\mathbf{x}'(t)Q\mathbf{x}(t)+\mathbf{z}'(t)R\mathbf{z}(t)]$$

其中，A、B、C、Q 和 R 是适当维度的矩阵（它们也有可能取决于 t，但为了简便起见，我们令它们保持静态）。

令 $\boldsymbol{\zeta}(t)$ 为动态方程的对偶变量的一个向量，$\boldsymbol{\zeta}(T)=\mathbf{0}$。最优化条件为：

$$Q\mathbf{x}(t+1)=A'[\boldsymbol{\zeta}(t+1)-\boldsymbol{\zeta}(t)]$$
$$R\mathbf{z}(t)=B'\boldsymbol{\zeta}(t)$$

再加上初始条件和动态方程。这构成了一个线性方程组，而这个方程组并不难求解。事实证明，最优的 $\mathbf{z}(t)$ 可以表示为初始向量 $\mathbf{x}_0$ 和输入 $\mathbf{e}(\cdot)$ 的一个线性函数。

这一模型被广泛应用于对实际系统的控制中，这些系统包括电动机（上述例子之一）和车辆的转向装置。其中，状态变量的正值和负值都是有意义的（它们描述了相反的方向），系统的目标是控制偏差，而二次目标函数体现了这一点。

第 4 章讨论了将这一方法应用在库存系统中。

B.3 连续时间系统

B.3.1 建模

我们也可以在连续时间情况下表述系统控制的问题。在某些情况下，这一方法更有意义。在此我们只描述一下建模方法：

初始条件：

$$\mathbf{x}(0)=\mathbf{x}_0$$

动态方程：

$$\mathbf{x}'(t) = \mathbf{g}[t, \mathbf{x}(t), \mathbf{z}(t), \mathbf{e}(t)] \qquad t \in (0, T)$$

约束条件：

$$\mathbf{x}(t) \in X \qquad t \in [0, \mathrm{T}]$$

$$\mathbf{z}(t) \in Z \qquad t \in [0, T]$$

目标函数：

$$\text{最小化} \qquad \int_0^T f[t, \mathbf{x}(t), \mathbf{z}(t), \mathbf{e}(t)]dt$$

动态方程中的上撇号表示相对于 t 的导数。

本章注释

讨论系统的图书很多。我发现 Luenberger（1979）和 Bertsekas（1995）特别有用。

附录C　概率与随机过程

本章提要

C.1　导言

本章是对概率和随机过程的回顾。同时，它还介绍了本书中用到的术语、惯例和符号。这些材料是完整的，但也是有选择性的和非正式的：许多重要的主题没有被涉及，许多定义和证明来自直觉，而不太严格。本附录结尾处的注释中的参考文献提供了更全面的阐述。

概率的概念真的是科学和人类文化中伟大、迷人的观念之一。它提供了一个清晰、准确的词汇表来描述不确定性和不精确性。不确定性和不精确性是库存系统的核心要素。

C.2　概率和随机变量

C.2.1　讨论

直观地说，随机变量（random variable）就是目前还不能准确知道但在以后可以知道的一些量（还有一个精确的、技术化的定义，我们将它忽略了）。例如，在对库存系统建模时，我们考虑如下所述的这些数量：

- 下一周对某一物品的需求。
- 现在下达的补货订单的提前期。
- 订货提前期内对物品的需求。

• 某一单位物品是否有瑕疵。

通常，随机变量用一个符号（如 X）表示。

随机变量的取值范围（range）是这一变量可能取值的集合。例如，对于每周的需求，取值范围可能是 0 至 200 之间的整数。订货提前期的取值范围可能是所有的非负实数。有瑕疵产品的取值范围可能是 $\{0,1\}$，其中 1 代表有瑕疵，而 0 代表无瑕疵。取整数值的随机变量被称为离散的（discrete），而取实数值的随机变量被称为连续的（continuous）。取值范围也用一个符号表示，如 S_X，或只用 S 表示。

除了取值范围之外，随机变量的定义还包括每一个可能值子集的概率。例如，提前期内需求恰好为 93 的概率可能是 0.006，提前期超过 3.4 周的概率可能为 0.22，一单位物品无瑕疵的概率可能是 0.95。缩写 $\Pr\{z\}$ 的意思是括号内事件发生的概率。例如，如果 D 表示提前期内的需求，则上述第一个陈述就变成了 $\Pr\{D=93\}=0.006$。

随机变量的实现值（realization）是当所有的不确定性都被消除后实际发生的值。例如，上述 D 描述了要考虑的周期之前的需求数量。在这一周期之后，我们可能观察到需求为 103，这就是 D 的实现值。

有时候，我们会考虑几个相关的数量，而且它们都是不确定的。我们可以将它们描述为一组随机变量，或描述为一个单一的向量值随机变量［随机过程（stochastic process）是一种特殊的随机变量集，我们将在后面给出定义］。

C.2.2 离散随机变量：一般特性

考虑一个离散的随机变量 X，它的取值范围为 S，是某一区间内的一组整数。X 的概率可以用概率质量函数（probability mass function，简写为 pmf）来描述。这是定义在 S 上的一个函数 g_X，它的含义是：

$$g_X(x)=\Pr\{X=x\} \qquad x\in S$$

因此，$g_X(x)\geqslant 0, x\in S$，且 $\sum_{x\in S} g_X(x)=1$。有时候，将函数 g_X 扩展到所有整数是有意义的，对于 $x\notin S$，令 $g_X(x)=0$。省略符号 X 后，我们用 g 来代替 g_X［有人称 g_X 为概率密度函数（probability density function）。这一术语在连续随机变量的情况下具有不同但相关的含义］。

g_X 的众数（mode）是 x 的一个值，$g_X(x)$ 在该值处为局部最大值。当只有一个众数时（或者更一般地，当所有众数都相邻时），我们称 g_X 为单峰的（*unimodal*）。

X 的概率分布（probability distribution）或累积分布函数（cumulative distribution function，简写为 cdf）为：

$$G_X(x) = \Pr\{X \leqslant x\} = \sum_{y \leqslant x} g_X(y) \qquad x \in S$$

互补累积分布函数（complementary cumulative distribution function，ccdf）为：

$$G_X^0(x) = \Pr\{X > x\} = 1 - G_X(x) \qquad x \in S$$

同样，省略 X 后，记为 G 的 G^0。

均值（mean）或期望（expectation）为：

$$E[X] = \sum_{x \in S} x g(x)$$

[当 S 为无限时，这一级数（series）不一定收敛，在这种情况下，$E[X]$ 不存在。即便 $E[X]$ 存在，它也可能是无穷大。我们几乎总是假设 $E[X]$ 存在且是有限的。对于下面类似的级数也是如此。] 更一般地，如果 h 是定义在 S 上的某一函数，则 $h(X)$ 的期望为：

$$E[h(X)] = \sum_{x \in S} h(x) g(x)$$

特别地，如果 n 是一个正整数：

$$E[X^n] = \sum_{x \in S} x^n g(x)$$

被称为 X 的 n 阶矩（moment）。$E[X]$ 本身是一阶矩。X 的方差为：

$$V[X] = E[X^2] - (E[X])^2 = E[(X - E[X])^2]$$

一个相关的量是 X 的二阶二项矩（second binomial moment）$\frac{1}{2}E[X(X-1)]$。X 的标准差（standard deviation）是其方差的平方根。对于 $E[X]$ 为正的随机变量 X，变异系数（coefficient of variation）为其标准差和其均值的比率，即 $(V[X])^{1/2}/E[X]$。

X 的 z—变换（z-transform）[也被称为概率生成函数（probability generating function），或 pgf] 为：

$$\tilde{g}(z) = E[z^X]$$

[这一函数是为那些使期望值存在的 z 定义的。这样的 z 可以是复数（complex number），也可以是实数。] 这一函数具有一些重要的应用。例如，$E[X] = (\partial \tilde{g}/\partial z)(1)$，$\frac{1}{2}E[X(X-1)] = \frac{1}{2}(\partial^2 \tilde{g}/\partial z^2)(1)$。另外，$z$—变换

完全描述了随机变量的分布（在适度的技术条件下），也就是说，pgf 和 pmf 存在着一对一的对应关系。

X 的一阶损失函数（first-order loss function）［或者简称为损失函数（loss function）］如下：

$$\begin{aligned} G^1(x) &= E[[X-x]^+] \\ &= \sum_{y \geqslant x}(y-x)g(y) \\ &= \sum_{y \geqslant x} G^0(y) \end{aligned}$$

（最后一个等式来自分部求和。）对于一个非负的 X，$G^1(0)=E[X]$，因此：

$$G^1(x) = E[X] - \sum_{0 \leqslant y < x} G^0(y) \qquad x \geqslant 0$$

（这种形式便于计算。）损失函数对于 x 是非负的、非递增的，且是凸的。二阶损失函数（second-order loss function）的定义与之类似：

$$\begin{aligned} G^2(x) &= \tfrac{1}{2}E[[X-x]^+[X-x-1]^+] \\ &= \tfrac{1}{2}\sum_{y \geqslant x}(y-x)(y-x-1)g(y) \\ &= \sum_{y \geqslant x}(y-x)G^0(y) \\ &= \sum_{y > x} G^1(y) \end{aligned}$$

对于 $X \geqslant 0$，$G^2(0)=\tfrac{1}{2}E[X(X-1)]$，因此：

$$G^2(x) = \tfrac{1}{2}E[X(X-1)] - \sum_{0 < y \leqslant x} G^1(y) \qquad x \geqslant 0$$

假设 h 是一个凸函数，定义在包括 S 的一个实数区间内。则对于任何取值范围为 S 的随机变量 X：

$$E[h(X)] \geqslant h(E[X])$$

这就是詹森不等式（Jensen's inequality）。

现在，考虑两个相关的随机变量 X 和 Y，其（二维）取值范围为 S。(X,Y) 的（联合）概率质量函数为下列函数：

$$g_{X,Y}(x,y) = \Pr\{X=x, Y=y\} \qquad (x,y) \in S$$

联合累积分布函数由下式给出：

$$G_{X,Y}(x,y) = \Pr\{X \leqslant x, Y \leqslant y\} \qquad (x,y) \in S$$

同样，我们可以为三个或更多个随机变量定义联合概率质量函数和联合累积分布函数。

给定 $Y=y$ 时 x 的条件概率质量函数（conditional pmf）是 x 的函数，取决于参数 y，它是为那些具有 $g_Y(y)>0$ 的 y 而定义的：

$$g_{X|Y}(x|y)=\frac{g_{X,Y}(x,y)}{g_Y(y)}$$

给定 $Y=y$ 时 X 的条件均值（conditional mean）就是 X 的均值，利用条件概率质量函数 $g_{X|Y}$ 代替 g_X 进行计算，并用 $E[X|Y=y]$ 表示，简写为 $E[X|Y]$。条件方差（conditional variance）$V[X|Y]$ 以类似的方法计算。条件方差公式（conditional-variance formula）通常非常有用：

$$V[X]=E_Y\{V_X[X|Y]\}+V_Y\{E_X[X|Y]\} \tag{C.2.1}$$

（此处的下标表明了运算符 E 或 V 应用于哪个变量。例如，在第一项中，将 $V_X[X|Y]$ 看成是 $Y=y$ 的函数，运算符 E_Y 指示我们计算这一函数的均值。）

当对所有的 x 和 y：

$$g_{X,Y}(x,y)=g_X(x)g_Y(y)$$

或等价地：

$$g_{X|Y}(X|Y)=g_X(x)$$

时，变量 X 和 Y 是独立的。

函数 $h(x,y)$ 的期望值为：

$$E[h(X,Y)]=\sum\nolimits_{(x,y)\in S}h(x,y)g(x,y)$$

X 和 Y 的协方差（covariance）的一个重要例子如下：

$$V[X,Y]=E[(X-E[X])\cdot(Y-E[Y])]=E[XY]-E[X]E[Y]$$

当 X 和 Y 独立时，$V[X,Y]=0$［但是，即使 X 和 Y 不独立时，$V[X,Y]$ 也可能等于 0。当 $V[X,Y]=0$ 时，我们称 X 和 Y 不相关（uncorrellated）］。对于 $Y=X,V[X,X]=V[X]$。下列等式总是正确的：

$$E[X+Y]=E[X]+E[Y]$$
$$V[X+Y]=V[X]+2V[X,Y]+V[Y]$$

因此，当 X 和 Y 独立时，或者更一般地，即不相关时：

$$V[X+Y]=V[X]+V[Y]$$

两个随机变量 X 和 Y 的卷积（convolution）是它们的和 $W=X+Y$。概率质量函数 g_X 和 g_Y 的卷积是 W 的概率质量函数，由下式给出：

$$g_W(w) = \sum_x g_X(x) g_Y(w-x)$$

根据 z—变换：

$$\tilde{g}_W(z) = \tilde{g}_X(z)\tilde{g}_Y(z)$$

假设 $X_i(i=1,2,\cdots)$ 是独立的随机变量，具有共同的概率质量函数 g_X。g_X 的 n 重卷积是 $W = \sum_{i=1}^{n} X_i$ 的概率质量函数，记为 $g_W = g_X^{(n)}$。

C.2.3 离散随机变量：实例

下面我们要回顾一些重要的离散概率分布类型［C.4.4 节讨论了另一个重要的类型，即离散位相形分布（discrete phase-type distribution）］。

C.2.3.1 伯努里分布

在这种情况下，$S = \{0,1\}$。这种分布的随机变量 X 代表在“是”和“否”或“关”与“开”或“成功”和“失败”等之间的选择。例如，$X=1$ 可能意味着生产的某一单位产品有瑕疵，而 $X=0$ 意味着这一单位产品是合格的。

这种分布只有一个参数 p，其中 $p = \Pr\{X=1\}$。也就是说：

$$g(0) = 1-p \qquad g(1) = p$$

因此：

$$E[X] = p \qquad V[X] = p(1-p) \qquad \tilde{g}(z) = (1-p) + pz$$

C.2.3.2 二项分布

这种类型的分布有两个参数 n 和 p，且 $S = \{0,1,\cdots,n\}$。在这里，X 可以被看成是 n 个独立随机变量之和，每一个变量都服从参数为 p 的伯努里分布。例如，X 可能代表生产的 n 单位产品中次品的数量。

在此：

$$g(x) = \binom{n}{x} p^x (1-p)^{n-x} \qquad x \in S$$

$$E[X] = np \qquad V[X] = np(1-p) \qquad \tilde{g}(z) = [(1-p)+pz]^n$$

图 C.2.1 画出了三个二项概率质量函数，n 都为 20，但 p 值不同。在每一种情况中，g 都是单峰的。另外，对于 $p=½$，g 对于均值 $½n$ 是对称的．一般来说，交换 p 和 $1-p$ 会得到 g 关于 $x=½n$ 处垂线的镜像。所有二项分布都具有这些特性。

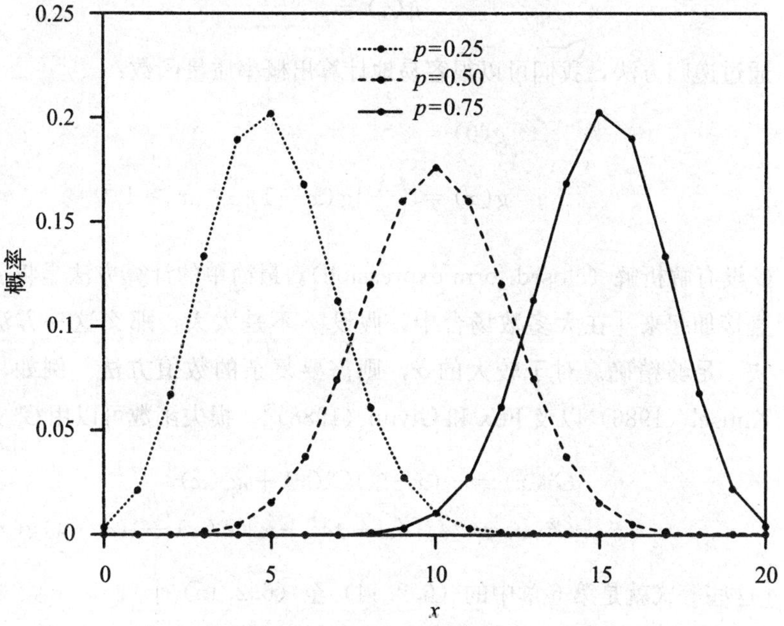

图 C. 2. 1　概率质量函数（二项分布：$n=20$）

C. 2. 3. 3　均匀分布

这种分布有两个参数 a 和 b，都为整数，且 $a<b$。取值范围为 $S=\{a+1,a+2,\cdots,b-1,b\}$。当 X 在 S 的任何整数上发生的概率相等时，我们称 X 在 S 上具有均匀分布。因此：

$$g(x)=\frac{1}{b-a}\qquad x\in S$$

$$E[X]=½(b+a+1)\qquad V[X]=\frac{(b-a+1)(b-a-1)}{12}$$

（例如，在 6. 2. 3 节的模型中，库存位势服从这一分布。）

C. 2. 3. 4　泊松分布

泊松分布只有一个参数 $\lambda>0$，S 为非负整数。概率质量函数为：

$$g(x)=\frac{\lambda^x e^{-\lambda}}{x!}\qquad x\geqslant 0$$

且：

$$E[X]=V[X]=\lambda$$

另外：

$$\widetilde{g}(z) = e^{-\lambda(1-z)}$$

通过递归方法，我们可以很容易地计算出概率质量函数：

$$g(0) = e^{-\lambda}$$

$$g(x) = \left(\frac{\lambda}{x}\right)g(x-1) \qquad x \geqslant 1$$

G 没有解析解（closed form expression）。最简单的计算方法是将 g 的各项直接加起来［在大多数场合中，假设 x 不是太大，那么这一方法就足够快、足够精确。对于较大的 x，则需要复杂的数值方法。例如，请参见 Knüsel（1986）以及 Fox 和 Glynn（1988）］。损失函数可以用 G^0 来表示：

$$G^1(x) = -(x-\lambda)G^0(x) + \lambda g(x)$$

$$G^2(x) = \tfrac{1}{2}\{[(x-\lambda)^2 + x]G^0(x) - \lambda(x-\lambda)g(x)\}$$

［这些等式就是第 6 章中的（6.2.14）至（6.2.15）。］

图 C.2.2 画出了 4 个不同 λ 值的泊松概率质量函数。注意，在每一种情况下，g 都是单峰的，众数出现在接近均值 λ 的地方（具体来说，当 λ 为一个正整数时，$\lambda-1$ 和 λ 都是众数，否则，单一众数为 λ 的整数部分）。第 6 章中的几个图形描述了损失函数。

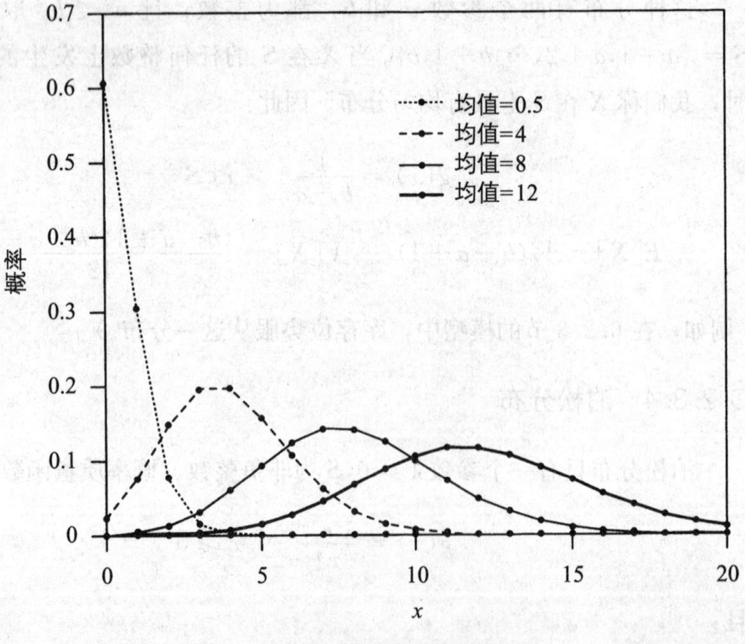

图 C.2.2　概率质量函数（泊松分布）

考虑一组二项分布，其中 n 趋于∞，但调整 p 以使均值 λ 保持恒定，即 $p=\frac{\lambda}{n}$。那么，极限服从相同均值 λ 的泊松分布。

泊松分布广泛应用于对在固定时间间隔内对一种物品的需求进行建模，如第 6 章所述。

C.2.3.5　几何分布

在这种分布中，S 为非负整数，且具有单一参数 p，$0<p<1$。考虑一个独立变量的无限序列，每个变量都服从参数为 p 的伯努里分布［被称为伯努里序列（Bernoulli sequence）或伯努里过程（Bernoulli process）］。因此，X 为在第一个 0 被观察到之前的 1 的数量。

几何分布常用于对直到某些事件发生前的时间的建模，如机器失灵，其中失灵的概率是恒定的，而不管机器的使用年限。它在第 7 章中也出现过，描述了在随机提前期中的需求。

我们有：

$$g(x)=(1-p)p^{x} \qquad G^{0}(x)=p^{x+1} \qquad x\geqslant 0$$

$$E[X]=\frac{p}{1-p} \qquad V[X]=\frac{p}{(1-p)^{2}}$$

$$\tilde{g}(z)-\frac{1-p}{1-pz}$$

$$G^{1}(x)=\left(\frac{p}{1-p}\right)p^{x} \qquad G^{2}(x)=\left(\frac{p}{1-p}\right)^{2}p^{x} \qquad x\geqslant 0$$

略微一般的分布类型出现在一些特定的应用中：假设序列中第一个伯努里随机变量为 1 的概率是 π，但其他变量为 1 的概率是 p。因此，X 具有延迟几何分布（delayed geometric distribution）：

$$g(0)=1-\pi \qquad g(x)=\pi(1-p)p^{x-1} \qquad x\geqslant 0$$

$$g^{0}(x)=\pi p^{x} \qquad x\geqslant 0$$

$$E[X]=\frac{\pi}{1-p} \qquad V[X]=\frac{\pi(1+p-\pi)}{(1-p)^{2}}$$

$$\tilde{g}(z)=(1-\pi)+\frac{z\pi(1-p)}{1-pz}$$

$$G^{1}(x)=\left(\frac{\pi}{1-p}\right)p^{x} \qquad G^{2}(x)=\left[\frac{\pi p}{(1-p)^{2}}\right]p^{x} \qquad x\geqslant 0$$

C.2.3.6　负二项分布

同样，S 为非负整数。有两个参数 n 和 p，$0<p<1$ 且 $n>0$。

假设 n 为正整数。我们可以将 X 想象成 n 个独立随机变量之和，每一个变量都具有几何分布。同样，X 为在伯努里序列中在 n 个 1 出现之前 0 的数量。因此，X 可能代表在 n 台相同的机器失灵前的时间。在这种情况下：

$$g(x)=\binom{n-1+x}{x}p^{x}(1-p)^{n} \qquad x\in S$$

如果二项系数被表示为下面的公式，即使当 n 不是整数时，同样的公式也适用：

$$\binom{n-1+x}{x}=\frac{\Gamma(n+x)}{\Gamma(n)\Gamma(x+1)}$$

其中，Γ 为伽马函数（gamma function）。几何分布是 $n=1$ 时的特殊情况。

我们有：

$$E[X]=\frac{np}{1-p} \qquad V[X]=\frac{np}{(1-p)^{2}}$$

$$\tilde{g}(z)=\left(\frac{1-p}{1-pz}\right)^{n}$$

下面是对于概率质量函数的一种有用递归：

$$g(0)=(1-p)^{n}$$

$$g(x)=\left(\frac{n-1+x}{x}\right)pg(x-1) \qquad x\geqslant 1$$

（因此，即使当 n 不是整数时，实际上我们也从来不必计算函数 Γ。）G^{0}、G^{1} 或G^{2} 不存在解析解。但是，损失函数可以用 G^{0} 和 g 来表述。令 $\beta=p/(1-p)$，因此 $E[X]=n\beta$。

$$G^{1}(x)=-(x-n\beta)G^{0}(x)+(x+n)\beta g(x)$$

$$\begin{aligned}G^{2}(x)=\tfrac{1}{2}\{&[n(n+1)\beta^{2}-2n\beta x+x(x+1)]G^{0}(x)\\&+[(n+1)\beta-x](x+n)\beta g(x)\}\end{aligned}$$

图 C. 2. 3 显示了几个负二项概率质量函数，其中 $p=0.75$ 以及 4 个不同的 n 值（$n=1$ 的情况为几何概率质量函数）。显然，随着 n 的增加，均值也增加，分布似乎变得越来越分散（spread out）。同样，图 C. 2. 4 也显示了 4 个 n 值，但现在对 p 进行调整以保持均值固定为 9。在这里，增加 n 使得分布变得集中，方差随着 n 而减少。在所有情况下，g 都是单峰的。图 7. 5. 1 显示了损失函数。

负二项分布广泛应用于对（随机）提前期内需求的建模，如第 7 章所述。

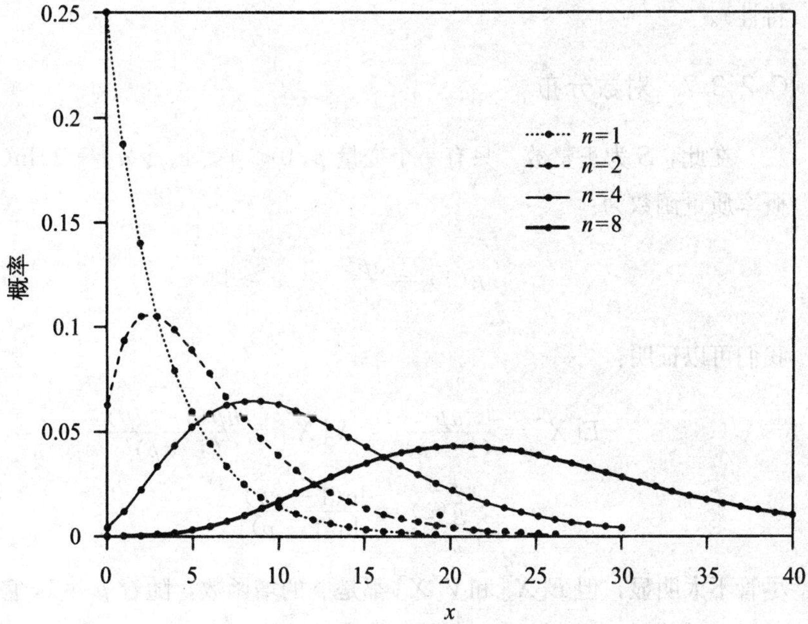

图 C. 2. 3　概率质量函数（负二项分布：p=0. 75）

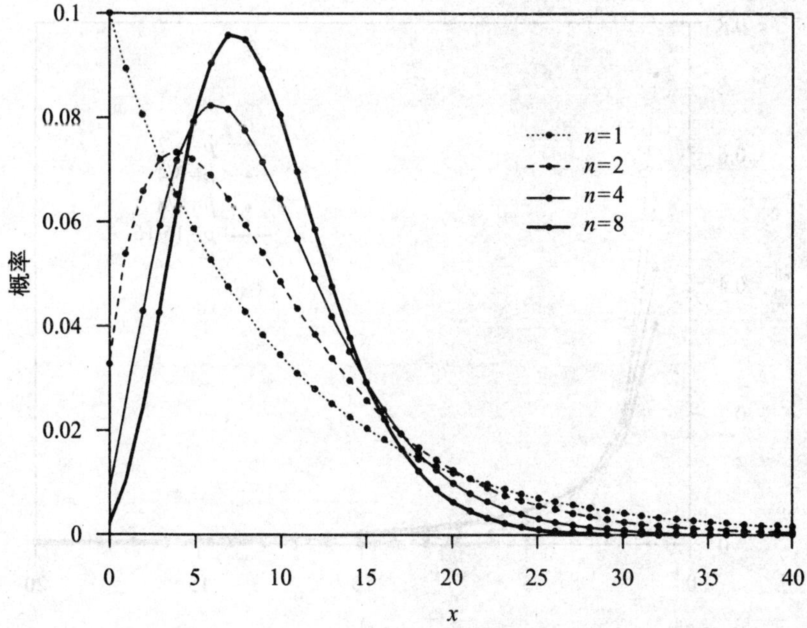

图 C. 2. 4　概率质量函数（负二项分布：均值=9）

考虑一系列 n 趋于∞的负二项分布，但对 p 进行调整以保持均值 λ 恒定。这一系列分布收敛于一个具有相同均值的泊松分布。因此，泊松分布是负二项分布的极限情况（对于普通二项分布，我们在上面提到了类似的特性)。

C.2.3.7 对数分布

在此，S 为正整数。只有一个变量 p，$0<p<1$。令 $a=-1/\ln(1-p)$，概率质量函数为：

$$g(x)=\frac{ap^x}{x} \qquad x\geqslant 1$$

我们可以证明：

$$E[X]=\frac{ap}{(1-p)} \qquad V[X]=\frac{ap(1-ap)}{(1-p)^2}$$

$$\tilde{g}(z)=\frac{\ln(1-zp)}{\ln(1-p)}$$

尽管不太明显，但 $E[X]$ 和 $V[X]$ 都是 p 的增函数，随着 $p\to 1$，它们趋向于∞。随着 $p\to 0$，$E[X]\to 1$，而 $V[x]\to 0$。图 C.2.5 显示了 4 个不同 p 值的概率质量函数。显然，在所有情况下，g 都是单调减的。

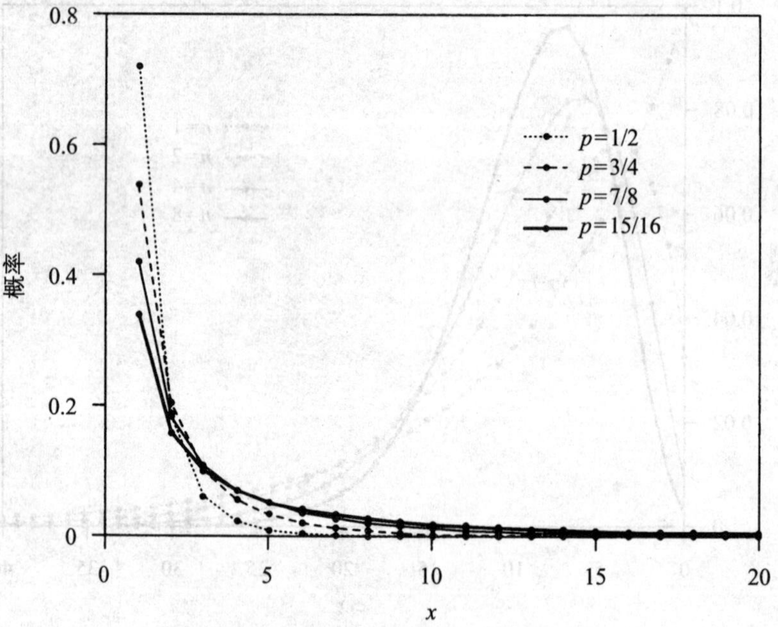

图 C.2.5 概率质量函数（对数分布）

有时候，对数分布被用于当一位到达的客户的需求量超过一单位时的需求量的建模。

C.2.3.8 混合分布

混合分布由两种其他分布构成。下面的例子说明了这一概念：在某一时间间隔内，几个客户到达，每一位客户都需要特定数量的某一产品。客户的数量是一个随机变量 N，而客户 n 的需求量是另一个随机变量 Y_n。每一个 Y_n 都与一个一般随机变量 Y 具有相同的分布，而 Y_n 是相互独立的，且与 N 相互独立。我们对总需求 $X=\sum_{n=1}^{N} Y_n$ 感兴趣。

X 的性质可以从 N 和 Y 的性质中推导出来：

$$g_{X\mid N}(x\mid n)=g_Y^{(n)}(x)$$

$$g_X(x)=\sum_{n=0}^{\infty} g_N(n)g_Y^{(n)}(x)$$

$$\tilde{g}_X(z)=\sum_{n=0}^{\infty} g_N(n)[\tilde{g}_Y(z)]^n=\tilde{g}_N[\tilde{g}_Y(z)]$$

$$E[X]=E[N]E[Y]$$

$$V[X]=E[N]V[Y]+V[N]E^2[Y]$$

[第二个等式来自条件方差公式（C.2.1）。在这里，$E^2[Y]$ 意味着 $(E[Y])^2$。]

例如，假设 N 服从均值为 $E[N]=\lambda$ 的泊松分布。我们称 X 服从混合泊松分布（compound-Poisson distribution）。在这种情况下，上述公式可以简化为：

$$\tilde{g}_X(z)=\exp\{-\lambda[1-\tilde{g}_Y(z)]\}$$

$$V[X]-\lambda(V[Y]+E^2[Y])-\lambda E[Y^2]$$

C.2.4 连续随机变量：一般特性

现在，取值范围 S 为某一实数区间。连续随机变量的大部分基本性质与离散情况下是一样的，但也存在着一些值得注意的差别。

概率可以用累积分布函数（cumulative distribution function，cdf）来描述，它与离散情况下具有相同的含义：

$$F_X(x)=\Pr\{X\leqslant x\}\qquad x\in S$$

同样，互补累积分布函数（complementary cumulative distribution function，ccdf）为：

$$F_X^0(x)=\Pr\{X>x\}=1-F_X(x)\qquad x\in S$$

与概率质量函数类似的是概率密度函数（probability density function，pdf）。这是一个函数 f_X，使得：

$$F_X(x)=\int_{-\infty}^{x} f_X(x)dx$$

只有当 F_X 平滑时（这是我们的假设），概率密度函数才存在。具体来说，如果 F_X 是可微的，则 $f_X(x)=F'_X(x)$。

当 X 被省略时，我们去掉下标 X，与离散情况中一样。

涉及连续随机变量的期望值（expectations）与在离散情况中的定义是一样的，只是利用积分代替求和。因此，X 的均值为：

$$E[X]=\int_S xf(x)dx$$

一般来说：

$$E[h(X)]=\int_S h(x)f(x)dx$$

X 的方差同样为 $V[X]=E[X^2]-(E[X])^2$。

现在，假设 S 为非负实数。X 的拉普拉斯变换为：

$$\tilde{f}(s)=E[e^{-sX}]$$

(其他变换用于定义在整个实数范围内的随机变量。)

损失函数与前面具有同样的含义：

$$F^1(x)=E[[X-x]^+]=\int_x^{\infty}(y-x)f(y)dy=\int_x^{\infty}F^0(y)dy$$

二阶损失函数的含义略有不同：

$$F^2(x)=½E[([X-x]^+)^2]=½\int_x^{\infty}(y-x)^2f(y)dy=\int_x^{\infty}F^1(y)dy$$

两个随机变量 X 和 Y 的联合累积分布函数同样由下式给出：

$$F_{X,Y}(x,y)=\Pr\{X\leqslant x, Y\leqslant y\}$$

联合概率密度函数为：

$$f_{X,Y}(x,y)=\frac{\partial^2 F_{X,Y}(x,y)}{\partial y\,\partial x}$$

条件概率密度函数、独立性和协方差是根据联合概率密度函数定义的，与离散情况下一样，它们的性质也是一样的。

令 $\mathbf{X}$ 表示 n 个具有联合概率密度函数 f 的随机变量的列向量 $(X_i)_{i=1}^n$。一些特殊的符号和结果可以用于这种情况：$\mathbf{X}$ 的均值为列向量 $E[\mathbf{X}]=(E[X_i])_{i=1}^n$。$\mathbf{X}$ 的协方差矩阵（covariance matrix）为 $n\times n$ 阶矩阵

$V[\mathbf{X}]=(V[X_i,X_j])_{i,j=1}^n$。这一矩阵总是对称的，且是非负定的。

现在，假设 m 是任何正整数，A 是一个 $m\times n$ 阶矩阵。通过线性变换定义一个新的随机变量的向量 **Y**：

$$\mathbf{Y}=A\mathbf{X}$$

（也就是说，如果我们观察到 **X** 的实现值，比如说 **X**=**x**，则 **Y** 的实现值为 **y**=A**x**。）因此：

$$E[\mathbf{Y}]=AE[\mathbf{X}] \tag{C.2.2}$$

$$V[\mathbf{Y}]=AV[\mathbf{X}]A' \tag{C.2.3}$$

具体来说，当 $m=1$ 时，这些公式成立，因此 A 是一个行向量，而 **Y** 是一个标量。因此，这些公式给出了几个随机变量的线性组合的均值和方差。

C.2.5 连续随机变量：实例

下面是一些重要的连续分布。同样，X 表示随机变量，S 表示其取值范围［连续位相型分布（continuous phase-type distributions）在 C.5.5 节中进行讨论］。

C.2.5.1 均匀分布

这是上述离散均匀分布的连续形式。参数为两个实数 a 和 b，$a<b$，且 $S=[a,b]$。概率密度函数为：

$$f(x)=\frac{1}{b-a} \qquad x\in S$$

这里，X 等可能地出现在区间 $[a,b]$ 的任何地方。

$$E[X]=½(b+a) \qquad V[X]=\frac{(b-a)^2}{12}$$

C.2.5.2 指数分布

在这里，S 为非负实数。指数分布是几何分布的连续形式。X 代表某一事件发生前的时间，其中，只要还没有发生，那么这一事件就存在着恒定的发生“可能性”。

存在单一的参数 $\mu>0$，它衡量了这种可能性，且：

$$f(x)=\mu e^{-\mu x} \qquad F^0(x)=e^{-\mu x} \qquad x\geqslant 0$$

$$E[X]=\frac{1}{\mu} \qquad V[X]=\frac{1}{\mu^2}$$

$$\tilde{f}(s)=\frac{\mu}{\mu+s}$$

$$F^1(x)=\frac{e^{-\mu x}}{\mu}\qquad F^2(x)=\frac{e^{-\mu x}}{\mu^2}\qquad x\geqslant 0$$

与延迟几何分布类似，对于某些恒定的 π（$0\leqslant\pi\leqslant 1$），延迟指数分布 (delayed exponential distribution) 具有 $F^0(x)=\pi e^{-\mu x}, x>0$。

C. 2. 5. 3 伽马分布

同样，S 为非负实数。有两个正参数 n 和 μ。与负二项分布是几何分布的一般化一样，伽马分布是指数分布的一般化。具体来说，$n=1$ 时的伽马分布可以简化为指数分布。

当 n 为正整数时，X 为 n 个独立随机变量之和，每一个变量都服从参数为 μ 的指数分布。在这种情况下，我们称 X 服从爱尔朗分布（Erlang distribution)，或称 Erlang-n 分布。

对于一般的 $n>0$：

$$f(x)=\frac{\mu(\mu x)^{n-1}e^{-\mu x}}{\Gamma(n)}\qquad x\geqslant 0$$

（同样，Γ 为伽马分布。）同样：

$$E[X]=\frac{n}{\mu}\qquad V[X]=\frac{n}{\mu^2}$$

$$\tilde{f}(s)=\left(\frac{\mu}{\mu+s}\right)^n$$

一般来说，累积分布函数 F 没有解析解，但其解可以通过许多科学或统计软件包获得，同样请参见 Knüsel（1986）。在爱尔朗分布的情况下，其中 n 是一个正整数：

$$F(x)=1-\sum_{i=0}^{n-1}\frac{(\mu x)^i e^{-\mu x}}{i!}$$

[这也是一个均值为 μx 的泊松互补累积分布函数（在 $n-1$ 处进行计算)。] 损失函数可以利用 F^0 和 f 进行描述：

$$F^1(x)=\frac{(n-\mu x)F^0(x)+xf(x)}{\mu}$$

$$F^2(x)=\frac{\frac{1}{2}\{[(n-\mu x)^2+n]F^0(x)+(n-\mu x+1)xf(x)\}}{\mu^2}$$

伽马分布常用于对直到某一事件发生前的时间进行建模。我们可以将 n 和 μ 应用于任何正均值和方差。

图C.2.6显示了4个具有相同均值1的伽马概率密度函数，但 n 的值不同（因此 $\mu = n$）。显然，对于较大的 n，分布更集中于均值附近。

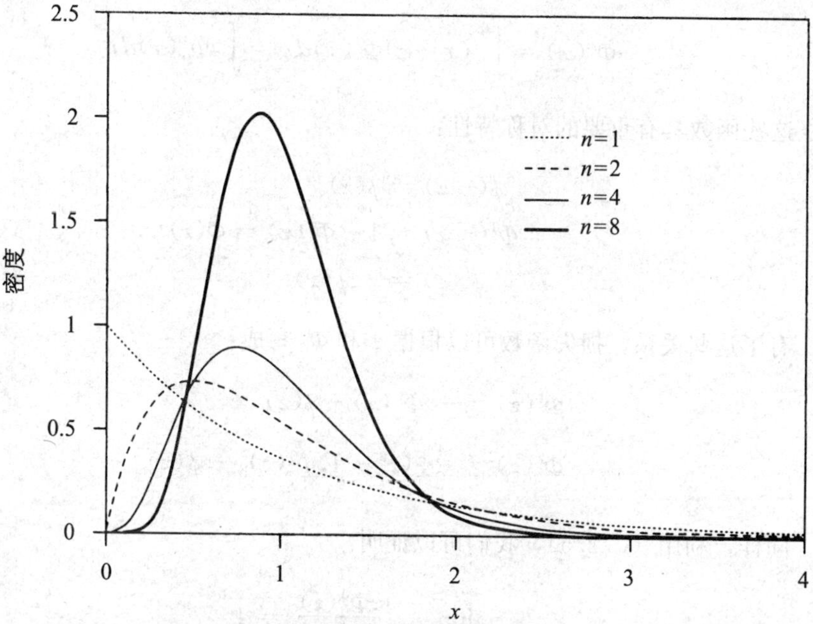

图C.2.6　概率密度函数（伽马分布：均值=1）

C.2.5.4　正态分布

在这里，S 的取值范围为所有实数。有两个参数 v 和 σ，其中 $\sigma > 0$。

$$E[X] = v \qquad V[X] = \sigma^2$$

$v = 0$、$\sigma = 1$ 的特殊情况非常重要，并且有一个特殊的词汇表和一组符号来表示它。随机变量被称为 Z 而不是 X，Z 服从标准正态分布（standard normal distribution）。Z 的概率密度函数被称为标准正态概率密度函数（standard normal pdf）：

$$\phi(z) = \left(\frac{1}{\sqrt{2\pi}}\right)\exp\left(-\frac{1}{2}z^2\right) \qquad z \in S$$

相应的累积分布函数为标准正态累积分布函数（standard normal cdf），用 $\Phi(z)$ 表示，互补累积分布函数为 $\Phi^0(z)$。因此：

$$\Phi^0(z) = \int_z^\infty \phi(x)dx$$

这一积分不能表示为解析解的形式，但可以通过许多软件包获得，我们可以在 Abramowitz 和 Stegun（1964）的第 26 章中找到一些近似。标准正态损失函数（standard normal loss functions）为：

$$\Phi^1(z)=\int_z^{\infty}(x-z)\phi(x)dx=\int_z^{\infty}\Phi^0(x)dx$$

$$\Phi^2(x)=\int_z^{\infty}(x-z)\Phi^0(x)dx=\int_z^{\infty}\Phi^1(x)dx$$

这些函数具有重要的对称特性：

$$\phi(-z)=\phi(z)$$

$$\Phi^0(-z)=1-\Phi^0(z)=\Phi(z) \qquad (C.2.4)$$

$$\phi'(z)=-z\phi(z) \qquad (C.2.5)$$

有了这些关系，损失函数可以根据 ϕ 和 Φ^0 写成：

$$\Phi^1(z)=-z\Phi^0(z)+\phi(z)$$

$$\Phi^2(z)=\frac{1}{2}[(z^2+1)\Phi^0(z)-z\phi(z)]$$

同样，利用（C. 2. 5），我们可以证明：

$$\lim_{z\to\infty}\left\{\frac{z\Phi^0(z)}{\phi(z)}\right\}=1$$

因此，尽管 $\Phi^0(z)$ 没有公式，但对于较大的 z，$\Phi^0(z)\approx\phi(z)/z$，因此 $\ln[\Phi^0(z)]\approx-½z^2$。比较一下，对于指数分布，$\ln[F^0(x)]=-\mu x$，且即使对于伽马分布，我们也可以证明，对于较大的 x，$\ln[F^0(x)]\approx-\mu x$。因此，随着 z 的增加，尾概率（tail probability）$\Phi^0(z)$ 以非常快的速度（与指数分布或伽马分布相比）衰减至 0。损失函数 $\Phi^1(z)$ 和 $\Phi^2(z)$ 衰减至 0 的速度也相对较快。

现在，对于任何 v 和 $\sigma>0$，令 $X=v+\sigma Z$。因此，X 服从参数为 v 和 σ 的正态分布。反过来，从 X 开始，$Z=(X-v)/\sigma$ 服从标准正态分布。因此，如果 $z=(x-v)/\sigma$ 是 x 的标准化值（standardized value）或分位值（fractile）：

$$f_X(x)=\left(\frac{1}{\sigma}\right)\phi(z) \qquad F_X^0(x)=\Phi^0(z)$$

$$F_X^1(x)=\sigma\Phi^1(z) \qquad F_X^2(x)=\sigma\Phi^2(z)$$

中心极限定理（central limit theorem）大致如下：假设 X 是许多独立随机变量之和。那么，X 的分布近似为正态的。例如，假设在某一周期内对一个物品的需求来自许多独立的来源，则总需求近似为正态的。

对于一个随机变量的向量，还有一种多元正态分布（multivariate normal distribution）。我们从一种特殊的情况开始：令 $\mathbf{Z} = (Z_i)_{i=1}^n$ 为独立随机变量的列向量，每一个变量都服从上述标准正态分布。因此：

$$E[\mathbf{Z}] = \mathbf{0} \qquad V[\mathbf{Z}] = I$$

$\mathbf{Z}$ 的联合概率密度函数为：

$$\phi_n(\mathbf{z}) = (2\pi)^{-1/2n} \exp(-½ \sum_{i=1}^n z_i^2) \qquad \mathbf{z} \in S$$

现在，令 $\mathbf{v}$ 表示常数的 n 维向量，Σ 为对称的、非奇异 $n \times n$ 维矩阵，定义向量：

$$\mathbf{X} = \mathbf{v} + \Sigma \mathbf{Z}$$

因此：

$$E[\mathbf{X}] = \mathbf{v} \qquad V[\mathbf{X}] = \Sigma^2$$

我们称 $\mathbf{X}$ 服从参数为 $\mathbf{v}$ 和 Σ 的（n 维）多元正态分布。$\mathbf{X}$ 的概率密度函数由下式给出：

$$f(\mathbf{x}) = \left(\frac{1}{|\Sigma|}\right)\phi_n(\Sigma^{-1}(\mathbf{x} - \mathbf{v}))$$

其中，$|\Sigma|$ 是 Σ 的行列式。

通过进一步的线性变换来定义 $\mathbf{Y}$：

$$\mathbf{Y} = A\mathbf{X}$$

其中，A 是 $m \times n$ 维矩阵。为简单起见，假设 $m \leqslant n$，且 A 为满秩的（full rank）（它的行线性无关）。因此，$\mathbf{Y}$ 也服从多元正态分布，其参数由（C. 2. 2）和（C. 2. 3）给出：

$$E[\mathbf{Y}] = AE[\mathbf{X}] = A\mathbf{v}$$
$$V[\mathbf{Y}] = AV[\mathbf{X}]A' = A\Sigma^2 A'$$

[当 $m > n$，或更一般地，A 不是满秩的，则 $\mathbf{Y}$ 服从奇异正态分布（singular normal distribution）。在取值范围上（由 A 生成的子空间），它服从正态分布。]

C. 3　随机过程

C. 3. 1　定义

随机过程（stochastic process）是随时间而变化的数量的模型，就像动态系统一样，但受到随机因素的影响。在库存系统的研究中，随机过程被用于对受到不可预知事件以及关键变量（如净库存）影响的需求和供应的建模。

正规地讲，一个随机过程是一系列随机变量 $\mathbf{X}=\{X(t):t\geqslant 0\}$，其中 $X(t)$ 代表 t 时我们感兴趣的数量。时间可以是离散的，其中 t 的取值范围为非负整数，也可以是连续的。每一个 $X(t)$ 本身也可以是离散的或连续的，或者是这类变量的一个向量。定义一个随机过程 $\mathbf{X}$ 意味着至少是隐含地指定所有这些随机变量的联合取值范围及概率分布［并非所有此类集合都能有意义地代表一个涉及长期的数量。随着时间的推移，早期的 $X(t)$ 实现了，而在我们观察这些实现值时，至少有一部分后续的 $X(t)$ 仍然是不确定的。因此，信息是随着时间的推移逐渐被揭示出来的。有一种从技术上准确描述这一概念的方法，被称为过滤（filtration)。我们可以说，此处所有的过程都是以这种方式运作的］。

$\mathbf{X}$ 的样本路径（sample path）描述了所有随机变量 $X(t)$ 的一个实现值。因此，样本路径是时间的函数。

原则上，$X(t)$ 的取值范围可能不同，但在大多数实际情况中，$X(t)$ 都具有共同的取值范围，用 S 表示，被称为 $\mathbf{X}$ 的状态空间（state space)。S 的一个元素被称为一个状态（state)。$X(t)$ 本身被称为状态变量（state variable)（这些用法最适合于马尔可夫过程，我们将在下面讨论，但它们也适用于其他过程）。

随机过程有很多种。下面我们简要讲述一下其中的主要差别。

C.3.2 分类

C.3.2.1 时间

时间参数 t 可以是连续的（实数）或者离散的（整数)。根据选择的不同，我们称 $\mathbf{X}$ 为连续时间过程（continuous-time process）或离散时间过程（discrete-time process)。

与一个确定性的系统一样，对于随机过程来说，时间的特性是一个基本的建模选择。在某些情况下，存在一个自然的、预先确定的时间标度。观察和决策可能定期（如每周）进行，也可能是连续进行。但是，选择通常是基于便利性做出的。一种类型可能比其他类型更容易进行分析。实际上，离散时间模型和连续时间模型之间的差别并不是根本性的。这些建模问题在第 4 章和第 9 章中进行了进一步的讨论。

C. 3. 2. 2　空间

不管我们如何看待时间，随机变量 $X(t)$ 本身可能是离散的，也可能是连续的，在这些情况下，**X** 分别被称为离散状态（discrete-state）或连续状态（continuous-state）过程。由于对时间和空间建模各有两种方式，因此存在着 4 种可能的组合，这 4 种组合都是可能的，且非常有用。

连续状态过程 **X** 可以用于对一种无限可分的产品（如发动机燃料）的数量（如需求或库存）进行建模（这些并非硬性规定，而是建模时的选择，就像对时间的选择一样，如第 3 章所讨论的）。

C. 3. 2. 3　连续性与单调性

在连续时间和空间的背景下，连续过程（continuous process）是样本路径都是连续函数的过程，如布朗运动（brownian motion）或其他扩散过程（diffusion process）。这些都是很有意思且有用的模型，但它们涉及相当复杂的数学运算。除了在参考文献中顺便提及外，我们很少使用它们。

在连续时间情况下（空间可以是连续的，也可以是离散的），跳跃过程（jump process）是样本路径为阶梯函数（即除一些特定的时间点外保持恒定）的过程。时间点和跳跃的大小可能是随机的。本书中大部分连续时间过程都是这一类型的。因此，跳跃过程具有不连续的样本路径。出于技术上的原因，我们假设这类不连续性是单边的（simple）：所有样本路径都是右连续的。也就是说，如果在时点 u 存在一个跳跃，则对于 $t<u$，这一跳跃包含在 $X(u)$ 中，但不包含在 $X(t)$ 中。同样，每一个样本路径都拥有左极限，即对于所有的 u，极限 $\lim\{X(t):t\rightarrow u,t<u\}$ 存在。我们用 $X(u^-)$ 表示这一极限。

具有非递减样本路径的过程被称为累积过程（accumulation process）。我们通常将需求作为这样一个过程进行建模，使用符号 $\mathbf{D}=\{D(t):t\geqslant 0\}$ 而不是 **X**。在这里，$D(t)$ 为直到 t 时的累积需求。

具有 $X(0)=0$ 的跳跃累积过程（其中每一个跳跃的大小恰好为 1）是一个计数过程（counting process）。因此，计数过程是一个连续时间、离散状态的过程，每一个样本路径都是一个非递减的阶梯函数，从 0 开始，且具有单位步长（step）。计数过程可以对在长期中随机发生的事件建模，$X(t)$ 计算了在时间间隔 $(0,t]$ 内事件的数量。许多需求模型都是这一类型的［有些作者将其称为点过程（point process）］。

C.3.2.4 静态

在连续时间和离散时间中，一个重要的区别是在长期中一个过程是否以可预测的方式发生变化。如果是，则过程就是非静态的（nonstationary）；如果否，则过程为静态的（stationary）。更准确地说，如果时间轴上的一个偏移不会改变其概率法则（probability law），则过程 $\mathbf{X}$ 是静态的。也就是说，首先，所有的 $X(t)$ 都具有相同的（边际）分布，就像我们在时点 0 之前看到的一样。其次，对于任何固定的 $u>0$，对偶 $[X(t),X(t+u)]$ 都具有相同的分布（对于所有 t）。同样，在长期中，任何包含三个或三个以上变量组成的变量组的分布保持不变。具体来说，静态过程具有 $E[X(t)]=E[X(0)],t\geqslant 0$［当然，在任何给定的样本路径上，数量 $X(t)$ 通常随 t 而改变。平稳性是分布的一个特性，而不是样本路径的特性］。

下面是一个相关的定义：对于任何固定的 $u>0$，令 $X_u(t)=X(t+u)-X(t)$，且 $\mathbf{X}_u=\{X_u(t):t\geqslant 0\}$。$X_u(t)$ 被称为时间间隔 $(t,t+u]$ 内 $\mathbf{X}$ 的增量（increment）。如果对于所有的 $u>0$，$\mathbf{X}_u$ 是静态的，则过程 $\mathbf{X}$ 具有静态增量（stationary increments）。对于累积过程来说，这是一个自然的时间不变性（time-invariance）概念。它意味着 $E[X(t)]=E[X(1)]t,t\geqslant 0$。例如，如果（累积）需求过程具有静态增量，则任何一周内的需求都服从相同的分布（有时候，我们会不太严格地将一个过程表述为"静态"，而我们真正的意思是静态增量，背景通常会明确地表达出我们的本意）。

C.3.2.5 遍历性和独立性

在静态过程 $\mathbf{X}$ 中，有一些具有一种重要的特性：遍历性（ergodicity）。具有这种特性的过程就是遍历性的过程。严格的定义非常专业，因此我们忽略它，但其主要结果值得一提：考虑任何一个样本路径，并计算在那一路径上 $X(t)$ 的长期频数分布（frequency distribution）。例如，如果 $X(t)$ 为整数值，计算长期中 $X(t)$ 在每一个整数上花费的时间。如果 $\mathbf{X}$ 是遍历性的，那么这一频数分布与 $X(0)$ 的分布相同（实际上，这种一致性对于"几乎所有"样本路径都成立，即概率为 1）。特别地，$X(t)$ 对于 t 的平均为 $E[X(0)]$。

考虑一个静态的、离散时间的过程 $\mathbf{X}$，并假设 $X(t)$ 是相互独立的。那么，上述性质成立。这就是大数定律（law of large numbers）。因此，遍历过程是这一定律适用的一种情况，不管 $X(t)$ 是否是独立的［例如，令 $Y(t)=X(t)+X(t+1)$，其中 $X(t)$ 是独立的。我们不难证明，即便 $Y(t)$

不是独立的，**Y** 也是遍历性的]。

遍历性是一种重要且有用的性质。$X(0)$ 的分布体现了所有可能的样本路径的似然性（likelihood）。相比之下，频数分布描述了 **X** 在一个样本路径上的行为。这两种分布对于某些（即遍历性）过程是相同的，这是一个引人注目的事实。

为了理解这一性质，我们考虑一个非遍历性的静态的 **X**。时间是离散的，状态空间为 $S=\{0,1\}$。对于 $X(0)$，每一个值的概率为 ½。因此，对于所有 $t>0, X(t)=X(0)$。所以，各个样本路径或者是 $\{0,0,0,\cdots\}$，或者是 $\{1,1,1,\cdots\}$。因此，0 的比例永远都不是 ½，而是 $\Pr\{X(0)=0\}$［当然，在这里 $X(t)$ 不是独立的］。对于遍历性过程来说，这种情况是不可能的。

现在转向另一个性质，如果一个（离散时间或连续时间）过程 **X** 的增量在不相交的时间间隔内是独立的，那么它就具有独立增量（independent increment）。这意味着对于所有的 t 和 u，$X(t)$ 和 $X_u(t)$ 是独立的。也就是说，当前值没有提供任何关于未来增量的信息。这一性质对于累积过程（如需求）特别重要。在这种情况下，各周内的需求是独立的随机变量。

C.3.2.6　马尔可夫过程

附录 B 解释了系统状态（state）的概念。状态构成了对一个系统在任何时点的完整描述。在确定性系统中，状态汇总了与预测系统未来演化相关的所有可用信息。对于随机系统，存在着一个相似的概念。利用适当状态建模的随机过程被称为马尔可夫过程（Markov process）。

下面是基本的观点：假设我们发现自己处于时点 t。我们观察到当前值 $X(t)$，而且我们记得过去数值的实现值，即 $X(s), 0\leqslant s<t$。假设我们对某一未来值感兴趣，比如说是 $u>0$ 时的 $X(t+u)$。现在，我们无法完美地预测 $X(t+u)$，但我们拥有的信息会告诉我们关于 $X(t+u)$ 的一些情况。问题是：这些信息中有多少是真正重要的？如果 **X** 是一个马尔可夫过程，那么 $X(t)$ 本身就体现了所有相关信息，其他的 $X(s)$ 不会提供更多的信息。简言之，在当前条件下，未来与过去是独立的。出于这一原因，$X(t)$ 被称为过程 **X** 的状态变量（state variable）或状态（状态空间 S 的一个要素也被称为一个状态，通常，我们根据上下文能够判断是哪种含义）。

更正规一些，考虑两个条件随机变量：

$$[X(t+u)\mid\{X(s): 0\leqslant s\leqslant t\}]$$
$$[X(t+u)\mid X(t)]$$

第一个取决于所有的过去实现值 $X(s)$，而第二个只取决于当前状态。对于一个马尔可夫过程 **X**，对于所有的 t 和 u，这些变量具有相同的分布（还有更正式的定义，但这就足够了）。

马尔可夫过程的动态方程可以用相对简单的方式进行描述。例如，在离散时间情况下，说明 $[X(t+1)|X(t)]$ 的条件分布（对于所有的 t）就足够了。初始条件给出了 $X(0)$ 的分布。

有时候，从一个非马尔可夫过程 **X** 开始，有一种办法可以将其作为一个马尔可夫过程进行重新建模。这通常需要加入一些辅助变量。也就是说，我们找到另一个过程 **Y**，使得联合过程 (**X**,**Y**) 是一个马尔可夫过程（这与在一个星系中包含速度和位置是一样的）。这种重新建模在分析中通常很重要。

如果 $[X(t+u)|X(t)]$ 的条件分布对于 t 保持不变，则马尔可夫过程就是时间齐次的（time-homogeneous）。也就是说，支配从现在到未来（即过程的动态）的规则在长期中保持不变。注意，**X** 在非静态的情况下也可能是时间齐次的（但是，静态的马尔可夫过程几乎总是时间齐次的）。

最简单的马尔可夫过程被称为马尔可夫链（Markov chains）。这是下面两节的主题。

C.4 马尔可夫链：离散时间

C.4.1 定义

马尔可夫链是离散时间、离散状态、时间齐次的马尔可夫过程。因此，状态空间 S 是可数的（countable）。这类模型很简单，但也很灵活。大量的经济与物理现象可以在这一框架下进行描述。

马尔可夫链一词有时候指其他模型。状态空间 S 可能是某种更一般的集合，如实数。我们将在 C.6 节中看到一些例子。或者，动态可能是时间依赖的。甚至还有一个相关的连续时间模型，我们将在 C.5 节进行讨论。但目前，马尔可夫链具有上述有限的含义。

随着时间的推移，**X** 在 S 内从一个状态跳跃到另一个状态，这类跳跃被称为转换（transition）。转换概率（transition probabilities）是一些数字：

$$p_{ij}=\Pr\{X(t+1)=j\,|\,X(t)=i\}\qquad i,j\in S$$

由于 **X** 是时间齐次的，因此它们不取决于 t。根据马尔可夫特件，p_{ij} 完整

地描述了 $\mathbf{X}$ 的动态。根据定义，p_{ij} 满足：

$$p_{ij} \geqslant 0 \qquad i,j \in S$$

$$\sum_{j\in S} P_{ij} = 1 \qquad i \in S$$

我们将这些概率汇集在矩阵 $P=(p_{ij})$ 中。每一行 i 代表当前状态，每一列 j 代表可能的后续状态（如果 S 是无限的，则 P 是一个无限矩阵）。我们称 P 为 $\mathbf{X}$ 的转换概率矩阵（transition probability matrix）。如果 $\mathbf{e}$ 表示一个 1 的列向量，则上述条件可以写成：

$$P \geqslant 0 \qquad P\mathbf{e}=\mathbf{e}$$

很容易看到，对于任何整数 $u>0$：

$$\Pr\{X(t+u)=j \mid X(t)=i\}=(P^u)_{ij}$$

其中，矩阵 P^u 是 P 的 u 次幂。因此，这一矩阵描述了 u 步（u-step）转换概率。

为了完成 $\mathbf{X}$ 的说明，我们只需要初始条件，即初始状态 $X(0)$，或者更一般地，$X(0)$ 的分布。但是，通常我们对具有给定 S 和 P（涵盖了所有可能的初始分布）的一系列过程感兴趣。人们经常将整个过程族（family）称为一个马尔可夫链。

为了协助建模以及直观地理解，利用被称为状态转换图（state-transition diagram）的有向图来表示 S 和 P 是有用的：对于每一个状态 $i \in S$，存在一个节点。当 $p_{ij}>0$ 时，节点 i 至节点 j 之间有一条弧。因此，这些弧表明了哪些转换可能会发生（有时候，p_{ij} 会出现在弧上，但有时候为了避免混乱把它们省略了）。

例如，考虑一个具有 3 种状态的链，其中 $S=\{1,2,3\}$，且：

$$P=\begin{pmatrix} \frac{1}{2} & 0 & \frac{1}{2} \\ \frac{1}{2} & 0 & \frac{1}{2} \\ \frac{1}{2} & \frac{1}{2} & 0 \end{pmatrix}$$

图 C.4.1 显示了状态转换图（从节点 1 至其本身有一条弧，因为 $p_{11}>0$）。

当然，当 S 为无限时，我们不可能画出整个图形。但是，P 中仍然存在着一种可以用图形表示的模式或结构。例如，假设 $S=\{0,1,2,\cdots\}$，且对于所有的 i：

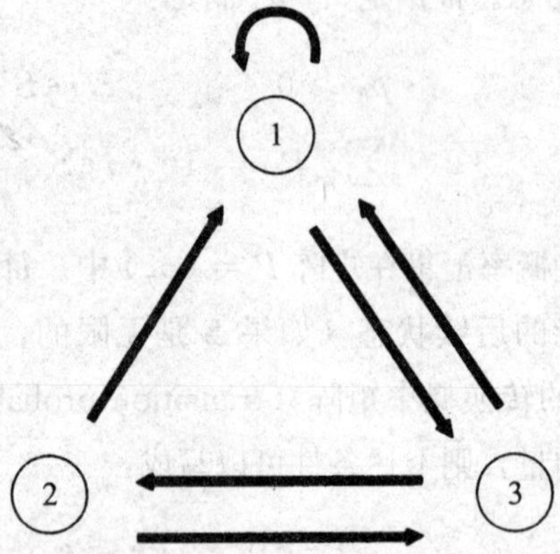

图 C. 4. 1 状态转换图（3 个状态）

$$p_{i,i+1} = 1/4 \qquad p_{i+2,i} = 3/4$$
$$p_{ij} = 0 \qquad \text{其他}$$

图 C. 4. 2 显示了这一图形。幸运的是，在实践中，我们遇到的大多数马尔可夫链确实具有相当简单的结构，反映了它们所描述的系统的动态（这一事实在分析中也很重要，下面将进行解释）。

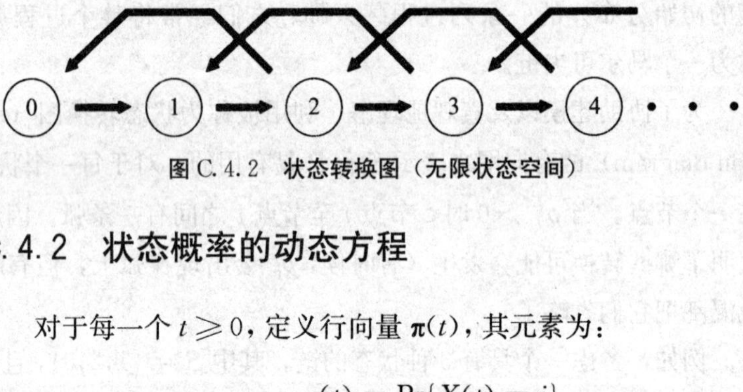

图 C. 4. 2 状态转换图（无限状态空间）

C. 4. 2 状态概率的动态方程

对于每一个 $t \geq 0$，定义行向量 $\boldsymbol{\pi}(t)$，其元素为：

$$\pi_i(t) = \Pr\{X(t) = i\}$$

我们称 $\boldsymbol{\pi}(t)$ 为概率向量（probability vectors）。显然，$\boldsymbol{\pi}(t)$ 以向量的形式描述了 $X(t)$ 的分布。初始向量 $\boldsymbol{\pi}(0)$ 是对 $\mathbf{X}$ 的描述的一部分。对于 $t > 0$，$\boldsymbol{\pi}(\mathrm{t})$ 描述了我们在时点 0 之前观察到的 $X(t)$。

$\pi_i(t)$ 和 p_{ij} 的定义意味着：

$$\pi_i(t+1) = \sum_{j \in S} p_{ij} \pi_j(t) \qquad i \in S$$

用矩阵向量来表示，它变为：

$$\boldsymbol{\pi}(t+1) - \boldsymbol{\pi}(t)P \qquad (\text{C } 4\ 1)$$

或者：

$$\Delta\boldsymbol{\pi}(t)=\boldsymbol{\pi}(t)[-(I-P)] \qquad t\geqslant 0$$

其中，I 是单位矩阵（identity matrix）。因此，$\boldsymbol{\pi}(t)$ 满足离散时间线性系统（使用行向量是马尔可夫链在标注上的惯例）。因此，当 $X(t)$ 本身从一个状态不可预见地跳跃到另一个状态时，这些概率以一种顺序的、可预测的方式描述了这一行为的演变。

下面是一些重要的定义。

定义：如果满足下列线性方程组，则概率向量 π^- 是静态的：

$$\boldsymbol{\pi}=\boldsymbol{\pi}P \tag{C.4.2}$$

如果系统从 $\boldsymbol{\pi}(0)=\boldsymbol{\pi}^-$ 开始，其中 $\boldsymbol{\pi}^-$ 是静态的，那么 $\boldsymbol{\pi}(t)=\boldsymbol{\pi}^-, t\geqslant 0$。在这种情况下，且只有在这种情况下，**X** 是一个静态过程。等式（C.4.2）被称为均衡方程（balance equations）。

定义：如果对于每一个初始向量 $\boldsymbol{\pi}(0)$：

$$\lim_{t\to\infty}\boldsymbol{\pi}(t)=\boldsymbol{\pi}^{\infty}$$

则概率向量 $\boldsymbol{\pi}^{\infty}$ 是限制向量。如果限制向量存在，那么它显然是唯一的。

马尔可夫链的分析解决了下列基本问题：静态概率向量何时存在？如果存在，它何时是唯一的，我们如何计算它？限制概率向量何时存在？它是静态的吗？这些向量如何描述马尔可夫链的样本路径的行为？

对于某些马尔可夫链，答案很简单，但对于其他马尔可夫链来说则并非如此。

C.4.3 分类与分析

C.4.3.1 有限状态空间

首先假设 S 是有限的。这种情况相对简单。例如，上述第一个问题的答案很明确。

命题 C.4.1：至少存在一个静态向量。

为了回答其他问题，我们需要认真考虑可能会发生哪种类型的转换。

定义：在状态转换图中，如果存在着一条从 i 到 j 的路径，则从状态 i 到状态 j 是可达的（reachable）。如果所有节点对于其他节点来说都是可达的，则状态 i 和状态 j 是连通的（communicate）。

从 P 的角度来看，如果对于某些 $u>0,(P^u)_{ij}>0$，则 j 对于 i 是可达的。显然，我们可以将 S 划分为子集 S_k，以使每一个子集中的所有状态都是连通的，但不同子集间的状态是不连通的。

图 C.4.1 中，所有 3 个状态都是连通的，因此只存在一个子集，即 S 本身。图 C.4.3 显示了具有 3 个子集的 7 个状态的链。各个子集用方框进行划分，并以字母标号。

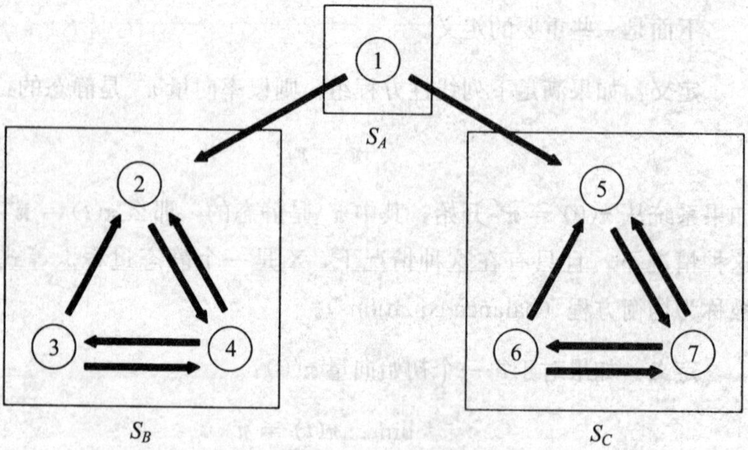

图 C.4.3　**可约链**

另外，如果第二个子集中的任何状态对于第一个子集中的任何状态来说都是可达的，我们称一个子集对于另一个子集来说是可达的（在这种情况下，显然，第二个子集中的每一种状态对于第一个子集中的每一种状态来说都是可达的）。但是，两个子集是不连通的，否则我们就会将它们合并为一个子集。在图 C.4.3 中，子集 S_B 和 S_C 都可以从 S_A 到达。

定义：如果从子集 S_k 可以到达某些其他子集，则 S_k 是瞬态的（transient）。否则，S_k 是常返的（recurrent）。

从字面上理解，瞬态子集就是暂时的。如果 **X** 从这个子集开始，则迟早 **X** 会离开它，永远不再回来。相反，如果 **X** 从一个常返子集（recurrent subset）开始，它就会永远停留在那里。至少有一个常返子集。在图 C.4.3 中，S_B 和 S_C 是常返子集，而 S_A 是瞬态子集（瞬态子集中的状态本身也被称为瞬态的。同样，也存在着常返状态）。

定义：如果存在着一个以上的常返子集，则一个马尔可夫链是可约的（reducible）。否则就是不可约的（irreducible）。

因此，可约链的长期行为严重依赖于其初始条件。以一个常返子集开始，**X** 永远也不能到达其他子集。图 C. 4. 3 中的链是可约的，而 C. 4. 1 中的链是不可约的。

命题 C. 4. 2：一个不可约链具有唯一的静态概率向量 $\boldsymbol{\pi}^{-}$。

反过来，可约链拥有几个静态向量。

命题 C. 4. 3：在一个不可约链中，静态向量 $\boldsymbol{\pi}^{-}$ 描述了 **X** 的几乎每一条样本路径的长期频数分布，而不管 $\boldsymbol{\pi}(0)$ 如何。

接下来，考虑图 C. 4. 4 中的链。第一个环不确定地穿过三种状态。第二个环更加不可预测，但它仍然是在状态组（group）{1,2} 和{3,4} 之间变换（两者都是不可约的）。这类链被称为周期性的（periodic）。我们将忽略其正式的定义，直观的观点就应该很清楚了。不存在此类系统性环的链被称为非周期性的（aperiodic）。

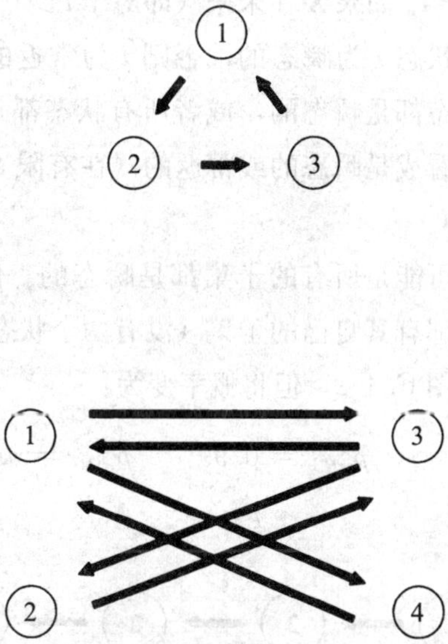

图 C. 4. 4

命题 C. 4. 4：不可约的、非周期的链具有（唯一的）极限概率向量 $\boldsymbol{\pi}^{\infty}$。另外，$\boldsymbol{\pi}^{\infty} = \boldsymbol{\pi}^{-}$。

具有所有这些特性的链被称为遍历性的（ergodic）。回忆一下，C. 3. 2. 5 节在一般随机过程的背景下讨论了这一术语。此处的用法略有不同。根据命题 C. 4. 3，具有 $\boldsymbol{\pi}(0) = \boldsymbol{\pi}^{-}$ 的不可约链在最初意义上拥有遍历过程的重要特性。新定义额外要求链为非周期性的。它描述了整个过程族，允许不同的 $\boldsymbol{\pi}(0)$。

当 $\mathbf{X}$ 不可约时，存在唯一的 $\boldsymbol{\pi}^{-}$，这一向量是均衡方程（C.4.2）以及下列标准化方程（normalization equation）的唯一解：

$$\boldsymbol{\pi}\mathbf{e} = 1 \tag{C.4.3}$$

（你可能担心方程比未知数多，但实际上，均衡方程中存在着冗余，标准化方程能求解它们。）因此，我们可以通过求解线性系统（C.4.2）和（C.4.3）来计算 $\boldsymbol{\pi}^{-}$。

瞬态 i 总是具有 $\pi_i^{-} = 0$（其长期频率必须为0）。相反，常返状态 i 具有 $\pi_i^{-} > 0$。

C.4.3.2 可数状态空间

现在，我们转向可数 $S = \{0,1,2,\cdots\}$ 的一般情况。状态间可达性与连通性的定义与前面相同。但是，我们需要改进瞬态和常返子集的概念。

假设 $X(0) = i$。如果 $\mathbf{X}$ 在未来（即对于 $t > 0$）永远不回到 i 具有正的概率，则我们称状态 i 为瞬态的，否则 i 为常返的。事实证明，或者一个子集中的所有状态都是瞬态的，或者所有状态都是常返的，因此我们同样可以将这些子集看成是瞬态的或常返的（在有限 S 的情况下，这一定义与前面的定义一致）。

现在，情况可能是所有的子集都是瞬态的。例如，考虑图 C.4.5。此处，每一个状态都有其自己的子集（没有两个状态是连通的），且都是瞬态的。另外，考虑图 C.4.2，但将概率变为：

$$p_{i,i+1} = 0.99 \qquad p_{i+2,i} = 0.01$$

$$p_{ij=0} \qquad 其他$$

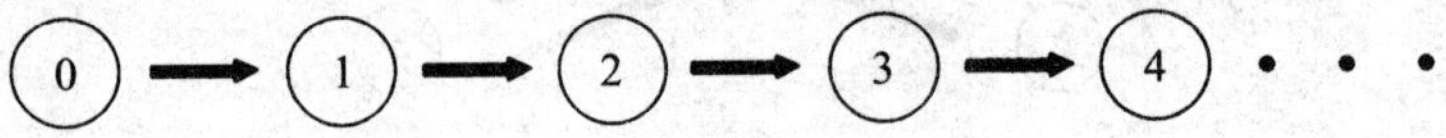

图 C.4.5

在此，所有的状态都是连通的，因此，存在一个单一的子集，但它显然是瞬态的。$X(t)$ 几乎总是增加的，只是偶尔向下跳跃。在这些情况下，我们称 $\mathbf{X}$ 本身是瞬态的。在这里，不存在静态向量，命题 C.4.1 不成立。

给定这一常返子集的新定义，可约和不可约链的概念仍然与前面一样，即如果它只有一个周期性子集，非瞬态链是不可约的。

现在有两种不同类型的常返子集：假设 $X(0) = i$，其中 i 是常返的。因此 $\mathbf{X}$ 在未来将返回 i，概率为1。考虑第一个返回时间，即 $X(t) = i$ 的最早时间（$t>0$）。如果第一个返回时间的均值是有限的，则 i 为正常返的（positive recurrent）；否则，如果均值是无限的，则 i 为零常返的（null recurrent）。事实证明，一个常返子集中所有的状态或者都是正常返的，或者都是零常返的，因此这些术语描述了这些子集（对于有限的 S，每一个常返子集都是正常返的）。零常返子集很少出现，我们将在下一节中看到一个例子。

现在我们做出下面的假设：

假设：至少有一个正常返子集。

（回忆一下，当 S 有限时，这总是正确的。）事实证明，在这一条件下，上述对于有限状态情况的结果仍然有效：存在一个静态向量（如命题C.4.1所述）。如果链是不可约的，则静态向量是唯一的（命题C.4.2），它描述了 $\mathbf{X}$ 的长期频数分布（命题C.4.3）。如果链同时是非周期性的，则存在一个限制向量，该向量等于静态向量（命题C.4.4）。

没有直接的一般性方法来检验正常返性。但是，事实证明，当且仅当静态向量存在时，上述假设成立。检验假设的一种方式（且通常是最简单的方式）是尝试着求解均衡方程和标准化方程（C.4.2）和（C.4.3），成功意味着假设成立。不幸的是，对于无限数量的变量，存在着无限数量的方程。不存在一种求解此类系统的一般性过程。幸运的是，许多链具有特殊的结构，我们通常可以利用这种结构来求解系统。

C.4.3.3　吸收链

现在，我们定义马尔可夫链的一种重要类型。状态空间 S 可以是有限的或无限的。

吸收状态（absorbing state）i 是 $p_{ii}=1$ 的一种状态，因此 $p_{ij}=0$，$j\neq i$。所以，一旦 $\mathbf{X}$ 达到吸收状态，它就永远不会离开。显然，每一个吸收状态构成了它自己的子集，且都是正常返的。吸收性马尔可夫链（absorbing Markov chain）的每一个状态或者是瞬态的，或者是吸收性的，因此，$\mathbf{X}$ 迟早会进入吸收状态，然后就停留在那里。

因此，当它恰好具有吸收状态时，吸收链是不可约的。在这种情况下，链的长期行为是显而易见且乏味的（吸收状态具有 $\pi_i=1$）。但是，其短期（瞬态）行为可能很有意思，正如我们将在下面看到的。

C.4.4　离散位相型分布

下面，我们利用吸收链来描述一类概率分布。考虑一个有限状态、吸收性的、不可约的链 **X**，即具有单一吸收状态的链。如果有必要的话，重新对状态进行编号，使得吸收状态最后出现。

我们稍微修改一下符号：利用 P 表示与瞬态相关的子矩阵，而不是完整的转换矩阵（transition matrix），忽略最后一行和最后一列。令 P_{all} 表示完整的矩阵。因此：

$$P_{all} = \begin{pmatrix} P & (I-P)\mathbf{e} \\ \mathbf{0} & 1 \end{pmatrix}$$

（这里，I 和 $\mathbf{e}$ 具有 P 而不是 P_{all} 的维度。$\mathbf{0}$ 是一个 0 的行向量。）事实证明，当且仅当 $I-P$ 为非奇异的时，这个链是吸收性的。

同样，令 $\boldsymbol{\pi}_{all}(t)$ 表示完整的概率向量，而 $\boldsymbol{\pi}(t)$ 为相应于瞬态的子向量。简写 $\boldsymbol{\pi}=\boldsymbol{\pi}(0)$，我们有 $\boldsymbol{\pi}_{all}(0)=(\boldsymbol{\pi},1-\boldsymbol{\pi}\mathbf{e})$。很容易证明：

$$P_{all}^t = \begin{pmatrix} P^t & (I-P^t)\mathbf{e} \\ \mathbf{0} & 1 \end{pmatrix}$$

因此：

$$\boldsymbol{\pi}_{all}(t) = \boldsymbol{\pi}_{all}(0)P_{all}^t = (\boldsymbol{\pi}P^t, 1-\boldsymbol{\pi}P^t\mathbf{e})$$

具体来说，$\boldsymbol{\pi}(t)$ 满足与（C.4.1）相同形式的线性递归：

$$\boldsymbol{\pi}(t+1) = \boldsymbol{\pi}(t)P$$

这一系统是稳定的［P 的特征值全部位于单位圆板（unit disk）内］，因此 $\lim_{t\to\infty}\boldsymbol{\pi}(t)=\mathbf{0}$。

令 T 表示链第一次进入吸收状态的时间，即在吸收之前的时间（time until absorption）。观察一下，对于每一个 $t\geqslant 0$，事件 $\{T>t\}$ 等价于 $\{X(t)$ 处于一个瞬态之中$\}$。因此：

$$G^0(t) = \boldsymbol{\pi}(t)\mathbf{e} = \boldsymbol{\pi}P^t\mathbf{e} \tag{C.4.4}$$

随机变量 T 服从参数为 $(\boldsymbol{\pi},P)$ 的离散位相型分布（discrete phase-type distribution），或简写为 $T\sim DPH(\boldsymbol{\pi},P)$。在下列条件下，任何有限行向量 $\boldsymbol{\pi}$ 和具有相同维度的矩阵 P 都描述了这类分布：

$$\boldsymbol{\pi}\geqslant\mathbf{0} \qquad \boldsymbol{\pi}\mathbf{e}\leqslant 1$$
$$P\geqslant 0 \qquad P\mathbf{e}\leqslant\mathbf{e} \qquad I-P \text{ 为非奇异的}$$

通过利用（C.4.4），不难证明：

$$g(0)=1-\boldsymbol{\pi}\mathbf{e} \qquad g(t)=\boldsymbol{\pi}(I-P)P^{t-1}\mathbf{e} \qquad t>0$$

$$\tilde{g}(z) = (1 - \boldsymbol{\pi}\mathbf{e}) + z\boldsymbol{\pi}(I-P)(I-zP)^{-1}\mathbf{e}$$

$$E[T] = \boldsymbol{\pi}(I-P)^{-1}\mathbf{e} \qquad ½E[T(T-1)] = \boldsymbol{\pi}P(I-P)^{-2}\mathbf{e}$$

$$G^1(t) = \boldsymbol{\pi}(I-P)^{-1}P^t\mathbf{e} \qquad G^2(t) = \boldsymbol{\pi}P(I-P)^{-2}P^t\mathbf{e}$$

为了计算这些等式，我们只需要求解线性系统的数值方法。例如，要计算 $G^0(t)$，从列向量 $\mathbf{e}$ 开始。前乘（premultiply）P 得到 $P\mathbf{e}$，再前乘得到 $P^2\mathbf{e}$，以这种方式继续执行，得到 $P^t\mathbf{e}$。然后，乘以行向量 $\boldsymbol{\pi}$ 得到 $G^0(t)$。要计算 $G^1(t)$，我们可以遵循相同的步骤，但最后一步使用行向量 $\boldsymbol{\pi}(I-P)^{-1}$ 而不是 $\boldsymbol{\pi}$。

对于较小的 t，这一方法很有效。对于较大的 t，则还需要其他一些东西。下面是两种方法：第一种方法是通过直接相乘计算 P 的幂的 2 次方（P, P^2, P^4, P^8 等）。然后，遵循 t 的二进制展开（binary representation），用这些矩阵的适当子集前乘 $\mathbf{e}$，得到 $P^t\mathbf{e}$，然后像上面一样继续执行（例如，$P^{18}\mathbf{e} = P^{16}P^2\mathbf{e}$）。

或者，以计算 P 的谱分解（spectral decomposition）作为开始。也就是说，用 $P = ADA^{-1}$ 的形式来表示 P，其中 D 为一个“简单”矩阵（通常，D 是一个对角矩阵）。因此，$P^t = AD^tA^{-1}$。由于 D 是简单矩阵，因此对于任何 t，我们可以很容易地直接计算 D^t。

在特殊情况下（其中对于 $\boldsymbol{\psi}\mathbf{e}=1$ 的概率向量 $\boldsymbol{\psi}$，$\boldsymbol{\pi}$ 可以写成 $\boldsymbol{\pi} = \boldsymbol{\psi}P$），有些公式会变得比较简单。因此：

$$g(t) = \boldsymbol{\psi}(I-P)P^t\mathbf{e} \qquad t \geqslant 0$$

$$\tilde{g}(z) = \boldsymbol{\psi}(I-P)(I-zP)^{-1}\mathbf{e}$$

例如，几何分布就具有这种形式。只有一个瞬态 $P=(p)$，且 $\boldsymbol{\psi}=(1)$。因此，DPH 分布的这一子类一般化了几何分布，矩阵 P 扮演着与标量 p 一样的角色。同样，一般 DPH 分布是延迟几何分布的矩阵形式（参见 C.2.3.5 节）。在此，$\boldsymbol{\pi}$ 与 π 类似，P 与 p 类似。

位相型分布非常灵活：考虑几个具有 DPH 分布的独立随机变量的和、混合（mixture）、最小值或最大值。这类组合都具有 DPH 分布。同样，在非负整数上的任何分布都可以用一个 DPH 分布来非常准确地进行近似。

C.5 马尔可夫链：连续时间

C.5.1 定义与动态方程

连续时间马尔可夫链（continuous-time Markov chain）$\mathbf{X}$ 是一个离散

状态、连续时间、时间齐次（time-homogeneous）的马尔可夫过程（除连续时间参数外，这与前面马尔可夫链的定义一致）。

下面是说明这一过程的一种方法：假设我们给定：

- 一个离散时间马尔可夫链 $\mathbf{X}^E$，其状态空间为 S，转换矩阵为 P，其中每一个 $p_{ii}=0$。
- 一个向量 $\boldsymbol{\theta}=(\theta_i)_{i\in S}$，其中 $\theta_i>0$。

像下面这样构建过程 $\mathbf{X}=\{X(t):t\geqslant 0\}$：$\mathbf{X}$ 的状态空间仍然是 S。取值的顺序（sequence）与离散时间链 $\mathbf{X}^E$ 完全相同。但是，$\mathbf{X}$ 每次花在状态 i 上的时间是一个随机变量，服从参数为 θ_i 的指数分布。这些时间独立于 $\mathbf{X}^E$，且相互独立。

因此，一旦进入状态 i，$\mathbf{X}$ 就在那里停留一个指数数量的时间，均值为 $1/\theta_i$。然后，根据在矩阵 P 中的概率，发生向另一个状态的转换。我们称离散时间链 $\mathbf{X}^E$ 嵌入（embedded）$\mathbf{X}$ 中（这解释了上标 E）。因此，这一 $\mathbf{X}$ 是一个连续时间马尔可夫链。

下面是另一种指定数据并构建 $\mathbf{X}$ 的等价方法，不涉及 $\mathbf{X}^E$：定义矩阵 $Q=(q_{ij})$，其中：

$$q_{ij}=\begin{cases}\theta_i p_{ij} & j\neq i\\ -\theta_i & j=i\end{cases}$$

注意，$P\mathbf{e}=\mathbf{e}$ 意味着 $Q\mathbf{e}=\mathbf{0}$。Q 被称为 $\mathbf{X}$ 的（无穷小）生成元（generator）。然后，$\mathbf{X}$ 像下面一样运算：假设 $\mathbf{X}$ 现在处于状态 i。经过一个小的时间增量 Δt，转变为 $j\neq i$ 的概率近似为 $q_{ij}(\Delta t)$，而停留在 i 的概率近似为 $1-\theta_i(\Delta t)$。另外，这些概率与 $\mathbf{X}$ 如何到达 i 以及在那里停留多长时间无关。

因此，只要 $\mathbf{X}$ 停留在状态 i，则 q_{ij} 就衡量了跳跃到 j（$j\neq i$）的可能性，它被称为从 i 到 j 的转换率（transition rate）。

因此，生成元 Q 完整地描述了 $\mathbf{X}$ 的行为。为了对 $\mathbf{X}$ 进行建模，我们可以绕开 P 和 $\boldsymbol{\theta}$ 而直接指定 Q［实际上，从一个方阵 Q（它具有负对角项和非负的非对角项）开始，使得 $Q\mathbf{e}=\mathbf{0}$，我们可以很容易地重新得到 P 和 $\boldsymbol{\theta}$］。

连续时间链的状态转换图也具有离散时间情况下定义的节点和弧：每一个状态都具有一个节点，当 $q_{ij}>0(j\neq i)$ 时，存在一条从 i 到 j 的弧（永远都不存在一条从 i 到其本身的弧，因为 $p_{ii}=0$）。转换率 q_{ij} 被用于对弧而不是 p_{ij} 进行标注。

例如，假设 $S=\{1,2,3\}$，且：

$$Q=\begin{bmatrix}-1 & 0 & 1\\ 2 & -6 & 4\\ 8 & 4 & -12\end{bmatrix}$$

图 C.5.1 显示了状态转换图。

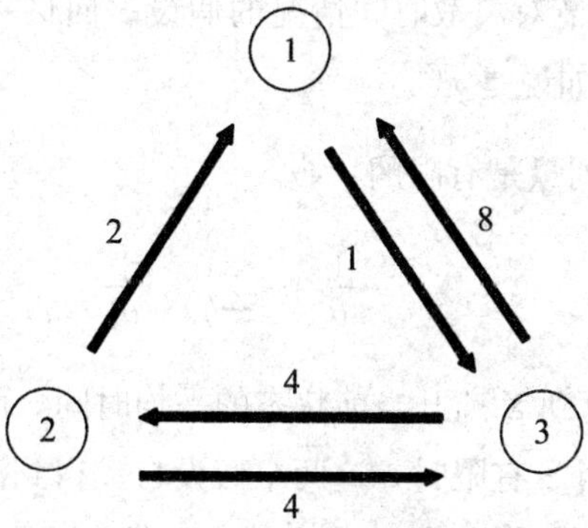

图 C.5.1　状态转换图（3 个状态，连续时间）

与离散时间的情况一样，定义 $\pi_i(t)=\Pr\{X(t)=i\}$ 和行向量 $\boldsymbol{\pi}(t)=[\pi_i(t)]_i, t\geqslant 0$。令 $\boldsymbol{\pi}'(t)$ 表示行向量 $[d\pi_i(t)/dt]_i$，即 $\boldsymbol{\pi}(t)$ 对 t 的 [分量 (componentwise)] 导数。我们可以证明 $\boldsymbol{\pi}(t)$ 满足线性微分方程组：

$$\boldsymbol{\pi}'(t)-\boldsymbol{\pi}(t)Q \qquad t\geqslant 0 \tag{C.5.1}$$

这与离散时间情况下的差分方程（C.4.1）类似。

C.5.2　分析

在这种情况下，静态向量 $\boldsymbol{\pi}^{-}$ 满足均衡方程：

$$\boldsymbol{\pi}Q=\mathbf{0}$$

以及标准化方程：

$$\boldsymbol{\pi}\mathbf{e}=1$$

因为，对于所有 $t\geqslant 0, \boldsymbol{\pi}(0)=\boldsymbol{\pi}^{-}$ 意味着 $\boldsymbol{\pi}(t)=\boldsymbol{\pi}^{-}$。限制向量 $\boldsymbol{\pi}^{\infty}$ 具有下列特性：对于所有 $\boldsymbol{\pi}(0)$：

$$\lim_{t\to\infty}\boldsymbol{\pi}(t)=\boldsymbol{\pi}^{\infty}$$

X 的大部分关键特性都是从内含的离散时间链 $\mathbf{X}^E$ 继承而来的。如果 $\mathbf{X}^E$ 是不可约的或周期性的，则 **X** 也是不可约的或周期性的。另外，常返性、正常返性、零常返性子集的定义与离散时间情况下一致，当 S 有限时，每一个常返性子集同样也是正常返性的。

唯一的例外是在无限状态空间 S 情况下的正常返性。现在，我们需要两个假设来代替 C. 4. 3 节中的那个假设：

假设 1：嵌入的离散时间链 $\mathbf{X}^E$ 至少有一个正常返性子集。

这是 C. 4. 3 节对离散时间情况的假设。回忆一下，这意味着 X^E 有一个静态向量，比如说是 $\boldsymbol{\pi}^{E-}$。

假设 2：下列量是有限的：

$$\frac{1}{\theta}=\sum_{i\in S}\frac{\pi_i^{E-}}{\theta_i}$$

（将 $1/\theta$ 看成是直到 $\mathbf{X}$ 离开当前状态的平均时间，而当前状态根据 $\boldsymbol{\pi}^{E-}$ 随机选择）。显然，当 S 有限时，这两个假设自动得到满足。

在这两个假设下，$\mathbf{X}$ 拥有一个静态向量 $\boldsymbol{\pi}^-$，由下式给出：

$$\pi_i^-=\frac{\pi_i^{E-}/\theta_i}{1/\theta}$$

或者：

$$\frac{\pi_i^-}{\theta}=\frac{\pi_i^{E-}}{\theta_i}$$

此外，当 $\mathbf{X}^E$（因而 $\mathbf{X}$）不可约时，这是唯一的静态向量。在那种情况下，$\boldsymbol{\pi}^-$ 同样也描述了长期频数分布。另外，在这些条件下，$\mathbf{X}$ 具有极限向量 $\boldsymbol{\pi}^{\infty}=\boldsymbol{\pi}^-$。

（有意思的是，与离散时间情况不同，我们不需要假设 $\mathbf{X}$ 为非周期性的以得到一个极限向量。即使转换的顺序是周期性的，在长期中，转换之间的随机时间也消除了过程的可预测性。）

C. 5. 3 联合独立过程

考虑两个独立的连续时间马尔可夫链 $\mathbf{X}_1$ 和 $\mathbf{X}_2$，它们具有有限但可能不同的状态空间 S_1 和 S_2 以及生成元 Q_1 和 Q_2。因此，联合过程 $\mathbf{X}=(\mathbf{X}_1,\mathbf{X}_2)=\{[X_1(t),X_2(t)]:t\geqslant 0\}$ 也是一个连续时间马尔可夫链。但是，其生成元是什么？

下面是一些有用的符号：假设 $A=(a_{ij})_{ij}$ 和 B 是有限的方阵，其中 A 的维度为 $n\times n$，B 的维度为 $m\times m$。A 和 B 的克罗内克积（Kronecker product）为：

$$A \otimes B = \begin{pmatrix} a_{11}B & \cdots & a_{1n}B \\ \vdots & \vdots & \vdots \\ a_{n1}B & \cdots & a_{nn}B \end{pmatrix}$$

A 和 B 的克罗内克和（Kronecker sum）为：

$$A \oplus B = A \otimes I + I \otimes B$$

此处，第一个 I 具有 B 的维度，第二个 I 具有 A 的维度。因此，$A \otimes B$ 和 $A \oplus B$ 的维度都是 $(mn) \times (mn)$。

事实证明，$\mathbf{X}$ 的生成元就是 $Q_1 \oplus Q_2$。

我们简单地解释一下：假设 $S_1 = \{1, \cdots, n\}, S_2 = \{1, \cdots, m\}$。按 $(1,1)$, $(1,2)$, $\cdots$, $(1,m)$; $(2,1)$, $(2,2)$, $\cdots$, $(2,m)$; $\cdots$; $(n,1)$, $(n,2)$, $\cdots$, (n,m) 的顺序列出联合过程 $\mathbf{X}$ 的状态。现在，在 $\mathbf{X}$ 的每一次转换时，只是过程 $\mathbf{X}_1$ 和 $\mathbf{X}_2$ 的一个要素发生改变，其他的不变。因此，考虑每一种变化类型的转换率：如果 $\mathbf{X}_1$ 是固定的，并且用 0 代替 Q_1，则 $\mathbf{X}$ 的生成元将是 Q_2 的 n 次复制，沿对角线以块的形式排列。这恰恰是 $I \otimes Q_2$。同样，如果 $\mathbf{X}_2$ 是固定的，则 $\mathbf{X}$ 的生成元就是 $Q_1 \otimes I$。实际生成元为此二者之和，即 $Q_1 \oplus Q_2$。

C.5.4 生灭过程

现在，我们考虑连续时间马尔可夫链的一种简单但重要的类型，即生灭过程（birth-death process）。这里，S 为非负整数。每一个状态只会向其最邻近的状态转换。在离散状态过程中，生灭过程是与连续过程最接近的形式。

这类链被用来对人或动物的群体进行建模。向上的转换代表出生，而向下的转换代表死亡（因此被称为生灭过程）。还有许多其他应用，如应用于供应系统中，我们将在下面进行讨论。

生灭过程具有无限的 S，但仍然是高度结构化的。利用这一结构，我们可以确定链是否具有一个静态向量，如果有，该如何计算它。

我们令：

$$\lambda_i = q_{i-1,i} \qquad \mu_i = q_{i,i-1} \qquad i > 0$$

对于一个生灭过程，所有其他的 $q_{ij} = 0, i \neq j$。假设所有的 μ_i 都是正的，这意味着 $\mathbf{X}$ 是不可约的。我们暂时假设所有的 λ_i 也都是正的。

定义 $\rho_0 = 1$，且：

$$\rho_i = \frac{\lambda_i}{\mu_i} \qquad i > 0$$

$$R_i = \Pi_{j \leqslant i} \rho_j \qquad i \geqslant 0$$

$$R = \sum\nolimits_{i=0}^{\infty} R_i$$

均衡方程等价于：

$$\pi_i = R_i \pi_0 \qquad i \geqslant 0$$

因此，标准化方程可以简化为：

$$1 = \sum\nolimits_{i=0}^{\infty} \pi_i = R\pi_0$$

如果 R 是有限的，则方程具有唯一解：

$$\pi_i = \pi_i^- = \frac{R_i}{R} \qquad i \geqslant 0$$

且 $\boldsymbol{\pi}^- = (\pi_i^-)_i$ 是唯一的静态向量和限制向量。否则，如果 $R=\infty$，则没有解，链或者是瞬态的，或者是零常返性的。

例如，假设所有的 $\lambda_i = \lambda$ 且 $\mu_i = \mu$，其中 λ 和 μ 为正常数（这种情况描述了一个简单的队列，即 M/M/1 系统）。那么，$\rho_i = \rho = \lambda/\mu, i > 0$，因此 $R_i = \rho^i, i \geqslant 0$。所以，当且仅当 $\rho < 1$ 时，R 是有限的，在这种情况下，$R = 1/(1-\rho)$。在此，静态向量描述了一个参数为 ρ 的几何分布，即 $\pi_i^- = (1-\rho)\rho^i, i \geqslant 0$。如果 $\rho \geqslant 1$，则不存在静态向量。事实证明，当 $\rho > 1$ 时，$\mathbf{X}$ 为瞬态的，当 $\rho = 1$ 时，$\mathbf{X}$ 为零常返性的。

现在，考虑某些 $\lambda_i = 0$ 的情况。令 $s+1$ 表示最小的此类 i。现在，所有的状态 $i > s$ 都是瞬态的。忽略这些瞬态的状态，我们可以将 $\mathbf{X}$ 看成是在状态空间 $\{0,1,\cdots,s\}$ 上描述了一个有限状态链。这一模型被称为有限生灭过程（finite birth-death process）。在这种情况下，R 总是有限的（因为 $R_i = 0, i > s$），静态向量的计算如上所述。

在 $\lambda_i = \lambda$ 和 $\mu_i = \mu(i \leqslant s)$ 的特殊情况下（有限 M/M/1 队列），对于任何 ρ 值，都存在一个静态向量。对于 $\rho \neq 1, R = (1-\rho^{s+1})/(1-\rho)$，因此 $\pi_i^- = (1-\rho)\rho^i/(1-\rho^{s+1}), i \leqslant s$。对于 $\rho = 1, \boldsymbol{\pi}^-$ 描述了一个均匀分布：$\pi_i = 1/(s+1), i \leqslant s$。

C.5.5 连续位相型分布

下面，我们引入一种连续概率分布，对应于 C.4.4 节的离散位相型分布。正如后者利用离散时间马尔可夫链的定义一样，这一新的分布是利用连续时间链构建的。

假设 $\mathbf{X}$ 是一个连续时间马尔可夫链，其生成元为 Q_{all}，且有一个指定的初始向量 $\boldsymbol{\mu}_{all}$。最后一个状态是吸收状态，我们按下述方式分隔数据：

$$Q_{all} = \begin{bmatrix} -M & M\mathbf{e} \\ \mathbf{0} & 0 \end{bmatrix}$$

$$\boldsymbol{\mu}_{all} = (\boldsymbol{\mu}, 1 - \boldsymbol{\mu}\mathbf{e})$$

向量 $\boldsymbol{\mu}$ 描述了瞬态的初始概率，因此 $\boldsymbol{\mu} \geqslant \mathbf{0}, \boldsymbol{\mu}\mathbf{e} \leqslant 1$。至于 M，其对角线是正的，而非对角线项是非负的，且 $M\mathbf{e} \geqslant \mathbf{0}$。另外，$M$ 是非奇异的（后一个特性保证了 $\mathbf{X}$ 是一个吸收链）。

同样，令 T 为直到吸收前的时间。根据 C.4.4 节，我们可以证明 T 的互补累积分布函数为：

$$F_T^0(t) = \boldsymbol{\mu} e^{-Mt} \mathbf{e}$$

也就是说，$\boldsymbol{\pi}_{all}(t)$ 的子向量 $\boldsymbol{\pi}(t)$ 求解了线性微分方程组：

$$\boldsymbol{\pi}'(t) = \boldsymbol{\pi}(t)(-M) \qquad t \geqslant 0 \tag{C.5.2}$$

其初始条件为 $\boldsymbol{\pi}(0) = \boldsymbol{\mu}$，且 $F_T^0(t) = \boldsymbol{\pi}(t)\mathbf{e}$。我们称 T 服从参数为 $(\boldsymbol{\mu}, M)$ 的连续位相型分布，或者表示为 $T \sim CPH(\boldsymbol{\mu}, M)$。

如果 $\boldsymbol{\mu}\mathbf{e} < 1$，则 $\Pr\{T = 0\} > 0$，因此 F_T 不是纯粹连续的。尽管如此，我们将这一情况包含在 CPH 分布中。另外，与 M 本身相比，$-M$ 更常用做矩阵的参数。我们发现 M 更方便一些。

我们可以证明 $\Pr\{T = 0\} = 1 - \boldsymbol{\mu}\mathbf{e}$，且对于 $t > 0$，T 具有如下概率密度函数：

$$f(t) = \boldsymbol{\mu} M e^{-Mt} \mathbf{e} \qquad t > 0$$

另外：

$$\tilde{f}(s) = (1 - \boldsymbol{\mu}\mathbf{e}) + \boldsymbol{\mu} M (sI + M)^{-1} \mathbf{e}$$

$$E[T] = \boldsymbol{\mu} M^{-1} \mathbf{e} \qquad E[T^2] = \boldsymbol{\mu} M^{-2} \mathbf{e}$$

$$F_T^1(t) = \boldsymbol{\mu} M^{-1} e^{-Mt} \mathbf{e} \qquad F_T^2(t) = \boldsymbol{\mu} M^{-2} e^{-Mt} \mathbf{e}$$

我们可以通过矩阵求逆来计算拉普拉斯变换和矩。为了计算互补累积分布函数 F^0，我们必须求解微分方程（C.5.2）。这很容易，有一些标准的数值方法，它们广泛存在于一些科学软件包中。

正如 DPH 分布一般化了几何分布，CPH 分布可以被看成是指数分布的矩阵形式。实际上，参数为 μ 的指数分布是一个 CPH 分布。存在一种瞬态，$\boldsymbol{\mu} = (1)$，且 $M = (\mu)$。

CPH 分布与在离散情况下同样灵活：它们可以对各种现象进行建模，而且可以在非负实数上近似任何分布。

C.5.6 泊松过程与更新过程

泊松过程（Poisson process）是具有静态、独立增量的计数过程（counting process）。它有一个参数 $\lambda > 0$，被称为其转换率。令 $\mathbf{D} = \{D(t): t \geqslant 0\}$ 表示过程，则 $\lambda = E[D(1)]$，因此 $E[D(t)] = \lambda t$。这一方法被广泛用于对需求建模，同时也应用于其他情况。其中，$D(t)$ 是时间 t 内的累积需求。基本事实已经在第 6 章 6.2.1 节中进行了陈述。在这里，我们要讨论一些额外的特性。

泊松过程是一种特殊的连续时间马尔可夫链。其状态转换图就是图 C.4.5，唯一可能的转换是从 i 到 $i+1, i \geqslant 0$，且在每一条此类弧上的转换率为 λ。因此，不管当前状态 i 如何，在一个很短的时间 Δt 转变到状态 $i+1$（如发生了需求）的概率为 $\lambda(\Delta t)$（这一链为瞬态的）。

对于每一个 $t > 0$，随机变量 $D(t)$ 都服从均值为 λt 的泊松分布。同样，令 T_1 表示第一个需求发生的时间，T_n 表示第 $(n-1)$ 个需求与第 n 个需求之间的时间，$n \geqslant 1$。因此，T_n 为独立随机变量，都服从均值为 $1/\lambda$ 的指数分布。

这些过程具有某些重要的守恒特性：考虑两个独立的泊松过程 $\mathbf{D}_1$ 和 $\mathbf{D}_2$，其转换率分别为 λ_1 和 λ_2。因此，叠加（superposition）$\mathbf{D}$ 也是一个转换率为 $\lambda = \lambda_1 + \lambda_2$ 的泊松分布，其中 $D(t) = D_1(t) + D_2(t)$。显然，两个以上此类过程的叠加也是泊松过程。

反过来，考虑一个转换率为 λ 的泊松过程 $\mathbf{D}$，以及一个独立于 $\mathbf{D}$、参数为 p 的伯努里序列（Bernoulli sequence）$\{X_n : n \geqslant 1\}$（C.2.3.5 节）。现在，按下面的方法构建一对过程 $\mathbf{D}_1$ 和 $\mathbf{D}_2$：当 $\mathbf{D}$ 的第 n 个点出现时，检查 X_n。如果 $X_n = 1$，则将这个点分配给 $\mathbf{D}_1$，即在同一时间 $D_1(t)$ 增加 1；否则，如果 $X_n = 0$，则将该点分配给另一个过程 $\mathbf{D}_2$。这一对 $(\mathbf{D}_1, \mathbf{D}_2)$ 被称为 $\mathbf{D}$ 的分裂（splitting）。事实证明，$\mathbf{D}_1$ 和 $\mathbf{D}_2$ 都是泊松过程，其转换率分别为 $\lambda_1 = p\lambda, \lambda_2 = (1-p)\lambda$，且它们是相互独立的。

有时候，我们只对 $\mathbf{D}_1$ 感兴趣，实际上，我们会"抛弃"分配给 $\mathbf{D}_2$ 的点。过程 $\mathbf{D}_1$ 本身被称为 $\mathbf{D}$ 的稀疏化（thinning）。因此，泊松过程的稀疏化本身是一个泊松过程。

另外，考虑大量独立的、静态的计数过程，不一定是泊松过程，且考虑将它们叠加在一起。假定满足某些正则性条件（regularity condition），这一叠加的行为至少在一个相对较短的时间区间内与泊松过程类似（这一事实有时候被称为计数过程的中心极限定理。它解释了为什么如此多实际的、被观察到的计算过程非常像泊松过程）。

更新过程（renewal process）是一个计数过程，其事件间的时间 T_n 是独立同分布的随机变量。T_n 可以服从任何分布。泊松过程是一个特例，其中 T_n 服从指数分布。

C.6　离散时间下的随机线性系统

C.6.1　建模

本节将简要讨论一个离散时间线性系统，其输入是随机的（在其他方面，这一系统有些特殊，它没有控制，也没有目标）。

下面是一些基本的符号：

$$t = \text{时点的序号}, t = 0, \cdots$$
$$\mathbf{x}(t) = \text{时点 } t \text{ 时的状态，是一个实值 } n \text{ 维向量}$$
$$\mathbf{e}(t) = \text{时点 } t \text{ 时的输入，是一个实值 } m \text{ 维向量}$$

所有的向量都是列向量。$\mathbf{e}(t)$ 代表纯噪声（pure noise）。具体而言，向量 $\mathbf{e}(t)$ 在 t 上是独立的，且对于所有的 t：

$$E[\mathbf{e}(t)] = \mathbf{0} \qquad V[\mathbf{e}(t)] = I$$

假设每一个 $\mathbf{e}(t)$ 都服从正态分布（对于许多结果来说，这一假设是不必要的，但它有助于使我们的讨论更明确）。因此，每一个 $\mathbf{e}(t)$ 都是一个独立随机变量的向量，都服从标准正态分布。初始值 $\mathbf{x}_0$ 可能是一个固定的常数，或者更一般地，是一个具有给定正态分布的随机变量。

这一系统遵循下列方程：

初始条件：

$$\mathbf{x}(0) = \mathbf{x}_0$$

动态方程：

$$\mathbf{x}(t+1) = A\mathbf{x}(t) + S\mathbf{e}(t) \qquad t = 0, \cdots$$

在这里，A 是一个恒定的 $n \times n$ 矩阵，而 S 是一个恒定的 $n \times m$ 矩阵。$\mathbf{X} = \{\mathbf{x}(t) : t \geqslant 0\}$ 描述了一个随机过程。这是一个马尔可夫过程，因为 $\mathbf{e}(t)$ 在 t 上是独立的。它是时间齐次的（time-homogeneous），因为 A 和 S

是恒定的。

这类模型有很多用途。例如，许多标准的需求预测方法符合这种形式的模型。我们在后面将会看到一些例子。在这里，通常来说，期间 t 内的需求是 $\mathbf{x}(t)$ 或 $\mathbf{x}(t)$ 的其他简单函数的组成要素之一。估计必要的系数有一些非常有效的方法。这些方法以及相关的方法都是时间序列分析（time-series analysis）要研究的内容。

C.6.2 分析

由于 $\mathbf{x}_0$ 和 $\mathbf{e}(t)$ 都服从正态分布，因此 $\mathbf{x}(t)$ 也服从正态分布。根据（C.2.2）和（C.2.3），$\mathbf{x}(t)$ 的均值和协方差矩阵满足下列递归：

$$E[\mathbf{x}(t+1)] = AE[\mathbf{x}(t)]$$
$$V[\mathbf{x}(t+1)] = AV[\mathbf{x}(t)]A' + SS' \qquad t = 0,\cdots$$

因此：

$$E[\mathbf{x}(t)] = A^t E[\mathbf{x}_0] \qquad t = 0,\cdots$$

一般来说，不可能将 $V[\mathbf{x}(t)]$ 写成解析式，但利用上述递归我们可以很容易地计算它。

在这种情况下，系统稳定性意味着什么？下面是一个合理的定义：当 $\mathbf{X}$ 服从极限分布时，系统是稳定的。事实证明，稳定性的必要和充分条件为 $A^t \to 0$。当然，这与确定性情况下的条件是相同的。因此，A 的所有特征值都位于单位圆板盘（unit disk）内。在这种情况下，令 $\mathbf{x}$ 表示极限随机变量，则 $\mathbf{x}$ 服从正态分布，其中：

$$E[\mathbf{x}] = \mathbf{0}$$

且 $V[\mathbf{x}]$ 是下列矩阵方程的解（未知数为 V）：

$$V = AVA' + SS'$$

（该方程没有解，但存在着数值方法来计算它。）如果 $\mathbf{x}_0$ 服从这种分布，那么 $\mathbf{X}$ 就是静态的，且是遍历性的。

$\mathbf{x}(t)$ 和 $\mathbf{e}(t)$ 都为标量的情况很有启发性。在这里，$\mathbf{X}$ 被称为一阶自回归过程（first-order autoregressive process）。记 $\mathbf{x}(t) = x(t), \mathbf{e}(t) = e(t)$，$A = (a), S = (s)$。因此，动态方程变为：

$$x(t+1) = ax(t) + se(t)$$

在这种情况下，稳定性条件简化为 $|a| < 1$。假定系统是稳定的，我们有：

$$E[x(t+1)] = aE[x(t)] = a^{t+1}E[x_0]$$
$$V[x(t+1)] = a^2V[x(t)] + s^2$$
$$= a^{2(t+1)}V[x_0] + \left(\frac{1-a^{2(t+1)}}{1-a^2}\right)s^2$$

在极限情况下：

$$E[x] = 0$$
$$V[x] = \left(\frac{1}{1-a^2}\right)s^2$$

C.6.3 随机系数

继续讨论标量模型，假设系数 a 不再是一个常数，而是一个独立同分布的随机变量的序列 $\{a(t)\}$，与 $\{e(t)\}$ 独立。动态方程变为：

$$x(t+1) = a(t)x(t) + se(t)$$

（但是，s 仍然是一个常数。）令 a 表示一个一般随机变量，与 $a(t)$ 具有相同的分布。假设 $0 \leqslant a \leqslant 1$，且 $E[a^2] < 1$。

在这里，一般来说，$x(t)$ 不是正态分布的，但我们可以计算其矩：由于 $a(t)$ 独立于 $x(t)$：

$$E[x(t+1)] = E[a(t)]E[x(t)] = E^{t+1}[a]E[x_0]$$

根据（C.2.1）：

$$V[x(t+1)] = V[E[x(t+1) \mid x(t)]] + E[V[x(t+1) \mid x(t)]]$$
$$= V[E[a(t)]x(t)] + E[V[a(t)]x^2(t) + s^2]$$
$$= V[E[a]x(t)] + E[V[a]x^2(t) + s^2]$$
$$= E^2[a]V[x(t)] + V[a]E[x^2(t)] + s^2$$
$$= E[a^2]V[x(t)] + V[a]E^2[x(t)] + s^2$$
$$= E[a^2]V[x(t)] + V[a]E^{2t}[a]E^2[x_0] + s^2$$

方差可以进一步简化，但我们直接采用限制值：

$$E[x] = 0$$
$$V[x] = \left\{\frac{1}{1-E[a^2]}\right\}s^2$$

C.6.4 应用于对需求的预测

标量模型（具有恒定的系数）有时候被用于离散时间环境下对需求的

预测。下面是一种方法：在每一个时点 t，我们预测在期间 t 内的需求。我们称预测为 $f(t)$。这是一个点估计（point estimate）。在某种程度上，实际需求 $d(t)$ 通常是根据预测推导出的。我们称误差为 $\varepsilon(t)=d(t)-f(t)$。在时点 $t+1$，在观察 $d(t)$ 后，我们通过下式来计算下一个期间的预测值（更新预测值）：

$$f(t+1)=(1-\alpha)f(t)+\alpha d(t)=f(t)+\alpha\varepsilon(t)$$

这一方法被称为指数平滑法（exponential smoothing）。参数 α 被称为平滑常数（smoothing constant），它是一个介于 0 和 1 之间的正数。因此，更新后的预测是前面的预测与实际观察到的需求的加权平均。如果需求超过预测，即 $\varepsilon(t)>0$，则向上修正预测，修正量为误差的 α 部分。相反，如果是负偏差，则要降低预测值。初始预测值 $f(0)=f_0$ 是某个给定的常数。

我们可以按下述方法以线性系统的方式来描述这一过程：状态变量 $x(t)$ 是预测 $f(t)$ 本身。我们暂时将输入想象为 $e(t)=\varepsilon(t)$。因此，参数为 $a=1$ 和 $s=\alpha$。实际需求为 $d(t)=f(t)+\varepsilon(t)=x(t)+(1/\alpha)e(t)$。

我们还没有对驱动需求的误差 $\varepsilon(t)$ 做出任何假设。但是，考虑一下这一技术在什么条件下有意义：良好的预测应该是无偏差的（unbiased），这意味着 $E[d(t)]=f(t)$，或 $E[\varepsilon(t)]=0$。同样，预测应该全面考虑所有的当前信息，这意味着 $\varepsilon(t)$ 独立于 $f(t)$，因而独立于所有过去的误差。因此，输入序列 $\{e(t)\}$ 具有（或应该具有）上面假设的两个特征，即 $E[e(t)]=0$ 和独立性。现在，假设误差是静态的，因此 $V[\varepsilon(t)]$ 是一个常数 $V[\varepsilon]$，并重新定义 $s=\alpha(V[\varepsilon])^{1/2}$ 和 $e(t)=(\alpha/s)\varepsilon(t)$。因此，$V[e(t)]=1$，系统动态方程为 $x(t+1)=x(t)+se(t)$，与前面一样。

在实践中，指数平滑法是一种常用的技术，在我看来，可能是过于常用了。它当然很简单，这是一个优点。而且，当其基本模型恰当时，即真实的需求由与上面所述类似的模型产生时，它非常有效。在其他情况下，它可能无效。不幸的是，有时候它被当成是一种多用途的工具，适用于所有情况，不论模型的假设和约束是什么。可惜它不是这样一种工具。同样，无数的（且相互冲突的）经验法则都乐观地建议选择平滑常数。但任何类型的规则在此都不恰当。平滑常数是一个模型参数，它应该像其他参数一下进行估计。这并不意味着需要一些奇特的方法，简单的启发式算法在统计估计中发挥着一定的作用，如果能够很好地理解它们的话。

还要注意，在这里，系统是不稳定的，因为 $a=1$。具体来说：

$$d(t)=\varepsilon(t)+f(t)=\varepsilon(t)+[\alpha\varepsilon(t-1)+f(t-1)]$$

$$= \varepsilon(t) + \alpha\varepsilon(t-1) + [\alpha\varepsilon(t-2) + f(t-2)]$$
$$= \varepsilon(t) + \alpha[\varepsilon(t-1) + \cdots + \varepsilon(0)] + f(0)$$

因此，$V[d(t)] = (1+\alpha^2 t)V[\varepsilon]$。也就是说，从现在的角度看，未来需求的方差随着 t 呈线性增加。

另一个预测模型建立在上述一阶自回归过程的基础上。假设存在着一个恒定的基本需求 $\underline{d}$。现在，$x(t+1)$ 表示实际需求 $d(t)$ 与 $\underline{d}$ 的偏差，即 $x(t+1) = d(t) - \underline{d}$。这些偏差的动态方程由下式给出：

$$x(t+1) = ax(t) + se(t)$$

其中，$0 < a < 1$，因此系统是稳定的。在这些条件下，预测变成了 $f(0) = \underline{d}$，且 $f(t) = \underline{d} + E[x(t+1) \mid x(t)] = \underline{d} + ax(t) = (1-a)\underline{d} + ad(t-1), t > 0$。两个参数 $\underline{d}$ 和 a 由统计方法估计出来。

ARMA 过程是一个更一般的模型类型，也被用于预测（ARMA 是 autoregressive moving average 的缩写，即“自回归移动平均”）。同样，存在着一个基本需求 $\underline{d}$，我们要对误差 $x(t+1)$ 建模。但是，现在 $x(t+1)$ 不仅取决于 $x(t)$，也取决于以前特定时间的值，比如说 $x(t-1)$ 和 $x(t-2)$。同样，它在一些期间内［比如说 $e(t)$ 和 $e(t-1)$］取决于标量噪声因素（scalar noise factor）。因此，随机过程 $\{x(t): t \geq 0\}$ 肯定不是一个马尔可夫过程。

通过恰当地构建状态向量 $\mathbf{x}(t)$，将过去的数量看成是辅助变量，这样一个过程可以被写成上述形式的线性系统。在上面的例子中，令 $\mathbf{x}(t) = [x(t), x(t-1), x(t-2), e(t-1)]'$，这是一个具有 4 个元素的向量。同样，$\mathbf{e}(t) = e(t)$。显然，$\mathbf{x}(t+1)$ 只取决于 $\mathbf{x}(t)$ 和 $\mathbf{e}(t)$，因此 $\mathbf{X}$ 实际上是一个马尔可夫过程。

在这些动态方程中，有一些现在是明确的等式，如 $x_2(t+1) = x_3(t)$。因此，A 和 S 的某些元素是固定的。但是，此处的参数仍然多于一阶自回归过程的参数。这很好，因为模型更具灵活性，但也有不好的地方，因为要想获得良好的参数估计，我们需要更多的数据并付出更多的努力。

大多数预测技术最好被看成是适合这种类型的动态系统的统计性方法。即使对于解释周期性和趋势性因素的更复杂的技术来说，这一点也是正确的。

本章注释

关于概率和随机过程的很好的导论性教科书包括 Cox 和 Miller（1965）、

Heyman 和 Sobel（1982，1984）、Karlin 和 Taylor（1975，1981），以及 Ross（1980）。Feller（1957，1971）在这一领域中非常经典。最近对各个主题的研究汇编请参见 Heyman 和 Sobel（1990）。

这些图书都讨论了马尔可夫链，但 Kemeny 和 Snell（1960）专门讨论了这一主题。对（离散和连续）位相型分布的讨论请参见 Neuts（1981）。

对时间序列分析和预测的介绍请参见 Box 和 Jenkins（1976）、Brown（1963）以及 Makridakis 等（1983）。

附录D 符号惯例

本章提要

D.1 目标与惯例

库存理论领域由于符号的不一致而声名狼藉。例如，粗略地看一下文献，我们就可以发现大量的符号（a、A、k、K、s、S 等），它们都被用来表示固定订货成本。符号 R 和 s 也广泛地被用于表示再订货点，尽管是在略微不同的环境中。

经过一段时间后，我们确实习惯了这种符号的混乱性，但对于初次接触这些材料的人来说，这为他们增加了显著的额外负担。即使是对于有经验的人来说，有时候也会难以理解一些观点，以及这些观点之间的联系。

因此，在本书中，我尽了最大的努力来使用一致的符号惯例。下面是一些例子：

小写字母始终都用于表示决策和策略变量。这与代数学、最优化和数学中的一般用法是一致的。因此，批量大小用 q 表示，尽管在文献中 Q 似乎更常用。成本系数和基本恒定的参数也用小写字母表示，我们用 k 而不是 K 或其他字母来表示固定订货成本。大写字母被留给了重要的函数、随机变量和随机过程以及矩阵。

粗体字被用来表示向量和随机过程。

尽管与通常的用法有所背离，但我仍然尝试着在确定性模型和随机模型之间建立起某种一致性。因此，λ 始终表示平均需求率，而 μ 则表示平均生产率，不仅在人们通常以这种方式使用这些符号（随机、连续时间模型）的情况下是这样，在人们不以这种方式使用它们（如

EOQ 模型）时也是如此。

双写字母（double letters）表示与库存相关的函数和过程（*IN* 表示净库存，*IP* 表示库存位势，等等）。对于下面这个令人头痛的问题，这是我发现的唯一解决办法：这些量太多了，而且它们都很重要。这种对字符串的使用借鉴了计算机语言，学生们似乎很快就习惯了这种用法。

这种方法也有其不足之处：教师们需要改变他们的观念和教案。在学完本课程后，学生们需要进行一些调整才能去阅读文献、与同事们进行沟通（后一个问题是不可避免的，因为这一领域中存在着普遍的符号不一致问题）。对于这一点，我向读者道歉。但是，在我看来，需要付出的这些小的代价避免了学习中不必要的障碍。

一致性也是有限制的，在为第 4 章和第 9 章的离散时间控制模型选择符号时，我违背了其中的一个原则。在那里，库存从本质上说是一个决策变量，而不是一个随机过程。是应该用大写字母（像本书中其他地方一样），还是应该用小写字母（与上述惯例以及大多数文献一致）？我选择了第二种。结果是在不同的地方用两个符号表示库存，即 I 和 x。唉！

可能还有一些我没有看到的不一致性。如果有，那么我再次道歉。

D.2 使用的符号

下面是一个重要符号列表以及它们的持续使用方法。偶然性的、暂时的用法没有包含在内。

a_i	物品 i 的单位资源需求（5.7 节）
$a[t,u)$	弧成本（第 4 章）
A	缺货指标（均衡随机变量）；一个网络中的弧（5.4 节）
$A(t)$	缺货指标（时点 t）$= \mathbf{1}\{I(t)=0\}$
$\overline{A}$	缺货频率
b	延期交货惩罚成本率
B	延期交货（均衡随机变量）
$\mathbf{B}$	延期交货（随机过程）
$B(t)$	延期交货（时点 t）
$\overline{B}$	延期交货（平均）
BW	客户等待时间（均衡随机变量）

$\overline{BW}$	客户等待时间（平均）
c	单位变动订货成本
$\tilde{c}[t,u)$	单位订货和持有成本（从时点 t 到 u，第 4 章）
c^+	$(1-\gamma)$ c（第 9 章）
cB	累计延期交货价值（5.2 节，8.2 节）
cI	累计库存价值（5.2 节，8.2 节）
$C(\cdot)$	总成本（如平均总成本，策略变量的函数）
$\hat{C}(\cdot)$	当前持有延期交货成本函数；$\hat{C}(x)=h[x]^+ + b[x]^-$
$\underline{C}(\cdot)$	截取的成本（8.3.3 节）
$C^+(\cdot)$	近视建模增加的成本（9.4 节）
$d(t)$	需求（时点 t，离散时间）
D	提前期需求
$\mathbf{D}$	需求过程
$D(t)$	直到时点 t 时的累积需求
$D[t,u)$	时间间隔 $[t,u)$ 中的需求
e	自然对数的底数
$\mathbf{e}$	1 的列向量
$E[\cdot]$	期望值
f	概率密度函数（pdf）；任意函数
$\tilde{f}$	拉普拉斯变换
F	累积分布函数（或者 cdf，对于连续随机变量）
F^0	互补累积分布函数（或 ccdf，对于连续随机变量）
F^1	损失函数（对于连续随机变量）
F^2	二阶损失函数（对于连续随机变量）
g	概率质量函数（pmf）
$\tilde{g}$	z－变换
G	累积分布函数（或 cdf，对于离散随机变量）
G^0	互补累积分布函数（或 ccdf，对于离散随机变量）
G^1	损失函数（对于离散随机变量）
G^2	二阶损失函数（对于离散随机变量）
h	库存持有成本率
$\underline{h}$	直接处理成本率
$H(t,y)$	t 之后的总预期成本（第 9 章）
i	物品、阶段的编号

I	库存（均衡随机变量）；单位矩阵
$\mathbf{I}$	库存（随机过程）
$I(t)$	库存（时点 t）
$\bar{I}$	库存（平均）
IN	净库存
IO	已订货库存
IP	库存位势
IP_c	$r+q-IP$
IT	在途库存
ITP	在途库存水平
$\overline{IW}$	平均存储时间
j	物品、阶段的编号
J	物品、阶段的数量
J_*	品类指标（5.2 节）
k	固定订货成本
$k[t,u)$	弧成本（4.3 节）
L	提前期（常数或随机变量）
$L(t)$	实际提前期（时点 t）
m	处理器数量（7.3 节）
m_j	更新函数（离散）（6.6 节）
M	CPH 分布的矩阵参数
n	伽马、负二项分布的形状参数；客户的编号；逆时间指标（9.4 节）
N	网络中的节点（5.4 节）
$\overline{OF}$	订货频率（平均）
p	单位销售价格；概率（几何分布的参数，等等）
P	转换概率矩阵
$P(\cdot)$	总利润
$\Pr\{\cdot\}$	概率
$Pre(j)$	前趋（物品 j 的，5.4 节）
q	订单或批量大小
Q	生成元矩阵（连续时间马尔可夫链的）
r	再订货点
r_{ij}	网络选择概率

R	路径选择概率矩阵
$R(\cdot)$	总收入
s	基本库存水平；(r,s) 策略的目标库存水平；时间指标
S	处理时间（随机变量）；任意集
$Suc(j)$	后继（物品 j 的，5.4 节）
t	时间变量
T	时间范围
u	订单之间的时间，或周期时间；时间指标
$u(t)$	$s-x(t)$（9.4.8 节）
v	安全库存
$v(t)$	订购的指标变量（离散时间）
$V(t,x)$	t 以后的最优期望成本（第 9 章）
$V^{+}(t,x)$	$V(t,x)+c(t)x$（第 9 章）
$V[\cdot]$	方差
$V[\cdot,\cdot]$	协方差
w	环境的状态（6.3 节，9.7 节）；一份订单的工作量（5.2 节）
wO	总工作量（5.2 节）
$\mathbf{W}$	环境，驱动需求的一个随机过程（6.3 节，9.7 节）
$x(t)$	库存位势（时点 t，离散时间）
$\hat{x}(t)$	净库存（时点 t，离散时间）
$y(t)$	订货后的库存位势（时点 t，离散时间）
Y	需求的大小（随机变量）
z	标准化的基本库存水平；z一变换的参数
$z(t)$	订货量（时点 t，离散时间）
$z_{+}(t)$	产能（时点 t，离散时间）
α	利率（连续时间）
β	缺货成本乘数（5.2 节和 8.2 节）；订单膨胀因子（9.4.8 节）
γ	贴现因子（离散时间）
Γ	伽马函数
δ	次品率；Heaviside 函数（第 4 章）
Δ	次品（9.4.8 节）；差分算子
$\epsilon(\cdot)$	EOQ 误差函数，$\epsilon(x)=\frac{1}{2}(x+1/x)$
ζ	对偶变量
η	持有成本乘数（5.2 节，8.2 节）

θ	需求率（7.3.7节，8.5节）
$\boldsymbol{\iota}$	(r,s) 策略的 **IP** 的平稳向量
κ	固定成本乘数（5.2节，8.2节）
λ	需求率
$\lambda(t)$	需求率（时点 t）
Λ	MCDC 过程的需求率矩阵
μ	生产（服务）率；指数或伽马分布的标量参数
$\boldsymbol{\mu}$	CPH 分布的向量参数
ν	提前期需求的均值
ξ	合格率（9.4.8节）
$\boldsymbol{\xi}$	马尔可夫链的静态向量
Ξ	产出（9.4.8节）
π	策略；数字 3.14159……
$\boldsymbol{\pi}$	概率向量
ρ	利用率（有限产能系统的，如队列）
σ	提前期需求的标准差
τ	准备时间
Υ	比率 ϕ/Φ
ϕ	标准正态概率密度函数
Φ	标准正态累积分布函数
Φ^0	标准正态互补累积分布函数
Φ^1	标准正态损失函数
Φ^2	标准正态二阶损失函数
χ_0	断点（对于数量折扣）
X	表明处理器开关状态的随机过程（7.3.10节）
ψ^2	需求过程的方差—均值比
ω	成本率 $b/(b+h)$
ω_-	满足率 $1-A$ 的下限
Ω	极大近似累积分布函数（第6章）
Ω^0	极大近似互补累积分布函数
Ω^1	极大近似损失函数
Ω^2	极大近似二阶损失函数
$1\{\cdot\}$	指标函数
*	最优

本地（多物品系统）；如：

I'_j = 物品 j 的本地库存

I_j = 物品 j 的层级库存

$\otimes$ 克罗内克积

$\oplus$ 克罗内克和